Dicionário de Estudos Narrativos

CARLOS REIS

Dicionário de Estudos Narrativos

ALMEDINA

DICIONÁRIO DE ESTUDOS NARRATIVOS

AUTOR
Carlos Reis

EDITOR
EDIÇÕES ALMEDINA, S.A.
Rua Fernandes Tomás, n.ºs 76, 78 e 80
3000-167 Coimbra
Tel.: 239 851 904 · Fax: 239 851 901
www.almedina.net · editora@almedina.net

DESIGN DE CAPA
FBA.

EDITOR
EDIÇÕES ALMEDINA, S.A.

IMPRESSÃO E ACABAMENTO

Setembro, 2018

DEPÓSITO LEGAL

GRUPOALMEDINA

BIBLIOTECA NACIONAL DE PORTUGAL – CATALOGAÇÃO NA PUBLICAÇÃO

REIS, Carlos, 1950-

Dicionário de estudos narrativos

ISBN 978-972-40-7621-8

CDU 82

Ao meu filho Rodrigo, figura central
na narrativa da minha vida.

O prazer de chegar à pátria cara,
A seus penates caros e parentes,
Pera contar a peregrina e rara
Navegação, os vários céus e gentes;
Vir a lograr o prémio que ganhara,
Por tão longos trabalhos e acidentes:
Cada um tem por gosto tão perfeito,
Que o coração para ele é vaso estreito.

LUÍS DE CAMÕES, *Os Lusíadas*, IX, 17

Díjole Don Quijote que contase algún cuento para entretenerle, como se lo había prometido; a lo que Sancho dijo que sí hiciera si le dejara el temor de lo que oía:

– Pero, con todo eso, yo me esforzaré a decir una historia, que si la acierto a contar y no me van a la mano, es la mejor de las historias; y estéme vuestra merced atento, que ya comienzo.

MIGUEL DE CERVANTES, *Don Quijote de la Mancha*, I, cap. 20

Positivamente, contar histórias é uma das mais belas ocupações humanas: e a Grécia assim o compreendeu, divinizando Homero que não era mais que um sublime contador de contos da carochinha. Todas as outras ocupações humanas tendem mais ou menos a explorar o homem; só essa de contar histórias se dedica amoravelmente a entretê-lo, o que tantas vezes equivale a consolá-lo.

EÇA DE QUEIRÓS, *Carta aos condes de Arnoso e de Sabugosa*

Notas para a consulta

1. Os termos e os conceitos que integram esta obra estão ordenados alfabeticamente e foram estabelecidos a partir do que se entende serem designações correntes e, tanto quanto possível, estabilizadas. Em casos de oscilação terminológica, recorre-se a remissões.

2. No corpo de cada entrada encontram-se também abundantes remissões destinadas a fazer circular e a aprofundar a informação.

3. Nas citações de textos literários indica-se o título da obra, por parecer conveniente uma sua identificação imediata. Na bibliografia encontra-se a referência completa a cada título utilizado.

4. Certos nomes próprios, designadamente eslavos, apresentam grafias divergentes (por exemplo, Bakhtine, Bakhtin e Bajtin). Nesses casos, são adotadas, no corpo do texto, designações uniformes, sendo respeitadas, nas referências bibliográficas, as que aparecem nas respetivas obras.

5. Os títulos referidos (de obras literárias, de filmes, etc.) surgem, tanto quanto possível, na língua original, com exceção daqueles idiomas (como o russo) com escrita em alfabeto não latino.

Prefácio

Passaram mais de trinta anos, desde que dois jovens universitários meteram ombros à tarefa de escrever um *Dicionário de narratologia*. À ousadia da empresa juntou-se, nesse tempo que recordo com alguma nostalgia, o entusiasmo de desbravar um terreno que, se não era novo, tinha muitas coisas por descobrir. Assim fizemos, a minha colega Ana Cristina Macário Lopes e eu, quando a informática para uso pessoal estava a começar (alguns ainda se lembrarão das majestosas dimensões de um computador doméstico dos de então...), a internet era coisa desconhecida e o intercâmbio académico escasso. Tínhamos, porém, o fervente entusiasmo que muito compensa e havia estudantes em farta quantidade e qualidade, disponíveis para acolherem o trabalho de investigação de quem o fazia com empenhamento e seriedade.

O *Dicionário de narratologia* andou o seu caminho e não foi ele curto. No tempo de vida que conheceu, desde 1987, publicaram-se em Portugal nove edições e reimpressões, no Brasil apareceu uma versão condensada, com o título *Dicionário de teoria da narrativa*, e em Espanha saíram duas edições. Acredito que, se os autores tivessem consentido novas reimpressões depois de 2011 (ano da última publicação entre nós), ainda hoje o *Dicionário de narratologia* teria clientela. Não seria sério nem seria pertinente fazê-lo, porque se trataria de uma opção comercial e nada mais.

Do final do século XX para cá, a narratologia mudou substancialmente: abriu-se a novos campos de estudo e desdobrou-se em movimentos interdisciplinares que incorporaram no seu trabalho novos conceitos, novos métodos e novos olhares sobre a narrativa. Aqueles que, nesse final de século, se apressaram a fazer o funeral da narratologia terão talvez ficado surpreendidos com a complexidade e com a fecunda diversidade dos estudos narrativos que dela floresceram. Cabe neles muito do que importa fazer, quando estudamos a narrativa com um sentido de exigência operatória que é árduo mas necessário, se quisermos ir além (muito além) de aproximações meramente impressionistas, politicamente motivadas ou fidelizadas a causas circunstanciais. A famosa crise das Humanidades passa justamente pela perda daquele sentido de exigência, coisa que muitos tardam em entender, na universidade e fora dela.

Cabe perguntar o que sobrevive do quase arcaico *Dicionário de narratologia* neste livro de título novo. Restam algumas coisas, outras mudaram, muitas mais emergiram como consequência da evolução a que brevemente aludi. O que vem do *Dicionário de narratologia* e uma parte do que nele mudou tem e terá, em grande medida, a marca da minha coautora de então, a quem devo a experiência de uma camaradagem e de um diálogo científico que não esquecerei. Isso não se apaga deste *Dicionário de estudos narrativos*, cuja construção e escrita assumi por inteiro, porque a minha colega seguiu outros rumos e afastou-se daquilo a que hoje chamamos estudos narrativos. Ficámos a perder com isso (eu, sobretudo), valendo como consolação que a linguística portuguesa tem hoje, em Ana Cristina Macário Lopes, um dos seus vultos mais destacados.

Entretanto, a minha colega generosamente consentiu que, neste livro novo, eu retomasse entradas do *Dicionário de narratologia* em que é forte o timbre da sua autoria (na altura optámos por não assinar as entradas, até porque uma boa parte delas foram escritas a quatro mãos). Aquele consentimento não dispensa, contudo, o registo, quando tal se justifica, de uma coautoria que faço questão de manter viva. Por outro lado, as frequentes remissões para o *Dicionário de narratologia* – obra que, evidentemente, não enjeito – são ainda o testemunho de um trabalho que, de facto, foi coletivo – ou dual, se se preferir. Para além disso (e da supressão de matérias cuja presença neste novo dicionário entendi não fazer já sentido), tudo o que vem daquele passado foi profundamente refundido, reescrito e atualizado. Assim tinha de ser.

Continua presente nesta obra, como é óbvio, a lógica do dicionário. Foi ela que motivou um complexo trabalho de arquitetura de uma disciplina que tem coerência própria, lógica operatória e legitimidade epistemológica. Um dicionário que não resulte de um esforço de sistematização e de harmonização conceptual – sem prejuízo de inevitáveis extensões transdisciplinares – não fará sentido ou será um mero agregado de termos aleatoriamente recolhidos. Isto não significa que aquela arquitetura seja fácil de conseguir, razão pela qual sempre será possível notar lacunas, redundâncias ou desajustamentos; o acolhimento e a resposta dos leitores serão decisivos para que, em futuras edições, esta obra fique menos longe daquela perfeição que só alguns deuses alcançam.

Inscrevendo no seu título a expressão *estudos narrativos*, este dicionário não busca apenas contemplar uma área científica com recorte nítido. Aquela expressão sugere também que esta não quer ser tão-só uma obra *de teoria*, no sentido mais forte e consequente do termo; ela encerra também (e muitas vezes explicita-as) propostas de trabalho, ou seja, de estudo da narrativa – ou das narrativas. Vai neste plural muito daquilo que hoje está adquirido pelos estudos narrativos: num mundo que conhecemos, representamos e organizamos *sub specie narrationis*, é pertinente que muitos relatos, e não apenas os literários, sejam objeto de análise; neles – em contexto televisivo ou na internet, nas páginas de um conto ou numa notícia de jornal –, está muito do que somos, como pessoas e como coletividade. Sem narrativas não sobreviveríamos, porque a nossa experiência do tempo, do espaço e da relação com os outros ficaria irremediavelmente mutilada.

E contudo, não se deve estranhar que os exemplos e as referências a narrativas que aqui se encontram venham predominantemente do campo literário. Sem contrariar o que fica dito, essa insistente presença (insistente, não exclusiva) traduz o que para mim e para muitos é inquestionável: provêm da literatura os mais complexos e densos textos narrativos a que a condição humana deu origem. Há milénios que assim é e assim continuará a ser por muito tempo, para além de preferências pessoais (a minha é de ordem literária, evidentemente) e de conveniências institucionais. Não por acaso, numa obra de referência sobre a matéria, a opção pela ficção literária é explicada deste modo: "Os romances são um *medium* extremamente rico e variado: tudo o que pode encontrar-se noutras formas narrativas encontra-se no romance; muito do que se acha no romance está noutras formas narrativas."(1) O que me autoriza a dizer: aquém de um relativismo axiológico em que não me revejo – esse mesmo que não arrisca juízos de valor –, os textos literários acumulam um capital de experiências, de vivências e de formulações narrativas de que não podemos abdicar, sob pena de desistirmos de ser humanos.

*
* *

Não encerro estas palavras de abertura sem mencionar a inestimável ajuda de colegas e de amigos que, em diversos momentos e lugares, contribuíram para que esta tarefa chegasse a bom termo.

---

(1) Manfred Jahn, *Narratology: A Guide to the Theory of Narrative*. English Department, University of Cologne, 2017 (em: http://www.uni-koeln.de/~ame02/pppn.htm; acesso a 9.5.2018).

Para que isso tivesse acontecido sem maiores impedimentos do que aqueles que a vida universitária impõe (alguns bem kafkianamente absurdos, diga-se de passagem), foi decisivo o semestre académico que passei, em 2017, na Universidade da Califórnia, em Berkeley, como professor visitante. Aí, com as pontes de São Francisco à vista e num *campus* fervilhante de vibração estudantil, dispus de excelentes condições de trabalho, naquela que foi uma experiência universitária inesquecível. Devo aos meus colegas Deolinda Adão e Duarte Pinheiro uma calorosa hospitalidade que muito agradeço. Além disso, antes e depois de Berkeley, tenho beneficiado do diálogo que, ao longo dos anos, venho mantendo com Kathryn Bishop-Sanchez; a esta minha colega da Universidade de Wisconsin-Madison, leitora atenta e exigente de muitas entradas desta obra, devo sugestões e incentivos que, mesmo vindos de uma área de trabalho em vários aspetos diferente da minha, têm sido preciosos. A Ana Teresa Peixinho, velha amiga de várias décadas e agora distinta e enérgica colega, sou devedor do estímulo irrecusável que conduziu à minha entrada no fascinante domínio dos estudos narrativos mediáticos – onde estou para ficar. A Sara Grünhagen, que só recentemente chegou à "narrativa" que a composição desta obra encerra, agradeço a preciosa ajuda na revisão do respetivo texto; foi esse trabalho feito com generosidade, com extrema competência e com intuição bastante para me brindar com sugestões (muitas delas saramaguianas, é claro) que contribuíram para melhorar o que aqui fica.

A todos estou grato. E fica claro que as imperfeições que este trabalho certamente traz consigo existem não por causa daquelas ajudas, mas apesar delas. Depois disso, os leitores dirão o que entenderem; se o fizerem, ajudarão, por certo, a melhorar o livro que lhes deixo em mãos e, desse modo, tornarão mais harmoniosa a narrativa da minha vida.

Carlos Reis
Coimbra, 9 de maio de 2018

ABERTO, Romance – V. Composição

AÇÃO

1. Componente fundamental da estrutura da narrativa, a *ação* designa o conjunto de acontecimentos que, num certo quadro temporal, são vividos pelas personagens em espaços determinados. Em termos semionarrativos, a ação é entendida como um processo de desenvolvimento de eventos singulares, podendo conduzir ou não a um *desenlace* (v.).

Para a sua concretização, a ação depende da interação de, pelo menos, três componentes: (i) um (ou mais) sujeito(s) empenhado(s) nela; (ii) um tempo, em que a ação se desenrola; (iii) as transformações evidenciadas pela passagem de certos estados a outros. Esta conceção provém da herança legada à narratologia pela *Morfologia do Conto* (1928) de Vladimir Propp. Com efeito, a dimensão funcional que rege a descrição da estrutura do conto popular implica a articulação das microações na totalidade dinâmica da ação, assim se consumando a progressão narrativa que ela implica.

2. A ação integra-se no domínio da *história* (v.) e relaciona-se com diversos outros conceitos: com a *intriga*, com o *tempo*, com a *composição* da história, etc. (v. estes termos). O papel que ela desempenha na orgânica do relato está associado à sua projeção na narrativa tradicional, construída em função de uma procura e da resolução de problemas: "tem-se a impressão de que os problemas devem ser resolvidos, de que as coisas devem chegar de qualquer modo a uma solução" (Chatman, 1981: 46). Compreende-se, assim, que certos autores procurem definir tipologias da narrativa que têm na ação

uma das suas dominantes distintivas (p. ex., o romance de ação; cf. Kayser, 1976: 400-402; Muir, 1967: 17 ss.).

A análise estrutural da narrativa reforçou o destaque atribuído à ação: Roland Barthes descreveu um nível distribucional composto por *funções cardinais* (v.), em alternância com *catálises* (v.); Todorov, fixando-se na lógica das ações (cf. Todorov, 1966: 128 ss.), chamou a atenção para "a existência de toda uma tendência da literatura em que as ações não existem para servir de 'ilustração' à personagem, mas onde, pelo contrário, as personagens são submetidas à ação" (Todorov, 1971 : 78); Claude Bremond articulou ação e personagem ("A função de uma ação só pode ser definida na perspetiva dos interesses ou das iniciativas de uma personagem, que é o seu paciente ou agente"; Bremond, 1973: 132); Greimas concebeu a categoria do *actante* (v.) como entidade virtualmente disponível para o preenchimento de ações, "o que quer dizer que uma ação é um programa narrativo 'vestido', estando nela o sujeito representado por um ator e o *fazer* convertido em processo" (Greimas e Courtés, 1979: 8).

3. Enquanto totalidade que estrutura o relato, a ação manifesta--se de forma própria nos diversos géneros narrativos. Encontramos no *conto* (v.), em princípio, uma ação única e concentrada; no *romance* (v.) é possível observar o desenrolar paralelo de várias ações; a *novela* (v.) é construída muitas vezes a partir de várias ações protagonizadas pela mesma personagem.

A diversidade de dimensões que caracteriza a ação em cada género (e também em diferentes tempos histórico-literários) reveste-se de especial relevância quando está em causa aquilo a que van Dijk (1983a) chamou "descrição de ações"; de acordo com diferentes critérios de ponderação, a narrativa trata a ação em função da sua configuração estrutural e das suas dominantes semânticas: se um *romance policial* (v.) exige a representação minuciosa das ações, já um *romance psicológico* (v.), muitas vezes em regime de *narrador autodiegético* (v.), tende a subalternizar a componente factual das ações; numa narrativa de narrador omnisciente (v. *focalização omnisciente*), a desenvoltura própria desse narrador permite-lhe elidir a alusão a certas ações, proceder a reordenações, aprofundar o seu desenvolvimento, estabelecer conexões entre várias ações, etc. Não sendo possível que a narrativa contemple todas as ações, ao recetor cabe normalmente uma função supletiva, pela ativação de mecanismos de inferência que lhe permitam preencher os vazios de ações omitidas (v. *leitura*).

Num plano de ponderação macroscópica, a ação pode sugerir sentidos com ressonâncias histórico-ideológicas: é o que se verifica com a ação do *romance histórico* (v.), apoiada no pano de fundo da História ou com a ação do romance neorrealista, sublinhando o devir dialético de eventos de feição social.

ACTANTE

1. O *actante* pode ser definido como a entidade que suporta uma ação narrativa, num sistema de relações mútuas entre esferas de comportamento ou operadores sintáticos. Estabelecido no âmbito da semiótica narrativa, o actante é concebido como lugar "vazio" ou posição virtual que deve ser preenchida por determinadas funções e objetivar-se em *atores* (v.) específicos.

2. Consolidado e amplamente estudado por A. J. Greimas, o conceito de *actante* provém da sintaxe estrutural de Lucien Tesnière (Tesnière, 1965), da análise do conto folclórico de Vladimir Propp (Propp, 1965) e da descrição de situações dramáticas por Étienne Souriau (Souriau, 1970). No quadro da semiótica greimasiana (Greimas, 1966; Greimas, 1970; Greimas, 1973), os actantes estruturam-se num esquema actancial, onde se reconhece a matriz do modelo sintático de Tesnière, combinada com a estrutura do modelo canónico de comunicação:

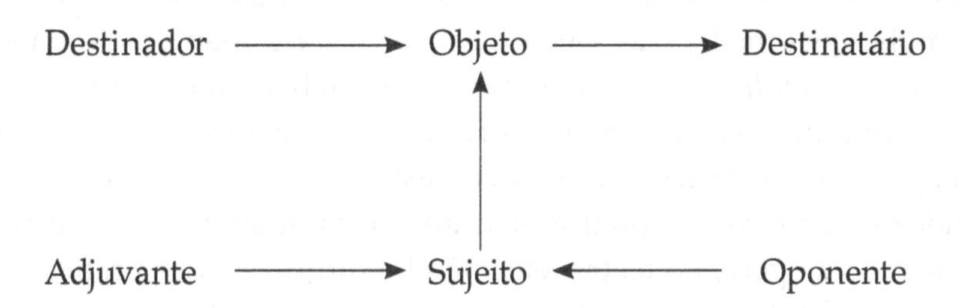

3. O modelo actancial greimasiano conheceu alguma notoriedade e eficácia operatória nos anos 60 e 70 e foi objeto de várias reformulações ao longo dos anos, até à sistematização que se encontra em *Sémiotique: Dictionnaire raisonné de la théorie du langage* (cf. Greimas e Courtès, 1979: 3-5). Ainda assim, a noção de actante não escapou à crítica que nela apontava um certo esvaziamento da dimensão semântica da narrativa, apenas compensado

pela individuação que se dá no plano dos atores; do mesmo modo, sendo essencialmente acrónico, o modelo actancial foi também criticado pelo facto de nele não se achar valorizada a componente cronológica que é própria da narrativização de qualquer intriga com intervenção humana (cf. Ricœur, 1980a: 33-45; Ricoeur, 1980b; Reis e Lopes, 2011: 17-20).

ADAPTAÇÃO

1. No quadro dos estudos narrativos, entende-se por *adaptação* tanto o processo de transposição de uma narrativa de um *medium* para outro como o resultado final desse processo. Naquela primeira aceção, a adaptação (p. ex., de um romance para um filme ou para uma série televisiva) exige uma transcodificação, ou seja, um trabalho de recomposição semiótica, mediante o qual um relato primeiro é reestruturado e enunciado num sistema de signos, num suporte e num contexto mediático diferentes do relato original; acresce a isto que a adaptação compreende "um processo de criação", envolvendo "tanto uma (re-)interpretação, quanto uma (re-)criação; dependendo da perspetiva, isso pode ser chamado de apropriação ou de recuperação" (Hutcheon, 2013: 29).

2. Sem se ignorar o caráter polémico da questão da adaptação e os debates, por vezes ardentes, a que ela dá lugar (cf. Giddins *et alii*, 1990: 1-27; Sousa, 2001: 35-39; Hutcheon, 2013: 22 ss.), a presente caracterização ocupa-se daqueles aspetos que interessam à teoria e à análise da narrativa e às suas implicações mediáticas. Desse ponto de vista, a adaptação situa-se no âmbito da *intermedialidade* (v.), das interações estabelecidas entre discursos de *media* autónomos e das relações funcionais existentes entre diversas linguagens, em diferentes suportes e contextos comunicativos; sendo assim, o estudo de adaptações de práticas narrativas e paranarrativas (na literatura, no cinema, na ópera, no teatro, etc.) não hierarquiza essas práticas, nem institui prioridades ou precedências entre elas. Para além disso, quando encarada no cenário das linguagens artísticas, a problemática da adaptação relaciona-se com os estudos interartes, beneficiando da relevância que eles conquistaram no domínio dos estudos comparados.

Note-se que não está em causa, no estudo de casos de adaptação, o princípio da *transmedialidade* (v.), uma vez que esta se reporta à disseminação de um princípio constitucional (a *narratividade;* v.) e não ao confronto de práticas narrativas heteromediáticas. Enquanto processo que incide sobre obras com composição mediática própria (por exemplo, *epopeia* e *banda desenhada, cinema* e *jogo narrativo*; v. estes termos), a adaptação identifica-se com a transposição intermediática; é esta expressão que, sem ter o amplo reconhecimento do termo adaptação, designa o trânsito de uma narrativa de origem para uma narrativa de destino, incluindo os tratamentos de recodificação que ficaram referidos (cf. Wolf, 2005: 253-254).

3. Colocada no terreno dos estudos narrativos, a análise da adaptação e, antes disso, a ratificação da sua legitimidade artística exigem uma reflexão que apure em que medida um determinado sistema comunicativo interfere na modelação de uma história contada e dos seus efeitos pragmáticos. Implicitamente, está aqui em equação o tema controverso da fidelidade da narrativa segunda à narrativa primeira, que trata de apurar, por exemplo, em que medida um romance é modificado, na sua mensagem substantiva e nos grandes significados que nele estão representados, quando se dá a sua adaptação ao cinema ou à televisão. A oposição entre duas teses opostas – uma que afirma a independência da narrativa em relação ao *medium*, outra que postula a irredutível dependência entre ambos – resolve-se por uma síntese que contribui para atenuar a resistência à adaptação; deste modo, "pressupondo que as diferenças entre os *media* narrativos são (mais ou menos) gradativas, em vez de binárias (ou... ou)", afirma-se que "as histórias são modeladas, mas não determinadas pelos seus formatos de apresentação" (Prince, 2004: 54). Se direcionarmos esta espécie de dilema para o campo do diálogo intersemiótico entre literatura e cinema, somos conduzidos à rejeição de "ideais estéticos falaciosos que apontavam para considerações de 'traição' e de 'fidelidade' ou até mesmo para absurdos separatismos em nome de pretensas 'purezas' genológicas entre o cinema e a literatura, preservando aquele desta. A fidelidade apenas é de considerar no âmbito da retoma, por parte do objeto fílmico, da estrutura elementar do texto literário, condição *sine qua non* para se falar numa relação transtextual de transposição intersemiótica" (Sousa, 2001: 88-89).

Esta solução contribui para suavizar as dificuldades eventualmente levantadas pela adaptação, tanto no plano compositivo como no recetivo, incutindo-lhe um sentido cultural próprio. Este é, aliás, um fenómeno mais antigo do que se imaginaria; no tocante ao seu dinamismo sociocultural, ele acentuou-se, desde que a constituição de públicos alargados induziu transposições intermediáticas projetadas para audiências massificadas e supostamente menos dotadas ou disponíveis para obras concebidas, na origem, como narrativas literárias. Assim, nos séculos XIX e XX, assiste-se, com alguma frequência, a adaptações de romances ao teatro e à ópera, registando, por vezes, a versão adaptada um êxito mais duradouro do que o texto original. Veja-se o caso de *La dame aux camélias* (1848), de Alexandre Dumas Filho; o próprio autor tratou de o adaptar ao teatro, em 1852, correspondendo às expectativas de um público que já não se restringia à leitura; logo no ano seguinte, surgiu, com libreto sobre o mesmo romance, a ópera *La Traviata*, de Giuseppe Verdi, bem como, na época e até aos nossos dias, outras adaptações ao teatro, ao cinema (mais de uma quinzena), ao ballet, à televisão e à banda desenhada. A reputação artística de que ainda hoje continua a beneficiar a versão operática de Verdi, estando o romance de Dumas Filho praticamente esquecido, mostra que a adaptação chega a atingir um prestígio cultural que ofusca o texto de partida.

O advento e a disseminação, à escala planetária, do cinema, da rádio, da televisão, da informação digital e das comunicações em rede incrementaram o recurso a adaptações e, ao mesmo tempo, a possibilidade de acesso de grandes massas de público a histórias e a personagens de outro modo remetidas para a esfera de elites culturais. Note-se, entretanto, que a extensão e a latitude da transcodificação imposta pela adaptação não resulta obrigatoriamente em desqualificação. Sendo hoje atribuído ao cinema um estatuto artístico inquestionável, filmes como *The Godfather* (1972-1990) ou *Apocalypse Now* (1979), de Francis Ford Coppola, conquistaram um índice elevado de autonomia e de sofisticação não inferior aos textos que lhes deram origem: no primeiro caso, o romance homónimo, de Mario Puzo, publicado em 1969, que aliás foi coautor do guião cinematográfico; no segundo caso, *Heart of Darkness* (1902), de Joseph Conrad (cf. Lothe, 2000: 179-196). Registe-se ainda que certas transposições intermediáticas levam, pelo formato que adotam, a reorientações funcionais e pragmáticas dos textos de partida: quando são adaptadas ao cinema de animação ou à banda desenhada, narrativas canónicas convocam públicos infantis e adolescentes, eventualmente atingindo objetivos pedagógicos (p. ex., a banda desenhada d'*Os Lusíadas*, 1983, por José Ruy ou *Os Lusíadas em quadrinhos*, 2006, por Fido Nesti).

4. As práticas de adaptação diversificam-se, em função das filosofias do diálogo intermediático que as inspiram; essa diversidade de posicionamentos, tanto do lado da produção como da receção, desaconselha um tratamento indiferenciado desta atividade e das suas incidências mediáticas,

culturais, sociais e económicas. Importa, então, destrinçar várias conceções do fenómeno da adaptação (e tomando-se como exemplo a passagem do romance ao cinema).

4.1. Uma conceção psíquica, "que entende que 'o espírito do texto' é, idealmente, aquilo que deve passar do livro para o filme" (Elliott, 2004: 222). Exatamente pela sua feição idealista, esta conceção aceita, sem dificuldade, que o resultado da adaptação se afaste da letra e da forma do texto de que partiu.

4.2. Uma conceção designada como genética, que é convalidada pelos princípios teóricos da narratologia. Deste ponto de vista, a estrutura profunda da história narrada e os seus elementos diegéticos podem ser recompostos pelo sistema semiótico de destino, com recurso "a signos fílmicos equivalentes aos do romance" (Elliott, 2004: 230). Por conseguinte, "o filme adaptado deve preservar em primeiro lugar a sua autonomia fílmica, ou seja, deve-se sustentar como obra fílmica, antes mesmo de ser objeto de análise como adaptação" (Balogh, 2005: 53).

4.3. Uma conceção decompositiva/recompositiva da adaptação, que tolera e até potencia a subversão do relato original, em favor de uma sua recomposição inteiramente autónoma; "por consequência, muitas das chamadas adaptações infiéis operam à luz de um conceito de(re)compositvo da adaptação" (Elliott, 2004: 234).

5. Como se vê, a adaptação remete para o campo das relações entre literatura e cinema. É este o contexto que inegavelmente dá lugar à mais abundante produção de obras adaptadas, a par de prolífica reflexão teórica e de debates em que, por exemplo, se procura apurar o que cada uma daquelas práticas artísticas deve à outra. É sabido que Eisenstein realçou o inspirador pioneirismo do romance oitocentista, no tocante a técnicas que o cinema viria a utilizar coerente e reiteradamente: "Grandes planos em Dickens, montagem paralela em Flaubert e afins. A busca de correspondentes literários a ângulos de câmara, tais como picados e contrapicados, cortes analíticos de cenas, encadeados e a maioria de outras formas reconhecíveis de efeitos fílmicos (mesmo acelerações e câmara lenta), levou alguns críticos a recuarem na história, do século XIX até Homero e Virgílio" (Morrissette, 1985: 15).

Reconhecidas estas afinidades (que não cancelam as especificidades semionarrativas do relato literário e do relato cinematográfico), falamos em conjunções e em disjunções (cf. Balogh, 2005: *passim*), tendo em atenção o que é comum e o que o não é, no cinema e na literatura, com relevância para a problemática da adaptação. Num outro modo de abordagem, atenta-se naquilo que o romance pode fazer e o cinema não pode, e vice-versa (cf. Chatman, 1981a), uma correlação que se torna mais evidente, quando observamos a funcionalidade de categorias e de dispositivos representacionais, tal como operam na narrativa literária e na narrativa cinematográfica.

5.1. A *descrição* (v.) de figuras ou de cenários da história contada procede de modo diverso no cinema e na literatura e suscita efeitos recetivos distintos em cada um deles. No primeiro, a descrição de um objeto ou de uma personagem ocorre no decurso do movimento cinemático, com plenitude de pormenores visuais, ao contrário da descrição verbal, que é elaborada pelo narrador e de forma seletiva (porque não é possível descrever tudo). Trata-se de "uma situação estética bastante estranha", porque aquela plenitude de pormenores, captados por um simples plano de câmara, numa "excessiva particularidade, comparada com a versão verbal (...), usualmente não nos concede tempo para refletir sobre abundantes detalhes" (Chatman, 1981a: 122). Por isso, não raras vezes, uma adaptação cinematográfica (e também televisiva) recorre a lentos movimentos de câmara, eventualmente com recurso ao chamado *slow motion*, para adequada remediação visual da descrição literária.

5.2. A *perspetiva narrativa* (v.) condiciona a quantidade e a qualidade da informação modelizada pelo relato e, pela sua natureza e origem, envolve uma dimensão visualista ajustada à lógica e à estética do cinema: o posicionamento de uma câmara pode sempre ser entendido como uma perspetiva de mediação da história, ao mesmo tempo que diferentes ângulos de captação permitem mudanças de perceção e de campos de consciência (cf. Branigan, 1984: 103-121 e 216 ss.). No caso da narrativa literária (que, neste aspeto, foi consideravelmente influenciada pelo cinema), a perspetiva narrativa depende de opções do narrador (v. *focalização*); assim, o relato tanto opta por um *focalizador* (v.), com função homóloga à da câmara cinematográfica (e com todos os efeitos expressivos daí decorrentes), como abdica dele, em favor de uma perspetiva omnisciente. Em contrapartida, quando um regime de *focalização interna* (v.) atinge a densidade psicológica do *monólogo interior* (v.), a adaptação cinematográfica lida com a dificuldade de operar a transposição de um discurso interior para imagens, conforme impõe aquela sua feição visualista.

5.3. A *personagem* (v.), sendo um elemento nuclear da história, é uma categoria narrativa que, pelas suas complexas implicações semânticas, assume grande destaque, tanto na ficção literária como no cinema (e também na *telenovela*, na *série* televisiva ou na *banda desenhada*; v. estes termos); por isso, ela é objeto de cuidada ponderação, nas transposições intermediáticas. Tenha-se em atenção que uma parte importante das reações do público à qualidade (e, evidentemente, à fidelidade) de uma determinada adaptação passa pela personagem e pelas respostas cognitivas que ela suscita. Por isso, o *casting* é um momento decisivo para a transposição artística e representacional que a adaptação da personagem exige: a leitura que dela é feita, em instância de produção e de realização, conduz à escolha de um ator que preencha pontos de indeterminação (o relato verbal nunca diz tudo sobre a personagem) e que, tanto quanto possível, vá ao encontro do horizonte de expectativas das audiências. Em sentido inverso, a leitura de um romance, na sequência do visionamento do filme (ou do seriado) resultante da adaptação, é pré-determinada pelo rosto, pelo corpo e pela voz do ator anteriormente visto como intérprete da personagem; quando está perante várias adaptações (e *castings*), essa leitura subsequente torna-se mais complexa e, por vezes, perturbante. Especificando: as imagens literárias de James Bond ou de Afonso da Maia são fortemente condicionadas, em leitura *a posteriori* de romances de Ian Fleming ou d'*Os Maias*, pelas figuras de Sean Connery (e dos atores que se lhe seguiram) ou de Walmor Chagas e de João Perry, respetivamente, na versão da Globo, de 2001, por Maria Adelaide Amaral e Luiz Fernando Carvalho, e no filme de João Botelho, de 2014.

6. Sem prejuízo da sua projeção sociocultural, a adaptação cinematográfica de relatos literários não esgota o potencial intermediático inerente ao diálogo entre práticas narrativas. Se o romance é muitas vezes adaptado ao cinema, o oposto também acontece, embora em escala relativamente reduzida. Em certas circunstâncias, isso provinha do intuito de divulgação de filmes apelativos para leitores normalmente pouco exigentes; noutros casos, porém, a adaptação obedece a um propósito esteticamente refinado, em particular quando estão em causa escritores com trabalho desenvolvido no universo cinematográfico: Jean-Claude Carrière escreveu romances a

partir de filmes de Jacques Tati (*Les vacances de monsieur Hulot*, 1958, com ilustrações de Pierre Étaix; *Mon oncle*, 1958, com ilustrações do mesmo). Entretanto, para que a obra adaptada atinja autonomia e coerência artística, "é necessário que responda a uma exigência simples e, no entanto, raramente preenchida: a de dispor de uma ressonância própria, rivalizando de maneira eficaz com a ressonância do filme" (Vieira, 2010: 150).

Além disso, géneros mediáticos, como o *romance radiofónico* (v.) (presentemente sem expressão significativa, em termos de produção) ou a telenovela, não são apenas devedores da técnica e da identidade genológica do romance e da novela literária; nalguns casos, eles procedem à adaptação de relatos do cânone, com os reajustamentos devidos à lógica da transposição e à gestão das expectativas do público: veja-se *O Tempo e o Vento* (1967-1968; TV Excelsior), com guião de Teixeira Filho e realização de Dionísio Azevedo, a partir da série romanesca de Erico Verissimo (em 1985, a TV Globo produziu uma minissérie sobre a mesma obra; guião de Doc Comparato e Regina Braga e realização de Denise Saraceni e Wálter Campos), e também *A Escrava Isaura* (TV Globo, 1976-77; realização de Herval Rossano e Milton Gonçalves), com guião de Gilberto Braga, segundo a obra de Bernardo Guimarães; no tocante à rádio e em época que precedeu a emergência da telenovela, a escritora Odette de Saint-Maurice escreveu adaptações d'*A cidade e as serras* e d'*A ilustre casa de Ramires*, de Eça de Queirós, com produção e transmissão pela Emissora Nacional, em 1966, 1967 e 1970.

Num plano mais sofisticado e de forma localizada (designadamente, no universo da televisão britânica), a produção de seriados (v. *série*) baseados em romances oitocentistas desenvolveu-se como indústria cultural com inquestionável exigência artística. De outra índole são as versões de *jogos narrativos* (v.) derivadas de filmes, por vezes gerando tensões com os realizadores (como chega a acontecer também com autores de romances transpostos para o cinema), que sentem ter sido ferida a autenticidade artística da sua obra, mesmo quando ela é já o resultado de uma adaptação. Assim, Francis Ford Coppola desautorizou o jogo *The Godfather* (2006, por EA Redwood Shores, edição Electronic Arts), centrado em personagens da trilogia homónima e limitadas, no referido jogo, a ações violentas e destituídas da elaboração que o cinema lhes incutiu (cf. Thorsen, 2005).

7. Em qualquer caso, permanece pertinente a advertência: "Os modos narrativos do romance e do cinema operam de acordo com diferentes lógicas de narrar. (...) O modo de contar uma história depende não só de convenções

culturais e linguísticas, mas também dos parâmetros do *medium* específico através do qual ela é articulada" (Fulton, 2005c: 97). O que significa duas coisas: primeiro, que, na análise de uma adaptação, o confronto qualitativo entre a narrativa de origem e a narrativa de destino terá de ser regido pelo princípio da homologia e não da analogia, em busca de semelhanças e afastamentos; segundo, que uma obra adaptada, desenvolvendo plenamente o potencial artístico "dos parâmetros do *medium* específico" em que é relatada pode sobrepor-se, em notoriedade e em relevância cultural, ao texto de origem. Isso mesmo é atestado pelo sempre invocado exemplo de *Gone with the Wind* (de 1939, realizado por Victor Fleming), filme marcante da história do cinema que foi adaptado do romance com o mesmo título (de 1936), da autoria de Margaret Mitchell.

Acresce a isto que a adaptação envolve também uma componente cultural, à qual podem associar-se fenómenos de deriva tendentes a reinventar um romance e as suas personagens, em contextos muito distanciados do original. *Madame Bovary* (1857), de Flaubert, apresenta neste aspeto, uma história muito sugestiva; cada uma das suas adaptações "filtra o romance pela rede de uma cultura e de uma indústria cinematográfica nacionais (...). A versão [Vincente] Minnelli claramente e talvez inevitavelmente 'americaniza' Flaubert" (Stam, 2005: 182). Algo de semelhante acontece com a versão indiana (*Maya Memsaab*, 1992, de Ketan Mehta), ajustada às convenções de Bollywood; com *Vale Abraão* (1993), de Manoel de Oliveira, a partir do romance homónimo da Agustina Bessa-Luís (de 1991), por sua vez uma versão aportuguesada de *Madame Bovary*; e ainda, de forma mais distanciada, em *The Purple Rose of Cairo* (1985), de Woody Allen (cf. Stam, 2005: 182 ss.).

ADJUVANTE/OPONENTE

1. No modelo conceptual greimasiano, *adjuvante* é o papel actancial (v. *actante*) ocupado pelo *ator* (v.) ou pelos atores que ajudam o *sujeito* (v.) a realizar o seu programa narrativo.

2. O adjuvante opõe-se paradigmaticamente ao oponente; o ator ou os atores que desempenham o papel actancial de oponente dificultam ou impedem a realização do programa narrativo do sujeito (cf. Reis e Lopes, 2011: 22-23).

ALCANCE

1. Conceito que se refere à distância temporal a que se projetam a *prolepse* (v.) ou a *analepse* (v.), para além ou para aquém do momento da história em que a narrativa primeira se encontra.

2. Dependendo do relato, o alcance (em francês, *portée*, segundo Genette, 1972: 89-90) pode ser de poucas horas, de vários anos ou de alguns séculos. Assim, no canto III d'*Os Lusíadas* (1572), o narrador Vasco da Gama recua até às origens de Portugal e abre uma analepse cujo alcance atinge vários séculos; no cap. III d'*O crime do padre Amaro* (1880), de Eça de Queirós, a analepse (v.) retrocede até ao tempo do nascimento e da infância do protagonista.

O alcance constitui um aspeto particular da *anacronia* (v.) e em especial da analepse, com possível repercussão sobre a sua *amplitude* (v.). (cf. Reis e Lopes, 2011: 24-25).

ALTERAÇÃO

1. Chama-se *alteração* qualquer infração momentânea do tipo de *focalização* (v.) predominante numa narrativa, sem que isso perturbe a coerência da referida focalização (cf. Genette, 1973: 211). Tendo a ver com a regulação da informação narrativa disponibilizada, a alteração corresponde, então, a um excesso ou, pelo contrário, a uma carência de elementos informativos, relativamente ao que é admitido pela focalização adotada (p. ex.: facultar mais informação do que uma *focalização interna* (v.) permitiria).

2. Alguns narradores aludem episodicamente (e às vezes em tom irónico) à relação entre a focalização e a possível alteração do respetivo regime. Por exemplo, a focalização interna de uma personagem é interrompida pelo narrador: "Não é possível que Blimunda tenha pensado esta subtileza, e daí, quem sabe, nós não estamos dentro das pessoas, sabemos lá o que elas pensam, andamos é a espalhar os nossos próprios pensamentos pelas cabeças alheias e depois dizemos, Blimunda pensa, Baltasar pensou, e talvez lhes tivéssemos imaginado as nossas próprias sensações (...)» (J. Saramago, *Memorial do convento*, pp. 339-340).

3. A ocorrência da alteração pode explicar-se por inépcia técnica (quando o narrador não consegue respeitar as exigências da focalização instituída) ou por força da organização interna do relato (v. *paralepse* e *paralipse*). Numa perspetiva macroscópica de análise, interessada nas linhas dominantes de focalização mais do que nos seus desvios momentâneos, a existência de uma ou outra alteração não perturba os sentidos induzidos pelos regimes de focalização estabelecidos.

AMPLITUDE

1. Conforme o vocábulo sugere, a *amplitude* de uma *anacronia* (v.) corresponde à dimensão temporal coberta por uma *analepse* (v.) ou por uma *prolepse* (v.) (cf. Genette, 1972: 89-90). Isto significa que uma determinada retrospetiva pode limitar-se à curta amplitude de uma explicação circunstancial ("Os camponeses aprendiam a fazer as coisas com facilidade. O Rosado de S. Caetano construíra o forno, ficara uns dias a dar as indicações convenientes, a controlar as primeiras tentativas, e Firmino pusera-se logo a par do assunto"; Carlos de Oliveira, *Casa na Duna*, p. 139); noutros casos, a amplitude de uma anacronia pode ser consideravelmente longa: a analepse que ocupa os três primeiros capítulos d'*Os Maias* (1888) e parte do quarto recupera um período de mais de 50 anos.

2. Tal como ocorre com o *alcance* (v.), a amplitude constitui um aspeto da *anacronia* (v.) em evidência nos movimentos analépticos, uma vez que as prolepses surgem normalmente como ocorrências momentâneas e nem sempre consequentes. Por outro lado, a propensão muitas vezes explicativa da narrativa favorece o alargamento temporal das analepses: é a sua amplitude distendida que permite relatar com pormenor o passado de certas personagens ou fundamentar situações do presente da história.

ANACRONIA

1. Conforme a etimologia sugere, o termo anacronia (*ana-*, "inversão"; *cronos*, "tempo") designa todo o tipo de alteração da ordenação temporal dos

eventos da *história* (v.), ao serem representados pelo *discurso* (v.) (cf. Genette, 1972: 78-121; Genette, 1983: 15-22).

2. Um acontecimento que, na cronologia da história, se situe no final da ação pode ser relatado antecipadamente pelo narrador; por exemplo: "Este termo benigno de 'figurão', próprio da suavidade eclesiástica, haveria eu de saber que podia carregar-se, como toda a palavra mágica, do veneno que se quisesse" (Vergílio Ferreira, *Manhã submersa*, p. 17). Em sentido oposto e mais frequentemente, a compreensão do que ocorre no presente da ação contada pode levar a recuperar factos antecedentes; por exemplo: "Tudo se sabe neste mundo, e eu soube por ela (...) que a Brízida, naquela tarde em que a ameacei, correu a deitar tudo no regaço da Claudina Bisagra (...)" (Aquilino Ribeiro, *O Malhadinhas*, p. 49).

3. A anacronia constitui, então, um dos domínios do tempo narrativo em que se observa a capacidade do narrador para submeter o fluxo da temporalidade da história a procedimentos de reorganização discursiva (cf. Albérès, 1972: 35-43; van Rees, 1981: 49-89). Pode subverter-se a cronologia por antecipação (*prolepse*; v.) ou por recuo (*analepse*; v.). Em função do seu estatuto semionarrativo, é o *narrador homodiegético* (v.) (e também o *autodiegético*; v.) que com mais agilidade procede a movimentos de tipo anacrónico; de um modo geral, pode dizer-se que a anacronia é inspirada por um leque amplo de motivações: caracterização retrospetiva de personagens, reintegração *a posteriori* de eventos elididos, solução de enigmas por meio de revelações retardadas, manipulação da expectativa do destinatário pelo doseamento de informações antecipadas, etc.

ANALEPSE

1. O termo *analepse* designa todo o movimento temporal retrospetivo destinado a relatar eventos anteriores ao presente da ação e mesmo, nalguns casos, anteriores ao seu início. Correspondendo ao conceito designado também pelo termo *flashback*, a analepse integra-se, com a *prolepse* (v.), no domínio da *anacronia* (v.). A utilização da analepse rege-se por critérios muito variados, de um modo geral relacionados com a profundidade retrospetiva que ela atinge (*alcance*; v.) e com a dimensão temporal que abarca (*amplitude*; v.) (cf. Genette, 1972: 90 ss.; Genette, 1983: 15-22).

2. Três modalidades de analepse, em diagrama:

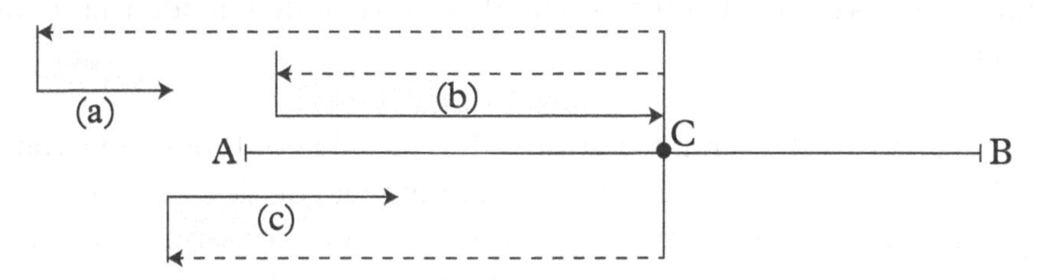

Tomando-se o segmento A-B como o corpo da ação principal em que se instituem as analepses e o momento C como ponto de partida para a sua instauração, considera-se *analepse externa* a modalidade (a): o lapso temporal a que ela se refere é inteiramente exterior à ação principal. A modalidade (b) é uma *analepse interna,* porque o seu alcance não excede o ponto de partida (A) do relato. A modalidade (c) corresponde a uma *analepse mista,* com um alcance que excede o ponto A e com uma amplitude que a leva até ao interior da ação principal.

3. A analepse é um procedimento com larga utilização e com funções muito diversas na orgânica do relato, decorrendo muitas vezes da ativação da memória de uma personagem: "Subitamente, fulminantemente – lembro-me. Pela noite quente, bato à tua janela, tínheis os quartos separados. Deitada sobre a cama, nua. Apenas um lençol cobrindo-te até ao ventre. Morena, nua" (Vergílio Ferreira, *Alegria breve,* p. 74). A evocação do passado parte, assim, de um corte brusco em relação ao presente da história e torna-se particularmente expressiva pela utilização do presente histórico.

A analepse pode também elucidar o passado de uma personagem relevante, em *focalização omnisciente* (v.): é o que acontece com a personagem Amaro, no capítulo III d'*O crime do padre Amaro* (1880), de Eça, e com Camille e Thérese, no capítulo II de *Thérèse Raquin* (1867), de Zola. Noutros casos, a analepse recupera eventos cujo conhecimento se torna necessário para que a história ganhe coerência: n'*Os Lusíadas* (1572), o começo *in medias res* (v.) (canto I, 19) é compensado pela vasta retrospetiva levada a cabo nos cantos III, IV e V.

ANÁLISE ESTRUTURAL

1. Método de descrição dos textos e em particular dos textos narrativos, a *análise estrutural* procura apreender a sua organização global com

base na identificação de uma determinada *estrutura* (v.). Esta é entendida como objeto organizado ou como modelo construído e tendencialmente universal.

2. A análise estrutural da narrativa foi iniciada por Propp, que, com a sua *Morfologia do Conto* (1928), propôs um modelo de descrição do conto popular maravilhoso centrado na inventariação dos elementos constantes deste tipo de narrativa. O trabalho de Propp é de índole indutiva, já que os resultados obtidos provêm de uma confrontação sistemática de cerca de uma centena de versões de contos populares russos. Partindo da análise deste material, Propp concluiu que todos os contos eram redutíveis a um esquema canónico de organização global, esquema esse que comportava 31 funções linearmente ordenadas. As funções são consideradas elementos invariantes combinados segundo uma ordem rígida de sucessão cronológica: a estrutura do conto identifica-se com este conjunto de elementos solidários e interligados (cf. Propp, 1965: 35 ss.). Importa notar que a abordagem proppiana tinha a ver com um *corpus* narrativo específico, de tal modo que Propp é "o primeiro a excluir que as 31 funções fundamentais por ele individualizadas possam ser mantidas integralmente num âmbito que exorbite o *corpus* escolhido" (Segre, 1977: 11-12).

Ponto de referência indispensável no âmbito da descrição formal do texto narrativo, o trabalho de Propp suscitou inúmeras leituras críticas e reformulações. Por exemplo, Claude Lévi-Strauss (1973: 139-173), cujas reflexões, no domínio da análise estrutural do mito (cf. Lévi-Strauss, 1955), muito contribuíram também para a formulação estruturalista do estudo do relato. A análise estrutural da narrativa pós-proppiana baseia-se num modelo construído de forma axiomática, dando lugar a uma translação epistemológica que foi explicada por Roland Barthes num texto fundacional: "Que dizer então da análise narrativa, colocada perante milhões de relatos? Ela está forçosamente condenada a um procedimento dedutivo; está obrigada a conceber inicialmente um modelo hipotético de descrição (...) e em seguida a descer pouco a pouco, a partir desse modelo, para as espécies que nele participam e dele se afastam: é somente ao nível dessas conformidades e desses afastamentos que ela reencontra, munida então de um instrumento único de descrição, a pluralidade das narrativas, a sua diversidade histórica, geográfica, cultural" (Barthes, 1966: 2). Para Barthes, está em causa uma variedade praticamente ilimitada de expressões e de géneros narrativos: "Há em primeiro lugar uma variedade prodigiosa de géneros, distribuídos entre substâncias diferentes, como se toda matéria fosse boa para que o homem lhe confiasse as suas narrativas: a narrativa pode ser sustentada pela linguagem articulada, oral ou escrita, pela imagem, fixa ou móvel, pelo gesto ou pela mistura ordenada de todas estas substâncias; está presente no mito, na lenda, na fábula, no conto, na novela, na epopeia, na história, na tragédia, no drama, na comédia, na pantomima, na pintura (...), no vitral, no cinema, nas histórias em quadradinhos, no *fait divers*, na conversação" (Barthes, 1966: 1).

3. O objetivo último que a partir daqui se pretende atingir é a descrição de uma estrutura universal da narrativa; trata-se de um objetivo que não norteava as pesquisas de Propp (centradas, como se disse, no estudo de um *corpus* restrito de contos) e que, de certa forma, anuncia já os propósitos da narratologia. Outro aspeto importante que parece uniformizar as diferentes propostas de análise estrutural da narrativa é o facto de todas elas recorrerem à linguística como modelo: postula-se, regra geral, uma homologia entre as estruturas frásicas e as estruturas das unidades transfrásicas; por outro lado, considera-se tarefa prioritária isolar o código em relação à mensagem. Noutros termos, interessa descrever a "língua" que preside à atualização dos diferentes textos narrativos, procedimento que deixa perceber a influência que o pensamento linguístico de Saussure exerceu sobre a análise estrutural em geral. Deste ponto de vista, só o código é sistemático, composto por um número finito de unidades de base e por um conjunto restrito de regras combinatórias: descrever a estrutura da narrativa implica detetar as suas unidades pertinentes e a invariância relacional que as caracteriza (v. *estrutura*); Philippe Hamon alude explicitamente a vários pressupostos que regem a análise estrutural da narrativa: delimitação de unidades estruturais e dos conjuntos que formam, retenção das unidades estruturalmente pertinentes, descrição das suas correlações, demarcação dos níveis em que se inserem, análise dos processos de transformação do sentido, etc. (cf. Hamon, 1971).

Este tipo de abordagem da narrativa privilegia o plano da *história* (v.) em detrimento do *discurso* (v.). Com efeito, a gramática narrativa é essencialmente uma gramática da história, quer se opte por uma perspetiva funcional e sequencial, quer se evidencie a configuração paradigmática da *narratividade* (v.). É sobretudo quando se adota essa perspetiva funcional proveniente de Propp e reelaborada por Barthes que se observa a incidência na história enquanto domínio contemplado pela análise estrutural da narrativa; para

Barthes, impõe-se a transposição, para este contexto, do conceito linguístico de nível de descrição.

Nessa perspetiva, a língua é encarada como um conjunto de níveis hierarquizados (fonológico, morfológico, frásico) e as unidades de cada um desses níveis só se definem plenamente quando integradas no nível imediatamente superior. Assim, "o sentido de uma unidade linguística é a sua capacidade de integrar uma unidade de nível superior" (Benveniste, 1966: 127). As relações entre unidades situadas num mesmo nível (por exemplo, relações entre fonemas) são chamadas distribucionais; fala-se de relações integrativas quando se relacionam unidades de níveis diferentes (a identificação de um fonema através da comutação põe em jogo dois níveis). Numa análise estrutural, não basta identificar as unidades (p. ex., *funções cardinais* e *catálises*; v.) e detetar as suas relações combinatórias; é também necessário integrá-las num nível superior de descrição, definindo o seu estatuto de constituinte funcional. Transpondo para o domínio da narrativa este conceito de nível de descrição, Barthes pressupõe uma homologia entre frase e discurso e contribui assim para a formulação da gramática narrativa.

[com A.C.M.L.]

ANISOCRONIA

1. Entende-se por *anisocronia* toda a alteração, no nível do *discurso* (v.), da *velocidade* (v.) da *história* (v.). Tal como acontece com a *isocronia* (v.), também a anisocronia (do gr. *a(n)-*, privação; *iso-*, igual; *cronos*, tempo) tem a ver com os ritmos que vão sendo instaurados no relato. A perceção de ritmos mais velozes ou mais lentos ocorre em função do tempo da leitura, que de certo modo concretiza o tempo da narrativa e determina a sua efetiva duração. Assim, o discurso pode prolongar-se por um tempo mais extenso do que o da história (quando o narrador, por exemplo, se demora em descrições ou em digressões) ou, pelo contrário, por um tempo mais reduzido do que o da história (quando o narrador abrevia em poucas linhas o que se passou em vários dias, meses ou anos) (cf. Genette, 1972: 122-124).

2. A anisocronia compreende vários movimentos de velocidade narrativa: a *pausa* (v.), a *cena* (v.), o *sumário* (v.), a *elipse* (v.) e a *extensão* (v.) (cf. Villanueva, 1977: 64-67). Um procedimento paranarrativo como a *digressão* (v.) pode também ser entendido como uma duração discursiva que altera a

velocidade temporal da história. Em geral, as anisocronias decorrem de uma atitude intrusiva do narrador, que subverte o regime durativo da história, fazendo valer prerrogativas de *representação* (v.) adequadas a essa situação.

ANTI-HERÓI

1. Personagem que se define por oposição ao *herói* (v.), o *anti-herói* é uma figura normalmente central numa determinada ação, apresentando uma configuração moral, social e económica desqualificada. Nesse sentido, o anti-herói pode ser entendido como uma inversão dos atributos e das qualidades às vezes sobre-humanas do herói.

2. A transição da epopeia para o romance, banalizando a personagem e apresentando-a marcada por defeitos e limitações, criou as condições históricas para o surgimento do anti-herói. Do mesmo modo, o esgotamento de subgéneros dominados pela figura do herói, como é o caso do romance de cavalaria, reitera os significados epocais do anti-herói e a sua capacidade para representar temas e problemas do seu tempo. O Lazarillo de Tormes, deambulando por um mundo que convida à perversidade e ao engano, e Dom Quixote, insistindo em reviver desastradamente os obsoletos códigos éticos da gesta de cavalaria, corporizam o herói às avessas de uma sociedade – a Espanha dos séculos XVI e XVII – plena de contradições.

Na história literária pós-romântica, a figura do herói aparece por vezes mutilada da excecionalidade que distingue muitas personagens românticas. Emerge então o chamado "homem sem qualidades" retratado por Musil, num romance centrado em dois problemas dilacerantes: a "dissolução do Eu no homem" e a "liquefação da civilização em torno dele" (Albérès, 1972: 67). Algo de semelhante pode dizer-se da personagem que reconstitui figuras e percursos épicos desvirtuados por um quotidiano banal (como Leopold Bloom, em *Ulysses*, 1922, de Joyce), ou daquela que reage ao absurdo da existência, em termos de estranheza e de desprendimento (Meursault, em *L'Étranger*, 1942, de Camus).

APÓLOGO

1. O *apólogo* é um género narrativo de origem remota e de vasta circulação transcultural, cujas motivações mais evidentes são a moralização, a

doutrinação e a crítica de costumes. Por força dessas motivações, o apólogo assemelha-se e chega a confundir-se com a *fábula* (v.) e mesmo com a *parábola* (v.). Tal como estas, o apólogo valoriza a capacidade transformadora e perlocutiva da narrativa. De um modo geral, os relatos desta natureza traduzem situações narrativas não naturais (v. *narratologia não natural*); assim, um objeto sinistro – uma forca – conta a sua história, em registo memorial: "Sou duma antiga família de carvalhos, raça austera e forte – que já na Antiguidade deixava cair dos seus ramos – pensamentos para Platão" (Eça de Queirós, "Memórias duma forca", in *Contos I*, p. 108).

2. Frequentemente, a distinção entre apólogo, fábula e parábola baseia-se na natureza das respetivas personagens. Em vez de animais ou de seres humanos, o apólogo dá voz e presença narrativa a objetos investidos de força alegórica; do diálogo e do comportamento desses objetos, em textos de dimensão muito variada, deduzem-se as conclusões morais que o apólogo propõe ao leitor. Essas conclusões podem mesmo dispensar uma voz narrativa formalmente instituída, quando o apólogo se formula em termos dialogais: no caso dos *Apólogos Dialogais* (1721) de D. Francisco Manuel de Melo, os objetos que falam (relógios, moedas, fontes) enunciam debates moralizadores, "na medida em que pretendem veicular – daí podermos falar de *eficácia perlocutória* em relação a determinadas estratégias dialógicas que os caracterizam – um conjunto de valores axiológicos" (Serra, 1998: XXXIX). Noutros casos, a voz do narrador conduz o apólogo e abre caminho à conclusão: um breve conto de Machado de Assis, de *Várias Histórias* (1896), encena uma discussão entre uma agulha e um novelo de linha e encerra-se deste modo: "Contei esta história a um professor de melancolia, que me disse, abanando a cabeça: — Também eu tenho servido de agulha a muita linha ordinária!" (Machado de Assis, "Um apólogo", in *Contos/Uma Antologia*, vol. 2, p. 282).

ASPETO – V. Perspetiva narrativa.

ATOR

1. No aparelho conceptual da semiótica greimasiana, o ator constitui a entidade correlata do *actante* (v.) e é entendido como manifestação discursiva de uma determinada categoria actancial (p. ex.: o *sujeito*, o *adjuvante* ou

o *destinador*; v. estes termos). Nesse plano discursivo, o ator define-se pela sua individuação, realizada pela atribuição de um *nome próprio* (v.) a uma personagem ou pela especificação de um papel temático (pai, camponês, rei, etc.), eventualmente com dimensão típica (v. *tipo*; cf. Greimas, 1966: 183-185; Courtés, 1976: 93-96; Greimas e Courtés, 1979: 7-8).

2. O princípio da individuação desdobra-se em duas possibilidades concretas: o ator pode implicar uma *figuração* (v.) de personagem ou corresponder a uma entidade não figurativa (o destino, por exemplo, como manifestação do actante *destinador*).

Do ponto de vista operatório, é no plano dos atores que se assiste ao investimento semântico das formas canónicas da sintaxe narrativa. São os atores que conferem ao texto narrativo densidade temática, ideológica e sociocultural. Pelo seu comportamento, pelo seu discurso e pela caracterização que os individualiza, os atores são elementos decisivos na representação de temas, de ideias ou de valores, perante os quais o *narrador* (v.) pode manifestar adesão ou distanciamento. Por fim, a conceptualização do ator, sempre em interação com o actante, propõe-se substituir a designação tradicional de *personagem* (v.), excessivamente conotada com sentidos psicológicos e morais de feição antropomórfica (cf. Hamon, 1977: 136-142; Reis e Lopes, 2011: 21-22).

AUTOBIOGRAFIA

1. Conforme o termo indica, a *autobiografia* é o relato de uma vida feito por quem a viveu. De forma mais elaborada, diz-se que a autobiografia é uma "narrativa retrospetiva em prosa que uma pessoa real faz da sua própria existência, quando coloca a tónica na sua vida individual, em particular na história da sua personalidade" (Lejeune, 1975: 14); em última instância, a narrativa autobiográfica procura dar sentido à vida passada e transmiti-lo aos outros (cf. Hatavara, 2013).

2. O conceito de autobiografia define-se por características dominantes, em termos formais, ontológicos e temáticos.

2.1. A centralidade assumida por quem narra, coincidindo, em termos de identidade, com o sujeito do enunciado (o protagonista da autobiografia).

2.2. A existência de um pacto de referencialidade, que remete para um percurso biográfico, percurso esse que, em princípio, é factual e historicamente verificável.

2.3. A valorização da experiência de vida de quem conta, em harmonia com a exemplaridade dos acontecimentos relatados, entendidos como merecedores de atenção e até de registo histórico.

Les confessions, de Jean-Jacques Rousseau, cumprem estas dominantes, sem perderem a feição confessional indicada no título e que é própria dos relatos com acentuada componente memorial. Recordemos os termos iniciais da obra mencionada: "Je veux montrer à mes semblables un homme dans toute la vérité de la nature; et cet homme ce sera moi" (J.-J. Rousseau, *Les confessions*, I, p. 43).

3. A designação de uma narrativa como autobiografia exige o estabelecimento de um pacto autobiográfico implícito ou explícito (cf. Lejeune, 1975: 26 ss.); de acordo com esse pacto, observamos que *autor*, *narrador* e *personagem* (v. estes termos) são a mesma pessoa, ainda que com estatutos diferentes. Distinto da autobiografia, numa aceção estrita, é o chamado romance autobiográfico: nele, é possível reconhecer alguma coisa da vida do autor, sem que isso ponha em causa a *ficcionalidade* (v.) do romance. Por outro lado, a narrativa propriamente literária pode adotar estratégias narrativas autobiográficas (cf. Rousset, 1973: 103), como acontece, por exemplo, na novela picaresca.

4. Um aspeto fundamental da configuração da autobiografia diz respeito ao estatuto do narrador e subsidiariamente à estruturação do *tempo* (v.), à articulação da *perspetiva narrativa* (v.) e à expressão da *subjetividade* (v.). Como se disse, em princípio o narrador de uma autobiografia foi protagonista de um passado que ele próprio relata, correspondendo à vida do autor civil que é responsável pela publicação da autobiografia. Assim, a ação de narrar configura, se não um sujeito inteiramente diverso do autor, pelo menos uma atitude específica, determinada pela intenção de operar, em forma narrativa, um balanço da própria vida; quase sempre, uma tal atitude decorre de um generalizado egocentrismo: "Cada um de nós tende a pensar em si mesmo como o centro de um espaço vital: sou importante, a minha existência é significativa para o mundo e a minha morte deixará o mundo incompleto" (Gusdorf, 2014: 29).

É através da figura do narrador que se representa, em *narração ulterior* (v.), uma certa *distância* (v.), relativamente ao que é narrado; trata-se da situação a que aludiu Michel Butor: "Desde que se introduz um narrador, há que saber como a sua escrita se situa em relação à aventura. Originariamente, supõe-se que ele espere até que a crise se resolva, que os acontecimentos se disponham numa versão definitiva; para contar a história, ele esperará até a conhecer na sua totalidade; só mais tarde, envelhecido, calmo, regressado ao lar, o navegador se debruçará sobre o seu passado, porá ordem nas suas recordações. A narrativa será apresentada sob forma de memórias" (Butor, 1969: 77).

Neste contexto, a noção de distância refere-se não apenas à distância temporal, mas também a outras: afetiva, moral, ideológica, etc. São estas que fazem do sujeito da enunciação (*eu-narrador*; v.) uma entidade diversa do protagonista (*eu-personagem*; v.) que ele foi no passado. Por mais declarações de objetividade que formule, o narrador é tentado a interferir subjetivamente na autobiografia: seleciona episódios, interpreta-os e faz juízos de valor, de tal maneira que, na sua condição de sujeito distanciado e maduro, ele faculta uma imagem do passado que lhe é favorável. De certo modo, o narrador da autobiografia coloca-se numa posição de transcendência em relação à sua própria vida, como se adotasse uma *focalização omnisciente* (v.); com exceção dos últimos tempos da vida ainda em desenvolvimento, ele conhece o desfecho de factos e de situações que protagonizou no passado, podendo mesmo completar esse conhecimento com pesquisas e informações adicionais.

5. A autobiografia está próxima, tanto do ponto de vista estrutural como do ponto de vista temático, de outros géneros de tendência confessional, como o *diário* (v.), as *memórias* (v.) ou a autobiografia ficcional, também designada como autoficção; nesta, o registo autobiográfico conjuga-se com a ficção, como estratégia de ocultação de factos e de figuras reais (p. ex., em *Cus de Judas*, 1979, de António Lobo Antunes). Em subgéneros narrativos como o *roman-fleuve* (v.) ou o *romance de formação* (v.), por vezes é o relato de uma vida em desenvolvimento que rege a representação da história, eventualmente com remota inspiração na experiência pessoal do romancista. Em função destas aproximações e de outras similares (p. ex., com textos epistolares e com textos ensaísticos), faz sentido falar num vasto espaço autobiográfico (cf. Lejeune, 1975: 41-43), onde a autobiografia propriamente dita ocupa um lugar central.

AUTOCARACTERIZAÇÃO

1. Entende-se por *autocaracterização* a representação das propriedades físicas, psicológicas, morais, culturais e sociais de uma personagem, quando operada por ela mesma, no processo de individualização que a diferencia das restantes personagens. Tal como acontece com a *caracterização* (v.) propriamente dita, a autocaracterização pode ser considerada um procedimento de *figuração* (v.), com incidência sobre elementos humanos ou sobre entidades antropomórficas.

2. A autocaracterização constitui, por natureza, um ato potencialmente carregado de subjetividade e, nesse sentido, em princípio pouco fidedigno: é a figura interessada quem de si mesma projeta uma imagem, quase sempre condicionada por motivações ou por interesses que retiram objetividade à autocaracterização. Por exemplo: "Pues sepa Vuestra Merced, ante todas cosas, que a mí llaman Lázaro de Tormes, hijo de Tomé González y de Antona Pérez, naturales de Tejares, aldea de Salamanca. Mi nacimiento fue dentro del río Tormes, por la cual causa tomé el sobrenombre" (*La vida de Lazarillo de Tormes y de sus fortunas y adversidades*, p. 111).

Noutros casos, a autocaracterização de uma personagem inserida na história estabelece uma relação dialética com a sua prévia ou subsequente *heterocaracterização* (v.), pelo narrador ou até por outra personagem. Assim, depois de ter sido brevemente descrita pelo *narrador heterodiegético* (v.) como "um rapaz alto, macilento, de bigodes negros, vestido de negro" (Eça de Queirós, *Os Maias*, p. 77), a personagem Tomás de Alencar reaparece, muitos anos depois, e esboça uma autocaracterizção, que inclui a sua maneira de falar "– V. Ex.ª (…) mal sabe a quem apertou agora a mão... (…) Ao camarada, ao inseparável, ao íntimo de Pedro da Maia, do meu pobre, do meu valente Pedro!" (*Os Maias*, p. 202).

3. A autocaracterização relaciona-se com componentes do relato que a condicionam e determinam. Os regimes de narração adotados, as focalizações dominantes, a construção temporal da narrativa ou a interação das personagens são alguns desses componentes, no quadro de uma geometria complexa, que permite diversas combinações e conduz a diferentes efeitos pragmáticos.

AUTODIEGÉTICO, Narrador – V. Narrador autodiegético.

AUTOFICÇÃO – V. Autobiografia.

AUTOR

1. Entidade materialmente responsável pelo texto narrativo, sujeito de uma atividade de escrita a partir da qual se configura um universo de ficção (v. *diegese*), com o seu *narrador* (v.), as suas personagens, ações, coordenadas temporais, etc. A condição do autor literário define-se em vários planos relacionados entre si (linguístico, estético-cultural, ético, moral, jurídico, económico-social, etc.) e compreende direitos e deveres. Ao mesmo tempo, o autor detém uma certa autoridade projetada sobre o recetor; assim, pode dizer-se que a produção da narrativa "implica não só um emissor, recetor e mensagem, mas também um certo potencial para uma atividade discursiva bem sucedida, a qual depende, para a sua realização, da autoridade do emissor e da validação, pelo recetor, dessa autoridade" (Lanser, 1981: 82).

2. A noção de autor transcende os estudos narrativos, ocupando nele um lugar relativamente acessório, quando comparado com a noção correlata de *narrador* (v.). Com efeito, a autoria diz respeito sobretudo à problemática da criação literária, das funções sociais da literatura, do uso estético da língua, etc.; podendo ser entendido numa aceção consideravelmente lata, o autor literário corresponde àquela entidade a que Roland Barthes chamou "écrivain", distinguindo o escritor ("aquele que trabalha a sua palavra (…) e absorve-se funcionalmente nesse trabalho" (Barthes, 1964: 148) do escrevente, que usa a palavra em termos puramente utilitários, sem propósito estético. Num sentido diverso, Michel Foucault repensou o conceito de autor e vinculou-o a uma instância de poder, desvanecendo a sua condição de entidade estável e imutável: trata-se de um construto social em quem se reconhece sobretudo o exercício de uma função (a função-autor), o que implica a sua disjunção em relação à pessoa concreta do escritor (cf. Foucault, 1979: 141-160).

A atividade do autor traduz um certo projeto cultural normalmente com a marca de uma época. Assim, "a noção de autor pressupõe (...) um homem de ofício (poético) estimulado pelo afã de criar e, sobretudo, de ter criado. (...) A categoria de 'autor' é a do escritor que põe todo o seu ofício, todo o seu passado de informação literária e artística, todo o seu caudal de conhecimento e ideias (...) ao serviço do sentido unitário da obra que elabora" (Tacca, 1973: 17). Inserido num cenário literário específico, o autor dificilmente escapa a esse envolvimento, de tal modo que a criação literária que elabora responde, de forma variavelmente explícita, às dominantes do contexto referido. Operando por procedimentos de codificação técnico--literária, o autor concebe e adota certas *estratégias narrativas* (v.), opta por géneros narrativos que se lhe ajustam, institui *narradores* (v.) e situações narrativas adequadas, configura uma certa economia actancial, etc. Isto significa que do trabalho autoral é possível deduzir uma marca identitária forte; é isso que se percebe quando usamos expressões como literatura balzaquiana, queirosiana ou saramaguiana e também, num outro domínio, quando falamos de cinema de autor.

3. No contexto teórico e operatório dos estudos narrativos literários, a figura do autor reveste-se de certa importância, sobretudo pelas relações que mantém com o *narrador* (v.). De um modo geral, essas relações entre autor e narrador estabelecem um "diálogo" quase sempre tácito, que deve ser analisado em função de dois parâmetros, que são também duas posições discursivas: por um lado, a produção literária do autor, incluindo os componentes ideológicos e doutrinários que lhe estão associados; por outro lado, a imagem e a posição do narrador no relato, deduzida sobretudo a partir da sua *subjetividade* (v.) e da sua interação com as personagens. Também o autor pode reagir às personagens e pronunciar-se sobre elas, fazendo-o, contudo, a partir daquela sua posição discursiva, que é exterior ao universo da ficção. A famosa afirmação flaubertiana "Madame Bovary c'est moi" estabelece um juízo de identificação que pode ser, aliás, interpretado de várias formas.

Em todo o caso, importa sublinhar o seguinte: entre o autor e as entidades representadas na narrativa (narrador, personagens, etc.) existe uma diferença ontológica que vincula o primeiro ao mundo real e as entidades ficcionais ao *mundo possível* (v.) construído pela narrativa literária. O que não impede, evidentemente, que entre ambos os mundos se estabeleçam relações mediatas que, não anulando o estatuto ficcional da narrativa literária, confirmam o potencial de heteronomia que lhe é inerente.

4. Note-se, por fim, que não devem ser confundidas as funções que cabem ao autor, na sua existência histórica e empírica, com outras que podem ser sugeridas por designações de circunstância eventualmente enganadoras. Assim, o autor de *Memórias póstumas de Brás Cubas* é Machado de Assis; aquele outro autor que fala de si mesmo no relato (o "defunto autor") é uma entidade ficcional, cabendo-lhe em particular o papel de narrador. Por sua

vez, Jean-Jacques Rousseau é o autor real de *Julie ou la nouvelle Héloïse;* mas ao apresentar o romance como recolha epistolar, ele assume a função de *editor* (v.), numa condição ficcional que é também a das cartas publicadas e a das personagens que as assinam.

AUTOR IMPLICADO

1. A noção de *autor implicado* foi estabelecida por Wayne C. Booth, ao estudar obras de Henry Fielding. Segundo Booth, revela-se nelas um "segundo eu", uma "versão criada, literária, ideal dum homem real" (Booth, [1961] 1980: 92). E num outro passo do mesmo estudo: "Até o romance que não tem um narrador dramatizado cria a imagem implícita de um autor nos bastidores, seja ele diretor de cena, operador de marionetas ou Deus indiferente que lima, silenciosamente, as unhas" (Booth, 1980: 167). É ao autor implicado que, nesta análise pré-narratológica, pode ser atribuída a harmonização global da narrativa, conduzindo o leitor à "perceção intuitiva de um todo artístico completo" (Booth, [1961] 1980: 91).

2. A partir desta caracterização, passou-se, quase sem transição, para uma conceção do autor implicado (também chamado autor implícito em tradução deficiente da expressão original) como entidade personalizada, o que descuida as palavras de Booth: trata-se de uma "versão (...) ideal dum homem real". Por força deste deslizamento conceptual, a noção surge episodicamente em estudos narratológicos ou afins; Genette, todavia, exclui o conceito de autor implicado do campo da narratologia. Chamando ao autor implicado uma "instância fantasma", declara: "uma narrativa de ficção é ficticiamente produzida pelo seu narrador, e efetivamente pelo seu autor (real); entre eles ninguém labora e qualquer espécie de performance textual só pode ser atribuída a um ou a outro, segundo o plano adotado" (Genette, 1983: 96).

Uma tal distinção torna-se especialmente pertinente, legitimando a recusa do conceito de autor implicado no quadro da narratologia, quando lemos um relato de *narrador homodiegético* ou *autodiegético* (v.): no *Robinson Crusoe* (1719), de Defoe, ou n'*O Mandarim* (1880), de Eça, a figura do narrador está perfeitamente identificada e autonomizada em relação ao autor; entre ambos "ninguém labora". O mesmo podemos dizer, embora com menor grau de evidência, do *narrador heterodiegético* (v.): a sua voz possui autonomia para proferir juízos de valor e para adotar posições ideológicas próprias, sem responsabilizar outras entidades que não ele mesmo.

3. A dificuldade de se aceitar o conceito de autor implicado no âmbito da narratologia é determinada também pela sua feição difusa. Essa feição difusa, já patente na formulação de Booth, é sublinhada por vários autores. Para Seymour Chatman, o autor implicado "não é o narrador, mas antes o princípio que inventou o narrador, bem como todo o resto da narração" (Chatman, 1981: 155); segundo Shlomith Rimmon-Kenan, trata-se de "uma entidade estável, idealmente consistente" (Rimmon-Kenan, 1983: 87) e intuitivamente apreendida pelo leitor; por sua vez, Jaap Lintvelt adota a designação de autor abstrato e declara que ele "representa o sentido profundo, a significação de conjunto da obra literária" (Lintvelt, 1981: 18). Constituindo uma espécie de consciência tácita, o autor implicado não projeta no enunciado as marcas de uma presença, marcas que, num paradigma narratológico, são imputadas à voz do narrador. Assim, "diferentemente do narrador, o autor implícito [sic] não pode *dizer-nos* nada. Ele, ou melhor, *isso*, não tem voz, não tem meios diretos de comunicação" (Chatman, 1981: 155-156).

B

BANDA DESENHADA

1. Entende-se por banda desenhada, antes de mais, um domínio de criação artística e narrativa, com larga difusão em todo o mundo e suscetível de ser integrada naquele vasto campo a que alguns autores chamam paraliteratura (cf. Fondanèche, 2005: 435-543). Em segunda instância, designa-se por banda desenhada a narrativa propriamente dita, estruturada, em regime multimodal, pela articulação da imagem gráfica com a linguagem verbal, ou apenas pela primeira, de forma autónoma. A narrativa de banda desenhada pode ser representada em diferentes suportes (jornal, revista, livro, etc.) e destina-se a públicos variados.

2. De um ponto de vista semionarrativo, a narrativa de banda desenhada conjuga elementos diegéticos (personagens, ações, espaços) com procedimentos discursivos específicos (tratamentos temporais, focalizações; cf. Horstkotte e Pedri, 2011), completados por opções compositivas (p. ex., *montagem;* v.), com efeitos na economia do relato e na sua leitura. Pela sua natureza, a narrativa de banda desenhada estabelece relações de afinidade com a narrativa verbal e literária e com a narrativa cinematográfica. Neste último caso, essas relações são confirmadas pela transmediação da narrativa de banda desenhada em adaptações ao desenho animado.

3. O *enunciado* (v.) de uma narrativa de banda desenhada pode ser analisado como um conjunto de unidades discretas, correspondendo estas aos pictogramas ou vinhetas. Sendo um conceito de definição relativamente difícil, o pictograma pode ser caracterizado como a "representação pictográfica no mínimo espaço e/ou tempo significativo, que constitui a unidade de montagem de uma história em quadradinhos"; sem ter de ser

rigidamente demarcada, "a vinheta representa pictograficamente (...) um *espaço* e um *tempo* ou, mais precisamente, um espaço que adquire dimensão de *temporalidade*", uma vez que ela "é composta por signos icónicos estáticos, que apesar da sua imobilidade podem assumir uma dimensão temporal graças às convenções da sua leitura" (Gubern, 1972: 115-116). A unidade espacial e temporal formada pelo pictograma fixa um momento da ação, articulado, nos planos lógico e cronológico, com o momento que o antecede e com aquele que se lhe segue.

4. A dimensão de narratividade que reconhecemos na banda desenhada é potenciada pelo recurso a signos de índole cinematográfica (enquadramentos, planos, ângulos de focagem, movimentos de campo/contracampo, etc.), bem como pelo apelo a experiências de leitura de mensagens verbo-icónicas cognitivamente interiorizadas pelo leitor. A par disso, o tratamento cromático da banda desenhada incute expressividade a certas atmosferas psicológicas e a atitudes emocionais das personagens; dependendo do contexto, a cor pode reforçar a capacidade expressiva do relato pictográfico, o mesmo acontecendo pelo recurso ao preto e branco e aos matizes de cinzento (cf. Fresnault-Deruelle, 1977: 224 ss.).

A dinamização narrativa da banda desenhada recorre sobretudo a três procedimentos discursivos: a sucessividade dos pictogramas e dos textos que a integram, acentuando a condição metonímica da narrativa; as *elipses* (v.) que separam os pictogramas, pressupondo a existência de eventos e de atos não explícitos, mas inferidos pelo leitor que acompanha o avanço da história; a montagem, procedimento eminentemente cinematográfico, permitindo a narração de ações em paralelo e não apenas de uma ação linear. Isto não impede que o *cartoon*, em pictograma único, revele eventualmente um certo grau de narratividade inferida pelo leitor, a partir da sua experiência cultural e narrativa.

Embora centrada na imagem, a banda desenhada recorre com frequência ao discurso verbal, com duas proveniências distintas: o discurso das personagens oralizado ou interiorizado e representado em balões ou em dispositivos gráficos similares; o discurso do narrador em voz *over* (v.) e situado, por exemplo, entre os vários pictogramas, ou numa zona autónoma do pictograma. Note-se, contudo, que o discurso verbal ocupa quase sempre um lugar subsidiário em relação às imagens; essa condição subsidiária confirma-se, se tivermos em atenção a relativa iconicidade que se observa em elementos verbais ou paraverbais (p. ex., interjeições ou onomatopeias em carateres ampliados e com cores fortes) ou a expressividade própria das chamadas metáforas icónicas (p. ex., a fúria sugerida num balão com relâmpagos e caveiras).

5. A fortuna cultural e social da banda desenhada remonta às suas raízes históricas. Originária dos Estados Unidos, em cuja imprensa apareceu em finais do século XIX (cf. Gubern, 1972: 13 ss., 35 ss.; Pierre, 1976: 13-24), a banda desenhada visava um público massificado; desde então, beneficiando do desenvolvimento das artes gráficas, transformou-se num fenómeno cultural reconhecidamente dotado de potencialidades artísticas e também ideológicas (acerca deste aspeto, cf. Dorfman e Mattelart, 1975; Stoll, 1978). Por isso, o seu alcance transcendeu o público infantil e adolescente que, em muitos casos, ela buscava. Autores que criaram personagens sugestivas e tornadas populares são hoje universalmente conhecidos, a par de escritores, cineastas ou artistas plásticos; é o caso de Hergé (criador de Tintim), da dupla Goscinny-Uderzo (Astérix), de Charles M. Schulz (Charlie Brown), de Quino (Mafalda), de Morris (Lucky Luke), de Hugo Pratt (Corto Maltese) e de muitos outros.

Noutros contextos culturais, a banda desenhada apresenta um estilo e temas próprios; é o caso do manga (termo usado também no feminino) de origem japonesa. Assente numa tradição multissecular (cf. Schodt, 2001: 28-37), o manga foi-se abrindo, desde meados do século XX, à influência do Ocidente, designadamente no tocante ao desenho das personagens; a isto pode acrescentar-se a sua extensão não apenas ao desenho animado, mas também ao *jogo narrativo* (v.). O manga exibe uma considerável diversidade temática, em cenário urbano de feição hiper-realista, não raras vezes com caráter violento e erótico (cf. Schodt, 2001; Pawuk, 2007; Petersen, 2011), dando lugar a críticas severas: "no respeitante ao argumento, seja em versão papel ou em versão animada, ele é de uma rara estupidez, desenvolvendo invariavelmente uma história maniqueísta em que tudo se resolve pelo combate e pelo afrontamento de poderes sobrenaturais" (Fondanèche, 2005: 541).

Em contraste com a estética e com a subcultura do manga, a banda desenhada ocidental alcançou um prestígio e uma capacidade de modelização paraliterária que são confirmados pelos inúmeros exemplos de transmediação de obras literárias famosas, supostamente tornadas mais acessíveis por esse meio. Refira-se, como exemplo significativo, a projeção da cultura clássica, das suas narrativas e dos seus mitos na banda desenhada (cf. Rodrigues, 2003; Rodrigues, 2005). A par disso, relatos de obras do cânone, como

Os Lusíadas, o *Eurico*, de Alexandre Herculano, ou contos de Eça de Queirós têm sido objeto de adaptações com propósito similar. Por vezes, esse propósito alarga-se a séries específicas (p. ex., a Coleção Literatura Brasileira em Quadrinhos, incluindo autores como Joaquim Manuel de Macedo, Machado de Assis, Raul Pompeia ou Aluísio Azevedo) endereçadas ao público juvenil.

Um lugar próprio, mas certamente relacionado com as características semionarrativas e com a projeção cultural da banda desenhada, é ocupado pelo chamado *romance gráfico* (v.).

BILDUNGSROMAN – V. Romance de formação.

BIOGRAFIA

1. Enquanto narrativa, a *biografia* é um relato em cuja história se procura representar a vida de uma personalidade, incluindo-se nessa representação o desenrolar da existência histórica e social, as suas etapas e acontecimentos mais significativos (formação, progressivo conhecimento do mundo, relação com os outros, integração social e cultural, etc.) e os incidentes que conduziram ao desaparecimento dessa personalidade. Além da biografia narrativa, pode falar-se noutros tipos de biografia (cf. Frank, 1980: 506-507), designadamente em biografia analítica, de tipo ensaístico, interpretativo e não necessariamente de registo factualista.

2. Do ponto de vista compositivo, a biografia reelabora, no *discurso* (v.), uma temporalidade pessoal e histórica normalmente alargada. Essa reelaboração vai revelando, gradual e calculadamente, diferentes fases do desenvolvimento de uma vida, o que quase sempre exige, por parte do biógrafo, uma atitude seletiva que escolhe os acontecimentos relevantes e suprime os irrelevantes. Aquela atitude está muitas vezes relacionada com a natureza e com o propósito da biografia: na biografia autorizada, que é a que conta com a concordância, com a colaboração e às vezes com uma retribuição material por parte do biografado ou de um seu representante, tende-se a destacar os componentes positivos e a menorizar ou a ocultar os negativos; na biografia não autorizada, dispensa-se o apoio do biografado, pelo que a seleção dos factos é independente e até, em certos casos, crítica

em relação a ele. Tanto numa como na outra está em causa normalmente uma personalidade viva, que pode ser beneficiada ou prejudicada pela biografia.

3. Do ponto de vista pragmático, a biografia é um género narrativo vocacionado para afirmar um certo exemplo de vida, com elementos morais, sociais, políticos e culturais que importa reter. Foi esse o sentido fundacional da biografia na Antiguidade, tal como se encontra representado nas *Vidas Paralelas* de Plutarco. Modernamente, a biografia confirma, com frequência, a propensão para a exemplaridade, ao que se junta a revelação de aspetos íntimos e privados da vida do biografado. De certa forma, *The Life of Samuel Johnson* (1791), por James Boswell, transformou-se num modelo do género biográfico, com grande projeção no mundo anglo-saxónico; essa projeção verifica-se até aos nossos dias, por exemplo, em biografias recentes como *The Bridge: The Life and Rise of Barack Obama* (2010), por David Remnick; *Churchill: the Life. An Authorized Pictorial Biography* (2015), por Max Arthur; e *Bobby Kennedy: the Making of a Liberal Icon* (2016), por Larry Tye.

4. A dimensão paraliterária da biografia narrativa acentua-se quando ela acolhe elementos ficcionais. Fala-se então de biografia romanceada, na medida em que eventos e figuras empiricamente verificáveis se mesclam e interligam com eventos e figuras ficcionais; acresce a isto o recurso a técnicas elaboradas de *caracterização* (v.) de personagens, de tratamento do tempo, de descrição dos espaços, etc., técnicas essas provindas da tradição romanesca propriamente dita. Obras como *Lélia, ou la vie de George Sand* (1952), por André Maurois, ou *Mary Stuart* (1935), por Stefan Zweig, correspondem ao que se designa como biografia romanceada. Em simetria com ela, o romance recorre por vezes à matriz biográfica, sem, no entanto, estar obrigado a cumprir com pleno rigor os princípios da biografia propriamente dita. O chamado romance biográfico resulta desta opção, como se pode observar em *La vida exagerada de Martín Romaña* (1981), de Alfredo Bryce Echenique, ou em *Amadeo* (1984), de Mário Cláudio.

Registem-se ainda outras afinidades da biografia: com a *hagiografia* (v.), que cultiva relatos motivados pela exemplaridade de vidas de santos (cf. Hutch, 1997: 100-110); com a *fotobiografia* (v.), que conjuga elementos biográficos com imagens fotográficas; com a historiografia, particularmente quando a vida de personalidades históricas destacadas (reis ou heróis) serve de referência organizativa, como acontece nalgumas *crónicas* (v.) medievais. No cinema, desenvolveu-se um género biográfico, o *biopic* (de *biographical motion picture*), que toma como centro e eixo do relato a vida de uma personalidade política, artística ou histórica, muitas vezes com propósito celebratório, pedagógico ou até de revisão de uma imagem estabelecida; p. ex.: *Camões* (1946), de Leitão de Barros; *Gandhi* (1982), de Richard Attenborough; ou *J. Edgar* (2011), de Clint Eastwood.

BIOPIC – V. Biografia.

C

CARACTERIZAÇÃO

1. Entende-se por *caracterização* a representação narrativa de propriedades físicas, psicológicas, morais, culturais, sociais e outras que são atribuídas a uma personagem, contribuindo-se assim para a sua identificação e diferenciação. Enquanto aspeto particular da *figuração* (v.), a caracterização incide sobre elementos humanos ou sobre entidades antropomórficas que, no plano da história, podem ser relacionados entre si e com outros componentes diegéticos. De acordo com as singularidades semiodiscursivas dos diferentes *media* com vocação narrativa e com capacidade de figuração de personagens complexas, a caracterização recorre a dispositivos específicos daqueles *media* e respetivos contextos (p. ex., no cinema; cf. Lothe, 2000: 85 ss.).

Assim, "a caracterização (...) investe numa personagem identificada um atributo ou um conjunto de atributos (também chamados 'traços', 'qualidades' ou 'características') que acrescentam material descritivo de uma particular espécie ao cerne do argumento" (Garvey, 1978: 63; cf. também Vieira, 2008: 326 ss.). O processo caracterizador de uma personagem pode ser analisado em termos isotópticos, na medida em que ele "institui um feixe de traços semânticos que se afirmam pela redundância: os atributos diretamente enunciados pelo narrador, o conjunto de ações que a personagem realiza, as palavras que profere e, muitas vezes, o próprio meio em que se insere coadunam-se de modo a configurar uma certa homogeneidade significativa" (Reis e Lopes, 2011: 214).

2. Do ponto de vista da sua explicitude e recursos associados, a caracterização compreende três modalidades.

2.1. A *caracterização direta* descreve os atributos físicos, psicológicos e sociais da personagem e surge num passo da narrativa expressamente consagrado a tal finalidade; a sua execução pode caber tanto à própria personagem (*autocaracterização;* v.) como a outra entidade, seja ela o narrador ou outra personagem (*heterocaracterização;* v.), o que implica consequências no plano da confiabilidade: quem a si mesmo se descreve não está numa posição neutra, ao passo que a caracterização feita por outrem possibilita, em princípio, uma certa capacidade de análise, incluindo uma atitude crítica mais intensa (cf. Lothe, 2000: 81-82).

2.2. A *caracterização indireta* constitui um processo dinâmico: é de uma forma dispersa, a partir dos discursos da personagem, dos seus atos e reações que vão sendo inferidas características significativas dos vários componentes da personagem. A redundância de falas pode acentuar traços que merecem ser evidenciados e, assim, as figuras narrativas "revelam-se a si mesmas (ou são reveladas) numa grande variedade de modos: as personagens 'possuem' discurso, gestos, ações, pensamentos, indumentárias e circunstâncias" (Hochmann, 1985: 38; cf. Lothe, 2000: 82-84).

2.3. A *caracterização mista* consiste, como a designação sugere, na conjugação da caracterização direta com a caracterização indireta; as ações e os discursos da personagem tratam, então, de confirmar ou de contrariar as propriedades atribuídas por uma descrição em regime de caracterização direta. Assim, a caracterização da personagem é, muitas vezes, um processo extensivo, distribuído ao longo da narrativa, levando a colocar questões pertinentes acerca da coerência da personagem enquanto componente da história.

3. Tendo em atenção a configuração semionarrativa do relato, a caracterização é condicionada pelo estatuto do narrador; em princípio, um *narrador heterodiegético* (v.) beneficia de um distanciamento que lhe permite discursos de caracterização mais desapaixonados do que os de um *narrador autodiegético* (v.) ou *homodiegético* (v.), condicionados pela sua implicação na história, pela variável *distância* (v.) a que narram, pela sua relação com os outros , etc. O narrador autodiegético, ao dizer que "a minha Brízida era branquinha de neve e perfeita de feições; alegre e airosa no trajar; dona de casa de primeira ordem" (A. Ribeiro, *O Malhadinhas*, p. 24), faz intervir na caracterização a sua posição subjetiva em relação à personagem. O mesmo pode dizer-se a

propósito da *focalização* (v.) adotada: são diferentes os efeitos semânticos e cognitivos de uma caracterização direta em focalização omnisciente dos de uma caracterização direta em focalização interna ou em focalização externa.

Atentemos nalguns exemplos. Primeiro: "Era alto, magro, vestido todo de preto, com o pescoço entalado num colarinho direito. (...) Fora, outrora, diretor-geral do Ministério do Reino, e sempre que dizia – 'El Rei!' erguia--se um pouco na cadeira (...)" (E. de Queirós, *O primo Basílio*, p. 39); trata-se aqui de uma caracterização direta em focalização omnisciente. Segundo: "O perfil do cocheiro arrancava-o da sombra a luz amarelada: o queixo espesso, o nariz correto, a fronte não muito ampla mas firme. De encontro à noite, parecia uma moeda de oiro" (C. de Oliveira, *Uma abelha na chuva*, p. 19); esta é uma caracterização direta processada a partir da focalização interna de D. Maria dos Prazeres, com revelação das suas obsessões e frustrações. Terceiro: "Um homem gordo, baixo, de passo molengão; samarra com gola de raposa; chapéu escuro, de aba larga, ao velho uso (...)." (C. de Oliveira, *Uma abelha na chuva*, p. 19); estamos, neste caso, perante uma caracterização direta em focalização externa.

4. A caracterização reveste-se de certo destaque na leitura da narrativa, pelas suas áreas de incidência (física, psicológica, social, etc.) e pelo seu peso relativo na economia da história. Para além de condicionada em termos de género (o romance consente tratamentos caracterizadores que o conto não permite), a caracterização relaciona-se com questões periodológicas e com as suas dominantes ideológicas. São evidentes as diferenças entre o retrato do herói romântico (p. ex., Carlos, no cap. XX das *Viagens na minha terra*, de Garrett), a caracterização de um tipo social (cf. acima, o conselheiro Acácio) e a difusa caracterização indireta da personagem em "diálogo" com o narrador autodiegético, temporalmente distanciado do seu tempo de juventude (p. ex., em *Para sempre* de V. Ferreira). Em qualquer caso, a caracterização (sobretudo a direta) constitui um domínio de representação das posições ideológicas e afetivas do narrador em relação à personagem visada, o que ajuda a definir os vetores semânticos que estruturam a narrativa.

CATÁLISE

1. Unidade do nível distribucional, a *catálise* é uma função de natureza completiva que preenche o espaço narrativo entre cada *função cardinal* (v.).

Trata-se, pois, de uma notação ou de um conjunto de notações subsidiárias, aglomeradas em torno de um núcleo e gerando um momento inerte da história.

2. Segundo Roland Barthes, pela funcionalidade atenuada da catálise "descreve-se o que separa dois momentos da história" (Barthes, 1966: 10). Apesar daquela fragilidade funcional, a catálise não é narrativamente nula; embora traduzam momentos de pausa, as catálises nem sempre são totalmente irrelevantes, na economia dos eventos narrados; muitas vezes, elas condensam elementos que anunciam a ocorrência de funções cardinais. Veja-se, por exemplo, a função catalisadora exercida pelo conhecido episódio dos comícios agrícolas, no cap. VIII, parte II, de *Madame Bovary* (1857).

CENA

1. O termo *cena* (ou *cena dialogada*) provém da linguagem do teatro e refere-se a uma unidade autónoma da representação dramática: a presença em palco de certas personagens delimita uma cena, seguindo-se-lhe uma nova cena, quando outra ou outras personagens se juntam àquelas ou quando alguma delas sai. Uma vez que a cena dramática se define também, na esmagadora maioria das situações, pela ocorrência de *diálogos* (v.) entre as personagens, a cena dialogada integra, na narrativa, essa característica, a que se junta outra: uma *velocidade* (v.) narrativa que imita a duração temporal dos diálogos entre as personagens.

Decorre daqui que, na cena dialogada, a voz do narrador desaparece total ou parcialmente do discurso narrativo, limitando-se como que a transcrever as falas, em discurso direto (uma das modalidades da reprodução do discurso no discurso). Mas o narrador não abdica necessariamente da sua condição de organizador da história; se é certo que ele encara as personagens como atores e os seus discursos como componentes de um diálogo dramático, isso não o impede de controlar o desenrolar da cena: introduzindo, através de indicações declarativas, as falas e as suas modulações prosódicas, facultando informações sobre as relações (espaciais, psicológicas, etc.) entre as personagens, formulando comentários, decidindo o momento adequado para a instauração e para a interrupção da cena, etc.

2. O narrador pode revelar uma certa consciência da dimensão dramática do relato, antes mesmo de elaborar uma cena dialogada formalmente representada pelas falas das personagens. Em *Eugénie Grandet* (1833), de Balzac, o subtítulo *Scènes de la vie de province* é, por si só, significativo; depois, no decurso de um diálogo entre duas personagens, pode ler-se: "Cette scène était éclairée par une seule chandelle placée entre deux barreaux de la rampe" (p. 136).

3. A cena dialogada relaciona-se com outros signos narrativos, em especial do domínio da velocidade temporal: *pausa* (v.), *elipse* (v.) e *sumário* (v.). No caso do sumário, a relação estabelecida com a cena evoca a oposição aristotélica entre *diegesis* e *mimesis*; assim, a oposição sumário/cena traduz a alternância de uma representação modelada por um narrador distanciado e com poder de síntese (sumário) daquela que reproduz mimeticamente as falas das personagens (cena). Em certos casos, a dramatização pode levar-se a cabo perante o olhar de uma personagem que observa e escuta uma cena entre outras personagens. As designações *telling* (v.) e *showing* (v.), utilizadas por Henry James e Percy Lubbock, correspondem, *grosso modo*, à díade sumário/cena.

CINEMA

1. O *cinema* é um meio de representação multimodal com mais de um século de existência, envolvendo práticas diversificadas e incluindo um complexo aparato técnico que tem evoluído ao longo dos tempos. Numa formulação mais precisa, o cinema pode ser entendido como um processo de comunicação audiovisual, com identidade definida, em termos mediáticos; essa comunicação recorre, no respeitante ao suporte material, a uma câmara que capta imagens em sucessividade, cuja subsequente projeção, a uma velocidade adequada, produz a ilusão de movimento. Além disso, o cinema usa canais ajustados à sua natureza e ao público que visa. Em função daquela identidade mediática, o cinema convoca um conjunto de dispositivos formais, normalmente articulando imagem e som (ou utilizando só a imagem, quer antes da invenção do sonoro, quer, depois disso, por opção estética), com um forte potencial narrativo; esse potencial permite contar histórias, retratar personagens, relatar conflitos, etc. Para além destes significados (e também daquele que se refere ao local público onde se exibem

filmes), o cinema corresponde ainda a uma indústria com grande alcance económico e social e com uma história de mais de um século, marcada por diferentes estilos, géneros e contextos culturais e ideológicos (cf. Bordwell e Thompson, 1997: 441-471).

2. Nas suas origens, os estudos de cinema, *grosso modo* identificados com aquilo a que uma figura pioneira, Gilbert Cohen-Séat, chamou *filmologia*, eram entendidos como "um conhecimento ordenado, tendo por objeto um conjunto de fenómenos específicos que (...) podem dividir-se em dois grupos principais: os *factos fílmicos* e os *factos cinematográficos*" (Cohen-Séat, 1958: 11). Na sequência desta distinção, Christian Metz insere, no âmbito do cinematográfico, elementos e fatores de ordem técnica, económica, social, política, etc. (cf. Metz, 1971: 7 ss.). No domínio do fílmico (que é o que aqui interessa), entra tudo aquilo que motiva "o estudo total do discurso fílmico considerado como um lugar integralmente significante"; abre-se, assim, caminho a uma semiótica com "vontade de tratar os filmes enquanto textos, como unidades de discurso, com a obrigação de investigar os diferentes sistemas (sejam ou não códigos) que informam esses textos e neles se encontram implicados" (Metz, 1971: 13 e 14).

Isto não impede que certos factos cinematográficos, em princípio irrelevantes para a semiótica fílmica, acabem por convergir nela. Por exemplo, a passagem do mudo ao sonoro, do preto e branco à cor e do analógico ao digital, dizendo respeito a aspetos materiais do cinema, projetam-se no plano do fílmico, por introduzirem ou reforçarem signos e códigos até então inexistentes ou subalternos. O mesmo se diga da mudança de canal, passando da exibição em sala pública à transmissão televisiva ou ao visionamento em suporte digital.

3. No presente contexto, devem ser referidas questões que emergem da vocação narrativa do cinema, incluindo diversos componentes dessa vocação: a sua condição plurimediática, as estratégias por que se rege a narração fílmica, os dispositivos de edição (*montagem*, v.), a integração do som e a sua função narrativa, a modelação cinematográfica do tempo e do espaço diegéticos, o agenciamento narrativo do cinema, o recurso a efeitos de perspetiva, a interação do verbal com o audiovisual (em certa medida homóloga do que se observa no *romance gráfico*; v.), etc. (cf. Kuhn, 2014). A partir destas questões, equaciona-se o significado operatório de três conceitos contemplados pelos estudos narrativos cinematográficos.

3.1. O conceito de *narratividade* (v.). Se o entendermos numa aceção ampla, reconheceremos que, no cinema (e em particular no cinema ficcional), são representados universos e figuras cuja dinâmica temporal, conflitualidade (potencial ou efetiva), sequencialidade e dimensão humana são adequadamente modelizados pela narrativa: "A tríade tempo, espaço e causalidade é, por conseguinte, um ingrediente básico do cinema narrativo" (Verstraten, 2009: 159), legitimando a sua intrínseca narratividade; embora eventualmente questionada por procedimentos desconstrutivos e experimentalistas (em especial no chamado cinema "de arte"), ela permanece predominante. Note-se que o reconhecimento da narratividade no cinema implica a valorização do ato da receção e da respetiva experiência cognitiva (o espectador como "leitor" de narrativas e construtor de sentido; cf. Eikhenbaum, [1926] 1973: 123-124).

3.2. O conceito de *narrador*. Numa análise em que se acentue o caráter multimodal e compósito do cinema e dos seus dispositivos potencialmente narrativos (imagem, som, movimentos de câmara, encenação, montagem, etc.), torna-se difícil postular uma voz de narrador com a nitidez individualizada, às vezes com identidade definida, que ela possui na maioria das narrativas literárias. Não é propriamente a câmara que narra, uma vez que é a interação dos dispositivos referidos que desempenha uma função narradora, como instância narrativa marcadamente visual (cf. Kuhn, 2009: 261-262), destituída, contudo, da corporalidade das personagens; fala-se, por isso, de um *narrador cinemático*, como "composto formado por uma ampla e complexa variedade de dispositivos de comunicação" (Chatman, 1990: 134), dirigidos tanto ao canal auditivo (voz, música, ruído), como ao canal visual (lugar, ator, iluminação, cor, etc.). O narrador cinemático não é uma pessoa identificada, mas o resultado de um agenciamento "que organiza e compõe as coisas" (Gaudreault, [1988] 2009: 120; cf. também Lothe, 2000: 27-31). Uma situação específica, evidentemente, é o recurso à *voz off* (v.) ou à *voz over* (v.), instaurando narradores de circunstância, reconhecidamente inspirados na narrativa verbal.

3.3. O conceito de ponto de vista ou de *perspetiva* (v.). Pela sua natureza visual, o cinema trabalha aquele conceito de forma mais ágil, complexa e semanticamente consequente do que a narrativa literária. Assim, é redutor pensar que o ponto de vista fílmico se limita a uma posição da câmara, fixando um olhar sobre os acontecimentos relatados; ele envolve vários ângulos de observação, eventualmente muito dinâmicos e completados no estádio da pós-produção (p. ex., pela montagem e pela banda sonora, etc.). Pode, por isso, afirmar-se que, no cinema, o "alcance das focalizações, juntamente com o ponto de vista das outras personagens, ilustra as possibilidades da focalização variável, em que diferentes acontecimentos são vistos de diferentes pontos de vista, bem como da focalização múltipla, onde o mesmo acontecimento é mostrado de diferentes perspetivas" (Fulton, 2005a: 113; cf. também Murphet, 2005b: 89-90).

4. Permanece pertinente a noção de que o cinema pode ser descrito como uma semiótica específica, em termos afins daqueles em que falamos de semiótica literária. Essa descrição tem em atenção o funcionamento de uma pluralidade de códigos heterogéneos (fílmicos, técnico-narrativos, proxémicos, linguísticos, etc.; cf. Metz, [1968] 1972; 101-102), no quadro de um agenciamento narrativo em que a indagação acerca do narrador se formula nos termos problemáticos acima mencionados.

Uma das questões que aqui se coloca é a do estatuto do *signo* (v.). Sem prejuízo da conformação primordialmente icónica do cinema, esse estatuto estabelece-se em função da condição modelizante própria de toda a representação artística. Ela afirma-se também no caso do cinema, porquanto nele "as imagens se justapõem (...) e adquirem um sentido, exatamente justapondo-se e distinguindo-se em relação a um conjunto de possibilidades que funciona à maneira de um modelo"; isto quer dizer que é própria do cinema "uma capacidade organizativa de significar (e de comunicar), que não anula por certo o 'conteúdo' (...) que a imagem tem como seu, e tão--pouco a sua inegável presença, mas ao mesmo tempo transfere conteúdo e presença para um nível semiótico, coordenando-os a uma função sígnica" (Garroni, 1980: 143). A codificação do discurso fílmico pode induzir um certo estilo de realização, envolvendo procedimentos semionarrativos como o enquadramento, o ângulo de filmagem, a definição do campo, o estabelecimento de planos, a ligação entre eles (*raccord*), etc. Numa fase subsequente, a montagem seleciona e define a sintaxe dos planos, incutindo ao filme dinâmica narrativa e realçando certos componentes diegéticos em detrimento de outros (cf. Deleuze, 1983: 23 ss., 46 ss.; Levi, 2012: 138 ss.).

5. Os elos que ligam a narrativa literária à narrativa fílmica podem ser analisados em vários âmbitos, incluindo o das conexões entre as produções teóricas suscitadas por ambas (cf. Pérez Bowie, 2008). A evolução dos

géneros narrativos mostra ainda que o romance, perante as potencialidades representacionais e também as limitações do cinema, foi levado a imitar os movimentos da câmara cinematográfica (cf. Raimond, 1966: 322-326) ou, pelo contrário, a adentrar-se em domínios que ela tem dificuldade em captar (p. ex., a vida psicológica das personagens). Mais específicos são os problemas levantados quer pela transposição intermediática de romances, novelas ou contos para o cinema, quer, inversamente, pela adaptação literária de filmes narrativos (v. *intermedialidade* e cf. Chatman, 1981a). É ao nível dos procedimentos discursivos que os problemas mencionados se tornam mais evidentes, em parte devido à ausência, no cinema, de um narrador assumido como sujeito de um discurso autónomo, a par do das personagens; isso obriga, no relato fílmico, a rearticulações de categorias como o *tempo* (v.) e a *perspetiva narrativa* (v.). Na narrativa literária, o narrador omnisciente pode realizar uma *elipse* (v.), elaborar um *sumário* (v.) ou ativar a *focalização interna* (v.) de uma personagem; na narrativa fílmica, é pela *montagem* (v.) e pela escolha de planos e de enquadramentos que podem produzir-se efeitos correlatos daqueles.

Note-se, a título exemplificativo, o seguinte: antes ainda da invenção do cinema, o romancista Henry James aludiu às muitas "janelas" da casa da ficção, notando que cada uma delas "foi ou pode ser penetrada pela necessidade da visão individual" (*apud* Allott, 1966; 169). As palavras de James sugerem a dimensão potencialmente cinematográfica do romance e lembram a utilização que, no filme *A janela indiscreta* (*Rear Window*, 1954), Hitchcock fez do ponto de vista individual de uma personagem. Por outro lado, quando na narrativa literária se observa uma velocidade em *extensão* (v.) (p. ex., na demorada representação do fluxo psicológico de uma personagem), institui-se uma velocidade que corresponde à câmara lenta (*ralenti* ou *slow motion*). São as constantes e fecundas interações acima referidas que permitem falar num pré-cinema ("construções de tipo cinematográfico que se encontram em obras literárias escritas antes da invenção do cinematógrafo"; Urrutia, 1984: 32), numa literatura cinematográfica e, inversamente, numa cinematografia literária (cf. Utrera, 1987), bem como em relações intersemióticas entre cinema e literatura (cf. Sousa, 2001).

6. Pela sua relevância sociocultural e pela condição narrativa que, em muitos casos, o caracteriza, o cinema tem sido objeto de abordagens estruturalistas e semióticas que remontam a ensaios pioneiros de Albert Laffay (1964); essas abordagens justificam que se fale numa narratologia cinematográfica,

também designada como narratologia fílmica. Para a constituição dessa disciplina contribuíram os trabalhos de, entre outros, Christian Metz ([1968] 1972 e 1971), Seymour Chatman ([1978] 1981 e 1990), Francesco Casetti (1978 e 1986), Jorge Urrutia (1984 e 1985) e François Jost (1987 e 1998), este último em colaboração com André Gaudreault (1990 e Gaudreault, [1988] 2009). O alargamento transdisciplinar da narratologia (cf. Herman, ed., 1999) e a afirmação dos *estudos narrativos mediáticos* (v.) valorizaram o cinema como prática integrada num mundo dominado pelos *media* eletrónicos e impressos; ele participa, então, na generalizada *narrativização* (v.) da realidade e na naturalização de posições ideológicas que as narrativas mediáticas disseminam: "O que as narrativas mediáticas conseguem é precisamente este tipo de mitologização, de apresentação de posições ideológicas, como se elas fossem naturais e normativas" (Fulton, 2005: 7).

7. Esta referência aos estudos narrativos mediáticos conduz a uma breve caracterização dos atuais estudos de cinema. O seu fundamento é o aparato conceptual da teoria da narrativa, eventualmente em conjugação interdisciplinar com outros campos de pesquisa.

Legitimados pela sua entrada na academia, com os inerentes desenvolvimentos curricular e de produção bibliográfica, bem como pelos demais mecanismos de enquadramento académico (veja-se, a título de exemplo, a oferta pedagógica do Department of Film, Television and Digital Media, da School of Theater, Film and Televison da UCLA, em http://www.tft.ucla.edu/programs/film-tv-digital-media-department/), os estudos de cinema abrangem um leque muito variado de matérias, tanto de índole estético-formal, como socioideológica (cf. Dyer, 2000); é isso que bem se atesta pela existência de obras de referência (dicionários e enciclopédias) que procuram sistematizar e consolidar este campo de trabalho (p. ex.: Olson, 1996; Blandford *et alii*, eds., 2001; Hayward, 2013; Branigan e Buckland, eds., 2014), por vezes em articulação com os estudos de televisão (cf. Pearson e Simpson, eds., 2001).

Aos estudos narrativos propriamente ditos interessam sobretudo as abordagens em que o cinema é encarado como linguagem narrativa, o que explica as correlações acima feitas com a semiótica. Ao mesmo tempo, obras de referência, como a de David Bordwell, *Narration in the Fiction Film* (Bordwell, 1985), apresentam um aparato conceptual e terminológico claramente deduzido da narratologia (cf. também Sikov, 2010: 89 ss. e Lothe, 2000: *passim*). A par disso, os estudos de cinema atribuem importância capital à reflexão, em muitos casos seminal, de ensaístas e de cineastas como Sergei Eisenstein, Walter Benjamin, Siegfried Kracauer, André Bazin, Gilles Deleuze, François Truffaut ou Jean-Luc Godard, bem como ao chamado cinema de autor. Neste caso, a partir de uma expressão cunhada por Truffaut ("la politique des auteurs"), os estudos de cinema interessam-se não apenas pelo estilo de um cineasta, mas também pela "qualidade moral da sua visão do mundo", entendida como "a visão global da forma como o mundo funcionou social e filosoficamente, como os homens e as mulheres se relacionaram uns com os outros e consigo mesmos, incluindo as questões éticas e morais com que os cineastas lidaram, ao longo das suas carreiras" (Sikov, 2010: 119 e 120).

Por fim, apontando no sentido de uma solução integradora e pluridisciplinar dos estudos de cinema, um dos seus mais influentes estudiosos da atualidade propõe a superação da oposição, muitas vezes estabelecida, entre uma perspetiva estética e uma visão cultural: "A dimensão estética de um filme", escreve Richard Dyer, "nunca existe independentemente de como ele é conceptualizado, socialmente praticado, recebido; nunca existe à margem de particularidades históricas e culturais. Do mesmo modo, o estudo cultural do cinema deve sempre entender-se como o estudo da sua especificidade, dos seus próprios prazeres, da sua própria maneira de fazer as coisas, que não podem ser reduzidas a formulações ideológicas ou àquilo que as pessoas (produtores e espectadores) pensam e sentem" (Dyer, 2000: 7-8).

CÓDIGO

1. O conceito de *código* pode ser postulado em termos muito latos, em concordância com a diversidade de áreas em que ele é pertinente. Tendo sido objeto de reiteradas análises a partir da segunda metade do século XX (cf. Veron, 1980: 87 ss.; Eco, 1984: 259-262 e 296-300; Fokkema, 1985: 643 ss.), o conceito de código pode ser definido assim: um conjunto de regras adotado por uma comunidade e que, de forma variavelmente impositiva, permite a formulação de mensagens, em diferentes suportes, com consequente representação de sentidos e com efeitos pragmáticos sobre os seus utilizadores; a operacionalidade do código baseia-se na produtividade de um sistema de signos e na ativação de regras sintáticas que regem a sua organização em sintagma.

Na formulação mais complexa e mais específica elaborada por Umberto Eco, "*entende-se por código uma convenção que estabelece a modalidade de correlação entre os elementos presentes de um ou mais sistemas assumidos como plano da expressão e os elementos ausentes de um outro sistema (ou de mais sistemas ulteriormente correlacionados com o primeiro) assumidos como plano do conteúdo, estabelecendo também as regras de combinação entre os elementos do sistema expressivo de modo que estejam em condições de corresponder às combinações que se deseja exprimir no plano do conteúdo*" (Eco, 1976a: 33-34).

No processo comunicativo em que opera, o código envolve um emissor e um ou mais recetor(es). Assim, pela ativação do código (ou dos códigos) a que ambos se referem, configura-se uma competência comunicativa que é necessária para que a semiose se torne efetiva. Isto significa que o funcionamento do código reveste uma dimensão social, envolvendo não apenas as prescrições da sua "gramática", mas também a sua inserção num determinado espaço e tempo históricos.

2. A capacidade normativa dos códigos varia de acordo com as áreas em que ele vigora: do campo jurídico ao ético, do linguístico ao artístico, é muito diversa a sua normatividade. No caso das narrativas literárias, os códigos que as estruturam são caracterizados por uma certa instabilidade, inscrita na dinâmica das relações opositivas entre conservação e mudança própria das práticas artísticas. Na "luta constante entre a Ordem e a Aventura", revela-se, então, uma "obsessão unificante, a da dialética entre lei e criatividade" (Eco, 1984a: 302), uma dialética resolvida entre dois polos antagónicos: o da redundância, como reiteração de signos e de códigos saturados pelo uso, e o da novidade, isto é, a articulação de signos imprevistos e de códigos renovados, conduzindo ao incremento do índice de informação estética da mensagem. Faz sentido, assim, falar da vocação de certas obras e autores para subverter os códigos instituídos, no quadro daquilo que Lotman (cf. 1973: 400 ss.) designa *estética de oposição;* com isso não se nega a vigência do código ou dos códigos, mas tão-só o seu desconhecimento por parte do público, como se verifica, por exemplo, com as estéticas de vanguarda.

3. A postulação de códigos que estruturam a narrativa implica o reconhecimento de dois aspetos da sua vigência: primeiro, está nela em causa uma pluralidade de códigos articulados entre si; segundo, podemos identificar *signos* (v.) específicos da narrativa, contribuindo para a afirmação

da sua condição modal (v. *narratividade*). O primeiro aspeto (a pluralidade de códigos) deve ser entendido como evidência da heterogeneidade das linguagens artísticas, explicitamente reconhecida por vários autores (cf. Silva, 1983: 79-81); do plano da expressão linguística ao técnico-compositivo, passando pela representação ideológica e pelos elencos temáticos, a narrativa estrutura-se em função da interação de vários códigos em diferentes níveis de enunciação. Sendo, então, irredutível a um único código, a narrativa abre-se a estudos que, indo além da dimensão narratológica (mas não deixando de a ter em conta), envolvem indagações ideológicas, étnicas, de género, de incidência mediática, etc.

4. A descrição sistemática dos códigos que estruturam a narrativa literária constitui um horizonte difícil de atingir, a menos que se adote uma atitude impositiva semelhante à que caracterizou as poéticas prescritivas do passado. Ainda assim, se aceitarmos que na narrativa se manifesta um código técnico-compositivo (cf. Silva, 1983: 104-105) com relevância semiótica, podemos identificar, como seu repertório, sistemas de signos especificamente narrativos. Deste modo, a organização do *tempo* (v.) inclui subdomínios (*ordem*, *velocidade*, *frequência*; v. estes termos) e signos (*analepse*, *prolepse*, *elipse*, *pausa*, etc.; v. estes termos) suscetíveis de serem assumidos como plano da expressão, em correlação com significados localizados no plano do conteúdo; essa capacidade de representação semântica reconhece-se também nas opções permitidas pelo sistema da *focalização* (v.), na utilização de certos *corpora* de personagens, etc. Estes procedimentos estão, por sua vez, relacionados com as constrições do hipercódigo de *género narrativo* (v.); assim, o *romance* (v.) implica estratégias de caracterização da *personagem* (v.) que o *conto* (v.) dispensa, tal como a *epopeia* (v.) tinha no começo *in medias res* (v.) um tratamento temporal praticamente obrigatório.

Registe-se ainda que o grau de convenção do código técnico-compositivo depende de circunstâncias históricas a ponderar. Por exemplo, o romance naturalista atribuiu considerável importância à *focalização omnisciente* (v.); recorrendo a ela, o narrador surge como entidade que conhece em profundidade as personagens e controla a economia da narrativa, num contexto ideológico racionalista e determinista. Subvertendo esse equilíbrio, o chamado *novo romance* (v.) tentou uma rearticulação de categorias como a personagem e o tempo, reagindo contra o peso da tradição literária e refutando convenções provindas sobretudo dos géneros narrativos oitocentistas.

COMEÇO – V. *Incipit*.

COMENTÁRIO – V. Digressão.

COMPOSIÇÃO

1. No quadro dos estudos narrativos, a composição é uma consequência da organicidade que, em certos casos, reconhecemos no relato, traduzindo o princípio de que a narrativa é uma entidade internamente coesa. A composição pode ser entendida como a articulação das partes (ações, personagens, etc.) que constroem um todo, aquilo a que Roman Ingarden chamou a ordenação da sequência: "um sistema determinado de posições de fases em que uma fase se funda em fases correspondentes de todos os estratos conexos da obra e assim alcança determinadas qualificações precisamente por se encontrar nesta e não noutra posição" (Ingarden, [1931] 1973: 339).

Pode observar-se, na composição da narrativa, um propósito finalístico que é notório quando estamos perante uma *composição fechada*. Neste caso, configura-se uma intriga conduzida de forma equilibrada e lógica e culminando num *desenlace* (v.). Os romances policiais e as histórias de amor obedecem muitas vezes a este tipo de composição, sendo o seu final (a descoberta do assassino, o casamento, a morte de alguém, etc.) o momento em que se fecha a história (v. *intriga*). Pelo contrário, nas narrativas de *composição aberta* não se atinge um desenlace, apesar de não ser posta em causa a coesão interna da ação, que se desenrola em episódios ligados entre si por várias formas (v. *sintaxe narrativa*). *A ilustre casa de Ramires* (1900), de Eça de Queirós, ou *A jangada de pedra* (1986), de José Saramago, podem considerar-se romances abertos. Em relatos mediáticos como as *séries* (v.) de televisão, a composição aberta dá lugar, muitas vezes, a continuações, em novas temporadas (p. ex., *Seinfeld*, com nove temporadas, de 1989 a 1998, *Sex and the City*, com seis, de 1998 a 2004, ou *Downton Abbey*, igualmente com seis, de 2010 a 2015).

2. Os estudos narrativos que se interessam pela composição não se restringem à análise das narrativas literárias. Nas narrativas televisivas (v. *telenovela*), nas narrativas radiofónicas (v. *radionovela*), nas narrativas fílmicas (v. *cinema*) ou nas narrativas em ambiente eletrónico (v. *jogos*), a composição

pode ser um componente relevante, em função do respetivo contexto mediático e tendo em vista os públicos a que aquelas narrativas se dirigem.

A questão da composição revela especial pertinência quando está em causa o *romance* (v.). Pela sua extensão, pela quantidade e diversidade dos seus elementos diegéticos (personagens, espaços, ações) e pelas dimensões temporais que a história alcança, o romance envolve muitas vezes estratégias compositivas que devemos ter em atenção. Convém lembrar, aliás, que a história do romance encontra na composição um foco de controvérsia relacionado com a sua evolução. Num debate entre Paul Bourget e Albert Thibaudet, opuseram-se duas conceções do romance, em tempo de crise do naturalismo e de advento do simbolismo: para Bourget, a composição romanesca impunha uma ação "dramática", com uma *intriga* (v.) marcada que favorecesse a demonstração de uma tese; para Thibaudet, a composição podia resolver-se, de modo difuso, ao nível de componentes da narrativa (espaço, tempo, personagem) eventualmente harmonizados em *episódios* (v.) (cf. Bourneuf e Ouellet, 1976: 63 ss.).

3. O que deste modo se torna evidente é a necessidade de associarmos os estudos narrativos (e, no caso, a problemática da composição) a cenários histórico-literários e periodológicos que interferem na conformação da narrativa. Do romantismo ao realismo e ao naturalismo e deste ao modernismo e ao pós-modernismo, registam-se diferenças consideráveis, na maneira de interpretar a importância da composição narrativa, em ligação com a evolução do romance.

COMUNICAÇÃO NARRATIVA

1. O conceito de *comunicação narrativa* refere-se à transmissão e à receção de textos narrativos, como caso específico da comunicação em geral, envolvendo fatores e agentes próprios. Assim, a comunicação narrativa é entendida como um processo enunciativo em que um *narrador* (v.) endereça a um *narratário* (v.) uma mensagem articulada em dois planos, o do *discurso* (v.) e o da *história* (v.); para que a comunicação narrativa se estabeleça sem ruído, é necessário que narrador e narratário se reportem aos mesmos *códigos* (v.): linguísticos, técnico-narrativos, semântico-pragmáticos, etc.

Tal como na comunicação em geral, a comunicação narrativa é um ato em que se produz significação: "Quando o destinatário é um ser humano

(...), estamos (...) em presença de um processo de significação, já que o sinal não se limita a funcionar como simples estímulo mas solicita uma resposta INTERPRETATIVA ao destinatário" (Eco, 1978: 19). Assim, a comunicação narrativa viabiliza um certo grau de conhecimento, mas vai além da condição de mera atividade informativa: ela implica uma dimensão pragmática e desenvolve estratégias persuasivas e argumentativas.

2. Numa perspetiva narratológica, deslocamo-nos do campo do *autor* (v.) empírico e do *leitor* (v.) real para nos situarmos na esfera de ação do narrador e do narratário. No entanto, não devemos esquecer que, na relação entre o narrador e o narratário, está projetada a experiência histórico-cultural do autor empírico; normalmente, ele possui um conhecimento apreciável dos mecanismos de funcionamento da comunicação literária, como fenómeno não apenas estético, mas também social. Faz parte daquele conhecimento a noção de que, sendo modernamente veiculada por um *medium* escrito, a narrativa literária não atinge apenas "um destinatário singular ou um número de destinatários especificamente pretendidos" (García Landa, 2004: 195); de uma forma ou de outra, esta espécie de síndrome dispersiva pode estar presente em muitas situações de comunicação narrativa *stricto sensu*.

Sendo certo que o narrador é fonte e origem da comunicação narrativa, também é certo que ela só se concretiza com eficácia se for efetiva a competência narrativa do narratário. Contudo, essa competência pode não ser inteiramente coincidente com a do narrador, o que explica a necessidade de este facultar indicações metaliterárias ou metalinguísticas. Por exemplo: "Com o corpo mal enroupado, tudo tem a sua explicação, deu António Mau-Tempo feriado aos porcos e escondeu-se por trás de um machuco, Que é um machuco, Um machuco é um chaparro novo" (José Saramago, *Levantado do chão*, p. 88).

Para além de indicações linguísticas como a que se encontra no exemplo citado (o significado do vocábulo *machuco*), a já assinalada componente pragmática da comunicação narrativa pressupõe não apenas que o narrador possui uma certa capacidade de sedução do destinatário, estimulando o seu interesse e curiosidade, mas também a aptidão para desenvolver uma certa retórica da persuasão. Num conto de Eça de Queirós (*José Matias*), um *narrador homodiegético* (v.) relata a um narratário anónimo, durante o trajeto para o cemitério, a história de José Matias, justamente quando ele vai a enterrar. O discurso do narrador, evocando a biografia amorosa do protagonista, é pontuado por expressões motivadas pela curiosidade e talvez pelo ceticismo daquele narratário silencioso: "Mas, oh meu amigo, pensemos que certamente nunca ela [Elisa] pediria ao José Matias para espalhar violetas sobre o cadáver do apontador! É que sempre a Matéria, mesmo sem o compreender, sem dele tirar a sua felicidade, adorará o Espírito, e sempre a si própria, através dos gozos que de si recebe, se tratará com brutalidade e desdém!" (E. de Queirós, *Contos I*, p. 384).

CONTEXTO

1. O termo *contexto* corresponde a um conceito complexo e pluridimensional e engloba todos os parâmetros de natureza extralinguística que são relevantes, de forma mediata ou imediata, na produção e na interpretação de um texto. Sendo distinta da noção de cotexto, a noção de contexto é basilar tanto no âmbito da pragmática linguística como no domínio da pragmática literária; assim, o contexto compreende a situação de comunicação, definida pelas relações intersubjetivas e espaciotemporais que se criam no e pelo ato de fala, e inclui ainda o perfil socioeconómico e sociocultural dos interlocutores, o universo de crenças e conhecimentos que alicerça a sua visão do mundo, a conjuntura histórico-ideológica em que está imerso o ato comunicativo, as intenções e os objetivos dos falantes, etc.

2. A valorização do contexto no âmbito dos estudos literários põe em causa uma conceção estritamente formalista do texto, encarado como estrutura imanente e autotélica. Com efeito, atentar nos fatores externos que se projetam no processo de produção e receção de um texto implica a sua abertura à historicidade do homem e do mundo. Sendo produtos e instrumentos de uma cultura social e historicamente condicionada, os textos, de um modo geral, e os textos narrativos, em particular, não podem ser dissociados do amplo envolvimento contextual em que se inscrevem, dado que a componente comunicativo-pragmática é um fator constitutivo da própria textualidade.

3. A pertinência epistemológica da noção de contexto estende-se aos atuais *estudos narrativos* (v.), na medida em que ela permite sublinhar dimensões extratextuais do relato que a narratologia de base estruturalista nem sempre considerava. Por isso, assume especial relevância, para a caracterização dos estudos narrativos, a referência ao princípio da contextualidade;

isto significa que a orientação para o contexto realça e problematiza questões como "a cultura, o género (*gender*), a história, a interpretação e o processo da leitura, destacando aspetos da narrativa que a narratologia estruturalista pusera entre parênteses" (Nünning, 2010: 20).

Deste modo, abre-se caminho a um alargamento do campo da análise da narrativa que deve ser relacionado, antes de mais, com uma postulação não estritamente funcionalista da *narratividade* (v.); desse ponto de vista, justifica-se uma visão contextualista da narratividade, acentuando a sua feição performativa e perlocutiva, enquanto propriedade "firmemente integrada nas práticas linguísticas, sociais e culturais da comunidade" (Rudrum, 2008: 266). Por outro lado, aquele alargamento conjuga-se com o impulso interdisciplinar dos atuais estudos narrativos, decorrendo de correntes de pensamento e de atitudes metodológicas que superaram leituras formalistas e alegadamente objetivas do relato; "tendo-se iniciado no final dos anos sessenta [do século passado], um certo número de teorias pós-estruturalistas" abriu caminho a "uma nova série de questões, de indagações, de métodos e de valorizações que consistentemente abordaram problemas ideológicos, evidenciaram a posição do leitor, examinaram contextos históricos e afirmaram a inerente impossibilidade de alheamento em relação a tais diligências" (Richardson, 2000: 170). Isto não impede que se reconheça a pertinência de um "formalismo sensível ao contexto, com métodos renovados", como prevenção contra um "um contextualismo com métodos inadequadamente controlados" (Meister, 2005: XV-XVI).

[com A.C.M.L.]

CONTO

1. Género narrativo com larga tradição histórica e cultural, o *conto* é um relato quase sempre breve, onde se narra, de forma concentrada, uma história sem grande complexidade, envolvendo um número relativamente pequeno de personagens e decorrendo num tempo também não muito alargado. Note-se que o conto é definido sobretudo por confronto com o *romance* (v.), sendo referido, por isso, como uma história curta (cf. a designação, em inglês, *short story*); mas esse não é nele um aspeto decisivo, embora seja historicamente verificável e suscetível de condicionar a sua composição. Assim, "não há dúvida de que esta limitação de extensão arrastou outras limitações que tendem a ser observadas; um reduzido elenco de personagens, um esquema

temporal restrito, uma ação simples ou pelo menos apenas poucas ações separadas, e uma unidade de técnica e de tom (...) que o romance é muito menos capaz de manter" (Bonheim, 1982: 166).

2. Considerado por André Jolles ([1930] 1972) uma *forma simples* (a par da saga, do mito, da lenda, da anedota, etc.), o conto enraíza-se em tradições culturais que faziam do ritual do relato um fator de aglutinação comunitária e de sedução (os contos das *Mil e uma Noites*, por exemplo). Na sua forma mais genuína, o conto concretiza-se em situações narrativas elementares: nelas, um narrador, na atmosfera mágica instaurada pela expressão "Era uma vez...", suscita, num auditório fisicamente presente e que pode até interpelá-lo, o interesse por ações contadas num único ato de narração, não raro com função moralizadora.

Componentes importantes desta simplicidade sobrevivem no conto popular (cf. Reis e Lopes, 2011: 82-86), um subgénero narrativo cujas origens se encontram em espaços predominantemente rurais. Daí resulta, em grande parte, a dimensão de oralidade que é própria do conto popular, semelhante à de outros textos da literatura tradicional: provérbios, canções, jogos de palavras, etc. Todos eles comungam de uma feição comunitária, que explica o anonimato da sua autoria e a relativa (mas não total) instabilidade que por vezes os atinge.

3. A ação, a personagem e o tempo são as categorias da narrativa mais claramente condicionadas pelas propriedades materiais do conto. Elas fazem com que seja praticamente impossível o tratamento de figuras muito problemáticas ou a inserção de intrigas secundárias; por outro lado, é isso que, em boa parte, favorece a rápida captação da atenção do leitor, no imediatismo de uma leitura que dura pouco; essa atenção é mais intensa quando, como ocorre no conto policial inaugurado por Edgar Allan Poe, existe uma intriga com um mistério a resolver. Noutros casos (p. ex., em contos de Tchekhov), um simples incidente do quotidiano, com algum significado humano, pode desencadear a ação.

Esta caracterização do conto, incluindo o princípio da concentração semântica e discursiva que nele vigora, justifica a comparação que Julio Cortázar formulou: "O romance e o conto deixam-se comparar analogicamente com o cinema e com a fotografia, na medida em que um filme é, em princípio, uma 'ordem aberta', romanesca, enquanto uma fotografia conseguida pressupõe uma estrita limitação prévia, em parte imposta pelo reduzido campo que a câmara abarca e pela forma como o fotógrafo usa esteticamente essa limitação" (Cortázar, 1971: 404). O tratamento do tempo no conto e o número e a estatura das suas personagens obedecem a esta *redução de campo*, expressão sugerida por Cortázar; contudo, ela não prejudica necessariamente a densidade e o significado humano que no conto podemos encontrar. É no lapso de poucas horas e entre duas personagens apenas, que se desenrola o admirável conto *Missa do galo*, de Machado de Assis; e se no conto de Eça, *Singularidades duma rapariga loura*, o tempo da história é alargado, o seu tratamento no discurso leva a procedimentos de redução compatíveis com aquela *unidade de efeito* de que falou Edgar Poe, num texto famoso: "Necessitamos apenas de dizer (...) que, em quase todos os tipos de composição, a unidade de efeito ou impressão é um ponto da maior importância. É claro que, para além disso, esta unidade não pode ser preservada por completo em produções cuja leitura não possa ser completada numa só sessão" (Poe, 1984).

4. A economia temporal do conto revela-se, então, uma característica distintiva a ter em consideração. Dificilmente o conto contempla uma duração temporal motivada pelas demoradas elucubrações de uma personagem, naquela lentidão de movimentos autorreflexivos que se estende ao longo de um romance com forte carga psicológica. Em vez disso, o tempo do conto deve entender-se como resultado de um fracionamento relacionado com a unidade de ação: "O conto constitui uma fração dramática, a mais importante e a decisiva, duma continuidade em que o passado e o futuro possuem significado menor ou nulo" (Moisés, 1982: 21).

Se o conto persegue a unidade de efeito de que Poe fala, ela pode projetar-se num outro nível: o da coesão temática que eventualmente reconhecemos numa coletânea de contos, mormente quando ela obedece a um projeto autoral (p. ex., *Dubliners*, 1914, de James Joyce). Pelo contrario, nos *Contos* de Eça, reunidos postumamente em 1902 e sem intervenção organizativa do escritor, quando muito podemos observar uma certa evolução literária, paralela à que na ficção se evidencia, mas não necessariamente a referida unidade coesiva.

3. Em última instância, a questão da brevidade do conto e dos efeitos pragmáticos que ela suscita (lê-se ou ouve-se um conto muito mais rapidamente do que um romance) não pode limitar-se ao critério da extensão material do texto. Certamente que "os contos contêm menos palavras do que

os romances, mas essa medida é enganadora porque se centra em sintomas e não em causas" (Friedman, [1958] 1996: 102). Para além disso, "uma história pode ser curta porque a sua ação é intrinsecamente pequena ou porque, sendo longa, pode ser reduzida na sua extensão por meio de dispositivos de seleção, de escala e/ou de ponto de vista" (Friedman, [1958] 1996: 115).

CONVERSACIONAL, Narrativa – V. Narrativa conversacional.

CORRENTE DE CONSCIÊNCIA – V. Monólogo interior.

CRÓNICA

1. A *crónica* é um *género narrativo* (v.) em que se relata, de forma breve e em termos subjetivos, um episódio singular, um incidente ou uma ação observados no quotidiano do cronista; para além de traduzir uma certa temporalidade histórica (cf. a etimologia, do grego *cronos*, "tempo") e uma circunstância de vivência pessoal, a crónica visa normalmente o público alargado da imprensa escrita, da rádio, da televisão ou das redes sociais (p. ex., blogues). Pela sua natureza e pela sua função sociocultural, a crónica pode ser encarada como um género paraliterário e, por vezes, híbrido, no que toca à sua articulação com outros géneros (por exemplo, com a epistolografia, quando o cronista adota a forma da carta, como, por vezes, acontecia no século XIX).

Num contexto em que sublinhou a dimensão literária da crónica, José Saramago propôs a seguinte definição: a crónica "corresponde, em geral, a um texto curto, consequência quer de uma inspiração imediata e não necessariamente aprofundada quer de um diálogo deliberado com o quotidiano ocasional, mas sempre exigindo do escritor, num caso como no outro, capacidade de medida e de concentração, a par de sensibilidade a estímulos que à primeira impressão poderão parecer de pouca relevância, mas que virão a ser, porventura, os que mais fundo hão de penetrar no espírito do leitor" (Saramago, 2009).

2. Numa outra aceção, a crónica, tal como foi cultivada na Idade Média, pode ser considerada um antepassado da moderna historiografia. Nesse

caso, ela faz prevalecer a dinâmica dos eventos como princípio que rege uma construção narrativa relativamente elementar do ponto de vista temporal, respeitando-se nela a ordenação cronológica dos referidos eventos. Ao mesmo tempo, o relato nem sempre está apoiado no testemunho de documentos e pode mesmo integrar uma certa componente ficcional. Essa componente é mais evidente, quando está presente um dos propósitos da crónica medieval: proceder ao destaque de um herói (rei, guerreiro, etc.), cujo trajeto pessoal e histórico motiva a crónica. Por isso também, ela revela uma clara dimensão pragmática (v. *pragmática narrativa*), quando estão em causa feitos heroicos, atitudes abnegadas ou gestos magnânimos com significado exemplar para a comunidade. Correspondem, *grosso modo*, a estas características as crónicas de Jean Froissart, de López de Ayala ou de Fernão Lopes. A condição do cronista manifesta-se nelas, por ser ele uma entidade "capaz de constituir o princípio organizativo central do significado de um discurso cuja estrutura é, ao mesmo tempo, realista e narrativa" (White, 1987: 16). É a relativa coerência narrativa da crónica que permite distingui-la da mera sucessividade enunciativa de factos mencionados em anais.

3. No nosso tempo, a crónica de imprensa representa o registo de um facto ou de um incidente retirado do quotidiano e aparentemente destituído de significado; Machado de Assis situa a origem da crónica naquela atitude a que chamou "debicar os sucessos do dia", como fazem duas vizinhas em diálogo: "Provavelmente começaram a lastimar-se do calor. Uma dizia que não pudera comer ao jantar, outra que tinha a camisa mais ensopada que as ervas que comera. Passar das ervas às plantações do morador fronteiro, e logo às tropelias amatórias do dito morador, e ao resto, era a coisa mais fácil, natural e possível do mundo. Eis a origem da crónica" (Machado de Assis, *Crônicas escolhidas*, p. 13).

Conforme Machado sugere, é num tom pessoal (v. *subjetividade*) que o cronista reage aos factos em que a crónica se inspira, realçando neles aspetos sociais, culturais ou políticos que, à primeira vista, escapariam a um observador desatento. O posicionamento do cronista perante o real revela, assim, algumas afinidades com o do narrador de um relato ficcional: também ele adota uma posição, em princípio, exterior aos factos e às figuras que os vivem, enunciando um discurso virtual ou efetivamente narrativo; assim, a crónica retém, do modo narrativo, "a atitude de contar ou de, descrevendo, acumular elementos para o relato malogrado mas possível e entrevisto" (Seixo, 1986: 161).

Do ponto de vista sociocomunicativo, a crónica está estreitamente ligada à difusão da imprensa. Deve ter-se em conta, no entanto, que ela "não nasceu propriamente com o jornal, mas só quando este se tornou quotidiano, de tiragem relativamente grande e teor acessível, isto é, há uns 150 anos mais ou menos" (Candido, 1992: 15). Deste modo, a crónica procura atingir um número relativamente elevado de leitores, junto dos quais o cronista exerce muitas vezes uma função pedagógica, eventualmente com marcação ideológica e recorrendo a um discurso acessível e centrado na atualidade. Em certos contextos, a crónica configura *subgéneros* (v.) específicos, em função das áreas culturais em que se insere e dos públicos a que se dirige: a crónica literária, a crónica de cinema, a crónica de moda, a crónica gastronómica, a crónica desportiva, etc.

4. A relativa notoriedade da crónica não impede que, por vezes, ela seja desvalorizada como um género menor ou, quando muito, híbrido, com ressonâncias dos registos diarístico, memorial, ensaístico, etc. Maupassant, que foi autor de centenas de crónicas, falou na "grande querela dos romancistas e dos cronistas" e acrescentou: "Os cronistas atacam os romancistas por fazerem crónicas medíocres e os romancistas atacam os cronistas por fazerem maus romances" (Maupassant, 1884).

O culto da crónica por parte de escritores com prestígio literário explica-se não raras vezes por razões económicas, bem como pelo desejo de uma presença regular no espaço público. Eça de Queirós, Zola, Machado de Assis, Clarín, Carlos Drummond de Andrade, Gabriel García Márquez, José Saramago ou António Lobo Antunes exercitam, nas suas crónicas, uma vocação narrativa que chega a fazer delas esboços de contos ou prefigurações de personagens. Deles pode dizer-se, como a respeito de Zola: "Vários romances (...) facultam ecos surpreendentes desses artigos, como se o jovem jornalista tivesse testado nas suas crónicas motivos, situações, personagens em que o romancista reinvestirá, desenvolvendo-os ou transpondo-os" (Sabatier, 2014: 119-120). Numa atitude também muito significativa, quanto à cumplicidade entre crónica e literatura, o romancista conjuga a ficção narrativa com o discurso cronístico (p. ex., em *Crónica da casa assassinada*, 1959, de Lúcio Cardoso, e em *Crónica de uma morte anunciada*, 1981, de García Márquez) ou compõe textos autobiográficos e memoriais em jeito de crónica (p. ex., Paul Auster, em *Hand to Mouth. A Chronicle of Early Failure*, de 1997).

CRONÓTOPO

1. O termo *cronótopo* (do grego *cronos*, "tempo"; *topos*, "lugar") refere-se a um conceito proposto por Mikhail M. Bakhtin, para designar a interação da obra literária com o seu tempo histórico e com o espaço em que ela surge. Segundo Bakhtin, "el cronotopo determina la unidad artística de la obra literaria en sus relaciones con la realidad (...). En el arte y en la literatura, todas las determinaciones espacio-temporales son inseparables, y siempre matizadas desde el punto de vista emotivo-valorativo" Bajtin, [1937-38] 1989: 393).

Não ocorrendo de forma explícita, aquela interação pode envolver opções de *género narrativo* (v.), eventualmente entendidas como manifestação cronotópica, em certos estádios da evolução literária; sabendo-se que, na configuração dos géneros, intervêm elementos ideológicos e sentidos axiológicos com forte ressonância espaciotemporal, podemos ler o *romance* (v.) ou a *epopeia* (v.) pelo ângulo da sua dimensão de cronótopos. O mesmo é extensivo a certas categorias da narrativa, cuja modulação sugere aquela dimensão: por exemplo, o tratamento da personagem como *tipo* (v.) ou a preferência por determinados regimes de *focalização* (v.) em detrimento de outros.

2. A componente cronotópica da narrativa encontra-se reafirmada na análise da problemática dos géneros levada a cabo por diversos estudiosos, em ensaios clássicos sobre a matéria. Assim, Lukács nota que a passagem da epopeia para o romance representa a mudança de uma certa conceção do mundo, enquanto universo tutelado pelos deuses, para uma outra conceção do mundo como universo a descobrir por um herói em busca do seu próprio conhecimento (cf. Lukács, 1970; 84-86). Para Bakhtin, o aparecimento e o amadurecimento do romance impõem uma "destrucción de la distancia épica y el paso de la imagen del hombre desde el lejano pasado a la zona de contacto con el acontecimiento del presente en desarrollo" (Bajtin, [1941] 1989: 480); foi aquela destruição da distância épica que conduziu a uma reestruturação da imagem do homem, tal como o vemos representado no romance, que assim é entendido como cronótopo de uma certa cosmovisão. Segundo Ian Watt, a obra de três romancistas ingleses (Fielding, Daniel Defoe e Richardson) traduz, no seu projeto de análise empírica da realidade social, a renovação filosófica levada a cabo, a partir do século XVII, por J. Locke e por Descartes (cf. Watt, 1975).

3. A exemplo do que aconteceu com outros conceitos do aparato teórico bakhtinano (p. ex., *dialogismo,* v., carnavalização ou *pluridiscursividade,* v.), a noção de cronótopo tem conhecido uma considerável fortuna crítica. Ela encontra-se e reclama pertinência operatória não apenas na análise da narrativa literária, mas também na da poesia ou do cinema (cf. Bemong *et alii,* eds., 2010); deve notar-se, contudo, que foi o estudo do romance que tornou evidente, em primeira instância, a referida pertinência operatória.

DEDICATÓRIA

1. A *dedicatória* pode ser caracterizada em dois planos distintos, eventualmente relacionados entre si: no plano diegético, como elemento constitutivo do relato; no plano extradiegético, como seu fator de enquadramento, aquém do *incipit* (v.) propriamente dito.

2. A dedicatória *diegética* antecede normalmente o início de uma ação épica: trata-se de um passo do texto, em estilo formal e respeitoso, dirigido a uma personalidade de vulto, como homenagem, como pedido ou como tributo de gratidão. Na *epopeia* (v.), a dedicatória articula-se com outros elementos da respetiva estrutura (*proposição, invocação, narração*; v. estes termos) e eventualmente implica o dedicatário na história a contar. N'*Os Lusíadas* (1572), a dedicatória a D. Sebastião (canto I, 6-18) não se esgota no reconhecimento do monarca como desejado protetor do poeta; ela envolve-o na narrativa, como seu destinatário intratextual, entendendo-o como herdeiro de uma plêiade de figuras ilustres e das ações heroicas por elas realizadas.

Numa situação já diferente desta, a dedicatória diegética entra no jogo metaficcional, quando se endereça a uma entidade da história contada. O narrador de *La familia de Pascual Duarte* (1942) dedica a narração a quem por ele foi assassinado: "A la memoria del insigne patricio don Jesús González de la Riva, Conde de Torremejía, quien al irlo a rematar el autor de este escrito, le llamó Pascualillo y sonreía". Deste modo, o homicida, feito condenado arrependido e narrador de circunstância, introduz, pela dedicatória, o tema do remorso depois longamente glosado.

3. A dedicatória *extradiegética* é um componente facultativo, não exclusivo das obras narrativas e motivado por certas circunstâncias em que se

desenrola a comunicação literária. Sensivelmente até ao século XVIII, antes da existência de um mercado do livro que deu ao escritor uma certa independência económica, a vigência do mecenatismo aconselhava a composição de dedicatórias, por vezes muito elaboradas. Por exemplo, Cervantes dedica a primeira parte do *Don Quijote* (1605) ao Duque de Béjar ("en fe del buen acogimiento y honra que hace Vuestra Excelencia a toda suerte de libros, como príncipe tan inclinado a favorecer las buenas artes)" e a segunda parte (1615) ao Conde de Lemos, "que me sustenta, me ampara y hace más merced que la que yo acierto a desear" (*El ingenioso hidalgo Don Quijote de la Mancha,* pp. 176 e 858). Com o evoluir das condições socioculturais que rodeiam a produção literária, modificou-se o tom e o conteúdo da dedicatória. Por isso, Camilo Castelo Branco tem dificuldade em justificar (e invoca razões culturais) a dedicatória do *Amor de Perdição* (1862) a um político (Fontes Pereira de Melo). Num outro tempo e atitude, Camilo José Cela faz da dedicatória extradiegética de *La Familia de Pascual Duarte* (1942) um exercício de ironia: "Dedico esta edición a mis enemigos, que tanto me han ayudado en mi carrera". E Almada Negreiros vai mais longe, em termos paródicos, na dedicatória de *Mima-Fatáxa* (1917): "A ti pra que não julgues que a dedico a outra."

DESCRIÇÃO

1. A descrição é um procedimento imitativo em que se procura representar (v. *representação*) as características de uma figura, de um cenário ou de uma situação, sobretudo no tocante aos seus componentes físicos, mas também, eventualmente, incidindo sobre outros componentes (psicológicos, culturais, simbólicos, etc.). De acordo com a etimologia, *descrever* (do latim *describere*) significa escrever segundo um modelo, copiar ou transcrever. O propósito último da descrição é tornar artificialmente presente, pela mediação de uma determinada linguagem, um objeto ausente.

2. A linguagem verbal em que se articula a narrativa literária constitui, por natureza, um desafio para qualquer descrição. Mesmo quando tenta fixar, com pormenor, os elementos constitutivos de uma personagem ou de um espaço, a descrição verbal não retém, de modo exaustivo, todas as características dessa personagem ou desse espaço. Os vazios que ela deixa por preencher são, então, compensados pelo leitor, através de "processamentos

descendentes [*top-down*]" (Schneider, 2001: 611) que ativam e integram na descrição conhecimentos prévios.

Diferentemente, nos *media* com forte dimensão visual, a descrição, não sendo abolida, apoia-se em recursos e em procedimentos com limitada intervenção verbal; por isso, tomando-se com exemplo o cinema, falamos de descrição tácita, como resultado da "escolha de certos atores, trajes e cenários, bem como a sua interpretação sob certas condições de iluminação, de enquadramento, de ângulo de captação, etc. (...)" (Chatman, 1990: 38). No que respeita à descrição, "o filme dá-nos plenitude sem especificidade. Os seus dotes descritivos são, ao mesmo tempo, visualmente ricos e verbalmente pobres." (Chatman, 1990: 39).

3. Num texto narrativo há sempre fragmentos portadores de informações sobre as personagens, os objetos, o tempo e o lugar onde se desenrola a história. Esses fragmentos descritivos são facilmente destacáveis do texto: tendencialmente estáticos, eles proporcionam momentos de suspensão temporal, ou seja, pausas na progressão dos acontecimentos (v. *pausa descritiva*).

O movimento suspensivo que a descrição leva a cabo permite-lhe exercer uma função explicativa no relato: a descrição é "o lugar onde a narrativa se interrompe, onde se suspende, mas igualmente o espaço indispensável onde se 'põe em conserva', onde se 'armazena' a informação, onde se condensa e se redobra, onde personagem e cenário, por uma espécie de 'ginástica' semântica (...), entram em redundância: o cenário confirma, precisa ou revela a personagem como feixe de traços significativos simultâneos, ou então introduz um anúncio (ou um engano) para o desenrolar da ação" (Hamon, 1976: 81). A função explicativa da descrição está patente no famoso passo relativo ao lago de Genebra, na *Nouvelle Héloïse* (1761), de Rousseau; nela, trata-se de explicar (*desdobrar*, no sentido etimológico do termo) a lista previsível dos elementos do local idílico: água, montanhas, mulher, amor, pássaros, sol. O lugar em causa corresponde a um *locus amœnus*, ou seja, a um paradigma descritivo e espacial relativamente estereotipado, consagrado pela memória do sistema literário (cf. Hamon, 1981: 104-105).

4. A questão de saber se há signos específicos da descrição passa pela consideração dos géneros e dos períodos literários: só se podem individualizar os signos do descritivo em função daqueles dois parâmetros. Registem-se, entretanto, alguns traços genéricos que assinalam um fragmento descritivo: o sinal autorreferencial consubstanciado pela preterição ("Era uma paisagem

indescritível"); o presente de atestação que ocorre em frases como "Évora é uma cidade que..."; a predominância do imperfeito do indicativo que, pelos seus valores aspectuais durativos ou iterativos, contribui para a instauração de uma atmosfera sem o caráter dinâmico da *narração* (v.).

É a descrição que contribui em larga medida para a identificação de *subgéneros narrativos* (v.): no *romance histórico* (v.) e nas narrativas de ficção científica, ela assume particular relevo, no respeitante à descrição dos costumes, num certo contexto epocal; no conto rústico, é fundamental a descrição do espaço (natureza, ambiente rural); no romance psicológico, a representação descritiva, muitas vezes em regime de *monólogo interior* (v.), penetra em zonas da consciência e do subconsciente da personagem, revelando traumas, obsessões e cenários oníricos.

5. Para motivar a introdução da descrição no relato, o narrador recorre frequentemente a artifícios conhecidos: uma mudança de luminosidade ou a aproximação de uma janela são dois desses artifícios, justificando a valorização descritiva de seres, de objetos e de espaços; o *retrato* (v.) pode surgir pela autocontemplação de uma personagem num espelho ou numa tela pintada; a deambulação aparece como pretexto verosímil para a descrição daquilo que por alguém é visto em movimento.

Estas formas de motivação da descrição encontram-se estreitamente relacionadas com certos tipos de *focalização* (v.): na *focalização omnisciente* (v.), o narrador assume a responsabilidade da descrição, situando-a fora da temporalidade subjetiva da narrativa; se o foco narrativo reside numa personagem (v. *focalização interna*), a descrição traduz a *subjetividade* (v.) dessa personagem. Exemplos das duas situações mencionadas: a paradigmática descrição da pensão Vauquer, em *Le père Goriot* (1835), de Balzac, minucioso inventário de espaços, de objetos e de pormenores decorativos levado a cabo por um narrador omnisciente; a longa sequência, no início de *La Regenta* (1884-85), de Clarín, em que uma personagem (Don Fermín de Pas) contempla a cidade que se observa da torre da catedral, investindo-se na descrição uma carga psicológica considerável.

DESENLACE

1. Entende-se por *desenlace* um evento ou um conjunto concentrado de eventos que, no termo de uma ação narrativa, resolve tensões e conflitos

desenvolvidos ao longo dessa ação, levando ao encerramento da história. Uma morte, um casamento, uma conquista ou um reencontro são acontecimentos que podem funcionar como desenlaces. Assim, os suicídios de Emma Bovary e de Anna Karenina são desenlaces conhecidos, fechando romances de adultério.

Num universo que, do ponto de vista da ação, se apresenta como insuscetível de ser continuado, o desenlace contribui para reforçar a finitude do texto narrativo e, com ela, a sua especificidade como modelização secundária: "A função da obra de arte enquanto modelo finito do 'texto linguístico' dos factos reais, infinito por natureza, faz do momento da delimitação, da finitude, a condição indispensável de todo o texto artístico; vejam-se os conceitos de 'principio' e de 'fim' de um texto (narrativo, musical, etc.), a moldura em pintura, o proscénio no teatro" (Lotman, 1979: 203).

2. Se bem que não corresponda necessariamente ao final da narrativa (que pode ser completada por um *epílogo* (v.)), é nessa zona estratégica que, em geral, o desenlace se situa, uma localização que lhe confere importância em termos pragmáticos (v. *explicit*). Com efeito, muitas vezes é a expectativa do desfecho que estimula a leitura, para resolução de dúvidas e de enigmas acumulados. Por isso, o desenlace ocorre sobretudo naqueles relatos em que se estrutura uma *intriga* (v.): numa *composição* (v.) fechada, ela assenta em atitudes e em decisões relacionadas causalmente entre si, construindo uma ação que evolui até ao desenlace; neste, estão normalmente envolvidas as personagens mais destacadas.

3. Podemos relacionar a ocorrência do desenlace não só com determinados movimentos literários, mas também com certos géneros e subgéneros narrativos. Assim, a novela sentimental do romantismo, o romance de costumes realista ou o romance de tese naturalista apresentam quase sempre desenlaces, em concordância com a sua propensão para configurarem intrigas bem articuladas. Por outro lado, narrativas como o conto popular ou como outras ainda, a que ocasionalmente se atribui pouco prestígio cultural – *romance cor-de-rosa* (v.), *romance policial* (v.), etc. –, fazem do desenlace e da concatenação dos eventos a ele conducentes fatores de captação da atenção de um público sensível aos incidentes da intriga e ao seu acabamento. Já o romance pós-naturalista do século XX (p. ex., o romance de temática psicológica ou o *novo romance;* v.) subalternizam o desenlace e são relatos potencialmente abertos.

DESTINADOR/DESTINATÁRIO

1. No modelo actancial greimasiano (v. *actante), destinador* e *destinatário* são os polos de uma categoria actancial decalcada sobre o eixo da comunicação. O destinador é a instância que comunica ao destinatário o conhecimento do ato a cumprir e o querer que o institui como entidade virtualmente performadora. Enquanto promotor dessa ação, o destinador é também a instância que sanciona a sua atuação; assim, no conto maravilhoso essa sanção concretiza-se, regra geral, pela recompensa final do *herói* (v.).

2. Conforme observa Anne Hénault, "a presença da categoria *destinador/destinatário* conota sempre um universo de discurso mais antropomórfico, onde a ação se encontra de algum modo 'autorizada' (...) e garantida axiologicamente" (Hénault, 1983: 67). Do ponto de vista operatório, a análise dos investimentos semânticos que preenchem estes dois operadores sintáticos pode facultar uma via de acesso aos valores temáticos e ideológicos representados na narrativa. Atente-se, por exemplo, na diferença significativa, no contexto do nosso universo cultural, entre um destinador *vingança* e um destinador *honra;* as conotações axiológicas associadas a estes dois investimentos semânticos indiciam o suporte ideológico do texto.

[com A.C.M.L.]

DESTINATÁRIO

1. Num processo comunicacional considerado em termos genéricos, o *destinatário* é a entidade a quem o responsável pela formulação de uma mensagem a dirige. No esquema comunicacional jakobsoniano (cf. Jakobson, [1960] 1970: 214), que aprofundou as funções da linguagem descritas por Karl Bühler, a veiculação da mensagem do destinador para o destinatário é enquadrada por outros fatores: pelo contexto, pelo código e pelo contacto. Na semiótica greimasiana, o destinatário é considerado em relação diádica com o destinador (v. *destinador/destinatário*), como parte do chamado modelo actancial (v. *actante*).

2. No quadro da comunicação narrativa, o destinatário é uma entidade a considerar em dois planos.

2.1. Entendendo-se a *comunicação narrativa* (v.) como domínio particular da comunicação em geral, o destinatário corresponde ao termo final da produção narrativa, implicando esta, entre outros componentes, o ato da escrita propriamente dita, a constituição de um universo ficcional e a difusão do relato, por via editorial. Nesta perspetiva, o destinatário é a entidade "à qual o autor empírico ou o autor textual, nuns casos explicitamente, noutros casos de modo implícito, endereçam essa mesma mensagem" (Silva, 1983: 296). Sendo assim, o destinatário não corresponde forçosamente ao recetor enquanto *leitor* (v.). Num plano diacrónico, dizemos que o destinatário oitocentista dos romances de Dickens, de Flaubert ou de Eça não coincide com o leitor atual daqueles romances; num plano sincrónico, um determinado leitor de um *romance cor-de-rosa* (v.) (p. ex., um sociólogo que estuda aquele subgénero narrativo) não se confunde necessariamente com o seu destinatário. Com os devidos reajustamentos, o mesmo pode dizer-se acerca das distâncias funcionais e culturais que separam os destinatários do *western* dos anos 50 e 60 dos seus eventuais espectadores de agora ou sobre os destinatários da *banda desenhada* (v.) do início do século XX e os seus presumíveis leitores da atualidade.

2.2. Em termos narratológicos, o destinatário pode ser entendido como a entidade intratextual a quem o *narrador* (v.) se dirige, numa dinâmica comunicativa subsumida pela categoria e pela lógica da *ficcionalidade* (v.). O destinatário intratextual designa-se também como *destinatário imediato*, uma vez que, na referida lógica ficcional, é ele que a voz do narrador diretamente visa, sem outra *mediação* (v.) que não seja o próprio enunciado narrativo; neste sentido e postulado como figura ficcional, o destinatário intratextual corresponde ao *narratário* (v.).

DIALOGISMO

1. O termo dialogismo refere-se a uma propriedade que, segundo M. M. Bakhtin, caracteriza os atos discursivos: "É a tendência natural de todo o discurso vivo. Em todos os seus caminhos para o objeto, em todas as direções, o discurso encontra-se com o discurso alheio e não pode deixar de entrar com ele numa viva interação, plena de tensões" (Bachtin, 1979: 87). Recusando uma conceção do discurso como prática monológica e o seu sujeito como entidade artificialmente isolada em relação ao que o rodeia,

Bakhtin defende o caráter interativo do processo discursivo, valorizando outras entidades que participam na comunicação discursiva (cf. Bakhtine, 1977: 120-141 e 161-172).

Daqui resulta que a noção de dialogismo leva os estudos narrativos a interessarem-se pelos componentes de contexto, em consonância com correntes linguísticas que realçam a importância das circunstâncias e dos fatores histórico-sociais que interferem na comunicação (cf. Carvalho, 1967, I: 359 ss.; Lozano *et alii*, 1982: 43 ss.; Brown e Yule, 1983: 27-67). A valorização daqueles componentes contextuais, incluindo os elementos ideológicos que os integram, veio dar aos estudos narrativos "aparente proteção contra acusações de árida negligência do referente, por parte da narratologia" (Shepherd, 2013: 6). Nesse sentido, é indispensável associar à teoria bakhtiniana do dialogismo textos assinados com o nome Voloshinov, cuja feição marxista acentuou o peso do contexto na configuração do discurso (cf. Voloshinov *apud* Todorov, 1981: 181-215). Em várias outras intervenções, reitera-se a proeminência das interações pluridiscursivas, com orientação para o recetor (cf. Bachtin, 1979: 89-90 e 101), sendo o dialogismo subsumido na noção de heteroglossia; no seu âmbito, o sujeito do discurso "opera não com a linguagem como uma norma regulatória abstrata, mas com uma pluralidade de práticas discursivas que, na sua totalidade, formam uma cultura verbal dinâmica que pertence à sociedade envolvida nela" (Tjupa, 2013: 1).

2. O discurso do romance em prosa é aquele que mais claramente favorece o dialogismo. Assim, "a orientação dialógica do discurso por entre discursos estranhos (de todos os graus e modos de estranheza) cria novas e substanciais possibilidades artísticas no discurso, uma sua particular *artisticidade prosaica* que encontrou a sua expressão mais plena e mais profunda no romance" (Bachtin, 1979; 83).

A tendência dialógica do *romance* (v.) não pode dissociar-se da sua vocação para a representação de fenómenos sociais, envolvendo um número por vezes elevado de personagens; o discurso do romance propicia justamente a interação dialógica destas personagens entre si (não reduzida ao *diálogo*, v., propriamente dito), do *narrador* (v.) com as personagens e com o *narratário* (v.). O dialogismo implica a confrontação, muitas vezes surda e enviesada, de posicionamentos, de ideologias e de valorações, de cuja articulação se deduz a organicidade do universo ficcional. Com o romance atinge-se, pois, um estádio de considerável desenvolvimento do dialogismo, como resultado de uma longa maturação histórico-cultural; com efeito, o dialogismo romanesco prenuncia-se em géneros da Antiguidade, como o diálogo socrático e a sátira menipeia, desenvolve-se com a transgressão própria do riso carnavalesco (p. ex., em Rabelais, estudado por Bakhtine, [1965] 1978) e culmina no romance polifónico (v. *polifonia*) de Dostoievsky (cf. Bakhtine, [1963] 1970).

3. Os estudos narrativos de base narratológica que partem da teoria do dialogismo interessam-se pelos domínios e pelas categorias da narrativa em que podemos surpreender um dinamismo virtual ou realmente dialógico. A análise dos pontos de vista (v. *perspetiva narrativa*) e suas interações constitui uma das vias de acesso ao dialogismo romanesco, incluindo as suas projeções no plano discursivo; em ligação com os pontos de vista, encontra-se o discurso das personagens (v. *personagem, discurso da*), confirmando o seu potencial dialógico e a respetiva autonomia ideológico-social; do mesmo modo, os juízos de valor enunciados pelo narrador (v. *intrusão do narrador*) podem ser entendidos como manifestação de uma voz que entra no concerto de outras vozes disseminadas no discurso da ficção, projetando-se sobre o narratário, entendido como destinatário a quem dialogicamente se endereça o discurso do narrador.

DIÁLOGO

1. O conceito de *diálogo* pode ser definido em diferentes âmbitos de trabalho: na análise do discurso, antes de mais, no campo dos géneros discursivos, no da teoria e análise do drama ou no da teoria e análise da narrativa. É este último que nos interessa, sendo certo, contudo, que as várias aceções da noção de diálogo se relacionam entre si e partilham elementos conceptuais comuns.

No contexto das práticas narrativas, o diálogo é uma modalidade de reprodução do discurso no discurso e traduz a interação verbal entre personagens que dão a ouvir as respetivas vozes. Em termos genéricos, falamos de diálogo, quando a interação verbal se dá entre duas (dílogo), entre três (trílogo) ou entre mais personagens (polílogo). Isso não impede que a estrutura binária prevaleça como primordial: "Nenhum daqueles que vêm em terceira posição (...) pode situar-se de outro modo que não seja em relação a um e/ou a outro dos que tomaram a palavra antes dele, mesmo que – em sentido próprio ou figurado – faça coro e *a fortiori* proponha uma síntese das teses em presença" (Guellouz, 1992: 79-80).

Importa sublinhar que a integração do diálogo no discurso da narrativa constitui um domínio de grande relevância na construção do romance, tendo-se em atenção a sua dimensão alargada e o número, às vezes muito elevado, de personagens com direito a voz. A posição do narrador é, por isso, decisiva para a composição e para a orquestração dos diálogos; quando ele transmite "as palavras ditas pelas personagens, a língua que lhes atribui deve situar-se entre dois extremos: por um lado, a que ele próprio adota como narrador; por outro lado, a reprodução mimética daquela que eles usariam na realidade" (Berthelot, 2001: 117).

2. A análise do diálogo na narrativa envolve o discurso da personagem (v. *Personagem, Discurso da*), bem como a noção de *cena* (v.). Ao optar por uma reprodução do discurso similar à representação dramática, o narrador dissimula a sua presença e dá a palavra às personagens. A transcrição fiel do diálogo implica a utilização do discurso citado, ou, em terminologia tradicional, do discurso direto; ao contribuir para a "dramatização" da narrativa, a cena dialogada constitui a tentativa mais aproximada de imitação da duração dos acontecimentos da história.

À elaboração mimética do discurso das personagens em diálogo, Henry James e Percy Lubbock atribuíram a designação *showing*, em oposição a *telling* (quando a voz do narrador dispensa a das personagens). Com efeito, ceder a palavra às personagens é optar por uma representação em que o narrador "desaparece" momentaneamente: de certo modo, as personagens transformam-se em atores e os seus discursos funcionam como componentes de um diálogo dramático.

A inserção do discurso citado implica uma mudança de nível discursivo, sendo essa transição geralmente assinalada por um verbo declarativo e por recursos gráficos próprios (dois pontos, aspas, travessão). Estas são as marcas mais trivializadas do diálogo; há, no entanto, outras formas de o introduzir e de operar a alteração de instância narrativa. Veja-se este fragmento d'*O ano da morte de Ricardo Reis*: "Diálogo e juízo, Ontem veio cá uma, agora esta lá outra, diz a vizinha do terceiro andar, Não dei fé dessa que esteve ontem, mas vi chegar a de hoje (...) Ah, era o que faltava, nem sabe com quem se metia, este foi o remate da vizinha do terceiro andar, assim se concluindo o juízo e o diálogo, faltando apenas mencionar a cena muda que foi subir a sua casa muito devagar, pisando maciamente os degraus com os chinelos de ourelo" (pp. 293-294). Aqui, o diálogo das personagens é introduzido e rematado por um narrador que comenta metanarrativamente, com alguma ironia, as suas prerrogativas de organizador da história.

3. O estudo do diálogo permite identificar as funções que ele desempenha no relato, sendo certo que a sua presença no *romance* (v.) constitui, do ponto de vista da filosofia da linguagem bakhtiniana, um elemento estruturante. No amplo contexto do discurso do romance, "o diálogo paradigmático não tem uma linguagem única, nem uma só forma, mas é feito da combinação artística de várias outras" (Rockwell, 2003: 170).

A ocorrência do diálogo pode responder a um propósito realista de objetividade; como vimos, trata-se da forma mais mimética de reprodução do discurso das personagens. Para além disso, ele tende a exibir traços socioletais e idioletais que caracterizam as personagens e mesmo o cenário social em que elas se movimentam. Refira-se ainda que, dramatizando a narrativa, o diálogo pode funcionar como núcleo diegético importante, na medida em que os atos verbais fazem muitas vezes progredir a ação.

[com A.C.M.L.]

DIÁRIO

1. Na sua formulação narrativa, o *diário* é um relato de acontecimentos e de experiências do quotidiano, narrados gradualmente por quem os viveu e datados com relação a cada dia vivido; constituindo uma *narração intercalada* (v.), o diário assume como fator estruturante a enunciação intermitente: ela tem lugar nos momentos de pausa da história, que assim aparece fragmentada, de acordo com o ritmo diarístico que a narrativa apresenta.

Em termos mais específicos, importa referir as principais características do diário narrativo: fragmentação da matéria diegética, imposta pelo desenrolar quotidiano dos atos narrativos; tendência para o confessionalismo, manifestado de modo variavelmente explícito; posicionamento "intrusivo" do destinatário que, tendo acesso a vivências muitas vezes pessoais, pode desenvolver reações variadas (empatia, rejeição, emulação, etc.), em relação ao diário.

Apoiando-se normalmente no modelo discursivo e temático dos diários provindos de efetivas experiências de vida (alguns dos quais ganharam projeção considerável, como o *Diário de Anne Frank*, de 1947), os diários narrativos ficcionais carecem normalmente do equilíbrio composicional (v. *composição*) do *romance* (v.) ou da *autobiografia* (v.). Nestes últimos, a narração ocorre quase sempre (sempre, no segundo caso) depois de terminada a história e de conhecido ou previsto o seu desfecho, o que permite ao narrador um certo distanciamento perante aquilo que conta.

2. Em termos de situação enunciativa, o diário narrativo é relatado por um *narrador autodiegético* (v.), que instaura no relato um discurso de teor autobiográfico; nesse sentido, o diário pode ser entendido como um subgénero da autobiografia (cf. Rousset, 1983: 435). Ao contrário, todavia, de outros narradores autodiegéticos, o narrador do diário modeliza a história de forma tentativa, às vezes num tom ensaístico, por se encontrar muito próximo, temporal e emocionalmente, daquilo que é contado. A mencionada dimensão autobiográfica confirma-se em *The Life and Adventures of Robinson Crusoe* (1719), de Daniel Defoe; sendo aquela narrativa, em princípio, uma autobiografia, ela serve-se do registo diarístico como elemento complementar para a construção da história.

Em certos casos, o texto diarístico revela uma propensão intimista que induz o narrador a assumir-se como seu destinatário preferencial e exclusivo; assim, na segunda metade do século XVII, Samuel Pepys compôs um diário em código, publicado só em 1825, depois de ser decifrado. Contudo, mesmo nas formulações mais reservadas, aquilo que parece sê-lo acaba por se dar a conhecer; faz sentido, por isso, dizer que, no diário, "o íntimo, curiosamente, torna-se o teatro das formas do discurso e os ritos da destinação representam-se nele sem cessar" (Calle-Gruber, 1984: 390). Numa hipotética escala de progressão que pondere a relação do conteúdo diarístico com o exterior, pode, então, postular-se, num extremo, o fechamento imposto pela desejada autodestinação e, no extremo oposto, a plena abertura da publicação deliberada (cf. Rousset, 1983: 438-442).

3. Para além destes aspetos (que são de ordem discursiva, temática e metanarrativa), os estudos narrativos interessam-se pelo diário na medida em que ele se articula com outros géneros correlatos, conforme ficou já sugerido, relativamente à autobiografia. O caráter privado da escrita diarística, seja autêntico, seja encenado, aproxima-a da narrativa epistolar; acontece mesmo que certos diários, como os de Jules Renard e George Sand (cf. Rousset, 1983: 440), solicitam destinatários precisos, fazendo jus à tendência para a epistolaridade. Por outro lado, o diário encerra componentes memorialistas,

que explicam que Machado de Assis tenha dado forma de diário a um romance intitulado *Memorial de Aires* (1908). Nele, o distanciamento que o memorialismo implica aparece de certa forma reduzido pelo regime diarístico adotado pelo narrador.

É justamente no romance que a sobrevivência do diário se revela mais sugestiva, quando o narrador autodiegético adota a matriz diarística; é ela que projeta no enunciado a incerteza, o conhecimento progressivo das coisas e das pessoas, a indecisão quanto ao futuro e mesmo, em certos casos, o mistério. Um exemplo: no romance *Journal d'une femme de chambre* (1900), de Octave Mirbeau, lemos uma história cujos capítulos correspondem aos dias vividos e relatados pela criada Célestine: "Aujourd'hui, 14 septembre, à trois heures de l'après-midi, par un temps doux, gris et pluvieux, je suis entrée dans ma nouvelle place. C'est la douzième en deux ans. Bien entendu, je ne parle pas des places que j'ai faites durant les années précédentes" (p. 41). O presente (que não é, neste caso, um presente histórico) e o pretérito imediato traduzem de forma expressiva as dominantes temporais do romance-diário; em transposições intermediáticas como aquelas a que o texto de Mirbeau deu lugar (duas adaptações cinematográficas, com realização de Luís Buñuel, em 1964, e de Benoît Jacquot, em 2015), essas dominantes são objeto de reformulações impostas pelo novo *medium* e pela sua especificidade semiodiscursiva.

DIEGESE

1. O termo *diegese* designa o conjunto de elementos significativos que integram a *história* (v.) contada numa narrativa. A partir da sua caracterização por Gérard Genette, em textos fundacionais da narratologia (cf. Genette, 1983: 71 ss.), diegese tornou-se um conceito praticamente sinónimo de história, dando lugar a expressões derivadas (diegético, intradiegético, homodiegético, etc.), hoje largamente difundidas.

2. Antes de ser consagrado pela narratologia, o adjetivo *diegético* fora utilizado por Étienne Souriau, no âmbito de pesquisas sobre a narrativa cinematográfica: o universo diegético referia-se, então, ao local do significado, enquanto o universo do écran era o espaço do significante fílmico. Entretanto, na revisão operada em *Nouveau discours du récit,* Genette restringiu diegese à designação do universo espaciotemporal em que se desenrola a

história (cf. Genette, 1983: 10-14); apesar dessa restrição, diegese continua a ser utilizado na sua aceção lata, inicialmente proposta.

DIEGESIS – V. Representação.

DIEGÉTICO, Nível – V. Nível intradiegético.

DIGITAL – V. Narrativa digital.

DIGRESSÃO

1. Entende-se por *digressão* um comentário ou reflexão relativamente alargada que, interrompendo o curso do relato propriamente dito, estabelece uma pausa no desenvolvimento da história; conforme é sugerido pelo termo que a designa, a digressão representa um afastamento ou um desvio, num trajeto determinado. Assim, ela é um elemento de certo modo marginal, em relação à narrativa em que se inscreve.

2. Muitas vezes cabe à digressão uma função de representação ideológica, em narrativas que não correspondem a um projeto de narração objetiva. O início do canto VII d'*Os Lusíadas* (1572), onde se encontra um elogio do espírito de cruzada, tal como a propensão assertiva e especulativa do narrador de *The Life and Opinions of Tristram Shandy, Gentleman* (1759-1767), de Laurence Sterne, evidenciam a tendência para a digressão que é frequente em narradores fortemente intrusivos (v. *intrusão do narrador*). Também pela digressão o narrador pode preparar a apresentação de personagens, afrouxar o ritmo de desenvolvimento da narrativa, incrementar uma atmosfera de suspense, retardando revelações importantes, ou até inserir um elemento puramente ornamental (cf. Booth, 1980: 170-171).

3. Numa aceção menos restritiva, a digressão é todo o discurso que se afasta do eixo dominante da história. Deste modo, uma narrativa do *nível hipodiegético* (v.) pode ser entendida como uma inserção digressiva. Sê-lo-á de forma nítida na medida em que se distinga claramente da narrativa

principal, conforme acontece com a novela do "Curioso impertinente", relatada nos capítulos XXXIII a XXXV da primeira parte do *Quijote* (1605).

DISCURSO

1. A noção de *discurso* revela uma amplidão semântica e uma complexidade conceptual que obrigam a remeter para as diversas aceções em que podemos defini-lo, aquém do significado que por ele é assumido, no quadro dos estudos narrativos. Por exemplo: o discurso pode ser entendido como conjunto de enunciados que manifestam certas propriedades verbais, analisáveis em termos estilístico-funcionais; como produto de um ato de enunciação e manifestação do potencial comunicativo da língua; como conjunto de enunciados, no contexto de formações discursivas, e produzido em determinadas condições de existência, etc. Num plano semiótico mais geral, não confinado às fronteiras da linguagem verbal, o discurso reporta-se a todas as organizações sintagmáticas que manifestam e atualizam um sistema de sinais. Falamos, então, de discurso fílmico, de discurso teatral, de discurso televisivo, de discurso de imprensa, etc. (cf. Reis e Lopes, 2011: 109-111)

2. Em narratologia, o *discurso* define-se a partir de uma conceção diádica da narrativa, provinda da análise estrutural de filiação saussuriana e do modelo opositivo significante/significado; nesse caso, ele distingue-se da *história* (v.) e é autónomo em relação a ela. Com base nesta distinção conceptual, destrinçamos metodologicamente dois planos de análise do texto narrativo: o plano do conteúdo narrado (história) e o plano da expressão desse conteúdo (discurso); entretanto, ambos devem ser entendidos como correlatos e, por isso, mantendo entre si diversas conexões e interdependências.

No domínio em que agora nos encontramos, entende-se por *discurso* o enunciado que, num determinado suporte (verbal, icónico, verbo-icónico, etc.), estabelece a *comunicação narrativa* (v.) entre o narrador que relata e o narratário a quem, como destinatário primeiro, a história é contada. No caso de narrativas verbais, o discurso corresponde aos elementos linguísticos que, oralmente ou por escrito, veiculam a história.

3. É no plano do discurso que se articulam os processos de composição que individualizam o modo narrativo: elaboração do *tempo* (v.), modalidades

de representação da informação diegética (v. *focalização*), caracterização da instância da narração (v. *voz*), conformação do *espaço* (v.), *figuração* (v.) das personagens, etc. A ponderação destes componentes interessa não apenas às análises narratológicas, como, de forma mais ampla, aos estudos narrativos e à sua vocação transdisciplinar.

Assim, a análise do discurso narrativo propriamente dito implica a descrição dos *signos* (v.) que estruturam os diversos âmbitos compositivos mencionados (p. ex., *analepse* e *prolepse*, *focalização interna* e *omnisciente*, etc.; v. estes termos). Superando este âmbito de referência, o estudo da narrativa alarga-se à singularidade de discursos narrativos transliterários (cinema, relato de imprensa, narrativa historiográfica), à interação, em regime intermediático, de discursos em suportes diferentes e deduzidos de linguagens com especificidade semiótica (ocupando-se, p. ex., da problemática da adaptação; v. *intermedialidade*), às mutações e aos reajustamentos discursivos que se observam na narrativização da *poesia* (v.) e do *drama* (v.), aos dispositivos retóricos a que a *figuração* (v.) e a *refiguração* (v.) de personagens recorrem, às modalidades discursivas e aos efeitos cognitivos da sua *sobrevida* (v.), etc.

DISCURSO DA PERSONAGEM – V. Personagem, Discurso da.

DISCURSO DIRETO – V. Personagem, Discurso da.

DISCURSO INDIRETO – V. Personagem, Discurso da.

DISCURSO INDIRETO LIVRE – V. Personagem, Discurso da.

DISCURSO ITERATIVO – V. Iterativo, Discurso.

DISCURSO REPETITIVO – V. Repetitivo, Discurso.

DISCURSO SINGULATIVO – V. Singulativo, Discurso.

DISTÂNCIA

1. No campo dos estudos narrativos, o conceito de *distância* diz respeito, genericamente, à posição do *narrador* (v.) em relação à história, envolvendo essa posição parâmetros representacionais, temporais, emocionais, etc. A *distância narrativa* pode, deste modo, ser entendida como a medida, não necessariamente quantificada, do afastamento ou da proximidade do narrador em relação à história que conta.

2. Na sua problematização remota, a noção de distância relaciona-se com opções de *representação* (v.), tendo a ver com a díade *diegesis/mimesis*. Essa díade prolonga-se em reflexões modernas, como as de Henry James e Percy Lubbock, que distinguem a atitude designada como *showing* daquela a que chamam *telling*.

Pela técnica do *showing*, o narrador reduz a distância que o separa da história: ao desvanecer os sinais da sua presença, ele procede à dramatização da história e privilegia o *diálogo* (v.) entre as personagens, respeitando o seu ritmo de desenvolvimento e os discursos que o integram; em palavras de Lubbock, "a arte da ficção só começa quando o romancista entende a sua história como algo a ser mostrado, exibido de tal modo que a si mesmo se contará" (Lubbock, 1939: 62). Contrariamente, a técnica do *telling* acentua a distância do narrador em relação ao que é relatado; predomina então a tendência para a omnisciência narrativa, como estratégia de representação seletiva e compressiva. Segundo Franz Stanzel, "é importante entender a compressão acima de tudo como uma consequência do ponto de vista distanciado do narrador relativamente à ação narrada. O estilo de relatório que é próprio da narração compressiva desvia a imaginação do leitor do material narrado e orienta-o para o narrador" (Stanzel, [1955] 1971: 46).

3. A distinção entre *showing* e *telling*, como modalidade de variação da distância, pode observar-se em dois momentos de um mesmo romance: nas páginas finais de *La chartreuse de Parme* (1839), de Stendhal, lemos o relato distanciado e muito resumido dos incidentes que encerram a história. Pelo contrário, noutros episódios (por exemplo, a representação da batalha de Waterloo, no cap. III), encena-se uma dramatização não distanciada, com recurso ao ponto de vista do protagonista, como observador inserido na ação; pela interposição desse ponto de vista (v. *perspetiva narrativa*), o narrador encontra-se, nesse momento, próximo da história contada.

A distância temporal é um condicionamento importante das relações entre narrador e história, com mais razão quando se trata de uma narração ulterior (v. *narração, tempo da*). Essa situação pode mesmo ser explicitada, quando o narrador abre o relato com uma data que se entende ser sensivelmente anterior ao presente da narração: "I was born in the year 1632, in the city of York, of a good family, tho' not of that country, my father being a foreigner of Bremen, who settled first at Hull" (Daniel Defoe, *The Life and Adventures of Robinson Crusoe*, p. 27). Quando, como neste caso acontece, a narrativa é relatada por um narrador autodiegético (v. *autodiegético, narrador*), a distância temporal chega a ser explicitamente mencionada e, com ela, as transformações de apreciação que a sua vigência implica: "Não sei se à distância a que o [padre Alves] relembro ele se me transfigura. Mas, sem dúvida, através do tempo escuro que recordo, a imagem do bom varão enternece-me como a memória infeliz de um pai que me morrera" (V. Ferreira, *Manhã submersa*, p. 100).

DOCUDRAMA

1. O termo *docudrama* é um composto de *documentário* e *drama* e designa um género narrativo híbrido, produzido em contexto radiofónico, cinematográfico ou televisivo. O *docudrama* combina a lógica e a retórica do documentário com a lógica e a retórica do drama; essa combinação concretiza-se pela dramatização de elementos colhidos da realidade e apoia-se no trabalho de realização e de direção de atores.

2. No docudrama não está em causa a mera referência a acontecimentos históricos como base para uma ficção, mas sim a prevalência daqueles acontecimentos, valorizados e emocionalmente acentuados por procedimentos de dramatização que permitem revê-los, em regime narrativo e paraficcional. A crise dos mísseis cubanos, em *Thirteen Days* (2000), de Roger Donaldson, ou os ataques do 11 de setembro, em *United 93* (2006), de Paul Greengrass, contemplam episódios com forte significado histórico; assim, a relativa proximidade temporal desses episódios estimula o seu tratamento dramático, com apelo ao estabelecimento de uma relação empática com o público. Num outro contexto, pode dizer-se que certos documentários obedecem à mesma tendência para o tratamento dramático de depoimentos, de decisões políticas e de trajetos pessoais (p. ex., a série de Joaquim Furtado, *A Guerra*, 2007-2012).

3. O docudrama não dever ser confundido com a *docuficção* (v.) nem com a *documédia* (v.), pese embora o facto de se relacionar com eles pela presença comum da matriz do documentário e do trabalho de recolha que ele implica.

DOCUFICÇÃO

1. O termo *docuficção* é um composto de *documentário* e *ficção*, para designar um género híbrido, normalmente com produção e realização cinematográfica, mas também eventualmente televisiva. Do documentário a docuficção retém a componente de representação da realidade, incluindo espaços, acontecimentos e figuras reais; a dimensão ficcional estabelece-se pelo recurso a dispositivos retóricos, ao contributo da imaginação e de soluções de produção e de realização que são usuais no cinema de ficção propriamente dito.

2. Na sequência de *Moana*, uma docuficção fundacional realizada por Robert J. Flaherty em 1926, o género narrativo em causa desenvolveu-se em diferentes contextos culturais, quase sempre regido por propósitos de ilustração de hábitos sociais e de elementos étnicos com identidade marcada. Neste último caso, a docuficção deriva para a etnoficção e envolve o contributo metodológico da antropologia visual. *Maria do Mar* (1930), de Leitão de Barros, e *Ato da Primavera* (1962), de Manoel de Oliveira, encontram-se nessa linha temática; *Belarmino* (1964), de Fernando Lopes, integra na produção docuficcional a personalidade retratada, ou seja, o pugilista Belarmino Fragoso no papel do protagonista.

Num outro plano de análise, pode dizer-se que a *docuficção* se estende à narrativa ficcional, em ligação estreita com o *New Journalism* aparecido nos Estados Unidos nos anos 60 e 70 do século XX. Identificando-se com um jornalismo concebido para ser lido como um romance, Truman Capote aprofundou essa tendência, em regime paraficcional: *In Cold Blood* (1966) integra técnicas romanescas e contributos ficcionais no circunstanciado relato do caso verídico de um crime violento.

3. A docuficção mantém algumas relações com a *documédia* (v.) e com o *docudrama* (v.), mas não se confunde com eles. Essas relações assentam na referência a uma matriz discursiva comum, podendo dizer-se que, na docuficção, é o documentário que convoca a ficção e não o contrário.

DOCUMÉDIA

1. O termo *documédia* (por haplologia de *docucomédia*) designa um género narrativo híbrido em que a comédia ficcional se conjuga com o documentário (em inglês: *mockumentary*, de *mockery*, e *documentary*). A documédia relata acontecimentos ficcionais vividos por figuras também ficcionais, mas obedecendo à retórica do documentário cinematográfico ou da reportagem, com o propósito de suscitar um generalizado efeito de real (cf. Barthes, 1968).

2. Embora não seja necessariamente de feição cómica, com frequência a documédia constitui uma paródia do documentário ou da reportagem, pelo recurso a dispositivos que nestes são usuais: depoimentos de figuras reais (que colaboram na encenação ficcional), exibição de documentos de época (recortes de jornais, p. ex.), ilustração de cenários e de sonoridades conhecidas, etc. Assim, a documédia procede, consistente e reiteradamente, ao estabelecimento de contratos de veridicção traduzidos na "criação de ilusões referenciais [que] servem sempre para a produção de efeitos de sentido 'verdade'" (Greimas e Courtés, 1979: 418).

Um dos primeiros e mais famosos casos de documédia foi a emissão radiofónica *The War of the Worlds*, adaptação do romance homónimo de H. G. Wells, por Orson Welles, em 1938. A emissão causou uma onda de pânico gerada pela expressividade dos componentes veridictivos utilizados (designadamente, efeitos sonoros). *Zelig* (1983), de Woody Allen, pode ser considerado também uma documédia, ainda que sejam menos equívocos os recursos de veridicção convocados pelo filme: a vida e os dissabores de um homem-camaleão (que teria vivido nos anos 30 do século XX) são interpretados pelo próprio Allen, em episódios tão caricatos e excessivos que o relato pode ser entendido como paródia do género documédia (cf. Reis, 2017).

3. A documédia não se confunde com a *docuficção* (v.) nem com o *docudrama*. (v.), embora se relacione com eles, pela presença da matriz discursiva do documentário e da sua lógica. Assim, pode dizer-se que, na documédia, é a ficção que convoca o documentário e não o contrário.

DRAMA

1. No campo dos estudos literários, o conceito de *drama* reporta-se, em primeira instância, ao sentido etimológico do termo (*ação*), sentido esse que

remonta à poética aristotélica. A partir dessa aceção fundadora, o drama é entendido como uma representação de tensões e de conflitos, num certo lapso de tempo, vividos por personagens em número não muito alargado, sem intermediação de um narrador e coexistindo em espaços relativamente bem demarcados; complementarmente, aquela representação deve ser atualizada em espetáculo teatral, para o que é decisiva, entre outros fatores, a *performance* de atores que dão corpo às personagens e interpretam as suas falas e os seus movimentos.

Esta definição sumária do conceito de drama deve ser encarada, no presente contexto, como instrumental: ela subordina-se à caracterização de um certo domínio dos estudos narrativos a que chamamos *narratologia transmodal* (v.); nele, é possível considerar fenómenos de hibridização, em consonância com uma conceção alargada e interativa das práticas discursivas e do lugar que nelas ocupam elementos virtualmente narrativos. Segundo aquela conceção, podemos integrar o drama e o espetáculo teatral no quadro de uma certa dramatização do quotidiano; dizemos, então, que representar é "trabalho e jogo, uma atividade solene e lúdica, simulação ou verdade, aquilo de que são feitas as nossas transações mundanas e aquilo que fazemos ou observamos no ritual ou no teatro" (Turner, 1982: 102).

2. Se é verdade que, "no plano da atualização, uma peça de teatro e um romance são bastante diferentes", também é certo que, "ao nível textual, se assemelham um ao outro, bem mais do que cada um deles se parece com qualquer outro tipo de texto – digamos, o argumento ou a descrição" (Chatman, 1990: 110). Ressalvadas as diferenças de contextualização, identificamos no drama categorias que correspondem a algumas das que encontramos na narrativa, o que justifica a aproximação estreita da teoria da narrativa e da teoria do drama (cf. Richardson, 2007: 142 ss.). A personagem e as suas ações, o espaço em que elas ocorrem e o tempo que duram podem ser homologados às mesmas categorias, tal como se manifestam no relato. Estamos aqui no nível dos acontecimentos representados, sendo verificável, como na narrativa, a interdependência daqueles elementos, no desenvolvimento dramático de uma *história* (v.) que é suscetível de ser resumida ou submetida a um processo de transposição intermediática (v. *adaptação*).

O reconhecimento das categorias referidas como componentes dramáticos favorece a leitura do drama e a sua encenação, sob o signo da *narratividade* (v.). Para tal, ela deve ser entendida em sintonia com o princípio da naturalização narrativa, ou seja, não como uma propriedade estritamente textual, mas sim como "*uma função dos textos narrativos centrada na experiencialidade de uma natureza antropomórfica*" (Fludernik, 1996: 26). Assim, a leitura, a encenação e a receção do drama convocam experiências prévias, de acordo com uma dinâmica pan-narrativista que atinge, para além da prosa narrativa, os relatos orais e a conversação quotidiana, o cinema e a publicidade, a poesia e as narrativas verbo-icónicas.

Aquela dinâmica pan-narrativista tem uma justificação própria, quando estão em causa, como personagens ou ações dramáticas, figuras ou episódios históricos com certa relevância. Mesmo que reconhecidos, no ato recetivo, apenas de forma superficial, essas figuras e esses episódios encontram-se pré-modelados, na memória coletiva, por relatos (biografias, textos historiográficos, lendas, etc.) que os estruturam narrativamente como material disponível para a criação dramática; o teatro romântico de temática histórica é, neste aspeto, muito significativo. Situação diferente, mas também exemplar deste ponto de vista, é a daquele teatro que se assume, por opção ideológica, como narrativo: o chamado *teatro épico*, concebido e levado à cena por Bertolt Brecht. Para Brecht, o palco devia ser um instrumento de narração de um mundo em transformação; o espectador sujeitava-se a um efeito de distanciamento ou estranhamento (*Verfremdungseffekt*), levando-o a uma atitude crítica e não emotiva, induzida pela interpretação do autor, na medida em que este se não identificava com a personagem.

3. Um aspeto decisivo do potencial narrativo do drama tem a ver com a questão da *mediação narrativa* (v.). Em princípio, não existe no drama uma instância narrativa expressa ou, em termos mais explícitos, uma voz que relate a história: "Nos textos dramáticos em curso de representação (...), a sequência dos acontecimentos é apresentada diretamente, corporalmente, na forma de personagens que interagem e comunicam no palco, sem um mediador evidente (...) e aparentemente sem qualquer mediação" (Hühn e Sommer, 2013: 4).

A noção de *apresentador* pretende justamente abranger tanto a situação da narrativa propriamente dita, em que existe um *narrador* (v.), como o caso do drama, em que ele não se manifesta através de uma voz narrativa (cf. Chatman, 1990: 113). Indo além desta proposta, Manfred Jahn propõe a abertura dos estudos narrativos às questões transmodais, sublinhando a existência de "toda uma área de correspondências funcionais de género, incluindo mútuos cruzamentos técnicos de dramatização e de epicalização [narrativização], que merecem abordagem mais demorada" (Jahn, 2001: 673; cf. também Richardson, 2001); por isso, importa dar atenção "aos mecanismos da moldura dramática ou épica e à sua situação narrativa, sendo aqui que o narrador dramático pertinentemente se expõe, mesmo que ele/a corresponda apenas a uma função de apresentação ou de organização sem corpo nem voz e indistinta do autor" (Jahn, 2001: 676).

4. A inexistência formal de uma entidade mediadora não inibe o reconhecimento da narratividade inscrita no drama. Comparativamente, recorde-se que, em certas narrativas não verbais (como a *banda desenhada*, v., puramente icónica ou a mímica com propósito narrativo), a ausência de um narrador formal não impede que uma história seja contada, ainda que eventualmente à custa de ambiguidades ou mesmo de omissões.

Lembrando o que acontece na banda desenhada e no cinema, a progressão de uma ação dramática pode ser apreendida pelo funcionamento da *elipse* (v.), associada à experiência narrativa do leitor ou do espectador; assim, uma mudança de ato implica um corte temporal e uma consequente progressão da ação, em conjugação com uma transferência de espaço e percebidos como movimento narrativo. No novo tempo de um outro ato, as personagens envelheceram ou são substituídas por outras, comportam-se possivelmente de modo diferente, reajustam as suas relações e reações e, no geral, fazem avançar a história. Além disso, elas mesmas podem enunciar narrativas, relatando, em circunstâncias próprias, acontecimentos que viveram ou que testemunharam, fora de cena; na tragédia clássica, era atribuída ao mensageiro uma função narrativa, tal como, de forma mais esporádica, ao coro.

Menos evidente, mas não menos relevante para os estudos narrativos que se interessam pelo drama, é o índice de narrativização que pode ser atribuído à componente técnica e performativa do teatro, no tocante à encenação e aos seus complexos elementos compositivos. Trata-se aqui de atingir e de analisar a capacidade representacional de recursos técnicos e cenográficos (som, luz, desenho de palco, cenário, etc.), criando atmosferas e motivando comportamentos; do mesmo modo, a performatividade dos atores e dos seus acessórios (voz, corpo, gesto, fisionomia, atributos histriónicos, guarda-roupa) induz ou reforça o dinamismo das ações e o seu encaminhamento para um *desenlace* (v.).

5. As questões colocadas pela transmodalidade do drama estimulam os estudos narrativos a valorizar essa condição transmodal não apenas no drama, mas também em modos e em géneros que, eventualmente noutros suportes, justifiquem análises intermediáticas. Faz sentido afirmar que, "se as atuais abordagens cognitivas prosseguirem, uma teoria verdadeiramente transmediática e interdisciplinar da narração e da compreensão narrativa pode ser desenvolvida, o que não só ajudaria a resolver alguns problemas na teoria clássica dos géneros, mas também permitiria uma melhor compreensão da função antropológica da narrativa, nos discursos literários e não literários" (Hühn e Sommer, 2013: 23).

Um campo de análise em que estas interações são particularmente sugestivas é o que diz respeito à adaptação e de um modo geral, à *intermedialidade* (v.). Nele, confirma-se a pertinência daquela homologação de categorias (personagem, tempo, ação, etc.) que, no drama e na narrativa, estabelecem funcionalidades narrativas ou protonarrativas com evidentes afinidades entre si. Isso verifica-se na transposição do romance para o teatro, que é relativamente frequente (mas não o contrário), e sobretudo, para o que aqui importa, do teatro para o *cinema* (v.). Essa possibilidade e a frequência com que se concretiza assentam nas virtualidades narrativas do drama, aprofundadas num *medium* que, como ele, envolve uma certa dimensão performativa. Para além disso, mesmo quando são reivindicadas as qualidades artísticas do chamado *teatro filmado*, reconhece-se que "passar ao cinema uma peça de teatro será dar ao seu cenário a amplidão e a realidade que a cena não podia materialmente oferecer-lhe" (Bazin, 1951: 899).

Por força daquela amplidão de horizontes (embora não só por isso), o drama feito cinema conhece, em muitos casos, uma fortuna considerável, abrindo uma fecunda linha de análise aos estudos narrativos intermediáticos. Assim, o teatro de dramaturgos famosos, como é o caso de Shakespeare, ganha uma projeção apreciável, sempre que o relato cinematográfico, em harmonia com uma conceção não "teatralizada" da adaptação, desenvolve potencialidades narrativas já visíveis ou apenas latentes no texto dramático. *Romeu e Julieta* (1597), que tem, aliás, antecedentes como narrativa, é certamente o melhor exemplo daquela projeção, traduzida em inúmeras adaptações, desde os começos do cinema narrativo. Numa outra modulação também muito sugestiva, o cinema colhe do teatro antigo componentes virtual ou efetivamente narrativos (sobretudo personagens e conflitos) que refigura e parodia; é isso que vemos em *Mighty Aphrodite* (1995), de Woody

Allen, uma história nova-iorquina e pós-moderna que parte do mito de Édipo e da sua representação trágica por Sófocles.

DRAMATIS PERSONÆ – V. Actante.

DURAÇÃO – V. Velocidade.

E

EDITOR

1. No campo dos estudos narrativos, o *editor* não se confunde com o responsável pelo processo técnico e económico que faz chegar a obra produzida pelo *autor* (v.) até ao público *leitor* (v.). Todavia, o editor de que aqui se trata colhe desse seu homónimo funcionalidades importantes; nesse sentido, no presente contexto podemos definir o editor como a entidade ficcional que eventualmente aparece no preâmbulo de uma narrativa, desempenhando uma função de intermediação; essa intermediação muitas vezes inclui a explicação da origem e a razão de ser da divulgação do relato, bem como as circunstâncias do seu aparecimento.

Conforme observa Óscar Tacca, o editor pode manifestar-se em situações narrativas e pré-narrativas muito variadas: "Desde a forma epistolar dos romances, até àqueles [relatos] em que o autor se apresenta como mero 'editor' de uns papéis (encontrados num desvão, numa hospedaria, numa farmácia); e desde aqueles que (sem participação do intermediário) foram apenas objeto de cópia fiel e cuidadosa, até aos que (admitindo uma certa participação) foram 'traduzidos', 'ordenados' ou 'reescritos' pelo transcritor" (Tacca, 1973: 38).

2. Quando surge explicitamente identificado com o autor, o editor procura conferir verosimilhança àquilo que é narrado; assim, o romance epistolar *Julie ou la nouvelle Héloïse* (1761) subintitula-se *Lettres de deux amants habitants d'une petite ville au pied des Alpes, recueillies et publiées par Jean-Jacques Rousseau*. Isso não impede o editor de declarar a sua intervenção no livro, lançando, sobre as cartas, uma suspeição de *ficcionalidade* (v.) justificada pelo teor excecional da história que elas contam: "Quoique je ne porte ici que le titre d'éditeur, j'ai travaillé moi-même à ce livre et je ne m'en cache pas. Ai-je fait le tout,

et la correspondance entière est-elle une fiction? Gens du monde, que vous importe? C'est sûrement une fiction pour vous" (p. 3).

Noutros casos, a função de editor liga-se estreitamente à de narrador: é o narrador do conto de Eça *Singularidades duma rapariga loura* (1874) que exerce a função de editor, porque trata de repetir a história de que foi *narratário* (v.). Sendo, porém, narrador de segunda instância, ele assume um grau elevado de intervenção na narrativa de que é mediador (v. *mediação narrativa*).

3. Em termos narratológicos, o trabalho do editor como organizador do relato pode ser considerado, em certos casos, homólogo ao do operador da *montagem* (v.) cinematográfica; é este quem seleciona e ordena planos e sequências, numa etapa crucial da formulação do discurso cinematográfico. Repare-se nas explicações dadas pelo editor de *La familia de Pascual Duarte* (1942), de Camilo José Cela: "He preferido, en algunos pasajes demasiado crudos de la obra, usar de la tijera y cortar por lo sano; el procedimiento priva, evidentemente, al lector de conocer algunos pequeños detalles – que nada pierde con ignorar –; pero presenta, en cambio, la ventaja de evitar el que recaiga la vista en intimidades incluso repugnantes, sobre las que – repito – me pareció más conveniente la poda que el pulido" (*La familia de Pascual Duarte*, pp. 13-14).

ELIPSE

1. Entende-se por elipse a supressão de um lapso temporal no relato e, por consequência, dos acontecimentos que nele tiveram lugar. Muitas vezes, a elipse é indicada de forma variavelmente explícita, correspondendo a uma alteração brusca da *velocidade* (v.) imprimida à narração da história.

Do ponto de vista formal, Genette (1972: 139-141) distingue três tipos de elipse: a *explícita*, manifestada por meio de expressões temporais de tipo adverbial (p. ex., "dois anos depois", "alguns meses mais tarde"); a *implícita*, não expressa pelo discurso, mas inferida pelo desenrolar da história; a *hipotética*, insuscetível de ser delimitada com rigor, relativamente ao tempo da história e apenas intuída de forma imprecisa.

2. Em certas ocorrências, a elipse é metanarrativamente referida, como efeito de uma opção do narrador omnisciente (v. *focalização omnisciente*), em função de prioridades que são explicitadas: "Passaram cinco dias, que teriam

tanto para contar como quaisquer outros, mas estas são as debilidades do relato, às vezes tem de se saltar por cima do tempo, eixo-ribaldeixo, porque de repente o narrador tem pressa, não de acabar, ainda o tempo não é disso, mas de chegar a um importante lance" (J. Saramago, *Levantado do chão*, p. 252). Noutros casos, a elipse finge omitir o que afinal deixa entrever: "Já agora não digo o que pensei dali até Lisboa, na península e em outros lugares da Europa, da velha Europa, que nesse tempo parecia remoçar. Não, não direi que assisti às alvoradas do romantismo, que também eu fui fazer poesia efetiva no regaço da Itália; não direi coisa nenhuma. (...) Ao cabo de alguns anos de peregrinação, atendi às súplicas de meu pai" (M. de Assis, *Memórias póstumas de Brás Cubas*, p. 97).

Algumas situações narrativas e regimes de focalização determinam tratamentos específicos da elipse. Assim, no *romance epistolar* (v.), a elipse decorre do tipo de narração instituída; o lapso temporal existente entre cada carta, em conjugação com a alternância de vários correspondentes, leva à supressão de eventos, nos intervalos que separam cada ato de narração/ escrita epistolar. Em romances de focalização omnisciente, a elipse é uma prerrogativa do narrador que seleciona os tempos da história e elimina o que julga irrelevante; quando é instituída uma perspetiva inserida na história (v. *focalização interna*), mormente em *monólogo interior* (v.), a elipse não tem, em princípio, razão de ser.

ENREDO – V. Intriga.

ENTRECHO – V. Intriga.

ENUNCIAÇÃO

1. O conceito de *enunciação*, analisado em contexto narrativo, parte da noção linguística que entende a enunciação como processo de conversão da língua em *discurso* (v.). Essa noção aprofunda-se pela postulação de marcas enunciativas que, no âmbito da proposta de Benveniste, conduz ao conceito de *enunciação discursiva* como manifestação da relação eu-tu, indissociável das circunstâncias (o *aqui* e *agora*) que a envolvem (cf. Reis e Lopes, 2011: 123).

2. Em narratologia, retoma-se o conceito de enunciação para caracterizar o "ato narrativo produtor", ou seja, a *narração* (v.) (cf. Genette, 1972: 72). São da ordem da enunciação narrativa as determinações temporais (v. *narração, tempo da*), a localização do ato narrativo num específico *nível narrativo* (v.) e a definição da pessoa do narrador, tendo em conta a sua relação (de pertença ou não) com a história contada (v. *narrador homodiegético* e *narrador heterodiegético*). No interior do universo espaciotemporal dos eventos narrados, o *discurso das personagens* (v.) funciona, por sua vez, como um simulacro do ato de enunciação.

[com A.C.M.L.]

ENUNCIADO

1. Em termos narratológicos, o *enunciado* corresponde, *grosso modo*, ao *discurso* (v.) narrativo, global ou parcelarmente considerado. É pelo enunciado estruturado numa mensagem narrativa que o *narrador* (v.) se dirige ao *narratário* (v.).

2. Podendo ser formulado em diferentes suportes, o enunciado revela graus diferentes de estabilidade. No caso das narrativas orais, ele ressente-se de uma falta de estabilidade ou até de uma fugacidade a que as narrativas em suporte material consistente e tecnicamente reprodutíveis (escritas, em banda desenhada, cinematográfica, etc.) resistem melhor.

3. O conceito de enunciado pode ser alargado a uma reflexão de caráter translinguístico e transnarrativo, conforme é sugerido pela teoria da linguagem bakhtiniana. Neste caso, o enunciado é a frase inserida num contexto de enunciação que abrange a situação social dos interlocutores, os seus universos axiológicos e os elementos espaciotemporal que enquadram o ato comunicativo; ele dialoga sempre com todos os outros enunciados que circulam (ou circularam) no seio da comunidade, sendo entendido como um elemento do grande intertexto social (v. *dialogismo*).

[com A.C.M.L.]

EPÍGRAFE

1. O vocábulo *epígrafe* (do gr. *epi-*, "sobre", "por cima de"; *graphein*, "escrever") designa um texto, em princípio de curta extensão, inscrito num

local destacado, antes de se iniciar a narrativa propriamente dita, uma das suas partes ou um dos seus capítulos.

A epígrafe tanto pode ser de autoria alheia (epígrafe *alógrafa*), como da responsabilidade do autor do relato que ela antecede (epígrafe *autógrafa*). No primeiro caso, recorre-se a textos ou a fragmentos de textos normalmente com autoria e autoridade reconhecidas; trata-se, então, da "citação por excelência", onde "o autor põe as cartas na mesa" (Compagnon, 1979: 417); no caso da epígrafe autógrafa, o autor regista uma reflexão sua, eventualmente de teor ideológico, moralizante, etc.

2. As funções da epígrafe merecem referência especial, sobretudo no caso da variante alógrafa. Ela assume, então, aquela feição de palavra autoritária de que fala Bachtin: "A palavra autoritária pode organizar em torno a si massas de outras palavras (que a interpretam, a exaltam, dela fazem determinadas aplicações, etc.), mas não se confunde com elas (...), pois permanece distinta, compacta e inerte" (Bachtin, 1979: 151).

3. Pode dizer-se que a epígrafe abre pistas de leitura importantes, nos planos semântico e pragmático, alertando para os temas dominantes da narrativa e legitimando os intuitos crítico-ideológicos que o inspiram. Um exemplo: Stendhal subordina quase todos os capítulos de *Le rouge et le noir* (1830) a epígrafes provindas de autores muito variados, de Lope de Vega a Maquiavel e Napoleão; assim, a "palavra autoritária" inscreve o romance num vasto espaço intertextual, com uma dimensão programática bem evidente na epígrafe de Saint-Réal que incita à representação realista: "Un roman: c'est un miroir qu'on promène le long d'un chemin" (p. 100).

EPÍLOGO

1. Conforme a etimologia sugere (do gr. *epi*, "sobre"; *logos*, "discurso"), o *epílogo* é constituído por um capítulo, por parte de um capítulo ou por um trecho designado pelo termo em análise, aludindo, no final da narrativa, ao destino das personagens mais destacadas, depois de ocorrido o *desenlace* (v.). Decorre daqui que o epílogo faz sentido sobretudo em narrativas com *intriga* (v.); além disso, ele reporta-se a um tempo que é subsequente ao da referida intriga, por vezes projetando-se consideravelmente para além dela.

Em conexão com os incidentes da história contada, o epílogo pode suscitar análises de dois tipos: de ordem funcional, tendo em atenção a sua articulação com as personagens e com as ações por elas vividas; de ordem semântica, uma vez que ele pode revelar-se um momento adequado para reflexões ideológicas, morais, éticas, etc.

2. A propensão conclusiva que caracteriza o epílogo é reconhecida por vários autores: por B. Eikhenbaum, que sublinha a importância de um balanço final, como elemento que distingue o *romance* (v.) da *novela* (v.) (cf. Eikhenbaum, [1925] 1965: 203); por J. Kristeva, ao observar que "a instância da fala, muitas vezes sob a forma de um epílogo, sobrevém no final (do romance) para retardar a narração e para demonstrar que se trata justamente de uma construção verbal dominada pelo sujeito que fala" (Kristeva, 1969: 140).

Encerrando o relato, o epílogo é formulado, por vezes, no presente, assinalando a posição extradiegética e estática das situações nele referidas e criando simultaneamente um efeito de verosimlhan9a: "Rosa Catraia, é pois, baronesa de Vilar de Amores, título um tanto lírico e romanesco, bem ajustado às escarlates bochechas e túrgidos seios que ressumbram bestidade, saúde, alegria e lubricidade serôdia" (C. Castelo Branco, *Os brilhantes do Brasileiro*, p. 278).

EPISÓDIO

1. O termo *episódio* pode ser entendido em várias aceções. Numa utilização trivial (p. ex., "um episódio rocambolesco"), designa uma ação ou um conjunto de ações, por vezes encaradas de forma ligeiramente pejorativa. Modernamente, o vocábulo episódio é utilizado, com frequência, em relação à *série* (v.) de televisão e ao *romance radiofónico* (v.); nesses casos, episódio designa uma fração do relato formalmente autónoma, em relação a uma totalidade narrativa, cuja narração ocorre com uma certa periodicidade, num lapso de tempo em princípio amplo.

2. Esta segunda aceção comparece, em parte, numa definição narratológica do conceito de episódio: unidade narrativa de extensão variável, sem obrigatória demarcação externa, na qual se relata uma ação autónoma, em relação à totalidade da narrativa; essa ação relaciona-se com o todo em que se insere por meio de um qualquer fator de redundância (a personagem

que protagoniza os diferentes episódios, o espaço em que eles se desenrolam, as dominantes temáticas da narrativa, etc.).

É o fator redundância que permite, por um lado, conceber o agrupamento de vários episódios e, por outro lado, aproximá-los e distingui-los da sequência: "Os episódios tendem a aparecer em feixes, agrupados por uma isotopia específica. O seu 'fechamento' faz deles o equivalente de uma sequência semiótica, e a presença de uma isotopia unificadora agrupa-os numa unidade intermediária, entre a sequência e o sintagma total do texto" (Haidu, 1983: 660).

3. A estruturação de episódios ajusta-se especialmente a narrativas não dominadas por uma *intriga* (v.), quer dizer, de *composição* (v.) aberta. Em certos contextos periodológicos, culturais e temáticos, a lógica narrativa do episódio faz sentido. Por exemplo, a viagem convida a uma composição episódica: a deambulação de D. Quixote e Sancho Pança ou a navegação de Vasco da Gama n'*Os Lusíadas* (1572) são situações favoráveis à sucessão de episódios. No cinema, o chamado *road movie*, designado a partir do filme homónimo (de 1974), realizado por Joseph Strick, corresponde praticamente a um género narrativo, com uma conformação episódica muito evidente; *Easy Rider* (1969), de Denis Hopper, *Thelma and Louise* (1991), de Ridley Scott, e *Diários de motocicleca* (2004), de Walter Salles, são exemplos conhecidos desta variante cinematográfica do relato de viagem, normalmente caracterizado, do ponto de vista temático, por uma forte carga libertária, associada ao motivo da aprendizagem.

A tendência para a articulação narrativa do episódio acontece ainda em romances de índole social, como *Vidas secas* (1938), de Graciliano Ramos, ou *As vinhas da ira* (1939), de John Steinbeck; de registar que, em ambos, a viagem ocupa um papel importante no desenvolvimento da história e condiciona o destino das personagens. Por sua vez, as séries romanescas ou os romances que, no tempo literário do realismo, se ocupam de um certo devir social, cultural e político, recorrem também à composição episódica (p. ex., os *Episodios nacionales*, 1873-1912, de B. Pérez Galdós ou *Os Maias*, 1888, de Eça, com o subtítulo *Episódios da vida romântica*).

EPOPEIA

1. A *epopeia* é um *género narrativo* (v.) normalmente extenso em que, num estilo elevado ou até solene, se relata o trajeto de um herói, por vezes

associado à fundação e ao destino coletivo de uma comunidade; na ação da epopeia intervêm quase sempre entidades sobre-humanas, mitológicas e transcendentes, que ajudam ou contrariam as personagens. A designação que aqui se refere concorre com as expressões *poesia épica* ou *poema épico* que, *grosso modo,* lhe correspondem.

Tendo origem muito remota, a epopeia reporta-se a valores e a referências culturais em que predominam os mitos e as narrativas de projeção nacional, enquadrados por uma conceção orgânica do universo; por isso, Lukács, aludindo à dimensão transindividual do *herói* (v.), sublinhou que "o sistema de valores acabado e fechado que define o universo épico cria um todo demasiado orgânico para que nele um só elemento possa isolar--se, conservando o seu vigor, erguer-se com suficiente estatura para se descobrir como interioridade e transformar-se em personalidade" (Lukács, 1970: 60). Daí o pendor histórico-comunitário próprio da *Ilíada,* da *Odisseia,* da *Eneida* ou d'*Os Lusíadas* (1572), que é reforçado, neste último caso, pelo plural de alcance nacional que o título sugere. Noutros casos, a epopeia provém dos poemas populares de transmissão oral, da canção de gesta, das sagas ou da tradição bíblica, eventualmente com autoria incerta, mas insistindo nos motivos heroicos (p. ex., o *Cantar de mio Cid, La chanson de Roland, Das Nibelungenlied [A Canção dos Nibelungos],* todos de data incerta, ou *Paradise Lost,* 1667, de John Milton).

2. A caracterização genológica da epopeia aprofunda-se pelo seu confronto com o *romance* (v.). Nesse sentido, Bakhtin apontou nela "três aspetos constitutivos; 1) o objeto da epopeia é o passado épico nacional, o 'passado absoluto', segundo a terminologia de Goethe e Schiller; 2) a fonte da epopeia é a tradição nacional (e não a experiência individual e a livre invenção que dela deriva); 3) o mundo épico está separado do presente, isto é, do tempo do cantor (do autor e do seu auditório), por uma distância épica absoluta" (Bachtin, 1979: 454-455).

Destes três aspetos constitutivos, deve acentuar-se a importância da conceção e do tratamento do *tempo* (v.). Assim, quando se fala em "passado absoluto", está-se a remeter para um passado desligado do presente e transcorrido num tempo certamente extenso (cf. Aristóteles, *Poética,* 1449b e 1455b), mas destituído de relatividade e de sentido evolutivo, no tocante às figuras que o vivem (cf. Bachtin, 1979: 457; Staiger, 1966: 139-140). Por isso, o tempo da epopeia é diverso do tempo do romance, carecendo aquele de capacidade de reenvio para o presente histórico e concreto do recetor; essa capacidade de reenvio, que reconhecemos no romance, tem a ver com as suas potencialidades críticas, bem distintas da tendência para a exemplaridade didática que se observa na epopeia.

3. A situação do narrador da epopeia conjuga-se com os traços de configuração descritos e também com o primordial "contrato" comunicativo que caracterizava o relato épico: enunciando um discurso oral, o rapsodo dirigia-se a um auditório fisicamente presente, evidenciando-se, por meio dessa copresença, a sua alteridade e distância, em relação aos eventos e às personagens de que falava. Para além disso, o narrador da epopeia pronuncia-se num estilo solene, o "som alto e sublimado" de "tuba canora e belicosa" (*Os Lusíadas,* I, 4-5) que Camões reclama. Mas aquilo que em especial particulariza o estatuto do narrador épico é a sua posição de transcendência relativamente ao que conta: assim, "o universo representado, na sua maciça presença, não é perturbado pelas paixões de um criador que se suprime (aparentemente) perante a sua obra" (Madelénat, 1986: 24).

4. A *composição* (v.) da epopeia adota, nalguns casos, uma *ordem temporal* (v.) diversa do desenrolar cronológico da história. O começo *in medias res* (v.) mostra a tendência épica para privilegiar uma *ordo artificialis* que contribui para uma certa dramatização dos episódios, ao mesmo tempo que marca a diferença para com o discurso historiográfico, alheio, por princípio, àquele artifício ou à antecipação de acontecimentos (v. *prolepse*).

Também pela estrutura externa, a epopeia mostra uma composição calculada e intencionalmente delineada. Nalgumas, essa composição contempla três partes distintas: a *proposição,* a *invocação* e a *narração* (v. estes termos). É no decurso da narração que se manifestam os componentes da estrutura interna da epopeia, em ligação direta com os sentidos temáticos e ideológicos que nela se representam; desses componentes merecem destaque a *ação* (v.) e a *personagem* (v.). A primeira centra-se em acontecimentos e em comportamentos da esfera do maravilhoso e do heroico (eventos bélicos, confrontações com os elementos atmosféricos, proezas sobre-humanas, etc.); por sua vez, a personagem épica conserva uma ligação estreita com os deuses: "Ambíguo, mergulhando ainda no fulgor dos deuses, o herói conserva as faculdades mágicas de comunicação com eles. Ele sabe amansar ou dominar as forças sobrenaturais e, por metonímia, participa no seu inquietante horror" (Madelénat, 1986: 56).

5. Tendo-se manifestado em diversas épocas da história da cultura ocidental, a epopeia conheceu maior projeção na Antiguidade Clássica, no Renascimento e no Neoclassicismo. Entretanto, com o advento da sociedade burguesa e do romance como seu emblemático género narrativo, os temas, as ideias e os valores celebrados pela epopeia entraram em crise ou, pelo menos, foram relativizados. Nesse cenário, a afirmação de empreendimentos excecionais, a competição dos deuses com os homens e a representação do destino de comunidades de alcance nacional deixam de fazer sentido; entra então em cena a personagem individualizada, trivial e muitas vezes problemática, analisada no romance burguês e no realismo crítico.

Isso não quer dizer que a epopeia e o sentido épico tenham desaparecido das práticas narrativas da atualidade: elas podem ser objeto dos estudos narrativos, em análises transmodais e transmediáticas que se interessam pela fortuna dos heróis épicos e dos seus feitos, metamorfoseados em *super-heróis* (v.). Subsiste neles a condição épica como *qualidade derivada* (cf. Ingarden, [1931] 1973: 317-318), fundada na tradição e na axiologia do grande género canónico que é a epopeia; a sua entrada no sistema de ensino potencia versões pedagogicamente simplificadas, como tem acontecido com *Os Lusíadas*: p. ex., *Os Lusíadas contados às crianças e lembrados ao povo* (1930), por João de Barros; *Os Lusíadas de Luís de Camões; contados aos jovens por Adolfo Simões Müller* (1982), *Os Lusíadas para gente nova* (2012), por Vasco Graça Moura, e *Os Lusíadas* (1983; banda desenhada), por José Ruy. De outro âmbito e dirigindo-se a outro público são as séries da Marvel Illustrated, *The Iliad* (2007) e *The Odyssey* (2008).

A sobrevivência do épico manifesta-se também sob a forma da imitação subversiva ou paródica. É sabido que, ao adotar o herói de Troia como referência estruturante do romance *Ulysses* (1922), James Joyce reverteu o trajeto da figura homérica que dá título ao relato, refigurando-a ironicamente no protagonista Leopold Bloom, burguês comum e anti-heroico da Dublin do século XX. Uma mais aguda tonalidade paródica observa-se em *As Quybyrycas* (1972), de Frei Ioannes Garabatus (João Pedro Grabato Dias), derrisão d'*Os Lusíadas*, tal como a obra homónima da epopeia camoniana, por Alface e Manuel da Silva Ramos, de 1972: o seu alvo primeiro "é o famoso dístico 'fé e império'", visado num texto inteiramente à margem do maravilhoso, "um veículo de clara representação literária que a produção épica camoniana não dispensa" (Carvalho, 2016). Na mesma linha de modulação hipertextual do modelo da epopeia, registe-se ainda *Uma viagem à Índia* (2010), de Gonçalo M. Tavares.

Por fim, refira-se que o cinema tem dado um impulso apreciável à atualização e à remediação da epopeia. Contribuem para isso as suas ferramentas técnicas e as suas excecionais potencialidades representacionais, acentuadas pelo refinamento dos efeitos especiais e pela criação digital, como fatores de ampliação das ações heroicas e dos espaços épicos. O recente filme *Troy* (2004), de Wolfgang Petersen, trouxe até ao cinema-espetáculo as proezas de Aquiles, Heitor e Ulisses. Já antes dele, outros exemplos famosos de valorização cinematográfica do sentido épico (que não de adaptação da epopeia) encontram-se no seminal e controverso *The Birth of a Nation* (1915), de D. W. Griffith, em *How the West Was Won* (1962), um *western* de John Ford, Henry Hathaway e George Marshall e, em registo de ficção científica, em *2001: A Space Odyssey* (1968), de Stanley Kubrick.

ESPAÇO

1. O *espaço* é uma categoria narrativa do âmbito da *história* (v.), constituindo nela o cenário de enquadramento dos acontecimentos que integram a *ação* (v.); normalmente, é num determinado espaço narrativo que as personagens se movimentam e protagonizam os eventos que nele têm lugar. Na configuração do espaço narrativo "o texto pode desenhar o mapa de uma só vez, para estabelecer o cenário da ação ou distribuir informação relevante para a sua construção ao longo da narrativa" (Ryan, 2003: 219).

Entendido em sentido translato, o espaço reporta-se tanto a atmosferas sociais (espaço social), como a componentes culturais (espaço cultural) ou, mais remotamente, a vivências íntimas (espaço psicológico). A sua relevância narrativa torna-se evidente quando, no desenho de tipologias da ficção, se fala em romance de espaço; reconhece-se, nesse caso, que o elemento espacial (cidades, regiões, edifícios, etc.) constitui uma peça decisiva da estrutura compositiva do romance. A proeminência e a específica identidade do espaço evidenciam-se igualmente quando falamos em literatura rural ou em literatura urbana.

2. Sem o teor normalmente estático do espaço físico, o espaço social elucida-se em função da ação de *tipos* (v.) e de *figurantes* (v.). Trata-se, então, de descrever ambientes que eles ilustram, quase sempre em termos críticos; procede-se, assim, a uma tematização do espaço centrada nos vícios e nas deformações da sociedade e podendo atingir, nalguns casos, um índice

elevado de significação ideológica (p. ex., em correntes literárias como o realismo socialista ou o neorrealismo).

Também o espaço psicológico se estabelece em conexão com as personagens. O *monólogo interior* (v.) é o dispositivo que favorece uma ilustração sugestiva daquele espaço, correspondendo aos meandros de uma mente quase sempre perturbada. Entendido "como cenário da luta íntima e como voz cindida da personagem", o monólogo interior modeliza o "espaço de uma solidão que comunica com galerias de sombra" (Gullón, 1980: 100-101). Colocando esta questão "no devir evolutivo da narrativa ficcional (e em particular do romance) pós-balzaquiana", podemos afirmar que "a passagem do século XIX para o século XX e a revolução romanesca (cf. Zéraffa, 1972) que lhe é correlata trazem consigo um espaço metaforizado: é o espaço psicológico que domina o agir de personagens às vezes de recorte impreciso e de identidade problemática" (Reis, 2013/14: 108-109).

3. Em termos gerais, dizemos que é em articulação com o *tempo* (v.) que o espaço existe na narrativa, sendo de certa forma transformado por ele (cf. Zoran, 1984: 311 ss.). A análise conjunta de ambos justifica-se porque "tempo e espaço são (...) mais do que um pano de fundo da narrativa; são parte da sua composição, afetando o nosso entendimento básico do texto narrativo e os protocolos de diferentes géneros narrativos. Ambos influenciam profundamente o modo como construímos imagens mentais daquilo que lemos" (Bridgeman, 2007: 52-53). Mais: "embora os mundos da narrativa pós-moderna possam tornar-se muito imprecisos quanto às suas fronteiras e, no geral, perder a lógica do tempo ou do espaço (mas raramente a dos dois ao mesmo tempo), insisto nisto: como leitores continuamos, mesmo assim, a exigir livros espaciotemporais, para podermos sustentar as nossas interpretações" (Bridgeman, 2007: 63).

Noutras abordagens, o espaço não é considerado exclusivamente como categoria diegética estática, mas sim numa sua postulação relacional e dinâmica. Essa postulação justifica o recurso à noção de *espacialização,* provinda da doutrina bakhtiniana e que significa a ênfase na "natureza psicodinâmica, interativa e situacional do processo narrativo"; ao mesmo tempo, a espacialização "assegura uma abordagem fluida e relacional que liga texto e contexto, escritor e leitor" (Friedman, 1993: 19). Certamente por isso, somos sensíveis a ficções decorridas em lugares que conhecemos bem e aceitamos o potencial de narrativização deduzido de certos espaços e dos dispositivos materiais e de textualização que acentuam aquele potencial.

As chamadas narrativas panorâmicas ou de paisagem partem de uma determinada organização do espaço, trabalhado em função de marcadores e de elementos de referência temporal (p. ex., os locais de avanço de um exército no terreno); deste modo, "conforme as histórias são retiradas das páginas e posicionadas como signos e inscrições em locais reais, o espaço assume, de certa maneira, uma inesperada capacidade narrativa" (Ryan *et alii*, 2016: 161). São deste teor as descrições espaciais que se encontram em centros interpretativos de lugares históricos (p. ex., cenários de batalhas).

4. A dimensão e a feição do espaço físico variam em função do género narrativo e da época literária em que ocorre a sua representação. Desde logo, podemos falar em espaço exterior e em espaço interior, distinção relevante no caso do romance, tendo em atenção a sua amplidão e a pluralidade de elementos que ele acolhe.

4.1. O espaço exterior em que se trava uma batalha – em *La chartreuse de Parme* (1839), de Stendhal, ou em *Guerra e paz* (1869), de Tolstoy – pode ser o pano de fundo de grandes movimentações humanas; do mesmo modo, o espaço de uma cidade chega a identificar-se com um determinado romancista e com a vida urbana que ele privilegia (cf. Moretti, 1998: 77 ss.). Afirmamos, assim, que Charles Dickens é o romancista de Londres, como Balzac o é de Paris, Galdós de Madrid e Machado de Assis do Rio de Janeiro, asserção que é indissociável de uma outra: a de que a cidade respondeu, nos últimos 300 anos, a estímulos sociais, económicos e culturais que têm as suas raízes no Iluminismo, motivando respostas literárias traduzidas em movimentos e em géneros (o realismo, o naturalismo e o romance) indissociáveis dos grandes cenários urbanos; daí provêm tipos que se acomodam às feições daquela literatura (o jornalista, o escritor, o operário, o político, a prostituta, o provinciano que quer triunfar na cidade, etc.) (cf. Lehan, 1998). Justificadamente, grandes meios urbanos, como Paris e Londres, deram lugar a mapeamentos minuciosos dos espaços, como elementos estruturantes das ações que ali transcorrem; e assim, Balzac, "em vez de proteger o romance das complicações de Paris, vê-as como uma *oportunidade* fantástica para a estrutura da narrativa: para o romance da complexidade" (Moretti, 1998: 106).

4.2. O espaço interior permite fixar a ação num ambiente físico mais restrito, mas eventualmente carregado de significado, sobretudo no tocante à condição e à vivência das personagens. Acerca do espaço da pensão Vauquer, em *Le père Goriot* (1835), diz o narrador: "Aussi le spectacle désolant que présentait l'intérieur de cette maison se répétait-il dans le costume de ses habitués, également délabrés." (p. 11). À medida que o espaço se vai particularizando, cresce o investimento descritivo que lhe é consagrado e enriquecem-se os significados daí decorrentes: lembre-se o interior do palacete d'*A cidade e as serras* (1901) de Eça de Queirós, designado como o 202, com a sua desmedida profusão de livros e de instrumentos de civilização.

5. A reconhecida importância do espaço romanesco confirma-se quando, por razões estruturais ou simbólicas, ele dá nome ao romance. Um determinado lugar em ambiente rural (*Wuthering Heights*, 1847, de Emily Brontë), uma casa em que a ação está centrada (*La maison Nucingen*, 1838, de Balzac), um bar peruano (*Conversación en la Catedral*, 1969, de Mario Vargas Llosa) ou a referência a uma alegoria famosa (*A caverna*, 2000, de José Saramago) motivam títulos em que está sublinhada a relevância do espaço.

Uma das categorias do relato que decisivamente interferem na conformação do espaço é a *perspetiva narrativa* (v.). O narrador pode optar por uma descrição panorâmica e omnisciente do espaço (numa estratégia de mapeamento), pode limitar-se a uma caracterização exterior e objetual ou ainda delegar a espacialização na *focalização interna* (v.) de uma personagem, como se ela conduzisse uma viagem pelo espaço (cf. Ryan, 2003: 218). Em qualquer caso, o espaço encontra-se condicionado, na imagem que dele é dada, pelo critério de representação adotado; esse condicionamento, pela relação eventualmente estabelecida com um certo olhar, torna-se significativo quando ocorre a sua modelação por uma câmara cinematográfica, em particular no caso da transposição intermediática de uma perspetiva narrativa em regime de *focalização interna* (v.).

Um género narrativo em que muitas vezes o espaço se relaciona com uma certa cosmovisão é a *narrativa de viagens* (v.). Mesmo que nela se não cumpra com rigor o registo de um ponto de vista individual, é a novidade do espaço (ou a sua redescoberta) que rege a construção do relato, numa abertura de horizontes projetada sobre o sujeito da viagem, ele próprio uma entidade em mudança. Podemos, assim, falar num tratamento antropomórfico do espaço, patente também no romance oitocentista, especialmente propenso a esse tratamento antropomórfico: "O espaço do romance não é, no fundo, senão um conjunto de relações existentes entre os lugares, o meio, o cenário da ação e as pessoas que esta pressupõe, quer dizer, o indivíduo que relata os eventos e as personagens que neles participam" (Weisgerber, 1978: 14).

6. A abertura dos estudos narrativos a outros *media* e a linguagens não exclusivamente verbais, bem como o contributo de disciplinas como as ciências cognitivas permitem uma ponderação dinâmica do espaço. Diversamente do que acontece com frequência na narrativa verbal convencional (durante uma *pausa descritiva*, v., o narrador descreve o espaço), na *narrativa fílmica* (v.), na *narrativa televisiva* (v.) ou, por aquilo que podem ter de narrativo, nos *jogos de computador* (v.), a dinâmica temporal que neles é muito evidente condiciona a configuração mental do espaço, por parte do espectador; por sua vez, também o leitor de um relato verbal é obrigado a um certo mapeamento do espaço textualizado que lhe é dado a conhecer à medida que a história avança. A noção de domínio narrativo torna-se aqui muito significativa: trata-se de "uma região espaciotemporal construída por um narrador, que usa marcas discursivas para permitir que os recetores reconstruam a mesma zona espaciotemporal. (...) Assim, um domínio narrativo é menos um instantâneo do aspeto espacial do mundo da história que está a ser contada, do que um construto que compreende a história das relações espaciais entre os objetos do referido mundo" (Herman, 2001: 519).

Em qualquer caso, o acesso aos componentes espaciais processa-se de forma gradual (o desenvolvimento temporal da narrativa obriga a que assim seja) e desencadeia operações distintas: o espectador e o leitor podem, apelando à memória de longo alcance, relacionar o espaço com cenários previamente conhecidos (p. ex., cidades); por outro lado, vão sendo retidos, na memória de curto alcance, elementos constitutivos de um espaço *in fieri*, que ganha consistência, nitidez e sentido, à medida que a história avança.

O romance *La Regenta* (1884-85), de Clarín, dá-nos um exemplo muito expressivo da pertinência destas operações, ao mesmo tempo que antecipa procedimentos que a narrativa fílmica virá a consagrar, na sua tendência para dinamizar o espaço. Assim, no episódio inicial daquele romance, uma personagem situada num lugar privilegiado (a torre da catedral) observa longamente, com um óculo, os vários bairros da cidade; trata-se de um movimento cinematográfico, como se a focalização interna da figura em causa (o protagonista Don Fermín de Pas) antecipasse a captação do espaço por meio de uma câmara que lentamente vai percorrendo os vários bairros do espaço urbano. A recolha desses elementos, pela memória do leitor (ou do espectador, na adaptação de *La Regenta* ao cinema, em 1974, com realização de Gonzalo Suárez), esboça uma moldura de enquadramento das ações que virão depois; ao mesmo tempo, a memória de longo alcance apoia-se na descrição, para confirmar que Oviedo é a cidade que está por detrás do topónimo ficcional Vetusta.

ESTRATÉGIA NARRATIVA

1. Numa aceção ampla, entende-se por *estratégia* uma atitude ou um conjunto de atitudes organizativas, prevendo determinadas operações, com recurso a instrumentos adequados e a procedimentos precisos (opções táticas), tendo em vista atingir objetivos previamente estabelecidos. Originário da linguagem militar, o termo estratégia encontra-se, com frequência, nas linguagens do desporto, do ensino e da política, bem como na linguagem dos estudos literários e linguísticos.

A noção de *estratégia narrativa* ajusta aquela aceção primordial ao modo discursivo, aos protagonistas e às situações enunciativas que conformam o relato. Assim, podemos definir *estratégia narrativa* como o conjunto interarticulado de dispositivos e de categorias que conduzem à estruturação do relato, bem como à sua enunciação, visando a produção de efeitos e reações.

2. Enquanto agente primeiro da comunicação literária, o *autor* (v.) configura uma estratégia textual que procura incutir a força perlocutiva responsável pelos efeitos a provocar no destinatário. Não se confundindo com o leitor concreto (v. *leitor*), o destinatário pode ser concebido pelo autor como Leitor Modelo, para utilizarmos a expressão de Umberto Eco. Trata-se de uma entidade ideal, em função da qual se organiza a estratégia textual; o autor "preverá um Leitor Modelo capaz de cooperar com a atualização textual como ele, o autor, pensava, e capaz também de agir interpretativamente assim como ele se moveu gerativamente" (Eco, 1979: 55).

A adoção de uma estratégia textual constitui uma atitude que mediatamente interfere na construção do texto. Optando por um determinado *modo* (v.) e género literário, acionando certos *códigos* (v.) em detrimento de outros, valorizando signos literários específicos e operando articulações sintáticas adequadas, o autor convoca uma competência de leitura que cumpra as exigências da estratégia instaurada. Procura-se conseguir aquilo a que Eco chama "condições de felicidade", ou seja, as circunstâncias de cooperação entre autor e leitor "que devem ser satisfeitas para que um texto seja plenamente atualizado no seu conteúdo potencial" (Eco, 1979: 62).

3. O conceito de estratégia narrativa deve ser encarado como especificação, no quadro dos estudos narrativos, do de estratégia textual. Essa especificação implica um salto conceptual e epistemológico, respeitando a diferença entre autor e narrador; deste modo, "a posição estratégica do autor assegura a consistência do objetivo comunicativo a que o discurso do narrador (por vezes, de vários narradores) conduz. Essa posição tanto pode ser homogénea, com relação à posição do sujeito que narra, como distanciada e mesmo irónica, em relação a ele" (Tjupa, 2014: § 3).

O *narrador*, o *narratário*, a *narração* (v. estes termos) e a macroestrutura como "estrutura global semântica de um texto" (Reis e Lopes, 2011: 230) são os principais agentes e componentes de uma estratégia narrativa. Encontra-se implícita nesta caracterização uma conceção da narrativa como prática interativa, fundamentando a seguinte afirmação: "As estratégias organizam simultaneamente o material do texto e as condições em que ele deve ser comunicado. (...) Elas envolvem a estrutura imanente do texto e os atos de compreensão desse modo suscitados no leitor" (Iser, 1980: 86).

4. A configuração e a ativação de estratégias narrativas enquadram-se no âmbito alargado da pragmática, reconhecendo-se "o papel determinante dos parâmetros de natureza contextual no processo de enunciação de qualquer enunciado" (Reis e Lopes, 2011: 336). Para atingir objetivos estratégicos, o narrador opera com códigos e com signos eventualmente motivados por concretas injunções epocais: a organização do tempo (p. ex., uma articulação retrospetiva favorece uma demonstração causalista), o destaque atribuído a certas personagens, o recurso a perspetivas narrativas, etc.

[com A.C.M.L.]

ESTRUTURA

1. O termo *estrutura* tem origem na palavra latina *structura*, derivada do verbo *struere*, *construir*. Até ao século XVII, o termo foi utilizado no seu sentido etimológico: uma estrutura era uma construção, numa aceção arquitetural.

Sofreu posteriormente diversas extensões, registando-se, no entanto, duas orientações fundamentais na história da sua evolução: acentuou-se, por um lado, o caráter organicista do conceito, sobretudo no domínio das ciências naturais; por outro lado, a noção de estrutura passou a identificar-se com a de modelo, nomeadamente no campo da análise matemática.

2. A entrada da noção de estrutura nos estudos literários e nos estudos narrativos funda-se na fortuna que ela conheceu, mesmo quando o termo não era explicitado, nos trabalhos dos formalistas russos e na linguística saussuriana (cf. Reis e Lopes, 2011: 145-146). Decisiva também, para a consolidação operatória do conceito, foi a *análise estrutural* (v.), tal como Vladimir Propp a levou a cabo, chamando a atenção para a existência de um plano de organização global da narrativa, o plano das ações funcionais que integram a *história* (v.), caracterizado por uma forte coesão interna. Na esteira de Propp, muitos foram os investigadores que confirmaram a pertinência heurística da estrutura, tanto na análise estrutural da narrativa como, de modo menos formalizado, na *narratologia* (v.).

Um dos propósitos das pesquisas realizadas no quadro do estruturalismo era o que se propunha atingir uma língua universal da narrativa, através da formulação de categorias e regras combinatórias. Alterna com esta tendência (que foi perdendo influência e conhecendo resistências, ao longo dos anos) aquela que atenta na organização específica de cada texto narrativo, ou seja, no conjunto dos elementos funcionalmente necessários e textualmente pertinentes. É sobretudo neste caso que se tornam evidentes os três princípios estruturantes de um texto narrativo: o princípio da *interdependência* dos vários elementos da estrutura; o princípio da *coesão*, que assegura a sua solidez construtiva; e o princípio da *organicidade*, permitindo entender o texto narrativo como um corpo autónomo, acabado e internamente dinâmico.

3. Há um certo consenso relativamente aos subdomínios que devem ser tidos em conta, quando se analisa a estrutura de uma narrativa concreta: no plano da *história* (v.), consideram-se as *ações*, as *personagens* e os *espaços* (v. estes termos), nas suas relações internas e atendendo ao seu peso estrutural específico: ações decisivas para o desenrolar da intriga, ações subsidiárias de natureza indicial, distinção entre personagens principais, personagens secundárias e figurantes, bem como as respetivas funções no investimento semântico do texto, conexões entre personagens e espaços, etc.

Embora se proclame a objetividade deste tipo de análise, que se pretende descritiva, a verdade é que não existem mecanismos de controlo que assegurem a efetiva pertinência da seleção das unidades estruturais, tal como é operada pelo analista. No domínio da análise textual, o que define os elementos pertinentes é sempre uma hipótese de interpretação global, anterior à descrição da obra: "Isolar estruturas formais significa reconhecê-las como pertinentes, em função de uma hipótese global que se antecipa ao propósito da obra" (Eco, 1979: 22).

Feita esta ressalva, que denuncia a natureza "construída" da(s) estrutura(s) e sublinha a importância do ponto de vista heurístico na abordagem de qualquer objeto, acrescente-se que as unidades estruturais da narrativa não se resumem a ações e personagens. No plano do *discurso* (v.), a *descrição* (v.) é também um elemento importante, quer no que respeita ao *retrato* (v.) das personagens, quer no tocante à representação do *espaço* (v.) social e geográfico. Por vezes, as descrições assumem funções diegéticas de relevo, na medida em que contribuem para uma melhor compreensão das ações das personagens. A *perspetiva narrativa* (v.) e a *voz* (v.), nas suas diferentes modalidades, correspondem a estratégias discursivas de importância decisiva na configuração do modo narrativo; manifestando-se de forma articulada e integrando subcategorias (focalizações, vozes narrativas, níveis narrativos, etc.) que intervêm na estruturação do relato, elas podem igualmente considerar-se unidades estruturais a ter em conta na análise de cada texto concreto.

[com A.C.M.L.]

ESTRUTURAL, Unidade – V. Estrutura.

ESTUDOS DE CINEMA – V. Cinema.

ESTUDOS NARRATIVOS

1. A expressão *estudos narrativos* designa um campo de investigação e de ensino centrado na teoria e na análise da narrativa, com fundamentos epistemológicos e metodológicos na *narratologia* (v.), tal como ela se constituiu a partir dos anos 70 do século XX. Com essa base de trabalho, os estudos narrativos operam movimentos de aprofundamento e de diversificação,

indo além do quadro narratológico propriamente dito e motivando indagações sobre fenómenos narrativos e transnarrativos (v. *transnarratividade*), em diferentes áreas culturais e contextos mediáticos; na atualidade, tais indagações beneficiam de amplo reconhecimento académico e de sólidos contributos bibliográficos e digitais. Feita esta clarificação inicial, pode afirmar-se que "a narratologia e os estudos narrativos não são sinónimos, sendo a extensão do segundo termo muito maior do que a do primeiro"; justifica-se, então, que "se utilize 'estudos narrativos' como termo genérico, equivalente (...) do termo alemão *Erzählforschung*, que designam ambos as diferentes disciplinas, abordagens e formas de crítica aplicadas ao estudo da narrativa e das narrativas" (Nünning, 2010: 31).

2. Uma breve inquirição retrospetiva permite relacionar os estudos narrativos com as mutações conhecidas pelas ciências da linguagem e pela análise da narrativa, a partir da linguística saussuriana, passando pelas propostas do formalismo russo (bem ilustradas pelo estudo seminal de Vladimir Propp, *Morfologia do Conto*, de 1928) e pelo estruturalismo dos anos 50 e 60. No que a este último diz respeito, é pertinente recuperar as palavras de Roland Barthes, no número 8 da revista *Communications*, abrindo caminho à pluralidade de abordagens presentemente cultivada pelos estudos narrativos: "Inumeráveis são as narrativas do mundo. Há em primeiro lugar uma variedade prodigiosa de géneros, distribuídos entre substâncias diferentes, como se toda a matéria fosse boa para que o homem lhe confiasse as suas narrativas: a narrativa pode ser sustentada pela linguagem articulada, oral ou escrita, pela imagem, fixa ou móvel, pelo gesto ou pela mistura ordenada de todas estas substâncias; está presente no mito, na lenda, na fábula, no conto, na novela, na epopeia, na história, na tragédia, no drama, na comédia, na pantomima, na pintura (recorde-se a Santa Úrsula de Carpaccio), no vitral, no cinema, nas histórias em quadradinhos, no *fait divers*, na conversação" (Barthes, 1966: 1).

Os ensaios inseridos naquele número de *Communications*, que hoje pode ser considerado um marco histórico, confirmam a mencionada pluralidade de abordagens. Para além do texto de Barthes que foi citado, merecem referência os estudos de Claude Bremond sobre a lógica do relato, de Christian Metz sobre o filme narrativo, de Jules Gritti sobre o texto de imprensa e de Umberto Eco sobre James Bond e o romance de espionagem. A estes juntam-se análises de autores que, logo depois, foram os pais fundadores da narratologia: de Tzvetan Todorov sobre as categorias da narrativa literária e de Gérard Genette sobre as fronteiras da narrativa, ambos ainda numa perspetiva dualista (p. ex.: a distinção história/discurso), de base saussuriana e estruturalista.

3. Os estudos narrativos são, por vezes, identificados com a chamada narratologia pós-clássica e como tal designados. Contudo, aquela designação omite dois dos seus atributos fundamentais: em primeiro lugar, a noção de pluralidade, que aqui se afigura crucial; em segundo lugar, a sua condição autónoma e abrangente, no sentido em que os estudos narrativos não são uma simples deriva pós-narratológica, mas sim uma disciplina com propósitos e com horizontes próprios. Tal não exclui, evidentemente, o reconhecimento de veios de continuidade provindos da narratologia, conforme assinala Gerald Prince: "A narratologia pós-clássica não constitui uma negação, uma rejeição, uma recusa da narratologia clássica, mas antes uma continuação, um prolongamento, um refinamento, um alargamento" (Prince, s.d.; cf. também Herman e Vervaeck, 2005: 103-175; Alber e Fludernik, eds., 2010; Nünning, 2010).

Note-se, entretanto, que os estudos narrativos germânicos e os que por eles são influenciados continuam a utilizar o termo *narratologia*. É isso que se verifica tanto em *The Living Handbook of Narratology* (ver http://www.lhn.uni-hamburg.de/), como na importante série "Narratologia" (da editora Walter de Gruyter e do Interdisciplinary Center for Narratology, da Universidade de Hamburgo); ao mesmo tempo, em paratextos de diversos volumes daquela série, acentua-se o caráter diversificado do campo de análise em causa, sublinhando-se que a coleção está consagrada a estudos sobre "a narração nos contextos do quotidiano, nos *media* pictóricos, no filme e nos novos *media*, assim como na narração historiográfica, etnológica, na medicina e no direito" (Meister e Schernus, eds., 2011).

4. Para bem ilustrarmos as diferenças entre a narratologia (dita *clássica*, por alguns autores) e a narratologia (ou as narratologias) *pós-clássica(s)*, adotamos aqui o confronto de propriedades desenhado por Ansgar Nünning (2010: 19), com as ressalvas feitas pelo próprio autor, relativamente a uma apresentação que é esquemática e, como tal, redutora. Assim:

Narratologia estruturalista	Narratologias pós-clássicas
Centrada no texto.	Focadas no contexto.
A narrativa (a *langue*) como objeto principal de estudo.	As narrativas (a *parole*) como objeto principal de estudo.
Acentuação prioritária dos sistemas fechados nos produtos estáticos.	Acentuação prioritária dos processos abertos e dinâmicos.
Principal objeto de estudo: as características do texto.	Principal objeto de estudo: a dinâmica do processo de leitura (estratégias de leitura, escolhas interpretativas, regras de preferência).
Análises ascendentes (*bottom-up*).	Análises descendentes (*top-down*).
Preferência por binarismos (redutores) e escalas graduadas.	Preferência por uma interpretação cultural holística e "descrições densas".
Acentuação da teoria, da descrição formalista e da taxonomia das técnicas narrativas.	Acentuação da aplicação, das leituras temáticas e das avaliações ideologicamente saturadas.
Omissão das questões éticas e da produção da significação.	Focalização nos problemas éticos e na negociação dialógica das significações.
Estabelecimento de uma gramática da narrativa e de uma poética da ficção.	Questão principal: implementação dos instrumentos analíticos na atividade de interpretação.
Paradigma formalista e descritivista.	Paradigma interpretativo e avaliativo.
A-histórica e sincrónica.	Orientação histórica e diacrónica.
Acentuação dos traços universais de todas as narrativas.	Acentuação da forma particular e dos efeitos das narrativas individuais.
(Sub)disciplina (relativamente) unificada.	Projeto interdisciplinar de abordagens heterogéneas.

5. A constituição dos estudos narrativos centra-se em três princípios epistemológicos com consideráveis projeções operatórias: os princípios da interdisciplinaridade, da transnarratividade e da contextualidade.

5.1. O princípio da *interdisciplinaridade* (v.), conforme exposto em local próprio desta obra, motiva a abertura dos estudos narrativos para além do seu âmbito inicial de trabalho (as narrativas literárias e as narrativas folclóricas) e dos métodos das ciências da linguagem e da narratologia. Numa obra capital para a formação dos estudos narrativos, cujo título plural (*Narratologies*) indicia o alargamento da narratologia aos estudos narrativos, acentua-se essa dinâmica de abordagem interdisciplinar: "Estudiosos feministas (...) sugeriram que as mais antigas categorias narratológicas não captam necessariamente a forma como as questões de género condicionam a produção e o processamento das histórias. (...) Do mesmo modo, outros teorizadores da narrativa pesquisaram campos como a inteligência artificial, o hipertexto, a psicanálise, os estudos de cinema e a linguística (incluindo a semântica dos mundos possíveis e a análise do discurso), no sentido de ampliar e diversificar a nossa conceção das histórias e de providenciar novos caminhos para analisar as suas estruturas e os seus efeitos" (Herman, 1999: 2).

5.2. O princípio da transnarratividade conduz os estudos narrativos não só para além das "fronteiras" da narrativa literária, mas também da *narrativa* (v.) em geral, considerada nas suas propriedades modais nucleares. Estimulados pela chamada viragem narrativista das ciências humanas (cf. Kreiswirth, 1994), os estudos narrativos interessam-se pela manifestação de elementos e de dispositivos retóricos que predominam nos textos narrativos, em práticas discursivas e em contextos mediáticos em princípio estranhos ao reconhecimento da narratividade. Aquele alargamento de horizontes favorece a análise de textos não ficcionais (p. ex., argumentações jurídicas, biografias históricas, relatórios médicos), bem como a rearticulação transmediática da *personagem* (v.) ou do *tempo* (v.). Pela via da transnarratividade chega-se à narratologia transmodal, fundamentada na noção de que a leitura crítica de poemas ou de textos dramáticos pode ser fecundada por instrumentos conceptuais da análise da narrativa (cf. Hühn e Sommer, 2013).

5.3. O princípio da *contextualidade* remete os estudos narrativos para áreas e para elementos não contemplados pela narratologia que incidia sobre as categorias do discurso ou sobre componentes da história e da sintaxe narrativa. A orientação para o *contexto* (v.) significa que os estudos narrativos valorizam questões como "a cultura, o género (*gender*), a história, a interpretação e o processo da leitura, destacando aspetos da narrativa que a narratologia estruturalista pusera entre parênteses" (Nünning, 2010: 20). Temas ideológicos e identitários, feministas, pós-coloniais, étnicos e culturais constituem, assim, matéria de elaboração dos estudos narrativos;

contudo, não deve ignorar-se que a acentuação do princípio da contextualidade constitui uma deriva que levanta reservas aos defensores de uma narratologia imune às dimensões epistemológicas, históricas e culturais da narrativa (cf. Nünning, 2009: 48-53).

6. O conceito de *narrativização* (v.) relaciona-se diretamente com o amplo raio de alcance dos estudos narrativos e é entendido como o "processo de naturalização que habilita o leitor a reconhecer como narrativos aqueles tipos de textos que não aparentam sê-lo" (Fludernik, 1996: 46). Abre-se caminho, deste modo, a duas possibilidades de aprofundamento dos estudos narrativos: por um lado, a uma perspetivação cognitiva das narrativas, fundada na relevância de experiências prévias de conhecimento de relatos e das respetivas molduras de narratividade; por outro lado (e já em sintonia com a chamada narratologia natural), à definição de campos de análise que a seguir serão mencionados.

Este movimento confirma o que foi dito. Se não se justifica hoje falar em narratologia, no singular, é aceitável postular a existência de várias narratologias (conforme proposto em diversos ensaios insertos em Herman, ed., 1999), cuja configuração se baseia em opções sociotemáticas (ou de objeto de estudo) ou em conceções particulares da narrativa e do seu trânsito histórico; nesse sentido e sempre de forma adjetivada, a narratologia mediática, a narratologia cognitiva, a narratologia natural, a narratologia pictórica, a narratologia musical, a narratologia feminista ou a narratologia transmodal (referidas sem propósito sistemático ou de enumeração exaustiva) constituem, com aquelas ou com designações sinónimas, disciplinas com autonomia operatória e com objetivos próprios, evidenciando de novo a condição plural dos estudos narrativos.

7. A *narratologia natural* assenta em princípios sociolinguísticos e cognitivos que reclamam uma conceção *naturalizada* dos relatos e da sua receção. Nesse sentido, a narratologia natural pode ser entendida como uma visão específica da narrativa, mais do que como um modo de abordagem com identidade metodológica.

De acordo com essa visão e com as teses defendidas por Monika Fludernik, toda a transação narrativa é encarada como um desenvolvimento ou um refinamento de relações conversacionais primordiais (v. *narrativa conversacional*) que acolhem a construção de relatos como procedimento basilar da comunicação interpessoal; em relatos esteticamente elaborados, essa matriz conversacional pode atingir a dimensão de "passos apresentando a ancestralidade do herói e, no tempo de Balzac, pode alargar-se por um ou mais longos capítulos iniciais" (Fludernik, 2003a: 249). A chamada linguística natural e a teoria cognitiva das molduras (que realça a importância da experiência comunicativa e das suas motivações, em função de situações relativamente estereotipadas) são completadas pela naturalização da narrativa, conduzindo à já aludida noção de narrativização. Traduzindo o reconhecimento da condição narrativa dos textos, a narrativização "caracteriza um processo de interpretação, por meio do qual os textos vêm a ser entendidos *como narrativas*" (Fludernik, 1996: 313); noutros termos: "a narratividade (...) não é uma qualidade inerente a um texto, mas antes um atributo imposto a um texto pelo leitor que o interpreta *como narrativa*, desse modo *narrativizando* o texto" (Fludernik, 2003a: 244).

Torna-se necessário, a partir daqui, reajustar o conceito de narratividade, como consequência de uma conceção construtivista dos estudos narrativos, em parte explicada pela penetração das ciências cognitivas nas ciências da linguagem; assim, a narratividade não se explica pela vigência de propriedades textuais (em especial, pelo agenciamento das categorias do tempo e da ação), mas sim por algo que é reconhecido ou mesmo projetado pelos leitores, enquanto representação de uma experiencialidade. Essa experiencialidade ganha uma dimensão histórica que justifica a ponderação do processamento da narrativização nesse quadro de historicidade (cf. Fludernik, 1996: 315-330).

8. As hipóteses de trabalho colocadas pela narratologia natural e a sua vocação cognitiva sustentam indagações narrativísticas que incidem sobre relatos verbais e não verbais, literários e não-literários. Tais indagações apoiam-se no princípio (eventualmente contestável) de que existe potencial narrativo, por exemplo, na música, na pintura ou nos atos conversacionais do quotidiano, bem como em modos discursivos não reconhecidos como estruturalmente narrativos (p. ex., a poesia lírica). Desenvolvem-se, assim, áreas e métodos de estudo identificados como narratologias específicas, tratadas em entradas próprias: a *narratologia cognitiva*, a *narratologia feminista*, a *narratologia musical*, a *narratologia não natural*, a *narratologia pictórica*, a *narratologia transmodal*, a *narratologia mediática*, aqui correspondendo ao vasto campo dos *estudos narrativos mediáticos*, e a *narratologia transmediática* (v. estes termos).

Para além disso, os estudos narrativos interagem com disciplinas autonomamente constituídas e com legitimidade epistemológica: com a retórica e com os estudos culturais, com os estudos pós-coloniais e com os estudos de cinema, com os estudos *queer* e com a psicologia, com a filosofia e com a medicina, com o direito e com as ciências da computação (cf. Herman *et alii*, 2005: *passim*). Essa interação justifica-se, sempre e quando naquelas (e eventualmente noutras) disciplinas surpreendemos digressões narrativas ou protonarrativas: pela projeção de fenómenos sociais em enquadramentos históricos e em dinâmicas evolutivas, por emergências identitárias sustentadas em vivências temporais e humanas, por manifestações discursivas com propósito argumentativo ou obedecendo a lógicas explanatórias de matriz narrativa. Em suma: pelo reconhecimento do chamado *significado narrativo* de manifestações culturais que, em diversos suportes, linguagens e contextos, facultam "um marco de compreensão de acontecimentos da nossa vida passada e de planeamento de ações futuras" (Polkinghorne, 1988: 11).

9. A pertinência, a difusão e a implantação académica dos estudos narrativos alicerçam-se num conjunto alargado de instrumentos científicos e de processos de trabalho, muitas vezes organizados em rede. Formando um leque amplo e intensamente internacionalizado de recursos, aqueles instrumentos incluem dicionários e revistas de especialidade, *websites* e blogues, editoras e coleções, grupos de pesquisa e associações científicas, conforme informação sintética a seguir explanada, em que se atesta a relevância dos estudos narrativos. Pela sua proveniência e conformação, pode afirmar-se que os estudos narrativos registam implantação mais significativa e consequente na Alemanha (cf. Pier, 2007), nos países nórdicos e no mundo académico anglo-americano.

9.1. Em 2005 foi publicada a *Routledge Encyclopedia of Narrative Theory*, coordenada por três das mais destacadas personalidades dos atuais estudos narrativos: David Herman, Manfred Jahn e Marie-Laure Ryan (cf. Herman *et alii*, 2005). Na sequência de um importante volume coordenado pelo primeiro e já aqui citado (cf. Herman, ed., 1999), a *Routledge Encyclopedia* confirma a viragem narrativista das ciências humanas e contempla conceitos nucleares, a par da caracterização de abordagens metodológicas e de um diversificado conjunto de géneros e de discursos mediáticos, transmediáticos e transmodais (p. ex., *Autobiography, Comics and graphic novel, Computer games and narrative, Eco-narratives, Historical novel, Journalism, Music and narrative, Narrative in poetry, Opera, Science fiction, Television*, etc.). Diferente deste, pela conceção e pelo suporte, é *The Living Handbook of Narratology* (http://www.lhn. uni-hamburg.de/) que, depois de uma edição em livro (cf. Hühn *et alii*, 2009) e de uma versão wiki (http://wikis.sub.uni-hamburg.de/lhn/index.php/Main_Page), foi publicado como *work in progress* disponível em rede e em acesso livre; presentemente (acesso a 21.12.17), o *Living Handbook* inclui 68 extensos artigos, abertos para comentários e atualizações; muitos deles evidenciam uma clara orientação interdisciplinar e transnarrativa (p. ex., *Cognitive Narratology, Computational Narratology, Gender and Narrative, Narration and Narrative in Legal Discourse, Narrative in Medicine, Narration in Poetry and Drama, Narrativity in Rhetorical Discouse*, etc.) e incluem abundantes links e ampla informação bibliográfica. Do elenco dos colaboradores da obra fazem parte muitos estudiosos que encontramos na *Routledge Encyclopedia of Narrative Theory.*

9.2. A par destes repositórios, vários manuais, normalmente com propósito de inserção académica, estruturam-se em torno de temas, de conceitos e de métodos que interessam à análise da narrativa, nos termos que aqui estão em causa. Registem-se, além do *Handbook of Narratology* (cf. Hühn *et alii*, 2009), obras de Monika Fludernik (cf. Fludernik, 2009), de David Herman, reunindo vários autores (cf. Herman, ed., 2007), de Luc Herman e de Bart Vervaeck (cf. Herman e Vervaeck, 2005), de H. Porter Abbott (cf. Abbott, 2008), de Anna De Fina e Alexandra Georgakopoulou, este também um volume coletivo (cf. De Fina e Georgakopoulou, eds., 2015), tal como a recolha de textos teóricos, por Susana Onega e José Ángel García Landa (cf. Onega e García Landa, eds., 1996), e ainda o manual de Manfed Jahn, em formato digital e acesso livre (cf. Jahn, 2017). Duas notas que importa realçar: primeira, o facto de algumas destas obras congregarem vários autores evidencia não apenas a complexidade, mas também a diversidade de subcampos especializados que integram os estudos narrativos (mesmo que com a designação abrangente e convencional de narratologia); segunda nota: o destaque que continua a ser dado à narrativa literária (em especial ao romance), às suas sofisticadas técnicas e articulações narrativas. Como afirma Manfred Jahn, "os romances são um *medium* extremamente rico e variado: tudo o que podemos encontrar noutras formas está no romance; muito do que encontramos no romance está noutras formas narrativas" (Jahn, 2017: N1.1.).

9.3. Em prestigiadas editoras, promovem-se coleções consagradas a estudos narrativísticos: a University of Nebraska Press edita a série "Frontiers of Narrative" ("Os estudos desta coleção realçam o papel da narrativa em vários cenários culturais e históricos e sublinham novos métodos para a investigação do relato, em todas as suas manifestações"; http://www. nebraskapress.unl. edu/series/frontiers-of-narrative/); a editora Walter de Gruyter, ligada ao Interdisciplinary Center for Narratology, da Universidade de Hamburgo, publica a série "Narratologia", dirigida por Fotis Jannidis, Matías Martínez, John Pier e Wolf Schmid; nela encontram-se alguns dos títulos mais influentes dos atuais estudos narrativos, incidindo sobre "narração em contextos do quotidiano, nos *media* pictóricos, no cinema e nos novos *media*, tal como na narração na historiografia, na etnologia, na medicina e direito" (https://www.degruyter. com/view/serial/19096?rskey%20 =aVAvN2&result=6); a Ohio State University Press edita a coleção "Theory and Interpretation of Narrative", dirigida por James Phelan, Peter J. Rabinowitz e Katra Byram, que incorpora "obras que estudam uma ampla variedade de teorias narrativas e a sua aplicação a textos ficcionais e não-ficcionais" (https://ohiostatepress.org/books/series/tin.htm); "Studies in Narrative", coordenada por Michael Bamberg, na prestigiada editora John Benjamins, desdobra-se por "uma variedade de abordagens e metodologias", com particular ênfase "em abordagens teóricas e na análise das narrativas no quadro da interação humana" (https://benjamins.com/#catalog/books/sin/main).

9.4. No capítulo das revistas, merecem ser mencionadas não apenas aquelas que, desde há décadas, contemplam matérias de teoria literária e eventualmente de teoria narrativa (como *Critical Inquiry, New Literary History, Poetics, Poetics Today, Poétique, Semiotica* e *Style*), mas sobretudo as que, de forma consistente, têm contribuído para o desenvolvimento dos estudos narrativos: *Amsterdam International Electronic Journal for Cultural Narratology* (http://cf.hum.uva.nl/narratology/index.html), da Universidade de Amsterdão, com o apoio do Forschergruppe Narratologie [Grupo de Pesquisa Narratológica], da Universidade de Hamburgo (v. *infra*); *Ancient Narrative* (http://www.ancientnarrative.com/), revista eletrónica ligada à Universidade de Groningen (Holanda), com foco em relatos da Antiguidade; *Cahiers de Narratologie*, publicação em linha (https://narratologie. revues. org/) da responsabilidade do Laboratoire Interdisciplinaire Récits, Cultures et Sociétés (v. *infra*), vinculado à Université Nice Sophia Antipolis; *DIEGESIS* (https://www.diegesis.uni-wuppertal.de/index.php/diegesis/index), revista eletrónica oriunda do Zentrum für Erzählforschung (ZEF) [Centro de Estudos Narrativos], da Universidade de Wuppertal (v. *infra*); *Fabula*, revista quadrienal de estudos de narrativa folclórica, editada por Walter de Gruyter; *Frontiers of Narrative Studies* (diretor: Shang Biwu; edição Walter de Gruyter); *Image & Narrative*, revista em linha (http://www.imageandnarrative.be/) dirigida por Jan Baetens, Anneleen Masschelein e Hilde Van Gelder, da Universidade de Louvaina; *Journal of Narrative Theory* (dirigido por Abby Coykendall e Elisabeth Däumer e anteriormente com o título *The Journal of Narrative Technique*), publicado por Eastern Michigan University; *Narrative* (diretor: James Phelan), órgão oficial da International Society for the Study of Narrative; *Narrative Inquiry*, dirigida por Michael Bamberg e Dorien Van De Mieroop (edição John Benjamins); *Narrative Works* (http://w3.stu.ca/stu/sites/cirn/narrative _works.aspx), revista bienal em linha, do Centre for Interdisciplinary Research on Narrative (v. *infra*); *Storyworlds. A Journal of Narrative Studies*, dirigida por Andreea Deciu Ritivoi e David R. Shumway e publicado por University of Nebraska Press.

9.5. Algumas daquelas publicações relacionam-se, direta ou indiretamente, com centros de pesquisa, com seminários regulares e com os respetivos programas de investigação, aqui ordenados alfabeticamente.

9.5.1. O Bonner Zentrum für Transkulturelle Narratologie [Centro de Narratologia Transcultural de Bona] foi criado em 2010 e incide "na identificação e na análise de estruturas narrativas em textos 'não-ocidentais', geralmente 'pré-modernos'" (https://www.bztn.uni-bonn.de/en), ou seja, não escritos nas grandes línguas da Europa.

9.5.2. O Center for Narratologiske Studier [Centro de Estudos Narratológicos], do Instituto de Design e Comunicação da SDU (Universidade Meridional da Dinamarca, em Odense), desenvolve projetos e promove publicações, em torno do conceito de contranarrativa, entendida como contestação de narrativas dominantes.

9.5.3. O Centre for Interdisciplinary Research on Narrative está vinculado à St. Thomas University (Fredericton, New Brunswick, Canadá) e é dirigido por Clive Baldwin; além de outras atividades, organiza a conferência bienal *Narrative matters* (oito edições, até ao presente)

9.5.4. O Centre for Narrative Research da Universidade de East London, com forte implantação nas ciências sociais, assume a dominante vocação interdisciplinar dos estudos narrativos e integra investigadores dos campos da psicologia, da antropologia, dos estudos culturais, dos estudos mediáticos, das humanidades, das artes e performance.

9.5.5. O Centre de Recherches sur les Arts et les Langages (CRAL; École des Hautes Études en Sciences Sociales) promove, entre outras inciativas, o seminário "Recherches contemporaines en narratologie", herdeiro já distanciado da narratologia francesa dos anos 60 e 70.

9.5.6. O Gdańsk Narratological Group (GND) trabalha como subgrupo do Textual Studies Research Group, da Universidade de Gdańsk (Polónia). Coordenado por David Malcom, o GND dedica-se à narratologia retórica, à narratologia feminista e à narratologia não natural (cf. Aleksandrowicz *et alii*, 2015).

9.5.7. A Gegenstand des DFG Graduiertenkollegs 1767 *Faktuales und fiktionales Erzählen* [Escola Graduada *Factual and Fictional Narration*], dirigida por Monika Fludernik, na Universidade de Friburgo, "explora as múltiplas interseções existentes entre diferentes géneros de narrativas factuais e ficcionais" (http://www.grk-erzaehlen.uni-freiburg.de/english-summary/), procurando ir além da dominante preocupação dos estudos narrativos com os textos de ficção.

9.5.8. O Interdisciplinary Center for Narratology (ICN; Faculdade de Humanidades da Universidade de Hamburgo) e o seu Forschergruppe Narratologie [Grupo de Pesquisa Narratológica] formam um dos mais dinâmicos e fecundos focos mundiais de investigação, na área dos estudos narrativos; dele emanou o já citado *Living Handbook of Narratology*, bem como diversos títulos (muitos deles em inglês) da série "Narratologia" (editora Walter de Gruyter).

9.5.9. O Interdisciplinary Centre for Narrative Studies (Universidade de York, UK), dirigido por Richard Walsh, desenvolve vários projetos de investigação sobre interdisciplinaridade, ficcionalidade, narratologia e ideologia, videogames, etc.

9.5.10. O Laboratoire Interdisciplinaire Récits, Cultures et Sociétés (LIRCES) obedece a um programa de trabalho inter- e transdisciplinar e organiza-se em torno de três eixos: pensar a narratividade (poética e política das escritas criativas); poderes, saberes e fábrica das sociabilidades; transformações e pluralização das culturas.

9.5.11. O Narrare: Centre for Interdisciplinary Narrative Studies, da Universidade de Tampere (Finlândia), é uma unidade de investigação cujo objetivo central é "desenvolver metodologia de teoria da narrativa orientada para todas as disciplinas que trabalham com o relato" (https://research.uta.fi/narrare/).

9.5.12. O Narrative Research Lab (Universidade de Aarhus, Dinamarca) ocupa-se da narrativa, "das suas formas, técnicas e vozes, do seu potencial intermediático e das suas relações com diferentes discursos culturais" (http://projects.au.dk/narrativeresearchlab/about/), com destaque para os avanços da chamada narratologia não natural.

9.5.13. O Project Narrative, da Ohio State University, dirigido por James Phelan, consagra-se ao estudo de temas como direitos humanos e narrativa, narrativa e ética, raça, género, sexualidade, nacionalidade e narrativa, banda desenhada e romance gráfico, narrativa e medicina, etc.; organiza um Project Narrative Summer Institute, coordenado por Phelan e por Robyn Warhol (ver também o Project Narrative Blog em https://projectnarrative.wordpress. com/welcome-to-the-project-narrative-blog/).

9.5.14. O Séminaire NATA (Narratologie théorique et appliquée), da Universidade Bordeaux Montaigne, dinamizado por Clara Mallier e Arnaud Schmitt, "procura realizar uma 'cartografia' deste campo tão vasto e fecundo, que não cessa de se renovar" (http://climas.u-bordeaux-montaigne.fr/le-laboratoire/nata/119-seminaire-nata-narratologie-theorique-et-appliquee).

9.5.15. O Story Telling Laboratory trabalha no âmbito do NIL (Natural Interaction based on Language), da Universidade Complutense de Madrid, e estuda a composição e o potencial interativo das histórias, com o apoio das tecnologias da informação.

9.5.16. O Zentrum für Erzählforschung [Centro para Investigação Narrativa] (http://www.narratology.net/node/271), da Universidade de Wuppertal (Alemanha), representa a vocação interdisciplinar dos estudos narrativos e deu lugar a uma obra de referência (cf. Heinen e Sommer, eds., 2009); a revista *DIEGESIS* teve origem igualmente no ZEF.

9.6. Em Portugal, o Centro de Literatura Portuguesa da Universidade de Coimbra acolhe o projeto "Figuras da Ficção" que "assume como objetivo central o estudo da personagem ficcional, como categoria fundamental do discurso literário e dos textos narrativos ficcionais" (https://www.uc.pt/fluc/clp/ inv/proj/teolit/figfic); no seu âmbito, está em elaboração um *Dicionário de Personagens da Ficção Portuguesa* (http://dp.uc.pt/), em edição digital e acesso aberto; ver também o blogue "Figuras da Ficção" (https://figurasdaficcao.wordpress.com/). No CITAR (Centro de Investigação em Ciência e Tecnologia das Artes; Universidade Católica Portuguesa), o projeto "Narrativa e Criação Audiovisual" situa-se "no cruzamento entre as linhas de ação de Teoria da Arte e Artes Digitais" (http://citar.artes.porto.ucp.pt/pt/node/8915) e ocupa-se de diversos aspetos da narrativa audiovisual (modos de criação, personagem, estrutura, expressão visual e estética). O projeto *Medicina & Narrativa. (Con)textos e práticas interdisciplinares*, ligado ao Centro de Estudos Anglísticos da Universidade de Lisboa, situa a sua investigação no ponto de cruzamento entre a dimensão humana e interpessoal da atividade médica e a problematização e a análise de narrativas.

9.7. Por fim, as redes e as associações científicas: The International Society for the Study of Narrative; a European Narratology Network; o Réseau Romand de Narratologie (fundado por Raphaël Baroni e Françoise Revaz); a Nordic Network of Narrative Studies.

ESTUDOS NARRATIVOS MEDIÁTICOS

1. Os *estudos narrativos mediáticos* são um vasto campo teórico, de análise de casos e de indagação social e cultural que tomam como objeto de estudo o potencial e a prática semionarrativa de meios de comunicação e de produção de sentido, na sua singularidade técnica, na diversidade das suas linguagens e dos seus suportes e nos efeitos que provocam. Presentemente, um dos domínios mais fecundos dos estudos narrativos mediáticos centra-se naqueles relatos usualmente integrados na chamada comunicação social, nos seus vários contextos e linguagens (imprensa escrita, rádio, televisão, internet). Em qualquer caso, os estudos narrativos mediáticos colhem elementos

teóricos e metodológicos dos estudos mediáticos, com extensões nos planos social, político, cultural, económico, histórico e antropológico. Esta dinâmica de alargamento explica que se tenha já falado em reinventar a narratologia e em fundar uma "hipernarratologia, de forma a poder ter em conta os efeitos da emergência de novos suportes sobre os modos e formas de escrever" (Lits, 2015: 17; cf. também Peixinho, 2017).

2. Uma longa tradição cultural e narrativa evidencia a relevância da linguagem verbal, escrita ou oral, como *medium* privilegiado para a enunciação e para a receção de narrativas. Desde o tempo em que a narração obedecia ao regime de oralidade, passando pela sua fixação escrita num suporte material (papiro, pergaminho, papel, etc.) e chegando ao tempo do digital, a narrativa verbal foi direta ou indiretamente condicionada pelo contexto comunicacional, pelo veículo mediático a que recorria ou recorre e pelos respetivos dispositivos tecnológicos de mediação. Sendo assim e aceitando-se a distinção entre uma definição transmissiva e uma conceção semiótica do *medium* narrativo (cf. Ryan, 2005: 288-289), é possível destrinçar vários aspetos daquele condicionamento, com consequências na circulação e no impacto comunitário dos relatos, bem como na abertura de fecundas hipóteses de trabalho aos estudos narrativos mediáticos. Assim:

2.1. A transmissão oral da narrativa implica a sua instabilidade, no que respeita ao texto enunciado; sendo recontado a partir da memória de quem ouve e volta a relatar, o texto narrativo oral está sujeito a um índice importante de variação e a frequentes impulsos de recriação.

2.2. A transmissão oral transcorre em comunidades de ouvintes relativamente pequenas e num sistema mediático primordial; ela depende da presença e da palavra de um narrador, normalmente uma entidade com prestígio naquelas comunidades, quase sempre rudimentares, do ponto de vista tecnológico.

2.3. A fixação escrita da narrativa assegura-lhe um grau de estabilidade que a narrativa oral não possui; perspetiva-se, em função dessa estabilidade, uma sua ampla difusão, que aumenta na medida em que se aperfeiçoam as técnicas de reprodução material e a constituição de alargadas comunidades de leitores.

2.4. A invenção da imprensa e, posteriormente, a industrialização da tipografia criaram condições mediáticas indutoras de um considerável incremento do destaque social e cultural das narrativas; géneros literários como o romance (em particular nos séculos XIX e XX), a par da consolidação da imprensa escrita, em jornais e em revistas, demonstram expressivamente o poder da linguagem verbal, como *medium* narrativo.

2.5. O desenvolvimento das artes gráficas e da fotografia, de novo a par do aperfeiçoamento das técnicas de reprodução, propiciou a conjugação da narrativa verbal com a imagem; em paralelo com a crescente influência da imprensa escrita (a partir da segunda metade do século XIX), aquele desenvolvimento começou por tratar a imagem como elemento subsidiário.

2.6. A emergência de novos *media*, com incidência na geração e na transmissão das narrativas (aparelhos de registo eletromagnético, rádio, cinema, televisão, internet), permitiu não só acelerar aquela transmissão, como ampliar o seu alcance; ao mesmo tempo, o recurso a imagens e sons, em associação com a linguagem verbal, deu lugar a discursos multimédia, com maior complexidade semionarrativa, com grau elevado de atratividade e, nalguns casos, de *interatividade* (v.).

2.7. A tecnologia digital reajustou a capacidade narrativa da linguagem verbal: é possível produzir um relato através de instrumentos digitais (*softwares* de escrita, com ágeis soluções de composição), recorrendo-se depois a veículos de difusão convencionais (a publicação de um romance em livro ou de uma notícia num jornal de papel).

2.8. A tecnologia digital intervém na produção narrativa de forma muito mais dinâmica e com consequências interativas quando se conjuga a dimensão verbal da narração com ferramentas hipertextuais que acrescentam ligações eletrónicas à linearidade do relato verbal (v. *ficção hipertextual*).

3. Os vários aspetos da configuração e da integração mediática da narrativa que ficaram referidos suscitam interrogações que solicitam respostas dos estudos narrativos mediáticos. Uma delas: a que se reporta ao possível condicionamento do relato e do seu potencial semântico-pragmático pelo contexto mediático e pela correlata linguagem em que ele é constituído.

Dois exemplos distanciados no tempo sugerem algumas abordagens que esta questão pode suscitar.

3.1. A enunciação narrativa d'*Os Lusíadas* (1572) traduz uma situação comunicativa em que a oralidade, como atitude simbólica e como reminiscência matricial (recorde-se a formulação oral de epopeias da Antiguidade), influencia o ato de contar: um poeta com propósito épico dirige-se a uma figura régia a quem dedica a epopeia. A referência à voz de quem narra ("Inspira [Calíope] imortal canto e voz divina/Neste peito mortal, que tanto te ama"; *Os Lusíadas*, III, 1) confirma essa disposição. Contudo, a orientação para a oralidade constitui um artifício retórico: o poeta compõe o seu poema para que o *medium* em causa (a linguagem verbal) venha a conhecer um suporte (o livro impresso) capaz de atingir efeitos pragmáticos projetados num tempo que transcende, em muito, o alcance da comunicação oral, tal como ela é encenada no poema. Depois disso, eventuais adaptações a outros *media* (p. ex., ao cinema ou à banda desenhada; cf. Camões, 2009) implicam operações que atingem não só componentes diegéticos (personagens, espaços, tempos narrativos), mas também a interação com públicos não previstos na produção original do relato.

3.2. A conceção e a escrita d'*Os Maias* (1888) ocorreram quando o romance era o grande género narrativo em vigor. Foi em função da sua estrutura de narrativa verbal extensa, centrada numa história complexa e exigindo a leitura prolongada de um livro impresso, que o romancista construiu o relato. O facto de o romance ter sido inserido, logo depois da edição original, num jornal (a *Gazeta de Notícias*, do Rio de Janeiro) não alterou o *medium*, que continuou a ser a linguagem verbal, mas projetou-o numa nova dinâmica mediática: o ritmo diário, ao longo de vários meses, de publicação de uma história agora fragmentada não alterou a estrutura interna (não foi cumprida uma lógica estritamente folhetinesca; v. *romance-folhetim*); contudo, a mudança de suporte, para o jornal, induziu, seguramente, atitudes recetivas diversas das que, como livro, *Os Maias* conheceram. Quando o romance foi dramatizado (por José Bruno Carreiro), depois disso sujeito a *adaptação* (v.) televisiva (produção Globo, sobre roteiro de Maria Adelaide Amaral e realização de Luiz Fernando Carvalho) e, mais tarde, cinematográfica (realização de João Botelho), a história foi objeto de importantes reajustamentos. Assim, o princípio da *transmedialidade* (v.) que preside à adaptação a um *medium* específico sugere análises *heteromediáticas*, confrontando elaborações semióticas distintas (cf. Wolf, 2005: 253-254), bem como ponderações atinentes aos efeitos cognitivos decorrentes da adaptação e a fenómenos como a *refiguração* (v.) e a *sobrevida* (v.) de personagens.

4. Os estudos narrativos mediáticos constituem uma área de reflexão diretamente relacionada com os estudos narrativos, mas também com os estudos culturais. Provém destes a valorização académica de narrativas e de mitos subculturais, em harmonia com uma conceção inclusiva e antielitista da cultura; contemplando discursos e relatos do quotidiano, os estudos culturais visam práticas como "a publicidade, a arte, a arquitetura, o folclore urbano, o cinema, a moda, géneros literários populares (*thrillers*, romances cor-de-rosa, romances do faroeste, ficção científica), fotografia, música, revistas, subculturas juvenis, textos estudantis, teorias da crítica, teatro, rádio, literatura de mulheres, televisão e literatura dos trabalhadores" (Groden e Kreiswirth, eds., 1994: 179).

A presença, naquele elenco, do cinema, da rádio e da televisão (e, implicitamente, das narrativas neles conformadas, a par de géneros narrativos paraliterários dirigidos a públicos vastos) torna evidente a condição alargada e plural dos estudos narrativos mediáticos; por essa razão, esta designação plural afigura-se mais pertinente do que a alternativa *narratologia mediática*. Desde os anos 60 e desde análises fundacionais como as que foram publicadas no número 8 (1966) da revista *Communications* (antecedidas pelos ensaios reunidos por Roland Barthes em *Mythologies*; cf. Barthes, [1957] 1970), abriu-se caminho a estudos atentos a "um mundo dominado pelos *media* impressos e eletrónicos"; nesse mundo, "o nosso sentido da realidade é crescentemente estruturado pela narrativa. Filmes de longa-metragem e documentários contam-nos histórias acerca de nós mesmos e do mundo em que vivemos. A televisão responde-nos e oferece-nos a 'realidade' na forma de hipérbole. O jornalismo impresso faz da vida diária uma história. Os anúncios narrativizam as nossas fantasias e os nossos desejos" (Fulton, 2005: 1).

5. A diversificação que caracteriza os estudos narrativos mediáticos é determinada pela pluralidade dos *media*, dos relatos, dos géneros narrativos e dos contextos em que eles se disseminam. Antecedendo a análise das chamadas narrativas mediáticas, os estudos mediáticos abordam temas de natureza social, política, económica e ideológica que enquadram aquela análise. Alguns desses temas: a constituição, consolidação e evolução de

uma sociedade dominada pela imagem; a afirmação de um espaço público marcado pelos discursos mediáticos; a relação entre os estados politicamente estruturados e os *media*; a formação de indústrias culturais e de grandes grupos de comunicação, com efeitos na produção mediática; a projeção de questões de raça e de género no espaço mediático; a legitimação social de géneros e de subgéneros narrativos dirigidos a audiências massificadas; a disseminação da internet à escala global e os impactos culturais, educativos e psicossociais das comunicações em rede (sobre estes e outros temas: Alvarado e Thompson, eds., 1990; Marris e Thornham, eds., 1996; O'Sullivan e Jewkes, eds., 1997; Rayner *et alii*, 2004).

Postulando-se a existência de uma *narrativa mediática* (v.), aqui concebida como quadro modal de referência, é possível identificar e analisar, naquele quadro modal, diferentes procedimentos narrativos, eventualmente em géneros definidos. Para a ativação daqueles procedimentos (não necessária ou exclusivamente verbais) não é irrelevante a natureza do *medium*, tanto em termos de canal ou sistema transmissivo (rádio, cinema, televisão, etc.), como dos meios materiais e técnicos que são acionados (linguagem verbal, som, imagem, etc.). Fixemo-nos nos mais representativos *media* em que reconhecemos virtualidades narrativas com capacidade para atingirem massas consideráveis de recetores, com o forte impacto social que daí se deduz.

5.1. A rádio é um sistema transmissivo com acentuada intervenção da linguagem verbal, no que respeita à produção e à emissão de narrativas. Recorrendo à codificação eletromagnética de dados e à disseminação de sinais, com propósito informativo ou lúdico, a radiodifusão estabeleceu-se como meio de comunicação com crescente impacto público, no início do século XX; nessa altura, impôs-se como alternativa e até como concorrente à imprensa escrita, em paralelo com o cinema e antes da emergência da televisão. Do ponto de vista dos estudos narrativos mediáticos, a abordagem das narrativas radiofónicas tem em vista, entre outros, três aspetos.

5.1.1. A caracterização dos instrumentos e das estratégias comunicativas próprias de certos contextos e géneros congenitamente radiofónicos (por exemplo, a narração desportiva, com destaque para o relato futebolístico, criando a ilusão de simultaneidade, em relação ao desenrolar do evento).

5.1.2. A análise de processos de reajustamento de géneros oriundos de outros *media* (o *romance radiofónico*, v., que provém do romance-folhetim; o *romance*, v., que pode ser sujeito a adaptação para transmissão radiofónica).

5.1.3. A ponderação dos impactos culturais, psicossociais e políticos das narrativas radiofónicas, tanto as que se assumem como ficcionais, como as de natureza jornalística (boletins de notícias, reportagens, etc.), num movimento evolutivo em que a rádio tem procurado renovar-se, em competição com outros *media* e recorrendo a ferramentas digitais. O recurso à difusão em Podcast confirma a mencionada renovação, em regime digital e tirando partido do potencial de disseminação e de atualização informativa facultadas por plataformas mediáticas, em interação com instrumentos de captação e de armazenamento *on demand*.

Dois filmes produzidos e realizados em épocas e em cenários culturais muito diferentes suscitam interessantes questões metaficcionais sobre alguns dos aspetos referidos, em tempo anterior ao digital: *A Menina da Rádio* (1944), de Arthur Duarte, e *Radio Days* (1987), de Woody Allen. Algumas daquelas questões relacionam-se com a chamada falta de fiabilidade epistemológica do som, com consequências na comunicação narrativa radiofónica: "A razão pela qual as pessoas têm tantos problemas em saber usar a rádio é por ser problemático compreendê-la, porque (…) não podemos saber a verdadeira natureza das coisas tão fiavelmente através da audição, como através da visão. (…) Sem visão, os sons podem ser enganadores quanto ao que representam" (Dunn, 2005a: 193-194).

5.2. O *cinema* (v.), entendido como *medium* multimodal suportado por um complexo aparato técnico e industrial, afirma-se como poderoso veículo de comunicação audiovisual, com identidade definida em termos mediáticos. O forte investimento narrativo que nele observamos (designadamente na produção e na realização, em larga escala, de filmes ficcionais) está bem representado nos chamados estudos de cinema; neles, são contempladas matérias com relevante significado mediático, por aquilo em que elas se relacionam com a ativação de efeitos narrativos, em cenários e em recursos presentemente em mudança (da grande sala de cinema para o *home video*; do analógico para o digital). Os dispositivos próprios da narração fílmica, a modelação cinematográfica de categorias primordialmente literárias (como a personagem, a perspetiva narrativa ou o tempo; cf. Murphet, 2005: 47-59; *id.*, 2005a: 60-72; Murphet, 2005b: 86-95), a estruturação e a evolução de géneros narrativos (o *western*, o *thriller*, o policial, a comédia romântica, etc.) e as dinâmicas transmediáticas (v. *adaptação*) interessam diretamente aos estudos narrativos mediáticos. Na medida em que aqueles dispositivos e categorias são atingidos por elas, as inovações técnicas que nos últimos anos o cinema conheceu surgem também no caminho dos estudos narrativos mediáticos (p. ex., o digital e a animação computorizada revitalizaram as histórias de aventuras, de ficção científica ou de temática infantil e intervieram nas lógicas de produção cinematográfica).

5.3. Desde o seu aparecimento e subsequente disseminação, a partir dos anos 50 do século passado, a televisão estabeleceu-se como um *medium* com fortíssima projeção social, cultural, económica e política; a par disso, a televisão motivou novas possibilidades de formulação narrativa, determinando o surgimento de géneros autónomos e ajustados às suas circunstâncias comunicativas e a públicos cada vez mais massificados (cf. Dunn, 2005: 125-139). Pode dizer-se, assim, que a problematização dos géneros televisivos, da sua incorporação mediática, evolução e vigor pragmático constitui um domínio fecundo para os estudos narrativos. Exemplificando: ao transmitir um filme épico-bíblico (p. ex., *The Ten Commandments*, de 1956, por Cecil B. DeMille), a televisão está tão-só a tornar acessível a públicos mais alargados, num envolvimento comunicativo próprio (e não cinematográfico), uma narrativa que não foi gerada por ela; essa incorporação não evita fenómenos de redimensionamento mediático (a televisão não valoriza a espetacularidade do grande formato cinematográfico que, por sua vez, tentava competir com ela) e de ressignificação, tendo em atenção o espaço e o tempo em que ocorre a transmissão. Por outro lado, a *telenovela* (v.) e a *série* (v.) são hoje considerados géneros televisivos, se bem que não possam ser dissociados de outros géneros e subgéneros mais antigos (o romance-folhetim, o *romance policial*, v., etc.).

Entretanto, a célere evolução técnica da televisão e a sua combinação com outros *media* (designadamente, com a internet) interpelam os estudos narrativos mediáticos. De facto, aquela evolução desencadeia formas de relato inovadoras, ao mesmo tempo que suscita rotinas recetivas também renovadas. Alguns marcos: o registo em suporte vídeo, com efeitos na definição e na reprodução de imagens; o acesso ao satélite, como veículo de transmissão em direto, com consequências na construção de relatos jornalísticos; a emissão digital e por cabo, com consequente tendência para a individualização dos atos de receção, para a customização de conteúdos e para a especialização narrativa (em canais dedicados a géneros específicos); o recurso insistente à emissão em direto, contemplando fenómenos narrativos e paranarrativos como a chamada *Slow TV* e sobretudo os *reality shows*; a integração de emissões em plataformas digitais, conjugada com a disseminação de dispositivos móveis (p. ex., *smartphones*), com índices elevados de interatividade e de portabilidade).

5.4. A partir do seu aparecimento e expansão à escala planetária, a internet afirmou-se como um poderoso *medium* de criação e de transmissão de relatos, gerando meios técnicos próprios e estabelecendo-se como plataforma de distribuição de narrativas oriundas de outros *media* aqui já mencionados. Estes são, desde já, campos de reflexão que interessam aos estudos narrativos mediáticos, no contexto alargado da chamada cibercultura e de uma nova *era da comunicação* (cf. Flichy, 2007: 107-127). Postula-se, no seu contexto, um ciberespaço (termo cunhado por William Gibson) de circulação de narrativas, definido como "o *espaço de comunicação aberto pela interconexão mundial dos computadores e das memórias dos computadores*"; nele, é decisiva a codificação digital que "condiciona o caráter plástico, fluido, calculável com precisão e tratável em tempo real, hipertextual, interativo e, resumindo, virtual da informação" (Lévy, [1997] 2007: 92-93). Para além de incorporar estas propriedades (que a internet, sendo um *medium* ainda recente, tem reajustado e reformulado incessantemente), a *narrativa digital* (v.) estimula atitudes sociocomunicativas em sintonia com aquelas propriedades: "As pessoas organizam-se cada vez mais, não só em redes sociais como em redes sociais ligadas por computador"; assim, "o desenvolvimento da internet providencia o suporte material apropriado para a difusão do individualismo em rede como forma dominante de sociabilidade" (Castells, 2007: 161).

A análise de práticas narrativas enunciadas na internet tem em atenção as suas cada vez mais sofisticadas aptidões técnicas, bem como a sociabilidade que as favorece. Um caso exemplar: os *jogos narrativos* (v.) em rede. A partir do impulso para a globalização motivado pela generalização das suas ferramentas e rotinas lúdicas, bem como pela adoção de personagens consagradas (p. ex., Lara Croft ou as figuras de *Game of Thrones: Genesis*) e de tipos pré-existentes, os jogos narrativos atingiram aquela dimensão global, exatamente por terem sido incorporados na rede. Ela torna-se evidente nos chamados MMO (*massively multiplayer online game*), que permitem a comparticipação, em tempo real, de um número muito elevado de jogadores. Por outro lado, a internet constitui também um ambiente mediático ajustado à difusão de narrativas digitais, como a ficção hipertextual; neste caso, a conectividade à rede pode ser limitada, para se assegurar uma narratividade consistente, ou seja, "deve haver trechos de nós razoavelmente longos, com uma conexão linear, de forma que possam ser interpretados como uma sequência cronológica e causal" (Ryan, 2015: 193). Ainda outras hipóteses de trabalho que os estudos narrativos encontram num *medium* tão complexo e multiforme como a internet: a operacionalidade do blogue, como formato para a criação e difusão de narrativas, eventualmente revitalizando géneros consagrados (p. ex., o conto, o diário ou o romance; cf. Eisenlauer e Hoffmann, 2010: 79-108; Escandell-Montiel, 2014: 180 ss.); a utilização de redes sociais, designadamente o Facebook, para difundir histórias de vida e perfis pessoais, com índice variável de narratividade e até de ficcionalidade; a integração dos estudos narrativos mediáticos nos estudos mediáticos propriamente ditos, em especial no tocante aos termos em que a imprensa escrita e os seus géneros narrativos (notícias, reportagens, biografias de personalidades, etc.) são condicionados pelo digital e pela difusão na rede.

6. Um domínio em que os estudos narrativos mediáticos presentemente se explanam de forma circunstanciada é o que respeita à configuração formal e funcional dos relatos usualmente elaborados no universo da comunicação social. A proeminência académica atingida por este tipo de abordagem teve como consequência a apropriação, por parte dela, do termo *mediático*, dificultando ou tornando equívoca a sua utilização noutros domínios; a expressão *discurso mediático* e a sua caracterização apontam precisamente no sentido de um uso que tem origem, justificação e eficácia nos estudos mediáticos, sugerindo-se, por esse uso, a tendência metafórica e a propensão intertextual que se verifica naquele discurso (cf. Rodrigues, 2015: 33-46).

Aos estudos narrativos mediáticos interessam, como ficou exposto, os relatos e os géneros cuja conformação decorre das específicas condições transmissivas e dos aparatos semióticos vigentes em diversas linguagens e cenários comunicativos (cinema, rádio, televisão, etc.), com índices desiguais de intervenção da linguagem verbal. No presente contexto, estão em causa, então, as narrativas que se enquadram no âmbito semiodiscursivo do jornalismo; entendido em termos genéricos (isto é, aquém da ponderação do suporte em que se desenvolve), como vasto domínio com grande impacto social, cultural e político, o jornalismo narrativo pode ser entendido como "uma máquina de textualização do mundo e da experiência" (Babo, 2017: 71).

Esta especificação pressupõe uma distinção, reconhecida pelos jornalistas e pelos estudiosos do jornalismo, entre "as áridas e tecnicamente orientadas narrativas em pirâmide invertida do jornalismo convencional e as mais livres e flexíveis formas a que eles chamam jornalismo 'narrativo' ou 'literário', incorporando dispositivos, estruturas e, por vezes, temas que se encontram na literatura" (Dardenne, 2005: 267). No chamado *New Journalism* (composto, na expressão de Tom Wolfe, "like a novel"; cf. Wolfe e Johnson, eds., 1973) e, depois dele, no jornalismo literário (cf. Sims e Kramer, eds., 1995), reitera-se o potencial narrativo das práticas jornalísticas e os elos que as ligam à instituição literária, aos seus autores e aos seus códigos; para além disso, a postulação de um jornalismo literário (o *jornalismo narro-descritivo* deduzido da "estética da experiência") afirma-o "como uma forma muito mais subjetiva (com a inflexão de uma voz mais pessoal) do que os mais convencionais modelos do jornalismo da objetividade (...), mesmo que a subjetividade seja meramente refletida na consciência modeladora do autor que reporta pormenores descritivos" (Hartsock, 2016: 151). Em sentido divergente, reivindica-se a autonomia funcional e discursiva de duas práticas distintas, uma reivindicação com forte implicação corporativa: "O escritor e o jornalista dedicam-se a trabalhos diferentes e a sua relação situa-se menos em termos de igualdade horizontal do que de hierarquia vertical" (Lits, 2008: 31).

7. A partir destas bases, os estudos narrativos mediáticos interessam-se por diversos temas, eventualmente conjugados. Enunciam-se a seguir alguns desses temas.

7.1. Os procedimentos de modelização de que os vários *media* dispõem para narrativizar as mensagens jornalísticas. Tem-se em atenção, neste caso, o suporte, a linguagem, o poder comunicativo e o alcance social de cada *medium,* sendo sabido que uma notícia, em contexto digital, televisivo, radiofónico ou impresso, obedece a lógicas diferentes e induz comportamentos recetivos também diferenciados. Do mesmo modo, importa entender os reajustamentos narrativísticos inspirados pelo aparecimento de novos *media;* assim, a internet reconformou as notícias e a televisão levou à extinção das reportagens cinematográficas, frequentes sobretudo em tempo de guerra ou de ditadura (como, neste último caso, o espanhol NO-DO, Noticiarios y Documentales).

7.2. As relações entre a narrativa jornalística e a narrativa literária, com amplas e multifacetadas incidências históricas e culturais, em especial no século XIX. Interessa a essa interação, por exemplo, a formulação de géneros propriamente informativos, como a notícia ou a reportagem, e opinativos (*crónica;* v.), bem como as inerentes contaminações intertextuais com géneros literários canónicos. A par disso, é possível observar, no jornalismo narrativo, problemas deontológicos colocados por eventuais impulsos para a ficcionalização da informação, em paralelo com a análise dos modos de existência de categorias literárias projetadas em relatos jornalísticos (p. ex., a figuração de personagens: cf. Peixinho e Araújo, 2017: 233-267).

7.3. A renovação do ecossistema mediático, motivada pela emergência do digital e pela disseminação da internet, à escala planetária (mas com importantes assimetrias geoeconómicas). Nesse novo contexto e com as ferramentas por ele disponibilizadas, a narrativização da informação inclui instrumentos, comportamentos e agentes anteriormente não considerados; chega-se, por esta via, à implementação de dinâmicas narrativas inovadoras, rapidamente descartáveis e mesmo, nalguns aspetos, melindrosas do ponto de vista ético. Apoiada na facilidade da captação de imagens e de sons e na celeridade da sua transmissão e circulação na rede, a narrativa jornalística pode ser analisada pela sua condição de discurso fungível, fortemente interativo, facilmente manipulável em termos técnicos e disponível para acolher contributos exteriores ao sistema (como os do cidadão-repórter).

8. Várias das questões teóricas e operatórias que aqui têm sido levantadas remetem diretamente para o estatuto semionarrativo e sociocomunicativo da chamada *narrativa mediática* (v.) ou, talvez com mais propriedade, da *mediação narrativa* (v.), questões essas que são abordadas em local próprio.

Para além delas, outras podem levantar-se, solicitando respostas aos estudos narrativos mediáticos. Pense-se na contaminação de linguagens e de práticas narrativas, como ficou observado a propósito da relação entre jornalismo e literatura, ou na *remediação* (v.) de géneros que migram de um *medium* para outro (p. ex., a narrativa policial, transitando do cinema para a televisão; cf. Westlake, 1990). Sugere-se, assim, a diluição generalizada de fronteiras entre sistemas e suportes mediáticos, permitindo, por exemplo, que o cinema acolha o discurso da banda desenhada e do *cartoon* (em *Annie Hall*, 1977, de Woody Allen, o protagonista insere-se metalepticamente na história da Branca de Neve). Noutros casos, recorre-se a movimentos de câmara com a espontaneidade do vídeo documental e não editado (como em *Zero Dark Thirty*, 2012, de Kathryn Bigelow) ou permite-se que a personagem comente a ação com quem a vê: na série *House of Cards* (2013--2017), simula-se uma comunicação em direto televisivo com o espectador, a exemplo da interpelação ao leitor ou à leitora que acontecia em romances oitocentistas (p. ex., de Almeida Garrett ou de Machado de Assis). De todas estas hipóteses de análise e de outras similares deduz-se a diversidade, a amplidão e a fecunda complexidade dos estudos narrativos mediáticos (cf. Ryan, 2004: 20-35).

EU-NARRADOR

1. A expressão *eu-narrador* designa uma posição conjugada de enunciação e de focalização, instituída na chamada situação narrativa de primeira pessoa (cf. Stanzel, [1955], 1971: 59 ss.; Stanzel, 1984: 4-5 e 56 ss.). Assim, o *eu-narrador* é o sujeito que assume a narração, a partir da sua condição de *narrador autodiegético* (v.) colocado num tempo ulterior à história (v. *narração, tempo da*) e distanciado dela em vários aspetos (v. também *narrador homodiegético*).

2. A distância temporal do narrador relativamente aos acontecimentos que conta pode ser considerável. Desse afastamento decorrem outras distâncias (éticas, afetivas, morais, ideológicas, etc.), uma vez que o eu-narrador que recorda no presente não é já o mesmo que, no passado, viveu os factos relatados (v. *eu-personagem*). A fratura entre o *eu* da história e o *eu* da narração (*experiencing self* e *narrating self*; cf. Stanzel, 1971: 60-61) será mais ou menos profunda, podendo constituir o fulcro de um relato autobiográfico (v. *autobiografia*), como acontece no *Lazarillo de Tormes* (1554) ou no *Robinson Crusoe* (1719).

3. A posição enunciativa do *eu-narrador* implica uma modulação da *focalização* (v.) por parte do narrador autodiegético. Quando ativada a partir do tempo do *eu-narrador*, a *focalização omnisciente* (v.) distingue-se, quantitativa e qualitativamente, daquela que um *narrador heterodiegético* (v.) assume;

o máximo potencial informativo de que o narrador autodiegético dispõe deriva da referida situação de ulterioridade, o que lhe confere um grau de conhecimento do mundo muito superior ao da personagem que ele foi. É esse grau de conhecimento que se expressa na seguinte conclusão: "E todavia, ao expirar, consola-me prodigiosamente esta ideia: que do Norte ao Sul e do Oeste a Leste (...) nenhum Mandarim ficaria vivo, se tu, tão facilmente como eu, o pudesses suprimir e herdar os milhões, ó leitor, criatura improvisada por Deus, obra má e de má argila, meu semelhante e meu irmão!" (Eça de Queirós, *O Mandarim*, p. 191).

EU-PERSONAGEM

1. A expressão *eu-personagem* designa uma posição de vivência da história instituída naquilo a que Franz Stanzel chamou situação narrativa de primeira pessoa (cf. Stanzel, [1955], 1971: 59 ss.; Stanzel, 1984: 4-5 e 56 ss.). Para destacar a imagem do eu-personagem, o *narrador autodiegético* (v.) reconstitui o tempo da experiência da história, os ritmos em que ela decorreu e as reações cognitivas que ela motivou; ao mesmo tempo e tal como acontece com o *narrador homodiegético* (v.) em circunstâncias semelhantes, ele abdica da possibilidade de revelar eventos posteriores a esse tempo da experiência em decurso. Assim, "ao iniciar a história, o narrador detém um conhecimento absoluto dos assuntos, mas revela-os gradualmente e não de uma vez" (Glowinski, 1977: 105).

2. Os acontecimentos relatados a partir da posição do eu-personagem e a *subjetividade* (v.) projetada no enunciado remetem para esse momento da sua existência e não para o *eu-narrador* (v.). Por exemplo: "Sentei-me, apunhalado de violência. Mas o Reitor, que estava lendo um grosso volume, abandonou-me ali durante alguns instantes. E eu pude então repousar um pouco. Olhei a sala, sintética de arrumo e de clareza, vi, por uma porta entreaberta, num aposento interior, a colcha branca de uma cama, ouvi o tanoeiro que cantava longe ao sol" (Vergílio Ferreira, *Manhã submersa*, p. 35). Percebe-se, por este trecho, que a *focalização interna* (v.) do eu-personagem confirma o seu grau de conhecimento e o âmbito de alcance dos seus sentidos (visão e audição, designadamente), aquém das prerrogativas do eu-narrador que mais tarde veio a ser.

EXPLICIT

1. O termo *explicit* é uma forma verbal relacionada com o latim *explicitus* (do verbo *explicare*, "terminar" ou "explicar") que designa o final do texto e o local de encerramento da leitura, ocorrendo num momento oposto ao *incipit* (v.). Ambos os momentos podem articular-se de forma simétrica, conforme se lê no *incipit* e no *explicit* de um romance de Vergílio Ferreira: "Para sempre. Aqui estou. É uma tarde de verão, está quente. Tarde de agosto. Olho-a em volta, na sufocação do calor, na posse final do meu destino"; "É uma tarde quente de agosto, ainda não arrefeceu. Pensa com a grandeza que pode haver na humildade. Pensa. Profundamente, serenamente. Aqui estou. Na casa grande e deserta. Para sempre" (*Para sempre*, pp. 9 e 306).

Note-se que o final do texto é indefinido quanto à sua exata localização ou dimensão; correspondendo, nalguns casos, às palavras finais do relato, ele pode alargar-se aos últimos parágrafos ou até ao derradeiro capítulo de um romance, dependendo essa definição dos sentidos representados no *explicit* e do contexto em que se encontram.

2. Sendo entendido como acabamento formal da narrativa, o *explicit* conclui também o seu desenvolvimento semântico e estabelece a fronteira final que a separa do mundo. O corte parece mais efetivo quando o *explicit* se traduz na morte de uma personagem central (por exemplo, os suicídios de Emma Bovary e de Anna Karenina), o que impede a continuação da ação; o fechamento narrativo induzido pelo *explicit* é especialmente nítido nas histórias com uma intriga que se encerra num *desenlace* (v.).

O *explicit* não deve ser considerado, contudo, um fecho semântico rígido; ele não impede uma certa abertura para o exterior das consequências pragmáticas e até, noutros casos, o seu prolongamento noutros textos (v. *composição*). Para além de não inibir a continuação da história, no plano dos conteúdos diegéticos, designadamente quanto ao destino das personagens, o *explicit* pode sugerir ainda, ao terminar a narrativa, sinais de abertura semântica, para além do restrito trajeto das personagens. Esses sinais de abertura encontram-se num certo tipo de relato flaubertiano (nos *Trois contes*, 1877), que só aparentemente "faz coincidir o seu fim com o do seu objeto principal", isto é, com a morte dos protagonistas; "desse ponto de vista, os três mortos que acabam os três contos são mortos expansivos. Há, pois, nesse relato publicado, qualquer coisa, mesmo *in fine*, que resiste aos sistemas usuais de fechamento" (Debray-Genette, 1988: 87).

EXTENSÃO

1. A *extensão* é uma modalidade de variação da *velocidade* (v.) da narrativa, inserida no campo sistémico de outros signos temporais como, por exemplo, a *elipse* (v.) ou o *sumário* (v.). A extensão relaciona-se com este último, por simetria; se o sumário constitui um movimento durativo em que o tempo do discurso é mais reduzido do que o da história, com a extensão passa-se o oposto: o tempo do discurso é mais longo do que o da história.

2. A extensão, como prolongamento artificial do tempo da história, ocorre em relatos em que são valorizados eventos relevantes e decorridos de modo veloz; daí que, por vezes, o narrador declare que "tudo se passou em menos tempo do que aquele que se demora a contar". A representação da vida psicológica das personagens ou a criação de efeitos de *suspense* levam, por vezes, a recorrer à extensão, criando-se então uma duração temporal consideravelmente lenta, no plano do discurso (cf. Sternberg, 1978: 159 ss.). Conforme observa Seymour Chatman, "necessita-se de mais tempo para dizer os pensamentos do que para os pensar, e ainda mais para os transcrever. Assim, em certo sentido, o discurso verbal é sempre mais lento, quando comunica o que passa pela cabeça de uma personagem, sobretudo se se trata de perceções imediatas ou de intuições" (Chatman, 1981: 74). No relato cinematográfico e no televisivo, a extensão resulta tanto de uma opção técnica (a chamada *câmara lenta, slow motion* ou *ralenti*), no momento da captação da imagem ou no da sua reprodução, como de uma *montagem* (v.) temporalmente expansiva (cf. Sikov, 2010: 58).

Um exemplo claro do uso da extensão encontra-se no conto *Cadeira* (inserto em *Objeto quase,* 1978), de José Saramago. O relato da queda da cadeira em que o ditador se senta arrasta-se por um tempo discursivo muito longo, comparado com a fração de segundo em que isso aconteceu. É esse arrastamento que, provocado por sucessivas evocações e digressões do narrador, sugere um outro arrastamento temporal: o que caracterizou a duração da ditadura e a demorada decadência do ditador.

EXTENSIONALIDADE/INTENSIONALIDADE

1. Em teoria e análise semântica, é corrente a distinção entre intensão e extensão de uma expressão: a extensão é o conjunto de objetos que uma

expressão denota, e a intensão é o sentido dessa expressão, ou seja, as propriedades que definem os objetos denotados. O clássico exemplo de Frege ilustra esta distinção: as expressões "estrela da manhã" e "estrela da tarde" têm a mesma extensão ou referência (*bedeutung*), uma vez que denotam o mesmo planeta, mas não têm exatamente o mesmo sentido (*sinn*); uma modificação na forma de expressão implica um outro modo de apresentação do objeto denotado.

2. Estes dois conceitos foram transpostos para o campo da semântica do relato por Lubomir Doležel, procurando torná-los operatórios no estudo teórico e empírico da narrativa. Assim, Doležel propõe uma distinção entre mundo narrativo extensional e mundo narrativo intensional.

O mundo narrativo extensional integra as personagens, os seus atributos e as suas esferas de ação. Diz-se, então, que, "para cada narrativa, o conjunto dos seus agentes pode ser dado por simples enumeração; por outras palavras, o conjunto é definido por extensão" (Doležel, 1979: 197); sendo assim, "as designações de actantes, 'funções', 'motivemas', etc., são puramente extensionais, uma vez que são dadas como termos inequívocos do sistema proposto" (Doležel, 1979: 200). Entretanto, a pesquisa de invariantes estruturais (funções de personagens e sua atuações) bloqueia, de algum modo, a exploração das qualidades estéticas de um texto e da sua singularidade semântica, decididas, em larga medida, no plano da forma da expressão ou da textura. Surge então a noção de mundo narrativo intensional, que recobre justamente o sentido do texto equacionado em função do próprio material significante que o modela.

Se as intensões são determinadas pela forma da expressão, então o sentido de um texto é determinado pela sua textura, complementando a macrossemântica narrativa: não é pela paráfrase que se pode descrever o sentido de um texto, mas sim pela análise das diferentes formas de estruturação do próprio material significante. São as regularidades globais da textura que determinam os princípios globais de organização do sentido de um texto; detetá-las constitui o primeiro momento de uma estratégia interpretativa que se desenrola no interior das fronteiras textuais. Doležel assinala duas importantes regularidades de textura, que analisa em termos de funções intensionais: o modo de nomear as personagens e o jogo entre o explícito e o implícito. Relativamente à designação das personagens (v. *nome próprio*), verifica-se que o mundo narrativo extensional é suscetível de ser transformado em dois domínios intensionalmente diferenciados:

o domínio das personagens identificadas por um nome próprio e o domínio das personagens identificadas por uma descrição de definição. Esta estruturação específica do mundo extensional, variável de texto para texto mas sempre semanticamente produtiva, é imposta por uma regularidade de textura que opera no plano macroestrutural. Do mesmo modo, o jogo entre explícito e implícito cria no texto dois domínios intensionalmente diferenciados, o determinado e o indeterminado. Este último, formado pelas pressuposições e pelas inferências textualmente ancoradas, só se torna efetivo e pragmaticamente consequente no processo de cooperação interpretativa do leitor e constitui um espaço privilegiado de construção do sentido narrativo.

3. As funcões intensionais transformam sistemas extensionais invariantes e esteticamente neutros em estruturas de sentido variáveis e fecundas do ponto de vista estético (cf. Doležel, 1998: 135-143). Por outro lado, a análise das macroestruturas intensionais dos mundos de ficção corresponde a uma estratégia interpretativa que opera no espaço textual, sem recorrer a quadros interpretativos exteriores ao texto.

[com A.C.M.L.]

EXTRADIEGÉTICO, Nível – V. Nível extradiegético.

F

FÁBULA (I)

1. Conceito elaborado pelos formalistas russos (cf. Tomachevski, [1925] 1965), para referir o conjunto dos acontecimentos comunicados pelo texto narrativo, representados nas suas relações cronológicas e causais, como motivos nucleares; note-se que "embora para Tomashevski a *fabula* seja um todo ordenado, isso não quer dizer que ela seja uma construção exclusivamente artística. Um facto real pode servir como *fabula* (...) e dificilmente se poderá dizer que é produto do labor do autor (García Landa, 1998: 42). Nesse sentido, fábula opõe-se a *sjuzhet* (v. *intriga*), termo reservado para designar a representação dos mesmos acontecimentos, segundo determinados processos de construção estética.

2. A fábula corresponde, então, ao material pré-literário, a elaborar e a transformar em intriga, na condição de estrutura compositiva já especificamente literária. Em certa medida e ressalvadas as distâncias, a fábula equivale ao *mythos* de Aristóteles, uma das noções mais antigas da teoria literária. É possível organizar uma tipologia de textos narrativos em função da maior ou menor importância que neles assume a fábula. Exemplificando: pode afirmar-se que o romance de ação privilegia o plano da fábula, diferentemente do romance de espaço (social ou psicológico), que lhe atribui uma importância reduzida.

FÁBULA (II)

1. Enquanto género narrativo, a *fábula* é um relato quase sempre breve, de ação relativamente tensa e simples, apontando para uma conclusão

ético-moral. As personagens da fábula são, em geral, pouco complexas, correspondendo muitas vezes a animais, com uma certa feição e comportamentos humanos (falam e relacionam-se socialmente como pessoas). A simplicidade que caracteriza a fábula torna-se evidente sobretudo na conclusão, muitas vezes explicitada pelo narrador: "Le monde est plein de gens qui ne sont pas plus sages:/Tout Bourgeois veut bâtir comme les grands Seigneurs,/Tout petit Prince a des Ambassadeurs,/Tout Marquis veut avoir des Pages" (La Fontaine, *La grenouille qui se veut faire aussi grosse que le bœuf, Fables*, p. 53).

2. O estatuto da fábula faz deste género narrativo um relato com considerável força pragmática, nesse sentido semelhante à *parábola* (v.) e ao *apólogo* (v.). Com efeito, ela propõe-se exercer uma ação potencialmente transformadora (educativa, moralizadora, etc.), que confirma as potencialidades perlocutivas da narrativa. Essas potencialidades não são afetadas por opções compositivas como a escrita em verso ou em prosa, podendo até verificar-se que uma tal opção decorre de imposições epocais, bem como do conhecimento das expectativas do leitor, dos seus hábitos e disponibilidades culturais.

3. Provindo de autores e de origens culturais muito antigos (com destaque para Esopo, no século VI a.C., e para Fedro, no século I d.C.), a verdade é que modernamente a fábula perdeu projeção sociocultural. Contudo, em épocas de imitação classicizante, como aconteceu com La Fontaine, no classicismo francês, a fábula ocupou um lugar culturalmente importante, derivando, por vezes, para a reflexão filosófica.

Na atualidade, a literatura tende a retrair o pendor abertamente moralizante que outrora se reconhecia na fábula. Ainda assim, é possível encontrar práticas narrativas (e não só literárias) de tipo alegórico ou com tendência meramente lúdica, em que a presença de animais faz lembrar a tradição da fábula. Isso pode observar-se no conto popular e infantil, na *banda desenhada* (v.) ou no desenho de animação, sendo a reminiscência fabular em grande parte motivada pelo tipo de público visado. Noutros casos – por exemplo, em *Animal Farm* (1945), de George Orwell –, a condição animal das personagens serve um propósito alegórico, eventualmente com intuito político, social ou civilizacional.

FECHADO, Romance – V. Composição.

FICÇÃO CIENTÍFICA – V. Romance de ficção científica.

FICÇÃO HIPERTEXTUAL

1. A expressão *ficção hipertextual*, aqui assumida como homónima de *hiperficção*, designa um campo de produção narrativa desenvolvida com ferramentas informáticas, em ambiente eletrónico, a partir do estabelecimento de ligações não lineares; essas ligações asseguram a construção de uma história ficcional, com a colaboração do utilizador daquelas ferramentas. Uma ficção hipertextual é, assim, também uma ficção interativa, ou seja, uma obra que "simula um mundo, compreende o *input* textual de linguagem natural por parte de um interator e faculta uma resposta textual baseada em eventos daquele mundo" (Montfort, 2004: 316).

Para além da componente textual, a ficção hipertextual inclui diversos elementos multimédia (som, imagem, citações de outros textos, gráficos, etc.) e recorre à produtividade narrativa que se deduz do recurso a instrumentos e a lógicas de computação de base tecnológica digital (v. *narrativa digital*). Antes disso, a ficção hipertextual lembra intuições como a que Roland Barthes expressou, num ensaio de 1971, quando associou a noção de texto à metáfora da rede, incluindo nela os sentidos da multiplicidade e da dispersão (cf. Barthes, 1984: 71-80); na passagem barthesiana da obra ao texto, apela-se a "um movimento tão bem-sucedido que o ubíquo 'texto' quase afastou a especificidade mediática do termo 'livro'" (Hayles, 2014: 20).

2. O universo da ficção hipertextual confina (e em certa medida cruza-se) com o dos *jogos narrativos* (v.), não só pelo que respeita aos instrumentos e às atitudes cognitivas que ambos solicitam, mas também devido à vigência de princípios em parte comuns. Dois princípios fundamentais para a conceção e para a performance da ficção hipertextual devem ser aqui mencionados.

2.1. O princípio da *interatividade* (v.). Não sendo exclusiva da ficção hipertextual, a interatividade desempenha nela um papel decisivo, porque o leitor é convocado para o estabelecimento de hiperligações, para a opção por certos trajetos, para a tomada de decisões que condicionam o desenrolar da história, etc. Deste modo, graças ao instrumental técnico a que recorre, a ficção hipertextual (tal como, em geral, a literatura eletrónica) leva às últimas consequências hipóteses de composição e, correlatamente, de receção e de reação, formuladas antes ainda de se dispor do referido instrumental técnico (p. ex., o conceito de *obra aberta* proposto por Umberto Eco).

2.2. O princípio da *multilinearidade*. De acordo com este princípio, o texto narrativo hipertextual rompe com a estruturação sequencial do relato verbal, em sintagma dotado da correspondente "horizontalidade". Em vez de seguir um percurso linear, o leitor da ficção hipertextual desloca-se por diferentes estratos e níveis de construção do relato, sempre de forma dinâmica e sem respeitar uma hierarquia pré-estabelecida. Diferentemente da narrativa impressa, a ficção hipertextual permite uma escrita apoiada em ligações eletrónicas; "como tal, a multilinearidade enfatiza a liberdade do leitor e, por oferecer vários caminhos, induz os utilizadores a subsequente exploração" (Modir *et alii*, 2014: 6). Por força da multilinearidade e das escolhas que ela estimula, a ficção hipertextual pode gerar inconsistências e contradições como aquelas que se encontram na chamada narrativa não natural (cf. Bell, 2013).

3. A dinâmica própria da *hiperficção* contraria a resistência à aceitação da condição narrativa da hipertextualidade. Funda-se essa resistência em vários aspetos das construções hipertextuais: a postulação pluricompositiva dos textos eletrónicos (ou de textos verbais que anunciaram o seu aparecimento), a sua tendência para a espacialização, a sua radical abertura e a sua infinitude potencial (no sentido da ausência de um princípio e de um fim). Refutando tais argumentos, Marie-Laure Ryan relativiza a multilinearidade e declara que "a vasta maioria de ficções hipertextuais não são coleções de itens individuais; os leitores devem visitar um subconjunto razoável de lexias e construir uma representação mental global (à maneira de um mundo ficcional), a partir desses elementos (...). Para que o hipertexto mantenha um certo grau de narratividade, deve haver limitações à conectividade da rede", ou seja, "deve haver trechos de nós razoavelmente longos, com uma conexão linear, por forma a que possam ser interpretados como uma sequência cronológica e causal" (Ryan, 2015: 193; cf. também 241 ss.).

4. O desenvolvimento, a difusão e o reconhecimento académico da ficção hipertextual, no âmbito da literatura eletrónica (cf. *Revista de Estudos*

Literários, 2012), assentam numa produção já significativa, ainda que circulando num universo relativamente restrito de leitores/interatores. Deve-se essa limitação, antes de mais, à subversão de rotinas cognitivas e de critérios estéticos a que a ficção intertextual obriga; por isso, num texto em certos aspetos seminal, Robert Coover escreveu que "a hiperficção provavelmente não é para leitores que adormecem sobre quatro ou cinco livros por ano. Mas é mais divertida, mais absorvente do que se poderia pensar, antes de se tentar lê-la" (Coover, 1993: 5). Por outro lado, também os requisitos técnicos de que a hiperficção depende e a mudança rápida das tecnologias em que ela se apoia chegam a dificultar consideravelmente o acesso, pouco tempo depois do seu aparecimento, a títulos cujo *software* se torna obsoleto; é o caso de obras fundadoras publicadas por Eastgate em software Storyspace, como *Afternoon, a Story* (1987), de Michael Joyce, *Victory Garden* (1992), de Stuart Moulthrop ou *Patchwork Girl* (1995), de Shelley Jackson.

Note-se também que as atitudes cognitivas exigidas pela literatura eletrónica e pela ficção hipertextual, pelas linhas de ação que propõem e pelas personagens que delas emergem decorrem de um paradigma comunicacional que não está estabilizado. Assim, *Twilight, A Symphony* e *Twelve Blue* (ambos de 1996), de Michael Joyce, ou *Apparitions inquiétantes* (1998-99), de Anne-Cécile Brandenbourger, obrigam o leitor a deslocar-se para um contexto de interação que dissolve e dispersa a intriga bem encadeada ou a personagem convencional. Por outras palavras: não é fácil eliminar das rotinas cognitivas do leitor "convencional" uma tradição de leitura que, sobretudo do século XVIII em diante, instalou no nosso comum imaginário literário os atributos, as ações e os destinos de Robinson Crusoe, de Tom Jones, de Oliver Twist, de Julien Sorel, de Emma Bovary, de Anna Karenina ou de Don Fermín de Pas. Mas isto não impede que se reconheça que a literatura modernista e pós-modernista, de Mallarmé a Jorge Luis Borges, passando por Fernando Pessoa/Bernardo Soares, James Joyce, Kafka, Raymond Queneau e Julio Cortázar, foi anunciando, ainda sem ferramentas digitais adequadas, o paradigma comunicacional da literatura eletrónica e da ficção hipertextual.

Para além disso, a ficção hipertextual recolhe elementos e tendências criativas provindas de uma ampla ficcionalidade transmediática, que é aquela que permite libertar a existência de mundos ficcionais do âmbito restrito das práticas narrativas literárias: "Neste momento, a ficcionalidade tornou-se uma noção importante, não só para a teoria literária, mas também para disciplinas como os estudos de cinema, os estudos de teatro, os estudos de jogos de computador e mais genericamente a filosofia da arte"

(Zipfel, 2014: 103). Em parte, decorre daqui a noção de *romance multimodal* (v.), próxima, em diversos aspetos, do conceito de ficção hipertextual; sem nela falar expressamente, Wolfgang Hallet notou que "desde os anos 90 um número crescente de romances não se limitou meramente ao texto verbal", agregando ao discurso narrativo componentes multimédia como "letras datilografadas, manuscritas ou eletrónicas; guiões de filmes; websites; trechos de escrita académica e muitas outras formas genéricas" (Hallet, 2014: 151).

FICCIONALIDADE

1. Uma caracterização da *ficcionalidade*, no quadro da narratologia e dos estudos narrativos, assenta em duas linhas de desenvolvimento possíveis: a que diz respeito às dimensões lógico-semânticas do conceito de ficcionalidade e a que tem a ver com a *modelização* (v.), procedimento a que são submetidos os universos ficcionais representados nos textos narrativos.

A etimologia do termo *ficção* está implicada nesta caracterização. Pertencendo à família do verbo latino *fingere* (que, na *Epistula ad Pisones*, de Horácio, ocorre com os sentidos de *criar, moldar, fazer versos*) e tendo como particípio *fictus*, a noção de ficção (lat.: *fictio, –onis*) pode ser associada ao fingimento pessoano. Por sua vez, *ficcional* alterna, na língua portuguesa, com *fictício*, normalmente utilizado de forma não especializada (p. ex., em "o que dizes é totalmente fictício") e deriva para *ficcionalidade*, como propriedade nuclear daquilo que é ficcional (p. ex., na expressão *texto ficcional;* cf. Martínez-Bonati, 1996: 59). Em consonância com estas especificações, distinguimos, "por um lado, ficção como um conjunto de géneros convencionais (romance, conto, romance gráfico, filme de ficção, série de ficção televisiva, etc.) e, por outro lado, ficcionalidade como uma qualidade ou discurso ficcional como um modo" (Nielsen *et alii*, 2015: 62).

2. A ficcionalidade pode ser pensada em termos de intencionalidade. Diz-se, por isso, que "o critério de identificação que permite reconhecer se um texto é ou não uma obra de ficção deve necessariamente residir nas intenções do autor"; não se verificando "propriedade textual, sintática ou semântica que permita identificar um texto como obra de ficção" (Searle, 1982: 109), entende-se que o fator primeiro da ficcionalidade é a posição ilocutiva do autor e o seu intuito de construir um texto fundado numa atitude

de fingimento. A esta perspetiva de abordagem (e sem a excluir) podemos associar outra, de tipo contratualista; neste caso, vigora um acordo tácito entre *autor* (v.) e *leitor* (v.), consensualmente baseado na chamada "suspensão voluntária da descrença" (na expressão de Coleridge). O contrato de ficção orienta-se no sentido de se encarar como cultural e socialmente pertinente a prática do fazer crer (*make believe*), a sua analogia com os jogos infantis e a sua disseminação em representações artísticas muitas vezes com feição expressa ou cripticamente narrativa (cf. Bareis e Nordrum, 2015).

Um requisito para que o jogo da ficção seja viável é "a instauração de um quadro pragmático apropriado para a imersão ficcional" (Schaeffer, 1999: 146; cf. também Schaeffer, 2013: § 30-35) ou, de acordo com a análise de Richard Walsh, a postulação retórico-pragmática da ficcionalidade: "Uma definição retórica da ficcionalidade é pragmática, no sentido em que os seus critérios não são, em última instância, inerentes à narrativa em si mesma, mas sim contextuais" (Walsh, 2007: 44). A isto pode acrescentar-se, sem contrariar o pensamento de Searle, que a presença, no texto ficcional, de "características indicativas do seu estatuto ficcional (...), tais como a narração omnisciente ou a focalização interna (...), não são condições necessárias nem suficientes de ficcionalidade" (Walsh, 2007: 44).

Em muitos casos, a leitura de um texto ficcional encontra-se contextualmente pré-condicionada pelo facto de o leitor saber que Flaubert, Pérez Galdós, William Faulkner ou Philip Roth são romancistas e autores de ficções, acolhidas e tratadas como tais pela chamada instituição literária; estabelece-se, então, um tácito contrato de cooperação, desencadeado pelo ato intencional do autor. Segundo Genette (que acompanha, com algumas reservas, as propostas searlianas), "o *fiat* do autor de ficção situa-se algures entre o do demiurgo e o do criador de palavras; o seu poder implica, como acontece com o criador de palavras, a concordância mais ou menos tácita de um público que (...) renuncia voluntariamente ao uso do seu direito de contestação" (Genette, 1991: 51).

Note-se que, com base naquela posição intencionalista, eventualmente confirmada em regime contratualista, o contrato de ficção não exige um corte radical com o mundo real. De acordo com uma visão funcionalista ou integracionista da ficção (cf. Pavel, 1986: 143-148), o texto ficcional pode (e deve até, na linha de conceções epistemológicas de natureza sociológica e paracientífica) remeter para o mundo real, prestando-se à integração de elementos factuais e científicos, por vezes em registo de divulgação didática; noutros casos, a ficção consente um certo ascendente da ciência sobre o romance (é o que acontece com o chamado romance experimental oitocentista) ou então, em movimento de interação, "o texto literário pode apresentar traços discursivos colhidos da ciência (e de outros tipos de discurso) e submetê-los a experimentação ficcional" (Moser, 1984: 427; cf. também Kerbrat-Orecchioni, 1982: 34 ss.). De um modo geral, estas interações conferem pertinência ao chamado "princípio do afastamento mínimo", segundo o qual "reconstruímos o mundo central de um universo textual do mesmo modo que reconstruímos os mundos possíveis alternativos de afirmações não factuais: conformando-as, tanto quanto possível, às nossas representações do mundo real" (Ryan, 1991: 51).

3. Falamos em referencialidade ficcional entendendo-a como pseudorreferencialidade e tendo em conta que as práticas ficcionais comportam uma certa dimensão perlocutiva, no tocante a eventuais injunções ideológicas exercidas sobre o recetor. Trata-se, assim, de realçar a vertente pragmática da ficcionalidade e em particular aquela que se representa no discurso narrativo; desse pondo de vista, "o discurso ficcional não é um discurso de consumo, mas isso não quer dizer que ele seja inútil. A oposição aqui não é entre consumo e não-utilização, mas sim entre consumo e reutilização" (Warning, 1979: 335); nos termos em que Paul Ricœur analisou o problema, considera-se que é pela via da leitura que se concretiza a "referência metafórica" resultante da inevitável "fusão de dois horizontes, o do texto e o do leitor, e portanto a intersecção do mundo do texto com o mundo do leitor" (Ricœur, 1983: 120). Vão no mesmo sentido as posições antissegregacionistas e antiestruturalistas que valorizam os elos que ligam os universos de ficção à experiência de vida do leitor; essa ligação torna-se mais expressiva, quando uma visão simbólica do mundo proposta pela ficção está centrada na personagem: "sendo peça central dessa construção, ela é tanto uma pessoa imaginária e a imaginar, como uma figura tipificada do ser humano" (Renaud, 2014: 234).

Note-se que a referencialidade ficcional e o seu caráter mediato (ou a sua reutilização, como diz Warning) não são exclusivos dos textos narrativos, reencontrando-se também nos textos dramáticos e, por um trajeto mais sinuoso, nos textos líricos. Dadas, no entanto, as suas características estruturais e semiodiscursivas (v. *narratividade*), são sobretudo os textos narrativos que melhores condições reúnem para encenarem, de forma muito pormenorizada e circunstanciada, a ficcionalidade, levando à construção de mundos possíveis ficcionais (cf. Doležel, 1998: 14-15; v. *mundo possível*). Por outro lado, a ficcionalidade não comparece apenas nos textos literários. No espaço dos textos narrativos ficcionais tanto cabem romances como anedotas; por sua vez, a ficcionalidade que caracteriza, por exemplo, um drama romântico, não carece da vigência da narratividade para ser utilizada e percebida como tal. Isto não impede que se diga que "a narrativa baseada na linguagem é o berço da teoria da ficcionalidade"; completa-se esta asserção com o reconhecimento de que "algures entre o século XVIII e o início do século XX, a noção de ficção tornou-se uma categoria reconhecida nas culturas ocidentais, inegavelmente como resultado de duas causas: o surgimento do romance, como a mais destacada forma de literatura, e a importância das noções de verdade e falsidade nessas culturas" (Ryan, 2010: 23).

4. A análise da ficcionalidade nos textos narrativos deve processar-se em situação de equilíbrio entre dois extremos: por um lado, o que cultiva uma atitude imanentista, recusando quaisquer conexões entre o mundo ficcional configurado no texto e o mundo real; por outro lado, o que defende uma atitude imediatista, lendo a narrativa como reflexo especular do real, projeção *à clef* e não modelizada artisticamente de eventos e de figuras verificáveis como existentes.

Este último procedimento associa-se a um subgénero narrativo que, no romantismo, gozou de grande prestígio cultural: o *romance histórico* (v.). Neste (mas não só nele, naturalmente), a constituição de um universo ficcional conduz à representação de figuras e de acontecimentos com efetiva existência histórica (p. ex., os romances de Ernest Hemingway, *A Farewell to Arms*, de 1929, no cenário da Primeira Guerra Mundial, e *For Whom the Bell Tolls*, de 1940, com ação localizada na Guerra Civil de Espanha). Sem porem em causa o estatuto ontológico da ficção, aquelas entidades concretizam aquilo que se designa como *modalidades mistas de existência* (cf. Woods, 1974: 41-42); a ficção incorpora, em princípio, as propriedades históricas dessas entidades (p. ex., a derrota de Napoleão na batalha de Waterloo, relatada em *La chartreuse de Parme*, 1839, de Stendhal), porque, contando com a cultura e com as rotinas cognitivas do leitor, ela recorre àquelas propriedades históricas como fator de verosimilhança. Referindo-se à manifestação, em contexto ficcional, de figuras históricas, Ingarden observa que "as personagens que 'aparecem' nas obras literárias não só têm nomes, p. ex., como 'C. J. Cesar', 'Wallenstein', 'Ricardo II', etc., mas devem, em certo sentido, 'ser' também estas personagens outrora assim chamadas e realmente existentes. (...) Devem, portanto, ser em primeiro lugar 'reproduções' das pessoas (coisas, acontecimentos) outrora existentes e ativas, mas ao mesmo tempo devem representar aquilo que reproduzem" (Ingarden, [1931] 1973: 266).

Sendo certo que, normalmente, é assim que acontece, deve também reconhecer-se que nada impede que o ficcionista derrogue, por qualquer motivo (transgressão cultural, solicitações do fantástico ou do absurdo, reversão ideológica pós-modernista, etc.), a veracidade empírica e historicamente consolidada, impondo uma "verdade" ficcional, postulada como "o produto conjunto de duas fontes: o conteúdo explícito da ficção e um pano de fundo que consiste tanto nos factos acerca do nosso mundo (...) como nas crenças existentes na comunidade de origem" (Lewis, 1978: 45)". Por força dessa verdade interna e da autonomia ontológica do relato ficcional, um romance de José Saramago (*História do cerco de Lisboa,* 1989) retomou um acontecimento histórico, subvertendo aquilo que a historiografia estabeleceu: no romance, os Cruzados não ajudaram D. Afonso Henriques a conquistar Lisboa. Assim, "a ficção histórica pós-modernista constrói e desenvolve dispositivos de contraditória conjetura e autorreflexividade, de modo a questionar a natureza do conhecimento histórico, tanto de um ponto de vista hermenêutico como de um ponto de vista político" (Wesseling, 1991: 117).

Deste modo, ganha pleno sentido a caracterização dos textos ficcionais como construcionistas. Diferentemente daqueles que configuram um mundo que lhes é prévio (os chamados textos imagem do mundo), os textos construtores do mundo [*world-constructing texts,* no original] "são prévios aos mundos; é a atividade textual que lhes dá vida e determina a sua estrutura"; como tal e ao contrário dos textos imagem do mundo, "os textos ficcionais estão fora das valorações de verdade" (Doležel, 1998: 24), entendidas como verificação de veracidade empírica.

5. A partir destes movimentos e definições, os estudos narrativos dispõem de um amplo campo de análise, orientado para os cenários transliterários em que operam e também em função das seguintes premissas: em primeiro lugar, a contestação da noção de fronteira, quando está em causa uma determinada representação ficcional; em segundo lugar, a aceitação do princípio da *transficcionalidade* (v.), ou seja, de um dinamismo que estende os elementos ficcionais para além dos limites do mundo possível ficcional em que eles originariamente surgiram. Ambas as premissas estimulam a abertura dos estudos narrativos à abordagem de práticas e de domínios de produção transliterários, como acontece com muito daquilo que hoje é

analisado pelos chamados *estudos narrativos mediáticos* (v.), incluindo neles a questão da ficcionalidade.

A noção de que as fronteiras da ficção são difusas, não delimitando rigidamente "campos" ontológicos incomunicáveis entre si, constitui um dos fundamentos do conceito de *metalepse* (v.). E uma vez que a metáfora da fronteira o consente, a derrogação dos "limites" da ficção afirma-se de forma expressiva, quando estão em causa molduras ficcionais relativamente evidentes. No cinema acontece assim, quando o ecrã de projeção não inibe a personagem de um filme de invadir a sala onde ele está a ser exibido (no exemplo clássico de *The Purple Rose of Cairo*, 1985, de Woody Allen). No caso das narrativas radiofónicas e televisivas, existem normalmente demarcações que separam o relato "de verdade" (os noticiários ou as reportagens) do relato ficcional (o *romance radiofónico*, a *série* ou a *telenovela*; v. estes termos); isso não impede a passagem de um domínio para outro, sem aviso audível ou visível e por vezes com melindrosas implicações sociais e deontológicas (p. ex., quando um *pivot* de jornal televisivo, conhecido como tal, aceita participar, como jornalista, num episódio de telenovela). Em sentido inverso, uma figura ficcional pode ser caracterizada e "documentada" por dispositivos provindos dos discursos historiográfico e jornalístico (como em *Zelig*, 1983, de Woody Allen); torna-se, assim, evidente a fragilidade da fronteira que supostamente separa a condição histórica da condição ficcional. Outros exemplos: a adaptação radiofónica de *The War of the Worlds* (1897), de H. G. Wells, por Orson Welles, em 1938, provocou uma comoção generalizada, incluindo cenas de pânico, exatamente por ter sido ignorado o aviso de que aquela era uma obra ficcional; e, bem antes disso, o hábil tratamento do espaço físico do jornal, quando da publicação d'*O mistério da estrada de Sintra* (1870), de Eça de Queirós e Ramalho Ortigão, induziu leitores da época a interpretarem como verídico o que se contava naquele relato epistolar.

6. Falamos de *transficcionalidade* na aceção já caracterizada acima, mas também com um outro significado: aquele que designa a "contaminação" ficcional de narrativas usualmente não encaradas como ficcionais. O relato de imprensa, o relato historiográfico ou a *biografia* (v.) podem reelaborar eventos ou figuras, a partir de rotinas narrativas e de processos retóricos com tradição literária e ficcional. Essa reelaboração é especialmente sugestiva (mas, de novo, problemática em vários aspetos), quando a *figuração* (v.) de uma personalidade histórica se apoia em dois parâmetros: o conhecimento, por parte do autor do relato, de artifícios narrativos convencionalmente

utilizados no romance, na novela ou no conto, e o reconhecimento, por parte do leitor, desses artifícios, com derivação para uma atitude cognitiva similar à da leitura literária.

Em consonância com estas possibilidades, Hayden White, sem reivindicar o estatuto de ficcionalidade para a historiografia, defendeu o seu caráter narrativo e a feição de artefacto verbal que a aproxima de discursos literários ficcionais (como o romance, por exemplo) (cf. White, 1978: 81-99 e White, 1981). Em última instância e numa posição porventura extrema, pode defender-se a ficcionalidade generalizada de toda a narrativa, incluindo a *conversacional* (v.): não se trata, então, de afirmar "a existência de dois tipos de narrativa, a ficcional e a não-ficcional. A narrativa é ficcional *per se*, não por ser 'inventada' ou por tratar de ocorrências fantásticas, mas por se basear na representação de estados psicológicos e de perceções mentais" (Fludernik, 2009: 59-60). Num plano correlato deste, aquela ficcionalidade generalizada insinua-se em inúmeras práticas discursivas e domínios culturais: "na política, nos negócios, na medicina, no desporto e por todas as disciplinas da academia (...). A ficcionalidade é, entre outras coisas, um veículo para discutir valores, ponderar opções e dar a conhecer crenças e opiniões" (Nielsen *et alii*, 2015: 62).

FIGURA

1. O termo *figura* designa, em geral, toda a entidade ficcional ou ficcionalizada que desempenha funções na composição e na comunicação instaurada pelo relato ou que vive acontecimentos nele narrados. A manifestação mais evidente da entidade designada como figura é a *personagem* (v.): "a personagem é (...) uma figura; no imediato, uma figura de discurso e uma representação figuracional, a figura que se destaca de um fundo narrativo e, mais genericamente, o aspeto ou a forma humana" (Frow, 2014: 8). Todavia, outras entidades, como o *narrador* e o *narratário* (v. estes termos), podem ser entendidas como tal. Tendo em atenção a relação etimológica do vocábulo figura com os radicais *fig-*, *fict-*, *ficc-* e *fing-*, valoriza-se nele a dimensão de *ficcionalidade* (v.) que atribuímos ao conceito em apreço. É esse aspeto que se reitera em *figura de ficção* (ou ficcional), bem como, extensivamente, em *figura mediática*.

2. Alguns exemplos ilustram, em primeiro lugar no respeitante à personagem, diversos aspetos da sua conformação como figura, para o que

contribuem os matizes idiomáticos revelados em cada ocorrência. Assim, nas *Viagens na minha terra* (1846), o narrador observa uma "bela e poética figura de homem" (p. 95). Mais adiante, já numa outra aceção, nota: "De todas as grandes figuras dessa época, a que melhor conheci e tratei foi uma senhora, tipo de graça, de amabilidade e de talento" (pp. 153-154). Por fim, a protagonista da novela é referida deste modo: "Tal era a ideal e espiritualíssima figura que em pé, incostada à banca onde acabava de comer a boa da velha, contemplava, naquele rosto macerado e apagado, a indicível expressão de tristeza que ele pouco a pouco ia tomando e que toda se refletia, como disse, no semblante da contempladora" (p. 176). Do aspeto geral do corpo ao sentido de notoriedade e de destaque social, o termo figura compreende, num registo que inclui valorações do narrador, vários componentes da existência da pessoa num relato.

No *Quijote* (1605-15), a menção à figura confirma aquelas notações e acrescenta-lhes outra, indiciando o dinamismo representacional que a ficção investe metanarrativamente no conceito. Num certo momento do relato, diz-se: "El labrador, que vio sobre sí aquella figura llena de armas blandiendo la lanza sobre su rostro, túvose por muerto" (Miguel de Cervantes, *El ingenioso hidalgo Don Quijote de la Mancha*, p. 227). Mais adiante, é Sancho quem designa Dom Quixote como figura, atribuindo-lhe o cognome "Caballero de la Triste Figura" que identifica e caracteriza o amo do ponto de vista físico e anímico: "Verdaderamente tiene vuestra merced la más mala figura, de poco acá, que jamás he visto, y débelo de haber causado, o ya el cansancio deste combate, o ya la falta de las muelas y dientes" (p. 387). Por fim, é o próprio Dom Quixote quem se projeta, como figura, para o plano iconográfico, transcendendo o estatuto de personagem narrativa: "Y para que mejor me cuadre tal nombre, determino de hacer pintar, cuando haya lugar, en mi escudo una muy triste figura" (p. 387).

3. Esta última referência permite sublinhar o dinamismo da figura, envolvendo um potencial de *sobrevida* (v.) que se apoia em procedimentos de *refiguração* (v.), muitas vezes associados a transposições intermediáticas (v. *adaptação*). Do mesmo modo, sublinha-se o potencial de *ficcionalidade* que atinge a figura, quando determinada personalidade é narrativamente elaborada em termos que assentam na tradição literária da caracterização de personagens, em romances, em novelas ou em contos. Por exemplo: um político ou um desportista, objeto de representações narrativas não formalmente literárias (numa reportagem, numa biografia, etc.), é entendido

como figura mediática na medida em que essa representação assume, de forma variavelmente explícita, dispositivos de *figuração* (v.) que se associam a tratamentos retóricos confirmados pela tradição literária: a composição do *retrato* (v.), o relato da gradual formação da personalidade, a ligação dos traços dessa personalidade ao meio social, eventuais impulsos para a autossuperação e para a vivência de tensões com o mundo envolvente, etc.

4. A noção de figura não se restringe a uma aceção personalista. Sendo embora dominante na figuração de personagens humanas (ou de figuras que com elas se homologam, como os animais e os objetos, na *fábula* e no *apólogo*; v. estes termos), aquele sentido não exclui outras possibilidades. O caráter abrangente e a fluidez conceptual da noção em apreço consentem uma sua extensão a componentes espaciais; observe-se, por exemplo, a dimensão figuracional da casa do Ramalhete, n'*Os Maias* (1888), de Eça, do convento em construção, no *Memorial do convento* (1982), de José Saramago, ou da cidade interpelada por uma personagem *stricto sensu*, o Rastignac de *Le père Goriot*. Contemplando "Paris tortueusement couché le long des deux rives de la Seine", a figura-personagem desafia a figura-cidade: "Il lança sur cette ruche bourdonnante un regard qui semblait par avance en pomper le miel, et dit ces mots grandioses: 'À nous deux maintenant!'" (p. 343).

5. De forma consequente, o *narrador* (v.) e o *narratário* (v.), sobretudo pelo viés da ficcionalidade que os caracteriza, podem ser analisados como figuras ficcionais. Essa condição não decorre necessariamente de uma presença diegética tão marcante como a da personagem. Sendo muitas vezes uma entidade anónima e até mesmo, em contextos estéticos específicos (p. ex., no tempo do realismo oitocentista), tendencialmente discreta, o narrador não deixa, por isso, de ter uma voz audível; é, antes de mais, em função dessa voz (p. ex., pela via das *intrusões do narrador*; v.) que se delineia uma figura autónoma, em relação ao autor e às personagens. Aquela autonomia confirma-se e ganha uma densidade própria quando a figura do narrador adota posições distintas das que as personagens protagonizam, em regime de *polifonia* (v.) romanesca.

A voz do narrador como fator da sua figuração está patente neste passo de *Quincas Borba* (1891), de Machado de Assis: "Rubião fitava a enseada – eram oito horas da manhã. Quem o visse, com os polegares metidos no cordão do chambre, à janela de uma grande casa de Botafogo, cuidaria que ele admirava aquele pedaço de água quieta; mas, em verdade, vos digo que pensava em outra cousa" (p. 35). A entidade que aqui se pronuncia é uma figura que fala de outra (Rubião), tendo uma existência textual e funcionalmente distinta da personagem a quem se refere; trata-se, como ela, de um "ser de papel" (cf. Barthes, 1966: 19-20), nesse aspeto semelhante a uma outra figura, de contornos indistintos mas igualmente autónoma, o coletivo ("vos") a quem o narrador se dirige (v. *narratário*).

6. Enquanto figura desenhada com variável nitidez, o narrador exibe um certo índice de autoridade e de credibilidade, perante outras figuras ficcionais, em particular o narratário, mas também perante as personagens. Aqueles atributos são muito significativos quando está em causa uma entidade que, tendo sido personagem, por mudança de estatuto já não corresponde àquela figura, mas sim à do narrador: quem agora conta é quem antes viveu aquilo que relata (v. *narrador homodiegético* e *narrador autodiegético*). Na sua relação desdobrada com a história e com as restantes personagens (v. *eu-personagem* e *eu-narrador*), o narrador vai desenvolvendo mecanismos de autofiguração que o distinguem da figura que antes existiu como personagem; e assim, o velho amargo e sombrio de agora, ou seja, o narrador que justifica a alcunha de Dom Casmurro, não é já a personagem que dava pelo nome de Bentinho, mas ambos são figuras ficcionais.

FIGURAÇÃO

1. A *figuração* designa um processo ou um conjunto de processos discursivos e metaficcionais que individualizam figuras antropomórficas, localizadas em universos diegéticos específicos, com cujos integrantes aquelas figuras interagem, enquanto personagens. A individualização concretizada pela figuração verifica-se sobretudo em contextos narrativos e em contextos dramáticos, mas acontece também, ainda que de modo residual, em contextos de enunciação poética, quando estão em causa composições líricas (v. *lírica*) atingidas por um certo índice de *narratividade* (v.).

A figuração pode ser encarada numa aceção translata, quando observamos a sua ocorrência em discursos que não são formal ou institucionalmente literários: na historiografia, na epistolografia, nos discursos de imprensa (p. ex., nos retratos de figuras públicas, nos obituários, etc.) e no espaço das redes sociais, designadamente em perfis do Facebook. Em fenómenos contextualmente associados a estes últimos, a construção dos chamados *fakes* releva também de atos de figuração ficcional, deslizando, contudo, para o terreno da falsificação; neste domínio, que é o dos ambientes virtuais e da criação de avatares, pode levantar-se a questão de saber se estes novos *media* produzem novas narrativas e, consequentemente, novas formas de figuração (cf. Ryan, 2004a: 337-359).

2. Dizemos da figuração que é dinâmica, gradual e complexa, significando isto três coisas: primeira, que normalmente ela não se esgota num lugar específico do texto; segunda, que ela se vai elaborando e completando ao longo da narrativa; terceira, que, por aquela sua natureza dinâmica, a figuração não se restringe a uma *descrição* (v.) de personagem, nem mesmo a uma *caracterização* (v.), embora esta possa ser entendida como seu componente importante. Assim, a figuração deve ser encarada como um macrodispositivo mais amplo, englobante e consequente do que a caracterização.

O termo *figuração* é indissociável do conceito polissémico de *figura* (v.) e da sua etimologia. Os vocábulos *figuração* e *figura* acentuam, na conceptualização da personagem, pelo menos três aspetos: primeiro, a tradição retórica que, desde a Antiguidade, incide sobre os procedimentos respeitantes à construção do discurso, às suas qualidades argumentativas e ao respetivo trabalho formal; segundo, o deslizamento semântico que conduz do sentido primordial de *figura,* enquanto forma ou o contorno de um corpo, até ao sentido de personagem (como em "figuras do auto"); terceiro, o estabelecimento de relações cognatas de *figura* com *ficção, ficcionalidade, fictício* e *fingimento,* relações suportadas pela etimologia comum daqueles vocábulos e sustentadas pela poética horaciana (cf. Azevedo, 1976).

3. No estado atual de desenvolvimento desta matéria, é possível falar em dispositivos de figuração: dispositivos *retórico-discursivos,* dispositivos de *ficcionalização* e dispositivos de *conformação acional.*

3.1. Os dispositivos *retórico-discursivos* são aqueles que a narratologia sistematizou, a partir das propostas fundadoras de Gérard Genette, depois amplamente discutidas e, por vezes, reajustadas (cf. Genette, 1972; Genette, 1983). Por exemplo: a *pausa* (v.) descritiva em regime omnisciente, que opera caracterizações alargadas, levando, por homologação com a pintura, a *retratos* (v.) com apreciável potencial mimético (na aceção de Phelan, 1989: 2). No mesmo sentido, operam os movimentos temporais que reiteram traços físicos, culturais e temperamentais, como se vê na chamada personagem-tipo

(v. *tipo*), com feição temática e social (cf. Phelan, 1989: 2-3). Episodicamente, é o narrador que revela uma certa consciência compositiva, através de referências metanarrativas que explicitam o recurso a dispositivos retórico-discursivos. Por exemplo: "As amáveis leitoras querem saber com quem tratam, e exigem, pelo menos, uma esquissa rápida e a largos traços do novo ator que lhes vou apresentar em cena" (Almeida Garrett, *Viagens na minha terra*, p. 245).

3.2. Os dispositivos de *ficcionalização* são aqueles em que se evidencia, acentua ou questiona o estatuto ficcional normalmente reconhecida à personagem e caucionado pelas reminiscências etimológicas do vocábulo *figura*. Aquela condição manifesta-se, por exemplo, quando são postas em causa as chamadas fronteiras da ficção e se postula a possibilidade de movimentos transficcionais; acontece assim, quando uma personagem do *Quijote* (1605--1615) diz ao protagonista que a história deste, divulgada na primeira parte do livro, permite que entidades nele lidas sejam reconhecidas e entrem na vida corrente de quem leu: a história do "ingenioso hidalgo" é «tan leída y tan sabida de todo género de gentes, que apenas han visto algún rocín flaco, cuando dicen: "Allí va *Rocinante*"» (M. de Cervantes, *El ingenioso hidalgo Don Quijote de la Mancha*, p. 894); é de natureza semelhante a entrada ameaçadora, no local em que alguém está a ler, de uma personagem da história que esse alguém, nesse momento, lê (no conto *Continuidad de los parques*, 1964, de Julio Cortázar).

De forma menos problemática, são os dispositivos de ficcionalização que participam na *modelização* (v.) secundária de uma personagem, eventualmente a partir de uma pessoa real. Conforme reconheceu François Mauriac, "quase sempre há uma pessoa real no princípio, mas esta muda depois, de tal maneira que algumas vezes chega a perder toda a semelhança com o original. Em geral são as personagens secundárias que se colhem diretamente da vida" (*El ofício del escritor*, 1968: 27). Assim, Eça de Queirós explica que, n'*Os Maias*, o modelo de uma personagem (Tomás de Alencar) foi um poeta de província, anteriormente observado; o ato de converter uma pessoa numa personagem, por figuração, opera-se por uma transposição ontológica em que não estão em causa apenas eventuais semelhanças materiais (físico, discurso, etc.), mas sobretudo valores e propriedades abstratas (bondade, lealdade, coragem, fragilidade emocional, temperamento imaginativo, etc.) que transitam do real para a ficção e vice-versa (cf. Reis, 2016: 73-96).

3.3. Os dispositivos de *conformação acional* correspondem a comportamentos humanos implicados numa ação narrativa e nela desenvolvidos. Tais comportamentos indiciam ou explicitam, de forma dinâmica, o perfil psicológico, ideológico ou moral de uma personagem. Aquele dinamismo sugere que a conformação por via acional (numa formulação mais precisa) envolve conjuntamente personagem e ação, tempo e eventos singulares que localizamos na dita ação.

A conformação acional (sublinhe-se que *conformação* significa a ação de dar ou de tomar forma, o ato ou efeito de formar um ser ou uma coisa) não define desde logo a personagem, antes funciona como premissa ou como pré-figuração para o desenvolvimento da figuração, entendida como processo gradual e complexo. Note-se que não é necessário que haja uma intriga tensa, desenrolada de forma causalista e com desenlace irreversível (uma morte, um casamento, uma partida), para que faça sentido falar em conformação acional. Um dos mais famosos e inovadores romances de toda a história da literatura, *Ulysses* (1922), de James Joyce, transcorre no escasso tempo cronológico que se sabe, narrando, nesse tempo, ações banais e prosaicas, sem fulgor nem desenlace vistoso; e contudo, no universo mental em que essas ações muitas vezes se desenrolam, vai-se conformando a figura de quem, muitos séculos depois, paródica e subversivamente, refigura uma personagem homérica.

4. O conceito de figuração afirma o seu dinamismo em manifestações que transcendem a existência de personagens específicas, em narrativas também específicas. Decorrem dele, direta e indiretamente, dois outros conceitos com crescente fortuna no domínio dos estudos narrativos: o de *refiguração* (v.) e o de *sobrevida* (v.). Referem-se ambos à possibilidade de uma figuração ser retomada e reelaborada noutros suportes e contextos (uma personagem literária que inspira uma gravura, uma *adaptação* cinematográfica ou uma *banda desenhada*; v. estes termos), ganhando, assim, feições que nem sempre mimetizam exatamente o modelo original; é aquela referida reelaboração que, entretanto, permite à personagem sobreviver e mesmo regenerar-se, para além da história que primeiro habitou. Por outro lado, a refiguração pode ocorrer também em práticas narrativas (p. ex., em certos relatos mediáticos) que lidam com personalidades reais, eventualmente objeto de sobrevidas paraficcionais.

FIGURANTE

1. O *figurante* é uma *personagem* (v.) com escassa ou nula relevância no desenrolar da *intriga* (v.), mas não necessariamente no plano genérico da *ação* (v.). Eventualmente, do figurante nem se sabe o nome e a sua representação tende a integrá-lo num coletivo indiferenciado.

A exemplo do que acontece no *cinema* (v.), a cuja metalinguagem este termo, em primeira instância, pertence, o figurante ocupa um lugar claramente subalterno e passivo em relação aos incidentes que fazem avançar a intriga. Ao nível da ação, todavia, essa passividade nem sempre se verifica: quando estão em causa eventos sociais, o figurante pode revelar-se um elemento importante para ilustrar uma atmosfera, uma profissão, uma atitude cultural, uma mentalidade, etc. Por isso, algumas vezes ele identifica-se com o *tipo* (v.).

2. A representatividade social do figurante tende a fazer dele uma entidade híbrida, oscilando entre o estatuto da personagem e o do objeto ilustrativo do espaço social (v. *espaço*). Essa capacidade de ilustração torna-se evidente em romances de época ou no chamado *romance de família* (v.), extensos relatos quase sempre povoados por vastos grupos humanos.

A movimentação de grandes massas humanas em *The Grapes of Wrath* (1939), de John Steinbeck, ou no *Memorial do convento* (1982), de José Saramago, ilustra bem o papel que pode caber aos figurantes e até o recorte cinematográfico que os caracteriza. O primeiro daqueles romances foi objeto de uma *adaptação* (v.) cinematográfica, em 1940, com realização de John Ford; no segundo, lemos um passo em que o narrador explicita os nomes, de A a Z, de personagens figurantes, como que numa tentativa para as retirar do anonimato: "Já que não podemos falar-lhes das vidas, por tantas serem, ao menos deixemos os nomes escritos, é essa a nossa obrigação, só para isso escrevemos, torná-los imortais, pois aí ficam, se de nós depende, Alcino, Brás, Cristóvão, Daniel, Egas, Firmino, Geraldo, Horácio, Isidro, Juvino, Luís, Marcolino, Nicanor, Onofre, Paulo, Quitério, Rufino, Sebastião, Tadeu, Ubaldo, Valério, Xavier, Zacarias, uma letra de cada um para ficarem todos representados" (José Saramago, *Memorial do convento*, p. 242).

FIM – V. *Explicit*.

FOCALIZAÇÃO

1. O conceito de *focalização* pode ser definido como procedimento de mediação dos elementos de uma *história* (v.), a partir de um determinado campo de consciência, quer seja o de uma *personagem* (v.) inserida na ação, quer seja o do narrador, em regime *heterodiegético, homodiegético* ou *autodiegético* (v. estes termos). Para além de condicionar a quantidade de informação veiculada (eventos, características das personagens, espaços descritos, etc.), a focalização projeta uma atitude judicativa, por expressar uma posição subjetiva em relação a essa informação.

Em concordância com Uri Margolin, podemos dizer que a focalização envolve cinco fatores: "(1) o estado ou evento do mundo da história que é focalizado; (2) o agente da focalização e a sua composição; (3) a atividade de apreender e de processar este objeto-focalização como *nomen actionis;* (4) o produto desta atividade, a cena ou visão resultantes; (5) a textualização de tudo o que foi mencionado antes, que é a única coisa diretamente acessível ao leitor, não requerendo a sua reconstrução imaginativa" (Margolin, 2009: 42). Acrescente-se ainda que a focalização e as suas diversas modalidades de mediação representacional correspondem à manifestação, no plano do enunciado, de diversas possibilidades de ativação da *perspetiva narrativa* (v.). De novo com Margolin, sublinhamos que "toda a focalização humana é ativa e transformacional, contendo um elemento de interpretação. Qualquer ato individual de focalização é apenas uma perspetiva particular do mundo da história, e é sempre falível e muitas vezes enviesado, distorcido ou pelo menos parcial" (Margolin, 2009: 49).

2. O termo focalização foi, há alguns anos, proposto por Gérard Genette (cf. 1972: 206 ss.), depois reajustado (cf. Genette, 1983: 43-52) e veio a ser objeto de debates intensos e de diversas propostas de revisão (cf. Jahn, 1996: 243 ss.). Ainda assim, a expressão consolidou-se, como alternativa a *ponto de vista, visão, restrição de campo* e *foco narrativo,* reconhecendo-se embora que nem todas elas coincidem exatamente com a noção em apreço.

Em favor da opção por *focalização* pode argumentar-se que ela se estabeleceu como denominação específica dos estudos narrativos, apresentando, além disso, a vantagem de superar as conotações visualistas próprias de *ponto de vista* e de *visão,* o que abre caminho a uma sua postulação não apenas sensorial (quer dizer: não limitada àquilo que a personagem ou o narrador pode ver). Isso permite destacar componentes percetivos e valorativos da focalização, porventura indo além da proposta de Genette. Por sua vez, o vocábulo perspetiva encontra-se polissemicamente ligado sobretudo às artes plásticas e espaciais, em especial à pintura e à arquitetura. Isso não impede, contudo, que se aceite o termo perspetivação, para designar um estado ou meio ao serviço da focalização (cf. Jesch e Stein, 2007: 251).

3. Importa notar que a fortuna teórica e as vantagens operatórias da noção de focalização não impediram tentativas de reinterpretação e de reajustamento conceptual, motivadas por indefinições apontadas no conceito em apreço, tal como ele foi fixado por Genette (cf. Bal, [1991] 2004: 269-270). Uma dessas indefinições padece de uma certa ambiguidade: a focalização refere-se à personagem *sobre* quem incide uma focalização ou àquela *a partir* da qual ela é instituída? Para tentar anular esta alegada indefinição, foi proposto o conceito de *focalizador* (v.), reportado ao sujeito da focalização, isto é, "o ponto a partir do qual são vistos os elementos [da história]" (Bal, 1997: 146). Em segundo lugar, quem pode ser esse agente? Apenas as personagens ou também o narrador? E ainda: o que significa exatamente *focalização zero* (termo de Genette)? Um regime de focalização *grosso modo* correspondente à chamada omnisciência narrativa? Para além disso, há que saber que efeitos narrativos se deduzem da ativação da focalização em diferentes situações de enunciação. Por outras palavras: o que distingue, por exemplo, uma *focalização interna* num relato de narrador heterodiegético daquela que se inscreve num relato de narrador homodiegético ou autodiegético?

Sem prejuízo de especificações que se encontram noutras entradas (v. *focalização interna*, *focalização externa* e *focalização omnisciente*), a noção de focalização designa aqui o ponto de referência (isto é: o sujeito) a partir do qual uma história é contada. Esse ponto de referência pode centrar-se numa personagem inserida na história (*focalização interna*), num narrador situado numa posição de omnisciência e entendido como focalizador (*focalização omnisciente*) ou num ponto (p. ex., um olhar) exterior às coisas e às pessoas descritas, bem como aos eventos relatados (*focalização externa*). Para além disso, estas opções aparecem muitas vezes conjugadas: uma focalização interna traduz a limitada capacidade de conhecimento de uma personagem, restringe-o à sua visão do mundo e pode levar a notações em focalização externa, fixando-se naquilo que a personagem vê ou, quando muito, supõe; o mesmo acontece com um narrador que, prescindindo do recurso à omnisciência, procede a descrições de objetos e de ações humanas, de modo superficial e com referência a comportamentos apenas visíveis.

4. Um exemplo sugestivo do recurso à focalização encontra-se na abertura de *La Regenta* (1884-85), de Clarín, romance localizado num tempo literário em que este dispositivo de representação conheceu projeção considerável. O relato abre com uma panorâmica da cidade, por um narrador que, num primeiro momento, se fixa sobretudo em notações espaciais e objetuais: "La heroica ciudad dormía la siesta. El viento Sur, caliente y perezoso, empujaba las nubes blanquecinas que se rasgaban al correr hacia el Norte" (Clarín, *La Regenta*, I, p. 135). A focalização omnisciente, aqui utilizada de forma contida, não se inibe de valorações e de imagens ("heroica", "caliente y perezoso", etc.) que expressam alguma coisa do pensamento do narrador acerca do espaço. Depois, a focalização omnisciente expande-se por informações minuciosas e com marcação subjetiva: "Vetusta, la muy noble y leal ciudad, corte en lejano siglo, hacía la digestión del cocido y de la olla podrida, y descansaba oyendo entre sueños el monótono y familiar zumbido de la campana de coro, que retumbaba allá en lo alto de la esbelta torre en la Santa Basílica." (pp. 135-136).

Em certo momento, duas personagens, Bismarck e Celedonio, que estão no campanário da catedral, ouvem chegar alguém, provavelmente um padre: "El roce de la tela con la piedra producía un rumor silbante, como el de una voz apagada que impusiera silencio. El manteo apareció por escotillón; era el de don Fermín de Pas, Magistral de aquella santa iglesia catedral y Provisor del Obispo" (pp. 146-147). Estabelece-se, por breves momentos, a focalização interna, em simultâneo, dos dois rapazes. Depois, um deles esconde-se e observa a personagem recém-chegada: "Bismarck, detrás de la Wamba, no veía del canónigo más que los bajos y los admiraba. ¡Aquello era señorío! ¡Ni una mancha! Los pies parecían los de una dama; calzaban media morada, como si fueran de Obispo" (p. 149). A focalização interna restringe-se agora a Bismarck e conjuga-se, como efeito decorrente, com a focalização externa daquilo que o jovem vê (pés, meias, sapatos), sem prejuízo das apreciações que interiormente formula.

Logo a seguir, surge uma focalização externa: "Si los pilletes hubieran osado mirar cara a cara a don Fermín, le hubieran visto, al asomar en el campanario, serio, cejijunto" (p. 149). Começa aqui o retrato da personagem, procedimento típico de um relato realista e que leva o narrador a alargar o âmbito da focalização, de novo omnisciente: "En los pómulos, un tanto avanzados, bastante para dar energía y expresión característica al rostro, sin afearlo, había un ligero encarnado que a veces tiraba al color del alzacuello y de las medias. No era pintura, ni el color de la salud, ni pregonero del alcohol; era el rojo que brota en las mejillas al calor de palabras de amor o de vergüenza que se pronuncian cerca de ellas, palabras que parecen imanes que atraen el hierro de la sangre" (p. 150). Um pouco mais adiante, volta a focalização interna de Bismarck ("vio con espanto que el canónigo sacaba de un bolsillo interior de la sotana un tubo que a él le pareció de oro"; p. 151), que não reconhece naquele objeto um óculo. É com ele que, em focalização interna, o padre olha a cidade ("Don Fermín contemplaba la ciudad. Era una presa que le disputaban, pero que acabaría de devorar él solo. ¡Qué! ¿También aquel mezquino imperio habían de arrancarle? No, era suyo"; p. 154), uma ação preparada pela focalização omniscente do narrador ("Uno de los recreos solitarios de don Fermín de Pas consistía en subir a las alturas. Era montañés, y por instinto buscaba las cumbres de los montes y los campanarios de las iglesias"; p. 151). Até ao final deste episódio inicial, por diversas vezes a focalização interna da personagem alterna com a focalização omnisciente do narrador, deduzindo-se dessa conjugação de perspetivas uma descrição, praticamente em simultâneo, da personagem e do espaço (a "heroica cidade" de Vetusta) que ele considera a sua presa.

5. A partir daqui, clarificamos vários aspetos relevantes do conceito de focalização e da sua ativação narrativa. Primeiro: a focalização é um recurso dinâmico, uma vez que não se fixa obrigatoriamente num regime específico, nem numa só personagem, tendendo a oscilar entre vários pontos focais. Segundo: faz parte desse dinamismo a inscrição, no discurso da focalização, de elementos estilísticos (imagens, metáforas, etc.) que, no plano fraseológico (cf. Uspensky, 1973: 17-56), traduzem posições afetivas, emotivas e ideológicas das personagens em focalização ou do narrador. Terceiro: a focalização pode sofrer alterações (v. *alteração*), quando, em regime omnisciente, o narrador limita o alcance da representação narrativa (veja-se o primeiro passo citado de *La Regenta*) ou, inversamente, quando a focalização interna excede o alcance que lhe é consentido (v. *paralipse* e *paralepse*). Quarto: a focalização externa não impede formulações subjetivas do narrador ou da personagem em focalização interna, significando isto que ela não aspira a uma "objetividade" dificilmente atingível. Quinto: a focalização (seja interna, por parte da personagem, seja do narrador omnisciente) oferece informações que dialogam com os esquemas cognitivos envolvidos na leitura, um diálogo que, neste caso, é decisivo para o mapeamento de um *espaço* (v.) narrativo, com implicação temporal (aquilo a que David Herman chama *domínio narrativo*; cf. Herman, 2001: 519).

Refira-se ainda que a focalização deve ser relacionada com a instância narrativa (v. *voz*), quer dizer, com as circunstâncias temporais e espaciais que envolvem a *narração* (v.). A modelação e o doseamento informativo dos elementos diegéticos, bem como a sua representação narrativa, diferem muito, consoante decorram de um narrador exterior à história e ausente dela, ou de um narrador que, pelo contrário, invoque o seu testemunho de vivência direta (e quase sempre passada) dos eventos relatados. Com esse distinto grau de envolvimento varia também a disposição para emitir juízos de valor (v. *intrusão do narrador*) sobre o que é narrado, como consequência daquilo a que Genette chamou "uma restrição modal *a priori*" (1983: 52), ou seja, uma espécie de *pré-focalização*.

6. O aprofundamento do conceito de focalização justifica algumas considerações com incidência operatória. Antes de mais, convém notar o seguinte: estando quase sempre ausente da reflexão teórica, a análise histórica da focalização indagará os contextos e às motivações que a inspiram, bem como às mutações funcionais que ela conhece. Isto significa que, em muitos casos, a focalização pode corresponder a um *cronótopo* (v.), na aceção bakhtiniana do termo, com todas as implicações espaciotemporais que ele implica. Por outras palavras: o romance realista, o romance pós-modernista, a epopeia renascentista ou a novela de cavalaria constituem manifestações narrativas de muito diversa conformação literária e histórico-cultural; essa diversidade permite dizer que, enquanto dispositivo formal e semântico, a focalização não está comprometida do mesmo modo em todas aquelas manifestações, de modo que, nalgumas delas, isso não acontece, de todo.

Com base nesta premissa, a análise da focalização deve estar atenta a diversos aspetos da sua ocorrência narrativa. Primeiro: os regimes de focalização são entendidos como dominantes e, conforme ficou dito, dinâmicos. Isto quer dizer que importa considerar neles sobretudo a sua topografia textual enquanto "manchas" em que vigora, de forma continuada (mas raramente exclusiva), uma focalização, em confronto ou em alternância com outra ou outras focalizações, seja de personagens, seja do narrador. Segundo: a focalização não se confunde com ponto de vista (na aceção corrente de opinião), mas traduz uma posição do seu agente (personagem ou narrador), acerca dele próprio, dos outros e do mundo em que se encontra. Normalmente, essa posição vai-se definindo e consolidando ao longo do relato, em sucessivos episódios (experiências de vida, conflitos, etc.), quando a focalização interna de uma personagem a indicia como figura destacada da história. Terceiro: em harmonia com o que fica dito, não deve confundir-se o facto de o narrador, em focalização omnisciente, pontualmente referir uma atitude de uma personagem com a adoção da focalização interna dessa personagem. Quando, a propósito de uma personagem d'*Os Maias*, se diz que o naturalismo se apoderara "de todas as coisas santas", esta expressão pode ser tão só a alusão à opinião da personagem em causa, mas não a adoção da sua focalização; cabe nas prerrogativas do narrador em focalização omnisciente fazer aquela alusão.

7. Um dispositivo com a importância funcional e semântica da focalização abre caminho a análises de tipo transliterário e transnarrativo. Essas análises valorizam, designadamente, as relações entre a focalização e procedimentos de representação próprios das chamadas "artes da imagem" (cinema e banda desenhada, por exemplo, mas também a pintura). Conforme sugere David Herman, "atentando nas dimensões cognitivas da focalização em diferentes tipos de textos narrativos", a análise da narrativa pode superar limitações provindas do tratamento de *corpora* restritos; "comparando como as perspetivas são representadas e interpretadas em diferentes narrativas mediáticas, os teorizadores podem explorar o alcance e a relevância de ideias desenvolvidas pelos linguistas cognitivos, relativamente a histórias não dependentes em exclusivo da linguagem verbal" (Herman, 2009: 120)

Um caso exemplar: é sabido que a história do *cinema* (v.) se cruza, em determinados momentos e aspetos, com a história do romance. Genericamente, faz sentido afirmar que a perspetiva narrativa é um dos aspetos em que esse diálogo interartístico se torna fecundo, com inevitável destaque quando estão em causa transposições intermediáticas (v. *adaptação*). A dimensão potencialmente (mas não obrigatoriamente) visualista da focalização favorece uma homologação conceptual que questione o seu modo de existência no cinema: "No cinema (...), a perspetivação é mediada em forma de focalização (...) e em interação com o 'ver' (ocularização) e com o 'ouvir' (auricularização), assim como através da edição e da montagem" (Schlickers, 2009: 244). Todavia, deve notar-se que certos condicionamentos do relato fílmico eventualmente perturbam aquela homologação. Um desses condicionamentos: a configuração do narrador cinemático como complexo de dispositivos comunicativos (cf. Chatman, 1990: 134) e não como uma voz localizável e verbalmente manifestada. Um segundo condicionamento: a virtual mobilidade da câmara cinematográfica, homologável como eixo focalizador suscetível de ser desdobrado numa dispersiva variedade de ângulos de captação da ação: "No filme (...) podem surgir, em simultâneo, vários focalizadores, externos e internos, em diferentes pontos do 'campo' (ou fora dele). É através do estudo da relação entre todos estes diferentes agentes, das suas possíveis posições no 'campo', e da relação entre elas, que o estudo da focalização pode contribuir para a análise da subjetividade no filme" (Deleyto, 1991: 167). Indo mais longe: "As grandes diferenças entre narração e focalização literária e fílmica sugerem que os conceitos narratológicos não são categorias neutras, mas dependem dos respetivos *media*" (Horstkotte, 2009: 190).

FOCALIZAÇÃO EXTERNA

1. Conforme a designação sugere, a *focalização externa* é um regime discursivo em que se procede à representação dos atributos de uma personagem, de um espaço ou de certas ações, restringida ao exterior que neles pode ser observado. Frequentemente, a focalização externa decorre de um propósito de *objetividade* (v.) dificilmente atingível em pleno e de referência desapaixonada aos eventos e às personagens da história.

Como observa Mieke Bal, "se a história é 'contada em *focalização externa*'", ela é contada a partir do narrador, e este detém um ponto de vista, no sentido primitivo, pictórico, sobre as personagens, os lugares, os acontecimentos. "Ele não é, então, de modo algum privilegiado e só vê o que um espectador hipotético veria" (Bal, 1977: 36-37). Por isso, a focalização externa revela, muitas vezes, uma tendência acentuadamente descritiva.

2. Um dos lugares estratégicos de inscrição da focalização externa é o início da narrativa, quando o narrador descreve uma personagem desconhecida, cuja caracterização minuciosa eventualmente se processa em momento posterior a essa configuração precária: "[O homem] não devia ter mais de trinta anos. Os olhos eram castanho-escuros, com uma pigmentação amarelada no globo ocular; as maçãs do rosto eram altas e largas, e linhas fundas e vigorosas corriam-lhe ao longo das faces, encurvando-se aos cantos da boca. O lábio superior era comprido, e, como os dentes sobressaíam, os lábios alongavam-se para os cobrir, porque o homem mantinha-se de boca fechada" (J. Steinbeck, *As vinhas da ira*, pp. 10-11).

3. A focalização externa pode decorrer de uma *focalização interna* (v.), como seu efeito inevitável. Por exemplo: "De longe, não se compreende bem. Esfrego o vidro embaciado. Um beijo. Difícil que se farta. Cilinha, dobrada para trás, quase a partir-se pela cinta, o Delegado todo por cima dela. Ampara-a com um braço que é o que lhe vale, senão caía, mas como tem dois braços por onde anda o outro?" (C. de Oliveira, *Pequenos burgueses*, p. 164). O olhar de uma personagem, em focalização interna, implica a referência àquilo que o observador limitada e exteriormente pode apreender e deduzir; o que não impede juízos subjetivos acerca do que é visto. Desenvolve-se, assim, uma espécie de dialética entre o ver e o visto, o interior de quem contempla e o exterior que é contemplado, como percurso acidentado do conhecimento, a partir de um sujeito em confronto com o mundo que nele provoca perplexidade, estranheza, curiosidade, emoção, etc.

FOCALIZAÇÃO INTERNA

1. A *focalização interna* é um regime discursivo em que se procede à representação da história a partir do campo de consciência de uma personagem integrada na ação; ela é *interna* no sentido em que é ativada *do interior* daquele campo de consciência (visão e demais sentidos, emoções, valorações, volições, etc.).

Como sujeito da *focalização* (v.), a personagem desempenha uma função de *focalizador* (cf. Bal, 1977: 37-39), ou seja, de filtro e critério quantitativo e qualitativo que rege a representação narrativa. O que está em causa, na focalização interna, não é apenas aquilo que a personagem vê, mas o que cabe no seu horizonte cognitivo, ou seja, o que é alcançado por outros sentidos, para além da visão, bem como o que é já conhecido previamente e ainda o que é objeto de reflexão interiorizada. Por exemplo: "Enfin il [Julien Sorel] se décida à sonner. Le bruit de la cloche retentit comme dans un lieu solitaire. Au bout de dix minutes, un homme pâle, vêtu de noir, vint lui ouvrir. Julien le regarda et aussitôt baissa les yeux. Ce portier avait une physionomie singulière. La pupille saillante et verte de ses yeux s'arrondissait comme celle d'un chat; les contours immobiles de ses paupières annonçaient l'impossibilité de toute sympathie; ses lèvres minces se développaient en demi-cercle sur des dents qui avançaient" (Stendhal, *Le rouge et le noir*, p. 186). Assim, a personagem ouve, vê, aprecia e reage emotivamente aos acontecimentos que vive e de que é crivo de representação.

2. A focalização interna pode ser *fixa, variável* ou *múltipla* (cf. Genette, 1972: 206 ss.).

2.1. Na focalização interna fixa, é numa só personagem (muitas vezes o protagonista) que se centraliza a focalização, podendo o narrador operar momentâneas alterações (v. *alteração*) ao regime da focalização.

2.2. A focalização interna variável corresponde à circulação do núcleo focalizador por várias personagens; é isso que ocorre, com frequência, no *romance policial* e no *romance epistolar* (v. estes termos). Referindo-se a este último (e em particular a *Les liaisons dangereuses*, 1782, de Choderlos de Laclos), Lotman observa que "a sobreposição recíproca dos textos das cartas" implica que "a verdade, do ponto de vista do autor, aparece como uma construção supratextual: a intersecção de todos os pontos de vista" (Lotman, 1973: 373-374).

2.3. A focalização interna múltipla consiste no aproveitamento, eventualmente momentâneo, da capacidade de conhecimento de um grupo de personagens homogeneizadas para esse efeito; essa homogeneização pode concretizar-se num regime narrativo designado como *narração "nós"* (*"we" -narration*), trabalhada como "uma técnica subtil, com uma história contínua de mais de um século" e destinada a "enfatizar a construção e a manutenção de uma poderosa identidade coletiva" (Richardson, 2009: 151). Recorde-se o início de *Madame Bovary* ("Nous étions à l'étude, quand le Proviseur entra, suivi d'un nouveau habillé en bourgeois"; p. 37) e o olhar que o grupo lança sobre aquele que chega.

3. A focalização interna cruza-se com a evolução do romance, sobretudo a partir da segunda metade do século XIX. No processo da evolução literária de grandes romancistas como Flaubert, Eça de Queirós, Lopoldo Alas Clarín e Machado de Assis, a fortuna da focalização interna tem a ver com a valorização da personagem e do seu mundo psicológico; no século XX, a focalização interna torna-se sofisticada, em ficcionistas como Joyce, Proust e Faulkner, em sintonia com disciplinas e correntes de pensamento – a psicanálise, a teoria da relatividade, a fenomenologia, o existencialismo – que convergem na atenção conferida à singularidade, por vezes labiríntica, do sujeito individual. Por isso, chamou-se *realismo fenomenológico* à vigência de um ponto de vista individual, como critério

de apreensão de eventos ficcionais (cf. Blin, 1955: 117); do mesmo modo, Jean-Paul Sartre, em polémica com Mauriac, contestou o tratamento omnisciente das personagens: "Num verdadeiro romance, tal como no mundo de Einstein, não há lugar para um observador privilegiado" (Sartre, 1968: 52). Justifica-se, assim, que o aprofundamento da focalização interna tenha contemplado a corrente de consciência das personagens, modelada como *monólogo interior* (v.).

4. Sendo sabido que a focalização interna (bem como os regimes de focalização, em geral) não se confunde com a situação narrativa que enquadra o ato da *narração* (v.), também é certo que entre ambas se verificam interações a ter em conta. Numa narração de *narrador heterodiegético* (v.), a focalização interna decorre de um procedimento representacional restritivo, em princípio determinado e como que "concedido" pelo narrador. Ou seja: ele respeita o campo de consciência de uma certa personagem. Numa narração de *narrador homodiegético* (e também, evidentemente, na de *narrador autodiegético*), a focalização interna implica um movimento de recuperação da história, como se ela estivesse a ser vivida no momento em que está a ser contada. Estamos aqui perante um "narrador individualizado, que atualmente relata eventos ou situações do domínio do narrado, em que atuou como observador ou agente"; para esse narrador, que anteriormente foi personagem, a evocação, em focalização interna, do passado vivido é "uma tentativa de reviver ou reexperienciar o ato original de focalização ou de captação sensorial e a sequência narrativa daí resultante" (Margolin, 2009: 52). Um exemplo: "Olhei a sala, sintética de arrumo e de clareza, vi, por uma porta entreaberta, num aposento interior, a colcha branca de uma cama, ouvi o tanoeiro que cantava longe ao sol" (Vergílio Ferreira, *Manhã submersa*, p. 35).

5. A focalização interna projeta, no plano do enunciado, marcas textuais próprias (p. ex., "pareceu-lhe que", "escutou nitidamente") que, além disso, expressam a subjetividade da personagem. Em princípio, o narrador respeita e traduz, no plano fraseológico (cf. Uspensky, [1970] 1973: 17-56), as posições ideológicas e afetivas da personagem focalizadora, com as quais pode estar ou não de acordo. Tal como é possível e exegeticamente pertinente analisar a relação entre várias personagens, pela mediação das suas focalizações internas, também faz sentido relacioná-las com a focalização omnisciente do narrador e com aquilo que ela significa, em termos de visão do mundo. Abre-se caminho, assim, a sínteses interpretativas completadas

pela atenção que é devida a outros componentes da estrutura do relato: instância da narração, sentidos temáticos, dinâmica da ação, tratamento do *tempo* (v.), etc.

FOCALIZAÇÃO OMNISCIENTE

1. Entende-se por *focalização omnisciente* aquela representação da história em que o narrador, como agente de focalização, evidencia um conhecimento potencialmente ilimitado acerca da história, facultando as informações que entende pertinentes para o conhecimento pormenorizado das personagens, das suas motivações, dos meandros da ação, da composição e mapeamento do espaço, etc. Assim, adotando uma focalização omnisciente, o narrador coloca-se numa posição de transcendência em relação à história, uma posição que, no cinema e por assimilação com a narrativa literária, corresponde à chamada *voz over* (v.). Por natureza, a focalização omnisciente é bem distinta do critério restritivo que determina a *focalização interna* (v.) e, mais ainda, a *focalização externa* (v.). Noutros termos: "Se a janela da focalização está ancorada a uma origem narratorial, a usual suposição, por parte da leitura, será que o narrador está a falar acerca daquilo que ele ou ela imaginativamente apreende" (Jahn, 1996: 256).

A apresentação da personagem Thérèse Raquin constitui um bom exemplo de focalização omnisciente: "Thérèse grandit, couchée dans le même lit que Camille, sous les tièdes tendresses de sa tante. Elle était d'une santé de fer, et elle fut soignée comme une enfant chétive, partageant les médicaments que prenait son cousin, tenue dans l'air chaud de la chambre occupée par le petit malade" (É. Zola, *Thérèse Raquin*, p. 72). O narrador faculta, assim, um conjunto de informações relativamente minuciosas e judicativas, que entende serem necessárias para se compreender o desenrolar da história. O que significa que a focalização omnisciente é seletiva: ela opta por aquilo que é pertinente e descarta o que o não é; por isso, Wayne C. Booth diz que "são poucos os narradores 'omniscientes' a quem é permitido saber ou mostrar tanto quanto os seus autores sabem" (Booth, 1980: 176).

2. A designação *focalização omnisciente* corresponde às expressões focalização zero ou narrativa não focalizada utilizadas por Genette para se referir "àquilo que a crítica anglo-saxónica chama narrativa de narrador

omnisciente e Pouillon 'visão por detrás'" (Genette, 1972: 206; cf. também Genette, 1983: 44). Considera-se, contudo, mais adequado falar em focalização omnisciente, uma vez que aquelas expressões podem ser entendidas como referindo-se às narrativas que não recorrem de forma significativa a procedimentos de focalização. Por outro lado, falar em narrativa não focalizada pode sugerir que o narrador está excluído da possibilidade de ser o sujeito da focalização, a partir de uma posição de omnisciência. Ora, se em certas circunstâncias ele respeita o campo de consciência de uma personagem e limita o âmbito da perspetiva à focalização interna, noutras pode exceder o que a personagem sabe acerca da história, e o ainda mais restrito domínio do exterior observado em focalização externa.

Isto significa, por outro lado, que não existem argumentos válidos que interditem que o narrador seja sujeito de focalização, disponibilizando informação quantitativa e qualitativamente variável (cabe na prerrogativa da sua omnisciência operar essa variação). Mesmo um dos defensores dessa interdição reconhece que é "significativo e fecundo considerar o narrador também como focalizador"; com efeito, "um focalizador ou um narrador não são entidades monolíticas de carne e osso que permanecem constantes, mas construtos artísticos que podem repetidamente mudar de papel ao longo de um texto, de acordo com as necessidades informativas do autor, em cada conjuntura" (Margolin, 2009: 52).

3. A atitude seletiva que normalmente cabe ao narrador em focalização omnisciente tem a ver com duas questões. Em primeiro lugar, com o seu posicionamento temporal em relação à história; estabelecida usualmente a partir de uma *narração ulterior* (v.), que aborda a história como concluída e integralmente conhecida, a focalização omnisciente permite que o narrador resuma ou distenda o *tempo* (v.) diegético, suprima frações cronológicas mais ou menos extensas, opere retrospetivas, etc. (neste aspeto, ela pode ser associada à situação narrativa designada como *romance autoral;* cf. Stanzel, [1955] 1971: 46 ss.). Em segundo lugar, a focalização omnisciente implica uma componente subjetiva: selecionando o que deve relatar, o narrador explícita ou implicitamente pondera acontecimentos e formula juízos valorativos; na citada apresentação da protagonista de *Thérèse Raquin*, encontra-se disseminada a subjetividade do narrador (cf., p. ex., as expressões "santé de fer" e "enfant chétive", bem como a antítese entre ambas; v. *intrusão do narrador*).

FOCALIZADOR

1. O termo *focalizador* corresponde a uma proposta de Mieke Bal, no sentido de separar dois aspetos distintos da noção genettiana de *focalização* (v.). Se a focalização "é a relação entre a 'visão', o agente que vê e aquilo que vê", o *focalizador* é o sujeito da focalização, isto é, "o ponto a partir do qual os elementos [da história] são vistos" (Bal, 1997: 146).

Esta caracterização implica que os referidos elementos são *focalizados*, na medida em que surgem como objetos da focalização. Assim, em *La Regenta* (1884-85), o padre que da torre da catedral contempla a cidade é o focalizador, sendo focalizado o espaço em questão (cf. Clarín, *La Regenta*, I, pp. 154 ss.). Nesta conceção, o focalizador pode não ser uma personagem inserida na história, mas o próprio *narrador* (v.).

2. Aceitando-se embora a pertinência da distinção focalizador/focalizado, deve notar-se que a proposta de Bal não recolhe aceitação unânime (cf. Niederhoff, 2013: § 16-17). Pode apontar-se-lhe, como limitação importante, o facto de ela regredir para uma interpretação excessivamente "visualista" da focalização; foi precisamente essa interpretação que motivou o termo e o conceito genettianos de focalização.

FOCO NARRATIVO – V. Focalização.

FOLHETIM

1. O termo *folhetim*, diretamente associado a subgéneros narrativos em diversos suportes (v. *romance-folhetim* e *romance radiofónico*), designa originariamente um certo tipo de texto de imprensa, identificável como tal tanto do ponto de vista temático como por certas marcas formais e gráficas. A configuração do termo (provindo do vocábulo *feuilleton*, derivado de *feuillet*, diminutivo de *feuille*, folha) remete para a matriz francesa de uma prática cultural diretamente relacionada com a difusão e com a relevância social da imprensa escrita. Nessa sua origem, o folhetim jornalístico dedicava-se à crítica teatral e literária; a projeção que conheceu, designadamente quando, nos seus primórdios, foi cultivado por Sainte-Beuve, motivou o seu alargamento a outros domínios temáticos e discursivos, em particular

ao da criação narrativa, mas também ao da poesia e ao do ensaio, não raras vezes com feição polémica.

2. Naquilo em que interessa à teoria e análise da narrativa, importa notar que a afirmação do folhetim narrativo se processou na esfera do entretenimento, como prática cultural complementar da função informativa da imprensa. Essa complementaridade reflete-se na topografia do folhetim no espaço do jornal: situado normalmente no rodapé, o folhetim narrativo distinguia-se, por essa colocação, das restantes matérias, podendo ser destacado do corpo do periódico e posteriormente colecionado.

A valorização do folhetim no campo dos estudos narrativos tem a ver diretamente com o princípio da *serialidade* (v.) que lhe é inerente. A esse princípio obedeceram relatos como as *Viagens na minha terra* (1846), de Almeida Garrett, parcialmente publicadas na *Revista Universal Lisbonense*, antes de editadas em livro, e *O mistério da estrada de Sintra* (1870), de Eça de Queirós e Ramalho Ortigão, aparecido nas páginas do *Diário de Notícias*. Em ambos os casos (mas sobretudo no segundo), podemos observar as dominantes pragmáticas do folhetim narrativo: fragmentação de um relato amplo, desenvolvimento de uma história em construção e com final indeterminado, gestão calculada dos factos relatados, procurando prender a atenção continuada do público, adoção de uma *intriga* (v.) recheada de incidentes excitantes, etc. Significativamente, uma das cartas d'*O mistério da estrada de sintra* termina com estas palavras: "Depois direi o destino que demos ao cadáver, e o fim que teve a condessa" (p. 213).

3. Modernamente, o termo *folhetim* e o seu derivado *folhetinesco* ganharam conotações depreciativas, devido à sua ligação a géneros não canónicos, objeto de serialização em meios de comunicação massificados, como a rádio e a televisão. Tendo praticamente desaparecido da imprensa, o folhetim radiofónico constitui uma manifestação dessa tendência para a massificação e para uma certa desqualificação, compensada, em termos académicos, pela emergência dos estudos culturais e pelo seu cruzamento com os *estudos narrativos* (v.). Entretanto, desde que, a partir da década de 50 do século XX, a televisão se impôs, a rádio teve de se reajustar a uma nova situação sociocultural e o folhetim radiofónico perdeu a projeção que anteriormente conhecera; faz sentido, então, falar na metamorfose do folhetim, "em função de novos veículos, com espantoso alargamento de público. Entre eles, o gênero que

parece tipicamente latino-americano, a grande narrativa de nossos dias, a telenovela" (Meyer, 2005: 417).

FOLHETIM RADIOFÓNICO – V. Romance radiofónico.

FOTOBIOGRAFIA

1. A *fotobiografia* é um *género narrativo* (v.) compósito em que se relata o trajeto biográfico de uma figura normalmente com projeção pública, conjugando a fotografia, como elemento ilustrativo dominante, com a reprodução de documentos e com componentes discursivos adicionais: textos do biografado, depoimentos de terceiros, cronologias, entrevistas, etc. Devido à sua economia interna, a fotobiografia eventualmente dispensa uma voz narrativa que a conduza, prevalecendo sobre essa voz a atitude editorial e o trabalho de *montagem* (v.) que articulam criteriosamente os materiais disponíveis.

2. Enquanto género narrativo, a fotobiografia cultiva procedimentos que acentuam o potencial de *narratividade* (v.) virtualmente inerente a um percurso biográfico. Nesse sentido, a fotobiografia valoriza a relação do biografado com o tempo (histórico, familiar, pessoal), com a sucessão de eventos que nele provocam transformações e com o projeto humano que essas transformações vão moldando. Aquele potencial de narratividade confirma-se, no plano recetivo, sempre que o leitor reconhece na fotobiografia rotinas discursivas que a associam a dois géneros com tradição literária e cultural consolidada.

2.1. À *biografia* (v.) propriamente dita, tendo em vista o propósito de representação narrativa de uma vida e os dispositivos que essa representação convoca.

2.2. Ao *romance de formação* (v.), na medida em que neste se destaca a dimensão de aprendizagem e de maturação cultural e social de uma personagem em confronto com um mundo às vezes hostil.

3. Para devidamente ilustrar a vida do biografado, a fotobiografia apoia-se em extensa investigação arquivística e iconográfica, por vezes com

colaboração direta da personalidade em causa, da sua família ou de instituições a que ela está ligada. Nesse sentido, a fotobiografia envolve uma componente historiográfica, seja de âmbito literário (quando o biografado é um escritor), seja do domínio político-social (quando se trata de um estadista), científico (um inventor, um cientista) ou cultural (um artista, um cantor). Alguns exemplos: *Lincoln: a Photobiography* (1989), por Russell Freedman; *Genius: a Photobiography of Albert Einstein* (2005), por Marfé Ferguson Delano; *Always Inventing: a Photobiography of Alexander Graham Bell* (2006), por Tom L. Matthews.

Como quer que seja, subjaz, por princípio, ao projeto fotobiográfico um intuito de celebração e até de canonização que em certa medida afetam a feição crítica que é própria das práticas historiográficas *stricto sensu*. Em Portugal, personalidades como Fernando Pessoa, Sophia de Mello Breyner Andresen, Miguel Torga, José Régio, António Lobo Antunes, Amália Rodrigues, José Afonso, Amélia Rey Colaço ou Vasco Santana deram lugar a fotobiografias que, com apreciável aparato gráfico, traduzem não apenas um processo de dinamização narrativa de imagens fotográficas sequencialmente montadas, mas também a mencionada intenção celebratória. O enquadramento de uma "identidade em progresso" (cf. Arribert-Narce, 2008) inclui na fotobiografia o tempo histórico que aquela identidade vive; assim, a fotobiografia é "um livro que não quer *interpretar*, mas *mostrar*, um livro não do *porquê*, mas sim do *como*. Porque, se 'la Photographie a le même rapport à l'histoire que le biographème à la biographie' [se 'a Fotografia tem a mesma relação com a História que o biografema com a biografia'; R. Barthes, *La chambre claire*], a história de uma vida passa também através destas imagens" (Lancastre, 1981: 7).

FOTONOVELA – V. Romance fotográfico.

FREQUÊNCIA

1. A *frequência* é um procedimento de representação temporal que traduz a relação quantitativa entre o número de eventos ocorridos na história e o número de vezes que são mencionados no discurso. A frequência permite realçar a repetição de certas ações, desvanecer essa feição repetitiva, respeitar a singularidade de acontecimentos ou evocar anaforicamente ações singulares.

2. A frequência temporal pode ser considerada uma extensão, no plano narrativo, do aspeto verbal, entendido como "a interpretação ou ideia subjetiva que se faz do desenvolvimento, resultado e alcance da ação verbal; [o aspeto] mostra a posição do falante a respeito do processo, permitindo também finas matizações ao ouvinte, já que por meio do aspeto um facto pode aparecer sob determinado ângulo" (Lewandowski, 1982: 31). Esta aproximação faz sentido, quando temos em atenção os vários procedimentos de elaboração da frequência: o discurso *singulativo*, o discurso *repetitivo* e o discurso *iterativo* (v. estes termos). Veja-se um exemplo, em regime iterativo: "Após duas ou três confissões apavoradas de urgência, instalei-me serenamente no meu crime. O confessor ouvia-me sem alarme, do lado de lá do meu susto e do meu deslumbramento e isso encorajava-me a revelar-me sem medo" (V. Ferreira, *Manhã submersa*, p. 110).

FUNÇÃO CARDINAL

1. A *função cardinal* ou *núcleo* é um conceito proposto por Roland Barthes, no quadro da *análise estrutural* (v.) da narrativa, para designar toda a ação pontual estabelecida e reconhecida como momento fulcral da história. Sendo uma unidade-charneira do seu desenvolvimento, a função cardinal garante a progressão da história numa ou noutra direção; assim, uma função é cardinal, quando "inaugura ou conclui uma incerteza", instaurando momentos de risco ou abrindo pontos de alternativa no desenrolar da história.

2. Entre as funções cardinais verificam-se conexões de ordem cronológica e lógica, o que permite concluir que estas unidades são simultaneamente consecutivas e consequentes. Há, pois, entre elas uma relação de solidariedade: a supressão de uma função cardinal (p. ex., uma personagem é ilibada de um crime) põe em causa a coerência da história (não se compreenderá por que razão, no momento seguinte, essa personagem é posta em liberdade). O correlato de uma função cardinal é sempre outra função cardinal, num mesmo nível de desenvolvimento (nível distribucional), sendo estas unidades organizadas em sequência.

G

GAMES – V. Jogo narrativo.

GÉNERO NARRATIVO

1. O conceito de *género narrativo* situa-se no contexto alargado das relações entre *modos* (v.) e géneros: de acordo com uma conceção provinda de Goethe (que falava em *formas naturais* e em *espécies literárias*), a moderna teoria literária postula a distinção entre, por um lado, categorias abstratas ou universais de linguagem sem rígida vinculação histórica – os modos: *lírica, narrativa* e *drama* (v. estes termos) – e, por outro lado, categorias historicamente situadas, apreendidas empírica e indutivamente – os géneros: *romance* (v.), *conto* (v.), *tragédia, canção, comédia,* etc. (cf. Corti, 1976: 151 ss.; Hernadi, 1978: 143-144; Genette, 1979: *passim*).

Assim, falamos em *género narrativo* quando nos referimos à categorização histórica e culturalmente contextualizada de relatos que se diferenciam em géneros específicos, sendo essa diferenciação apreendida em termos macrocompositivos, temáticos e pragmáticos. É pela vigência relativamente flexível de certas convenções variavelmente explícitas e aceites pela comunidade literária de forma nem sempre estável, que identificamos a *epopeia*, o *romance*, a *novela* ou o *conto* (v. estes termos), géneros narrativos em que muitas vezes é possível observar marcações periodológicas e histórico-culturais. Noutros casos, reconhecemos identidade genológica em práticas narrativas cuja condição ficcional e cuja integração literária são eventualmente oscilantes (a *autobiografia*, a *biografia*, as *memórias*, o *diário*; v. estes termos). Em relação direta com estas categorias históricas, podem configurar-se subcategorias (os *subgéneros narrativos*; v.) motivadas por opções temáticas com reflexo nas estratégias narrativas adotadas

(p. ex.: o *romance epistolar*, o *romance policial*, o *romance histórico*, etc.; v. estes termos).

2. A referência a géneros narrativos "ajuda-nos a *descrever* textos, através da discriminação de componentes textuais merecedores de atenção, tais como a estrutura da intriga"; além disso, o género "orienta o modo de *escrever*, *ler* e *interpretar* textos" (Pyrhönen, 2007: 109). A isto deve acrescentar-se, tendo em vista uma ponderação comunicacional da noção em apreço, que é a "competência de género que habilita os leitores a descodificarem a narrativa, cocriando a história como um todo significativo e coerente" (Pyrhönen, 2007: 110).

O facto de muitos escritores incluírem no título ou no subtítulo da obra designações como, entre outras, *romance*, *crónica*, *memórias* ou *diário* confirma a propensão simultaneamente normativa e contratualista do género narrativo, mesmo quando estão em causa procedimentos de derrogação ou de paródia. Por exemplo: *Mémoires d'outre-tombe* (1849-50), de Chateaubriand, *O romance dum homem rico* (1861), de Camilo Castelo Branco, *Memórias póstumas de Brás Cubas* (1881), de Machado de Assis, *Diário de um louco* (1835), de Nicolau Gogol, ou *Crónica de una muerte anunciada* (1981), de Gabriel García Márquez. Reforça-se, assim, a tendência contratualista que atribuímos aos géneros narrativos: na escolha da obra a ler, o leitor pode conjugar o reconhecimento de um género com particulares circunstâncias de tempo, de disposição psicológica, de motivação cultural, etc. (não se lê um conto pelos mesmos motivos nem no mesmo tempo em que se lê uma epopeia).

3. A capacidade de codificação do género narrativo (entendida como uma hipercodificação, "isto é, um fenómeno de especificação e de complexificação das normas e convenções já existentes e atuantes no modo"; Silva, 1983: 400) pode estar associada a cenários histórico-culturais e ideológicos. Tanto Lukács (1970) como Bachtin (1979), ao estudarem a epopeia e o romance, chamaram a atenção para as conexões entre uma determinada solução de género e o respetivo envolvimento sociocultural: "O presente na sua incompletude, como ponto de partida e centro de orientação artístico-ideológica, é uma grandiosa transformação na consciência criativa do homem. No mundo europeu, esta reorientação e esta destruição da velha hierarquia dos tempos encontraram uma expressão essencial, na esfera dos géneros literários, nos confins da Antiguidade Clássica e do Helenismo e, no mundo moderno, na época da Idade Média tardia e do Renascimento" (Bachtin, 1979: 480).

Deste plano transita-se para o das questões pragmáticas. O romance é o género narrativo que se justifica sobretudo quando um público burguês e relativamente ocioso tem acesso à cultura como elemento de valorização social e de preenchimento do lazer; por sua vez, o conto corresponde, pelas suas características de concentrada brevidade e, em certos casos, de relato oralizado, a específicas circunstâncias comunicativas (narrativa que se consome num único ato de leitura, leitor infantil, etc.).

4. A designação de género narrativo não se ajusta apenas a formas canónicas e literariamente elaboradas, como aquelas que têm sido referidas. Numa perspetiva de abertura transliterária dos estudos narrativos, o conceito em causa é pertinente e operativo, também quando estão em causa outros suportes, linguagens, públicos e contextos comunicativos.

O desenvolvimento estilístico e temático da banda desenhada, bem como a emergência de novos consumidores permitem hoje falar em *romance gráfico* (v.), do mesmo modo que a alargada heterogeneidade dos públicos da televisão conduz a uma concomitante diversificação genológica (por exemplo, a *telenovela* e a *série;* v. estes termos). Um campo de produção tão amplo e tão complexo como o cinema cultiva géneros que não só mudam historicamente – o *western* já não conhece a popularidade de outras épocas, em parte por razões ideológicas –, como buscam espectadores variados, do ponto de vista etário, motivacional e cultural (vejam-se as diferenças entre a chamada *comédia romântica,* o *filme de suspense* e o chamado *road movie;* cf. Sikov, 2010: 143 ss.; cf. também Bordwell e Thompson, 1997: 51.60). E se dermos a atenção devida ao mundo dos *jogos narrativos* (v.), aperceber-nos-emos de que, na considerável produção já disponível, são observáveis géneros e até subgéneros narrativos, muitas vezes com uma matriz literária (o jogo de aventuras, o jogo de ação, o romance visual, etc.).

HAGIOGRAFIA

1. O termo *hagiografia* (do grego *hágios*, sagrado, mais *grafia*, escrita) designa um *género narrativo* (v.) consagrado ao relato da vida de santos ou de entidades com estatuto similar. No amplo domínio da *hagiologia*, a *hagiografia* constitui uma prática discursiva muito antiga, remontando à fundação de comunidades religiosas, designadamente cristãs, e à necessidade de apoiar o seu desenvolvimento no exemplo de personalidades com grande destaque moral e espiritual.

2. Enquanto género narrativo, a hagiografia revela afinidades, nos planos discursivo e temático, com a *biografia* (v.) e, em geral, com a historiografia; contudo, a natureza, a metodologia e os propósitos do relato hagiográfico conferem-lhe um papel específico, também em função dos públicos a que ele se dirige e das sociedades em que se tem manifestado. Por outro lado, sendo cultivada há muitos séculos e em diferentes espaços culturais, a hagiografia regista variações importantes, com visível perda de relevância depois do final da Idade Média e em especial desde que as sociedades ocidentais foram sendo laicizadas. Um fator importante para que isso tivesse acontecido foi a afirmação da historiografia, sobretudo a partir do positivismo, como disciplina que valoriza o documento e a atestação dos factos tratados.

3. A partir das suas semelhanças com a biografia, é possível apontar cinco características dominantes do relato hagiográfico, sempre tendo presente, todavia, a sua singularidade, nos planos estrutural, temático e retórico.

3.1. A hagiografia centra-se numa figura cuja vida é narrada; essa figura é vista como *herói* (v.) com um cunho especial, diferente, por isso, da sua caracterização na *epopeia* (v.) ou na *novela* (v.) romântica.

3.2. A especificidade da personagem hagiográfica decorre dos sentidos temáticos que lhe estão associados: a evidência da virtude, o sentido do sacrifício, a entrega à causa religiosa, o culto da devoção, a atitude solidária para com os outros, o proselitismo e a generosidade são algumas das marcas distintivas do protagonista do relato hagiográfico, culminando muitas vezes em atos sem explicação racional (milagres, conversões, etc.).

3.3. O processo hagiográfico subordina-se à temporalidade de uma vida santa ou santificada, no trajeto que conduz do nascimento à morte, sempre sob o signo da exemplaridade e da militância espiritual; nesse trajeto, "o *extraordinário* e o *possível* apoiam-se um ao outro para construir a ficção aqui colocada ao serviço do exemplar" (Certeau, 2003: 367).

3.4. O percurso biográfico do santo não se isenta de relações com a coletividade: em luta contra os poderosos, liderando comunidades religiosas, batendo-se contra condições adversas, sujeito a tentações e às vezes vivendo em lugares inóspitos, o protagonista da narrativa historiográfica é uma figura excecional, mas não necessariamente isolada.

3.5. Do ponto de vista retórico, o discurso hagiográfico apresenta normalmente uma considerável força *pragmática* (v.). Os componentes temáticos enunciados e a sua inscrição num trajeto biográfico suscetível de ser imitado constituem argumentos de moralização especialmente prementes quando, como é usual, eles se endereçam a um público com escassa capacidade de questionação crítica e até, muitas vezes, já convertido.

4. A hagiografia desempenhou um papel destacado desde as origens e a consolidação do cristianismo e até ao final da Idade Média. A figura de Atanásio de Alexandria, que viveu entre o fim do século III e o ano de 373, costuma ser apontada como pioneira no culto da hagiografia. Bem mais tarde, cerca de 1260, a chamada *Legenda Aurea* ou *Legenda Sanctorum*, recolha hagiográfica da autoria de Jacopo da Varazze, conheceu grande projeção pública. A coletânea *Acta Sanctorum*, iniciada em 1643 por Jean Bolland e continuada pelos seus discípulos e seguidores, cultivou uma atitude crítica, procurando distinguir, nas vidas dos santos, os elementos lendários dos elementos propriamente históricos.

Modernamente, a tradição narrativa hagiográfica projeta-se, quase sempre muito transformada, na produção de ficcionistas seduzidos pelo imaginário dos santos e da santidade. O poema em prosa *La tentation de saint Antoine* (1874, a partir do quadro homónimo de Pieter Brueghel, o Velho) e a *Légende de saint Julien l'hospitalier* (em *Trois contes*, 1877), de Flaubert, traduzem esse apelo; o mesmo acontece com as inacabadas *Lendas de santos*, de Eça de Queirós (publicação póstuma nas *Última Páginas*, em 1912), compostas num quadro ideológico finissecular e pós-positivista. Na mesma linha temática, mas em diferente tempo literário, merecem registo as biografias romanceadas *S. Paulo* (1934) e *S. Jerónimo e a trovoada* (1936), por Teixeira de Pascoaes.

Noutros contextos, mais marcadamente populares, as vidas de santos continuam a atrair a atenção e mesmo a devoção de públicos relativamente alargados. A essa atenção não é estranha a capacidade de sedução da narrativa, em contratos comunicativos muito elementares, mas com efeitos de protocanonização, no sentido religioso do termo. No Brasil, o padre Cícero Romão Batista (1844-1934) suscitou biografias de teor hagiográfico (p. ex., *O santo do meu Nordeste: padre Cícero Romão Batista*, 1997, por Pedro Ferreira de Aquino) e desencadeou numerosos relatos, no âmbito e com o formato narrativo da literatura de cordel. Em Portugal, os chamados pastorinhos de Fátima e o padre Cruz despertam, em leitores pouco sofisticados, a atenção que é atestada pelas sucessivas reedições de biografias hagiográficas como *O "Santo" Padre Cruz*, por Maria Joana Mendes Leal (cerca de uma dezena de edições, desde a publicação original, em 1954).

HERÓI

1. O *herói* é a figura central de um relato, implicando-se nele uma valoração positiva da personagem, em termos axiológicos, sociais ou morais. Trata-se, então, de um protagonista qualificado, que se salienta do conjunto das restantes personagens por ações excecionais, muitas vezes difíceis de entender ou de igualar. Convém lembrar as conotações e o lastro cultural que o vocábulo traz consigo: "O *herói*, no sentido mais antigo do termo (o sentido mitológico), é um semideus" que faz "a transição entre o mundo humano e o divino"; ele "é objeto de um culto que, secularizando-se ao longo do tempo, de religioso se tornará cada vez mais profano, através do herói trágico, épico, histórico, romanesco e, finalmente, mediático, sem que, todavia, a relação essencial do herói com o sagrado mude verdadeiramente de natureza" (Queffélec, 1991: 242-243).

2. Mesmo numa análise funcionalista, o herói não perde as conotações valorativas que o caracterizam. Assim, a superioridade do herói (termo utilizado na morfologia proppiana; cf. Propp, 1965: 35-80 e 96-101), nos planos ético e psicológico, resulta normalmente num triunfo que culmina um percurso acidentado (v. *desenlace*). Do mesmo modo, a semiótica greimasiana, apesar do esvaziamento psicológico inerente à condição dos *actantes* (v.), continua a atribuir à relação sujeito/objeto uma posição de supremacia, de procura e de conquista, baseada numa longa tradição cultural.

3. Os tempos literários do renascimento e do romantismo foram especialmente adequados para a manifestação do herói. O primeiro acolhe o legado da Antiguidade e afirma a capacidade do homem para se impor perante as divindades e perante elementos adversos da natureza. Por sua vez, o herói romântico (René, Werther, Chatterton, Eurico) é um ser isolado, incompreendido e em conflito com a sociedade que o impede de atingir ideais que ele persegue, contrariando a sua ânsia de absoluto. Foi num contexto romântico que Thomas Carlyle concebeu o herói como um ser que dinamiza a história e o seu devir, na religião, na literatura, na política, etc. (Carlyle, 2013).

Na análise que levou a cabo, explicando a passagem da epopeia para o romance, G. Lukács notou que, no segundo, o herói apresenta uma psicologia demoníaca, como se observa em Julien Sorel, de *Le rouge et le noir* (1830). Assim, o romance trata "da história dessa alma que vai pelo mundo para aprender a conhecer-se, procura aventuras para nelas se testar e, por essa prova, atinge a sua medida e descobre a sua própria essência" (Lukács, 1970: 85).

HETEROCARACTERIZAÇÃO

1. O conceito de *heterocaracterização* deriva do conceito de *caracterização* (v.) e relaciona-se diretamente com o de *autocaracterização* (v.). Assim, entende-se por *heterocaracterização* de uma personagem a representação, por outrem que não ela própria, das suas propriedades individualizadoras, no plano físico, psicológico, moral, cultural e social. Considera-se que a heterocaracterização é um fator importante, mas não único, de *figuração* (v.), incidindo sobre elementos humanos ou sobre entidades antropomórficas da história.

2. A heterocaracterização pode ser levada a cabo tanto pelo narrador como por uma outra personagem, sendo o seu grau de fidedignidade variável, de acordo com a entidade que a leva a cabo. No primeiro caso e sobretudo quando está em causa um *narrador heterodiegético* (v.) com predominância de *focalização omnisciente* (v.), a heterocaracterização chega a um índice de pormenor considerável, com minuciosas informações sobre os atributos da personagem, a começar pelo aspeto físico: "Au physique, Grandet était un homme de cinq pieds, trapu, carré, ayant des mollets de douze pouces de circonférence, des rotules noueuses et de larges épaules" (H. de Balzac, *Eugénie Grandet*, p. 42). Trata-se aqui de uma caracterização direta que, prosseguindo neste registo pormenorizado, constitui um verdadeiro *retrato* (v.).

No caso da heterocaracterização formulada por uma personagem integrada na história, chega a ser consideravelmente afetado o grau de confiança que ela merece, enquanto eventual parte interessada nos desenvolvimentos da ação. Estabelece-se, então, uma espécie de diálogo tácito e potencialmente conflituoso entre esse agente de caracterização, o narrador propriamente dito e a personagem que é caracterizada. Por outro lado, nem sempre a heterocaracterização por uma personagem ocorre nos termos concentrados e organizados a que recorre um narrador heterodiegético realista; ela pode ser disseminada ao longo do relato e convocar dispositivos como a *focalização interna* (v.). Veja-se a breve descrição de uma personagem (Tomás de Alencar), filtrada pelo olhar de outra (Carlos da Maia): "E apareceu um indivíduo muito alto, todo abotoado numa sobrecasaca preta, com uma face escaveirada, olhos encovados, e sob o nariz aquilino, longos, espessos, românticos bigodes grisalhos" (Eça de Queirós, *Os Maias*, p. 201).

3. Tal como acontece com a autocaracterização, também a heterocaracterização deve ser articulada com outros componentes estruturantes do relato (pessoa da narração, focalizações, construção temporal, etc.). Em situações extremas, as modalidades em apreço como que se reajustam: um narrador autodiegético que no presente da narração se caracteriza como personagem de um passado remoto vê-se como um outro e, nesse sentido, tende a configurar uma heterocaracterização.

HETERODIEGÉTICO, Narrador – V. Narrador heterodiegético.

HIPERFICÇÃO – V. Ficção hipertextual.

HIPODIEGÉTICO, Nível – V. Nível hipodiegético.

HISTÓRIA

1. Em termos narratológicos e tal como foi estabelecido desde os anos 60 do século passado, a *história* pode ser entendida como o conjunto dos elementos que integram o chamado plano do conteúdo de uma narrativa: ações, personagens, espaços, etc. Esses elementos são objeto de *modelização* (v.), num *discurso* (v.) que, podendo ser formulado em suportes variados (linguagem verbal escrita ou oral, imagens de cinema ou de televisão, banda desenhada, fotografia acompanhada por texto, etc.), procede à mediação dos conteúdos diegéticos (v. *diegese*).

2. A adoção do termo *história* resulta de várias propostas, em geral concordantes quanto a este conceito. Essas propostas surgiram na esteira da distinção entre *fábula* (v.) e *intriga* (v.), provinda do formalismo russo e dando lugar a díades homólogas.

Todorov distinguiu *história* e *discurso* (v.), correspondendo a primeira à realidade evocada pelo texto narrativo (acontecimentos e personagens) e o discurso ao modo como o narrador dá a conhecer ao leitor essa realidade. Claude Bremond parte de uma destrinça similar, servindo-se das expressões *récit raconté* e *récit racontant*, para designar, por um lado, a história como domínio autónomo de significação ou conjunto de acontecimentos narrados e, por outro lado, o discurso que enuncia esses acontecimentos. Seymour Chatman desenvolve a dicotomia história *vs.* discurso, identificando o nível da história com o conteúdo (conjunto de eventos, de personagens e de cenários representados) e o nível do discurso com os meios de expressão que veiculam esse conteúdo. Gérard Genette completa a díade com um terceiro conceito: a história (ou diegese) é a sucessão de acontecimentos reais ou fictícios que constituem o significado ou conteúdo narrativo; a *narração* (v.) é o ato produtivo do narrador; e a *narrativa* propriamente dita (*récit*) é o discurso (ou texto narrativo) em que se modela a história e que equivale ao produto da narração.

Note-se que, com mais ou menos variantes, estas distinções devem ser encaradas como procedimento operatório suscetível de elucidar aspetos essenciais da composição macroestrutural de um texto narrativo e não como separação absoluta de dois planos estruturais existentes *a se*. Conforme sublinha Genette, na narrativa literária o ato de narração produz simultaneamente uma história e um discurso, dois planos incindíveis que só uma exigência metodológica pode isolar (cf. Genette, 1983: 11). Esta posição reforça-se quando reconhecemos, nos textos narrativos, a existência de "um nível de estrutura que, funcionando como um elemento não textual, permite-nos tratar tudo no discurso como uma maneira de interpretar, valorar e apresentar esse substrato não textual" (Culler, [2002] 2004: 119).

3. Na narrativa historiográfica ou na narrativa natural que surge na interação comunicativa quotidiana, é possível admitir a existência de um referente empírico pré-textual, embora naqueles casos se não deva ignorar a função do narrador, na organização e na apresentação dos acontecimentos ocorridos. Já na narrativa literária torna-se problemático definir o estatuto ontológico da história, sem se recorrer à noção e à lógica da *ficcionalidade* (v.).

Nas últimas décadas, o contributo da inteligência artificial viabilizou a geração automática de histórias, a partir de instruções ditadas por algoritmos; o resultado desse processo é um artefacto que pode ser entendido como uma história. Contudo, deve acrescentar-se que este é um campo de trabalho ainda em desenvolvimento; se noutros domínios (a visão computorizada ou o processamento do discurso, por exemplo) os avanços têm sido importantes, no respeitante à geração de histórias subsistem questões por resolver: "Quando os seres humanos produzem histórias, muitas vezes não é claro a que *inputs* eles recorrem para alimentar o processo. Além disso, dizer o que faz com que uma história seja boa é uma questão que permanece aberta para debate. Por conseguinte, os sistemas de geração de histórias que existem tendem a ser exploratórios, não só em relação aos algoritmos que empregam, mas também ao conjunto de *inputs* de onde partem e às características que se espera sejam produzidas pelos seus *outputs* de histórias" (Gervás, 2013: 3).

4. Refira-se ainda que um dos argumentos mais invocados para fundamentar a pertinência da distinção entre história e discurso decorre de uma verificação empírica: uma história pode ser veiculada por diferentes meios de expressão e suportes, sem se alterar significativamente. Assim, o conteúdo diegético de um romance pode ser transposto para o cinema, para a banda desenhada, para o teatro ou para o ballet, sem perder as suas propriedades essenciais. Nesse plano da história, haveria, então, uma "camada de

significação autónoma" (Bremond, 1973: 11-12) dotada de uma estrutura específica, independente dos meios de expressão e dos suportes utilizados para a transmitir. Sendo inegável o potencial interartístico deste fenómeno de transposição (v. *adaptação*), convém assinalar que nunca é exatamente a mesma história que se conta num romance ou num filme, na medida em que a forma da expressão mantém uma relação de estreita solidariedade com a forma do conteúdo. Por fim, importa notar que o conceito de história, tal como aqui se encontra descrito, foi de algum modo superado pela abordagem cognitiva da narrativa e, nesse quadro, pela noção de *mundo narrativo* (v.) ou da história (*storyworld*).

HISTÓRIAS EM QUADRADINHOS (ou em QUADRINHOS) – V. Banda desenhada.

HOMODIEGÉTICO, Narrador – V. Narrador homodiegético.

I

IDENTIDADE

1. O conceito de identidade, utilizado no campo dos estudos narrativos, assume uma aceção própria, ainda que não unívoca nem inteiramente dissociada das que se lhe atribuem, nas diversas disciplinas que se têm ocupado desta noção (psicologia, sociologia, antropologia, linguística, direito, etc.). Assim, a *identidade narrativa* refere-se ao resultado de um processo constitutivo, mediado pelo relato e pelas suas categorias estruturantes, resultado esse que nos permite reconhecer e nomear uma pessoa ou um grupo e destrinçar as suas propriedades distintivas, relativamente a outra pessoa ou a outro grupo. No plano individual (que não esgota as potencialidades analíticas da noção em apreço), a definição da identidade e do dinamismo que lhe é inerente articula-se com a configuração narrativa: "Estamos no meio das nossas histórias e não podemos estar seguros de como elas terminam; constantemente temos de rever a intriga, quando novos acontecimentos são acrescentados às nossas vidas" (Polkinghorne, 1988: 150).

Implícita nesta formulação encontra-se um postulado basilar, com consequências analíticas. De acordo com ele, distingue-se "eu/identidade, como fenómeno ao nível individual, de eu/identidade, como fenómeno ao nível societal" (Ashmore e Jussim, 1997: 5). A partir daqui, o estudo da identidade na linguagem e na narrativa em particular diversifica-se em múltiplas perspetivas de análise: ela pode ser entendida como específica do indivíduo ou emergente de interações sociais; para além disso, a "identidade pode ser concebida como existindo independentemente ou acima dos contextos concretos em que se manifesta ou totalmente determinada por eles (...), pode ser vista como substancialmente pessoal ou relacional" (De Fina e Georgakopoulou, 2012: 155).

2. Com base na noção de que "a tecnologia quotidiana da construção do *eu* está situada no ponto de encontro da prática discursiva com o discurso-em-prática" (Holstein e Jaber, 2000: 103), a referência a uma identidade narrativa opera-se em dois planos e sentidos, eventualmente cruzados.

2.1. No plano da enunciação e da produção narrativa, apreendemos as características identitárias do sujeito ou dos sujeitos que formulam e dão corpo ao relato, no decurso de uma atividade com virtualidades identificadoras.

2.2. No plano do enunciado, observamos a manifestação narrativa de identidades que vivem uma história, bem como as suas propriedades distintivas (personagens individuais, mas também grupos sociais, tipos de alcance coletivo, etc.); neste sentido, a narrativa modeliza experiências humanas com considerável potencial identitário.

3. Ambos os planos podem ser articulados, quando um ato narrativo com feição identitária elabora uma história com capacidade de ilustração correlativa daquela condição, mesmo que esse significado se deduza de forma mediata (por exemplo, pelo recurso a um determinado género literário ou a um estilo de época). Assim, dizemos d'*Os Lusíadas* (1572) que eles evidenciam uma identidade narrativa com vocação épica, celebratória e literariamente empenhada numa ação com significado histórico-cultural (é nesse sentido que falamos na identidade do poeta épico, transcendendo a figura de Camões). Por outro lado, na epopeia camoniana procuramos ler também a configuração de uma identidade coletiva, nacional e civilizacionalmente modelada por valores inerentes a certas figuras históricas elaboradas como personagens (Vasco da Gama, D. Afonso Henriques, Nuno Álvares Pereira), complementadas pelo recurso a entidades mitológicas e à tradição cultural da Antiguidade Clássica.

Ponderações semelhantes podem ser suscitadas pelas narrativas rabelaisianas (conforme de certa forma fez Bakhtin), pela *Peregrinação* (1614), pelo *Quijote* (1605-15), pelo *Werther* (1774), pelo *Childe Harold's Pilgrimage* (1812-18), por *À la recherche du temps perdu* (1913-27) ou pelo *Livro do desassossego de Bernardo Soares* (1982).

4. Deste último colhemos um trecho exemplificativo do que aqui está em equação. Assim: "Ainda há dias sofri uma impressão espantosa com um breve escrito do meu passado. Lembro-me perfeitamente de que o meu

escrúpulo, pelo menos relativo, pela linguagem data de há poucos anos. Encontrei numa gaveta um escrito meu, muito mais antigo, em que esse mesmo escrúpulo estava fortemente acentuado. Não me compreendi no passado positivamente. Como avancei para o que já era? Como me conheci hoje o que me desconheci ontem? E tudo se me confunde num labirinto onde, comigo, me extravio de mim" (Pessoa, 2001: 217).

Pela escrita protonarrativa que elabora no presente, o narrador dialoga com aquela outra escrita que reencontrou ("um breve escrito"), vinda do seu passado; a incomodidade ou mesmo o desassossego que esse confronto provoca parecem suscitados pelo lúcido reconhecimento de uma crise de identidade que, já nesse passado, se atestava e que agora se percebe com amarga lucidez (ou seja: conhecer-se hoje como alguém que no passado se desconhecia). A interrogação, em movimento narrativo ("Como avancei para o que já era?"), denuncia a impossibilidade de fuga de um labirinto identitário que a narrativa *in fieri* não consegue resolver. Por fim, o facto de essa narrativa incipiente se reduzir a expressões fragmentárias remete para uma outra dimensão identitária, a do *Livro do desassossego*, enquanto testemunho de busca do sujeito extraviado de si, no mencionado labirinto sem saída.

5. Faz parte da intrínseca condição modal da narrativa um princípio de dinamismo conjugado com um generalizado trabalho de estruturação temporal; homologam-se ambos à historicidade e a uma ontologia da temporalidade que atingem as sociedades e os indivíduos, modelando as suas visões do mundo. Em função destas dominantes, a narrativa, a sua produção e as suas categorias estruturantes são instrumentos cruciais para representar processos de relacionamento social, de autoconhecimento de identidades por revelar ou de superação de conflitos identitários.

Entretanto, a abordagem da questão aqui em apreço, no contexto dos estudos narrativos, terá em atenção que a narrativa raramente revela identidades estáveis e imutáveis, qualquer que seja o plano (de enunciação ou de enunciado) em que elas são objeto de atenção. Do mesmo modo, considera-se também que, na nossa atividade quotidiana, eventualmente programada para atingir determinados objetivos, o ato de narrar e de ouvir histórias não é inócuo nem inconsequente (v. *narrativa conversacional*). A ubiquidade narrativa que assim se impõe favorece processos constitutivos, reparadores ou coesivos de identidades, em vários domínios de atuação. Assim, "escolas, clínicas, centros de aconselhamento, instalações correcionais, hospitais, centros de enfermagem, grupos de apoio e organizações de autoajuda, além de outros locais que, de forma crescente, acolhem a experiência de contar histórias, criam oportunidades para a revelação do 'eu' – daquilo que se entende ser relevante nas nossas vidas e da razão pela qual as vidas ou as experiências em questão se desenvolvem daquele modo" (Holstein e Jaber, 2000: 104-105).

A funcionalidade e a representatividade dos atos narrativos com potencial identitário e de autognose devem ser associados a três aspetos importantes da mencionada ubiquidade narrativa. Primeiro: a naturalização da narrativa, como fenómeno disseminado pelas atividades humanas e sociais e nelas quase tornado inevitável. Segundo: o pendor para a *narrativização* (v.) que, em harmonia com aquela naturalização, atinge múltiplos discursos verbais e não verbais, em contextos e em suportes muito variados. Terceiro: a referência ao princípio da *coerência*, como propriedade construtiva dos textos verbais e dos textos narrativos: "A coerência é uma propriedade dos textos; deriva das relações que as partes de um texto mantêm entre si e com a totalidade do texto e também das relações entre o texto e outros textos do mesmo tipo" (Linde, 1993: 12). É essa propriedade que observamos no encadeamento progressivo das ações diegéticas, com acrescida premência no caso das narrativas de *intriga* (v.) bem desenhada, ou seja, aquelas em que "a sintaxe lógica das ações contribui fortemente para a coerência e correlativa legibilidade do texto" (Reis e Lopes, 2011: 68). Deste modo, a coerência espelha-se e reduplica-se na vivência de narrativas em que existe "compatibilidade entre os atributos das personagens, as ações por elas desenvolvidas e o espaço social em que se movimentam" (Reis e Lopes, 2011: 69).

Surgindo muitas vezes como horizonte e objetivo existencial, para indivíduos e para comunidades, o desejo de coerência liga-se ainda, nos planos ético e moral, à conquista da autenticidade. Contudo, "embora ambas estas inclinações impulsionem e organizem a atividade narrativa quotidiana, a coerência domina a autenticidade, como uma solução narrativa existencial para compreender o passado e lidar com o futuro" (Ochs e Capps, 2001: 278-279).

6. Implícita nos vários aspetos de configuração da identidade e da sua projeção narrativa está a questão da temporalidade, que pode ser associada aos termos em que ela está implicada em toda a reflexão autobiográfica, memorial ou historiográfica levada a cabo por um sujeito individual ou por uma comunidade. O pensamento de Paul Ricœur revela-se-nos aqui um auxiliar precioso, pela forma como narrativa e temporalidade são por

ele analisadas, enquanto componentes de uma fenomenologia da pessoa humana e da História, regida pela seguinte hipótese de base: a de "que existe entre a atividade de contar uma história e o caráter temporal da experiência humana uma correlação que não é puramente acidental, mas apresenta uma forma de necessidade transcultural" (Ricœur, 1983: 85). Desenvolvendo-se como hermenêutica e como compreensão da História, em função de uma conceção da historicidade fundada em argumentos narrativísticos, Ricœur conclui, no final de uma densa e complexa reflexão, que "a temporalidade não se deixa dizer no discurso direto de uma fenomenologia, mas exige a mediação do discurso indireto da narração" (Ricœur, 1985: 349).

Resulta daqui a noção ricoeuriana de *identidade narrativa*, concebida como resultado da dialética constituída pelo cruzamento "da ficcionalização da História e da historicização da ficção" (Ricœur, 1985: 354). O "rebento frágil, saído da união da história com a ficção, é a prescrição [*assignation*] a um indivíduo ou a uma comunidade de uma identidade específica" (Ricœur, 1985: 355). Dos vários aspetos que a identidade narrativa encerra destacam-se os seguintes, aqui sintetizados, de modo sumário, mas, ainda assim, podendo abrir fecundos caminhos de indagação aos estudos narrativos.

6.1. Toda a resposta a uma indagação acerca da identidade só pode ser narrativa; essa resposta é, deste ponto de vista, uma identificação, num sentido paranarrativo do termo.

6.2. A identidade não se fixa numa "mesmidade" (num *idem*), elabora-se e desenvolve-se numa *ipseidade* (de *ipse*, o próprio), modelando uma identidade dinâmica, emanada de uma configuração narrativa.

6.3. A *ipseidade* e o dinamismo admitem o sentido de mudança que um trajeto de vida implica, sem perda da identidade narrativa; deste ponto de vista, a *autobiografia* (v.) modeliza exemplarmente a busca da identidade, plasmada no processo da refiguração narrativa.

6.4. Conforme ficou sugerido, a identidade narrativa não se encerra nos limites de um sujeito individual; ela ganha uma dimensão comunitária, quando as narrativas que a determinam, muitas vezes sem autoria definida, assumem os valores, as volições e as representações de uma comunidade mais ou menos alargada (cf. Ricœur, 1985: 355-357).

7. São consideráveis as hipóteses de trabalho induzidas pelo conceito de identidade narrativa, hipóteses que desde logo ficaram sugeridas pela alusão à autobiografia como género narrativo; ela "exige que um homem se distancie, relativamente a si próprio, por forma a reconstituir-se a si mesmo, com incidência na sua especial unidade e identidade, ao longo do tempo" (Gusdorf, 2014: 35). Tal como a autobiografia, mas no seu registo específico, também os relatos historiográficos, os contos folclóricos, os mitos agregadores de grupos étnicos ou nacionais ou ainda, noutro plano, as histórias de vida (inclusive em contexto psicanalítico), constituem repositórios, às vezes magmáticos, fragmentários ou instáveis, de narrativas com variável capacidade de representação identitária.

Em sintonia com estas postulações, uma análise levada a cabo por Jerome Bruner pôde confirmar a pertinência das teses de Ricœur. Bruner tratou de recolher e de desmontar, no plano discursivo, várias histórias de vida que permitiram reafirmar a vocação identitária dos relatos de autoanálise, mesmo que não revelem uma estrutura autobiográfica consistente. Na sequência daquela análise, afirma-se que "os modos de contar e os modos de conceptualizar que os acompanham tornam-se tão habituais que, finalmente, se transformam em receitas para estruturar a própria experiência, para abrirem rotas para a memória, não apenas para guiarem a narrativa de vida até ao presente, mas também para a direcionarem para o futuro" (Bruner, 2004: 708). Considerando inseparável a vida que se levou da vida que se contou, Bruner conclui: "A nossa posição de princípio acerca da natureza de uma vida é a de que ela corresponde a uma história, a uma certa narrativa, mesmo que organizada incoerentemente" (Bruner, 2004: 709).

8. A questão da identidade narrativa pode ser postulada como um eixo conceptual que desafia e fecunda outras disciplinas e campos de análise, em harmonia com a vocação interdisciplinar própria dos estudos narrativos. Múltiplas práticas narrativas, em diversos contextos literários, sociais, ideológicos e políticos, originam-se e desenvolvem-se sob o signo de problematizações identitárias com variado alcance e conformação discursiva. Acontece assim certamente com as narrativas em que se equaciona a diferença de género ou a condição pós-colonial. Neste último caso, foi uma preocupação identitária que se afirmou, quando "um certo número de romancistas e de críticos pós-coloniais insistiram na importância de formas indígenas de narrativa, tanto orais como escritas, de modo a minimizar qualquer sentido de contaminação ideológica por parte das culturas que os

colonizaram e exploraram" (Williams, 2005: 455). Por outro lado, observa-se, no *romance gráfico* (v.) e na *banda desenhada* (v.) em geral, a integração de tópicos que interessam aos estudos *queer* e aos estudos feministas; é nesse sentido que se justifica a valorização da dimensão identitária presente em romances gráficos de temática biográfica e autobiográfica, com destaque para a questão do corpo: "A incorporação [*embodiment*] que se apreende na banda desenhada, indicada pela marca da mão como uma manifestação do corpo, e representada também por uma proliferação de corpos narrados no espaço da página desenhada, demonstra por que razão a forma é tão urgente para expressar histórias de vida, em particular histórias de desenvolvimento, de trauma e de subjetividade híbrida" (Chute, 2015: 200-201).

Em relatos literariamente elaborados e centrados em temas e em motivos biográficos e autobiográficos, a formulação identitária *sub specie narrativæ* torna-se premente e de certa forma inescapável. O chamado *Bildungsroman* (ou *romance de formação*) é, neste aspeto, muito significativo, como se vê em *Os anos de aprendizagem de Wilhelm Meister* (*Wilhelm Meisters Lehrjahre*, 1795-96), de Goethe, em *Le rouge et le noir* (1830), de Stendhal, ou em *L'éducation sentimentale* (1869), de Flaubert. A propósito do segundo, G. Lukács escreveu palavras que, com os devidos ajustamentos, bem podem aplicar-se àquilo que é o trajeto de um herói em busca de si mesmo, em romances como os mencionados: eles traduzem a "história dessa alma que vai pelo mundo para aprender a conhecer-se, procura aventuras para nelas se testar e, por essa prova, atinge a sua medida e descobre a sua própria essência" (Lukács, 1970: 85).

Fora do paradigma do romance de formação, mas inquestionavelmente marcado pelo impulso para responder a um verdadeiro *imperativo autobiográfico* (cf. Randall, 2014: 209 ss.), o *Dom Casmurro* (1899), de Machado de Assis, dá testemunho expressivo do significado identitário da escrita narrativa: indo além do que leu em Montaigne – "ce ne sont pas mes gestes que j'escris, c'est moi, c'est mon essence" –, o narrador declara que "há só um modo de escrever a própria essência, é contá-la toda, o bem e o mal"; e acrescenta: "Tal faço eu, à medida que me vai lembrando e convidando à construção ou reconstrução de mim mesmo" (Assis, 2003: 187). Em busca dessa reconstrução e do potencial de revelação identitária que ela encerra, para si e para os outros, no plano pessoal, mas também no coletivo, Gabriel García Márquez empreendeu uma longa viagem autobiográfica que muito sugestivamente intitulou *Vivir para contarla* (2002). E, conjugando memória com relato, inscreveu estas palavras lapidares no pórtico do seu livro:

"La vida no es la que uno vivió, sino la que uno recuerda y cómo la recuerda" (García Márquez, 2002: 7).

INCIPIT

1. O *incipit* é o começo da narrativa ou do texto, em geral, conforme é sugerido pelo significado do termo (*incipit* é a terceira pessoa do singular do presente do indicativo, aqui substantivado, de *incipĕre*, começar). Trata-se, então, de um lugar de demarcação, de certo modo separando o mundo ficcional que vai ser representado, do mundo real em que se encontra o leitor. Episodicamente, o *incipit* estabelece uma relação especular com o *explicit* (v.); pode mesmo afirmar-se que "na história do romance tem havido muitas vezes o desejo de que o final de algum modo refigure, reflita ou revisite o início da obra" (Richardson, ed., 2009: 192).

Boris Uspensky referiu-se à fronteira que o *incipit* representa como sendo uma moldura: "Numa obra de arte, seja ela literária, pictórica ou de qualquer outro tipo, é-nos apresentado um mundo especial, com o seu próprio espaço e tempo, o seu próprio sistema ideológico e os seus próprios padrões de comportamento"; assim, "a transição do mundo real para o mundo representado é particularmente significativa como um dos fenómenos que justificam a 'moldura' da representação artística" (Uspensky, 1973: 137). Recorde-se que a narrativa, nas suas manifestações mais espontâneas e ancestrais, cultiva normalmente fórmulas canónicas ("Era uma vez...") para encetar a narração, como se o começo fosse, de facto, um estádio decisivo do processo narrativo.

2. A teoria da narrativa, tal como, em geral, a teoria do texto, concentra a sua atenção na configuração e nas funções do *incipit;* assim, R. Harweg distingue começos *éticos* de começos *émicos,* sendo os primeiros "aqueles que são meramente determinados de forma 'externa', extralinguisticamente e não estruturalmente", enquanto "os começos émicos, por sua vez, são os determinados interna e estruturalmente" (*apud* Stanzel, 1984: 164). Fica por resolver uma questão, sobretudo no que aos segundos diz respeito: a das dimensões do *incipit.* Do breve sintagma de abertura à sequência narrativa ou ao capítulo na sua totalidade, podem estender-se considerações metadiscursivas do narrador, incidindo sobre o começo do relato, as suas dificuldades ou os seus percursos, etc.

Se o *narrador heterodiegético* normalmente inicia a narrativa entrando diretamente na história, já os narradores *homodiegéticos* e *autodiegéticos* por vezes estendem as suas reflexões pessoais, eventualmente autobiográficas e testemunhais, à experiência de construir a narrativa e de iniciar o relato. Diz o narrador de *Memórias póstumas de Brás Cubas* (1881): "Algum tempo hesitei se devia abrir estas memórias pelo princípio ou pelo fim, isto é, se poria em primeiro lugar o meu nascimento ou a minha morte" (p. 13). É pertinente declarar, por isso, que "o narrador-personagem habitualmente anuncia a sua presença nas frases de abertura da narrativa e transmite ao leitor as informações preliminares necessárias para a compreensão da história, isto é, conduz o leitor para o limiar da história" (Stanzel, 1984: 156).

3. A condição de moldura atribuída ao *incipit* associa-se a funções semântico-pragmáticas que ele desempenha, a começar pelo propósito de suscitar curiosidade. No romance oitocentista, o *incipit* apresenta alguns dos componentes fundamentais da *história* (v.): "O romance, no seu início, propõe uma nomeação sistemática dos objetos, pessoas, localidades, temporalidades que se apresta a pôr em jogo" (Grivel, 1973: 92), o que pode funcionar como estratégia de captação do interesse, relativamente àquilo que se segue. Alguns desses elementos, em posição inicial: a caracterização de personagens, a descrição de espaços (uma e outra integrando normalmente as sequências iniciais do romance realista e naturalista) e localização temporal da história.

4. Ao introduzir sentidos dominantes ao longo do relato, o *incipit* assemelha-se, neste aspeto, a outras manifestações artísticas. "Alguns compassos da abertura resumem a ópera que ela introduz; do mesmo modo, a primeira página dá-nos o tom, o ritmo, por vezes o assunto de um romance" (Boumeuf e Ouellet, 1976: 57). A pertinência semântica do *incipit* confirma-se, nalguns casos, por sintonia com a fronteira final do texto; assim, "a concordância entre o início e o final aparece como um meio privilegiado, para o romancista, de exprimir o seu pensamento, até a sua visão do mundo" (Boumeuf e Ouellet, 1976: 61). Um exemplo expressivo da referida concordância encontra-se na glosa de um conhecido passo d'*Os Lusíadas*, a começar e a acabar *O ano da morte de Ricardo Reis* (1984): "Aqui o mar acaba e a terra principia" (p. 11); "Aqui, onde o mar se acabou e a terra espera" (p. 415).

INDÍCIO

1. Na proposta de análise estrutural da narrativa de Roland Barthes, o *indício* é uma unidade integrativa, cuja funcionalidade se satura num nível superior de descrição e análise. Os indícios não se concatenam linearmente, antes adquirem o seu valor no quadro da interpretação global da história (cf. Barthes, 1966: 8-9).

2. Os indícios são unidades que sugerem uma atmosfera, um caráter, um sentimento, uma filosofia. Os seus significados são implícitos e frequentemente só se decifram a nível da deteção dos valores conotativos de certos lexemas ou expressões (por exemplo, os diminutivos que sugerem fragilidade). Noutros casos, o indício remete premonitoriamente para um certo desenvolvimento da intriga, ao nível das *funções cardinais* (v.). Por exemplo: uma função indicial, relativamente ao que serão as relações amorosas entre os protagonistas d'*O crime do padre Amaro*, é o facto de, na primeira noite em que dorme em Leiria, o pároco "sentir o *tic-tic* das botinas de Amélia, e o ruído das saias engomadas que ela sacudia ao despir-se" (p. 133).

INFORMANTE

1. Designa-se como *informante* uma unidade narrativa que funciona como operador realista, na medida em que lhe cabe "enraizar a ficção no real" (Barthes, 1966: 11). Por meio do informante, uma ação é situada num espaço e num tempo determinados, do mesmo modo que uma personagem é referida em termos precisos (através, por exemplo, da sua origem ou da indicação da sua idade).

2. O informante pode ser considerado um fator de verosimilhança que atua sobretudo ao nível do *espaço* (v.) e da *caracterização* (v.) das personagens. O romance realista é, compreensivelmente, muito fértil na utilização de informantes. Dois exemplos, em romances de Balzac, invocando justamente as balizas espaciais e temporais que enquadram a ação. Primeiro: "Mme Vauquer, née de Conflans, est une vieille femme qui, depuis quarante ans, tient à Paris une pension bourgeoise établie rue Neuve-Sainte-Geneviève, entre le quartier latin et le faubourg Saint-Marceau" (*Le père Goriot*, p. 1). Segundo: "Monsieur Grandet jouissait à Saumur d'une réputation dont les

causes et les effets ne seront pas entièrement compris par les personnes qui n'ont point, peu ou prou, vécu en province. Monsieur Grandet (...) était en 1789 un maître-tonnelier fort à son aise, sachant lire, écrire et compter" (*Eugénie Grandet*, p. 36).

IN MEDIAS RES

1. Como a expressão latina indica, o inicio *in medias res* ("no meio dos acontecimentos") constitui, na *epopeia* (v.), um processo deliberado de alterar a ordem dos eventos da *história* (v.), no plano do *discurso* (v.): o relato inicia-se por eventos situados num momento já adiantado da ação, recuperando depois os factos anteriores por meio de uma *analepse* (v.).

2. Postulada por Horácio na *Epistula ad Pisones* (vv. 147-8), a abertura *in medias res* realça o poder de reelaboração de eventos muitas vezes de proveniência histórica pelo discurso da epopeia, já que o discurso historiográfico adota, em princípio, um critério de desenvolvimento por ordem cronológica. Vejamos o que se encontra n'*Os Lusíadas* (1572): a narração inicia-se quando os portugueses "já no largo Oceano navegavam,/as inquietas ondas apartando" (I, 19); só mais tarde, a partir do final do canto IV, Vasco da Gama recupera, como narrador, a parte da viagem que ficara por relatar.

INSTÂNCIA NARRATIVA

1. O conceito de *instância narrativa* resulta da integração, na metalinguagem dos estudos narrativos, de um termo oriundo do discurso jurídico: nesse contexto, uma instância é um foro de exercício do poder, com autoridade para formular, revogar ou reajustar decisões judiciais. De forma translata, falamos em instância narrativa como âmbito de ação compósita, no tocante à enunciação do relato, e não só como ativação de uma *voz* (v.) narrativa; a isto deve acrescentar-se que a instância narrativa se define também pelos "traços que deixou (...) no discurso narrativo que supostamente produziu" (Genette, 1972: 227).

2. Postulada deste modo, a noção de instância narrativa remete para a de *mediação narrativa* (v.) e alarga-se para além dos contornos de uma personalidade que identificamos como *narrador* (v.), embora o integre também;

contribuem para a configuração da instância narrativa fatores de ordem temporal, espacial, propriamente enunciativa, emotiva e valorativa. Assim, quando falamos na instância narrativa de *The Life and Adventures of Robinson Crusoe* (1719), de Daniel Defoe, ou de *Vivir para contarla* (2002), de Gabriel García Márquez, reportamo-nos não apenas ao estatuto formal do narrador autodiegético, mas também ao lugar simbólico e enunciativo que ele ocupa, decorrendo daí efeitos de distanciamento ou de proximidade, de identificação ou de alheamento, em relação à história contada; por outro lado, a instância narrativa de *L'assommoir* (1877), de Zola, ou do *Memorial do convento* (1982), de José Saramago, envolve componentes ideológicos e judicativos que, implicam a figura do narrador heterodiegético e, mediatamente, o autor empírico, interferindo, quase sempre de forma enviesada, na composição do relato.

3. A instância narrativa assume uma feição especialmente complexa naqueles relatos em que o narrador não corresponde exatamente a uma identidade com uma voz própria e com contornos nítidos. No *romance gráfico* (v.), no *romance fotográfico* (v.), na *telenovela* (v.) ou no *cinema* (v.) estabelecem-se instâncias narrativas de composição heterogénea, integrando dispositivos técnicos e enunciativos mais diversificados do que aqueles que são acionados por um narrador literário, num *romance* (v.) ou num *conto* (v.); a caracterização do chamado *narrador cinemático* como "composto formado por uma ampla e complexa variedade de dispositivos de comunicação" (Chatman, 1990: 134) confirma a referida heterogeneidade.

Algo de semelhante acontece naquelas narrativas que funcionam em regime de *interatividade* (v.) acentuada, como é o caso dos *jogos narrativos* (v.) em ambiente eletrónico. Neste caso, a instância narrativa institui-se não em função das decisões de um narrador, mas a partir de um ato narrativo em processo, convocando recursos multimodais e multimédia que acentuam a singularidade da referida instância narrativa.

INTENSIONALIDADE – V. Extensionalidade/intensionalidade.

INTERATIVIDADE

1. Em termos genéricos, o termo *interatividade* designa a propriedade daquilo ou de quem, realizando certas ações, estimula respostas que

interferem diretamente em novas ações ou naquelas que estão a decorrer. Por força da interatividade, estabelece-se uma atitude colaborativa entre os sujeitos intervenientes, provocando eventualmente efeitos transformadores nos referidos sujeitos.

A noção de interatividade aplica-se a diversas áreas do saber, das práticas culturais e da vida social: ao ensino, à comunicação mediática, à informática e suas aplicações, à linguística, à psicoterapia, às ciências sociais, etc. No campo dos estudos narrativos, fala-se em interatividade quando se observa no relato uma dinâmica de movimentos enunciativos e recetivos que, de forma intercondicionada, contribuem para a produção narrativa e para a formulação de sentidos que ela implica. Corresponde esta postulação a uma conceção da narrativa como interação naturalizada e com motivação contextual (cf. De Fina e Georgakopoulou, 2012: 86 ss.).

2. Note-se que o potencial interativo de que aqui se fala constitui uma característica inerente aos mais remotos atos de *comunicação narrativa* (v.). Na tradição oral, aquém da sofisticação artística que reconhecemos nas narrativas literárias, a presença física de um auditório que reage à narração (pela surpresa, pelo riso, pela ansiedade, etc.) motiva o narrador a reger o seu discurso e as modulações que lhe incute em função daquelas reações; num campo paralelo a este, a *performance* teatral é muitas vezes influenciada, em pleno desenvolvimento, pelas atitudes e pelos sinais dados pelos espectadores.

Em certas práticas comunicativas modernas, torna-se mais difícil e apenas mediatamente viável a concretização da interatividade, como acontece nos casos de narrativas cinematográficas, televisivas ou radiofónicas. Explica-se essa dificuldade pelo facto de estarem envolvidas, na construção das narrativas, máquinas de produção complexas e direcionadas para públicos amplos, com acesso diferido às histórias contadas, relativamente ao tempo em que ocorre a referida produção. Ainda assim, certas ferramentas analíticas (índices de audiência, críticas, sondagens, etc.) permitem retroações valorativas e ponderações económicas que influenciam produções subsequentes. As sequelas, no cinema (p. ex., os sucessivos filmes protagonizados pela personagem Indiana Jones) e nas séries de televisão (como as várias temporadas de *Seinfeld*), resultam de uma interatividade que envolve a resposta positiva do público.

Importa sublinhar que o romance, sobretudo a partir do momento em que se instala como fenómeno de massas, lida também com a interatividade, na medida em que o romancista muitas vezes está atento aos gostos dos seus leitores, expressos através de indicações indiretas como as que acima foram mencionadas. A frequente interpelação do leitor, no romance oitocentista, não é um mero artifício retórico, mas sim o reconhecimento de uma presença que o autor tem em atenção (é neste contexto que faz sentido falar em *leitor implicado*; v.). Repare-se como, num desses romances, se encena, através da relação narrador-narratário, uma interatividade com efeitos prospetivos: "Se achares neste livro algum caso da mesma família, avisa-me, leitor, para que o emende na segunda edição; nada há mais feio que dar pernas longuíssimas a ideias brevíssimas" (Machado de Assis, *Dom Casmurro*, p. 185).

3. Em função do que fica dito, distinguimos duas dimensões da interatividade narrativa.

3.1. Uma interatividade em *sentido lato*, de manifestação difusa e de efeitos mediatos. Corresponde essa interatividade, *grosso modo*, aos termos em que o *romance* (v.) e os relatos cinematográficos, televisivos, radiofónicos, etc., são condicionados pelos respetivos públicos, incluindo-se neles recetores especializados (críticos, académicos, etc.). Quando a narrativa obedece ao princípio da *serialidade* (v. *série*), a fragmentação em episódios permite ir ajustando a história às preferências do público (p. ex., no caso de *telenovelas*, v., cuja escrita e realização, alternando com a emissão dos episódios, aceitam esse ajustamento e possibilitam a escolha de um entre vários *desenlaces*; v.).

3.2. Uma interatividade em *sentido estrito*, de imediata concretização e direta interferência na esfera da história, dos seus componentes e do seu narrador. Entre outras narrativas em que tal interatividade é viável, assumem aqui destaque especial a *narrativa conversacional* (v.) e o *jogo narrativo* (v.).

4. Tanto a narrativa conversacional como o jogo narrativo são objeto de entradas neste dicionário, pelo que aqui apenas se justifica uma menção que, relativamente a ambos, especifique a questão da interatividade.

Nos dois casos, o que esta propriedade determina é uma construção narrativa colaborativa, nos termos de um envolvimento que, no respeitante à narrativa conversacional, pode ser descrito assim: "Um grau de *envolvimento* relativamente *alto* caracteriza interações narrativas em que, embora uma pessoa possa estar posicionada em primeira instância como narrador, são dados contributos narrativos por mais do que um interlocutor"; esses contributos são facultados "*vocalmente*, através de frases, e *não vocalmente*, através de contacto visual culturalmente apropriado, movimentos da cabeça, orientação do corpo para o falante ou expressivas reações faciais e somáticas" (Ochs e Capps, 2001: 26). Com as devidas ressalvas, algo de semelhante passa-se na área específica da aquisição da linguagem, considerando-se o papel que nela desempenha a interação narrativa. Mais: o desenvolvimento de competência narrativa com base em processos interativos admite uma diferenciação genológica: "É principalmente o género narrativo das experiências pessoais que a criança progressivamente domina, apoiada na interação com um ouvinte (adulto). Isto parece lógico, se nos lembrarmos de que este é igualmente o género com ocorrência mais frequente na conversação natural" (Becker, 2005: 109).

Os chamados *media* digitais, em ambiente eletrónico, propiciam atitudes interativas muito intensas, até ao ponto de depender delas o desenrolar das narrativas. É isso que acontece nos jogos narrativos, também pelo facto de a participação que eles solicitam transcorrer em contextos de realidade virtual; da mesma natureza, são as histórias contadas em regime de cinema interativo, com recurso a múltiplas perspetivas que o utilizador vai escolhendo (veja-se *Mosaic*, 2017, de Steven Soderbergh, produzido para telefones móveis, em iOS e Android). Sendo um fator de acentuação da dinâmica da interatividade, a imersão espacial nesses cenários virtuais é especialmente absorvente, pela ação dos recursos visuais e de animação dos *media* digitais (cf. Ryan, 2015: 246-248). Nos jogos narrativos desenvolve-se, então, uma interatividade que não é imposta só pelo *medium*, mas intrínseca à obra (no caso, o próprio jogo narrativo) que ele enquadra e dinamiza. Do ponto de vista que aqui interessa, o tipo de interatividade mais consequente é aquele a que Marie-Laure Ryan chama *interna-ontológica*; no domínio digital, "o sistema (...) projeta um mundo narrativo e o utilizador incorpora e por vezes cria um membro individual desse mundo (...). A narrativa é criada por encenação dramática, mais do que pela representação diegética de eventos passados" (Ryan, 2015: 164).

INTERDISCIPLINARIDADE

1. O termo *interdisciplinaridade* designa, genericamente, a dinâmica de conjugação de duas ou mais disciplinas científicas, por forma a que, superando as fronteiras que as separam, aquela conjugação de métodos de

trabalho e de aparatos conceptuais permita abordar um determinado objeto de estudo; do ponto de vista epistemológico, as práticas interdisciplinares devem salvaguardar tanto a autonomia e a identidade próprias de cada disciplina científica, como a interação que é inerente à mencionada dinâmica. O desenvolvimento de projetos interdisciplinares exige normalmente equipas em regime colaborativo, para que a partilha de métodos, de noções e de rotinas operatórias se torne coerente e consequente.

2. No contexto dos *estudos narrativos* (v.), a interdisciplinaridade remete para o tema da aceitação de transferências conceptuais (ou de "viagem de conceitos") entre disciplinas (cf. Bal, 2002; Hyvärinen *et alii*, 2013) e para a chamada viragem narrativista das ciências humanas (v. *transnarratividade*). Tal viragem corresponde a "uma explosão virtual de interesse pela narrativa e pela teorização da narrativa" e traduz-se no surgimento de "estudos progressivamente mais sofisticados e abrangentes de textos narrativos"; em paralelo, assiste-se a "um crescente desenvolvimento de apropriações por outras disciplinas ou mediações: narrativa e psicologia, narrativa e economia, narrativa e ciência experimental, narrativa e direito, narrativa e educação, narrativa e filosofia, narrativa e etnografia, etc., tal como numerosas e renovadas abordagens interdisciplinares" (Kreiswirth, 1994: 61).

A confirmação desta tendência interdisciplinar encontra-se em duas obras de referência do domínio dos estudos narrativos.

2.1. No texto de introdução à *Routledge Encyclopedia of Narrative Theory*, sublinha-se: "A narrativa atualmente cabe na competência de muitas disciplinas sociocientíficas e humanísticas, bem como de outras, num leque que vai da sociolinguística, da análise do discurso, dos estudos de comunicação, da teoria literária e da filosofia à psicologia social e cognitiva, à etnografia, à sociologia, aos estudos mediáticos, à inteligência artificial e aos estudos das organizações, da medicina, da jurisprudência e da história" (Herman *et alii*, 2005: IX). No corpo da obra, encontram-se artigos sobre direito e narrativa, medicina e narrativa, ciência e narrativa, sociologia e narrativa, abordagens computacionais da narrativa, etc.

2.2. No artigo "Narration in Various Disciplines" de *The Living Handbook of Narratology*, declara-se que, "por um lado, as narrativas são a área temática ou, pelo menos, uma importante questão, entre outras, em muitas disciplinas (...). Por outro lado, menções implícitas a narrativas suscitaram uma tendência crescente para reflexão explícita sobre vários aspetos da narração" (Meuter, 2013: § 1), em conjugação com a tematização da narratividade, no quadro de variadas disciplinas. Algumas delas são circunstanciadamente referidas no artigo em causa (artes, historiografia, psicologia, filosofia, ética, teologia, pedagogia, direito e medicina) e, nalguns casos, contempladas em artigos autónomos (cf. Olson, 2014 ["Narration and Narrative in Legal Discourse"]; Goyal, 2013 ["Narration in Medicine"]).

3. Significativamente e salvo exceções (p. ex., as ciências computacionais), nos elencos que ficaram esboçados encontram-se sobretudo áreas disciplinares do universo das ciências humanas e sociais. Sugere-se, assim, uma restrição do propósito interdisciplinar cultivado pelos estudos narrativos, porventura determinada pela dificuldade que eles experimentam em dialogar com disciplinas da esfera das chamadas ciências exatas. A formação predominantemente humanística dos estudiosos que povoam o campo narratológico constitui, por certo, uma limitação a ter em conta para explicar aquela dificuldade; a par disso, "poucos programadores informáticos interessados na modelação de processos narrativos (de qualquer modo, uma ínfima minoria de informáticos) terão uma relação profissional com as humanidades"; do mesmo modo, não deverá esquecer-se que "historiadores, psicólogos ou economistas interessados na narrativa são ainda uma minoria nas suas respetivas disciplinas" (Heinen e Sommer, 2009: 3).

Ao mesmo tempo, importa realçar que a prática da interdisciplinaridade não é absolutamente consensual entre os estudiosos da narrativa que de alguma forma são legatários da teoria e da prática narratológica dos anos 80 do século passado. A este propósito, é possível distinguir duas posições, uma de caráter restritivo, outra de tipo expansionista.

3.1. A posição restritiva (que, sintomaticamente, recorre ainda ao termo narratologia, no singular) afirma a necessidade de se travar a disseminação da chamada "indústria narratológica", sob pena de perda de unidade e descaracterização epistemológica. A insistência numa narratologia clássica assenta, por um lado, na negação de uma teoria da narrativa que conduza a uma teoria da interpretação e, por outro lado, na denúncia das "limitações da ideia de reconceptualizar a narratologia como disciplina fundacional no âmbito das ciências humanas" (Kindt, 2009: 43-44; cf. também Kindt e Müller, 2003a). No mesmo sentido, apontam as críticas formuladas à constituição de uma *narratologia feminista* (v.) (cf. Diengott, 1988).

3.2. Uma posição expansiva, com dimensão contextualista, tira partido, antes de mais, da já mencionada viragem narrativista das ciências humanas e da produção teórica e aplicada que ela fomentou, nas últimas décadas (veja-se a recolha de textos em Bal, 2004, IV). Algumas das diferentes narratologias que presentemente identificamos e caracterizamos (p. ex., *narratologia cognitiva, narratologia feminista* ou narratologia mediática, aqui correspondendo aos *estudos narrativos mediáticos;* v. estes termos) constituem manifestações, hoje com reconhecimento académico, daquele movimento expansivo e acentuadamente interdisciplinar; reflete-se nele uma visão da *narratividade* (v.) orientada para o *contexto* (v.) e entendida como propriedade "firmemente integrada nas práticas linguísticas, sociais e culturais da comunidade" (Rudrum, 2008: 266).

4. A vocação interdisciplinar que é própria da posição expansiva convida a reajustar o modelo teórico da narratologia estruturalista, com preferência por um enquadramento cultural e epistemológico aberto, integrador e até socialmente empenhado. Isto significa que, apesar das dúvidas e das refutações que ficaram apontadas, a dinâmica interdisciplinar dos estudos narrativos permanece um projeto que, longe ainda de estar concluído, se afigura inquestionavelmente importante. Aponta nesse sentido o desenho de uma disciplina virada para a história cultural, para a economia e para a política, conforme foi proposto por Ansgar Nünning: trata-se de uma opção "de crucial importância, numa época de pesquisa narrativa interdisciplinar e de inter-, multi- e transculturalismo (...). Quem quiser tomar consciência das abrangentes e importantes funções culturais e ideológicas que as narrativas e os atos narrativos presentemente desempenham na nossa atual cultura mediática precisa de ter em conta os contextos em que, neste momento, estão focadas as abordagens contextualistas da narrativa" (Nünning, 2009: 66).

Aquela abrangência cultural está bem representada tanto em iniciativas relativamente pontuais, como na configuração de domínios de reflexão interdisciplinar com projeção académica. No primeiro caso, encontra-se a definição da economia narrativa como "o estudo da disseminação e da dinâmica de narrativas populares e de histórias, particularmente as que apresentam interesse e emoção humana, e de como elas mudam ao longo do tempo, para se entender as flutuações económicas" (Shiller, 2017: 967; está aqui em causa o impacto de relatos de temática económica nas crises a que se reportam). No segundo caso, estão em causa áreas de trabalho que têm congregado a atenção de investigadores, de projetos e de publicações com vocação interdisciplinar. Por exemplo: a medicina narrativa e as relações entre direito e literatura.

4.1. No caso da medicina narrativa, revaloriza-se a dimensão humana e interpessoal da atividade médica, pela via da problematização e da análise de narrativas e, antes disso, pela legitimação das humanidades médicas; a este propósito, Jean Starobinski pergunta: "Os jovens médicos não ficariam em vantagem se lhes puséssemos à frente, ao longo dos seus estudos, algumas páginas de Balzac e Flaubert, de Manzoni e de Tolstoy, de Proust e de Virginia Woolf ou ainda de Tchékhov, Valéry, Kafka, Thomas Mann?" (Starobinski [2001], 2015: 18-19). Para além destes testemunhos – que são sobretudo da ordem da tematização narrativa da medicina –, as interações entre médico e paciente podem beneficiar, na observação e no tratamento do segundo, do conhecimento da linguagem literária e narrativa; trata-se, então, de apreender, para efeitos clínicos, "o que são as narrativas, como são construídas, como transmitem o seu conhecimento acerca do mundo, o que acontece quando se conta e se ouve histórias, como as narrativas organizam a vida e como permitem aos que vivem a vida reconhecer o que isso significa" (Charon, 2006: 9; cf. também Charon, 2000). A estudiosa citada dirige, em Columbia University, um programa de pós-graduação em medicina narrativa (ver http://www.narrativemedicine.org/); em Portugal, o projeto *Medicina & Narrativa. (Con)textos e práticas interdisciplinares* situa-se na "moldura de humanização na resposta à doença e ao sofrimento" e tira partido "das humanidades em geral (história da medicina, filosofia e ética em particular) e sobretudo dos avanços registados nos estudos literários (*close reading*, narratologia, estudos de receção, crítica ética), bem como nos estudos fílmicos e história de arte" (em https://narrativmedicin.wordpress.com/about/) (cf. ainda Hydén, 2005).

4.2. O estudo das relações entre literatura e direito funda-se na importância assumida, em termos de prática judiciária, pelas ciências da linguagem, com incidência retórica, hermenêutica e também narrativa (cf. Silva, 2001). Uma conferência internacional realizada em 2007 ("Once Upon a Legal Time: developing the skills of storytelling in law"; City University of London, 18 a 20 de julho) explicitava o propósito de "explorar tanto o papel da narrativa na prática legal, como estratégias curriculares que preparem os estudantes para usarem as histórias e a narrativa, quando iniciam a prática do direito" (em http://lawlit.blogspot.pt/2006/10/call-for-proposals-storytelling.html?m=1;

alguns temas: o uso da narração na litigância, o relato de histórias a clientes, a narrativa e a negociação, o ato narrativo no processo legal) (cf. também Gearey, 2005). Recorde-se que as ligações entre, por um lado, o mundo judicial e os textos que produz e, por outro lado, a criação literária são antigas e conhecidas: *Le rouge et le noir* (1830), de Stendhal, *Madame Bovary* (1857), de Flaubert, *Amor de perdição* (1862), de Camilo Castelo Branco, *Balada da praia dos cães* (1982), de José Cardoso Pires, e *Ursamaior* (2000), de Mário Cláudio, tiveram origem em delitos e nos respetivos casos judiciais.

5. Registem-se ainda, de forma sumária, algumas publicações periódicas consagradas a temas e a análises interdisciplinares: *Interdisciplinary Humanities* (The Humanities Education and Research Association); *Interdisciplinary Literary Studies. A Journal of Criticism and Theory* (Penn State University); *Cuadernos interdisciplinarios de estudios literarios* (Universiteit van Amsterdam); *ISLE: Interdisciplinary Studies in Literature and Environment* (University of Oxford) e sobretudo *Diegesis. Interdisciplinary E-Journal for Narrative Research*, publicado pelo Zentrums für Erzählforschung [Centro de Estudos Narrativos] da Bergische Universät Wuppertal.

INTERMEDIALIDADE

1. Entende-se por *intermedialidade* o processo de interação estabelecido entre discursos de *media* autónomos, compreendendo vários âmbitos e permitindo desenvolver relações funcionais entre diversas linguagens, em diferentes suportes e contextos comunicativos. Em termos genéricos, "'intermedialidade' designa todo o tipo de relações entre diferentes *media*" (Wolf, 2005a: 84); num sentido mais estrito, não está nela em causa apenas aquela relação considerada de forma geral, mas todo o "fenómeno intercomposicional observável em ou característico de um artefacto ou de um grupo de artefactos" (Wolf, 1999: 36) (p. ex., a musicalização da ficção, pela tematização narrativa de conceitos ou de componentes estéticos da música: sinfonia, quarteto, tocata, etc.).

A intermedialidade, no sentido aqui referido, apoia-se no princípio da abertura e do diálogo ocorridos nas últimas décadas entre campos disciplinares, em ligação direta ou indireta com o culto da *interdisciplinaridade* (v.) e com a chamada teoria da integração conceptual (*conceptual blending*; cf. Schneider e Hartner, eds., 2012). Merecem ser sublinhados, no quadro desse movimento, os seguintes aspetos: uma conceção dinâmica dos discursos mediáticos; a tendência para a superação de fronteiras entre linguagens e campos mediáticos; a refutação de uma hierarquização valorativa que institua prioridades ou precedências entre os *media*. Perspetiva-se, assim, um campo de estudo com um potencial elevado de diversificação e de inovação, o que é confirmado por duas manifestações que têm recebido crescente atenção: primeiro, a multimodalidade, dando destaque a recursos mediáticos não verbais com virtualidades narrativas, mesmo que acessórias: originariamente, "som, gesto e expressão facial" (desde sempre "a performance narrativa tem sido um fenómeno multimodal") e, mais tarde, imagens, filmes e música; segundo, a generalizada prática da écfrase, "designadamente a representação de *media*, de tipos de signos ou de modos de perceção no interior de uma obra de outro *medium* que depende de outros tipos de signos" (Grishakova e Ryan, eds., 2010: 4).

2. A intermedialidade pode ser associada a áreas de reflexão teórica, de análise e de produção que, nos últimos anos, conheceram avanços apreciáveis, sobretudo na academia, mas também em criações artísticas e literárias pós-modernistas.

2.1. A intermedialidade liga-se à ideia de *intertextualidade* e à valorização de leituras que, na sequência da postulação pluridiscursiva da linguagem formulada pela filosofia bakhtiniana, indagam modalidades e graus de presença de textos noutros textos (aquilo que Gérard Genette descreveu com recurso à imagem do *palimpsesto*; cf. Genette, 1982).

2.2. A intermedialidade beneficia da crescente relevância que os *estudos interartes* têm conquistado, no domínio alargado dos estudos comparados; nesse domínio, a literatura perdeu a hegemonia ou até a exclusividade que detinha e convive agora, em regime intermediático, com a pintura, com a música, com o cinema, etc. Ainda assim, a intermedialidade abre pistas de trabalho importantes para o estudo da literatura, na ótica comparatista e interartística que foi mencionada (cf. Wolf, 2011).

3. No universo conceptual da intermedialidade estão compreendidas outras noções justificadas pela singularidade de manifestações que são determinadas pelo impulso dialógico que ficou caracterizado. Aquela que mais diretamente interessa aos estudos narrativos é a *transmedialidade* (v.),

que se refere à vigência do princípio da narratividade em múltiplas linguagens, géneros e contextos mediáticos. A par dela, o conceito de transposição intermediática estabelece novos critérios de abordagem e um posicionamento epistemológico renovado, no estudo da *adaptação* (v.) (p. ex., do romance ao cinema ou à banda desenhada).

4. Tratando-se de uma designação genérica e considerada aquém das particularizações que foram mencionadas, a intermedialidade abre caminho ao desenho de nexos dialógicos muito fecundos entre literatura, ópera e pintura, entre cinema, teatro e romance, entre poesia e música, etc. (cf. Pethő, 2011: 19-54). Ela é, de facto, "uma importante noção para a comparação e análise das artes e dos *media*, tal como para os seus contextos culturais, tanto numa perspetiva sistemática como histórica" (Wolf, 2005: 256); mais especificamente e tendo em vista os estudos narrativos e a sua vocação interdisciplinar, as dinâmicas descritas projetam-se na tendência de integração conceptual que cauciona, por exemplo, a indagação de "relações intermediáticas entre conceções cinemáticas e literárias do olhar da câmara, como estratégia narrativa e interpretativa de leitura e de escrita" (Quendler, 2012: 200).

Fixemo-nos, no caso da narrativa, em dois exemplos. Primeiro: no capítulo XV da segunda parte de *Madame Bovary* (1857), a protagonista assiste a uma representação de *Lucia di Lammermoor* (1835), de Donizetti; aquilo que nesse episódio está em causa é a ópera em si mesma, mas também a sua condição de prática artística plurimediática (o libreto, a música, a gestualidade dos atores, a composição do espaço) e ainda a relação que mantém com o romance de Walter Scott, *The Bride of Lammermoor* (1819), em que a obra de Donizetti se baseia. É tudo isso, em articulação intermediática, que impressiona Emma Bovary: "Elle se retrouvait dans les lectures de sa jeunesse, en plein Walter Scott. Il lui semblait entendre, à travers le brouillard, le son des cornemuses écossaises se répéter sur les bruyères. D'ailleurs, le souvenir du roman facilitant l'intelligence du libretto, elle suivait l'intrigue phrase à phrase, tandis que d'insaisissables pensées qui lui revenaient, se dispersaient aussitôt sous les rafales de la musique" (Gustave Flaubert, *Madame Bovary*, p. 248).

Segundo exemplo: é sabido que o realismo literário manteve ligações estreitas com a pintura, em emulação interartística que conduziu ao romance realista; por isso, é frequente encontrar, na metalinguagem doutrinária do realismo e do naturalismo (que, para todos os efeitos, parte de uma base realista), a referência à pintura, como motivação e como modelo operatório.

Palavras de Zola: "Não esgotámos a nossa matéria, quando pintámos a cólera, a avareza, o amor" (Zola, 1971: 93) ; e noutro passo: "A literatura, por muito que se diga, não está toda ela no operário, mas também na natureza que pinta e no homem que estuda" (Zola, 1971: 97).

INTERMEDIÁTICA, Transposição – V. Adaptação.

INTRADIEGÉTICO, Nível – V. Nível intradiegético.

INTRIGA

1. Designa-se por *intriga* o conjunto de acontecimentos singulares que se desenrolam de forma lógica e internamente encadeada, conduzindo, num determinado contexto, a um *desenlace* (v.) irreversível (a morte de alguém, uma partida, um casamento, etc.). Nesta caracterização, a intriga é subsumida pela *ação* (v.); pode, então, afirmar-se que toda a intriga é uma ação, mas que, inversamente, nem toda a ação corresponde a uma intriga.

2. Na sua definição, o conceito de intriga aproxima-se de uma noção elaborada pelos formalistas russos e que é designada pelo termo *sjuzhet*, noção essa por sua vez descrita em oposição a *fábula* (v.). No quadro desta proximidade conceptual, a intriga envolve um plano de organização macroestrutural do texto narrativo e caracteriza-se pela apresentação dos eventos segundo determinadas estratégias discursivas já especificamente literárias. Nesse processo de elaboração estética do material diegético, assume relevo a questão da ordenação temporal: à linearidade de consecução das ações, na fábula, opõe-se a disposição muitas vezes não linear dessas ações, no nível da intriga: antecipação, diferimento, começo *in medias res* (v.), etc. (v. *anacronia*).

Na aceção de que aqui se trata, a intriga associa-se ao conceito de *plot* (v.) privilegiado pela teoria e pela crítica literária anglo-americana. Prevalece naquele conceito o princípio da causalidade dos factos, diferentemente do que se verifica no desenrolar da *história* (v.); com efeito, na díade *story/plot* proposta por E. M. Forster (cf. Forster, 1937: 113 ss.), o primeiro termo não contemplava aquela relação causal, mas tão só a sucessão dos incidentes num relato. Numa formulação genérica, a intriga traduz "a dinâmica organizativa de um modo específico da compreensão humana" (Brooks, 1984: 7), que é, naturalmente, a narrativa. A correlação entre intriga e narrativa confirma-se pela comum dimensão temporal que em ambas se reconhece; assim, a "intriga é a lógica e a dinâmica da narrativa, e a narrativa, em si mesma, uma forma de compreensão e de explanação" (Brooks, 1984: 10).

Entretanto, a ativação da intriga suscita informações narrativas motivadas por atividades que se orientam para certos objetivos, quase sempre concretizados em forma de desenlace. Fala-se, assim, em informação funcional e em informação não funcional ou em elementos narrativos e em elementos descritivos; intuitivamente, reconhece-se que "elementos narrativos são aqueles que contribuem para o avanço da intriga, enquanto os não narrativos dão corpo ao universo narrativo, tornando-o mais vívido, sem fazerem avançar a intriga" (Ryan, 1991: 125). Como é evidente, esta distinção lembra a proposta de Roland Barthes para uma *análise estrutural* (v.) da narrativa e a diferente funcionalidade que nela se atribui à *função cardinal* (v.) e à *catálise* (v.).

3. A partir destas postulações, a questão da intriga pode ser analisada sob dois ângulos de observação. Primeiro, aquele que atenta nas operações e nos dispositivos que determinam a composição da intriga (em francês, *mise en intrigue*; em inglês, *emplotment*); segundo, aquele que valoriza os efeitos da intriga, na instância do recetor. Neste segundo enquadramento, ganha pertinência a noção de construção da intriga, com implicação cognitiva: trata-se de uma "atividade da consciência (atividade intencional, teleológica, fundadora de ordem e de sentido) [que] não está ligada apenas à leitura de textos literários, mas é utilizada também em função das condições de existência do mundo" (Hühn e Kiefer, 2007: 212). Ambos os aspetos estão, contudo, estreitamente interligados, tendo o segundo beneficiado de relevantes contributos teóricos de Umberto Eco, de Peter Brooks, de Wolfgang Iser e de Raphaël Baroni, este último um autor de referência nesta matéria.

Foi justamente Baroni quem elaborou conceitos que, conjugadamente, permitem uma visão integradora do funcionamento e dos efeitos da intriga na narrativa. A partir de uma definição de R. Bourneuf e R. Ouellet (cf. Bourneuf e Ouellet, 1976: 54) que realça a *tensão* interna agregadora dos factos da intriga, elabora-se a noção de *tensão narrativa*; é esta que impõe os ritmos da intriga, levando a *efeitos de suspense* ou a *efeitos de curiosidade*. Gera-se "um *efeito de suspense* quando, perante uma situação narrativa incerta (...) cuja resolução o intérprete deseja impacientemente conhecer, há um retardamento estratégico da resposta", o que motiva um prognóstico; cria-se "um *efeito de curiosidade* quando se verifica que a representação da ação está incompleta" (Baroni, 2007: 99), levando a um diagnóstico que incide sobre o desenlace a ocorrer (cf. também Baroni, 2010: 210-211).

4. A configuração de uma intriga numa narrativa constitui uma opção com importantes consequências pragmáticas e também com incidências óbvias na economia do relato. Naquela configuração, a intriga progride, retarda-se ou até deriva para intrigas secundárias, em função da forma como as personagens se relacionam entre si; inclui-se nesse relacionamento o relevo de cada uma delas e a capacidade que detêm, como figuras centrais ou apenas secundárias, para condicionarem o trajeto dos acontecimentos.

Distinguimos naquela capacidade de intervenção dois níveis autónomos de determinação: primeiro, o nível do *autor* (v.), que concebe ou acolhe uma fábula depois articulada como intriga, em diálogo variavelmente explícito com contextos epocais e com correntes literárias sintonizadas com esses contextos (um romancista fiel à normativa naturalista propende à construção de intrigas com apertada lógica interna, diferentemente de um escritor modernista, em cujas narrativas predominam ações fluidas e por vezes fragmentárias). Segundo, o nível do *narrador* (v.), entidade ficcional a quem cabe o agenciamento narrativo da intriga, em correlação com o agir das personagens, com a articulação das focalizações, com a organização discursiva do tempo, etc. Aqueles efeitos de suspense e de curiosidade de que acima se falou, bem como as ações de retardamento e de omissão que os geram são uma prerrogativa do narrador e dos procedimentos representacionais que ele leva a cabo.

A necessidade de uma gestão calculada da intriga e a sua projeção recetiva percebem-se bem em certos géneros e subgéneros literários e cinematográficos, bem como na *ficção hipertextual* (v.) (cf. Ryan, 2014: 241-246). O romance policial, o romance de aventuras ou o romance cor-de-rosa obrigam a uma condução da intriga balizada por eventos que não podem ser suprimidos, mas tão-só retardados ou recolocados no discurso do tempo narrativo (v. *anacronia*). A competência de leitura que relatos desta índole exigem fixa-se muitas vezes num plano funcional; o público que acompanha aquelas intrigas responde ao forte estímulo que a sua curiosidade recebe ("quem matou?", "como soube?", "o que acontecerá agora?"), mas normalmente não está preparado para ir além disso. Por outro lado, compreende-se que a *adaptação* (v.) de romances com intriga tensa seja, por assim dizer, menos livre (porque a lógica das ações é neles preponderante), do que a daqueles que não se subordinam a esse constrangimento. Veja-se, por exemplo, a diferença de estrutura e também de recetividade de público, em termos quantitativos, das numerosas adaptações (mais de uma vintena) de *Le comte de Monte-Cristo* (1844), de Alexandre Dumas, em comparação com a adaptação d'*O processo* (*Der Prozess*, 1925), de Kafka, realizada por Orson Welles, em 1962.

INTRUSÃO DO NARRADOR

1. A expressão *intrusão do narrador* designa genericamente a manifestação da subjetividade do sujeito da enunciação, projetada no enunciado e podendo revestir feições diversas, bem como ser explicada por diferentes motivações. As intrusões do narrador constituem fenómenos inevitáveis na narrativa literária, se considerarmos a sua condição de ato de linguagem verbal, como tal permeável à representação da subjetividade (cf. Benveniste, 1966: 259 ss.).

2. Na alusão mais aparentemente inócua transparece a posição pessoal do narrador: "[Camacho] já na academia, escrevera um jornal político, sem partido definido, mas com muitas ideias colhidas aqui e ali, e expostas em estilo meio magro e meio inchado" (M. de Assis, *Quincas Borba*, p. 121). A expressão "colhidas aqui e ali" pode ser entendida como levemente depreciativa; por sua vez, a qualificação do "estilo meio magro e meio inchado", envolve, por via figurada, um juízo negativo do narrador, que recai sobre a personagem.

3. As intrusões do narrador diferem na sua formulação crítica e estilística, em função da situação narrativa em que ocorrem. Um *narrador homodiegético* (v.) ou um *narrador autodiegético* (v.), estando diretamente envolvidos na história como figuras que nela participaram, propendem a uma expressão aberta da sua subjetividade, relativamente aos elementos da referida história: "Mas de Guilherme quero falar, e uma vez por todas, porque também me impressionaram as suas singulares feições, e é próprio dos jovens ligar-se a um homem mais velho e mais sábio não só pelo fascínio da palavra e pela agudeza da mente mas também pela forma superficial do corpo, que se torna queridíssima, como acontece com a figura de um pai (...)" (U. Eco, *O nome da rosa*, p. 18).

No caso do *narrador heterodiegético* (v.), as intrusões articulam-se com o regime da *focalização* (v.) em termos diversos dos que ocorrem em situações como a que foi exemplificada. Assim, as intrusões de um narrador em *focalização omnisciente* (v.) responsabilizam-no, em princípio, a ele próprio e configuram uma sua atitude emotiva e judicativa em relação à história; um narrador que opta pela *focalização interna* (v.) de uma personagem projeta no enunciado a posição dessa personagem. Assim, "perspetivação (...) significa ativação da subjetividade. Se a ficção narrativa revela uma certa desvantagem relativamente a meios de expressão como a pintura, a fotografia e o filme, é-lhes superior no seu potencial de perspetivação, nesse sentido de ativação da subjetividade" (Stanzel, 1984: 123-124).

INVOCAÇÃO

1. O termo *invocação* designa uma das partes da estrutura da *epopeia* (v.) e corresponde a uma solicitação, normalmente endereçada a entidades sobre-humanas: trata-se de pedir o apoio para uma empresa que transcende a capacidade do poeta: "E vós, Tágides minhas, pois criado/Tendes em mi um novo engenho ardente,/Se sempre, em verso humilde, celebrado/Foi de mi vosso rio alegremente,/Dai-me agora um som alto e sublimado,/Um estilo grandíloco e corrente,/Por que de vossas águas Febo ordene/Que não tenham enveja às de Hipocrene" (Luís de Camões, *Os Lusíadas*, I, 4).

2. Eventualmente articulada com a *proposição* (v.) épica, a invocação constitui "um recurso de efeito retórico relacionado a uma pretensa disparidade entre a dimensão do texto que vai ser escrito e o fôlego do poeta para realizá-lo" (Ramalho, 2013: 374). Como tal, ela pode reencontrar-se para além do quadro genológico da epopeia, em manifestações literárias modernas e pós-modernas. Com frequência, a invocação é um processo metatextual: o seu objetivo "é, por meio do suposto apoio do/a invocado/a, poder apossar-se dos elementos necessários para a composição épica, sejam eles de natureza estética, referencial, mítica, etc." (Ramalho, 2013: 377).

ISOCRONIA

1. Procedimento temporal que procura incutir ao discurso narrativo uma duração idêntica à da história relatada, a *isocronia* (do gr. *isos*, igual;

cronos, tempo) está diretamente relacionada com o domínio da *velocidade* (v.) narrativa e tenta sincronizar convencionalmente o tempo do discurso com o tempo da história; na narrativa escrita, essa sincronização só pode conseguir-se pela mediação da leitura e, ainda assim, aproximativamente, com variações de leitor para leitor. Essas variações impedem uma duração do discurso rigorosamente isócrono em relação à duração da história (cf. Genette, 1972: 122-124)

2. A ocorrência mais evidente de isocronia narrativa é a *cena dialogada* (v.). Pela escassa ou nula intervenção do narrador e pela reprodução do discurso direto das personagens, a *cena* (v.) dialogada tenta cumprir a fidelidade durativa que a narrativa isócrona persegue. Por outro lado, a isocronia, sendo um esforço de representação de tipo mimético, relaciona-se com a *perspetiva narrativa* (v.), em especial com as tendências de dramatização do relato, ou seja, com o chamado *showing*, em detrimento do *telling* (v. *representação*). O primeiro motiva normalmente a adoção de um ponto de vista inserido na ação: a personagem assume-se como testemunha de eventos que aparecem "mostrados" pela sua consciência refletora; na opção pelo *telling*, é o narrador que, distanciando-se da história, se responsabiliza pela representação, reduzindo ao mínimo as intervenções das personagens (diálogos ou monólogos) e cancelando a fidelidade temporal (v. *anisocronia* e *distância*). (cf. Lubbock, 1939: 145 ss., 250 ss.).

ITERATIVO, Discurso

1. O discurso iterativo insere-se no âmbito da *frequência* (v.) temporal e define-se, com Genette, como aquele em que "uma só emissão narrativa assume em conjunto várias ocorrências do mesmo evento" (Genette, 1972: 148). Podendo ser associado a formulações aspectuais de tipo frequentativo, o discurso constitui uma modalidade por assim dizer "económica" da representação do tempo narrativo: conta-se uma vez aquilo que aconteceu repetidamente e de maneira idêntica.

2. O discurso iterativo enuncia-se normalmente através de formas verbais do tipo do imperfeito, eventualmente reforçadas por expressões adverbiais frequentativas ("todos os dias", "habitualmente", "muitas vezes", etc.). Assim se esboçam significados que não raras vezes são da ordem da

rotina, da monotonia repetitiva e da erosão exercida por essa monotonia. Por exemplo: "Era o centro da Vila. Os viajantes apeavam-se da diligência e contavam novidades. Era através do Largo que o povo comunicava com o mundo. Também, à falta de notícias, era aí que se inventava alguma coisa que se parecesse com a verdade. O tempo passava, e essa qualquer coisa inventada vinha a ser a verdade» (Manuel da Fonseca, "O largo", in *O fogo e as cinzas*, p. 10).

J

JOGO DE COMPUTADOR – V. Jogo narrativo.

JOGO NARRATIVO

1. A expressão *jogo narrativo* refere-se a uma atividade realizada em ambiente eletrónico e viabilizada por ferramentas informáticas criadas para o efeito; nessa atividade, podemos eventualmente observar a manifestação da propriedade a que chamamos *narratividade* (v.). Sendo jogado por um ou mais jogadores que adotam regras pré-estabelecidas, o jogo narrativo não impõe, contudo, comportamentos fixos; muitas vezes, ele consente ou até exige ao jogador decisões que condicionam o desenrolar do jogo e determinam o seu desfecho, o que incute a esta prática um grau elevado de *interatividade* (v.). Noutros casos, o jogo consagra-se a atividades cuja narratividade é escassa ou mesma nula (p. ex., a série de jogos *SimCity*, cujo regime de simulação inclui uma componente de estratégia empresarial, com certa feição pedagógica.

2. Os jogos narrativos particularizam-se, quanto à sua especificidade e quanto à sua prática, em função das plataformas e dos *media* utilizados. As expressões *jogo de computador, videogame* e mesmo *game* designam, de forma um tanto redutora, uma atividade que atualmente envolve um potencial elevado de diversificação, no respeitante às referidas plataformas e recursos mediáticos; semelhante diversificação está presente ainda na diferenciação de géneros de jogos narrativos.

O jogo de computador é acionado tanto por um jogador isolado como, em modo colaborativo, por vários jogadores, de forma autónoma ou em comunidade, através da internet e em tempo real. O aparecimento de instrumentos alternativos ao PC, com alto índice de portabilidade (p. ex., os *smartphones*), bem como a generalização do acesso à internet em banda larga determinaram o investimento técnico e comercial em jogos cada vez mais elaborados. Enquanto atividade lúdica, o jogo de computador atingiu, assim, uma dimensão global, potenciada pelas ferramentas, pelas rotinas comunicacionais e pelas atitudes cognitivas que elas implementam; aquela dimensão global torna-se evidente nos chamados MMO (*massively multiplayer online game*), que permitem a comparticipação de um número muito elevado de jogadores, à escala planetária e recorrendo a jogos de diferentes géneros (p. ex., *Star Wars: The Old Republic*, 2011-2014).

3. O interesse que os estudos narrativos revelam pelos jogos narrativos informáticos decorre do facto de muitos desses jogos apresentarem, quase sempre de forma conjugada, dois atributos: primeiro, uma estrutura protonarrativa, relativamente à sua lógica de funcionamento; segundo, a integração, nesse funcionamento, de categorias usualmente reconhecidas na narrativa e nos mundos por ela configurados. Verifica-se então que, "na vasta maioria de jogos de computador, especialmente nos mais recentes, os jogadores manipulam avatares com propriedades humanas ou com aspeto humano, num mundo com características inspiradas pela geografia e pela arquitetura reais (...). Na medida em que as ações do jogador levam este mundo a evoluir, os jogos de computador apresentam todos os ingredientes básicos da narrativa: personagens, eventos, cenários e trajetórias que conduzem de um estado inicial a um estado final" (Ryan, 2006: 182).

Tendo presente a configuração narrativa de muitos jogos e o contexto mediático em que ela se processa, distingue-se, na atitude do recetor perante o relato, um *modo recetivo* (entenda-se: passivo) de um *modo participativo*, este último concretizável sobretudo em certos jogos (cf. Ryan 2005: 315-316). É sobretudo o segundo modo que tira partido das possibilidades de redinamização da narrativa viabilizada por novos *media*. Essa redinamização suscita uma resposta interativa que atribui uma função própria já não ao leitor, mas à sua deriva como espectador-jogador, imerso num ambiente de realidade virtual; ele chega a ser, então, uma *personagem em jogo*, assumindo--se como protagonista (cf. Sheldon, 2014: 47 e 74).

Note-se, entretanto, que, antes do advento destes jogos e recorrendo ainda a suportes e a materiais convencionais (folha de papel, livro, álbum, caixa), algumas tentativas modernas e pós-modernas de rearticulação da narrativa e do livro cultivaram princípios de abertura e de moderada interatividade que podemos considerar precursores dos jogos narrativos. Por exemplo: o projeto de Mallarmé conhecido como *Le livre* (cf. Scherer, [1957] 1978), a composição fragmentária e sintaticamente aberta do *Livro do desassossego de Bernardo Soares* (1982), *Rayuela* (1963) de Julio Cortázar e, num outro plano, a chamada literatura palíndroma. Do mesmo modo, os jogos narrativos sofisticados foram antecedidos pelos chamados jogos de *parser* ou jogos de texto.

4. Uma breve digressão por alguns dos géneros mais representativos dos jogos narrativos revela significativas afinidades temáticas e estruturais com géneros literários e ficcionais. Os jogos centrados em ações arriscadas (conquista, invasão, salvamento, combate, resgate, roubo) modelizam histórias muito movimentadas; veja-se uma parte da *storyline* de *World of Warcraft* (1994): "Durante muito tempo, o titã derrubado Sargeras intrigou para eliminar a vida de Azeroth. Para tal, Sargeras possuiu o feiticeiro humano Medivh e obrigou-o a contactar Gul'dan, um humanoide bruxo do mundo de Draenor" (em https://worldofwarcraft.com/en-us/story/timeline). As personagens que vivem estas histórias são dotadas de atributos excecionais (força, destreza, rapidez, agressividade, sagacidade) que as aproximam de *heróis* (v.) e mesmo de *super-heróis* (v.) de um género canónico, como é a epopeia. Noutros casos, predomina a violência e a marginalidade, em ações dominadas por *anti-heróis* (v.), em jogos com grande sucesso de público (p. ex., a série *Grand Theft Auto*, iniciada em 1997). Os chamados jogos de aventura integram personagens orientadas para a descoberta e para a exploração de espaços desconhecidos, arriscados e perigosos; a componente de coragem e de ousadia que predomina nestes jogos remete para o romance de aventuras e de ficção científica, para o *western* e para o filme de guerra com contornos épicos. Nestes como naqueles, as intrigas e os desfechos imprevistos exigem a disponibilidade de personagens igualmente superdotadas, ainda que desprovidas de densidade psicológica.

5. Uma questão transversal a todos os jogos narrativos é a da identificação de um *narrador* (v.) ou até, antes disso, a da sua condição de existência, sabendo-se que ele é uma entidade estruturante em qualquer comunicação narrativa. De facto, dificilmente se encontra, na estruturação do relato de que aqui se trata, uma voz com a expressividade e com a nitidez que frequentemente se manifesta na narração verbal. Com os devidos reajustamentos, pode dizer-se que, neste aspeto (e também no recurso à *perspetiva narrativa*,

v.; cf. Thon, 2009), o jogo narrativo apresenta semelhanças com o *cinema* (v.) e com a sua instância enunciativa. Sendo aceite que é uma conjugação de dispositivos que ocupa a função que nos relatos verbais cabe ao narrador, parece claro que, no jogo narrativo, algo de semelhante ocorre; um daqueles dispositivos corresponde à participação ativa do jogador, pelas decisões que toma e pelos rumos que ajuda a incutir à história, no quadro de interatividade em que esta se desenrola.

6. Considerando agora a relação entre jogador e personagem, observa-se no jogo narrativo uma situação que, se não é inédita nas narrativas, por assim dizer, convencionais, é, pelo menos, rara. Uma vez que a participação do jogador é fortemente performativa (ela desencadeia consequências no desenrolar do jogo), essa performatividade acaba por incidir sobre a figuração da personagem, que ganha a feição de um construto comunicativo intersubjetivo (cf. Schröter e Thon, 2014). A *metalepse* (v.) torna-se um procedimento recorrente, porque as fronteiras entre mundo ficcional e mundo real diluem-se, disponibilizando-se o jogador para (literalmente) incorporar a personagem; diz-se então que, "enquanto o corpo material do jogador permanece fora do jogo, ele opera dentro do jogo com a ajuda de um corpo semiótico, seu avatar, que serve de ferramenta para operações, como figura ficcional, na diegese e (em jogos com múltiplos jogadores) como representante do jogador" (Neitzel, 2014: § 34). Consequentemente, o jogador dispõe de "um ponto de vista e adicionalmente de um ponto de ação" (Neitzel, 2014: § 36), relativamente a duas ações que decorrem ao mesmo tempo; o chamado *ponto de ação* chega, entretanto, a diversificar-se no decurso de um jogo, porque "os jogos de computador usam diferentes pontos de ação que resultam em diferentes perspetivas de ação, assim se determinando o que o jogador pode fazer no jogo e como pode fazê-lo" (Thon, 2009: 288).

Num plano complementar, a criação de personagens especialmente impressivas gera desenvolvimentos que se prolongam na *adaptação* (v.) a outros *media*: por exemplo, Lara Croft, protagonista de *Tomb Raider* (1996), ultrapassou o universo dos jogos narrativos e foi objeto de versões cinematográficas e em *banda desenhada* (v.), dando lugar a *sobrevidas* (v.) prolongadas no comportamento dos consumidores (indumentária, gestualidade, acessórios, etc.). Noutros casos, a existência da personagem decorre da capacidade do jogador para trabalhar a partir de hipóteses compositivas disponibilizadas pelo programador. O jogo *The Sims* (2000, criado por Will Wright) conta com várias expansões e circula em regime multiplataforma (ver https://www.ea.com/games/the-sims), permitindo um trabalho de *figuração* (v.) similar àquele que muitas narrativas literárias exibem: desenho da fisionomia, indumentária, espaços de enquadramento, relações sociais, etc. Trata-se, por fim, de uma conformação que, em termos estilísticos e plásticos, incute às personagens uma tonalidade que lembra o universo da literatura juvenil.

Esta é, evidentemente, uma criatividade que se relativiza, por surgir limitada por modelos estabelecidos pelo jogo; mas continuamos relativamente próximos de referências literárias, quando associamos esta figuração "controlada" àquela que, em ficções narrativas literárias, subordina a personagem a *tipos* (v.) pré-existentes (o político, a frívola, o agiota, a ingénua, a mulher fatal, o conquistador, etc.). Confirma-se isso mesmo pelo facto de um manual de escrita criativa consagrado aos jogos narrativos elencar e descrever uma série de personagens-tipo (o vilão, o mentor, o criado, etc.; cf. Sheldon, 2014: 80 ss.).

7. O domínio dos jogos narrativos e da sua análise abre caminhos de reflexão com grande atualidade e pertinência, decorrentes das aquisições técnicas, dos desafios educativos e das reações cognitivas que eles trazem consigo. Dois deles ficam aqui demarcados.

7.1. Um desses caminhos tem a ver com a dimensão axiológica que este campo de produção e de consumo envolve, justificando que se diga que os jogos narrativos são algo mais do que um divertimento inocente, até porque aquela condição narrativa compreende mecanismos de sedução muito intensos. Assim, deve notar-se que a incorporação da personagem pelo narrador instaura, entre ambos, uma relação muito mais intensa e consequente do que a identificação muitas vezes suscitadas pela narrativa literária. Noutros termos: a *imersão* (isto é, "qualquer estado de absorção nalguma ação, condição ou interesse"; Schaeffer e Vultur, 2005: 238; cf. Ryan, 2015: 200-204) solicitada pelo jogo narrativo pode provocar, no jogador, efeitos de desdobramento, com as inerentes disfunções de controlo da personalidade, estendidas aos planos social, moral e ético; diferentemente do que acontece nos chamados jogos abstratos (xadrez, por exemplo), os jogos narrativos implicam escolhas decisivas, naqueles planos: "o jogador persegue os objetivos que as pessoas podem ter na vida quotidiana ou nas suas fantasias – tais como salvar o mundo de invasores e resgatar quem está em perigo, se se quer ser um herói, ou roubar carros e matar gente, se se preferir papéis de vilão. Mas na intensidade da ação, os jogadores podem esquecer se são terroristas ou antiterroristas, alienígenas ou defensores da Terra" (Ryan, 2015: 234-235).

7.2. Por outro lado, os jogos narrativos propõem interações que podem tornar-se muito fecundas, tendo em vista o estado presente do conhecimento destas matérias. Desde logo, as interações referidas confirmam a *interdisciplinaridade* (v.) que caracteriza a atual reflexão sobre a narrativa, bem como aquelas práticas artísticas (narrativas, mas não só) que recorrem a novos suportes e a novas linguagens, com destaque para o digital. Isto quer dizer que se conjugam aqui dois campos de representação e de investimento técnico muito apelativos: o dos jogos narrativos, com a componente lúdica que lhes é reconhecida (e que, de resto, está inscrita, por natureza, no código genético da narrativa literária); o da literatura digital ou eletrónica, dotada de uma sofisticação estética e criativa não demonstrada pela maioria dos jogos narrativos. Faz sentido, neste contexto, falar em *jogo literário*, de acordo com uma estudiosa deste tema, que afirma: "O corpo de textos recoberto pela expressão jogo literário [*literary gambling*] encontra-se em rápido crescimento e em diversificação acentuada. Presentemente, ele estende-se dos textos literários gerados principalmente por ludismo cognitivo e ergódico até aos jogos literários propriamente ditos, que exibem várias formas de mecânica lúdica" (Ensslin, 2014: 161).

8. Uma questão final, de certa forma em aberto e transcendendo a caracterização que fica explanada, diz respeito à pertinência e até à competência dos estudos narrativos para se adentrarem no domínio específico dos jogos. A constituição da ludologia assenta, então, na refutação de uma visão pan-narrativista que ponha em causa uma ontologia dos jogos, visão que tenderia a absorver e a menorizar a sua especificidade composicional. Quando muito e com base em posições fundacionais de Espen J. Aarseth, admite-se a existência neles (eventualmente naqueles de aqui se tratou) de elementos de hibridização atinentes sobretudo à dimensão temporal dos jogos e das narrativas. Em todo o caso, reafirma-se que o poder descritivo dos estudos narrativos "é praticamente inexistente no estudo dos jogos. Em resumo, não há razões imperiosas para acreditar que uma teoria narrativa revista seja aquilo de que carecem os estudos de jogos (de vídeo e de computador), seja previamente, seja mais tarde" (Eskelinen, 2012: 232).

L

LEITOR

1. A caracterização do *leitor,* da sua presença e das funções que desempenha na *comunicação narrativa* (v.) depende do plano em que o situamos e das relações que, a partir daí, ele estabelece.

O *leitor real* coloca-se no mesmo plano funcional e ontológico do *autor* (v.), entendido este como entidade empírica e materialmente responsável pelo texto narrativo. Por outro lado, o leitor real distingue-se do *narratário* (v.), do *leitor virtual* ou do *leitor ideal.* Assim, "o leitor empírico, ou real, identifica-se, em termos semióticos, com o recetor; o destinatário, enquanto leitor ideal, não funciona, em termos semióticos, como recetor do texto, mas antes como um elemento com relevância na estruturação do próprio texto. Todavia, o leitor ideal nunca pode ser configurado ou construído pelo emissor com autonomia absoluta em relação aos virtuais leitores empíricos contemporâneos, mesmo quando na sua construção se projeta um desígnio de rutura radical com a maioria desses mesmos presumíveis leitores contemporâneos" (Silva, 1983: 310-311).

O *leitor ideal* é uma entidade sofisticada "que compreenderia perfeitamente e aprovaria inteiramente o menor dos vocábulos [do escritor], a mais subtil das suas intenções" (Prince, 1973: 180); o *leitor modelo* (cf. Eco, 1979: 53-56) é detentor de uma capacidade de cooperação textual que institui uma competência narrativa perfeita; o *leitor pretendido* é uma figura projetada, "patenteando as disposições históricas do público leitor visado pelo autor" (Iser, 1980: 34) e encontra-se eventualmente distante do leitor ideal ambicionado pelo autor; por fim, o *super-leitor* é uma construção compósita e agregadora, resultado de reações ao texto provindas de leitores reais e mesmo do autor, e que, sendo uma ferramenta de análise, "explora aquele ato [de comunicação poética] de forma mais completa, realizando-o repetidamente" (cf. Riffaterre, 1966: 215).

2. A distinção entre leitor e *narratário* (v.) passa pela ponderação do estatuto funcional do leitor, no âmbito genérico da comunicação literária. A afirmação de Umberto Eco, segundo a qual "um texto postula o seu destinatário como condição indispensável não só da própria capacidade comunicativa concreta, mas também da própria potencialidade significativa" (Eco, 1979: 52-53), está de acordo com o que declarou o romancista Michel Butor: "Escreve-se sempre 'em vista' de ser lido. Esta palavra por mim inscrita é-o com a intenção de um olhar, nem que seja o meu" (Butor, 1969: 162). Em registos diferentes, ambos coincidem no reconhecimento da importância do leitor como fator determinante da existência do texto.

Gera-se, assim, uma interação autor/leitor (v. *interatividade*), cuja tensão aponta em dois sentidos: no da condição dialógica de todo o ato de linguagem, de acordo com a qual o sujeito que fala/escreve solicita necessariamente uma instância recetora; no da função de concretização que cabe a essa instância, preenchendo os chamados pontos de indeterminação do texto. Esta função torna-se efetiva pelo facto de "o leitor durante a leitura e na perceção estética da obra geralmente *transcender* o simples texto existente (ou o projetado pelo texto) e completar, a vários títulos, as objetividades apresentadas" (Ingarden, [1931] 1973: 275).

Escrever um texto narrativo é, pois, solicitar a atenção de um leitor cujas coordenadas históricas, culturais e sociais o autor conhece com maior ou menor pormenor. É graças a esse conhecimento que ele adota estratégias literárias que, tomando em consideração a curiosidade do leitor, gerem calculadamente as suas expectativas em relação ao desenrolar do relato (cf. Grivel, 1973: 72 ss.). Ao mesmo tempo, a posição do leitor não é estável, uma vez que ele se comporta em alternância de atitudes e de registos: "entre a imersão e a distância crítica; entre o 'literalismo' e variadas estratégias de recuperação figurativa ou interpretativa; entre o processo de leitura e a sinopse temática" (Walsh, 2007: 148).

3. Os condicionamentos que atingem o leitor, a manipulação a que episodicamente é sujeito e as relações que mantém com o autor podem projetar-se no modo de existência do narratário. Isso mesmo se observa sobretudo naquelas narrativas cujos narradores, tendo sido (ou sendo ainda) personagens ficcionais, carecem da atenção de leitores igualmente

ficcionais. Mas também o *narrador heterodiegético* (v.) eventualmente interpela um "leitor" que, no contrato ontológico estabelecido pela narrativa ficcional, corresponde, afinal, ao narratário. Em *Le rouge et le noir* (1830), de Stendhal, na abertura do capítulo II do segundo volume, lemos: "Les salons que ces messieurs traversèrent au premier étage, avant d'arriver au cabinet du marquis, vous eussent semblé, ô mon lecteur, aussi tristes que magnifiques" (*Le rouge et le noir*, p. 253).

No romance de *narrador autodiegético* (v.), a interpelação do "leitor" pode ser mais expressiva e mesmo evidenciar um propósito estruturante, no que respeita à celebração de um contrato narrativo entre narrador e narratário, que mimetiza a relação autor/leitor. Veja-se, por exemplo, *La familia de Pascual Duarte* (1942), de Camilo José Cela: o narrador Pascual Duarte escreve para um "leitor" tão ficcional como ele, Don Joaquín Barrera, narratário de um relato de confissão e de autojustificação que é condicionado não apenas por aqueles propósitos, mas também pela figura a quem ele é dirigido. Isto não impede que, sem confundirmos as duas condições de existência, a do narratário e a do leitor real, possamos, por via de homologação, partir do primeiro para chegar ao segundo, revelando este eventuais afinidades com aquele.

4. Quando problematizamos o leitor sob um ponto de vista cognitivo (que não impede a mencionada homologação), fazemo-lo em bases específicas. Trata-se, então, de considerar que o processamento do relato solicita a sua gradual construção por parte do leitor, partindo-se do princípio de que ele recebe informação sequencialmente, ao longo de um trajeto da representação narrativa, subordinado a uma lógica de causalidade (cf. Kafalenos, 2006: 4 ss.). Em termos sintéticos: "A elaboração do mundo da narrativa torna-se possível pela ativa e progressiva participação dos leitores"; a isto acrescenta-se que por "leitores" entende-se "a mais ampla classe de 'intérpretes de histórias', incluindo espectadores de filmes, interlocutores em conversação presencial, ouvintes de narrativas radiofónicas, etc." (Herman, 2012: 150).

O leitor está instrumentado para configurar uma determinada imagem daquilo que é contado, a partir da sua experiência de vida e de leitura, do prévio conhecimento de situações e da vivência de contextos transferíveis para o universo e para a dinâmica de comunicação da história contada; entretanto, aquela imagem não coincide obrigatoriamente com a que é construída por outro leitor, em circunstâncias diferentes. A memória desempenha aqui um papel determinante; dependem dela certas "molduras" comportamentais que fixam condições e regras para a leitura e para a adesão ou refutação daquilo que é lido; assim, "molduras [*frames*] e dados textuais entram numa relação de mútua dependência, correspondendo àquilo que tradicionalmente é conhecido como círculo hermenêutico (...). A adequação de uma moldura é continuamente testada por novos dados e a análise dos dados depende, em grande parte, da moldura disponível" (Jahn, 1997: 448).

5. A interação de um leitor com as personagens das ficções por ele lidas revela, muitas vezes, reações de reconhecimento ou de negação, que ilustram expressivamente a relação de dependência referida. O leitor reconhece uma personagem e adere a ela ou, pelo contrário, ignora-a ou rejeita-a, em função do seu próprio universo de crenças e de modelos mentais pré-construídos. Aquilo a que chamamos *bovarismo* tem a ver diretamente com atos de identificação, relativamente a situações, a valores e a atitudes que envolvem a imagem de figuras e a memória de leituras que condicionam aqueles atos de identificação. Desenvolvem-se, então, os chamados movimentos descendentes (*top-down*) e ascendentes (*bottom-up*): "A compreensão do texto sempre combina o processamento descendente, no qual as estruturas de conhecimento pré-armazenadas pelo leitor são diretamente ativadas para incorporar novos elementos de informação, com o processamento ascendente, no qual unidades de informação textual são mantidas separadamente na memória ativa e integradas na representação global, num momento posterior" (Schneider, 2001: 611).

LEITOR IMPLICADO

1. O conceito de *leitor implicado* surgiu a partir das reflexões de Wolfgang Iser, sobre a relação interativa texto/leitor (cf. Iser, 1975; Iser, 1980). No quadro dessa relação, o leitor implicado constitui uma presença destituída de determinação concreta, não sendo identificável, por isso, com o *leitor* (v.) real.

2. Note-se que o leitor implicado não é uma entidade simétrica e correlata do *autor implicado* (v.). Conforme observa Genette, "contrariamente ao autor implicado, que é, na cabeça do leitor, a ideia de um autor real, o leitor implicado, na cabeça do autor real, é a ideia de um leitor possível" (Genette, 1983: 103). Acentua-se assim a dimensão virtual do leitor implicado, o que leva Genette a propor que ele seja designado como leitor virtual.

Que o leitor real corresponda ou não ao leitor implicado, é uma possibilidade que escapa ao controlo do autor. Tal pode acontecer (e acontece com frequência), antes de mais pelo facto de o autor eventualmente "errar nas suposições que faz acerca das normas e das aptidões dos seus leitores", desconhecendo as "prevalecentes posições ideológicas e filosóficas dos seus contemporâneos (...). Não é raro que os autores falhem quando se dirigem ao público pretendido, por estarem enganados acerca da linguagem, dos valores e das normas desse público ou por serem incapazes de codificar a sua mensagem adequadamente" (Schmid, 2014: 6).

Do mesmo modo, confundir o leitor implicado com o narratário seria conferir-lhe o estatuto de entidade ficcional, possivelmente atribuindo-se--lhe contornos definidos que, enquanto figura virtual, ele não tem. Assim, o narratário interpelado pelo narrador das *Memórias póstumas de Brás Cubas* (1881), de Machado de Assis ("Deus te livre, leitor, de uma ideia fixa"; p. 21), detém o estatuto de leitor fictício, com a existência própria dos elementos que integram um mundo ficcional; por sua vez, o leitor implicado do mesmo romance subsiste como mera virtualidade, sem referência expressa por parte do narrador.

LEITOR VIRTUAL – V. Leitor implicado.

LEITURA

1. A definição do conceito de *leitura* tem em atenção a polissemia própria do vocábulo, o que justifica uma sua caracterização consentânea com essa polissemia e com aceções translatas. Em parte, a diversificação conceptual da noção de leitura tem origem na pluralidade de análises que ela motiva, sob os ângulos epistemológicos da estilística ou da pragmática, da psicanálise ou da teoria da desconstrução, da história da cultura ou da estética da receção, dos estudos feministas ou das ciências cognitivas. Autores como Michael Riffaterre, Umberto Eco, Stanley Fish, Norman Holland, Paul de Man, Alberto Manguel, Wolfgang Iser, Patrocinio P. Schweickart e David Herman dão testemunho daqueles e de outros domínios de reflexão.

Como ponto de partida, adota-se aqui uma definição de *leitura* proposta por Jean Bellemin-Noël: trata-se de uma "operação pela qual se faz surgir um sentido num texto, no decurso de um certo tipo de abordagem, com a ajuda de um certo número de conceitos, em função da escolha de um certo nível em que o texto deve ser percorrido (impensado ideológico, fundo sociocultural oculto, inconsciente psicanalítico, estruturação implícita do imaginário, ressonâncias retóricas, etc.)"; acentuando o teor dinâmico da leitura, Bellemin-Noël acrescenta que o *leitor* (v.) "é coprodutor do texto, na medida em que reúne uma série de efeitos de sentido" (Bellemin-Noel, 1972; 16).

Os referidos efeitos de sentido emergem como dominantes isotópicas que contribuem para a "construção da coerência semântica intratextual" (Reis e Lopes, 2011: 212). Reitera-se, assim, que "a individualização das isotopias resulta da ação cooperativa do leitor: através de sucessivas inferências, é o leitor que reconstrói os vetores semânticos nucleares que sustentam e delimitam uma descodificação coerente do texto" (Reis e Lopes, 2011: 213).

2. A leitura dos textos narrativos é condicionada, antes de mais, pela sua fixação escrita, que desde há muito é predominante. Tal situação gera uma "relativa 'descontextualizibilidade', o que significa, paradoxalmente, que eles facultam contextos comunicativos pré-fixados, veiculando juntamente (ou tentando veicular), por assim dizer, o seu contexto, e proporcionando indicações para o seu uso contextual preferencial" (García Landa, 2004: 191). Para além disso, a leitura da narrativa ficcional particulariza-se por força da sua específica natureza modal (v. *narrativa*) e também pelas circunstâncias psicológicas, socioculturais e cognitivas que a envolvem. Três aspetos dessas circunstâncias devem ser aqui destacados.

2.1. A leitura da ficção narrativa (como a dos textos literários em geral) solicita, na expressão de Coleridge, a *suspensão voluntária da descrença*, levando o leitor a estabelecer um pacto tácito com o texto, no sentido de não questionar a veracidade do que nele é dito (cf. Holland, 1977: 63 ss.). Isto não quer dizer que o texto seja lido na esfera da pura alienação ou como mero exercício lúdico: se a leitura da ficção existe, é também porque o leitor é capaz de, por seu intermédio, ter acesso a temas, ideias e valores que lhe interessam e que favorecem a sua reflexão. Consuma-se, então, a conexão dos "textos literários com os atos humanos básicos, com as fontes da linguagem e da nossa humanidade" (Cohen, 1982: 390; cf. Ricœur, 1983: 116 ss.).

2.2. A leitura da ficção narrativa requer o estímulo da curiosidade, das emoções e da atenção do leitor, fascinado pelas características de certas personagens, absorvido pelo desenvolvimento da intriga, pela iminência do desenlace; etc. Pode dizer-se que o interesse, por parte do leitor, designa, ao mesmo tempo, "o prazer que se tem ao ler (com aquilo que o suscita no livro) e o produto real da leitura, simultaneamente a sedução exercida pelo texto e a sua atividade informacional efetiva" (Grivel, 1973: 72). Para a criação e manutenção desse interesse contribuem as *estratégias narrativas* (v.) ativadas na construção do texto, provocando uma variação no grau de "compromisso" do leitor, a que não são indiferentes as caraterísticas formais da narrativa (cf. Bloch, 2005: 147 ss.).

2.3. O facto de a ficção eventualmente induzir transformações de comportamentos e de juízos do leitor, relativamente ao mundo real (cf. Gerrig, 1993: 196 ss.), pode ser associado a certos momentos históricos e a certos géneros narrativos. O efeito exercido pelas novelas de cavalaria sobre o Fidalgo da Mancha é bem conhecido, naquilo que tem de desligamento da realidade. Do mesmo modo, a consolidação do *romance* (v.), no tempo que vai do tardo-iluminismo ao romantismo, potencia uma *receção produtiva* que se encontra bem atestada nas reações empáticas e às vezes trágicas (p. ex., o suicídio) motivadas pela leitura da *Nouvelle Héloïse* (1761), de Rousseau, ou do *Werther* (1774), de Goethe; assim, "toda a história do romance moderno tem gravada no seu código de género o desejo de fingir uma realidade que, por meio de oportunas estratégias semióticas, deve parecer inteiramente coeva do ato de leitura" (Calabrese, 2001: 570).

3. A leitura, em termos genéricos, e a leitura da narrativa, em particular, podem ser entendidas, de um ponto de vista fenomenológico, como concretização. No dizer de Roman Ingarden, os objetos apresentados num texto ressentem-se de um certo grau de indeterminação: "Nem o objeto apresentado é total e univocamente determinado no seu conteúdo nem é infinita a quantidade das determinações univocamente definidas e positivamente atribuídas nem ainda a das simplesmente coapresentadas; só é projetado um esquema formal de uma quantidade infinita de pontos de determinação que ficam quase todos por preencher" (Ingarden, [1931] 1973: 273). É pela leitura que se processa esse preenchimento, devendo, entretanto, notar-se o seguinte: primeiro, a leitura entendida como concretização é uma prática localizada e relativizada, não podendo a mencionada concretização ser confundida com a própria obra a que se refere; segundo, a leitura ativa-se e desenrola-se com o suporte de códigos que o leitor variavelmente conhece

e domina, de acordo com a sua particular competência narrativa; terceiro, a indeterminação dos objetos apresentados na narrativa resulta também do facto de nela não poder ser dito, literalmente, tudo, o que a tornaria interminável: "Nenhuma obra literária pode dizer-nos tudo aquilo que as personagens fazem ou pensam; em vez disso, momentos seletos, pensamentos e eventos são mostrados na página" (Rabinowitz, 1987: 149).

4. A dimensão potencialmente interativa (v. *interatividade*) da leitura da narrativa aparece reconhecida de forma implícita nos termos em que uma conhecida ficção pós-modernista encena as seduções, os riscos, as expectativas e os incidentes do ato de leitura: "Estás pois agora pronto para atacar as primeiras linhas da primeira página. Preparas-te para reconhecer o inconfundível tom do autor. Não. Não o reconheces com efeito. Mas, pensando bem, alguma vez alguém disse que este autor tinha um tom inconfundível? Pelo contrário, sabe-se que é um autor que muda muito de livro para livro. E é precisamente nestas andanças que se reconhece que é ele. Aqui porém parece que não tem nada a ver com tudo o resto que escreveu, pelo menos tanto quanto te lembras. É uma desilusão? Vamos ver" (Italo Calvino, *Se numa noite de Inverno um viajante*, p. 26).

Se esta é, de certo modo, uma situação extrema, a verdade é que, noutros casos, é possível também encontrar a leitura como ato diegético, transpondo-se para a ficção os seus condicionamentos e procedimentos. É no relato epistolar que isso acontece com mais evidência: neste caso, o *narratário* (v.) que é destinatário de uma carta institui-se, salvo acidentes de percurso (por exemplo: desvio da carta), como seu leitor, sem prejuízo da sua natureza de entidade ficcional; na leitura que ele leva a cabo entram determinações psicoculturais, ideológicas, etc., que podem induzir transformações no leitor-personagem. Noutros casos, a leitura provoca reações previstas pelo narrador num leitor tão ficcional como ele: "Abane a cabeça, leitor; faça todos os gestos de incredulidade. Chegue a deitar fora este livro, se o tédio já o não obrigou a isso antes; tudo é possível. Mas, se o não fez antes e só agora, fio que torne a pegar do livro e que o abra na mesma página, sem crer por isso na veracidade do autor. Todavia, não há nada mais exato. Foi assim mesmo que Capitu falou, com tais palavras e maneiras. Falou do primeiro filho, como se fosse a primeira boneca" (Machado de Assis, *Dom Casmurro*, p. 138).

5. Seria redutor encarar os vários tipos de leitura de que aqui se fala como processos incomunicáveis entre si. A leitura de um leitor real aponta

para uma síntese interpretativa do texto narrativo e beneficia de elementos diversos, bem como de informações provindas de dois contributos: da informação recolhida pelo próprio leitor real e do posicionamento do narratário enquanto recetor fictício. Pode, por isso, afirmar-se que "a dinâmica de uma história não brota simplesmente das qualidades intrínsecas de certos elementos narrativos", resultando antes de uma "interação de fenómenos intrínsecos e extrínsecos, uma dialética que subjaz a toda a leitura" (Ruthrof, 1981: 76); nessa interação entram as informações textuais e os conhecimentos intertextuais, os elementos parcelares da narrativa e a informação textual global, a interpretação que decorre da obra e o sistema de valores próprio do leitor. Como resultado de uma derradeira interação dialética, postula-se "a síntese pela qual, talvez paradoxalmente, o leitor é modificado por uma obra que ele próprio parcialmente construiu" (Ruthrof, 1981: 77).

Aproximamo-nos aqui de uma conceção cognitiva da leitura, tendo em vista as operações que ela desenvolve para atingir uma compreensão que articula vários níveis e elementos de configuração do mundo narrado. Quando a questão é colocada no plano da análise da narrativa, declara-se que aquilo que ela persegue "é o processo segundo o qual os intérpretes reconstroem os mundos da história [*storyworlds*] codificados nas narrativas" (Herman, 2002: 5). Entendida deste modo, a leitura leva à elaboração de "modelos mentais de quem fez o quê e a quem e com quem, quando, onde, porquê e de que maneira, no mundo para o qual os recetores se deslocam (...), ao trabalharem para compreender a narrativa" (Herman, 2002: 5). O trabalho de modelação do mundo da história desenrola-se tanto ao nível do *microdesenho narrativo*, em curtos segmentos do relato (estados, eventos, ações), como ao nível do *macrodesenho narrativo* (temporalização, espacialização, perspetivação, contextualização) (cf. Herman, 2002: 6-9, *passim*).

Numa abordagem mais alargada, mas neste mesmo enquadramento, a leitura da narrativa apoia-se em inferências, conforme foi já dito. Indo agora além disso, deve sublinhar-se a capacidade que a leitura possui para *transportar* o leitor ao universo ficcional, favorecendo uma imersão que convoca a sua memória e a sua experiência de vida; esse contributo que a narrativa solicita produz atos de leitura cujo índice de "felicidade" (como diria Umberto Eco) depende daquelas experiências e do seu grau de intervenção no completamento daquilo em que o relato é omisso. Da *performance* da leitura resultam as chamadas respostas participativas, reações não inferenciais que, contudo, não podem ser vistas de forma isolada: "Porque essas respostas não preenchem vazios do texto, elas não se ajustam à definição clássica da inferência. Embora dependam dos produtos do processamento inferencial, as respostas participativas constituem uma categoria diferente de experiência" (Gerrig, 1993: 66-67). Em última instância e na mesma linha de pensamento, afirma-se que muitas propriedades dos mundos narrativos apreendidas pela leitura "emergem diretamente da operação normal e inevitável dos processos cognitivos básicos. (...) Em certo sentido, tudo o que um leitor deve fazer para ser transportado ao mundo narrativo é ter presente o repertório de processos cognitivos que, no caso, é requerido para a experiência do dia a dia" (Gerrig, 1993: 239).

6. O conceito de leitura (tal como, aliás, o de narrativa) alargou-se semanticamente e diversificou-se em aceções que contemplam variados campos de ação. Fala-se, então, em leitura de uma situação política, de um jogo de futebol, de incidentes da vida real ou de conflitos sociais; sintomaticamente, várias destas aceções relacionam-se com situações e com contextos potencial ou efetivamente narrativos. Por exemplo: quando um comentador desportivo faz a *leitura* de um jogo, esse ato articula-se diretamente com o desenvolvimento do referido jogo e com o relato que dele é feito, como se ambos, narração e leitura, se completassem.

Por outro lado, aquilo que se observa, no caso da leitura da narrativa literária e do ponto de vista cognitivo (reconstrução do mundo da história, inferências, respostas participativas, etc.), ocorre também na leitura de relatos, noutros suportes e noutras linguagens: *romance gráfico* (v.), narrativa fílmica (v. *cinema*), narrativa televisiva (v. *série* e *telenovela*), *romance radiofónico* (v.), etc. É sabido que a referida especificidade de suportes e de linguagens implica codificações e descodificações também específicas; mesmo assim, é possível postular que, nas leituras que naqueles casos estão em equação, determinadas respostas por parte do leitor/espectador são de certa forma transliterárias, no respeitante aos mecanismos recetivos acionados e aos efeitos suscitados. Em qualquer caso, a leitura da narrativa instaura uma dinâmica que se torna especialmente evidente quando está em causa a *personagem* (v.): ela não é "um elemento estável que pode ser reconhecido, mas antes um construto que evolui no decurso da leitura" (Frow, 2014: 24).

LÍRICA

1. A integração da lírica no campo dos estudos narrativos justifica-se em função de uma abordagem transmodal (v. *narratologia transmodal*) que,

tal como no caso do *drama* (v.), abre vias de reflexão importantes, também no que respeita à teoria da poesia.

O ponto de partida para aquela abordagem é o entendimento da lírica como um universal de representação literária. Enquanto tal e em termos abstratos, a lírica privilegia um processo de interiorização do mundo, articulado com procedimentos de *mediação* (v.) marcadamente subjetivos; no plano da expressão, aquelas dominantes favorecem soluções compositivas regidas pelo princípio da motivação, isto é, pela tendencial anulação da convencionalidade da linguagem verbal. A estilística da poesia, não sendo exclusiva dos textos poéticos, manifesta-se neles, de forma insistente, através de recursos metafóricos, imagísticos e fónico-expressivos (rimas, ritmos, metros, etc.). A voz mediadora que se revela nos textos líricos não se confunde com a do autor empírico, não obstante a frequente afirmação, no discurso poético, de um *eu* que refere vivências pessoais subordinadas a essa primeira pessoa.

2. Os termos em que sumariamente a lírica é aqui caracterizada parecem colocá-la nos antípodas da *narrativa* (v.). Com frequência, essa oposição encontra-se em descrições dos modos e dos géneros literários, sendo necessário notar, entretanto, que a presença do verso, na poesia lírica, não é uma sua marca distintiva suficiente nem absolutamente necessária. Muitas narrativas adotam um discurso versificado, sem que isso afete drasticamente a *narratividade* (v.) que nelas predomina, podendo o culto do verso ser determinado por convenções de época ou de género. É isso que se observa, por exemplo, nas fábulas de La Fontaine, no *Childe Harold's Pilgrimage* (1812-1818), de Lord Byron, ou no *Camões* (1825) e na *Dona Branca* (1826), de Almeida Garrett. Com estas ressalvas abre-se caminho a análises que superem postulações de tipo opositivo e quase "conflituoso" das diferenças entre lírica e narrativa; para tal, torna-se necessário reconhecer e abordar três problemas: "as definições questionáveis e as classificações que muitas vezes elas geram ou justificam; a expectativa de uma relação combativa [entre lírica e narrativa] resultando numa vitória clara; a ausência de distinções históricas" (Dubrow, 2006: 256).

Uma análise transmodal do relato poético pode indagar em que medida as propriedades formais do discurso poético, certamente variando nos diversos idiomas e épocas em que se formula, interferem na funcionalidade propriamente narrativa de categorias como a personagem ou o espaço, bem como no tratamento do tempo ou na articulação de pontos de vista inseridos no relato. Noutros termos: se aceitamos a segmentação (de versos, de estrofes, etc.) como uma característica importante do discurso poético, então "seria pertinente saber, por exemplo, como diferentes metros, esquemas rimáticos e formas estróficas interagem com a narrativa (...), como ela é elaborada diferentemente na poesia, em diferentes géneros e subgéneros de diferentes períodos, em diferentes tradições culturais (...) e em diferentes línguas; se há estilos de segmentação e de contramedidas periodológicos, geracionais ou grupais e como o estilo individual de cada poeta se relaciona com este ou com aquele período, escola, movimento ou círculo; e assim por diante" (McHale, 2009: 23).

3. A dimensão narrativa da lírica propriamente dita e as análises que suscita são legitimadas por uma conceção do relato como "prática semiótica antropologicamente universal, independente de cultura e período, usada para estruturar experiência e para produzir e comunicar sentido" (Hühn e Schönert, 2005: 1). Assim, o ato de narrar surge-nos como um dispositivo "utilizado pelos humanos, em todas as culturas e épocas, no âmbito de um vasto espectro de contextos pragmáticos e artísticos"(Hühn, 2004: 139). A partir destes pressupostos, desenvolvem-se hipóteses de trabalho que valorizam a condição transmodal e virtualmente narrativa da poesia lírica, desde que, evidentemente, se esteja atento aos limites dessas análises. Significa isto que aquelas hipóteses de trabalho terão em conta a singularidade dos textos poéticos que as acolhem (ou não). Para ser mais claro e exemplificando: o microrrelato que descreve o comportamento dos "hommes d'équipage" perante o albatroz desajeitado ("L'un agace son bec avec un brûle-gueule,/L'autre mime, en boitant, l'infirme qui volait!" Ch. Baudelaire, *Les fleurs du mal*, pp. 19-20) distingue-se da evocação intimista de um poema em que predominam emoções quase indizíveis; é assim quando o poeta alude a um "dia de inúteis agonias", recorrendo a imagens e a metáforas de escassa ou nula feição narrativa: "Tão lúcido, tão pálido, tão lúcido!/Difuso de teoremas, de teorias//O dia fútil mais que os outros dias./Minuete de discretas ironias!/Tão lúcido, tão pálido, tão lúcido!" (Camilo Pessanha, *Clepsidra*, p. 68).

4. Tal como acontece na postulação transmodal do drama, a questão da voz mediadora é decisiva para entendermos as emergências da narratividade na lírica (sobre a narratividade na poesia lírica cf. *Degrés*, 2002). Com efeito, a entidade que nos textos poéticos se estabelece como sujeito da enunciação relaciona-se com o mundo, no quadro daquela interiorização que foi referida;

como tal, o chamado sujeito poético não só não corresponde exatamente ao narrador convencional, como o seu centramento autoindividual e muitas vezes introspetivo prejudica a disjunção eu-outro que favorece uma modelação das coisas e dos seres em clave narrativa.

Aquela vocação para a interiorização que é própria do sujeito poético não inibe, todavia, a manifestação, no poema, de ações e de sequências de eventos reconhecíveis, no plano recetivo, por força de esquemas cognitivos que os antecedem e transcendem. O mesmo pode dizer-se da construção de figuras com capacidade para protagonizarem ações, conflitos e tensões humanas em contexto lírico, ressalvadas, evidentemente, constrições que nesse contexto vigoram (p. ex.: os textos líricos normalmente são, em termos de extensão, mais "económicos" do que os narrativos); dessas figuras podemos, em certos casos, dizer que homologam as personagens de uma história, em especial quando elas provêm de uma tradição cultural (bíblica, mítica, lendária, histórica, etc.) em que a narrativa assume grande relevância civilizacional. Isso não põe em causa a especificidade da lírica nem os termos em que ela incorpora componentes narrativos; assim, "na poesia lírica, as histórias tendem a diferir das que se encontram nos romances, na medida em que dizem respeito a fenómenos internos, como perceções, pensamentos, ideias, sentimentos, memórias, desejos, atitudes e produtos da imaginação que o locutor ou protagonista a si mesmo atribui, como uma história num processo de reflexão mental, definindo a sua identidade individual através dessa história" (Hühn e Schönert, 2005: 8).

5. Alguns exemplos expressivos. Primeiro: um soneto de Camões pode ser interpretado a partir de uma referência bíblica que ilumina os seus significados mais recônditos, como poema lírico deduzido, contudo, de uma matriz narrativa; assim, a história de Jacob, esperando que Raquel lhe seja concedida ("Sete anos de pastor Jacob servia/Labão, pai de Raquel, serrana bela;/mas não servia o pai, servia a ela,/e a ela só por prémio pretendia." Luís de Camões, *Lírica completa II*, p. 168), é uma alegoria narrativizada da tenacidade amorosa e da sua resistência ao tempo. Segundo: no soneto 7 de Shakespeare ("Lo, in the Orient when the gracious light"), o trânsito do sol, desde que nasce até que decai no horizonte – uma imagem com fundas raízes antropológicas e com forte significação humana –, sugere um trajeto que vai do fulgor da juventude ao envelhecimento; e este só se supera pela continuidade estruturalmente narrativa que a paternidade assegura: "So thou, thyself outgoing in thy noon,/Unlooked on diest unless thou get a

son" (W. Shakespeare, *The Sonnets and a Lover's Complaint*, p. 80). Por fim, certos *corpora* poéticos, usualmente encarados em função da sua natureza lírica, podem ser analisados com base na noção de que "os poemas têm intrigas, personagens, pontos de vista, cenários e tudo o mais, tão correntemente como ocorre em obras de prosa ficcional"; e assim, é possível identificar "tipos de intriga que se manifestam em poemas narrativos e líricos (...) da poesia romântica inglesa" (Stillinger, 1985: 98).

M

MANGA – V. Banda desenhada.

MEDIAÇÃO NARRATIVA

1. A expressão *mediação narrativa* parte da utilização do primeiro daqueles dois vocábulos, numa aceção que provém do inglês *mediacy*, por sua vez semanticamente próxima de *mediation*. De acordo com o dicionário Webster, *mediacy* refere-se ao "estado de ser mediado", enquanto *mediation a*ssume sobretudo um significado jurídico ("ação de mediar entre partes, por forma a efetivar um acordo ou reconciliação"), significado esse que também é usual em português. No presente contexto, *mediação* contempla os sentidos da intermediação e do processo, conforme definição do *Dicionário Houaiss*, especificada para o campo da filosofia ("processo criativo mediante o qual se passa de um termo inicial a um termo final").

2. A noção de mediação narrativa foi postulada por Franz Stanzel, como preâmbulo à circunstanciada conceptualização de situações narrativas que levou a cabo. De forma lata, a mediação é entendida como uma característica da narração, pressupondo o trabalho de um narrador situado num quadro narrativo verbal e literário; sendo assim, a narração é mediata ou indireta e, por conseguinte, distinta da "forma direta" própria do drama (formulação que, aliás, precisaria de ser matizada). Segundo Stanzel, a mediação "é talvez o mais importante ponto de partida para a modelação do assunto por um autor numa obra narrativa"; não por acaso, "os autores de obras narrativas e literárias marcantes no seu tempo, como *Dom Quixote, Tristram Shandy, Madame Bovary, Ulysses* e outras, devotaram uma boa parte dos seus talentos inovadores especialmente ao tratamento do processo narrativo do romance" (Stanzel, 1984: 6).

3. Os desenvolvimentos da narratologia e, mais tarde, dos estudos narrativos permitiram especificar aspetos importantes da mediação narrativa, antes de mais relacionando-a com categorias envolvidas naquilo a que Stanzel chama modelação: o *narrador* (v.), como figura colocada numa *instância narrativa* (v.), responsável pela *narração* (v.) e revelando maior ou menor índice de confiabilidade; a *perspetiva* (v.) e a sua conjugação com a *situação narrativa* (v.), funcionando como filtro qualitativo e quantitativo da representação; a economia e a arquitetura do *tempo* (v.), configuradas pelas elaborações a que ele é submetido, na esfera de ação do narrador e das suas prerrogativas. Para além disso, o alargamento dos estudos narrativos aos relatos não literários e não verbais, bem como a afirmação e a crescente influência do paradigma cognitivista obrigaram a considerar a mediação narrativa como processo que não se cinge à intermediação de um narrador de perfil humano.

O contributo da orientação cognitiva para caracterizar a mediação narrativa implica a valorização da consciência e da experiencialidade, como fatores determinantes do "processo de naturalização que habilita o leitor a reconhecer como narrativos aqueles tipos de textos que aparentam ser não narrativos" (Fludernik, 1996: 46). A mediação narrativa desloca-se, então, para o âmbito da consciência; ela induz um processo de *narrativização* (v.) que resulta da combinação de experiências de ação da vida real com molduras naturais (agir, ver, experienciar, relatar e refletir) e com conceitos narrativos genéricos (p. ex., os de *personagem* ou *ação*; ver estes termos). Note-se que "aquela consciência mediadora pode estar situada no nível do mundo ficcional, num protagonista; no nível da narração (num narrador ou numa voz autoral autorreflexiva); ou mesmo no leitor (ou seu representante)" (Fludernik, 1996: 372).

4. A integração, no âmbito dos estudos narrativos, de relatos gerados em contextos mediáticos e semiodiscursivos não literários implicou o reajustamento conceptual da mediação narrativa. Esse reajustamento foi determinado pela emergência de dois fatores interdependentes: em primeiro lugar, por invenções que conduziram ao aparecimento e à difusão massificada de outros *media* (televisão, cinema, internet, etc.), que não apenas os que davam suporte à comunicação literária (basicamente o livro literário e, acessoriamente, a revista e o jornal); em segundo lugar, pela questionação da figura e até da existência do narrador, enquanto entidade responsável pela mediação narrativa.

Na telenovela ou no cinema de ficção, no romance gráfico ou nos jogos de computador, a mediação narrativa resulta da ponderada interação de ferramentas e de dispositivos quase sempre de fatura coletiva. Nestes casos, a mediação narrativa não se restringe a uma *voz* (v.) narrativa singular, mas requer um aparato enunciativo tecnicamente complexo; o reconhecimento dessa complexidade deu lugar à noção de *narrador cinemático* (Chatman, 1990: 124 ss.), ao mesmo tempo que abriu caminho ao conceito de *remediação* (v.), deduzido da dinâmica de relações que é possível observar entre os vários *media*.

5. Não impede isto que se reafirme que o poder representacional da linguagem verbal lhe confere uma especial aptidão para levar a cabo mediações narrativas sofisticadas e semanticamente densas; é isso que acontece nas narrativas literárias. Mais do que em quaisquer outras narrativas, nelas "a linguagem fala à mente e não tanto aos sentidos, embora seja, evidentemente, através deles que os signos são entendidos. (...) As histórias referem-se a personagens situadas num mundo em mudança e a narração depende crucialmente da capacidade de um *medium* para destacar quem existe e para lhes atribuir propriedades" (Ryan, 2014: § 16).

Isso não impede que, na sequência da invenção, do aperfeiçoamento e da disseminação de outros meios e sistemas transmissivos, a linguagem verbal tenha perdido o exclusivo da mediação narrativa; aqueles novos meios e sistemas transmissivos (p. ex., a imagem e o som; a televisão e a internet) constituem alternativas mediáticas que não põem em causa a supremacia funcional da linguagem verbal, mas obrigam a levantar algumas questões importantes. Relacionam-se essas questões com a eficácia narrativa das referidas alternativas mediáticas, uma eficácia que é questionada no âmbito de subdisciplinas como a *narratologia musical* (v.) ou a *narrativa pictórica* (v.), de géneros multimodais como o *romance gráfico* (v.) ou de práticas interativas como o *jogo narrativo* (v.).

Reconhece-se, então, que os *media* desenvolvem processos de configuração narrativa que impedem uma sua postulação como meros canais passivamente disponíveis para a veiculação de relatos. As diferentes soluções de mediação narrativa que presentemente encontramos no chamado universo mediático (v. *narrativa mediática*) confirmam o caráter omnipresente da narrativa, como produto cultural e como experiência humana; por outro lado, aquelas soluções facultam experiências narrativas singulares, como se confirma quando estão em causa dinâmicas de transmediação (v. *narratologia transmediática*). Sem o poder de articulação lógica da linguagem verbal, mas possuindo inquestionável capacidade de indução cognitiva, os *media* de base sensorial (designadamente, auditiva e visual) podem "dar contribuições únicas para a formação do significado narrativo. São, muito simplesmente, significados que se expressam melhor visualmente ou musicalmente do que verbalmente; esses significados não devem ser *a priori* declarados irrelevantes para a experiência narrativa" (Ryan, 2004: 12).

MEDIÁTICA, Narrativa – V. Narrativa mediática.

MEDICINA NARRATIVA – V. Interdisciplinaridade.

MEMÓRIAS

1. As *memórias* são um *género narrativo* (v.) fundado na capacidade possuída quer por um sujeito ficcional, quer por uma personalidade realmente existente, para evocar um passado não apenas pessoal, mas também coletivo, com significado histórico e social. Em função da importância que os textos memorialísticos podem assumir num determinado cenário cultural, designa-se como memorialismo tanto o culto deste género como um campo de produção narrativa em que predomina uma axiologia da memória enquanto fator de definição identitária e de agregação coletiva (cf. Rocha, 2011).

2. Na sua condição de género narrativo, as memórias têm semelhanças temáticas e formais com outros géneros marcados pela componente confessional e subjetiva. Estão nessa situação o *diário* (v.) e sobretudo a *autobiografia* (v.); no que a esta última diz respeito, as referidas semelhanças envolvem a comum "composição do retrato crítico de um 'eu' que se reconstitui e se situa no quadro complexo de um percurso no tempo e no espaço" (Morão, 1993: 18). Ao mesmo tempo, importa notar que "a autobiografia (...), respeitando a regra da cronologia, acentua (...) a importância do 'eu' narrador de modo complexo" (Morão, 1993: 19).

Sem prejuízo da singularidade que revelam, em diferentes contextos e tempos históricos, as memórias relacionam-se com a historiografia, na medida em que relatam acontecimentos e convocam testemunhos e documentos com significado historiográfico. Contudo, deve relativizar-se esse contributo, por se saber que o autor das memórias dificilmente evita um posicionamento pessoal, relativamente àquilo que é recordado, a par de uma autovalorização narcisista e confessionalista do seu papel na História (veja-se o caso das *Mémoires d'outre-tombe,* 1849-50, de Chateaubriand). A disponibilidade para evocar o passado completa-se, a partir dessa autovalorização, com o recurso à chamada memória de longa duração de tipo declarativo; é esta que permite lembrar acontecimentos situados no tempo e suscetíveis de serem verbalizados e narrativamente estruturados.

3. Tendo em atenção as afinidades com outros géneros narrativos, mas também a sua especificidade discursiva e temática, é possível indicar cinco características dominantes do relato memoralista.

3.1. As memórias constroem-se com base no poder evocativo de um sujeito maduro e temporalmente distanciado daquilo que relata. Adotando uma atitude seletiva, o memorialista escolhe, do passado que viveu, acontecimentos, experiências e ações significativas, nos planos pessoal e histórico.

3.2. A enunciação memorialística é formulada pelo sujeito que lembra o passado, podendo esse sujeito transmiti-las a alguém (anónimo ou identificado) da sua confiança para que as registe e eventualmente relate. Além disso, a narração das memórias não segue obrigatoriamente uma cronologia rígida, uma vez que o critério da evocação seletiva prevalece sobre a organização temporal dos eventos.

3.3. Do ponto de vista temático, o narrador das memórias tende a realçar, através desse seu impulso memorial, os episódios históricos, políticos, sociais e culturais em que esteve envolvido, bem como as figuras com quem se relacionou.

3.4. No plano retórico, as memórias relacionam-se com outros géneros afins (diário e autobiografia, sobretudo), atingindo-se, nalguns casos, uma situação de hibridismo genológico.

3.5. A retórica e a axiologia das memórias incluem, muitas vezes, um propósito de legitimar comportamentos do passado ou de impor à comunidade uma imagem reajustada desse passado, com engrandecimento do sujeito que os viveu.

4. A valorização cultural das memórias traduz-se numa produção narrativa ampla, muitas vezes emanada de uma filosofia da *anamnese* em que eventualmente se investe uma forte carga ideológica. Essa carga ideológica associa-se a conceções da vida pessoal e social que atribuem à lembrança do passado uma importância considerável, não apenas em si mesmo, mas também como exemplo para o futuro. Resulta daí o culto das efemérides, a publicação de coleções de textos memorialistas ou a disponibilização de canais televisivos dedicados à recuperação de programas e de figuras mediáticas marcantes.

Em termos genológicos, é possível distinguir dois tipos de narrativas de memórias, sem excluir situações híbridas ou de passagem.

4.1. Primeiro: as memórias com base factual e com forte incidência histórica, provindas de personalidades com proeminente atividade política, cultural ou social. *Le mémorial de Sainte-Hélène* (1822-23), escrito pelo conde de Las Cases, com base nas suas conversas com Napoleão Bonaparte, e as *Memoirs of the Second World War* (1959), por Winston S. Churchill, exemplificam este tipo de relato memorialístico, bem como a sua propensão para a hibridização. Graças à escrita e publicação das suas memórias, Churchill foi institucionalizado, não sem controvérsia, como escritor literário, pela atribuição do Prémio Nobel da Literatura, em 1953.

4.2. Segundo: as memórias ficcionais, configurando praticamente um *subgénero narrativo* (v.) que pode ser designado como *romance-memórias* (cf. Musarra- Schrøder, 1981). Neste caso, a narrativa incorpora, com maior ou menor latitude, a matriz formal e temática das memórias propriamente ditas e, pela via da ficcionalidade, deriva para construções diegéticas e para figurações de personagens sem obrigatória vinculação ao real. As *Memórias de um sargento de milícias* (1853), de Manuel Antônio de Almeida, as *Memórias póstumas de Brás Cubas* (1881), de Machado de Assis ou as *Mémoires d'Hadrien* (1951), de Marguerite Yourcenar, ilustram este tipo de memórias, sendo as últimas um caso exemplar de conjugação do género em apreço com os protocolos representacionais e temáticos da autobiografia e do *romance histórico* (v.).

5. O relato memorialista modula-se em função de diversas opções, incluindo a referência meramente temática ao memorialismo (em *Memorial do convento*, 1982, de José Saramago, romance que não é formalmente narrado

como memória de alguém) ou a conjugação discursiva com o diário (em *Memorial de Aires*, 1908, de Machado de Assis). Por outro lado, a composição ficcional permite atribuir protagonismo memorialístico a objetos inanimados, pela mediação do *apólogo* (v.): por exemplo, no conto *Memórias de uma forca* (1867), de Eça de Queirós, ou em *Memórias duma nota de banco* (1962), de Joaquim Paço d'Arcos; a partir da leitura daquele texto de Eça pode afirmar-se que "a experiência de testemunha-limite é a base da estrutura narrativa, com um Eu que faz toda a sua narração autobiográfica na iminência da sua própria morte" (Grossegesse, 2004: 302).

METADIEGÉTICO, Nível – V. Nível hipodiegético.

METAFICÇÃO

1. O termo *metaficção* designa as representações narrativas (romances, contos, etc.) em que, de forma pontual ou alargada e no decurso do relato, se reflete acerca da produção e/ou da condição ficcional dos elementos que integram a história; trata-se, então, de uma problematização autorreflexiva levada a cabo por entidades já de si ficcionais, como o narrador ou as personagens. No plano etimológico, o vocábulo metaficção envolve um componente (*meta*) que indica o ponto de chegada ou o fim de alguma coisa, tal como se observa noutros termos do campo dos estudos narrativos (p. ex., em *metanarrativa*) ou dos estudos linguísticos (p. ex., em *competência metalinguística*).

Numa das obras de referência sobre esta questão, recorre-se pertinentemente à imagem da narrativa narcisista para caracterizar os relatos metaficcionais. Assim, sendo a metaficção aquela "ficção que inclui em si mesma um comentário sobre a sua própria narrativa e/ou identidade linguística", o adjetivo *narcisista*, como imagem de autoconsciência, "não pretende ser depreciativo, mas sim descritivo e sugestivo", como o são também outros adjetivos similares: "autorrefletivo, autoinformativo, autorreflexivo, autorreferencial, autorrepresentacional" (Hutcheon, 1980: 1-2).

2. Muito embora a metaficção seja frequentemente associada a um certo tempo literário (que é o do pós-modernismo, na segunda metade do século XX), a verdade é que as propriedades que intrinsecamente a definem

– a autoconsciência literária, para além da metaficcionalidade propriamente dita (cf. Waugh, 1984: 21-61) – se encontram em escritores e em obras muito anteriores a esse tempo. Por exemplo, em Cervantes e no *Quijote* (1605-15), em Laurence Sterne e em *The Life and Opinions of Tristram Shandy, Gentleman* (1759-67), em Diderot e em *Jacques le fataliste et son maître* (1796), em Almeida Garrett e nas *Viagens na minha terra* (1846). Praticamente em todos estes casos, é a condição do romance, como género incipiente ou em maturação, que está em equação, levando a ponderações acerca da *ficcionalidade*(v.), dos agentes narrativos e das suas conexões com a realidade; ao mesmo tempo, a metaficcionalidade elabora-se, com frequência, em conjugação com procedimentos literários, metaliterários e metanarrativos, como a alegoria, a paródia, *a mise en abyme* (v.) ou a *metalepse* (v.), procedimentos estes que comparecem em muitas ficções pós-modernistas.

Recorde-se aqui, pelo seu significado fundacional, relativamente ao que veio a ser a estética e a construção ficcional do romance moderno, o início da segunda parte do *Quijote*, aparecida em 1615, dez anos depois da primeira parte. Em resposta tácita à publicação do chamado *Quijote de Avellaneda* (ou falso Quixote), em 1614, Cervantes delega em Sancho Pança um comentário metaficcional: "Me dijo [o bacharel Sansón Carrasco] que andaba ya en libros la historia de vuesa merced, con nombre de *El Ingenioso Hidalgo don Quijote de la Mancha*; y dice que me mientan a mí en ella con mi mesmo nombre de Sancho Panza, y a la señora Dulcinea del Toboso, con otras cosas que pasamos nosotros a solas, que me hice cruces de espantado cómo las pudo saber el historiador que las escribió" (Miguel de Cervantes, *El Ingenioso Hidalgo Don Quijote de la Mancha*, p. 885).

3. A fortuna literária, teórica e crítica do conceito de metaficção ocorreu a partir dos anos 70 do século passado (cf. Scholes, 1970; *id.*, 1979: 103-138) e projetou-se na obra de destacados ficcionistas da segunda metade do século XX, como Jorge Luis Borges, John Fowles, José Saramago (p. ex., em *História do cerco de Lisboa*, 1989) ou Italo Calvino (em *Se una notte d'inverno un viaggiatore*, 1979). A par deles, alguns dos autores do chamado *novo romance* operaram indagações metaficcionais em que estavam em causa o estatuto do romance e a sua capacidade representacional, indo além da ilusão realista que dominou a segunda metade do século XIX. Em muitos casos, o ficcionista enuncia discursos metateóricos em que tentativamente aborda temas que depois inscreve na ficção (a figura do narrador, as expectativas e prerrogativas do leitor, a relação entre História e ficção, etc.).

Já antes disso, em tempo do modernismo, a ficção e as entidades que nela se encontram por vezes autoquestionam o seu próprio estatuto ontológico, conforme pode ver-se em Pirandello, no Fernando Pessoa do *Livro do desassossego de Bernardo Soares* (primeira edição póstuma, em 1982) ou em *Niebla* (1914), de Miguel de Unamuno; o que neste romance (ou *nivola*, como lhe chamou o autor) pode ler-se é uma interpelação provocatória do autor do relato pela personagem: "–Mire usted bien, don Miguel... no sea que esté usted equivocado y que ocurra precisamente todo lo contrario de lo que usted se cree y me dice. (...) No sea, mi querido don Miguel – añadió –, que sea usted y no yo el ente de ficción, el que no existe en realidad, ni vivo, ni muerto... No sea que usted no pase de ser un pretexto para que mi historia llegue al mundo..." (Miguel de Unamuno, *Niebla*, p. 149).

4. Pela sua natureza, o cinema dispõe de artifícios que potenciam, em diversos regimes e com diferentes propósitos (p. ex., paródicos), as experiências metaficcionais. A relação ator/personagem, a fratura entre o tempo da construção do filme e o tempo da história nele relatada, assim como a demarcação, pelo écran, da fronteira entre real e ficção constituem motivos de problematização metaficcional desenvolvidos em *The French Lieutenant's Woman* (1981), de Karel Reisz (a partir do romance homónimo de John Fowles), em *The Purple Rose of Cairo* (1985), de Woody Allen (cf. Feyersinger, 2012: 187-192), e em *Stranger than Fiction* (2006), de Marc Forster.

5. Em confronto com o conceito de *metanarrativa* (v.), a metaficção aparece muitas vezes como noção abrangente que inclui aquele conceito. A feição redutora de tal uso estimula, contudo, a que sejam sublinhadas as diferenças entre um e outro, a partir de uma verificação de base: "Enquanto a metaficção, por definição, apenas pode aparecer no contexto da ficção, tipos de metanarração podem também ser encontrados em muitos géneros narrativos e *media* não ficcionais" (Nünning, 2004: 16; cf. Fludernik, 2003b, com contributos motivados por textos anteriores de Nünning). Importante para a distinção entre ambos os conceitos (e também para se concluir que a metaficcionalidade regista, em contexto literário e narrativo, um uso alargado) é o estabelecimento de variedades da metaficção, a partir da diferenciação de duas modalidades autónomas: a metaficcionalidade aberta e a metaficcionalidade dissimulada, cada uma delas prevendo as submodalidades diegética e linguística (cf. Hutcheon, 1980: 28-35).

METALEPSE

1. O conceito de *metalepse* decorre do sentido etimológico do termo em causa: significando *transposição*, a metalepse pode ser definida, numa aceção primordial, como um movimento em que se opera a passagem de elementos de um nível narrativo para outro. Como se afirma na caracterização narratológica desta noção, "toda a intrusão do narrador ou do narratário extradiegético no universo diegético (ou de personagens diegéticas num universo metadiegético, etc.), ou inversamente, como em Cortázar [no conto *La continuidad de los parques*], produz um efeito de extravagância quer burlesco (quando é apresentada, como fazem Sterne ou Diderot, em tom de gracejo), quer fantástico" (Genette, 1972: 244). Retomando o registo etimológico, Genette lembra ainda que "a palavra grega *metalepsis* designa, em geral, todo o tipo de permutação e mais especificamente o uso de uma palavra por outra, por transferência de sentido" (Genette, 2004: 7-8).

2. Indo além da sua origem retórica e da reformulação narratológica de que foi objeto, a metalepse conheceu, nos últimos anos, uma fortuna crítica e teórica considerável, fundada no desenvolvimento transnarrativo e multidisciplinar dos estudos narrativos. A axiologia cultural pós-modernista, bem como a diversidade dos contextos mediáticos em que a narrativa se situa geraram uma ecologia favorável ao aprofundamento da metalepse e à confirmação da sua relevância conceptual e operatória; ela não é, então, "uma noção esotérica", mas sim "o ponto de cruzamento de todo um conjunto de interrogações fundamentais a respeito da narrativa de ficção e de facto, mais genericamente, de certas modalidades do funcionamento da representação mental como tal"; para além disso, "sob outras denominações, o processo metaléptico foi objeto de reflexões muitas vezes decisivas noutras disciplinas e a propósito de outros tipos de representações (visuais, conceptuais, psicológicas, etc.)" (Pier e Schaeffer, 2005: 9) (veja-se a animação https://vimeo.com/129227839 ; acesso a 7.10.2017).

3. O salto epistemológico que conduz a análise da metalepse da esfera da retórica para a da *ficcionalidade* (v.), incluindo os seus protocolos e as suas dinâmicas narrativas, implica a valorização de duas noções correlatas.

3.1. Primeiro: a noção de *fronteira*, que remete para uma conceção "territorial" da constituição da narrativa literária e da ontologia da ficcionalidade que lhe está associada. Neste caso, a metalepse é entendida como uma transgressão de campos de ação reservados a entidades de mundos separados: personagens, narradores e espaços ficcionais, por um lado; autores empíricos, leitores e espaços reais, por outro. Aceitando-se o princípio da fronteira rejeita-se a possibilidade de se operar um fusão de mundos: "Todas as obras metalépticas exploram, de acordo com os meios facultados pelos seus *media*, a possibilidade de apresentar mundos ontologicamente diferentes" (Lavocat, 2016: 479); sendo assim, não ocorre a "fusão dos mundos, porque o próprio desafio de todas as obras metalépticas é jogar com a fronteira, manifestá-la, simulando a sua passagem" (Lavocat, 2016: 480). Subjaz a esta posição o princípio da permutação, admitindo-se, por isso, o trânsito de elementos ontologicamente autónomos entre domínios que não estão isolados. O cinema, pela natureza da comunicação que leva a cabo (com delimitação, através do écran de projeção, do mundo do público e do mundo da ficção), viabiliza a metalepse por derrogação de fronteira, quando nele se simula a passagem de uma personagem do filme para o campo do espectador perplexo com tal derrogação (em *The Purple Rose of Cairo*, 1985, de Woody Allen). Noutra situação, em contexto de reflexão metaficcional, Sancho Pança refere-se à primeira parte do *Quijote* (1605), publicada dez anos antes: "Me mientan a mi en ella con mi mesmo nombre de Sancho Panza, y a la señora Dulciena del Toboso" (M. de Cervantes, *El Ingenioso Hidalgo Don Quijote de la Mancha*, p. 885); mais adiante, notando a projeção nominal de uma certa personagem fora do seu mundo original, Sancho acrescenta: "Es tan trillada y tan leída y tan sabida [a história de Dom Quixote] de todo género de gentes, que apenas han visto algún rocín flaco, cuando dicen: 'Allí va Rocinante'" (p. 894).

3.2. Segundo: a noção de *nível narrativo* (v.), invocada na caracterização da metalepse: "Toda a narrativa, sendo uma narração de acontecimentos, organiza-se (...) em dois níveis claramente separados: o nível da narração e o dos acontecimentos narrados" (Pier e Schaeffer, 2005: 11). Está implícita, nesta postulação, a imagem da fronteira, já comentada, juntando-se-lhe agora o sentido, não isento de conotações negativas, da contaminação: "Toda a contaminação de um nível por outro pareceria, pois, ir contra a própria natureza da representação e, mais especificamente, da narrativa" (Pier e Schaeffer, 2005: 11). Com aquele sentido, sugere-se uma irregularidade na gestão dos equilíbrios estruturais e semânticos que a arquitetura da narrativa, em princípio, persegue. O potencial heurístico da noção de nível narrativo, na sua ligação com a prática da metalepse, ganha maior clareza quando estão em causa várias *instâncias narrativas* (v.) desdobradas em patamares autónomos, designadamente o *nível extradiegético*, o *nível diegético* e o *nível hipodiegético* (v. estes termos). A autonomia relativa destes níveis não impede movimentos metalépticos como aquele que se encontra no final das *Viagens na minha terra* (1846), quando uma figura do nível diegético (que é narrador segundo da novela inserida na história) se cruza com Frei Dinis e com a avó de Joaninha, que conhecêramos no nível hipodiegético; n'*A ilustre casa de Ramires* (1900), por várias vezes o protagonista, sendo narrador de uma história de nível hipodiegético, traz até à sua vida, no nível diegético, o exemplo e os discursos de figuras daquela história. De novo, o cinema de Woody Allen oferece-nos exemplos muito sugestivos neste aspeto: em *Annie Hall* (1977), o relato, pelo protagonista Alvy Singer, da sua infância é ilustrado pela "visita" que a personagem-narrador faz a esse passado, na companhia de duas personagens (aqui narratários transformados em espectadores desse passado de circunstância); os três observam, então, as divertidas e turbulentas reuniões da família Singer, sem serem obviamente, notados.

4. A atenção que, nos últimos anos, a metalepse tem conhecido deu lugar a tentativas de sistematização, reveladoras, antes de mais, da sua complexidade e da diversidade das suas manifestações.

4.1. Num primeiro momento, cabe falar em metalepse *de autor* e em metalepse *mínima*; enquanto, no primeiro caso, a designação tem a ver com a emergência de uma voz "autoral" (ou seja: ficcionalmente inscrita) que intervém expressamente no curso dos eventos, no segundo caso é uma formulação reconhecidamente retórica que sugere a transgressão de níveis narrativos. Dois exemplos, referidos respetivamente a cada uma destas situações: primeiro, a metalepse que se lê nas *Aventuras de João Sem Medo* (1963), de José Gomes Ferreira, quando o protagonista pede auxilio ao escritor que, depois de se identificar, resolve intervir: "Para que não confessar, porém, que esse chamamento me comoveu e abalou até às raízes das lágrimas? De tal modo que me impeliu a intervir, sem rebuço, junto das Potências Secretas que pretendiam humilhá-lo" (*Aventuras de João Sem Medo*, p. 175). Segundo: a alusão, no plano do discurso, ao "leitor" que o narrador guia pelos meandros da história: "Subamos e, por entre os criados que encontrarmos nas escadas e corredores, penetremos na sala de onde provém o ruído de festa que já noticiámos. O leitor por certo conhece o recinto" (Júlio Dinis, *Uma família inglesa*, p. 68).

4.2. Uma outra distinção é a que destrinça a chamada *metalepse retórica* da *metalepse ontológica*. O seu ponto de partida é a análise genettiana, consabidamente assente numa base retórica (ou figurativa) e derivando depois para o domínio da ficcionalidade (ou ontológico), o que explica a expressão "da figura à ficção" (subtítulo de Genette, 2004; cf. *ibid.* 16 ss. e Fludernik, 2003). Particularizando a dualidade referida, Marie-Laure Ryan explica que, na metalepse retórica, "o autor pode falar *acerca* das suas personagens, apresentando-as como criações da sua imaginação, mais do que como seres humanos autónomos, mas não fala *com* elas, porque pertencem a outro nível de realidade"; diferentemente, "a metalepse ontológica abre passagem entre níveis [ontológicos, entenda-se], resultando na sua interpenetração ou mútua contaminação" (Ryan, 2006: 207). Uma metalepse, por assim dizer, mista (ao mesmo tempo retórica e ontológica) é a que se representa em *Niebla* (1914), de Miguel de Unamuno, raramente citado a este propósito: trata-se da situação em que o escritor "Don Miguel", vivendo em Salamanca, recebe a visita de uma sua personagem Augusto Pérez, que tenciona suicidar-se. No capítulo XXXI do romance, o "autor" fala *acerca* da personagem e também *com* a personagem: "No existes más que como ente de ficción; no eres, pobre Augusto, más que un producto de mi fantasía y de las de aquellos de mis lectores que lean el relato que de tus fingidas venturas y malandanzas he escrito yo" (Miguel de Unamuno, *Niebla*, p. 149). A isto responde a personagem, em diálogo tenso com o autor: "No sea, mi querido Don Miguel (...), que sea usted y no yo el ente de ficción, el que no existe en realidad, ni vivo ni muerto..." (p. 149).

5. A chamada metalepse ontológica é a mais sugestiva, propiciando episódios narrativos de subversão ou de derrogação ficcional que, num quadro realista convencional, são improváveis; pelo contrário, em contexto modernista e pós-modernista, a metalepse ontológica dá lugar a indagações acerca da lógica e da legitimidade da ficcionalidade, bem como das relações entre entidades nativas e entidades migrantes (em especial personagens) inseridas em mundos ficcionais (v. *mundo possível*) e da consciência metaliterária e metaficcional do romancista. Destacam-se aqui as *personagens* (v.) como indutoras de processos metalépticos: muitas vezes, elas "servem como agentes ou 'veículos' de metalepse, agitadores da hierarquia dos níveis

ontológicos, através da sua consciência das estruturas recursivas em que elas próprias se encontram" (McHale, 1987: 121). De novo *Annie Hall*: numa discussão sobre o pensamento de Marshall McLuhan, decorrida no interior da história, Alvy Singer sai do campo da imagem para voltar com o próprio McLuhan que esclarece o que está em causa e decide o debate.

É sobretudo tendo em atenção a metalepse ontológica e os procedimentos que ela suscita que se desenvolvem propostas de classificação, distinguindo, em termos gerais, movimentos ascendentes, descendentes e horizontais (estes últimos também chamados laterais ou de transmigração horizontal); eventualmente, esses movimentos conjugam-se com metalepses de enunciação (nível do discurso) e com metalepses de enunciado (nível da história) (cf. Pier, 2016: § 12 ss.).

6. As dúvidas que podem levantar-se acerca da pertinência desta deriva taxonómica não põem em causa a relevância da figura narrativa em apreço, confirmada pela sua manifestação em linguagens e em contextos mediáticos transliterários e transnarrativos. O teatro, o cinema, as artes plásticas ou os videogames acolhem a metalepse, condicionada e motivada pelos recursos disponíveis naquelas linguagens e contextos; é o que observa Brian McHale, a partir do exemplo canónico de *Sei personaggi in cerca d'autore* (1921), de Pirandello: "A fundamental fronteira ontológica no teatro é, literalmente, um limiar físico, igualmente visível para a audiência e (se lhes é permitido que o reconheçam) para as personagens: designadamente as luzes do chão, na borda do palco" (McHale, 1987: 121).

A "territorialidade" que é redimensionada pela metalepse evidencia-se na sua presença em relatos televisivos e cinematográficos, neste último caso já aqui invocados a propósito do cinema de Allen. Verifica-se isso em *The French Lieutenant's Woman* (1981), de Karel Reisz, adaptação da obra homónima (de 1969) de John Fowles, em que são retomados, através de dispositivos fílmicos, discursos e episódios metaficcionais presentes no romance; em *Stranger than Fiction* (2006), de Marc Forster, a personagem ouve (e mais ninguém, além dela) uma voz que narra a sua vida, voz essa que vem a ser a da autora da ficção em que aquela personagem está inserida. Na *série* (v.) *House of Cards* (1ª temporada: 2013), de Beau Willimon, a partir do romance homónimo (de 1989) de Michael Dobbs, o protagonista Frank Underwood fala ao espectador e comenta passos da intriga, num jeito de cumplicidade que a comunicação televisiva potencia; num outro plano, não é raro que atores e atrizes de *telenovela* (v.) sejam tomados, pelo público desprevenido, como as próprias personagens que interpretam. Por sua vez, os *jogos narrativos* (v.), pela sua natureza e pelas ferramentas a que recorrem, estimulam o jogador-leitor a uma atitude de *interatividade* (v.) e de imersão que simula a participação metaléptica no desenvolvimento do jogo-relato. Note-se, entretanto, que estes exemplos estão próximos de uma visão fluida e, por assim dizer, permissiva do conceito de metalepse, visão que encontra resistências numa conceção diferencialista da ficção; uma tal conceção recusa a ideia, com forte marca pós-modernista, de que a ficção "já não tem contornos ou traço específico identificável, nem formal, nem lógico, nem axiológico, nem ontológico" (Lavocat, 2016: 13).

7. De um modo geral, pode dizer-se que a metalepse se estende a muitas outras áreas e modos de representação, para além das narrativas ficcionais, incluindo as que se inscrevem na chamada cultura popular e não canónica: narrativa fantástica, videoclips, *romance gráfico* (v.), *romance policial* (v.), etc. (cf. Kukkonen e Klimek, eds., 2011). Precisamente da ordem da cultura popular e revelando uma certa feição metaléptica são fenómenos como a designada *fan fiction*; a sua manifestação traduz-se em procedimentos de mimetismo e de apropriação de universos ficcionais (com destaque para as personagens e para os espaços), projetados em comportamentos do mundo real, eventualmente elaborados no ambiente da internet (p. ex., em blogues). O caso Harry Potter é, neste aspeto, muito elucidativo, até por ter dado origem a parques temáticos, motivando ações de imersão ficcional.

Por fim e de novo de um ponto de vista "aberto" e sem rigidez ontológica, a metalepse constitui "uma tentativa para expandir o império da ficção até aos mundos mais remotos, no universo daquilo que é imaginativamente possível" (Ryan, 2006: 210); ela ocorre "não só nas artes, mas também na lógica, na matemática, na linguagem e na ciência. Quando afeta estas disciplinas, a metalepse conduz a consequências epistemológicas de longe mais perturbadoras do que a lúdica subversão da lógica narrativa" (Ryan, 2006: 211).

METANARRATIVA

1. O termo metanarrativa designa todo o relato ou parte de relato em que se processa um ato de autorreflexividade, ou seja, uma reflexão acerca da própria narrativa, do seu processo comunicativo ou dos seus elementos

constitutivos, em particular os do nível do *discurso* (v.). No plano etimológico, o vocábulo metanarrativa envolve um componente (*meta*) que indica o ponto de chegada ou o fim de alguma coisa; o mesmo acontece noutras expressões do léxico dos estudos narrativos (p. ex., em *metaficção;* v.) ou dos estudos linguísticos (p. ex., em *competência metalinguística*).

2. Justifica-se, assim, que a metanarrativa seja caracterizada como a tematização da narrativa pela própria narrativa: "Quando o tema de um discurso é a narrativa, podemos dizer que o discurso é metanarrativo. (...) Uma narrativa particular pode referir-se a si mesma e àqueles elementos pelos quais é constituída e comunicada" (Prince, 1982: 115). Tornando evidente que os discursos metanarrativos são mais frequentes (e também mais antigos) do que pode pensar-se, o mesmo autor distingue várias funções para este tipo de prática: marcar o ritmo da narrativa, explicar significados linguísticos, caracterizar os agentes narrativos (em especial o narrador) e sobretudo facultar ao destinatário do relato orientações organizativas e interpretativas; deste modo, os signos narrativos "assinalam o conjunto de normas e de restrições, segundo os quais o texto se desenvolve e faz sentido", mostrando parcialmente "como um certo texto pode ser entendido, como deve ser entendido, como quer ser entendido" (Prince, 1982: 125).

3. As ocorrências metanarrativas cumprem funções variadas e apresentam um alcance vasto e com diversificada formulação. Num nível de intervenção pontual, um narrador pode esclarecer o significado de um vocábulo, cujo desconhecimento comprometeria a comunicação: "[Ricardo Reis] puxou uma cadeira e sentou-se defronte do visitante, reparou que Fernando Pessoa estava em corpo bem feito, que é a maneira portuguesa de dizer que o dito corpo não veste sobretudo nem gabardina nem qualquer outra proteção contra o mau tempo, nem sequer um chapéu para a cabeça" (José Saramago, *O ano da morte de Ricardo Reis*, p. 80). Em termos mais alargados, o narrador pode aludir à dificuldade da composição narrativa ("por muito que se esforcem os autores, uma habilidade não podem cometer, pôr por escrito, no mesmo tempo, dois casos no mesmo tempo acontecidos." José Saramago, *A jangada de pedra*, p. 14) ou a opções de articulação temporal ("Algum tempo hesitei se devia abrir estas memórias pelo princípio ou pelo fim, isto é, se poria em primeiro lugar o meu nascimento ou a minha morte." Machado de Assis, *Memórias póstumas de Brás Cubas*, p. 13). No limite, é possível entender como metanarrativas as reflexões em que

um poeta épico se reporta às dificuldades de construção da epopeia: "Um ramo na mão tinha... Mas, ó cego,/Eu, que cometo, insano e temerário,/Sem vós, Ninfas do Tejo e do Mondego,/Por caminho tão árduo, longo e vário!/Vosso favor invoco, que navego/Por alto mar, com vento tão contrário/Que, se não me ajudais, hei grande medo/Que o meu fraco batel se alague cedo" (L. de Camões, *Os Lusíadas*, VII, 78).

4. Importa, por fim, não confundir metanarrativa com *metaficção* (v.), o que não significa que estes conceitos devam ser isolados um do outro, uma vez que ambos constituem formas de autorreferencialidade. Em todo o caso, a metanarrativa (também designada, enquanto processo, como metanarração) tende a ser obliterada pela metaficção, uma vez que este é um conceito com mais ampla circulação no campo dos estudos narrativos. Contudo, "se o primeiro diz respeito às reflexões do narrador sobre o discurso ou sobre o processo de narração, o segundo refere-se aos comentários sobre a ficcionalidade do texto narrado ou do narrador" (Nünning, 2004: 16; cf. Fludernik, 2003b, com contributos motivados por textos anteriores de Nünning).

MIMESIS – V. Representação.

MISE EN ABYME

1. No domínio dos estudos narrativos, a expressão *mise en abyme* designa a representação de um ato artístico (uma narrativa, uma peça de teatro, um filme), no decurso de uma história; eventualmente problematizando-se como tal, essa representação interage com a referida história e com o seu desenvolvimento. Numa narrativa ou, mais genericamente, numa obra artística, observa-se a própria narrativa ou uma sua variante temática ou modal; cria-se, assim, a ilusão de uma projeção reduzida, alterada ou figurada em profundidade, da história em curso ou do seu *desenlace* (v.).

2. A expressão que se refere a este procedimento provém de uma reflexão de André Gide no seu *Journal*, a partir da observação de que a escrita literária retroage sobre quem a leva a cabo: "Saindo de nós, [o livro] transforma-nos, modifica a marcha da nossa vida" (Gide, 1951: 40). E mais adiante: "Gosto muito quando, numa obra de arte, reencontramos transposto, à escala das

personagens, o próprio tema da obra" (Gide, 1951: 41). Os exemplos aduzidos por Gide são, entre outros, os de quadros de Hans Memling e de Quentin Metsys (onde se pinta um espelho em que se reflete aquilo que está a ser pintado), a cena da comédia, no interior do *Hamlet* (1603), e, num outro campo, o brasão que insere, *en abyme*, um segundo brasão.

3. Na narrativa literária e também no cinema, a *mise en abyme* possibilita elaborações narrativas muito sugestivas, com consequências no plano semântico. N'*O primo Basílio* (1878), de Eça de Queirós, uma personagem (o dramaturgo Emestinho Ledesma) resume e discute a intriga do seu drama *Honra e paixão*, prenunciando involuntariamente o desenvolvimento da intriga do romance e o seu *desenlace* (v.); em *Otto e mezzo* (1963), de Fellini, em *La nuit américaine* (1973), de François Truffaut, ou em *The French Lieutenant's Woman* (1981; adaptado de um romance de John Fowles), de Karel Reisz, o relato fílmico integra, como conteúdo diegético, a realização cinematográfica, enquanto análise e autoanálise do cinema e dos seus intérpretes. Profecia, autocontemplação, amplificação semântica, exibição do código e completamento da ação, são algumas das funções que podem ser atribuídas à *mise en abyme*, um procedimento a que o chamado *novo romance* (v.) recorreu com alguma frequência (cf. Dallenbach, 1977).

4. Se bem que frequentemente apareça associada à *metalepse* (v.), a *mise en abyme* não se confunde com ela. Faz sentido, contudo, notar que elas partilham propriedades: em primeiro lugar, ambos os dispositivos "só podem existir em histórias que tenham, pelo menos, dois níveis narrativos"; em segundo lugar, "tanto a metalepse como a *mise en abyme* desencadeiam no leitor uma sensação de desordem, uma espécie de ansiedade ou de vertigem" (Cohn, 2012: 110). Ou ainda: "Tal como os diferentes tipos de metalepses, as *mises en abyme* podem reforçar a ilusão romanesca ou então, pelo contrário, pô-la em questão" (Meyer-Minnemann e Schlickers, 2010: 106).

MOCKUMENTARY – V. Documédia.

MODELIZAÇÃO

1. Em teoria semiótica, o termo *modelização* designa a construção de um modelo do mundo, representado e estruturado pela mediação de um

sistema semiótico. Assim, "os diversos sistemas semióticos de modelização formam uma complexa hierarquia de níveis, na qual o sistema de nível inferior (por exemplo, a linguagem natural) serve para a codificação dos signos que passam a fazer parte do sistema de nível superior (por exemplo, os sistemas sígnicos da arte e da ciência)" (Faccani e Eco, 1969: 38).

2. A *modelização secundária* levada a cabo pelo discurso literário expressa--se, em primeira instância, pelo sistema linguístico e, em segunda instância, pelos códigos e signos estruturantes de cada modo e género literário. No caso da narrativa literária, a modelização secundária opera com as categorias fundamentais da narrativa: o *tempo* e o *modo*, a *personagem* e a sua *figuração*, a representação do *espaço* e a estruturação da *ação* (v. estes termos). Isso não quer dizer que a *representação* (v.) concretizada por uma modelização secundária ponha em causa a autonomia e a referencialidade ficcional (v. *ficcionalidade*) próprias da narrativa literária; como observa Lotman, "o sistema modelizante secundário de tipo artístico constrói o seu sistema de referentes, que não é uma cópia, mas um modelo do mundo dos referentes na significação linguística geral" (Lotman, 1973: 85).

MODO

1. A caracterização do conceito de *modo* deve ter em atenção que esta é uma noção com grande fortuna e ampla circulação, na cultura ocidental. A dimensão de categorização arquitextual que se lhe reconhece (tal como aos géneros e aos subgéneros literários) radica na atenção que, desde a Antiguidade, o conceito de modo mereceu.

2. Os textos platónicos e aristotélicos com relevância neste contexto (sobretudo *A República* de Platão e a *Poética* de Aristóteles) incidem sobre a enunciação do discurso e sobre correlatas questões genológicas: a distinção de modos fundamentais de representação de propensão narrativa, dramática ou mista, a definição de géneros como a tragédia, a comédia ou a epopeia, problemas de natureza técnico-compositiva (como o uso do verso ou da prosa) em certos géneros, etc. Algumas destas questões foram muitas vezes retomadas, ainda na Antiguidade Clássica, designadamente por Horácio, mais tarde, durante o Renascimento, à luz de uma consciência doutrinária

e normativa que se acentuou no Neoclassicismo, depois disso, em reflexões de Hegel e de Goethe.

Na linha desta problematização teórica, o modo designa aquelas categorias meta-históricas e universais (modo narrativo, modo dramático e modo lírico), cujas constantes são historicamente atualizadas nos vários géneros (p. ex., romance, conto, tragédia, comédia, etc.). Neste sentido, a *narrativa* (v.) constitui um modo discursivo e literário com especificidade semiodiscursiva, o que não impede que, no quadro de uma *narratologia transmodal* (v.), possamos observar emergências narrativas na *lírica* (v.) e no *drama* (v.).

3. A narratologia genettiana atribuiu um significado próprio ao termo *modo*, observando Genette que esse significado constitui um aspeto crucial do modo narrativo. Na referida aceção genettiana, o modo é um componente da sistematização triádica das categorias do discurso, proposta com base na gramática do verbo. Assim, *tempo* (v.), *modo* e *voz* (v.) correspondem a domínios fundamentais de estruturação do discurso narrativo, internamente integrados por procedimentos de codificação (*anacronias*, *focalizações*, articulações de *níveis narrativos*, etc.; v. estes termos).

Sabendo-se que é possível "contar-se mais ou menos o que se relata e contá-lo segundo tal ou tal ponto de vista" (Genette, 1972: 183), entende-se também que são as subcategorias do modo que regem a regulação da informação veiculada pelo relato. Dizem-lhe respeito os problemas da representação narrativa, não na aceção lata que podemos atribuir a *representação* (v.), mas no sentido preciso de seleção quantitativa e qualitativa daquilo que é narrado; daí que no modo se integrem as questões atinentes à determinação da *distância* (v.) e da *perspetiva narrativa* (v.), relacionando-se com esta última a implicação subjetiva do narrador no discurso que enuncia (v. *subjetividade*).

4. O alargamento e a diversificação da narratologia, estendendo-se à análise de práticas narrativas transverbais e transliterárias, determinou uma rearticulação do conceito de modo, como categoria igualmente pertinente para a caracterização dessas práticas e dos seus efeitos cognitivos: os relatos verbo-icónicos (v. *banda desenhada*), os *jogos de computador* (v.), a pintura narrativa, até mesmo a música.

Tentativamente, trata-se, então, de especificar modos cuja designação e significado conceptual alcancem diversas conformações discursivas, em variados suportes, linguagens e contextos cognitivos. Alguns desses modos, propostos por Marie-Laure Ryan através de formulações diádicas: o modo *autónomo*, oposto ao modo *ilustrativo*, traduzindo-se o primeiro num relato verbal, por si só, e o segundo num relato em que imagens pintadas recontam e completam uma história previamente conhecida; o modo *recetivo*, em oposição ao modo *participativo*, permitindo distinguir as narrativas que não exigem outra atitude que não seja a leitura daquelas em que o recetor interage dinamicamente com a narrativa e colabora na construção da história (p. ex., os jogos de computador); o modo *literal*, oposto ao modo *metafórico*, recobrindo o primeiro os relatos convencionalmente verbais, enquanto no segundo reconhecemos extensões da noção de narrativa, em manifestações não verbais como a chamada narrativa musical (cf. Ryan, 2005: 315-316).

MODO NARRATIVO – V. Narrativa.

MONÓLOGO INTERIOR

1. O *monólogo interior* é um procedimento narrativo que representa a corrente de consciência de uma personagem, mediante a reprodução do seu discurso interior e não pronunciado. Nesse sentido, o monólogo interior é um discurso sem um ouvinte que lhe seja exterior, traduzindo a sua enunciação as ideias e as imagens que se desenrolam no fluxo mental da personagem.

2. Do ponto de vista formal, o monólogo interior apresenta uma estrutura elíptica e não raro caótica: trata-se de dar a conhecer conteúdos psíquicos às vezes conturbados, no seu estado embrionário, sem articulação lógica e racional. Por isso, o monólogo interior evidencia uma certa fluidez sintática, uma pontuação escassa e uma total liberdade de associações lexicais. O narrador desaparece e a "voz" da personagem atinge o limite possível da sua autonomização: o presente da atividade mental do eu-personagem é o seu único ponto de ancoragem. Consubstanciando uma radical *focalização interna* (v.), o monólogo interior oscila entre a rememoração e o projeto, o real e o imaginário, na agitação de um discurso interior situado à margem de qualquer projeto comunicativo. O exemplo paradigmático deste tipo de discurso é o monólogo interior de Molly Bloom, nas páginas finais do *Ulysses* (1922), de James Joyce: "Sim porque ele nunca fez uma coisa como essa antes como pedir pra ter seu desjejum na cama com um par de ovos

desde o hotel City Arms quando ele costumava fingir que estava de cama com voz doente fazendo fita para se fazer interessante para aquela velha bisca da senhora Riordan que ele pensava que tinha ela no bolso e que nunca deixou pra nós nem um vintém tudo pra missas para ela e para alma dela grande miserável que era com medo até de soltar quatro xelins (...)" (James Joyce, *Ulisses*, p. 771).

3. Através do monólogo interior, abre-se o relato à expressão do tempo vivencial das personagens, diferente do tempo cronológico linear que comanda o desenrolar das ações. É fundamentalmente no romance psicológico moderno que se assiste a uma incursão nesse tempo subjetivo: foi Édouard Dujardin, reconhecido por Joyce como seu precursor, o primeiro escritor a pôr em prática esta técnica narrativa, em *Les lauriers sont coupés* (1887). A par dele, as análises de Bergson sobre o tempo psicológico, a reflexão de William James sobre a corrente de consciência (*stream of consciousness*) e a exploração freudiana do inconsciente delimitam, em traços largos, o contexto cultural em que apareceu o monólogo interior. Igualmente relevante em tal contexto foi o aparecimento e desenvolvimento do cinema, que, ao atingir um índice considerável de rigor descritivo, motivou a narrativa para a exploração minudente do interior das personagens, como alternativa qualitativamente eficaz para competir com as mencionadas potencialidades descritivas.

MONTAGEM

1. Termo específico da linguagem do *cinema* (v.), a *montagem* refere-se ao processo de seleção e de concatenação dos vários planos captados por uma câmara, de acordo com intuitos de organização sintática. Conferindo ao relato fílmico uma certa dinâmica narrativa, a montagem valoriza determinados momentos e eventos da história e revela-se um recurso com profundas consequências semânticas, estruturais e temporais: "A montagem é a composição, o arranjo das imagens-movimento como constituindo uma imagem indireta do tempo" (Deleuze, 1983: 47). Ao mesmo tempo, o arranjo temporal das imagens obedece a uma necessidade que é própria de toda a construção narrativa: a de selecionar aqueles componentes da história com efetiva relevância na sua economia interna, de forma a evitar que ela se torne virtualmente interminável.

2. A montagem constitui um aspeto capital da teoria cinematográfica, podendo suscitar controvérsia pela oposição entre duas conceções distintas: a do chamado cinema-verdade, que entende a montagem como artifício limitativo da liberdade do recetor e neutralizador da autenticidade dos cenários e dos eventos representados; a do cinema anti-imediatista, que assume a montagem como procedimento artístico que distingue o cinema da fotografia, utilizando-a como fator de *narratividade* (v.) capaz de propiciar variadas modulações estilístico-semânticas, no desenvolvimento do relato. De acordo com esta conceção, "a noção de montagem (...) é na realidade a criação fílmica na sua totalidade: o 'plano' isolado não é cinema; não é mais do que matéria-prima, fotografia do mundo real. Só a montagem permite transformar a foto em cinema, a cópia em arte" (Metz, 1972: 56).

Por outro lado, deve notar-se que o conceito de montagem não é unívoco, podendo referir-se a vários sentidos: ao ato de editar um filme, ao efeito que globalmente esse ato produz (p. ex., compressão ou expansão temporal) e ainda à sobrecarga de sentido que a montagem projeta sobre o espectador. Como quer que seja, a montagem "é fundamentalmente um ato criativo – o produto de uma tomada de decisão artística" (Sikov, 2010: 60), com incidências gráficas, rítmicas, espaciais e temporais (cf. Bordwell e Thomson, 1997: 273-284). A componente criativa da montagem leva, nalguns casos, à produção de versões estritamente atribuídas ao realizador, isto é, à margem de conveniências ou de motivações comerciais: fala-se, então, na *montagem do realizador*, a propósito de filmes como *Apocalypse Now Redux* (2001), de Francis Ford Coppola, uma versão mais extensa do que a original (de 1979) ou *The Director's Cut* (1992), de *Blade Runner* (1982), por Ridley Scott.

Atribui-se usualmente ao cineasta Sergei Eisenstein um papel decisivo no desenvolvimento das potencialidades artísticas e ideológicas da montagem (cf. García-Noblejas, 1982: 404 ss.), potencialidades entrevistas já noutras artes, como a pintura e a literatura, antes de terem sido implementadas no cinema. Por isso, refuta-se a existência de uma suposta condição do *específico fílmico* determinado pela montagem; reafirma-se, então, a pertinente "intuição de Eisenstein, que, tendo identificado o caráter saliente do filme na montagem, empregava depois tal categoria para a caracterização de obras mesmo não fílmicas, por exemplo, literárias e teatrais" (Garroni, 1980: 326; cf. também Levi, 2012: 138 ss.).

3. A montagem integra-se no amplo domínio da sintaxe narrativa, como recurso transnarrativo observável também na *banda desenhada* (v.), em

geral, e no *romance gráfico* (v.), em particular, ambos devedores de procedimentos narrativos de origem cinematográfica. Na banda desenhada como no cinema, a montagem tem em vista a operação de leitura, como momento em que se efetivam os seus efeitos narrativos; assim, "a progressão do relato pode operar-se mediante a 'narração linear', caracterizada pela progressão cronológica em unidades de ação, ou mediante a 'narração paralela', que permite alternar uma ou mais ações que ocorrem em lugares diferentes e se supõem simultâneas" (Gubern, 1972: 163).

Também na narrativa literária a montagem é trabalhada como recurso suscetível de aproveitamentos estética e ideologicamente muito variados; isso mesmo notava Brecht ao dizer que "através da montagem pode (...) representar-se o mundo duma forma deformada ou correta" (*apud* Barrento, 1978: 101). Além disso, certas articulações sintáticas traduzem efeitos de montagem e remetem para o domínio da *composição* (v.) da narrativa. Um dos parágrafos finais do romance *O primo Basílio* (1878) pode ser entendido como resultado de uma montagem viabilizada por uma *focalização omnisciente* (v.): "Àquela hora Jorge acordava, e sentado numa cadeira, imóvel, com soluços cansados que ainda o sacudiam, pensava nela [Luiza]. Sebastião, no seu quarto, chorava baixo. Julião, no posto médico, estendido num sofá, lia a 'Revista dos Dois Mundos'. Leopoldina dançava numa *soirée* da Cunha. Os outros dormiam. E o vento frio que varria as nuvens e agitava o gás dos candeeiros ia fazer ramalhar tristemente uma árvore sobre a sepultura de Luiza" (p. 448).

MUNDO EPISTÉMICO – V. Mundo possível.

MUNDO FICCIONAL – V. Mundo possível.

MUNDO NARRATIVO

1. De acordo com David Herman, o mundo narrativo ou da história (*storyworld*) define-se como "o modelo mental de quem fez o quê a quem e com quem, quando, onde, porquê e de que maneira, no mundo relativamente ao qual os recetores se recolocam (...), quando procuram compreender uma narrativa" (Herman, 2002: 9).

A noção de mundo narrativo ou da história abre uma linha de indagação da *narratologia cognitiva* (v.) que supera tanto o conceito de *história* (v.)

provindo da análise estrutural da narrativa, como o de mundo ficcional, associando-se este último à semântica da *ficcionalidade* (v. e também *mundo possível*).

2. A composição de um mundo narrativo decorre da conjugação de vários componentes: personagens e objetos existentes, espaços de localização, valores e regras sociais, acontecimentos e suas causas, leis físicas e eventos mentais entendidos como "os mundos das crenças, dos desejos, dos medos, dos objetivos, dos planos e das obrigações das personagens" (Ryan, 2014: 37). É com este mundo que o leitor interage, nas suas atitudes percetivas, nas suas reações cognitivas e, em geral, no processo de *re*-conhecimento de um universo que aquelas atitudes e reações ajudam a conformar.

3. A imersão do recetor no mundo narrativo e na sua "ecologia", leva, por meio de inferências e de reações emotivas fundadas na experiência do referido recetor, a respostas cognitivas eventualmente espelhadas nas emoções e nas volições das personagens ou das pessoas reais que habitam o mundo em causa. Enquanto "modelo dinâmico de situações em evolução" (Ryan, 2014: 33), o mundo narrativo não se configura apenas em contexto ficcional: "Mundo narrativo é um conceito mais amplo do que mundo ficcional, porque ele cobre tanto histórias ficcionais como factuais, significando isto, respetivamente, histórias contadas como verdade do mundo real e histórias que criam o seu próprio mundo imaginário" (Ryan, 2014: 33); e noutra formulação: "Um mundo narrativo é uma totalidade imaginada que evolui de acordo com os eventos da história. Seguir uma história significa simular mentalmente as mudanças que têm lugar no mundo narrativo, usando os sinais facultados pelo texto" (Ryan, 2016: 13). Confronte-se o que fica dito, bem como a definição de Herman supracitada, com aquilo que se observa, por exemplo, em relatos de imprensa, incluindo a constituição, nesses relatos, de mundos narrativos regidos pelo princípio dos cinco W (who, what, when, where, why).

4. O destaque conhecido nos últimos anos pela noção de mundo narrativo, no quadro dos aprofundamentos permitidos pela narratologia cognitiva, explica o aparecimento de uma revista interdisciplinar, *Storyworlds*, publicada por University of Nebraska Press e consagrada a "práticas de narração transversais a vários media, incluindo a interação face a face, escrita literária, cinema e televisão, ambientes virtuais, historiografia, jornalismo, e narrativas

gráficas" (em http://unp-bookworm.unl.edu/product/Storyworlds,674134.aspx).

MUNDO POSSÍVEL

1. A noção de *mundo possível* provém do pensamento filosófico de Leibniz e da orientação metafísica que, nesse pensamento, apontava para a condição transcendental daquela noção. A partir daí, ela alargou-se interdisciplinarmente à semântica formal, com o propósito de mostrar que "os mecanismos linguísticos e lógicos operam independentemente dos estados de coisas a que se referem" (Ronen, 1994: 34). Seguindo a mesma linha de raciocínio, os mundos possíveis são "mundos cuja construção depende da linguagem, não sendo interditada pela ausência de um correspondente estado de coisas 'no exterior'" (Ronen, 1994: 34).

2. A transferência da noção de *mundo possível* para o domínio da teoria da ficção, legitimando a expressão *mundo ficcional*, coloca dificuldades de natureza epistemológica que são atenuadas ou mesmo resolvidas pela aceitação do estatuto metafórico daquela primeira expressão. Explicam-se tais dificuldades pelo facto de entre ambas as noções existir uma tensão decorrente da sua natureza e conformação conceptual: em primeiro lugar, *mundo possível* é um construto abstrato, funcionando como modelo alternativo ao mundo real; *mundo ficcional* é uma entidade "povoada" por elementos com feição concreta (personagens, objetos, lugares, etc.); em segundo lugar, se os mundos possíveis "são definidos como estados de coisas construídos por conjuntos máximos, consistentes (quer dizer, não contraditórios) e completos" (Lavocat, 2016: 382), os mundos ficcionais são incompletos, muitas vezes contraditórios e destituídos de coerência lógica.

Nos últimos anos, alguns autores, no âmbito da teoria literária e da ficção (v. *ficcionalidade*), têm sublinhado a pertinência operatória da expressão *mundo possível*, como ponto de partida para a configuração do conceito de *mundo ficcional* (cf. Pavel, 1986; Ryan, 1991). A mesma autora que levanta dificuldades a este movimento de analogia, por perda do sentido original daquela primeira expressão, reconhece que "a discussão sobre mundos possíveis marca o nascimento de um novo tipo de discurso sobre a ficcionalidade" (Ronen, 1994: 8); ainda assim, acrescenta: "Os mundos ficcionais, diferentemente dos mundos possíveis, manifestam um modelo do mundo baseado na noção de *paralelismo* e não na de *ramificação*" (Ronen, 1994: 8).

A transferência nocional torna-se possível desde que se aceitem, pelo menos, dois requisitos: primeiro, aquilo a que Ryan chamou "o valor heurístico das transferências metafóricas transdisciplinares" (Ryan, 2005: 446); segundo, a validade de uma abordagem que relativize a questão da *verdade da referência*, entendendo-a como efeito de um processo semiótico-discursivo, no interior do qual ela é decidida e num contexto de existência textual. Por fim, conclui-se: "Se pensarmos em mundos possíveis simplesmente como possíveis estados de coisas relativos a uma linguagem estabilizada e não como abstrações independentes do quadro linguístico que usamos para falar deles, torna-se possível identificá-los com convenções semióticas da construção do mundo. Neste caso, a analogia entre mundos possíveis e mundos ficcionais torna-se evidente e produtiva" (Ronen, 1996: 29). É justamente por esse caminho que se chega ao conceito de mundo possível ficcional postulado extensivamente para além da ficção narrativa e até da ficção literária: construídos por sistemas semióticos, "os mundos possíveis ficcionais são *artefactos* produzidos por atividades estéticas – poesia e composição musical, mitologia e narração, pintura e escultura, teatro e dança, cinema e televisão, etc." (Doležel , 1998: 14-15).

3. No universo de referência dos *mundos ficcionais*, inscrevem-se as personagens, os seus atributos e as suas esferas de ação. No plano da *história* (v.), cada texto narrativo apresenta-nos um mundo com indivíduos e com propriedades, mundo esse cuja lógica não tem de coincidir com a do mundo real, nem, por outro lado, distanciar-se completamente dele; isto observa-se de forma especialmente elucidativa nos contos maravilhosos, nas narrativas fantásticas ou nos relatos de ficção científica, mas também no romance histórico, na ficção pós-modernista (e em particular na meta-historiográfica) ou no conto realista.

Os diferentes estados de um universo diegético formam um mundo ficcional que se constrói progressivamente no processo de *leitura* (v.) do texto. Conforme ficou sugerido, isso não implica um corte radical com o mundo real: do ponto de vista cognitivo, a leitura leva a configurar os elementos em função do chamado "princípio do afastamento mínimo" (também chamado princípio da crença mútua), segundo o qual conformamos as afirmações não factuais, "tanto quanto possível, às nossas representações do mundo real" (Ryan, 1991: 51).

4. Num *mundo ficcional*, manifestam-se ainda os chamados *sistemas epistémicos*, correspondendo às crenças e às pressuposições das personagens (ideologias, atitudes ético-morais, opções axiológicas, convicções religiosas, etc.). Por outro lado, na relação de cooperação interpretativa, o leitor projeta sobre a história, através de mecanismos de inferência e de previsão, as suas próprias atitudes epistémicas e a sua radicação no mundo real. A dinâmica da narração desenvolve-se a partir da interação constante destes mundos; no romance policial, por exemplo, a *estratégia narrativa* (v.) adotada pelo narrador consiste justamente na exploração hábil das contradições entre as expectativas do intérprete e a sequência efetiva dos diferentes estados do mundo ficcional.

5. É essencialmente em torno do problema da referência do texto narrativo literário que as noções aqui em apreço adquirem maior relevância. Cada mundo ficcional constrói o seu próprio campo de referência, promovendo uma *verdade ficcional* que pode ser postulada como "o produto conjunto de duas fontes: o conteúdo explícito da ficção e um pano de fundo que consiste tanto nos factos acerca do nosso mundo (...) como nas crenças existentes na comunidade de origem" (Lewis, 1978: 44). De forma algo esquemática, podemos dizer que o mundo ficcional mantém com o mundo real uma correlação semântica que oscila entre a representação mimética e a transfiguração desrealizante. Seja como for, a verdade própria dos objetos ficcionais não depende de uma correspondência linear com o mundo real; ela só pode ser equacionada em função do mundo instituído pelo texto, incluindo elementos de verdade intraficcional e de verdade interficcional (cf. Lewis, 1978: 44).

Deduzem-se daqui importantes consequências, no que diz respeito à análise dos textos narrativos literários e dos seus mundos ficcionais. Antes de mais, convém sublinhar que a representação desses mundos é uma *modelização* (v.) artística: como afirma Lotman, "uma comunicação artística cria o modelo artístico de um fenómeno concreto – a linguagem artística modeliza o universal nas suas categorias mais gerais que, representando o conteúdo mais geral do mundo, são uma forma de existência para as coisas e os fenómenos concretos". Deste modo, a análise do texto narrativo "não nos dá somente uma certa norma individual de relação estética, mas reproduz um modelo do mundo nos seus contornos mais gerais" (Lotman, 1973: 48); na composição desse modelo participam as fundamentais categorias da narrativa, no plano da história e no plano do *discurso* (v.).

Por não atentarem no processo da modelização artística e na operatividade dos elementos que a integram, certas análises identificam linearmente personagens, espaços e acontecimentos do mundo da ficção com personalidades, espaços e acontecimentos do mundo real. Esse é um procedimento especialmente equívoco no caso de universos diegéticos que, como ocorre em *La chartreuse de Parme* (1839), de Stendhal, em *Guerra e paz* (1865-69), de Tolstoy, ou n'*O ano da morte de Ricardo Reis* (1984), de José Saramago, incorporam ficcionalmente factos e figuras históricas.

MÚSICA – V. Narratologia musical.

N

NARRAÇÃO

1. O termo *narração* pode ser entendido em diferentes aceções: como enunciação narrativa, como seu resultado, como escrita da narrativa, como procedimento alternativo da *descrição* (v.) e até como modo literário, em relação distintiva com o modo dramático e com o modo lírico.

A primeira aceção é aquela que hoje regista maior acolhimento, graças à sistematização conceptual da narratologia ocorrida nas últimas décadas. Centra-se essa sistematização no estabelecimento de três grandes planos de estruturação narrativa: o da *história* (v.), o do *discurso* (v.) e o da produção deste último, a *narração*, em ligação direta com o âmbito de análise que Gérard Genette designou como *voz* (v.). Neste contexto, a *narração* é o ato de enunciação ou de formulação do discurso levado a cabo por um *narrador* (v.), em circunstâncias e num tempo específicos, ato esse que tem como destinatário imediato um *narratário* (v.).

2. Na narrativa literária, o envolvimento do narrador (e também, mesmo que tacitamente, do narratário) na narração implica que esta seja subsumida pela condição de *ficcionalidade* (v.) própria desta classe de textos narrativos. Isto significa que a narração, tal como aqui é descrita, não se confunde com a criação literária, enquanto atividade levada a cabo pelo *autor* (v.).

A caracterização das particularidades da narração exige a referência a diferentes aspetos da sua concretização: o tempo e o espaço em que ela decorre, as circunstâncias que condicionam esse tempo e esse espaço, a relação do narrador com a história, com os seus elementos constitutivos e com o narratário a quem ele se dirige. Exemplificando: as narrações de *Memórias póstumas de Brás Cubas* (1881), de Machado de Assis, de *Thérèse Raquin* (1867), de Zola, ou do *monólogo interior* (v.) que encerra *Ulysses*

(1922), de James Joyce, decorrem de parâmetros muito diversos, com incidência na configuração do discurso e na imagem da história representada. No primeiro caso, a situação do "defunto autor" que narra depois da sua morte estimula um olhar entre o irónico e o desencantado, modelado pela narração; em *Thérèse Raquin*, como no romance naturalista em geral, a ulterioridade do ato de relatar consolida a atitude "científica" e demonstrativa de um narrador distanciado do universo representado; finalmente, o monólogo interior de *Ulysses* traduz a irrupção de reflexões cujo teor desordenado e caótico é devido justamente ao imediatismo encenado pela narração.

A narração implica a determinação do tempo em que ela decorre (v. *narração, tempo da*), determinação relacionada com o grau de conhecimento que o narrador possui acerca da história e da *distância* (v.) (que não é meramente temporal) a que ele se coloca. Além disso, a narração ocorre num certo *nível narrativo* (v.); quando se verifica um desdobramento de instâncias narrativas, pela ocorrência de mais do que um ato narrativo (como n'*Os Lusíadas*, 1572, ou nas *Viagens na minha terra*, 1846), em níveis diferentes, pode ser importante saber como essa pluristratificação interfere na narração, em função da *pessoa* (v.) do narrador (*narrador heterodiegético, narrador homodiegético* ou *narrador autodiegético*; v. estes termos). Do mesmo modo, a pessoa do narratário (explicitamente invocado ou não, fisicamente presente ou ausente) induz atitudes pragmáticas variavelmente persuasivas, inspiradas também pelos condicionamentos da narração.

3. O conceito de narração não se encerra na aceção narratológica que aqui tem sido privilegiada. Na conceção da retórica clássica, a *narratio* constituía uma componente da *dispositio*, que se ocupava da organização do discurso e da sua economia interna (cf. Lausberg, 1982: 95-96), desempenhando uma função ativa de preparação da argumentação: "A narração, portanto, não é uma história (no sentido fabuloso ou desinteressado do termo), mas uma prótase argumentativa" ((Barthes, [1970] 1975: 209). Por outro lado, a narração corresponde a uma das partes da *epopeia* (v.); ela é a sua etapa dominante, aquela em que se desenvolve a dimensão narrativa do género em causa (relato de comportamentos heroicos, de episódios mitológicos, de eventos históricos, etc.), antecedendo a *proposição* (v.) e a *invocação* (v.).

Nalguns autores de origem anglo-saxónica, a narração integra a díade *showing/telling*. No segundo termo, podemos reconhecer a narração no seu sentido mais atual; no quadro de um debate originado pela ficção narrativa de Henry James, Percy Lubbock referiu-se às vantagens de uma técnica de representação dramatizada (*showing*), que leva o romancista a "mostrar" mais do que a narrar: "A arte da ficção só começa quando o romancista entende a sua história como algo a ser mostrado, exibido de tal modo que a si mesmo se contará" (Lubbock, 1939: 62); entretanto, o narrador manifesta a sua presença quando, aumentando a sua distância em relação ao que conta, opera uma narração (*telling*) que elabora (resume, elide, etc.) a história; nessa narração está implicada a condição subjetiva do narrador (v. *subjetividade*) e, com ela, as circunstâncias que envolvem o processo narrativo.

Num outro sentido, a díade *showing/telling* estabelece um critério opositivo que acentua o contraste entre a narração e a *descrição* (v.). Neste caso, a narração define-se como um procedimento representativo de caráter dinâmico, em que predomina o relato de eventos e de conflitos que configuram uma *ação* (v.); um tal procedimento convoca a instantaneidade do pretérito perfeito (ou do *presente histórico*, v., como sua variante estilística), bem como a expressão narrativa de uma certa elasticidade temporal: no decurso da narração, convivem diferentes *velocidades* (v.) narrativas, bem como *anacronias* (v.) que não impedem, *a posteriori*, a reconstituição da cronologia dos factos. Note-se, entretanto, que o par narração/descrição não é absolutamente simétrico: se a segunda pode ocorrer sem incrustações de momentos de narração, esta dificilmente evita uma certa dimensão descritiva (cf. Genette, 1966: 156 ss.).

4. Em contextos mediáticos não estritamente literários (p. ex., no *cinema* ou no *romance gráfico*; v. estes termos), o conceito de narração deve ser reequacionado, tendo-se em atenção as especificidades enunciativas das narrativas que nesses contextos são produzidas. Essas especificidades envolvem a materialidade dos suportes e também procedimentos semionarrativos muito diversos; assim, as narrações de histórias num jornal eletrónico, num filme ou numa *banda desenhada* (v.) são processos muito diferentes daquelas que se levam a cabo num romance ou num conto, com efeitos inevitáveis na instância da receção.

A postulação do narrador, bem como o seu estatuto funcional e comunicativo em situações mediáticas não literárias, condicionam a conformação e o processo da narração. Tomando-se como exemplar, pela sua especial complexidade, o caso do cinema, observamos nele, antes de mais, uma pluralidade de conceções acerca da figura do narrador (ou mesmo a sua negação), que se projeta sobre a análise da narração, considerada em termos diferentes dos que encontramos numa análise narratológica dos textos literários (cf. Alber, 2010: 163-165). Daí que faça sentido passar da noção de narração para a de *narração cinemática*, como um "processo complexo que envolve os criadores do filme, o espectador, e os desenhos [*designs*] narrativos usados"; do mesmo passo, em vez do narrador cinemático propõe-se a noção de *cineasta hipotético* "como produto emergente da interação entre desenhos narrativos e processos de produção e de interpretação" (Alber, 2010: 181).

NARRAÇÃO ANTERIOR

1. Designa-se como *narração anterior* o ato narrativo que antecede a ocorrência dos eventos a que se refere. Inserido no conjunto de procedimentos compreendidos no âmbito do tempo da narração (v. *narração, tempo da*), a narração anterior é relativamente rara: ela ocorre quando é enunciado um relato preditivo, antecipando, pelo sonho, pela profecia, pela especulação oracular, etc., acontecimentos projetados no futuro das personagens.

2. Como observa Genette, quando se verifica uma narração anterior, ela localiza-se muitas vezes num *nível narrativo* (v.) segundo, remetendo a concretização daquilo que anuncia para o nível primeiro (cf. Genette, 1972: 231-232). Ainda que não confirmada nesse nível primeiro, é, de facto, no *nível intradiegético* (v.) d'*Os Lusíadas* (1572) que se desencadeia uma narração anterior: o discurso de Adamastor, profetizando os castigos reservados à ousadia dos portugueses (cf. *Os Lusíadas*, V, 43-48).

Convém, entretanto, não atribuir o estatuto de narração anterior a situações narrativas que só aparentemente o são. Os relatos de ficção científica antecipam cenários, instrumentos e ações projetados no futuro dos seus leitores, sem que isso corresponda a uma narração anterior; normalmente, esses cenários, instrumentos e ações são representados como fazendo parte de uma história já terminada. Frequentemente, confunde-se também a *prolepse* (v.) com a narração anterior: o narrador que declara que "Manuel Espada (...) se encontrou com António Mau-Tempo, de quem mais tarde, em chegando o tempo próprio, virá a ser cunhado" (J. Saramago, *Levantado do chão*, p. 109) opera, sem dúvida, uma antecipação; mas fá-lo no quadro de um relato em *narração ulterior* (v.), cuja história conhece e manipula, de acordo com as prerrogativas dessa ulterioridade.

NARRAÇÃO INTERCALADA

1. Entende-se por *narração intercalada* aquele ato ou conjunto de atos narrativos que ocorrem em momentos de suspensão do devir da história e, como tal, antes da sua conclusão. Fragmentando a *narração* (v.) em várias etapas interpostas ao longo da ação, a narração intercalada produz, por assim dizer, microrrelatos; é a sua concatenação que permite apreender a narrativa na sua totalidade orgânica.

2. Tanto no *romance epistolar* (v.) como no *diário* (v.) narrativo configuram-se situações de narração intercalada. No primeiro caso, verifica-se a alternância da vivência, pelas personagens, de eventos da *história* (v.) com o seu relato por várias dessas personagens; é isso que se observa em *Julie ou la nouvelle Héloïse* (1761), de Rousseau, em *Les liaisons dangereuses* (1782), de Choderlos de Laclos ou em *Lusitânia* (1980), de Almeida Faria. Em todos eles, as personagens transformam-se em narradores daquilo que aconteceu num lapso de tempo relativamente breve. No caso do diário, o narrador relata, em princípio quotidianamente, os eventos e as emoções de um dia da sua vida, intercalando a breve narração diária com a experiência desse seu quotidiano. O *memorial de Aires* (1908), de Machado de Assis, corresponde a esta situação narrativa, tal como *O diário de Anne Frank* (*Het Achterhuis. Dagboekbrieven 14 Juni 1942 – 1 Augustus 1944*), publicado em 1947. Em qualquer caso, a narração é afetada por importantes condicionamentos psicotemporais: a escassa distância do narrador em relação àquilo que conta, bem como a revelação gradual (e por isso eventualmente rodeada de cautelas ou marcada por equívocos) de uma história ainda em desenvolvimento.

3. Modernamente, certas narrativas mediáticas redimensionaram técnicas que remontam ao *folhetim* (v.) e ao *romance-folhetim* (v.), instituindo situações enunciativas homólogas da narração intercalada: o *folhetim radiofónico* (v.) e a *telenovela* (v.) são apresentados de modo fragmentário; a fragmentação enquadra-se, nesses casos, numa *estratégia narrativa* (v.) de cariz comercial e de natureza psicocultural, tendo a ver com a gestão de histórias que aparentam estar ainda em desenvolvimento. É justamente isso que caracteriza, em princípio, o relato epistolar e o diário.

NARRAÇÃO SIMULTÂNEA

1. No quadro do tempo da narração (v. *narração, tempo da*), a *narração simultânea* é um ato narrativo que coincide temporalmente com o desenrolar da *história* (v.). Não sendo obviamente tão frequente como a *narração ulterior* (v.), a narração simultânea ocorre numa situação específica: a enunciação do *monólogo interior* (v.). Trata-se, neste caso, de um discurso que pretende representar o fluir espontâneo de reflexões situadas no interior de uma personagem; sendo o deflagrar dessas reflexões, enquanto produção de enunciados muitas vezes caóticos e incoerentes, em parte a própria substância diegética a representar, compreende-se que se estabeleça uma coincidência temporal entre a *história* (a reflexão da personagem como ato e também os seus conteúdos) e a *narração* (v.) (a sua enunciação, sem censuras nem bloqueamentos aparentes).

2. Veja-se o monólogo interior de uma personagem de *Pequenos burgueses* (1948), de Carlos de Oliveira: "El Medeiros tiene la banca. Faço-me com quatro trunfos bajos e le pego una carta" (p. 77). É o presente verbal que traduz a simultaneidade história-narração, ou seja, a irrupção, sem interposição mediadora do narrador, do fluir dos pensamentos da personagem, enunciados por ela no momento da sua eclosão. Essa simultaneidade não é afetada, obviamente, pela disjunção da escrita, por parte do autor, em relação à narração, como ato ficcional: o que está em causa é a narração (ou seja, uma enunciação que pode decorrer no interior de uma personagem) e não a sua fixação material; aquela enunciação pode até ser protagonizada por uma personagem analfabeta ou mentalmente deficiente, como é o caso de Benjy, em *The Sound and the Fury* (1929), de Faulkner.

3. O presente verbal como marca de simultaneidade não deve induzir em confusão com uma outra ocorrência: a do *presente histórico* (v.), modulação estilística de um pretérito perfeito em princípio decorrente de uma *narração ulterior*. Mais complexo é o presente que surge nas *Viagens na minha terra* (1846), de Garrett, no *Dom Casmurro* (1899), de Machado de Assis, em passos narrativos do *Livro do desassossego de Bernardo Soares* (1982) ou n'*O delfim* (1968), de José Cardoso Pires. Tratando-se de relatos aparentemente *in fieri*, o referido presente traduz também uma narração simultânea que não corresponde àquela que o monólogo interior

configura. O que nestes casos está em causa é um processo de construção da narrativa sobreposto à vivência de experiências pelo narrador-personagem, sem abolição de imagens do passado: "Cá estou. Precisamente no mesmo quarto onde, faz hoje um ano, me instalei na minha primeira visita à aldeia (...). Repare-se que tenho a mão direita pousada num livro antigo – *Monografia do Termo da Gafeira* – ou seja, que tenho a mão sobre a palavra veneranda de certo abade que, entre mil setecentos e noventa, mil oitocentos e um, decifrou o passado deste territ6rio" (J. Cardoso Pires, *O delfim*, p. 9).

NARRAÇÃO, Tempo da

1. O tempo da narração estabelece-se em função da "relação [temporal] da narração com a suposta ocorrência do evento" (Gray, 1975: 319). Isto significa que é possível, embora nem sempre fácil, determinar a distância temporal a que se encontra esse ato produtivo (e também o narrador que o leva a cabo, bem como aquilo que o envolve), relativamente à história relatada. Normalmente, a utilização de um tempo do passado por parte do narrador permite localizar o ato de narração num tempo posterior à história.

2. As várias possibilidades de colocação temporal da *narração* (v.) em relação à história foram sistematizadas em quatro modalidades por Genette e por Gray; este último sintetizou do seguinte modo essas modalidades: "Muito frequentemente, a narração é posterior (tempo passado); menos correntemente, a narração é anterior (futuro). A narração pode também ser contemporânea do evento, como se fosse um relato momento a momento (presente), e pode ainda começar depois de se ter iniciado o evento, mas não antes de ele ter terminado (durativo)" (Gray, 1975: 319-320).

Estas quatro soluções (v. *narração ulterior*, *narração anterior*, *narração simultânea* e *narração intercalada*) não podem dissociar-se, em primeiro lugar, de outros aspetos do processo da narração e, em segundo lugar, de domínios da estruturação do discurso como o *tempo* (v.), a *distância* (v.) e a *perspetiva narrativa* (v.). Assim, o tempo da narração é integrado numa orgânica narrativa que permite várias combinações. Por exemplo: um *narrador autodiegético* (v.) pode, pela sua singularidade semionarrativa, privilegiar um tempo da narração oscilante, divagando entre o momento da história (passado) e as vivências do presente da narração que enuncia; um *narrador heterodiegético* (v.) que adote a *focalização interna* (v.) de uma personagem tende a abdicar do conhecimento que detém acerca da história (ou seja: o narrador finge não saber o que se vai passar), assim contemplando o caráter gradual e "imediato" das vivências dessa personagem (no caso de um *monólogo interior*, v., rigoroso pode chegar-se a uma narração de tipo simultâneo); já os relatos em que existe alguma coisa de preditivo costumam ser inseridos (v. *nível narrativo*) numa narrativa mais ampla, na qual se observam depois os factos prenunciados.

NARRAÇÃO ULTERIOR

1. Entende-se por *narração ulterior* aquele ato narrativo que ocorre posteriormente ao final da *história* (v.). Esta é dada como terminada e resolvida, quanto às ações que a integram; só então o *narrador* (v.), perante um universo diegético por assim dizer encerrado, inicia o relato, na posição de quem conhece na sua totalidade os eventos que narra. Daí a possibilidade de manipulação dos procedimentos das personagens e dos incidentes da ação, bem como de antecipação daquilo que o narrador já sabe que vai ocorrer: "Trouxeram os filhos, um de quatro anos, outro de dois, só o mais velho vingará, porque ao outro hão de levá-lo as bexigas antes de passados três meses" (José Saramago, *Memorial do convento*, p. 105).

2. Sendo dominante na esmagadora maioria dos relatos, a narração ulterior adequa-se, em especial, a duas situações narrativas: à do *narrador heterodiegético* (v.) em *focalização omnisciente* (v.), comportando-se como entidade que controla a história; à do *narrador autodiegético* (v.), sobretudo quando ele é inspirado por intuitos de evocação autobiográfica ou memorial. Michel Butor referiu-se a esta situação em termos que deixam perceber a propensão conclusiva própria da narração ulterior: "Desde que se introduz um narrador, há que saber como a sua escrita se situa em relação à aventura. Originariamente, ele é suposto esperar até que a crise se resolva, que os acontecimentos se disponham numa versão definitiva; para contar a história, esperará até a conhecer na sua totalidade; só mais tarde, envelhecido, calmo, regressado ao lar, o navegador se debruçará sobre o seu passado, porá ordem nas suas recordações. A narrativa será apresentada sob forma de memórias" (Butor, 1969: 77).

NARRADOR

1. A definição do conceito de *narrador* parte da sua distinção relativamente ao de *autor* (v.), antes de mais pelo diferente estatuto ontológico e funcional de cada um deles. A perceção dessa diferença pode tornar-se problemática, por força de uma certa polissemia que afeta o termo *narrador*, acentuada pelo facto de a sua utilização remontar, pelo menos, ao início do século XIX e ser extensiva a vários idiomas (cf. Patron, 2009: 12-24; 285-302, com recolha de textos de escritores e teorizadores; cf. também García Landa, 1998: 280 ss.).

O paradigma narratológico e comunicacional permite dizer que, se o autor corresponde a alguém com dimensão real e empírica, o narrador é a entidade ficcional que relata a *história* (v.), enunciando uma *narração* (v.) balizada pela sua posição temporal e pela sua condição de existência em relação à referida história. Noutros termos: "O narrador, que é uma categoria estritamente textual, deve ser com clareza distinguido do autor (...) que é, naturalmente, uma pessoa real" (Margolin, 2014: § 1); nesta perspetiva, a noção de *autor implicado* (v.) é dispensável (cf. Margolin, 2014: § 33). Balzac teve consciência da pertinência destas especificações, quando escreveu, no prólogo de *Le lys dans la valée* (1835): "Muitas pessoas, ainda hoje, passam pelo ridículo de fazer do escritor [autor, no presente contexto] um cúmplice dos sentimentos que ele atribui às personagens; e se ele usa a primeira pessoa, quase todos são tentados a confundi-lo com o narrador" (*apud* Patron, 2009: 287-288).

2. O narrador pode contar ações que viveu, que apenas testemunhou ou que assume conhecer, sem explicitar a origem desse conhecimento e sem ser questionado quanto a isso. No primeiro e no segundo casos, coloca-se a questão da confiança merecida (ou não) pelo narrador, desde logo em função da imagem social, moral ou cultural que ele projeta. Um hipócrita calculista ou um assassino confesso (respetivamente, Teodorico Raposo, n'*A relíquia*, 1887, de Eça, e Pascual Duarte, em *La familia de Pascual Duarte*, 1942, de Camilo José Cela) dificilmente merecem crédito, como narradores, por parte dos seus destinatários. Por sua vez, um narrador não identificado e que não viveu a história (articulando uma voz anónima, por assim dizer) quase nunca é questionado, deste ponto de vista; sintomaticamente, o narrador da ficção realista e naturalista cultiva, por princípio, uma atitude de rigor, de objetividade desejada e até de alegado conhecimento

científico, como argumentos capazes de conquistar a confiança dos seus destinatários.

Para além disso, o narrador gere circunstâncias e conta com prerrogativas que lhe são conferidas por uma certa função organizativa: ele pode narrar muito ou pouco tempo depois de as ações terem ocorrido, pode ordená-las cronologicamente, proceder a recuos temporais (v. *analepse*), mencionar acontecimentos, antes de eles aparecerem no lugar que lhes é devido na economia da história (v. *prolepse*), imprimir maior ou menor *velocidade* (v.) ao relato, adotar a perspetiva de uma ou várias personagens, colocar-se num ponto de vista omnisciente (v. *focalização*), etc.

3. Mesmo reconhecendo-se a autonomia e a especificidade ontológica que ficaram mencionadas, importa sublinhar que o narrador (tal como as personagens) é, de facto, uma invenção do autor. Este pode, por isso, projetar sobre o narrador (e, de novo, sobre as personagens) convicções e atitudes ideológicas, éticas ou culturais que dá a conhecer em textos programáticos, em intervenções críticas, em polémicas, etc. Entretanto, muitas vezes o autor muda a sua posição relativamente ao narrador, como consequência da evolução ideológica e literária que sofre. Assim, o Flaubert que instaura o narrador de *Salammbô* (1862) não é necessariamente o mesmo que antes concebera *Madame Bovary* (1857) e também a voz narrativa que lhe está associada; isto quer dizer que o segundo Flaubert pode não ser solidário com o narrador de *Salammbô* e vice-versa. Do mesmo modo, o Machado de Assis do princípio do século XX encontra-se certamente muito distante das valorações e das crenças formuladas pelos narradores das suas obras dos anos 70 do século XIX.

Esta disjunção, que confirma a autonomia do narrador em relação ao autor, manifesta-se ainda quando o segundo eventualmente explica, num prefácio de reedição de um seu romance de juventude, as suas diferenças em relação àquele mundo e, ao mesmo tempo, ao seu narrador. Se, em vez disso, o autor reelabora profundamente o relato (como aconteceu com Eça de Queirós, com Carlos de Oliveira e com muitos outros), essa opção pode ser entendida como uma tentativa de resistir ao processo de afastamento entre ele e um mundo ficcional a que o narrador, pelo seu lado, está inevitavelmente ligado.

Entretanto, quando ocorre um movimento de projeção do autor sobre o narrador (incluindo, em muitos casos, a tentativa de fazer dele seu porta-voz) ela não se dá obrigatoriamente de forma linear, mas pela via de estratégias ajustadas à representação das convicções e atitudes autorais. Significa isto que o "diálogo" autor/narrador se resolve no quadro das opções técnicas e literárias de que o primeiro dispõe, no tempo literário em que vive. De acordo com Michel Zéraffa, "a exigência estética do escritor dita-lhe, antes de mais nada, que escolha instrumentos de trabalho graças aos quais será capaz de traduzir uma experiência que lhe fez precisamente ver quanto a 'sociedade' diferia do 'social'. (...) Seja qual for a sua ignorância das formas que a linguagem impõe ao seu espírito criador, o romancista tem, contudo, uma forte consciência dos imperativos técnicos e estéticos de que dependerá a transcrição da sua visão de si mesmo e dos outros" (Zéraffa, 1974: 97; cf. Krysinski, 1981: 13-15).

4. Atente-se no seguinte exemplo: "Rubião fitava a enseada, – eram oito horas da manhã. Quem o visse, com os polegares metidos no cordão do chambre, à janela de uma grande casa de Botafogo, cuidaria que ele admirava aquele pedaço de água quieta; mas, em verdade, vos digo que pensava em outra cousa" (Machado de Assis, *Quincas Borba*, p. 35). A entidade que aqui toma a palavra é tão ficcional como a personagem (Rubião) de quem essa entidade fala; trata-se de um sujeito com existência textual, funcionalmente distinto da personagem, mas, tal como ela, um "ser de papel" (cf. Barthes, 1966: 19-20); o mesmo deve dizer-se da segunda pessoa ("vos") a quem o narrador se dirige (v. *narratário*). Confundir aquele narrador com Machado de Assis seria tão equivocado como identificá-lo com o próprio Rubião, John Steinbeck com o narrador anónimo de *The Grapes of Wrath* (1939) ou Albert Camus com Meursault, narrador e personagem de *L'étranger* (1942); com efeito, "se tentássemos assimilar a personalidade individual de um narrador ficcional à personalidade do autor para salvaguardar a clareza e fidedignidade da narrativa, renunciaríamos à mais importante função própria do teor mediato da narrativa: revelar a natureza enviesada da nossa experiência da realidade" (Stanzel, 1984; 11).

Por vezes, certos romancistas exploram o teor eventualmente impreciso da figura do narrador, encenando uma suposta presença autoral que, no decurso do relato, simula a fusão entre o ato de narrar e a escrita material do texto: "Se alguém (um narrador em visita) rememora a seu gosto (e já se vê no papel, e em provas de página, e talvez um dia em juízos da Crítica) o final duma mulher que é de todos conhecido e que está certificado nos autos (...), então esse alguém necessita de pudor para encontrar o gosto exato, a imagem exata da mulher ausente" (J. Cardoso Pires, *O delfim*, pp. 311-312).

Mesmo assim, continua a ser necessário reafirmar a funcionalidade primordialmente textual do sujeito que aqui fala, como figura inerente à narrativa.

5. O que ficou dito permite entender o narrador como uma entidade central na análise da narrativa: "A identidade do narrador, o grau e o modo como essa identidade é indicada no texto e as escolhas implicadas conferem ao texto o seu caráter específico" (Bal, 1997: 19). Deste ponto de vista, a mencionada identidade do narrador envolve uma posição discursiva (ou uma voz) prevalecente, modelando o universo diegético e enunciando asserções que ele assume, num quadro de referência dominado pelo princípio da *ficcionalidade* (v.) (cf. Margolin, 2014: § 25-28).

Não se deduz daqui, no entanto, que a história não possa ser contada por múltiplas vozes ou que o narrador imponha obrigatoriamente um veio monológico de formulação moral, ética, filosófica ou ideológica. O *romance epistolar* (v.), pela sua natureza, inclui normalmente duas ou até mais vozes narrativas que vão alternando ao longo da composição do relato; e o romance polifónico (v. *polifonia*) faz interagir, eventualmente em termos divergentes, a posição do narrador com outras posições epistémicas, designadamente as das personagens.

6. Entretanto, no contexto da abertura dos estudos narrativos a disciplinas, a atitudes epistemológicas, a práticas narrativas e a contextos comunicativos que estão para além do campo literário e duma postulação tendencialmente personalista do narrador, justifica-se que ele seja reequacionado, do ponto de vista conceptual. É já nesse sentido que aponta a *narratologia natural* (v.), o que explica os termos em que ela procede a uma reidentificação da pessoa e da função do narrador (cf. Fludernik, 2009: 30-32). A *narrativa conversacional* (v.) levanta, a este propósito, questões interessantes, a começar pela possível atribuição do estatuto de narrador a sujeitos envolvidos em produções narrativas fortuitas, circunstanciais e não-ficcionais

A par disso, a atenção conferida por certos estudiosos a narrativas modernas e pós-modernas veio pôr em causa a vocação personalista cultivada pela narratologia genettiana, valorizando-se textos ficcionais que superam e até rejeitam uma conceção humanista do narrador: "Numerosas obras apresentam um vasto leque de atos de narração impossíveis, contraditórios ou, de outra forma, pós-humanistas. Modernos narradores incluem também minotauros, crianças inverosimilmente prescientes, fantasmas não confiáveis, notas de banco, máquinas narrativas, bem como (...) cavalos, cadáveres e um espermatozoide, cada um deles movendo-se, em vários graus, para além da figura de um narrador personalista" (Richardson, 2015: 33).

Num outro plano, mas com consequências semelhantes, as análises que os estudos narrativos consagram, em contextos mediáticos não literários, a narrativas não-verbais, verbo-icónicas e eletrónicas, obrigam a reconsiderar a questão do narrador. O caso do *cinema* (v.) é, neste aspeto, muito significativo, até pela projeção social e cultural que se lhe reconhece; tratando-se de um *medium* manifestamente multimodal, torna-se problemático definir nele uma voz narrativa com a nitidez e com a individualidade do narrador literário. Daí que se postule, no relato cinematográfico (e particularmente no cinema de ficção), a existência de um *narrador cinemático,* entendido como "composto formado por uma ampla e complexa variedade de dispositivos de comunicação" (Chatman, 1990: 134), dirigidos ao canal visual e ao canal auditivo (cf. também Kuhn, 2009: 261-262).

Esta não é, contudo, uma matéria consensual, antes de mais pelo facto de as considerações acerca do narrador cinemático revelarem a marca visível da tradição e da conceptualização do narrador literário; isso explica que aquele seja visto como uma figura homóloga do segundo, mas num outro (e diferente) contexto mediático. Postula-se, então, "que a presença desse narrador cinemático tem de ser inferida pelo espectador, num grau maior do que acontece na narrativa literária, e que narração fílmica emerge, assim, de uma interação entre o filme e quem o vê" (Horstkotte, 2009: 171). Uma tentativa para resolver esta dependência passa pela conceção de uma entidade cinematográfica complementar do narrador: o *mostrador* (no sentido de "aquele que mostra"), como primeiro agente narrativo responsável pela filmagem, depois completado pelo narrador, como segundo agente narrativo. É a este que cabe, no momento da *montagem* (v.), configurar, a partir dos planos filmados, "a trajetória de uma leitura contínua e consecutiva através do olhar que ele lança sobre aquela substância e sobre a transformação a que a submete" (Gaudreault, 2009: 89). Deduz-se daqui um *narrador-mostrador,* chamado *meganarrador.*

Como quer que seja, parece difícil cancelar a referência de um putativo narrador cinemático ao universo da narrativa literária. Contudo, se se proceder a uma comparação intermediática mais ampla, é provável que essa comparação revele "tanto diferenças como semelhanças entre formas de narração transmediática" (Thomson-Jones, 2007: 93).

Com os devidos reajustamentos formais e mediáticos, a condição do narrador exige uma revisão similar também naqueles casos em que imagens fixas, no *romance gráfico* (v.) ou no *romance fotográfico* (v.), convivem com o texto verbal. De novo estamos perante uma instância narrativa compósita, levando à articulação de evidentes dispositivos cinematográficos (enquadramentos, planos, ângulos de focagem, movimentos de campo-contracampo, etc.; v. *banda desenhada*). Note-se que a componente verbal de tais narrativas não se limita normalmente ao discurso das personagens; com frequência, elas integram um discurso não identificado, em textos que apresentam as ações, reportam o seu avanço, etc., correspondendo à voz do narrador literário e à *voz over* (v.) do cinema. De um modo geral, estes são relatos colaborativos, cuja enunciação não se esgota numa entidade narratorial individualizada; a referida enunciação convoca um coletivo que preenche igualmente "os papéis de escritor e de artista (...), assim como vários outros envolvidos na coloração, no *lettering*, na montagem, etc." (Thon, 2015: 90).

7. Duas outras situações merecem aqui atenção, não com o propósito de esgotarmos esta matéria, mas antes para que seja evidenciada a pluralidade de aspetos que ela implica. Uma dessas situações é a dos *jogos narrativos* (v.), em ambiente eletrónico, com programação informática e em regime de *interatividade* (v.). Aquela ecologia e as ferramentas que acolhe conduzem a um redimensionamento da leitura e das atitudes cognitivas de quem, em certo tipo de jogos, deriva para a condição de personagem em imersão (*playable character* ou personagem em jogo). Um redimensionamento correlato envolve o narrador, antes de mais por estarmos perante um ato narrativo em processo, ou seja, desenrolado à medida e em função de decisões de efeito variável e de desenlace incerto; esse ato narrativo convoca, além disso, recursos multimodais e multimédia que acentuam a sua complexa singularidade. Assim, parece pertinente falar aqui de uma *instância narrativa* (v.) e não de uma figura com os contornos personalistas que observamos no narrador de textos narrativos ficcionais.

No caso dos textos de imprensa escrita, falada, televisiva ou eletrónica (isto é: em várias formulações mediáticas), a questão do narrador cruza-se com outras questões, tanto de natureza técnico-narrativa, como social e deontológica. Assumindo-se que muitos textos de imprensa, da notícia mais simples (e em particular as chamadas *soft news*) à reportagem mais elaborada, são modelados pelo princípio da *narratividade* (v.), faz sentido perguntar se aqueles textos são suscetíveis de uma análise que destaque neles a figura do narrador. Ora, se tivermos em atenção o facto de, pelo menos nos nossos dias, os textos jornalísticos exigirem mediações e interfaces muito sofisticados, entende-se que, neste caso, dificilmente se justifica falar na figura do narrador (veja-se, por exemplo, o instrumental requerido por uma reportagem radiofónica ou pela transmissão televisiva de um jogo de futebol). Noutros termos: é duvidoso que as instâncias narrativas que aqueles discursos instauram sejam compatibilizadas com as dimensões de pessoalidade, de individualidade e de ficcionalidade que caracterizam o narrador literário.

Outra coisa é reconhecermos que, em certos momentos e não sem alguma controvérsia, a imprensa escrita integra práticas narrativas em que reaparece a figura do narrador. Não está aqui em causa, evidentemente, a voz narrativa que, no *romance-folhetim* (v.) oitocentista, dominava um género literário autónomo e materialmente inserido num jornal. Diferentemente disso, o *New Journalism*, aparecido nos Estados Unidos nos anos 60 e 70 do século XX, cultivou um estilo em que o recurso a técnicas literárias desafiou não apenas o romance institucionalmente estabelecido, mas sobretudo princípios técnicos e deontológicos de um jornalismo habituado a lidar com a veracidade factual daquilo que relatava. Descobriu-se "que, justamente, era possível escrever jornalismo que podia ser lido... como um romance"; tanto bastou para que alguns jornalistas-escritores (Tom Wolfe, Truman Capote, Norman Mailer, Gay Talese, etc.) conseguissem "varrer da cena o romance como principal acontecimento literário" (Wolfe, 1972: [4]). É neste contexto e com este propósito que se justifica que voltemos a falar em narrador; assim, as práticas paraficcionais do *New Journalism* (e, derivadamente, as do *New New Journalism* e as do jornalismo narro-descritivo deduzido da "estética da experiência"; cf. Hartsock, 2016) podem ser entendidas como fenómeno simétrico do que fora, para alguns romancistas consagrados (Balzac, Dickens, Gogol, Tolstoy, Dostoievski), o recurso à reportagem como procedimento de captação de matérias que o romance ficcionalizou e o narrador relatou (cf. Wolfe, 1972: [6]).

NARRADOR AUTODIEGÉTICO

1. A expressão *narrador autodiegético* designa a entidade que relata as suas próprias experiências como *personagem* (v.) central da história (cf. Genette, 1972; 251 ss.). Trata-se de uma atitude narrativa distinta da do *narrador homodiegético* (v.) e, de forma mais evidente, da que é própria do *narrador heterodiegético* (v.).

2. Em relatos como o *Lazarillo de Tormes* (1554) ou *Robinson Crusoe* (1719), manifestam-se de forma sugestiva as potencialidades semionarrativas do narrador autodiegético: um sujeito maduro, tendo vivido importantes experiências e aventuras, relata, a partir dessa posição de maturidade, a sua existência passada, mais ou menos atribulada. A primeira pessoa gramatical que se manifesta nestas narrativas é uma consequência dessa coincidência narrador/protagonista; uma consequência que, contudo, admite exceções: em *La peste* (1947), de Albert Camus, o narrador que no final se revela como autodiegético opta por um registo de terceira pessoa; por outro lado, não é raro que, em romances de Balzac, Stendhal, Camilo Castelo Branco ou Machado de Assis, o narrador heterodiegético se pronuncie na primeira pessoa.

Normalmente, o narrador autodiegético aparece como entidade situada num tempo ulterior (v. *narração, tempo da*) em relação à história que relata, entendida como conjunto de eventos concluídos e inteiramente conhecidos. Daí sobrevém uma distância temporal variavelmente alargada entre o passado da história e o presente da narração; dela decorrem outras distâncias (éticas, afetivas, morais, ideológicas, etc.), pois que o sujeito que no presente recorda não é já o mesmo que viveu os factos relatados. A fratura entre o *eu* da história e o *eu* da narração (*experiencing self* e *narrating self*, segundo Stanzel, 1971: 60-61) pode ser mais ou menos profunda; assim, um sujeito cindido centra nessa fratura o interesse de um relato não raras vezes com ressonâncias autobiográficas (v. *autobiografia*), como precisamente se verifica nos exemplos mencionados do *Lazarillo de Tormes* e de *Robinson Crusoe*.

3. A situação narrativa instaurada pelo narrador autodiegético condiciona também o código das *focalizações* (v.), por força dessa posição de ulterioridade em que normalmente decorre uma narração com forte marca pessoal. A opção por uma *focalização interna* ou por uma *focalização omnisciente* relaciona-se com o tempo em que o narrador se fixa e com a imagem (*eu-personagem* ou *eu-narrador*; v. estes termos) que lhe está associada.

3.1. Privilegiando o tempo e a imagem da *personagem*, o narrador reconstitui artificialmente o tempo da experiência, os ritmos em que ela decorreu e as atitudes cognitivas que a regeram; ao mesmo tempo, abdica da possibilidade de revelar eventos posteriores a esse tempo da experiência em decurso: "Ao iniciar a história, o narrador detém um conhecimento absoluto dos assuntos, mas revela-os gradualmente e não de uma vez" (Glowinski e Stone, 1977: 105). Por exemplo: "Sentei-me, apunhalado de violência. Mas o Reitor, que estava lendo um grosso volume, abandonou-me ali durante alguns instantes. E eu pude então repousar um pouco. Olhei a sala, sintética de arrumo e de clareza, vi, por uma porta entreaberta, num aposento interior, a colcha branca de uma cama, ouvi o tanoeiro que cantava longe ao sol" (Vergílio Ferreira, *Manhã submersa*, p. 35). A seleção das informações e a *subjetividade* (v.) projetada no enunciado remetem para o *eu-personagem* em ação e não para o *eu-narrador*; ao mesmo tempo, a *focalização interna* (v.) desse eu-personagem arrasta uma *focalização externa* (v.) sobre aquilo que o rodeia. Trata-se de uma limitação natural, já que o campo de consciência do narrador se encontra deliberadamente restringido: "Ele ou ela podem especular apenas do exterior, a propósito de outras mentes, e assim tudo o que este narrador limitado refere acerca de outras personagens deve basear-se naquilo que ele pode logicamente observar, conjeturar ou escutar" (Lanser, 1981: 161; cf. também Margolin, 2009: 52-53).

3.2. Formulando-se a partir do tempo do *eu-narrador*, a *focalização omnisciente* (v.) (neste contexto em relação opositiva com a focalização interna) ativada por um narrador autodiegético é distinta, quantitativa e qualitativamente, da que um narrador heterodiegético pode assumir. O máximo potencial informativo de que o narrador autodiegetico dispõe deriva da situação de ulterioridade em que se encontra e da sua capacidade de retenção memorial: "Um dia estava eu na loja – espera: há um facto antes e tu ias esquecê-lo. Se o esquecesses, decerto, ele não existia. Só existe o que se vê, o que se pensa" (Vergílio Ferreira, *Estrela polar*, p. 257). Trata-se, pois, de uma omnisciência reportada à condição do narrador, como entidade com um grau de conhecimento muito superior ao da personagem que ele foi e com prerrogativas enunciativas correlatas; em função dessas prerrogativas, aceita-se que o narrador antecipe acontecimentos (v. *prolepse*), elida ou resuma eventos menos relevantes (v. *elipse* e *sumário*) e sobretudo que exiba uma autoridade conferida pelo conhecimento integral da história e pela experiência nela adquirida. Atente-se neste exemplo: "E todavia, ao expirar, consola-me prodigiosamente esta ideia: que do Norte ao Sul e do Oeste a Leste (...) nenhum Mandarim ficaria vivo, se tu, tão facilmente como eu, o pudesses suprimir e herdar os milhões, ó leitor, criatura improvisada por Deus, obra má e de má argila, meu semelhante e meu irmão!" (Eça de Queirós, *O Mandarim*, p. 191).

NARRADOR HETERODIEGÉTICO

1. Chama-se *narrador heterodiegético* àquele que relata uma história à qual é estranho, por não integrar, como *personagem* (v.), a diegese em questão (cf. Genette, 1972: 251 ss.). Assim se distingue o narrador heterodiegético do *narrador homodiegético* (v.) (e também, naturalmente, do *narrador autodiegético*; v.), que justamente se caracteriza pelo facto de narrar uma história que conhece pela sua experiência de participante, como personagem.

2. Na tradição literária ocidental, o narrador heterodiegético constitui uma entidade largamente privilegiada, coincidindo o recurso a este tipo de narrador com alguns dos mais notáveis momentos da história do romance. Romancistas como Stendhal, Charles Dickens, Balzac, Flaubert, Eça de Queirós, Leopoldo Alas Clarín, Émile Zola, Tolstoy e muitos outros instauraram nos seus romances narradores heterodiégeticos. Com eles, estrutura-se uma situação narrativa regida pelas seguintes linhas de força: polaridade entre narrador e universo diegético, numa relação que pode considerar-se de alteridade; por força dessa polaridade, o narrador heterodiegético tende a adotar uma atitude de demiurgo em relação à história que conta, surgindo dotado de uma autoridade que normalmente não é posta em causa; predominantemente, o narrador heterodiegético exprime-se na terceira pessoa, traduzindo esse registo a alteridade mencionada – o que não impede que ele enuncie pontualmente uma primeira pessoa que não põe em causa as dominantes descritas ("Mais, quoique je veuille vous parler de la province pendant deux cents pages, je n'aurai pas la barbarie de vous faire subir la longueur et les *ménagements savants* d'un dialogue de province"; Stendhal, *Le rouge et le noir*, p. 38).

3. O estatuto semionarrativo do narrador heterodiegético condiciona diversos aspetos da estrutura do relato, por vezes em relação direta com o contexto periodológico que envolve um narrador desta natureza. Os tempos literários do realismo, do naturalismo ou do neorrealismo justificam, muitas vezes, uma situação narrativa como a que aqui está em equação. É ela que enquadra e dinamiza narrativamente sentidos ideológicos e temáticos com marcação epocal, conjugados com correlatas estratégias de organização temporal e de perspetivação.

Um aspeto fundamental do modo de existência do narrador heterodiegético é o que diz respeito à expressão da *subjetividade* (v.), aspeto que diretamente se liga às *focalizações* (v.) adotadas. Sendo a objetividade narrativa um limite inatingível, o narrador heterodiegético formula *intrusões* (v.) que traduzem os seus juízos sobre os eventos narrados; noutros casos, quando assume e respeita a perspetiva de uma personagem (v. *focalização interna*), o narrador heterodiegético adota também o código de valores dessa personagem e projeta-os no enunciado. Entre as suas próprias opções ideológicas e afetivas e as que reconhece nas personagens, o narrador heterodiegético chega a articular um "diálogo" que, no chamado romance polifónico (v. *polifonia*), pode revelar grande tensão e complexidade.

NARRADOR HOMODIEGÉTICO

1. O *narrador homodiegético* é aquele que relata uma história em que ele mesmo participou, como personagem (cf. Genette, 1972: 252 ss.). Embora, neste aspeto, se assemelhe ao *narrador autodiegético* (v.), o narrador homodiegético difere dele por ter sido, na história, não o protagonista, mas uma figura secundária, quer numa posição distanciada, quer muito próxima e solidária com ele.

2. A relação do Dr. Watson com Sherlock Holmes, nos romances de Conan Doyle, representa a típica situação de um narrador homodiegético; observa-se o mesmo n'*A cidade e as serras* (1901), de Eça de Queirós, entre Zé Fernandes e Jacinto, ou n'*O nome da rosa* (1980), de Umberto Eco (Adso e Guilherme de Baskerville). Atente-se no seguinte passo: "Mas de Guilherme quero falar, e uma vez por todas, porque também me impressionaram as suas singulares feições, e é próprio dos jovens ligar-se a um homem mais velho e mais sábio não só pelo fascínio da palavra e pela agudeza da mente mas também pela forma superficial do corpo, que se torna queridíssima, como acontece com a figura de um pai, a quem se estudam os gestos e as cóleras e se espia o sorriso – sem a menor sombra de luxúria a inquietar esta forma (talvez a única verdadeiramente pura) de amor corpóreo" (Umberto Eco, *O nome da rosa*, p. 18).

3. Tendo em atenção a posição secundária que ficou referida, o narrador homodiegético subordina a construção do relato ao respeito por essa atitude de subalternidade. Os problemas do *tempo*, da *distância* e da *focalização* (v. estes termos) que atingem o narrador autodiegético tornam-se, muitas

vezes, mais complexos, no caso do narrador homodiegético, devido à relação que ele vive com a personagem central da história. Isto significa que o narrador homodiegético não só mostra a oscilação entre dois *eus* (*eu-narrador* e *eu-personagem; narrating self* e *experiencing self* segundo Stanzel, 1971; 60-61), como pode também referir-se à distância que eventualmente o separa do protagonista. Distância temporal, antes de mais; distâncias ideológica, ética, afetiva, moral, etc., em relação ao seu passado de personagem; distâncias do mesmo teor, relativamente ao *herói* (v.) cuja imagem aparece fortemente condicionada pelo olhar do narrador homodiegético.

NARRADOR, Intrusão do – V. Intrusão do narrador.

NARRATÁRIO

1. O *narratário* pode ser definido como o destinatário do discurso do *narrador* (v.), constituindo, nesse sentido, uma entidade inerente à narrativa e, como tal, assumindo uma dimensão puramente textual. Tal como acontece com a díade *autor/narrador*, também a definição do narratário requer a sua distinção relativamente ao *leitor* (v.) real da narrativa, sendo este o seu recetor; do mesmo modo, o narratário não deve ser confundido com o leitor ideal nem com o leitor virtual. Como figura ficcional, o narratário é um "ser de papel", dependendo direta e correlatamente desse outro "ser de papel" (cf. Barthes, 1966: 19-20) que é o narrador.

A partir daquele estatuto ficcional, o narratário "constitui um elo de ligação entre narrador e leitor, ajuda a precisar o enquadramento da narração, serve para caracterizar o narrador, destaca certos temas, faz avançar a intriga, torna-se porta-voz da moral da obra" (Prince, 1973: 196). Pode, por isso, entender-se que o narratário condiciona a *estratégia narrativa* (v.) adotada pelo narrador, uma vez que a sua execução visa, em primeira instância, atingir um destinatário e agir sobre ele. É neste mesmo enquadramento que se afirma que o conceito de narratário serviu para dissipar "uma confusão entre duas instâncias até então homónimas (...): a instância do 'leitor' representado no texto, aquele que o narrador facilmente interpela com o nome de 'leitor' ou sob forma de uma segunda pessoa (...) e a instância do 'leitor' real" (Montalbetti, 2004: 2).

2. A dificuldade de identificação do narratário decorre do facto de ele ser evidenciado de forma variável no discurso narrativo. Enquanto o narrador manifesta necessariamente a sua presença, quanto mais não seja pela existência do enunciado que produz, o narratário é, com frequência, um sujeito não explicitamente mencionado. Por exemplo: o narrador de *The Grapes of Wrath* (1939) conta que, "para a região vermelha e parte da região cinzenta de Oklahoma, as últimas chuvas caíram suavemente, sem penetrarem fundo na terra escalavrada" (John Steinbeck, *As vinhas da ira*, p. 7); estas informações fazem sentido, antes de mais, para um narratário atento aos dramas sociais que se vão esboçando e que é razoavelmente conhecedor dos contornos de uma crise em desenvolvimento; ele atinge o significado preciso de expressões como "região vermelha" e "região cinzenta de Oklahoma", o que pode não acontecer com o leitor real. Excecionalmente, o narrador projeta no enunciado interrogações do narratário a que procura dar resposta: "Estava nesse dia um vento agreste, de barbeiro, não se aguentava, e então com o corpo mal enroupado, tudo tem a sua explicação, deu António Mau-Tempo feriado aos porcos e escondeu-se por trás de um machuco, Que é um machuco, Um machuco é um chaparro novo, por aqui toda a gente sabe" (José Saramago, *Levantado do chão*, p. 88).

Em confronto com o narratário, a posição do leitor é variável: ele pode conhecer mais do que o narratário, dispensando informações desnecessárias (p. ex., o significado do termo "machuco", se se tratar de um leitor da região em que se passa *Levantado do chão*), pode ficar aquém dos conhecimentos que nele são pressupostos ou até ter uma competência narrativa idêntica à dele. Com os devidos ajustamentos, o narratário está para o narrador como o leitor pretendido está para o *autor* (v.). Por outro lado, o leitor pode (ou não) identificar-se com o narratário, sendo certo que essa possível identificação "não é fundamentalmente diferente da que pode [ligá-lo] ao protagonista, a esta ou àquela personagem e mesmo ao narrador" (Montalbetti, 2004: 29).

3. A pertinência funcional do narratário evidencia-se sobretudo em relatos de narrador autodiegético ou homodiegético, quando o sujeito da enunciação convoca expressamente a atenção de um destinatário intratextual: no conto *José Matias*, de Eça de Queirós, um narrador homodiegético relata a um narratário anónimo, mas presente, a história de José Matias, no percurso até ao cemitério, quando o protagonista vai a enterrar; no discurso do narrador surgem, então, expressões em que ecoa a curiosidade desse

narratário: "Mas, oh meu amigo, pensemos que certamente nunca ela [Elisa] pediria ao José Matias para espalhar violetas sobre o cadáver do apontador! É que sempre a Matéria, mesmo sem o compreender, sem dele tirar a sua felicidade, adorará o Espírito, e sempre a si própria, através dos gozos que de si recebe, se tratará com brutalidade e desdém!" (Eça de Queirós, *Contos I*, p. 384). Na narrativa epistolar, o narratário corresponde ao destinatário das cartas (por exemplo, em *Clarissa*, 1748, de Samuel Richardson, ou em *Julie ou la Nouvelle Héloïse*, 1761, de Rousseau), posto o que, ao responder, ele inverte a sua posição e assume a função de narrador. Assim, "a experiência epistolar, diversamente da autobiográfica, é recíproca. O autor da carta simultaneamente procura influenciar o seu leitor e é influenciado por ele" (Altman, 1982: 88).

Quando numa narrativa se abre um *nível hipodiegético* (v.), pode acontecer que uma personagem se faça narratário de um relato: é a situação que se observa n'*Os Lusíadas* (1572), em diversos episódios (por exemplo, quando o rei de Melinde, ao longo dos cantos III a V, é narratário da História de Portugal contada por Vasco da Gama). De modo mais extensivo, o *Decameron* (1348-1353), de Boccaccio, estrutura-se compositamente em função de narrativas em que as personagens sucessivamente se dirigem, como narradores, a narratários presentes. Num caso extremo, narrador e narratário convergem numa única figura, episodicamente desdobrada: no *monólogo interior* (v.), o narrador assume-se como destinatário imediato de reflexões enunciadas na privacidade da sua corrente de consciência.

NARRATIBILIDADE

1. O conceito de *narratibilidade* refere-se à condição de legitimidade ou de validade comunicativa e social do ato de contar uma história. Podendo ser designada também pelo termo inglês *tellability*, a narratibilidade de um relato afirma-se quando reconhecemos que vale a pena contá-lo e que esse ato produz efeitos no ouvinte ou no leitor.

2. O termo narratibilidade provém da socioloinguística de Willim Labov e surge num ensaio de Gerald Prince, no quadro de uma reflexão em torno de um leque de noções diretamente relacionadas com o conceito de *narratividade* (v.). Tendo sido objeto de diversos desenvolvimentos desde que se impôs, nos anos 80 do século passado (cf. Prince, 1982: 160), a noção de narratibilidade

abre lugar a especificações de vária ordem, relacionadas com a condição modal e com as práticas sociais da narrativa, bem como com os seus efeitos cognitivos; correlatamente, a narratibilidade conduziu ao "conceito ancilar de questão narrativa. Para ser narrável, uma história deve ter uma questão. O maior fracasso de um contador de histórias é provocar a seguinte reação: 'Então, qual é a questão?'" (Ryan, 1991: 150).

Segundo Prince, "o contexto (juntamente, sem dúvida, com o texto) também influencia a efetividade de entidades narrativas enquanto tais, o seu valor narrativo". A narratibilidade é, então, distinta da identidade narrativa, ou seja, da narratividade; para Prince, a caracterização da narratibilidade "ajuda a responder a perguntas como 'o que faz com que valha a pena produzir uma narrativa?' ou 'o que torna um objeto bem-sucedido, apelativo e valioso, do ponto de vista narrativo?'" (Prince, 2008: 23). A distinção entre narratibilidade e narratividade justifica-se não só porque a primeira é apreendida independentemente da textualização da narrativa (e mesmo, de certa forma, aquém da sua concretização), mas também "porque as histórias que cumprem critérios formais de narratividade podem permanecer sem sentido e simplesmente serem incapazes de suscitar o interesse do público" (Baroni, 2014: § 3).

3. No vasto domínio das produções narrativas – incluindo práticas como a *narrativa conversacional* (v.) ou o *romance* (v.), as narrativas de imprensa ou os relatos historiográficos, as *parábolas* (v.) religiosas ou as *telenovelas* (v.) –, coloca-se a questão da narratibilidade, sempre que está em causa a pertinência social, moral, política ou meramente lúdica do ato de contar histórias. Expressa ou tacitamente, essa pertinência relaciona-se com as motivações estéticas, ideológicas ou emotivas que levam alguém a enunciar um relato, desde logo por acreditar que ele se justifica e que são eficazes os meios de que dispõe. Assim, Stendhal fundou a conceção e a escrita de *Le rouge et le noir* (1830) no chamado *affaire Berthet*, um caso judicial com forte componente passional em que o escritor reconheceu uma narratibilidade que o seu romance procurou confirmar. Do mesmo modo, José Saramago, impressionado com a dimensão de um convento, com a história da sua construção e com as figuras que nele intervieram, desenvolveu, num romance com propósito ideológico, o potencial de narratibilidade que em tudo isso intuiu e que expressou na contracapa da obra: "Era uma vez um rei que fez promessa de levantar um convento em Mafra. Era uma vez a gente que construiu esse convento. Era uma vez um soldado maneta e uma mulher

que tinha poderes. Era uma vez um padre que queria voar e morreu doido. Era uma vez" (*O memorial do convento*).

NARRATIVA

1. O termo *narrativa* pode ser entendido em diferentes sentidos. Por exemplo: narrativa enquanto enunciado, narrativa como conjunto de conteúdos representados por esse enunciado, narrativa como ato de os relatar (cf. Genette, 1972: 71-72) e ainda narrativa como *modo* (v.), ou seja, componente de uma tríade de categorias meta-históricas e universais, juntamente com a *lírica* e o *drama* (v. estes termos) que desde a Antiguidade, com oscilações e reajustamentos, tem sido adotada por diversos teorizadores (cf. Genette, 1979; Fowler, 1982; 235 ss.). É, antes de mais, nesta última aceção que o conceito de narrativa aqui nos interessa, uma vez que as restantes aceções ou são contempladas por outros termos mais precisos (p. ex.; *narração* e *história*; v.) ou por outros conceitos, como *discurso* (v.) e sintagma narrativo.

2. Antes de chegarmos a uma tentativa de definição, deve notar-se que ela é condicionada pelo destaque conferido à narrativa em várias áreas do saber e da atividade humana, gerando efeitos polissémicos dispersivos. Com efeito, "nos últimos anos (...), poucos vocábulos desfrutaram de tanto uso e sofreram tanto abuso como *narrativa*"; quer isso seja devido "à perda pós-moderna da fé na possibilidade de se conseguir verdade ou conhecimento, ou ao atual interesse no funcionamento da mente, a presente tendência para dissolver 'narrativa' em termos como 'crença', 'valor', 'experiência', 'interpretação', 'pensamento', 'explanação', 'representação' ou simplesmente 'conteúdo' desafia os narratólogos a conseguir uma definição que distinga os usos metafóricos dos literais" (Ryan, 2007: 22; cf. Polkinghorne, 1988: 13-14). O risco destes usos e abusos torna-se evidente quando alguma daquelas áreas do saber recorre ao potencial heurístico da noção de narrativa de forma difusa; dificulta-se, assim, o caminho que conduz àquela "emergente ciência da narrativa" (Herman, 2004: 389) a que chamamos *narratologia* (v.).

3. A definição do conceito em apreço, no quadro dos estudos narrativos, implica que tenhamos em atenção três fatores determinantes.

3.1. A aquisição, operada desde os anos 60 do século passado, do princípio segundo o qual a narrativa é um fenómeno translinguístico e transliterário, concretizado em contextos mediáticos e sociais muito variados. Assim, "a narrativa pode ser sustentada pela linguagem articulada, oral ou escrita, pela imagem, fixa ou móvel, pelo gesto ou pela mistura ordenada de todas estas substâncias; está presente no mito, na lenda, na fábula, no conto, na novela, na epopeia, na história, na tragédia, no drama, na comédia, na pantomima, na pintura (...), no vitral, no cinema, nas histórias em quadradinhos, no *fait divers*, na conversação" (Barthes, 1966: 1).

3.2. A abertura teórica e epistemológica do estudo da narrativa, decorrente da sua *naturalização* (v. *narratologia natural*), em regime de *interdisciplinaridade* (v.). Essa naturalização envolve fenómenos e atividades sociais do nosso quotidiano e estende-se à verificação de que a atividade humana, das formulações identitárias (v. *identidade*) às construções mentais que dão a conhecer e a representar o mundo, depende de dispositivos narrativos e resolve-se pela sua operacionalização.

3.3. A postulação do conceito de *narratividade* (v.) como noção central para a caracterização das práticas narrativas e daquilo que as distingue das práticas não narrativas. Tal noção foi reelaborada, na passagem da *narratologia* (v.) para os *estudos narrativos* (v.), mediante aprofundamentos que alargaram o alcance conceptual da narratividade, indo além de uma análise das propriedades formais dos textos narrativos, ao mesmo tempo que confirmaram a pertinência da conceção modal da narrativa que aqui seguimos.

4. Em função do exposto, entende-se como adquirido que os relatos literários, sendo, por natureza, consideravelmente elaborados e complexos, convivem com muitos outros relatos e mantêm com eles afinidades cuja base comum é a condição narrativa. Nesse quadro de diversidade de ocorrências, a narrativa literária compreende um vasto e pluricultural *corpus* de textos normalmente de índole ficcional (v. *ficcionalidade*), estruturados por *códigos* (v.) e por *signos* (v.) relativamente sofisticados; além disso, a narrativa literária consente uma sua particularização em função de critérios genológicos (v. *género narrativo*) e de funções socioculturais que lhe são atribuídas em diferentes épocas.

Na narrativa literária, observamos a expressiva vigência de certas dominantes que, sem serem exclusivas dela, estruturam aquilo a que chamamos *processo narrativo*.

4.1. O processo narrativo funda-se numa atitude de variável *distanciamento* assumido por um *narrador* (v.) em relação àquilo que narra, assim se instituindo uma situação de alteridade entre o sujeito que relata e o objeto da narrativa. Essa alteridade favorece o conhecimento de figuras, de objetos, de lugares e, em geral, de sentidos que a narrativa propicia.

4.2. O processo narrativo revela tendência para a *exteriorização*, viabilizando a caracterização e a descrição de um universo autónomo (personagens, espaços, eventos, etc.), por vezes regidas por um propósito de neutralidade em relação a esse universo.

4.3. O processo narrativo instaura uma *dinâmica temporal* decorrente do devir cronológico inerente a toda a história contada e às ações humanas que nela têm lugar; em segunda instância, essa dinâmica temporal atinge o discurso narrativo, uma vez que o ato de contar não só procura representar aquela temporalidade, como se inscreve, ele próprio, no tempo.

5. Estas dominantes reveem-se tanto nas diferentes *estratégias narrativas* (v.) que historicamente identificamos, como nas particularidades semiodiscursivas de diferentes tipos de narrativa (v. *tipologia narrativa*). Vejamos alguns exemplos.

Se é certo que formalmente um *narrador autodiegético* (v.) se identifica com a personagem central da história, também é certo que entre eles existem normalmente diferenças que são acentuadas pelo decurso do tempo; assim se colocam em confronto um *eu-narrador* (v.) e um *eu-personagem* (v.), confirmando-se o distanciamento do primeiro em relação ao segundo. Por outro lado, se eventualmente existem afinidades entre narrador e personagem, num romance de *narrador heterodiegético* (v.) elas restringem-se a relações de adesão e de convergência de posicionamentos (éticos, ideológicos, etc.) que não anulam a autonomia e a relação de alteridade entre ambas as entidades. Mesmo a expressão da *subjetividade* (v.) do narrador pode ser encarada como afirmação do potencial cognitivo da narrativa, dado que é pela via dessa subjetividade que muitas vezes circulam sentidos ideológicos orientados sobre um outro sujeito, que é o *narratário* (v.) e, em segunda instância, o *leitor* (v.).

6. Constituindo um fenómeno eminentemente dinâmico, a narrativa, em geral, e as narrativas literárias, em particular, implicam mecanismos

de articulação requeridos pela sua condição multiestratificada (cf. Grivel, 1973: 160 ss.). Descrevemos, assim, a narrativa em dois planos: o da *história* (v.) e o do *discurso* (v.), cuja interdependência se projeta no ato da *narração* (v.); esta conceção orgânica aprofunda-se pela especificação de categorias e de domínios de codificação que regem a existência concreta das narrativas literárias: a *personagem* (v.) e as suas modulações de relevo, de composição e de *caracterização* (v.); o *espaço* (v.) e os seus modos de existência; a *ação* (v.) e as suas variedades compositivas.

Estas categorias da história submetem-se a procedimentos de representação elaborados no plano do discurso: o *tempo* (v.) compreende virtualidades de tratamento em termos de ordenação, de *velocidade* (v.), etc.; a *perspetiva narrativa* (v.) condiciona a imagem da história, com inevitáveis tonalidades subjetivas, no plano do discurso. No âmbito da *narração* (v.), registam-se igualmente opções decisivas, quer quanto à sua colocação temporal (v. *narração, tempo da*), quer quanto ao *nível narrativo* (v.), quer ainda quanto ao tipo de narrador adotado. Em conexão direta com este leque de possibilidades, define-se uma determinada estratégia narrativa, confirmando-se que a índole dinâmica de todo o processo narrativo redunda numa outra dinâmica, que é a da ação exercida sobre o recetor (v. *pragmática narrativa*).

7. A definição de narrativa proposta por Monika Fludernik (cf. 2009: 6) pode agora ser adotada e completada por um alargamento conceptual que aqui se justifica. Dizemos, então, que a *narrativa* é a representação de um *mundo possível* (v.), centrada em entidades antropomórficas (designadamente, personagens) e ancorada em coordenadas temporais e espaciais que orientam certas ações para um final. Ampliando o alcance da definição, sublinha-se que a representação narrativa não está vinculada apenas à linguagem verbal, podendo processar-se pelo recurso a uma pluralidade de suportes e meios (linguísticos, visuais, auditivos, corporais, eletrónicos, etc.), de forma singular ou conjugada; do mesmo modo, a representação narrativa concretiza-se em diferentes contextos e com variados propósitos comunicativos (literários e paraliterários, informativos, conversacionais, científicos, políticos, religiosos, etc.).

Não é despiciendo acentuar o significado que na presente caracterização é assumido pela dimensão humana da narrativa e pela relevância conferida ao relato, como instrumento de afirmação identitária, de conhecimento do mundo, de apreensão dos sentidos que nele reconhecemos e mesmo de exercício de poder (cf. De Fina e Georgakopoulou, 2012: 125-154).

O chamado *significado narrativo* trata de "dar forma à compreensão de um propósito para a vida e de agregar ações e eventos do dia a dia em unidades episódicas"; ao mesmo tempo, ele "faculta um marco de compreensão de acontecimentos da nossa vida passada e de planeamento de ações futuras" (Polkinghorne, 1988: 11). É nesta linha de pensamento que reconhecemos às narrativas literárias e ficcionais e à sua articulação com a História um multissecular potencial hermenêutico, com fundas repercussões no plano da autognose; esse potencial hermenêutico – que outras práticas narrativas, de tradição mais recente (como é o caso do *cinema*; v.), só agora começam a experimentar – torna-se particularmente expressivo quando equacionamos a vocação da narrativa literária para indagar a condição histórica do homem, o seu devir e as circunstâncias em que ele ocorre.

Realçando aquela vocação, Paul Ricœur chamou a atenção para as ligações homológicas existentes entre a narrativa ficcional e a narrativa histórica: "A história e a ficção referem-se ambas à ação humana, embora o façam na base de duas pretensões referenciais diferentes. Só a história pode articular a pretensão referencial de acordo com as regras da evidência comum a todo o corpo das ciências"; por sua vez, "as narrativas de ficção podem cultivar uma pretensão referencial de um outro tipo, de acordo com a referência desdobrada do discurso poético. Esta pretensão referencial não é senão a pretensão a redescrever a realidade, segundo as estruturas simbólicas da ficção" (Ricœur, 1980a: 57-58).

NARRATIVA CONVERSACIONAL

1. A *narrativa conversacional* é um género de discurso decorrente da produção de relatos, em situações e contextos relativamente informais e de vivência quotidiana (social, profissional, familiar, etc.); os sujeitos envolvidos nessas situações e contextos recorrem a narrativas, com propósitos argumentativos, explicativos, emocionais ou circunstancialmente lúdicos. Do ponto de vista dos estudos narrativos, a abordagem da narrativa conversacional apoia-se na conjugação dos métodos e dos instrumentos conceptuais da análise do discurso (especificamente, da análise conversacional), com os métodos e com os instrumentos conceptuais da narratologia (designadamente, categorias da narrativa).

2. O interesse pela narrativa conversacional decorre da noção de que a enunciação narrativa é um processo inerente às interações pessoais e sociais,

bem como à aquisição e à representação do conhecimento. Os estudos seminais de William Labov, no domínio da sociolinguística, constituem um marco fundador da valorização da chamada narrativa natural e da tendência para a *narrativização* (v.) que é própria da atividade humana e das experiências de vida que ela traduz (cf. Labov, 1972; Labov e Waletzky, 1967). São estes também, em parte, os fundamentos epistemológicos da *narratologia natural* (v.) (cf. Fludernik, 1996).

A relação que pode estabelecer-se entre a conversação quotidiana e a formulação de atos narrativos confirma-se pela experiência corrente de qualquer falante. Na comunicação do dia a dia, com muita frequência contamos e ouvimos histórias, apoiamos nelas os nossos raciocínios e os nossos argumentos, servimo-nos de enredos, de tensões narrativas, de articulações temporais, de projeções de desenlaces e de figurações de "personagens", para entendermos o que nos rodeia e para darmos a conhecer preocupações, projetos, análises, situações cómicas, acontecimentos dramáticos, etc. Em todas estas ocorrências, a narrativa conversacional estabelece-se como prática simples e naturalizada, com escasso ou nulo cuidado formal, num estádio qualitativo distante das narrativas literárias.

Justifica-se, assim, uma definição minimalista de *narrativa* "como um conjunto coerente de dois ou mais elementos narrativos"; nesta linha de pensamento, um *elemento narrativo* é "uma frase no pretérito, descrevendo uma ação ou uma mudança de estado" (Norrick, 2000: 28). Sem prejuízo destas definições, é possível identificar na narrativa conversacional dispositivos recorrentes (o uso de fórmulas estereotipadas ou de repetições), bem como variedades específicas, no limiar da configuração de *subgéneros narrativos* (v.), como é o caso das narrativas pessoais, das histórias de terceiros ou das narrações colaborativas (cf. Norrick, 2000: 47 ss., 135 ss.).

3. A partir destes pressupostos, podemos fixar um conjunto de princípios que regem a produção de narrativas conversacionais.

3.1. O princípio da *naturalização narrativa,* que postula e legitima a pertinência do relato como procedimento social e cognitivo próprio da ação humana.

3.2. O princípio da *interatividade* (v.) deduzida da participação, nas narrativas conversacionais, de diversos sujeitos; esses sujeitos trocam frequentemente de papéis (de emissor para recetor e vice-versa) e intercondicionam-se, pelos efeitos que o relato suscita.

3.3. O princípio da *polifonia* (v.), segundo o qual reconhecemos na narrativa conversacional uma pluralidade de vozes, em interação narrativa muitas vezes discordante.

3.4. O princípio da *intertextualidade*, diretamente relacionado com a polifonia e traduzido na integração, na narrativa conversacional, de outros relatos que nela convergem, bem como de determinadas estratégias discursivas (p. ex., de tipo argumentativo).

4. Na sequência do que fica exposto, importa notar que a narrativa conversacional é fortemente marcada pelos contextos em que decorre. A relevância que aqui lhes é atribuída compensa, segundo alguns autores, a análise laboviana, alegadamente limitada pelo facto de nela a narrativa ser encarada como uma entidade desligada das circunstâncias contextuais em que decorre (cf. De Fina e Georgakopoulou, 2012: 43-44). Por outro lado, os episódios de conversação e as emergências narrativas que neles se manifestam são indissociáveis de uma conceção colaborativa do relato, incluindo-se nessa conceção o potencial pragmático (v. *pragmática narrativa*) que lhe é inerente; por isso, pode afirmar-se que "a estrutura narrativa, na análise conversacional, é vista como um construto dinâmico, emergente e conjuntamente desenhado, que se encontra inextricavelmente ligado à dinâmica interativa do relato de histórias, em trocas correntes" (De Fina e Georgakopoulou, 2012: 48).

5. A representação do diálogo (v. *personagem, discurso da*) na narrativa literária permite-nos rever, nalguns casos, procedimentos discursivos que foram mencionados. Ressalvam-se, como é evidente, as óbvias diferenças existentes, nos planos sociocultural e funcional, entre a conversação corrente e a narrativa literária; nesta, só artificialmente podemos dizer que deparamos com "atos narrativos conversacionais genuínos" e, como tal, "sempre interativos, negociados e não simplesmente projetados para uma audiência especial, por um único narrador" (Norrick, 2007: 127). Em todo o caso, muitas ocorrências de *diálogo* (v.) enquadram narrativas, eventualmente com efeitos transformadores nas personagens e nos seus destinos.

Três exemplos, no mesmo romance, demonstram a presença do relato no diálogo, bem como as modulações estilísticas e compositivas que, em contexto literário, se justificam. Primeiro: na parte final do capítulo VI d'*Os Maias*, Tomás de Alencar conversa com Carlos da Maia e conta-lhe, enquanto ambos caminham, episódios de um tempo que o segundo pouco conhecia; isso explica a sua condição de ouvinte pouco interveniente, numa conversa quase casual. Segundo: no capítulo XV do mesmo romance, Maria Eduarda narra a Carlos o seu passado; por força daquilo que está em causa nessa conversa programada, ele é um recetor atento, mas praticamente mudo, limitando-se a pontuais reações emocionadas ao que é revelado, quase sempre em discurso indireto. Terceiro: no capítulo XVII, numa conversa predominantemente em discurso direto, Ega conta a Vilaça aquilo que sabe, no tocante à situação de Carlos da Maia; o diálogo é fortemente interativo, como que em busca de uma coerência familiar perdida (cf. Norrick, 2007: 139) e a tensão do momento explica que a narração seja pouco colaborativa e entrecortada por exclamações, por interrogações, por dúvidas e por objeções de tipo argumentativo.

NARRATIVA DE VIAGEM

1. A expressão *narrativa de viagem* designa um género de relato em que são contadas a deslocação, as experiências e as impressões de um viajante que se faz narrador, tendo seguido um trajeto normalmente extenso, por lugares desconhecidos. Assente numa tradição antiga e diversificada, a narrativa de viagem enquanto género e prática narrativa encontra-se na indistinta fronteira de passagem do literário para o não literário e da referência empírica para a *ficcionalidade* (v.). A diversidade referida relaciona-se diretamente com as motivações e com as finalidades que a narrativa de viagem cumpre, na Antiguidade ou na Idade Média, no Renascimento, em tempo romântico ou nos nossos dias: regresso e penitência, descoberta e aventura, evasão e conhecimento científico, diálogo intercultural e digressão lúdica.

2. De um ponto de vista narratológico, importa identificar procedimentos e dispositivos de linguagem que contribuem para a estruturação narrativa da viagem e para a fixação das dominantes formais que aquela estruturação convoca.

2.1. O movimento da viagem solicita uma homologação retórica que o modelize, em termos semiodiscursivos. A metonímia é, consabidamente, a figura matricial da representação narrativa (cf. Jakobson, [1956] 1970: 61-67), porque nela se privilegia uma lógica da sucessividade: na descrição do espaço ou no processo temporal, a metonímia e, com ela, a *narrativa* (v.) ajusta-se ao devir da viagem, constituído pela deslocação através de sucessivos espaços e por etapas temporais que vão sendo vencidas.

2.2. Uma das motivações mais insistentes da viagem é a aquisição do conhecimento, inspiradora de ações representacionais e modais que devem cumprir as exigências daquela aquisição de conhecimento. O processo narrativo funda-se numa atitude de distanciamento por parte de quem conta e privilegia a tendência para a exteriorização que a narrativização da viagem exige, quando, como muitas vezes acontece, ela quer cumprir o propósito de descoberta de outros espaços e de outras pessoas.

3. O conhecimento propiciado pela viagem não considera apenas aquilo que é exterior ao viajante-narrador. Em interação com os espaços percorridos, ele opera também um autoconhecimento que carece do distanciamento que ficou referido e de uma espécie de fratura entre o sujeito que viajou e aquele que narra: "O conhecimento pode ser o desafio da viagem, mas pode ser também o nascimento do novo homem que se pressente viver em si" (Roudaut, 2003: 642). A simulação de um relato *in fieri*, como nas *Viagens na minha terra* (1846), de Garrett, as mais das vezes é um artifício retórico elaborado a partir de uma *narração ulterior* (v.), por um *narrador autodiegético* (v.). Sintomaticamente, Michel Butor recorreu à imagem da viagem para aludir a este regime de enunciação narrativa: "Para contar a história, ele [narrador] esperará até a conhecer na sua totalidade; só mais tarde, envelhecido, calmo, regressado ao lar, o navegador se debruçará sobre o seu passado, porá ordem nas suas recordações. A narrativa será apresentada sob forma de memórias" (Butor, 1969: 77).

Estas palavras permitem associar a narrativa de viagem a outros géneros, também sem vinculação literária estrita; esses géneros compartilham traços formais e vetores temáticos com a narrativa de viagem, com destaque para aqueles em que se acentua a inscrição subjetiva que o relato consente. Assim:

3.1. O *diário* (v.), em diversas modulações (mas com destaque para o diário de viagem e para o diário de bordo), é um género afim da narrativa de viagem e mesmo, em certos casos, um seu instrumento de trabalho: da notação diarística de episódios e de incidentes de viagem emanam informações que o narrador-viajante incorpora no relato da viagem.

3.2. A *autobiografia* (v.), género narrativo em que é muito acentuada a referida inscrição subjetiva, converge com aspetos significativos do relato de viagem; considere-se, designadamente, o que na autobiografia existe de balanço de uma espécie de "viagem de vida", ou seja, "composição do retrato crítico de um 'eu' que se reconstitui e se situa no quadro complexo de um percurso no tempo e no espaço" (Morão, 1993: 18).

4. A abertura da *Peregrinação* (1614), de Fernão Mendes Pinto, estabelece um regime enunciativo que, em traços gerais, corresponde ao protocolo narrativo do relato de viagem. Trata o narrador de dar graças a Deus que o quis "tirar sempre em salvo", permitindo-lhe "fazer esta rude e tosca escritura, que por herança deixo a meus filhos (...) para que eles vejam nela estes meus trabalhos, e perigos da vida que passei no discurso de vinte e um anos em que fui treze vezes cativo, e dezassete vendido, nas partes da Índia, Etiópia, Arábia Feliz, China, Tartária, Macáçar, Samatra, e outras muitas províncias daquele oriental arquipélago dos confins da Ásia" (Fernão Mendes Pinto, *Peregrinação*, p. 13; grafia atualizada). O que aqui se encontra não é apenas o registo de lugares viajados, mas sim e sobretudo o efeito transformador da viagem, em dois planos: no plano da mudança sofrida pelo viajante e determinada pelos "trabalhos e perigos da vida", no decurso do tempo que transcorreu; no plano da decisão, provinda daquela mudança, de elaborar uma "rude e tosca escritura" que é legada como exemplo e como pedagogia de vida. É, então, o relato que completa a viagem e lhe dá pleno sentido; e a transformação do sujeito que ela potencia faculta, na cena do relato, uma experiência e um conhecimento que não se reportam só às terras viajadas, mas também ao *outro* que nelas interagiu com o viajante.

Muitas narrativas acolhem a viagem como motivo central, o que significa que a sua capacidade de conformação em relato não se esgota no género que especificamente aqui interessa; por outro lado, nalgumas dessas narrativas reconhecemos significados identitários com grande alcance histórico e cultural. A *Odisseia* (século VIII a.C.) associa a narração da viagem à experiência do regresso e do reencontro, em consonância com sentidos adjuvantes: a perseverança, a lealdade, o engenho, a fidelidade às origens; n'*Os Lusíadas* (1572), a viagem que conduz à Índia não é apenas um trajeto de superação dos riscos e das dificuldades da navegação, mas também o ponto de partida para descobertas intercivilizacionais, com forte marcação eurocêntrica; também o *Quijote* (1605-15) é estruturado em função de viagens do Cavaleiro da Triste Figura por rotas que enquadram uma dialética de enganos e desenganos, de persistentes ideais de vida e de choques com a realidade que o companheiro do protagonista (e das viagens) trata de pôr em evidência. Mais próximo de nós, em *Heart of Darkness* (1902), de Joseph Conrad, uma narrativa dentro da narrativa conta a viagem de subida do rio, alegorizando nela a busca do desconhecido, num sombrio percurso de resgate e de confronto civilizacional; foram esses sentidos que Francis Ford Coppola modulou, na versão cinematográfica do romance, situando a história e a viagem no contexto da guerra do Vietname (*Apocalypse Now*, 1979). Na sequência da grande depressão do fim dos anos 20, John Steinbeck representou, em *The Grapes of Wrath* (1939; versão cinematográfica por John Ford, em 1940), a longa e sofrida deslocação dos pobres e deserdados, na busca épica de uma Califórnia com feição de Terra Prometida.

Acrescente-se a isto o seguinte: a viagem que desencadeia a narrativa não deve ser entendida apenas como evento desenvolvido no espaço; pelo menos desde *The Time Machine* (1895), de H. G. Wells, a viagem assume uma dimensão temporal que a narrativa também acolhe, sobretudo no *romance de ficção científica* (v.). Faz sentido, então, afirmar que "a viagem no tempo tornou-se um dos mais familiares *topoi* da ficção científica. Além disso, a sua popularidade agudizou-se nos últimos vinte anos, transcendendo as fronteiras genológicas da ficção científica e brotando em romances da moda, em filmes de sucesso e em jogos de computador" (Gomel, 2009: 335). Significativamente, a obra de Wells mencionada deu lugar a duas adaptações cinematográficas, em 1960, com realização de George Pal, e em 2002, por Simon Wells, neste caso com grande cópia de efeitos visuais.

5. Pode dizer-se que o romance de Steinbeck antes referido e o cenário da mítica Estrada 66 em que a história decorre sugerem a possibilidade de se fazer migrar a narrativa de viagem para um outro *medium*, o cinema. O chamado *road movie*, que tem o seu paradigma em *Easy Rider* (1969), de Dennis Hopper, e uma outra notável realização em *Thelma and Louise* (1991), de Ridley Scott, transfere para as amplas paisagens norte-americanas os grandes temas da narrativa de viagem, atualizando a sua pertinência num novo contexto mediático. Realça-se, assim, a dimensão de transmedialidade que atinge a narrativa em geral e a narrativa de viagem em particular, uma transmedialidade que, na atualidade, se confirma noutros espaços e noutros

suportes, designadamente digitais; neles, a viagem permanece hipótese e projeto narrativo, mas é modelada por outras ferramentas e deduz-se de motivações próprias. Assim, nas redes sociais são frequentes as inserções de imagens de viagens, com reduzido ou nulo recurso a textos verbais, mas esboçando muitas vezes uma narratividade incipiente que os membros da comunidade tratam de entender como tal, fundados na sua própria experiência narrativa e na disseminação intertextual do relato de viagem.

Esta conjugação da imagem com o relato (ainda embrionário ou já estruturado) encontra um significativo exemplo pioneiro na viagem de um jovem escritor, Gustave Flaubert, e de um fotógrafo, Maxime Du Camp, ao Egito, em 1849 e 1850. Essa era a época em que o Oriente fascinava o viajante europeu (Chateaubriand, Renan, Théophile Gautier, Eça de Queirós e outros mais andaram pelo Oriente e disso deixaram testemunho narrativo), mas era também o tempo em que o espaço percorrido justificava o registo visual; assim, a *Voyage en Égypte,* de Flaubert, composta em 1851, mas só publicada postumamente, pode ser lida em diálogo com as fotografias tiradas por Du Camp, quando elas eram uma inovação mediática, porventura ameaçando o estatuto cultural da narrativa de viagem, enquanto relato puramente verbal.

Reafirmando a pertinência deste género narrativo nos nossos dias, José Saramago promoveu, em *Viagem a Portugal* (1981), uma sua moderada *remediação* (v.). O modelo da narração saramaguiana é as *Viagens na minha terra,* mas o viajante do fim do século XX reajusta-o a um contexto cultural e a um aparato mediático em que a imagem assume grande relevância; sem as fotografias de vários autores (incluindo o próprio Saramago), aquele trânsito por lugares recônditos que o olhar do escritor descobre não faz o sentido que é reclamado pela reinvenção da viagem como visualidade e da sua relação com um tempo humano narrativizado: "Afinal, que viajar é este? (...) Viajar, deveria ser outro concerto, estar mais e andar menos, talvez até se devesse instituir a profissão de viajante, só para gente de muita vocação, muito se engana quem julgar que seria trabalho de pequena responsabilidade, cada quilómetro não vale menos que um ano de vida" (José Saramago, *Viagem a Portugal,* p. 8).

NARRATIVA DIGITAL

1. A expressão *narrativa digital* designa um modo de discurso que decorre da conjugação das categorias do relato literário e respetiva tradição

compositiva, com instrumentos e com lógicas de computação desenvolvidas em ambiente eletrónico; esse desenvolvimento recorre à tecnologia digital e à estruturação da informação que ela suporta, fundando-se no potencial combinatório virtualmente ilimitado da forma numérica binária (ou de base numérica 2). Numa aceção lata, podemos considerar narrativas digitais "todas aquelas obras conhecidas como literatura digital, vídeo e cinema digital (não digitalizado), bem como jogos, com elementos narrativos" (Herrera Ferrer, 2011). Conforme se depreende, está aqui em causa a narrativa nascida digital, cuja escrita, leitura e estudo exigem um certo índice de especialização técnica, bem como a abertura a representações e a atitudes cognitivas muito diferentes daquelas que foram sedimentadas por uma muito longa tradição de produção e receção de narrativas.

Numa indagação mais ampla, podemos enraizar o aparecimento e a diversificação da narrativa digital (ou, genericamente, da literatura digital) em conceitos e em experiências provindas do século XX, quando não estavam ainda acessíveis as ferramentas informáticas de que hoje dispomos. O movimento designado pelo acrónimo *Oulipo* (*Ouvroir de littérature potentielle*) juntou, em 1960, escritores franceses cujas experiências antecipam a articulação do digital com a escrita literária. Por exemplo, os exercícios de estilo e as combinatórias da literatura palíndroma, de Raymond Queneau, ou os lipogramas, de George Perec: em *La dispartion* (1969), todo o relato é enunciado sem recurso à letra 'e'. Noutro plano, o conceito de abertura postulado por Umberto Eco incide sobre práticas estéticas não constrangidas por trajetos de elaboração fixos e disponíveis também para interpretações plurais (cf. Eco, [1962] 1976); e no magistral ensaio em que formulou *Seis propostas para o próximo milénio*, Italo Calvino referiu-se a propriedades (leveza, rapidez, visibilidade, multiplicidade, etc.) que na narrativa digital se exibem de forma muito flagrante (cf. Calvino, [1990] 1998).

2. A narrativa digital insere-se num mundo em célere evolução tecnológica, determinando a frequente emergência de novos instrumentos e rotinas e, ao mesmo tempo, a obsolescência de outras (cf. Sterne, 2007). Alguns aspetos daquela evolução: a crescente velocidade de processamento da informação, a integração dinâmica de elementos multimédia (imagem, som, gráfico), o aumento da capacidade de armazenamento das mensagens produzidas, a evolução dos sistemas operativos, o investimento na portabilidade dos dispositivos de registo e de receção, o incremento das comunicações em rede

e o surgimento de novos *media* (com destaque para aqueles que se integram no universo da internet).

Estas e outras mudanças estimulam novos "desenhos" narrativos e exigem adequadas respostas recetivas, incluindo a disponibilidade do recetor para aderir a géneros narrativos, reajustados, no mínimo, a um envolvimento mediático e instrumental renovado (cf. Alexander, 2011: 139 ss.); é o caso da chamada série *web*, ou seja, aquela que é "produzida exclusivamente para plataformas de internet e não para TV" e prevista "para visionamento numa tela de dimensão reduzida, por exemplo, uma pequena janela embutida num website ou o visor de um *smartphone* ou de um *iPad*" (Kuhn, 2014: 143). O policial *Mosaic* (2017), de Steven Soderbergh, na versão interativa produzida para telefones móveis, corresponde ao que fica dito.

Importa referir inovações recentes, no contexto dos chamados novos *media*, com incidência na produção e na receção de narrativas digitais: "Os telefones móveis começaram a ser ligados à internet através de aplicações, fazendo dela um campo de discurso em movimento e dinâmico"; deste modo, os textos nela publicados "adotaram um novo, espontâneo e transitório caráter, simbolizado pelos novos espaços de escrita, no *Facebook*, no *Youtube* ou no *Myspace* (...). Resultou daqui que a internet já não se limita a artefactos singulares e fechados. Transformou-se num espaço aberto e criativo que é mais colaborativo e interconectado do que antes, na sua curta história" (Hoffmann, 2010: 12).

3. Pela sua natureza, a narrativa digital dificilmente pode ser caracterizada de forma estável e não provisória. Deve ter-se em atenção, contudo, que ela circula na ecologia dos *media* digitais, com dinamismo acrescido graças à disponibilização de ferramentas e de funcionalidades implementadas pela Web 2.0 (motores de busca, redes sociais, interações colaborativas, blogues, etc.; cf. Alexander, 2011: 47 ss.); identificamos, pelo menos, cinco propriedades que condicionam e de certa forma reinventam a narratividade dos relatos digitais: a sua natureza reativa e interativa; a condição multissensorial dos canais utilizados; a capacidade de inter-relacionamento dos utilizadores em rede; a volatilidade dos signos; a modularidade. No que a esta última diz respeito, sublinha-se que, uma vez que "o computador facilita a reprodução de dados, as obras digitais tendem a ser compostas por muitos objetos autónomos" (Ryan, 2004a: 338). Em direta relação com a narrativa digital, o relato hipertextual (v. *ficção hipertextual*) "precede a narrativa multimédia criada com um computador, porque o hipertexto é a conexão básica entre

unidades de sentido ou lexias (...), que geram hiperligações e ligações entre páginas e grupos de páginas" (Herrera Ferrer, 2011).

Posto isto, podemos enunciar algumas características que, neste momento, são reconhecíveis, senão em todas as narrativas digitais, pelo menos nas suas práticas mais elaboradas.

3.1. A narrativa digital assenta no princípio da estrutura aberta; o rumo seguido pela sua ação e os comportamentos que as suas personagens protagonizam dependem de combinações e de variáveis com efeito multidirecional.

3.2. A narrativa digital tira partido de conexões hipertextuais (ou de orientação "vertical"), concretizadas de acordo com o arbítrio do recetor. Noutros termos: ela não se desenrola linearmente (ou "horizontalmente"), mas é episódica e não serial (como, por exemplo, na ficção hipertextual *Patchwork Girl*, 1995, de Shelley Jackson).

3.3. A informação narrativa trabalhada pelo digital apresenta-se "entrelaçada", ou seja, não hierarquizada nem pré-determinada de forma sequencial. Aquele "entrelaçamento" atinge virtualmente as grandes categorias que estruturam o relato (personagens, ações, tempo, etc.).

3.4. A narrativa digital evidencia um considerável grau de flexibilidade. Ela é composta a partir de dispositivos que permitem opções e variações constantes, sobretudo no plano da receção e da *interatividade* (v.), com acrescida eficácia quando ocorre em rede.

3.5. A narrativa digital desenvolve-se em regime de multimodalidade, que foi incrementada pela Web 2.0, abrindo caminho à combinação de componentes icónicos, verbais, gráficos, musicais, cinestésicos, etc., com "predomínio do modo visual sobre os restantes"; assim, "os formatos tradicionais das narrativas em livro [estão] a ser progressivamente substituídos por *eBooks* ou outros tipos de textos cujo suporte é o ecrã" (Medeiros *et alii*, 2016: 65).

4. Por ser virtualmente interativa, a narrativa digital obriga a reconsiderar conceitos que as chamadas humanidades digitais submeteram a novas dinâmicas enunciativas e cognitivas (cf. Burdick *et alii*, 2012; Jones, 2014). Um desses conceitos é o de autoria, cuja revisão crítica assenta em teses como a da morte do autor formulada por Roland Barthes (cf. Barthes, [1968] 1984: 61-67). A inerente revalorização do leitor, como entidade ativa no processo

comunicativo, lançava mais uma pista para se chegar à postulação de um trabalho compositivo fortemente colaborativo; inclui-se nesse trabalho a intervenção de *designers* e de programadores, também eles envolvidos numa nova conceção da autoria. Em síntese: "Os leitores de textos digitais podem ser considerados, a par do autor original, cocriadores do produto narrativo final, porque o *medium* digital pode exigir ao leitor que manipule, crie, apague, organize ou selecione elementos menores do mais amplo conjunto narrativo (...)" (Smith, 2012: 159).

5. De um modo geral, a narrativa digital recorre ao potencial expressivo e representacional do cibertexto e da chamada literatura ergódica. Daquele, colhe a noção de que a construção do relato está centrada "na organização mecânica do texto, reconhecendo as implicações do *medium* [e do digital, podemos acrescentar] como parte integrante do intercâmbio literário" (Aarseth, 2005: 19). Em sintonia com a essência da literatura ergódica, a narrativa digital exige "diligências fora do comum para permitir ao leitor percorrer o texto", diferentemente do que acontece na literatura não ergódica; nesta, "o esforço para percorrer o texto é trivial, sem que o leitor assuma responsabilidades extranoemáticas à exceção de (por exemplo) movimentar a vista e virar as páginas periódica ou arbitrariamente" (Aarseth, 2005: 20).

Na linha do que fica dito, deve notar-se que o contrato comunicativo proposto pela narrativa digital envolve muitas vezes uma componente lúdica que, nalguns aspetos, a aproxima da dinâmica do *jogo narrativo* (v.). Por isso, podemos entender que a narrativa digital integra "o corpo de textos recoberto pela expressão jogo literário [*literary gambling*]"; o movimento de diversificação que neste se regista forma um arco que se estende "dos textos literários gerados principalmente por ludismo cognitivo e ergódico até aos jogos literários propriamente ditos, que exibem várias formas de mecânica lúdica" (Ensslin, 2014: 161).

6. De acordo com a diversificação que ficou mencionada, a narrativa digital abarca manifestações com variados propósitos e graus de tratamento técnico-artístico; é justamente a gama de recursos disponibilizados pelo digital que favorece uma certa variedade de modulações narrativas, em diferentes ambientes mediáticos. Num nível sofisticado de produção, a *ficção hipertextual* (v.) constrói histórias que simulam mundos ficcionais com os quais o leitor entra em interação (v. *mundos possíveis*), partindo de categorias narrativas consagradas e procurando operacionalizá-las digitalmente; essa

simulação "compreende o *input* textual de linguagem natural por parte de um interator e faculta uma resposta textual baseada em eventos daquele mundo" (Montfort, 2004: 316). O nível de exigência formal deste tipo de narrativa digital explica a integração de componentes multimédia: som, imagem, citações de outros textos, gráficos, etc.

Num outro plano, a narrativa digital confirma a tendência generalizada para narrativizar a experiência humana e as relações sociais que ela envolve, tendência que está presente também na chamada *narrativa conversacional* (v.). Indo além do seu caráter circunstancial (que se resolve na instância da comunicação oral interpessoal), o digital, os contextos que o acolhem e as ferramentas de que dispõe facultam à ancestral vocação humana para a enunciação de relatos os meios e os cenários adequados para que essa vocação se desenvolva; o blogue (ou *weblog*), os seus géneros mais notórios e a chamada blogosfera revelaram, desde o início deste século, uma certa propensão narrativa (p. ex., o diário na internet; cf. Eisenlauer e Hoffmann, 2010: 79-108). Entretanto, a narração digital transformou-se em prática trivial, pela facilidade do acesso a redes sociais, com a informalidade e com os desafios que são conhecidos. *Webcams*, telemóveis com múltiplas funcionalidades e aplicações, redes abertas, grupos de discussão e comunidades colaborativas fomentam aquela tendência para a vivência e para a partilha de histórias pessoais, em regime digital. A plataforma *Vimeo*, a rede social *Instagram* (com a interface *Instagram Stories*) e a aplicação *Snapchat* são alguns exemplos, entre outros, de contextos e de dispositivos concebidos para a inserção de narrativas digitais, permitindo já suscitar questões importantes no campo dos estudos narrativos (veja-se, em http://jilltxt.net/?page_id=4475, o *Snapchat Narratives Research Project*, criado por Jill Walker Rettberg). De um modo geral, pode dizer-se que "a World Wide Web trouxe consigo inúmeras formas de publicação. Foi no meio digital que o autor veio a assumir a função de blogger ou de gestor de conteúdos. A sua presença é hoje constatada em várias plataformas onde os seus textos podem ser publicados instantaneamente. Para além disso, a junção entre a tecnologia móvel e os *media* sociais criou a possibilidade de conectividade permanente. A audiência encontra-se hoje à distância de um dígito" (Maduro, 2017: 345).

7. Parece evidente que a imagem domina a mensagem narrativa digital (ou meramente protonarrativa), podendo ser complementada por filtros, por variações de cor, por caixas de texto, por desenhos, etc.; do mesmo

modo, a informação narrativa carregada pelos utilizadores de *websites* e de plataformas é, por princípio, fugaz e quase sempre destituída de densidade. Por seu lado, a ficção hipertextual, pela relativa complexidade da sua formulação narrativa e pela singularidade dos procedimentos de leitura que requer, constitui ainda um domínio reservado a iniciados, quase sempre limitados ao mundo académico; não conhecendo uma projeção social alargada, a narrativa digital afigura-se, por ora, pouco dotada para atingir a relevância semântica e cultural que a narrativa literária alcança, mesmo quando é lida num dispositivo eletrónico (p. ex., um *tablet*) que, só por si, não faz dela um relato digital. São muito significativas, neste contexto, estas palavras de Steve Tomasula: "Penso que muitos autores de literatura eletrónica são capturados pela componente 'e' [eletrónica] da literatura eletrónica. E os leitores também: estão centrados na tecnologia, em vez de naquilo que se diz através dela. Mas eu estou mais atraído por aquelas obras eletrónicas que enfatizam a literariedade da literatura – e tentam escrever desse modo – com a eletrónica ao serviço dela" (Bettencourt, 2016: 161).

NARRATIVA FÍLMICA – V. Cinema.

NARRATIVA MEDIÁTICA

1. A caracterização do conceito de *narrativa mediática* confronta-se com a plurissignificação que afeta a expressão em causa, daí decorrendo várias aceções distintas.

1.1. Num sentido amplo e de certa forma redundante, a designação *narrativa mediática* reporta-se ao facto de todo o relato recorrer, de modo autónomo ou conjugado, a meios e a dispositivos formais (verbais, icónicos, sonoros, etc.), para concretizar um processo comunicativo. Neste sentido, todas as narrativas são mediáticas, uma vez que, sem aqueles meios e sem o suporte de um sistema transmissivo (livro, manuscrito, rádio, cinema, televisão, etc.), a comunicação narrativa não se efetivaria.

1.2. Numa aceção mais restrita, em grande parte capturada pelo universo de produção e de análise da chamada comunicação social, a expressão *narrativa mediática* assume uma feição arquitextual, modal e abstrata, aquém de concretas manifestações narrativas (cf. Reis, 2015: 239 ss.; Lits, 2012). Assim entendida, a narrativa mediática pré-determina a especificação de diversos géneros, com funções e em contextos próprios (notícia, reportagem ou relato desportivo, por exemplo); daqui decorre a forte capacidade de intervenção e de condicionamento político-social do espaço público, por parte da narrativa mediática (cf. Peixinho *et alli*, orgs., 2015: *passim*).

1.3. Na direta dependência desta aceção restrita, a narrativa mediática pode referir-se empiricamente a relatos quase sempre contextualizados e datados, tal como são publicados na imprensa escrita ou emitidos em jornais e em reportagens radiofónicas ou televisivas e ainda na internet (e também, no passado, em noticiários e em reportagens cinematográficas). Neste caso, será mais pertinente falar não tanto em narrativa mediática, mas em narrativas nos *media*; é neste veio semântico que se enquadram as expressões *acontecimento mediático* e *figura mediática*, bem como *discurso mediático*. Deste último diz-se que "flui de maneira constante e ininterrupta, encadeia enunciados que se apresentam habitualmente de forma acabada, escondendo os seus processos de gestação" (Rodrigues, 2015: 33); ele é *exotérico* por se identificar com as "modalidades discursivas que não são reservadas a um corpo institucional em particular, mas destinadas a todos indiscriminadamente" (Rodrigues, 2015: 35).

2. A dificuldade de se fixar um significado preciso e unívoco para o conceito de narrativa mediática justifica a atenção a dar à noção de *mediação narrativa* (v.). Ao ser concebida em termos modais (segunda aceção), a narrativa mediática pode ser equacionada em função do princípio da medialidade; ainda assim, enquanto propriedade ou conjunto de propriedades que potenciam a configuração de mensagens narrativas em diferentes *media* (cf. Ryan, 2014), aquele princípio sempre carece de relativização e de diferenciação. Tanto em termos semióticos (códigos e meios técnicos), como em termos transmissivos (sistema de comunicação: rádio, televisão, etc.) e até do ponto de vista cognitivo, a condição mediática de um relato radiofónico, de um filme de ficção, de uma série televisiva ou de uma notícia de jornal exige aquela relativização. É ela que está contemplada em Ryan (ed.), 2004, em Fulton *et alii*, 2005, em Peixinho e Araújo, 2017 (devendo registar-se que, neste caso, não se adota no título o sintagma *narrativa mediática*).

NARRATIVA ORAL

1. Em termos genéricos, designa-se como *narrativa oral* um modo do discurso que, em primeira instância, corresponde à representação de um *mundo possível* (v.), centrado em entidades antropomórficas (designadamente, personagens) e ancorada em coordenadas temporais e espaciais que orientam ações para um final (cf. Fludernik, 2009: 6); em segunda instância e necessariamente, a narrativa oral pressupõe uma enunciação sem outro suporte que não a voz de um narrador, normalmente colocado perante ouvintes fisicamente presentes. Numa outra aceção, narrativa oral designa o texto que decorre daquele processo enunciativo, ou seja, o relato específico que é produzido em circunstâncias comunicativas subordinadas ao recurso à oralidade.

2. Pela sua natureza e pelo contexto em que se manifesta, a narrativa oral apresenta quatro características comunicacionais que permitem aprofundar a sua definição.

2.1. A usual copresença física do narrador e dos ouvintes suscita uma situação pragmática em que se torna evidente a capacidade de ação perlocutória exercida pelo primeiro, por via argumentativa, persuasiva, expressiva, etc.

2.2. Aquela copresença estimula no narrador soluções de gestão da história contada que incidem, em especial, sobre a duração do tempo do discurso (v. *tempo*); o narrador pode retardar ou acelerar a velocidade que imprime ao ato de narrar, em função das reações do auditório, o que sugere um índice moderado de *interatividade* (v.).

2.3. No relato oral, a voz e as palavras ditas pelo narrador são os meios dominantes de desenvolvimento da narração, mas não os únicos. Complementarmente, o narrador recorre à gestualidade e a efeitos proxémicos (designadamente, a sua posição e distância físicas, em relação aos ouvintes), para acentuar as prerrogativas que o seu estatuto lhe concede.

2.4. No relato oral, o discurso do *narrador* (v.) e o discurso das personagens (v. *personagem, discurso da*) são autónomos, como na narrativa escrita, mas diferenciados pela expressividade que a oralidade permite: certas singularidades prosódicas ou enunciativas (p. ex., timbres de voz ou gaguez) são imitadas pelo narrador, completando as frases declarativas e os verbos *dicendi* ("ele disse", "ela respondeu").

3. Estes procedimentos comunicativos confirmam-se num dos mais antigos e difundidos géneros de narrativa oral: o conto popular. Solicitando ele "uma comunicação *in praesentia*, imediata, próxima, o estatuto da instância recetora assume igualmente contornos e prerrogativas específicos. Por um lado, o recetor pode condicionar a 'performance', através de perguntas, intervenções, comentários, dando origem a um procedimento regular de retroação (*feedback*); por outro lado, a receção ocorre, regra geral, no quadro do grupo, e é este destinatário coletivo que, com as suas crenças, a sua ética e os seus costumes, impõe restrições à inovação individual. A 'censura preventiva' do grupo não sanciona a produção e difusão de textos que violem as normas axiológico-pragmáticas prevalecentes e consensualmente aceites" (Reis e Lopes, 2011: 84).

Para além disso, a comunicação oral da narrativa arrasta quase sempre a sua instabilidade, no que respeita ao texto enunciado, mesmo quando ele é fixado na escrita; daí a frequente existência de versões do mesmo relato, como se verifica nos romanceiros ou nas recolhas de contos tradicionais. O facto de, nas suas origens, a narrativa oral circular entre comunidades pouco ou nada familiarizadas com a escrita exige um trabalho de memorização cuja fragilidade se traduz na referida instabilidade. Ou seja: cada nova enunciação, ainda que feita por um só narrador, pode introduzir variantes significativas, o que se intensifica consideravelmente quando as histórias são transmitidas entre comunidades e entre gerações. Contribui para isso o facto de, na narrativa oral e em particular quando ela provém de tradições populares ou mítico-simbólicas, não ser reconhecível uma autoria que reivindique a propriedade e a estabilidade textual do relato.

4. Num conto de Miguel Torga, "O charlatão" (de *Rua*, 1942), encena-se uma narração oral em que identificamos propriedades e comportamentos antes descritos: um vendedor ambulante procura reter a atenção dos possíveis compradores, contando histórias (episódios da sua vida pessoal, anedotas, etc.); o referido narrador vai, então, observando as reações de quem o escuta e eventualmente reajustando ou documentando aquilo que está a narrar: "Tinha de provar tudo. Como um professor atento à disciplina e às dúvidas

da turma, mal alguém se mexia impaciente ou mostrava nos olhos uma névoa de incredulidade ou de incompreensão, estendia-lhe o documento elucidativo ou a palavra iluminada, a ajudá-lo! Só quando todo o auditório respirava entendimento e aceitação, sossegava e prosseguia" (Miguel Torga, *Contos*, p. 434).

Em narrativas de um tempo cultural em que começava a afirmar-se a estabilidade da escrita e mesmo a sua publicação, a oralidade do relato é tematizada, como reminiscência ou como metáfora de uma situação comunicativa com larga tradição. Assim, "no romance medieval, encontramo-nos frequentemente com um narrador, como o de Chaucer ou o de Wolfram [von Eschenbach], que é descrito como estando a contar uma história a um auditório" (Scholes *et alii*, 2006: 55); no *Decameron* (c. 1349-1353), de Boccaccio, os cem relatos enunciados em dez dias de recolhimento por uma dezena de jovens emanam de uma situação narrativa oral e das respetivas circunstâncias de produção e de fruição; n'*Os Lusíadas* (1572), está reiteradamente inscrita a imagem da voz e do canto como reminiscência da epopeia antiga retomada pelo poeta épico, num relato destinado a ser impresso; por exemplo: "Inspira [Calíope] imortal canto e voz divina/Neste peito mortal, que tanto te ama"; "Nô mais, Musa, nô mais, que a Lira tenho/Destemperada e a voz enrouquecida,/E não do canto, mas de ver que venho/Cantar a gente surda e endurecida." (*Os Lusíadas*, III, 1 e X, 145).

5. A oralidade como meio de comunicação narrativa não se esgotou com o advento das tecnologias da escrita (impressa ou digital). Ela permanece ativa e pertinente, conforme se observa, por exemplo, na *narrativa conversacional* (v.), que é, afinal, uma confirmação de que "a narrativa está em toda a parte, como um género maior da arte verbal, ocorrendo desde as culturas orais primárias até à elevada literacia e ao processamento da informação eletrónica" (Ong, 2002: 137).

Em todo o caso, nas culturas destituídas de escrita narrativa, a oralidade e a memória que se lhe associa desempenham um papel crucial: se é certo que as culturas orais não podem gerar categorias abstratas, elas "usam histórias de ação humana para armazenar, organizar e comunicar muito do que sabem"; para essas culturas, a narrativa é particularmente importante porque "pode ligar uma grande quantidade de tradição em formas relativamente substanciais e extensas, que são razoavelmente duráveis – o que, numa cultura oral, significa formas sujeitas a repetição" (Ong, 1982: 138).

Quando se instala e aprofunda a civilização da chamada segunda oralidade, potenciada pelo advento das telecomunicações, a evolução tecnológica, a emergência de novas sociabilidades e a renovação de protocolos narrativos conduzem a uma revitalização de práticas narrativas orais. Assim, a *stand-up comedy* retoma alguns rituais comunicativos da narrativa oral, conforme está patente na série *Seinfeld* (1989-1998), de Larry David e Jerry Seinfeld; em contexto eletrónico e em regime digital, o *Youtube* e o aparecimento de figuras e de papéis que ele acolhe (os *youtubers*) propiciam práticas narrativas (curtas histórias de vida, episódios caricatos, etc.) com a peculiaridade comunicativa que aquele contexto induz.

[com A.C.M.L.]

NARRATIVA RADIOFÓNICA – Ver Romance radiofónico.

NARRATIVA TELEVISIVA – V. Televisão.

NARRATIVIDADE

1. A definição do conceito de *narratividade* parte de uma conceção funcionalista, apoiada nas coordenadas teóricas da *narratologia* (v.) dos anos 70 do século passado. De acordo com essa conceção, a narratividade refere-se ao estado específico e às propriedades intrínsecas dos textos narrativos, apreendidos no plano dos seus fundamentos semiodiscursivos.

2. Fixemo-nos nalgumas definições. Para os investigadores do Grupo de Entrevernes, a narratividade é "o fenómeno de sucessão de estados e de transformações, inscrito no discurso e responsável pela produção de sentido" (Groupe d'Entrevernes, 1979: 14). Alargando-se o âmbito de alcance da narratividade, o conceito em apreço é redimensionado, no quadro de uma teoria do discurso e do sentido, que vai além da produção de textos narrativos propriamente ditos; nessa aceção lata e controversa, "a narratividade generalizada – libertada do seu sentido restritivo que a ligava às formas figurativas das narrativas – é considerada o princípio organizador de todo o discurso" (Greimas e Courtés, 1979: 251).

Diversa desta é a caracterização operada por Gerald Prince; nela, recoloca-se a narratividade no âmbito da teoria da narrativa, ao mesmo tempo que se remete para a instância do recetor, abrindo-se assim caminho para a superação da perspetiva funcionalista e para a postulação de uma qualidade narrativa como predicado virtual. Para Prince, "a narratividade de um texto depende da medida em que ele concretiza a expectativa do recetor, representando totalidades orientadas temporalmente, envolvendo uma qualquer espécie de conflitos e constituídas por eventos discretos, específicos e concretos, totalidades essas significativas em termos de um projeto humano e de um universo humanizado" (Prince, 1982: 160). Situam-se nesta linha as análises que acentuam a lógica da narratividade como força determinante que assegura a coesão do relato, com projeção sobre a perceção da narrativa enquanto tal, por parte do leitor (cf. Sturgess, 1992: 22 ss.).

3. O aprofundamento do conceito de narratividade, ainda em termos de funcionalidade, permite sublinhar que ela se manifesta em textos de todas as épocas. Por outro lado, a narratividade não se concretiza apenas em textos literários, mas também em textos não literários e não verbais: em textos historiográficos, em textos de imprensa, no *cinema* (v.) narrativo, no discurso icónico-verbal da *banda desenhada* (v.) e do *romance gráfico*, etc.

Demarcando convencionalmente o campo dos textos literários e o campo dos textos narrativos, podemos assinalar neles uma sobreposição parcial e variavelmente dimensionada, em função da singularidade de tempos literários e de tendências histórico-culturais. Em diagrama, realçamos, então, uma "zona" de textos literários em que se observam as propriedades da narratividade:

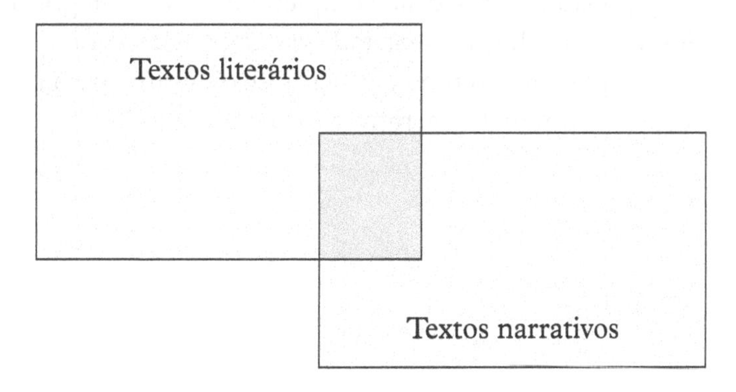

Duas breves ressalvas. Primeira: a linha que delimita o espaço dos textos literários narrativos não é forçosamente nítida; textos líricos ou dramáticos podem revelar tendências narrativas significativas (v. *lírica* e *drama*). Segunda: aquela mesma linha de demarcação não traça uma fronteira rígida, no tocante à condição paraliterária de certos textos narrativos, eventualmente oscilantes e discutíveis quanto à sua feição literária (p. ex., certos textos historiográficos, memorialísticos ou biográficos podem ser reconhecidos como literários, mas não de forma unânime nem em todas as épocas).

4. A postulação da narratividade como propriedade não exclusiva dos textos narrativos literários encontra-se consagrada em reflexões do âmbito da linguística textual. É nesse contexto que Teun A. van Dijk entende os textos narrativos como formas básicas da comunicação textual, pressupondo a narratividade como propriedade nuclear de textos com diversas funções socioculturais, em variados enquadramentos pragmáticos: "Depois [das] narrações 'naturais', aparecem em segundo lugar os textos narrativos que apontam para outros tipos de contexto, como as anedotas, os mitos, os contos populares, as sagas, as lendas, etc., e em terceiro lugar, as narrações, frequentemente muito mais complexas, que geralmente circunscrevemos com o conceito de 'literatura': contos, romances, etc." (van Dijk, 1983: 154).

Se bem que esboce uma hierarquia subentendendo transformações formais e níveis qualitativos, van Dijk insiste na noção de que toda a narrativa releva de uma superestrutura articulada do seguinte modo: no desenrolar de uma ação verifica-se uma complicação solicitando uma resolução; estas duas categorias formam o núcleo narrativo designado como evento, o qual, juntamente com a moldura em que se desenvolve, forma a *intriga* (v.), por sua vez englobada na história; completando estas categorias com as atitudes valorativas (avaliação) suscitadas pela intriga e com a moralidade eventualmente explicitada, teremos o seguinte diagrama para representar a superestrutura de um texto narrativo:

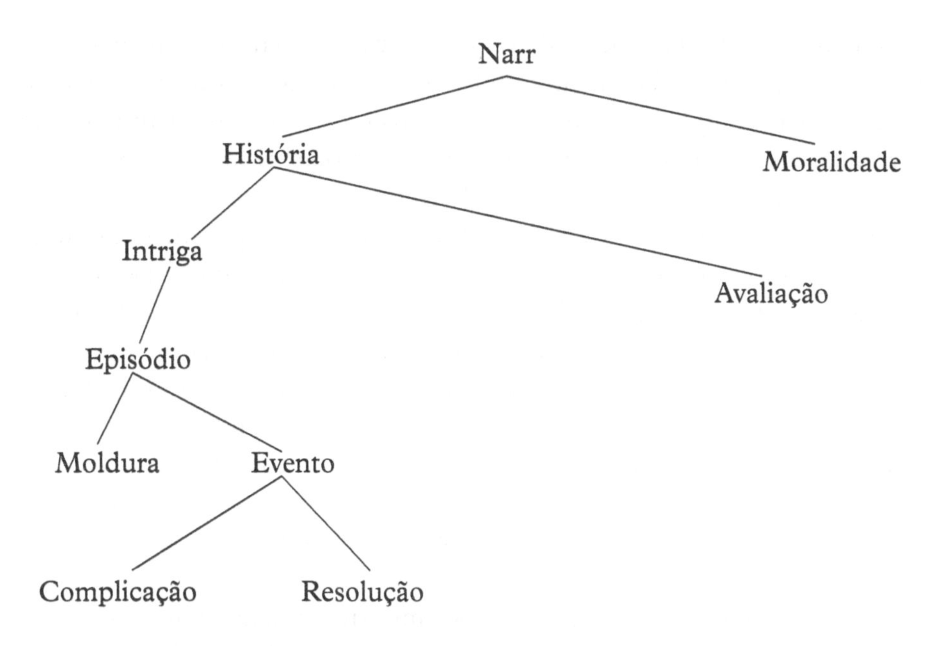

Importa relacionar a proposta enunciada com outras que a precedem e que lhe são correlatas, designadamente de origem proppiana e derivando para a hipótese greimasiana de existência de estruturas semionarrativas (cf. Reis e Lopes, 2011: 149-154) entendidas como universais atemporais que regem a constituição do tecido narrativo. Trata-se de "uma instância suscetível de dar conta do aparecimento e da elaboração de toda a significação", instância que corresponde "à 'langue' de Saussure e de Benveniste, pressuposta por toda a manifestação discursiva e que, ao mesmo tempo, pré-determina as condições da constituição do discurso" (Greimas e Courtés, 1979: 251).

5. Entretanto, a definição de estruturas semionarrativas está associada a uma visão acrónica da narratividade. É essa visão que predomina no chamado paradigma greimasiano, mas falta saber até que ponto esse esvaziamento da cronologia pode ser aceite; acresce a isso que Greimas pretende estender a narratividade a todos os discursos, independentemente da sua caracterização modal. Rebatendo esta análise, Paul Ricœur problematiza e caracteriza a narratividade a partir da crítica a limitações epistemológicas da análise estrutural da narrativa: pela sua filiação marcadamente linguística, pela perspetiva organicista que adota e também, nalguns casos, pelo processo dedutivo que assume, ela pode resultar numa certa desvalorização da componente de sucessividade que é inerente à dinâmica da representação

narrativa (v. *narrativa*). Cabe aqui explicitar a crítica ricœuriana à mencionada postulação acrónica da narratividade: "Desde o seu estádio primitivo, [o esquema actancial] deixa notar as consideráveis dificuldades de um modelo acrónico, quanto ao tratamento do *tempo narrativo*" (Ricœur, 1984: 71-72; cf. também Ricoeur, 1980a e 1980b). Alternativamente, avança-se para uma caracterização da narratividade apoiada em dois vetores: por um lado, numa *semântica da ação* que, pela interposição da *intriga* (v.), inevitavelmente recupera a componente temporal da narratividade; por outro lado, na afirmação segundo a qual a operacionalidade de uma gramática narrativa procede "da nossa competência para seguir uma história e da nossa familiaridade adquirida com a tradição narrativa" (Ricœur, 1984: 85). É este segundo vetor que desloca a questão da narratividade para o eixo cognitivo e rececional que os atuais estudos *narrativos* (v.) cultivam, em detrimento da perspetiva funcional que a narratologia de base estruturalista privilegiou.

6. Aquele deslocamento insere-se no amplo movimento pan-narrativista que, nas últimas décadas, enriqueceu uma parte importante da reflexão no campo das ciências humanas (estudos literários, ciências cognitivas, estudos femininos, estudos mediáticos, estudos de cinema, estudos interartes, etc.). Nesse contexto, o conceito de narratividade tem sido objeto de interpretações e de propostas que acentuam não apenas a sua complexidade, mas também o seu potencial heurístico, em particular quando ele se relaciona com dois conceitos correlatos: primeiro, o conceito de *transnarratividade* (v.) e os termos em que ele se refere à manifestação de elementos e de dispositivos narrativos em práticas discursivas muito diversas, quanto aos seus suportes, linguagens e contextos comunicativos; segundo, o conceito de *narrativização* (v.), segundo o qual, já num quadro epistemológico cognitivista, o reconhecimento da narratividade decorre do processo de interação que rege a relação do leitor com o texto (cf. Fludernik, 2009: 34-35 e 45-46).

Faz parte do aprofundamento conceptual da noção em apreço a tentativa para estabelecer subconceitos que particularizam aspetos distintos da narratividade. Dois desses conceitos revelam-se especialmente fecundos: aquele que se reporta ao estado narrativo (em inglês, *narrativeness*) e aquele que designa a condição narrativa (em inglês, *narrativehood;* cf. Prince, 2008: 19-27). A partir daqui, abrem-se duas vias de análise da narratividade, sendo uma delas *intensional* e qualitativa e a outra *extensional* e quantitativa, expressões que associamos à aceção semântica da díade *extensionalidade/intensionalidade* (v.).

7. Aceitando-se como pertinente uma visão intensional e gradativa da narratividade (que, além do mais, confirmará a sua feição construtivista), podemos discernir três dimensões semânticas e uma dimensão formal e pragmática naqueles textos em que se manifesta a narratividade (cf. Ryan, 2006: 28-31).

7.1. Dimensões semânticas: espacial, temporal e mental. De acordo com estas dimensões, a narratividade implica que os textos narrativos configurem um mundo situado no tempo e que é objeto de transformações não habituais (ou seja, diferentes de mudanças naturais, como o envelhecimento ou a rotação das estações do ano); no plano mental, os participantes naquele mundo (tipicamente, as personagens) são entidades com vida psicológica e que tomam decisões finalisticamente orientadas.

7.2. Dimensão formal e pragmática. De acordo com esta dimensão, a narratividade envolve eventos em sequência, orientados para um desfecho, relevantes no plano diegético e capazes de comunicar uma mensagem significativa. Este último aspeto merece destaque, porque se reitera nele que "a narratividade não é uma propriedade intrínseca do texto, mas antes uma dimensão relativa ao contexto e aos interesses dos participantes" (Ryan, 2007: 30; cf. também Ryan, 2006: 6-12).

No grau mais elevado de uma progressão escalar de requisitos constitutivos, a narratividade dinamiza textos dotados de grande índice de complexidade semântica; nesse último estádio, "a história deve comunicar algo que seja significativo para o público" (Ryan, 2007: 29). Essa complexidade comporta, do ponto de vista sociopragmático (v. *pragmática narrativa*), uma capacidade de apelo, de provocação ou de identificação, com consideráveis efeitos junto do leitor, muitas vezes induzindo transformações sociais e reações pessoais muito intensas. Isto significa, por outro lado, que não temos de negar um certo (mas qualitativamente precário) grau de narratividade a um relatório ou a uma ata, bem como à narração de um incidente de trânsito, a um relato desportivo ou a um ato conversacional (v. *narrativa conversacional*); mas essas práticas quase sempre se esgotam no ato em que se produzem e escassamente falam ao leitor, ao ouvinte ou ao espectador dos grandes problemas que preocupam a sua condição humana: o amor e a morte, a passagem do tempo e a precariedade da existência, a relação com Deus e com os ditames do destino, o egoísmo e a solidariedade, a justiça e a violência, o desamparo dos fracos e a prepotência dos fortes, etc.

É uma narratividade de grau último e epistemicamente superior que distingue as grandes obras narrativas da nossa civilização, ou seja, as que nos trazem aqueles e muito outros temas: as epopeias da Antiguidade ou *Os Lusíadas* (1572), o *Werther* (1774) ou *Os Maias* (1888), *A montanha mágica* (1924) ou *O processo* (1925), *Grande sertão: veredas* (1956) ou *Memorial do convento* (1982). Acontece assim nestas, em muitas outras, também no cinema e, cada vez mais, no *romance gráfico* (v.), mesmo sendo este um género de culto ainda relativamente minoritário: de *Maus* (1980-1991) de Art Spiegelman diz-se que é já um clássico. De forma amplamente consensual, no cinema apreendemos uma narratividade com denso impacto recetivo em *Tempos modernos* (1936), em *Citizen Kane* (1941), em *Apocalypse Now* (1979), em *Laranja Mecânica* (1971), em *O charme discreto da burguesia* (1972), em *Amarcord* (1973), em *Manhattan* (1979) ou em *Ran: os senhores da guerra* (1985), sendo curioso notar que alguns destes títulos resultaram da adaptação de obras literárias; o mesmo aconteceu com a dramatização radiofónica d'*A guerra dos mundos*, realizada por Orson Welles, sobre o romance homónimo de H. G. Wells, e emitida a 30 de outubro de 1938 (dois filmes foram realizados, a partir do mesmo romance, em 1953 e em 2005).

8. A questão da narratividade é complexa e compreende uma série de cambiantes, de interpretações e de hipóteses de desenvolvimento nem sempre concordantes (cf. Abbott, 2014: § 7-37). Uma dessas interpretações provém de uma extensão analítica e epistemológica da narratividade à historiografia; entende-se, então, que o significado de acontecimentos históricos só pode ser atingido pela mediação da narratividade cultivada pelo discurso historiográfico que neles incute sentido cultural e coerência global. Hayden White chamou a este processo e ao seu resultado "o valor da narratividade na representação da realidade" (cf. White, 1987: 1-25; cf. também White, 1978: 81-99) e concluiu que os historiadores "transformaram a narratividade (...) num paradigma da forma que a própria realidade exibe"; ao mesmo tempo, fizeram da narratividade um "valor, cuja presença no discurso, tendo a ver com acontecimentos 'reais', assinala, ao mesmo tempo, a sua objetividade, a sua seriedade e o seu realismo" (White, 1987: 24).

A articulação da teoria da narrativa com a hermenêutica de novo torna evidente o potencial heurístico do conceito de narratividade. O pensamento de Paul Ricœur merece aqui um destaque especial, antes de mais tendo-se em atenção a "hipótese de base" que domina a sua reflexão sobre a narrativa: "que existe entre a atividade de contar uma história e o caráter temporal da experiência humana uma correlação que não é puramente acidental, mas apresenta uma forma de necessidade transcultural" (Ricœur, 1983: 85); já num texto anterior, Ricoeur explicitava a interdependência temporalidade/narratividade, ao considerar a "temporalidade como essa estrutura da existência que atinge a linguagem na narratividade e a narratividade como a estrutura da linguagem que tem na temporalidade o seu fundamental referente" (Ricœur, 1981: 165).

Não se reduz à instância temporal a caracterização hermenêutica da narratividade. Com efeito, a representação do *tempo* (v.) não é possível à revelia de componentes que são homologados ao nível de importantes categorias da narrativa, o que faz da narratividade uma propriedade difusamente projetada em diferentes níveis do relato; foi isso que ficou sugerido na supracitada descrição gradativa. Deste modo, dir-se-á que a experiência do *tempo* estrutura-se em ações cujo desenvolvimento numa intriga traduz uma dialética entre a sucessividade de eventos pontuais e a possibilidade de apreensão global que é inerente, por exemplo, ao resumo dessas ações; além disso, uma longa tradição cultural vincula as ações representadas a uma conceção antropomórfica da narrativa, o que conduz à valorização da *personagem* (v.) como categoria literária diretamente ligada aos componentes temáticos e axiológicos do relato. Por sua vez, a integração narrativa das personagens solicita a sua inserção em *espaços* (v.) que interagem com elas: porque as condicionam, porque são transformados por elas, porque completam a sua *caracterização* (v.) e, em geral, porque colaboram na sua *figuração* (v.), como entidades investidas das virtualidades dinâmicas que a narratividade modeliza.

9. Em considerações finais e conclusivas, importa notar que o conceito de narratividade, tal como é problematizado pelos estudos narrativos atuais, deve ser estreitamente associado ao princípio da *transnarratividade* (v.). Junta-se-lhe a superação daquela atitude essencialista que caracterizou análises fundacionais da narratividade. Essa superação abre caminho a vários desenvolvimentos operatórios da noção de narratividade.

9.1. Um desenvolvimento contextualista, que acentua a feição performativa e perlocutiva da narratividade. Sublinha-se, então, que a "narratividade está firmemente integrada nas práticas linguísticas, sociais e culturais da comunidade"; de tal modo assim é que "a tarefa de decidir se algo é ou não narrativo e se se aproxima ou não de um padrão de narratividade é levada a cabo consensualmente e, acima de tudo, por convenção" (Rudrum, 2008: 266).

9.2. Um desenvolvimento transliterário da narratividade, que ultrapassa a "fronteira" das narrativas literárias ficcionais. Esse movimento incide sobre o potencial narrativo de práticas institucionalmente não reconhecidas como narrativas, como é o caso do *drama* (v.) (cf. Fludernik, 2008: 355-383) e situa-se no subdomínio da *narratologia transmodal* (v.). O conceito específico de *narratibilidade* (v.) pode ser associado a esta deriva.

9.3. Um desenvolvimento transmediático da narratividade, a partir da noção de *transmedialidade* (v.). Estende-se, assim, a dinâmica da narratividade a diferentes *media* e contextos comunicativos, num plano de análise heteromediática que estimula a abordagem de elaborações semióticas distintas; este alargamento pode convocar o contributo de narratologias com objeto específico (como a narratologia musical, a narratologia visual ou a narratologia mediática) e valorizar o potencial colaborativo de narrativas eletrónicas e hipertextuais (v. *ficção hipertextual*), em parte correspondendo às chamadas *narrativas caleidoscópicas* (cf. Tyrkkö, 2008: 277-305).

NARRATIVIZAÇÃO

1. O conceito de *narrativização* foi proposto e caracterizado por Monika Fludernik, no quadro teórico da chamada narratologia natural. Reconhecidamente devedor do pensamento de Jonathan Culler e da noção de naturalização por ele formulada, a narrativização inscreve-se num contexto de desenvolvimento dos estudos narrativos, em dois sentidos: no sentido da valorização da leitura e dos seus mecanismos cognitivos, enquanto instância de reconhecimento de práticas semióticas específicas (no caso, os textos narrativos); no sentido de uma revisão do conceito de *narratividade* (v.), apontando para uma abertura que supere a visão funcionalista postulada por Gerald Prince nos anos 80 do século passado (cf. Prince, 1982: 160).

2. Segundo Fludernik, a narrativização é "aquele processo de naturalização que habilita o leitor a reconhecer como narrativos aqueles tipos de textos que aparentam ser não narrativos" (Fludernik, 1996: 46). De acordo

com o mencionado processo, a narrativização aplica aos textos uma moldura de narratividade deduzida de experiências prévias de conhecimento de narrativas e de recuperação interpretativa da condição narrativa.

A narrativização corresponde a uma dinâmica que se concretiza em dois planos. Num plano sincrónico, tendemos a ler como narrativa uma crónica de um escritor institucionalmente estabelecido como romancista; num plano diacrónico, somos estimulados a continuar a ler como romances textos que, apresentando-se como formalmente disruptivos, provêm de uma tradição literária em que aquele género narrativo constitui um marco de referência importante.

NARRATOLOGIA

1. A *narratologia* é uma disciplina teórica com amplo desenvolvimento operatório, genericamente centrada na *narrativa* (v.) enquanto *modo* (v.) de representação literária e não literária, bem como na análise de textos narrativos de diferentes naturezas, em variados contextos. Isto significa que a narratologia não tem como objeto apenas os textos narrativos literários, nem tão-só os textos narrativos verbais; no centro da sua atenção encontra-se o fenómeno da *narratividade* (v.), como propriedade que permite distinguir as narrativas enquanto tais. Segundo este critério, "a narratologia está interessada (significativamente, se é que não exclusivamente) na *differentia specifica* da narrativa, aquilo que nela a distingue como narrativa (...). Ela tenta caracterizar todos e só os possíveis textos narrativos, na medida em que são narrativos (em que exibem características específicas da narrativa)" (Prince, 2003: 3). Em harmonia com estas palavras, a narratologia tanto se interessa por um *romance* (v.) como por um filme (v. *cinema*), por uma *banda desenhada* (v.) como por um *conto* (v.) popular.

2. A narratologia recorre ao suporte epistemológico da teoria e da análise semiótica, tal como se estabeleceram no século XX, a partir de contributos variados, com destaque para a linguística saussuriana, para a filosofia da linguagem peirciana, para o formalismo russo e para o estruturalismo linguístico e literário. Foi no âmbito deste último que, em 1969, Tzvetan Todorov usou, provavelmente pela primeira vez, o termo *narratologia*, para designar "uma ciência que ainda não existe, digamos, a narratologia, a ciência da narrativa" (Todorov, 1969: 10). Uma definição sumária e ainda

incipiente confirma a feição daquela nova ciência e a sua especificidade: "*A narratologia é a ciência que procura formular a teoria das relações entre texto narrativo, narrativa e história*" (Bal, 1977: 5).

Para uma adequada caracterização da narratologia, tal como ela vigorou nos anos 70 e 80 do século XX, importa proceder a duas clarificações. Primeira: a narratologia foi constituída sobretudo em função da atenção concedida a narrativas literárias, que são consabidamente textos muito elaborados e dotados de uma considerável vitalidade cultural; no quadro da teoria do texto, encontra-se caucionada a distinção concedida à narrativa literária, pela destrinça de três níveis de manifestação dos textos narrativos: "Depois destas narrações 'naturais', aparecem, em segundo lugar, os textos narrativos que apontam para outros tipos de contexto, como as anedotas, os mitos, os contos populares, as sagas, as lendas, etc., e, em terceiro lugar, as narrações, frequentemente muito mais complexas, que geralmente circunscrevemos com o conceito de 'literatura': contos, romances, etc." (van Dijk, 1983: 154). Segunda clarificação: debruçando-se sobre textos narrativos literários, a narratologia cria as condições para que se passe de procedimentos analíticos para a articulação com disciplinas de outra índole (genologia, crítica genética, sociocrítica, etc.).

Antes de chegar a esse estádio de refinamento, a narratologia colheu elementos de trabalho em análises e em textos relativamente elementares: a partir da renovação dos estudos linguísticos e literários operada pelos formalistas russos, os estudos folcloristas isolaram e descreveram componentes narrativos invariáveis. Nesse contexto, Vladimir Propp analisou um *corpus* finito de contos populares, nos quais destacou esses componentes invariáveis, a que chamou funções, combinadas de modo muito semelhante e distribuídas por sete esferas de ação atribuídas a sete personagens-tipo (cf. Propp, [1928] 1965: 35 ss.). A partir daí (e também da consolidação do estruturalismo linguístico e literário, dos anos 60 em diante), sistematiza-se a *análise estrutural* (v.): a conceção funcionalista da narrativa e sua análise, incluindo a distinção de níveis do relato (Roland Barthes), a proposta de constituição de gramáticas narrativas (Tzvetan Todorov) ou a fixação de uma lógica narrativa (Claude Bremond), bem como a descrição de esquemas actanciais, em ligação direta com o legado proppiano (A. J. Greimas) constituem, entre outras, etapas de maturação teórica pré-narratológicas.

3. A designação narratologia estruturalista que, por vezes, é atribuída à disciplina de que aqui se trata justifica-se pelos fundamentos que ficaram

referidos; é essa designação que se encontra na influente *Routledge Encyclopedia of Narrative Theory* (cf. Herman *et alii*, eds., 2005) e que é menos equívoca do que a expressão narratologia clássica. Com base naqueles fundamentos, os teorizadores que instituíram a narratologia como campo de trabalho autónomo procuraram superar a tendência descritiva que era predominante no estruturalismo literário. Com Gérard Genette, Gerald Prince, Philippe Hamon, Mieke Bal, Seymour Chatman, Shlomith Rimmon-Kenan, Cesare Segre e ainda, antes destes, Franz Stanzel, a narratologia é entendida como uma verdadeira semiótica narrativa: um domínio autónomo da teoria semiótica, interessado nos dispositivos de comunicação narrativa, nos seus protagonistas (*narrador* e *narratário*; v. estes termos) e nas respetivas funções, atingindo índices de especialização que a mencionada teoria semiótica favorece. Por exemplo, os que são permitidos pela *pragmática narrativa* (v.), interessada na comunicação instaurada pelo relato como fenómeno interativo, isto é, enquanto prática projetada como ação sobre o recetor, na expectativa da sua resposta (conforme trabalhos capitais de Umberto Eco bem demonstram; cf. sobretudo Eco, 1979).

4. A afirmação da narratologia como semiótica narrativa implica a superação de uma visão diádica do relato (a partir da distinção, de inspiração saussuriana, dos níveis da *história* e do *discurso*; v. estes termos), em favor de uma visão triádica: à história e ao discurso junta-se a instância da *narração* (v.), sendo certo que o primeiro destes termos (a história) acaba por ser um tanto subalternizado pela narratologia. A par disso, acentua-se a postulação comunicativa do relato, baseada na interação narrador/narratário e nas potencialidades pragmáticas que lhe são reconhecidas.

Não é possível ignorar, neste cenário teórico, o trabalho capital de Gérard Genette, como pedra angular do edifício narratológico, não só pela sistematização que levou a cabo, mas também pelos debates e pelas revisões a que deu lugar (cf. Genette, 1972; Genette, 1983). A análise genettiana, diretamente apoiada na leitura de *À la recherche du temps perdu* (1913-1927), de Marcel Proust, distingue categorias do discurso e categorias da narração, bem como os níveis e os tempos em que se processa a enunciação do relato; decorre daí a criação de uma verdadeira metalinguagem narratológica, que conheceu grande fortuna operatória (p. ex.: *focalização, analepse, prolepse,* etc.; *narrador homodiegético, autodiegético* e *heterodiegético; nível extradiegético, diegético* e *metadiegético; narração ulterior, anterior* e *intercalada;* v. estes termos).

5. A sofisticação conceptual atingida pela narratologia genettiana, incluindo os reajustamentos que suscitou, levou à composição de dicionários de especialidade, só viáveis, em qualquer disciplina, quando se cumprem, pelo menos, quatro pressupostos epistemológicos: a estabilização de um léxico científico específico; a delimitação de um campo de noções coerente; a aceitação de uma ligação estável e em geral aceite entre termos e conceitos; por último, a verificação das potencialidades analíticas que o campo conceptual em causa faculta.

Os dois dicionários de narratologia que foram publicados em 1987 (Prince, 1987; Reis e Lopes, 2011) mereceram um comentário muito expressivo, num número monográfico de uma importante revista de teoria e crítica, consagrado à narratologia: "É uma coincidência significativa que os dois primeiros dicionários de narratologia do mundo tenham sido publicados em 1987, e é um notável sintoma do estado da arte que estas duas louváveis obras, ambas tirando intensamente partido da narratologia francesa ou de inspiração francesa, sejam escritas em inglês e em português" (Coste, 1990: 405). O "estado da arte" reporta-se certamente ao alargamento da narratologia para além das fronteiras francesas, através de dois dicionários de conceção diferente: "Assim, o primeiro [Prince] é concebido mais como um dicionário ou mesmo um glossário, o segundo [Reis e Lopes] como uma enciclopédia" (Coste, 1990: 406). De outro âmbito, inspiração e propósito é *The Living Handbook of Narratology* (cf. Hühn *et alii*, eds., (ver http://www.lhn.uni-hamburg.de/) e, antes dele, a já mencionada *Routledge Encyclopedia of Narrative Theory* (cf. Herman *et alii*, 2005), ambos bem ilustrativos da evolução que conduziu da narratologia aos *estudos narrativos* (v.).

6. Quando considerada de forma extensiva, a história da narratologia pode recuar a contributos tão remotos como as reflexões platónicas e aristotélicas acerca da *representação* (v.) e das relações entre *personagem* e *ação* (v. estes termos e cf. Meister, 2014: § 13 ss.). Modernamente e ainda antes da emergência do estruturalismo francês, a teoria e a análise do romance proporcionaram elementos de trabalho importantes para a formação de um pensamento narratológico: cabe aqui invocar os estudos de E. M. Forster e de Percy Lubbock (em particular sobre o romance de Henry James), de Wayne C. Booth, de Norman Friedman, de Wolfgang Kayser, de Jean Pouillon, de Georges Blin, de Bertil Romberg e do já mencionado Franz Stanzel; nesses estudos, foram sendo dilucidados aspetos e categorias da narrativa (tempo,

estatuto do narrador, perspetiva narrativa, etc.) que se revelaram decisivos para a abertura de horizontes que levou à narratologia.

Depois do seu amadurecimento e conforme acontece com qualquer disciplina científica, a evolução da narratologia deu lugar a movimentos de superação e a aberturas transdisciplinares. Isso justifica que a narratologia se tenha "pluralizado" (cf. o título *Narratologies contemporaines*, de Pier e Berthelot, 2010); do mesmo modo, fala-se hoje, também no plural, em estudos narrativos, preferentemente a narratologia pós-clássica e como alternativa à polissemia que, ao longo dos anos, foi afetando o termo narratologia (cf. Nünning, 2010: 30 ss.), que, todavia, vigora ainda, sobretudo no mundo académico germânico. As referidas aberturas tiveram lugar a partir dos anos 80 e correspondem a duas tendências, em parte anteriormente já esboçadas: "um alargamento do âmbito da narratologia para além da narrativa literária e a importação de conceitos e de teorias de outras disciplinas" (Meister, 2014: § 40), neste último caso em consonância com a dinâmica de *interdisciplinaridade* (v.) que é bem evidente nos modernos estudos narrativos.

Aquele alargamento encontra-se implícito nas respostas à pergunta "o que é a narratologia?" (cf. Kindt e Müller, 2003), formulada no princípio do século XXI e eventualmente traduzindo uma reação antiexpansionista: critica-se, então, "a ideia de transformar a narratologia numa teoria fundacional adequada, em particular, a orientar e a avaliar a interpretação de textos literários" (Kindt, 2009: 36). Por outro lado, a dinâmica transdisciplinar de que resultou a diversificação da narratologia pode ser entendida como uma resposta às resistências que ela encontrou, na linha daquelas que o estruturalismo teve de enfrentar, nos anos 60, ao sofrer a contestação de escolas e de correntes então já crepusculares (história literária, estilística, *new criticism*).

Este é, aliás, um aspeto muito significativo da dificuldade que os estudos literários quase sempre tiveram para incorporar uma epistemologia regida por critérios de racionalidade científica, dificuldade essa quase sempre determinada pela identificação do sujeito da análise com o seu objeto; foi isso que, em grande parte, a análise narratológica tratou de cancelar, sendo certo, todavia, que, nalguns casos, ela se centrou, de forma excessiva, em descrições taxonómicas; ou então, privilegiando as instâncias do discurso e da narração, descurou componentes cruciais da estrutura do relato, a começar pela personagem: quando reviu o aparato conceptual que anteriormente construíra, Gérard Genette justificou a exclusão da personagem, afirmando a prioridade do "discurso constitutivo", em detrimento do "objeto constituído, esse 'ser vivo sem entranhas' [*vivant sans entrailles*, expressão de Paul Valéry] que não é aqui (ao contrário do que se passa com o historiador ou com o biógrafo) senão um efeito de texto" (Genette, 1983: 93).

7. O anúncio da morte da narratologia, provindo daqueles que rejeitavam a preocupação descritiva e o propósito classificativo de algumas (mas não todas) abordagens narratológicas, acabou por ser negado pelos factos; aceitando-se que "os boatos sobre a morte da narratologia foram enormemente exagerados" (Herman, 1999: 2), aceita-se igualmente que o desmentido de tais boatos ganha maior expressividade, quando verificamos a pujança e a disseminação dos estudos narrativos na atualidade, com o reconhecimento da matriz narratológica em que eles assentam. Na mesma linha de pensamento, fez sentido observar, no início do século XXI: "Durante os anos 90 do século que acaba de terminar, era de bom tom declarar que a narratologia estava morta e enterrada, já que (pensava-se) ela estava indissoluvelmente ligada a um 'paradigma caduco': o estruturalismo. Paradoxalmente, este juízo não prejudicou em nada o uso das noções desenvolvidas por essa mesma narratologia", tendo "como ambição facultar um contributo real a uma melhor compreensão de uma atividade mental e simbólica que desempenha um papel central na maneira como os humanos vivem a sua própria identidade e as suas relações com os congéneres" (Pier e Schaeffer, 2005: 7-8). É o caminho para essa compreensão que está traçado e já a ser percorrido pelos estudos narrativos, tal como na atualidade eles existem.

NARRATOLOGIA COGNITIVA

1. A *narratologia cognitiva* é o domínio dos *estudos narrativos* (v.) que indaga os fenómenos de cognição motivados pelos textos narrativos e enquadrados por eles, tanto no plano da composição e da enunciação de histórias como no da sua leitura. Fala-se, assim, num conhecimento narrativo e nos atos percetivos que ele envolve, convocando os mecanismos da memória, as associações de vivências, os modelos mentais, as dinâmicas de inferência e, em geral, a experiência narrativa corrente (v. *narrativa conversacional*), como instrumentos de trabalho, desdobrados em dois planos: no da observação de trajetos e de comportamentos de personagens e narradores, com diferenciação em contextos mediáticos específicos (literatura, cinema, etc.;

cf. Ryan, 2014); no da análise de processos mentais que condicionam os atos recetivos que levam à compreensão das narrativas.

2. A narratologia cognitiva atesta a orientação interdisciplinar dos estudos narrativos (v. *interdisciplinaridade*), pela conexão estabelecida com um paradigma cognitivo com incidência na produção e na receção de narrativas. Trata-se, segundo David Herman e com base na linguística saussuriana, de reconhecer que "o próprio sistema linguístico não existe a não ser fundamentado na comunidade discursiva que usa a linguagem e na mente dos seus membros. Assim, o sistema da linguagem é, ao mesmo tempo, cognitivamente baseado e socialmente constituído como recurso mental para indivíduos situados na vida social de comunidades de falantes" (Herman, 2003: 9; acerca do conceito de *narratologia cognitiva* e dos focos de pesquisa que ela inclui, veja-se Herman, 2013: §5-26).

A narrativa, a literatura, a sua escrita e a sua leitura constituem domínios de aprofundamento e de particularização da chamada revolução cognitiva. Ela projeta-se no trabalho da teoria literária, "através de um diálogo com um ou mais campos, no quadro da ciência cognitiva: inteligência artificial, psicologia cognitiva, linguística pós-chomskiana, filosofia da mente, neurociência e biologia evolucionista" (Richardson e Steen, 2002: 1). Esse diálogo retroage sobre as ciências cognitivas, quando elas adotam conceitos e procedimentos trabalhados pelos estudos literários; assim, "figuras de retórica como a metáfora, a metonímia e a ironia refletem as ações de processos cognitivos fundamentais" (Richardson e Steen, 2002: 2; cf. também Britton e Pellegrini, 1990).

3. Numa das suas dimensões mais fecundas, a narratologia cognitiva desloca a atenção conferida ao funcionamento das narrativas para o plano recetivo. Com origem remota na fenomenologia ingardiana (cf. Ingarden, [1931] 1973 e [1968] 1973) e, mais próximo de nós, na estética da receção, em particular nos trabalhos de Wolfgang Iser (cf. Iser, 1975; *id.*, 1980), esse deslocamento reflete-se na revalorização do leitor, sustentada por categorias e por critérios operativos narratológicos e cognitivos (cf. Herman e Vervaeck, 2005: 161-175).

Ao mesmo tempo, se considerarmos articuladamente a dinâmica da enunciação e da receção de relatos, a narratologia cognitiva realça o potencial comunicativo e explicativo das histórias, relativamente ao passado e aos comportamentos humanos. Baseia-se esse potencial em experiências narrativas interiorizadas e automatizadas, em função de molduras (*frames*) e de roteiros (*scripts*) que motivam ações e reações previsíveis, por inferência, em pessoas e em personagens; essas pessoas e personagens existem em *mundos narrativos* (v.) ou de histórias (*storyworlds*) entendidos como modelos de situações em evolução (cf. Ryan, 2014a: 31-37), observáveis tanto em relatos factuais como em relatos ficcionais.

4. A análise de mundos narrativos e das relações entre histórias e inteligência compreende duas opções estratégicas acima esboçadas e agora especificadas: "Por um lado, os analistas da narrativa estudaram as representações mentais e os processos cognitivos que são instrumentais para a nossa capacidade de dar sentido às histórias" (com suporte, por exemplo, em modelos mentais de personagens, de episódios ou de cenários de histórias); "por outro lado, estudaram as narrativas em si mesmas como um instrumento de aquisição de sentido, como um recurso semiótico e comunicativo que habilita os seres humanos a encontrar o seu caminho, num mundo às vezes confuso e muitas vezes difícil" (Herman, 2003: 12; cf. também 163-193). Dois exemplos: quem lê uma autobiografia projeta nela o seu conhecimento de si, como *pessoa narrativa* que atravessa o tempo e a vida coletiva, um conhecimento que ajuda a compreender a história lida; quem compõe uma autobiografia pode tentar, nesse projeto, organizar o seu próprio passado em clave narrativa e legitimar a sua relação com o mundo e com os outros.

Num plano mais alargado, afirmamos que as nossas experiências de leitura da narrativa dependem de um conhecimento contextual sempre em reelaboração; aquela "capacidade para dar sentido às histórias" e a "aquisição de sentido" (social, existencial, etc.) viabilizada pelas narrativas não são estáticas. Por isso, a releitura de ficções literárias complexas pode revelar nelas aspetos semanticamente densos e consequentes, antes não percecionados e cognitivamente potenciados, nessa releitura, pelo alargamento da experiência de vida do leitor (incluindo a sua vida cultural e o seu capital de leituras). Daqui derivamos para considerações acerca de noções e de componentes que intervêm no conhecimento da narrativa literária e do seu mundo (*storyworld*).

5. O mais relevante daqueles componentes é, inquestionavelmente, a personagem. Os trajetos de leitura da narrativa que se fixam nela (suscitando ações de reconhecimento, reações de empatia ou de rejeição, etc.) motivam desenvolvimentos operatórios com forte dimensão cognitiva. Em síntese:

"A questão de como um leitor se relaciona com uma personagem só pode ser respondida por uma pesquisa interdisciplinar, conjugando a análise textual com as ciências cognitivas" (Jannidis, 2013: § 30).

Aprofundando esta postulação e de acordo com Ralf Schneider (que é uma referência central nesta matéria), trata-se de "alinhar modelos psicológicos do trabalho da cognição e da emoção na compreensão do texto, com a descrição de propriedades textuais" (Schneider, 2001: 608). A abordagem cognitiva da personagem acentua a sua dupla natureza: pela sua heteronomia, ela remete para pessoas reais, favorecendo-se a configuração, pelo leitor, de modelos comportamentais deduzidos da sua experiência pessoal e da sua relação com os outros; por outro lado, a personagem resulta também de processos autónomos de elaboração literária e de modelização narrativa e ficcional (v. *figuração* e *modelização*).

Na dinâmica de construção mental que rege a receção de personagens, é possível identificar procedimentos que suportam uma análise cognitiva; indo além de propostas anteriores (cf. Brewer, 1988; Gerrig e Allbritton, 1990), Schneider identifica atos de categorização e de individuação, de descategorização e de personalização apoiados, respetivamente, em movimentos descendentes (*top-down*) e em movimentos ascendentes (*bottom-up*) que têm lugar durante a leitura. A tendência para a "arrumação" tipológica de certas personagens é própria da categorização (como ocorre nas figuras *temáticas*, referidas por Phelan, 1989: 2-3 e 27 ss.; v. *tipo*), em sintonia com modelos sociais adquiridos pela "enciclopédia" do leitor e por ele reconhecidos; no extremo oposto e na sequência de ações de individuação e de descategorização, a personagem define-se em regime de personalização (assemelhando-se, assim, às figuras *miméticas*, segundo Phelan, 1989: 2 e 27 ss.), o que exige uma memória de leitura "desamparada" de modelos previamente estabelecidos: "Em termos simples, a personalização pode ocorrer sempre que o leitor não categoriza uma personagem, isto é, quando não está apto ou não deseja aplicar estruturas armazenadas de conhecimento para uma formação *ad hoc* de impressão" (Schneider, 2001: 625).

Ressalvadas as distâncias, pode dizer-se que, *grosso modo*, se ajusta à oposição *categorização/personalização* a distinção entre tipos e carateres, neste último caso por adoção do termo inglês *character* (cf. Aziza *et alii*, 1978).

6. A relevância conferida à personagem pela narratologia cognitiva conduz a outras categorias diretamente relacionadas com ela, com destaque para a *perspetiva narrativa* (v.), para a *focalização* (v.) que ela compreende e para

a configuração do *espaço* (v.) narrativo. O ponto de partida para os desenvolvimentos que daqui decorrem é o reconhecimento de que "os processos cognitivos através dos quais um indivíduo ou uma coletividade ativamente constrói os seus modelos do mundo coletivos são representados, no nível da história, nas perspetivas das personagens" (Margolin, 2009: 40-41). São estas que se posicionam na ação contada, que veem, ouvem e apreendem os atos e os discursos das outras personagens, formulando juízos de valor variavelmente explícitos acerca do mundo em que agem e em função do qual reagem.

A personagem que funciona como *focalizador* (v. e cf. Bal, 1977: 37-39) estabelece um horizonte cognitivo com implicações percetivas e avaliativas, condicionando a imagem da história contada; ao mesmo tempo, a personagem interpela as experiências cognitivas do leitor, próximas ou afastadas, análogas ou diferentes, em relação às suas. Algo de semelhante pode dizer-se acerca do narrador que adota uma *focalização omnisciente* (v.). Enquanto *pessoa* (v.) da narração, ele não é uma entidade neutra, no que respeita à latitude descritiva e narrativa de que dispõe; com efeito, aquela sua condição de pessoa implica, de forma expressa ou tácita, experiências, pressupostos e imagens mentais que filtram a construção do mundo representado no relato, por muita amplidão que as prerrogativas da omnisciência facultem. Por outro lado, esses pressupostos e imagens mentais dialogam, harmoniosamente ou em conflito, com os seus homólogos, tanto na esfera das personagens como na do leitor.

7. A configuração do espaço narrativo pode ser um processo complexo e gerar consequências importantes, quanto à significação geral do relato. Em certos géneros e subgéneros narrativos – no *romance policial* (v.), na *narrativa de viagem* (v.), mas também no romance oitocentista de cenário urbano (cf. Moretti, 1998; Lehan, 1998) –, o desenho espacial tanto pode ser um efeito da visão e, em geral, do movimento cognitivo de certas personagens, como resultar de decisões descritivas do narrador; em qualquer caso, aquele desenho interage com a leitura da narrativa, com as operações cognitivas que ela implica e com as imagens mentais que o leitor vai evocando e construindo. Concretizando: as leituras e as releituras do *Quijote* (1605-15), d'*Os Maias* (1888) ou do *Ulysses* (1922) variam de acordo com as experiências do leitor e com o grau de conhecimento de que ele dispõe acerca da chamada rota do Quixote (Mancha, Aragão e Catalunha), da Lisboa oitocentista e da cidade de Dublin do princípio do século XX. Em termos similares, o

espectador que viajou na chamada Estrada 66 norte-americana verá *Easy Rider* (1969), de Dennis Hopper, ou *Thelma and Louise* (1991), de Ridley Scott, bem como, em geral, os chamados *road movies* com um olhar diferente do de quem não viveu essa experiência.

Impõe-se aqui a noção de mapa cognitivo como "modelo mental de relações *espaciais*" (Ryan, 2003: 215). Conforme ficou sugerido, a representação do mapa cognitivo "pode ser baseada em experiência encarnada (com movimentação através do espaço, olhando, ouvindo e cheirando o mundo) ou na leitura dos textos" (Ryan, 2003: 215). Naquela "experiência encarnada", é a focalização da personagem que gradualmente vai mapeando os lugares onde a história se desenrola; noutras situações, o narrador fixa de uma só vez, com variável minúcia descritiva, o espaço e as suas coordenadas. Por outro lado, o mapa cognitivo, na instância da leitura, não decorre de decisões "topográficas" inteiramente livres, por parte do leitor; ele articula-se com os componentes da história relatada (personagens, intriga, mas também componentes morais e ideológicos) e, em regime de verosimilhança, sintoniza com aqueles componentes. Por isso, o leitor que segue a visão de uma personagem penetrando num espaço ou deslocando-se nele (Emma Bovary ao entrar na ópera, em *Madame Bovary*, II, 15; Carlos da Maia ao regressar a Lisboa, no final d'*Os Maias*) mapeia pormenores arquitetónicos, decorativos e urbanísticos que dependem daquele olhar e das emoções que lhe estão associadas.

8. A eficácia operatória da narratologia cognitiva depende da equilibrada conjugação do instrumental das ciências cognitivas com o aparato conceptual da análise da narrativa. Essa articulação traduz-se, por exemplo, no cruzamento do conceito de *situação narrativa* (v.) com a teoria das molduras cognitivas (*frames*) (cf. Jahn, 1997), mesmo sabendo-se das dificuldades que caracterizam a realização de análises efetivamente interdisciplinares. As mencionadas dificuldades podem ser resolvidas não apenas pela abordagem, em triangulação, de "narrativas literárias, teorias da linguagem e pesquisa sobre a mente", mas mais amplamente através de uma indagação sobre "(1) a estrutura e a dinâmica de práticas de narração de histórias; (2) os múltiplos sistemas semióticos em que essas práticas se conformam, incluindo a linguagem verbal, mas não se limitando a ela; e (3) as dimensões mentais relevantes das próprias práticas – na medida em que elas se consumam num determinado *medium* narrativo" (Herman, 2010: 139).

NARRATOLOGIA FEMINISTA

1. A *narratologia feminista* é um domínio dos estudos narrativos que conjuga a problemática do género, enquanto construção social e cultural, com uma poética da narrativa de base semiótica. Em termos mais elaborados, a narratologia feminista pode ser entendida como um campo de análise específico, no âmbito alargado do "estudo do género e da narrativa [que] explora os modos (historicamente contingentes) segundo os quais o sexo, o género e/ou a sexualidade podem modelar tanto os textos narrativos em si mesmos, como as teorias através das quais leitores e académicos os abordam" (Lanser, 2013: § 1; cf. também Page, 2007: 189-202).

2. Em grande parte decorrendo da relevância assumida no meio académico norte-americano pelos *Gender and Women's Studies* (a partir de propostas por vezes com origem europeia), a narratologia feminista funda-se em dois pressupostos:

2.1. Na afirmação do género enquanto categoria epistemológica com alcance e com eficácia operatória para descrever e interpretar textos conformados por aquela categoria e envolvendo figuras, juízos e discursos por ela diferenciados. A existência de "uma escrita *marcada*" surge, então, como contestação à verificação de que "o ato de escrever tem sido controlado por uma economia libidinal e cultural – e, sendo assim, política e tipicamente masculina" (Cixous, 1976: 879).

2.2. Na crítica à narratologia de matriz estruturalista, que se centrava em conceitos vinculados ao âmbito do *discurso* (p. ex., *focalização, narrador heterodiegético* ou *voz* da narração; v. estes termos), em detrimento de componentes diegéticos como a *ação* ou a *personagem* (v. estes termos).

No que diz respeito a este último aspeto, a narratologia feminista convoca elementos que atestam a importância atribuída ao *contexto* (v.) na enunciação narrativa. Nesse sentido, Gerald Prince, comentando um estudo seminal de Susan S. Lanser (Lanser, 1981), acentua que a integração narratológica de textos de autoria feminina levou a um reajustamento dos objetivos e das áreas de interesse da narratologia: "Se a poética narrativa deve estar mais alerta às implicações do *corpus* que privilegia, ela deve também ser mais sensível ao papel do contexto – e, em particular, ao possível papel do género – na produção do significado narrativo" (Prince, 1996: 163). Por este caminho, dilui-se a tensão opositiva que divide dois campos de análise aparentemente inconciliáveis, uma vez que a narratologia procurava objetividade, abstração e postulações gerais acerca da narrativa, enquanto as leituras de inspiração feminista privilegiam a vinculação social, histórica e política de textos narrativos e a desmontagem dos seus processos de significação (cf. Warhol, 1999: 342).

3. A constituição da narratologia feminista não está isenta de reservas e de contestações. Uma das mais conhecidas foi formulada por Nilli Diengott, com o argumento confessadamente ideológico (e divergindo de Cixous) de que não existe uma especificidade de género na narrativa; sendo assim, a conjugação do feminismo com a narratologia não teria pertinência (cf. Diengott, 1988: 42-51, e a refutação por Lanser, 1988: 52-60). Uma tal contestação baseia-se não só numa conceção autonomista de campos de estudos em conflito potencial (ou seja, narratologia e feminismo), mas também na persistência em manter a análise narratológica fora de qualquer referência social, política ou cultural. Contra esta conceção, Lanser não só postula a existência de uma identidade de género na narrativa, como incorpora na sua argumentação outros elementos, evitando uma atitude essencialista e isolacionista: "Sustento que tanto as estruturas narrativas como a escrita feminina são determinados não por propriedades essenciais ou por imperativos estéticos, mas por complexas e mutáveis convenções que são elas próprias produzidas em e pelas relações de poder que implicam o escritor, o leitor e o texto" (Lanser, 1992: 5). E, em termos mais específicos, acrescenta: "Nas modernas sociedades ocidentais, durante os séculos da 'cultura impressa' (...), estes componentes de poder devem incluir, pelo menos, raça, género, classe, nacionalidade, educação, sexualidade e estado conjugal, interagindo com e no âmbito de uma certa formação social" (Lanser, 1992: 5-6).

4. Os princípios metodológicos e socioideológicos em que assenta a narratologia feminista foram estabelecidos e têm sido consolidados sobretudo pela citada Susan S. Lanser e por Robyn R. Warhol. Registe-se, relativamente à primeira, o já mencionado estudo pioneiro de base narratológica, sobre a questão do ponto de vista, com incidência na tematização do feminino (cf. Lanser, 1981); naquele estudo (publicado antes da dinamização interdisciplinar dos estudos narrativos) e noutros subsequentes, está em equação não apenas a verificação de mecanismos de supressão de uma autoridade discursiva feminina, mas também a necessidade de os estudos

narrativos darem atenção a vozes plurais e diferenciadas, em termos de género. Significativamente, Lanser retoma conceitos bakhtinianos, como *polifonia* (v.) e *pluridiscursividade* (v.): a polifonia de vozes narrativas e, em especial, "das vozes femininas em muitas narrativas de mulheres" conjuga--se com a seguinte hipótese: "A condição de ser mulher numa sociedade de dominação masculina pode bem necessitar de uma voz dupla, seja como subterfúgio consciente, seja como trágica privação do eu" (Lanser, [1986] 1996: 458).

5. As alegadas limitações dos conceitos narratológicos genettianos, supostamente incapazes de darem conta das tensões plurivocais que a narratologia feminista contempla, conduzem à distinção público/privado, como complemento da noção de *nível narrativo* (v.). Superando aquelas limitações e no quadro de uma revisão da poética do relato (como sugere Prince, supracitado), "a atenção dada ao contexto retórico da narrativa – no seu estatuto genérico e no nível público ou privado da narração – seria entendida como importante determinação do significado narrativo" (Lanser, [1986] 1996: 467). Note-se que o destaque conferido a elementos contextuais como os mencionados relaciona diretamente a narratologia feminista com o vasto campo de abordagens pós-estruturalistas da narrativa, visando temas sociais e étnicos, a par de questões de género e de sexualidade (cf. Herman e Vervaeck, 2005a).

Estes desenvolvimentos e a pluralidade de abordagens interdisciplinares que eles inspiram justificam o plural *narratologias feministas* (cf. Warhol, 2012: 9 ss.); nestas, já não está em causa apenas a problematização da autoria masculina ou feminina (conforme sugeria a afirmação segundo a qual "a mulher deve escrever mulher. E o homem, homem"; Cixous: 1976: 877), mas sobretudo a atenção a dar a conformações e a efeitos de texto, tentando responder a esta pergunta: "Como este texto constrói a masculinidade ou a feminilidade no e para o seu leitor?" (Warhol, 1999: 343). Uma categoria narrativa subalternizada pela narratologia (a personagem) assume aqui um significado especial; indo além da precupação primordial com as imagens da mulher, a narratologia feminista observa as contradições que eventualmente atingem a personagem: "No espírito do pós-estruturalismo, a crítica feminista da narrativa procura identificar essas contradições e resistir à sua harmonização ou à sua resolução, tendo sempre em mente a complexidade das técnicas narrativas que atribuem à personagem literária uma interioridade e uma *persona*" (Warhol, 2012: 11).

6. Sem abandonar a preferência por relatos literários de autoria feminina, a narratologia feminista aprofunda-se quando indaga de que modo a sexualidade e o género operam como fatores de *modelização* (v.) narrativa (cf. Lanser, 2004). Confirma-se então a pertinência da análise de Prince, quando reconhecia, nos primórdios da narratologia feminista, a tendência para colocar questões focadas "nalguns dos aspetos textuais que um estudo da narrativa com consciência do género tem de enfrentar e discutir" (Prince, 1996: 159); e uma vez que "um dos propósitos da narratologia é explicar o funcionamento da narrativa, os narratólogos não devem apenas caracterizar os princípios pragmático-contextuais genéricos que afetam esse funcionamento, mas também conceber modos de testar a possível influência de fatores como o género na produção e no processamento narrativo" (Prince, 1996: 164). Por fim, a narratologia feminista confirma a sua vocação interdisciplinar (v. *interdisciplinaridade*) quando, por exemplo, atenta nas narrativas fílmicas e televisivas e em romances da chamada cultura *pop*; esses contextos mediáticos e, nalguns casos, transliterários podem mesmo motivar aquilo a que, com intuito crítico, é designado como "uma narratologia das técnicas comummente usadas em narrativas sentimentais para suscitar as lágrimas do leitor" (Warhol, 2003: 41).

NARRATOLOGIA MEDIÁTICA – V. Estudos narrativos mediáticos.

NARRATOLOGIA MUSICAL

1. A *narratologia musical* pode ser definida como "o estudo da relação entre narrativa e música, expresso no debate persistente sobre se a música pode ou não ser narrativa, tal como nas análises de peças musicais enquanto relatos, do ponto de vista da narratologia" (Pawlowska, 2014: 197). A postulação de uma *narratologia musical* assenta na ideia de que uma melodia tem a capacidade de contar uma história ou, noutros casos, de acompanhar sugestivamente uma história (como na banda sonora de um filme, por exemplo). O que, evidentemente, não se confunde com a chamada musicalização da ficção (ou da literatura em geral), através da tematização narrativa de conceitos e de componentes estéticos da música (sinfonia, quarteto, tocata, etc.; cf. Wolf, 1999: 51 ss. e 71 ss.).

2. Aquela capacidade de formulação narrativa é uma hipótese discutível, quando colocada num quadro teórico que reconhece a densidade temática e humana do relato, em geral, e do relato verbal, em particular. Naquele quadro teórico, sublinha-se a dinâmica expositiva das narrativas e a sua aptidão para construírem mundos complexos de motivação antropomórfica, conformando histórias que envolvem conflitos vividos por personagens, em cenários muitas vezes descritos com pormenor. Sendo assim, torna-se difícil aceitar uma narratologia musical centrada num fenómeno (a música) cuja substância semiótica (o som) "não possui o significado convencional, nem o valor icónico que permitem às palavras e às imagens criar um mundo concreto e trazer à mente personagens individualizadas" (Ryan, 2014: § 26). É certo que a música e a narrativa compartilham uma matriz temporal homóloga (ambas se desenvolvem no tempo e este é rearticulado nos atos da performance e da narração), como é claro que a primeira detém um evidente poder para induzir emoções. Contudo, tal é insuficiente para que a música possa "contar histórias específicas", já que, "em contraste com a narratividade de textos de base verbal, a narratividade da música não é determinada nem literal" (Ryan, 2014: § 27). Por isso, as tentativas que, a partir do critério da temporalidade, procuram afirmar a condição narrativa da música reconhecem o caráter abstrato e não referencial de um desenvolvimento temporal que, como tal e só por si, é escasso ou nulamente dotado para contar uma história (cf. Meelberg, 2009: 252-255).

3. Entretanto, a relação da música com a narrativa pode ser analisada em função da chamada *lógica do suplemento*, numa aceção provinda do pensamento de Derrida. Tendo em conta essa aceção, a narratologia musical interessa-se pela música "como suplemento da narrativa. Emocionalmente sugestiva e tecnicamente 'misteriosa', a música junta-se ao círculo fechado – aparentemente autossuficiente e autoevidente – de uma história conhecida" (Kramer, 1991: 155); é isso que acontece, por exemplo, em hinos patrióticos ou em canções sobre poemas narrativos folclóricos.

A narratologia musical deriva, então, para a *intermedialidade* (v.) e levanta questões importantes, também do ponto de vista cognitivo, observando, por exemplo, diferentes reações e índices de conhecimento por parte de espectadores de ópera, com leitura prévia do libreto ou, pelo contrário, desconhecendo-o. Recorde-se que muitas óperas são compostas sobre histórias conhecidas: por exemplo, *Lucia di Lammermoor* (1835), de Gaetano Donizetti, ou *La Traviata* (1853), de Giuseppe Verdi (respetivamente, a partir de *The Bride of Lammermoor*, 1819, de Walter Scott, e de *La dame aux camélias*, 1848, de Alexandre Dumas Filho). Modernamente, a narratologia musical descobre um *corpus* de análise integrado no campo da música *pop*: o chamado álbum conceptual (*concept album*) configura a uma tentativa para agregar composições com evidente afinidade temática e com um potencial narrativo que a ópera rock procura igualmente cumprir; alguns dos mais exigentes grupos de rock dos anos 60 e 70 investiram fortemente neste tipo de macrotexto musical (p. ex., *Sgt. Pepper's Lonely Hearts Club Band*, 1967, dos Beatles, ou *The Wall*, 1979, dos Pink Floyd, neste caso com reconhecida componente autobiográfica).

Em todo o caso, reafirma-se que, "diferentemente de muitos enunciados linguísticos, a música não é uma narrativa e que toda a descrição das suas estruturas formais em termos de narratividade não é mais do que uma metáfora supérflua" (Nattiez, 1990: 88); a linearidade da música pode sugerir o movimento de um discurso narrativo, limitando-se, quando muito, a induzir, de novo metaforicamente, uma *impulsão narrativa* que imita "o aspeto de uma narração, sem que nunca saibamos qual o conteúdo desse discurso" (Nattiez, 1990: 88).

4. A isto deve acrescentar-se que a narratologia musical (designação em que reconhecemos a componente metafórica inerente à expressão *narrativa musical*) é um domínio em desenvolvimento, por isso mesmo evidenciando uma diversidade de posicionamentos e de abordagens dificilmente harmonizáveis e teoricamente instáveis (cf. Baroni e Corbellari, 2011). A par disso, nalgumas daquelas abordagens a narratologia musical encontra-se limitada pela sua vinculação ao conceito greimasiano de *narratividade generalizada*, como princípio organizador de todo o discurso, princípio que apresenta uma acentuada componente formalista que os estudos narrativos atuais puseram em causa. Correspondendo àquela vinculação, a narratologia musical restringe-se ao "modo de organização expressiva de uma obra instrumental. Por outras palavras, a análise narrativa em música visaria o funcionamento do discurso musical, do ponto de vista da construção de unidades expressivas (...)" (Grabócz, 2009: 16).

Pode dizer-se que a narratologia musical dificilmente transcende a mencionada preocupação com a expressividade. É essa deriva expressiva (e, reitera-se, reduzidamente narrativa) que se percebe na tentativa de postulação de diferentes modos de existência da narratividade musical, no barroco, no classicismo e no romantismo; assim, no tempo romântico, "os novos géneros musicais, tais como o poema sinfónico, o melodrama, as aberturas, as fantasias, os noturnos, criam muitas vezes um percurso que conduz o ouvinte dos elementos disfóricos até a um nível transcendente (eufórico), através de diferentes outras etapas, sempre expostas sob forma de oposições binárias" (Grabócz, 2010: 243-244).

NARRATOLOGIA NÃO NATURAL

1. A *narratologia não natural* constitui um domínio específico dos *estudos narrativos* (v.), definido em função do tipo de relatos a que dá atenção e da sua singularidade diegética. Esses relatos são designados como narrativas não naturais; nestas, as histórias contadas, as ações empreendidas, os espaços que as integram e as personagens que as vivem são considerados não miméticos, isto é, representam entidades, acontecimentos e cenários que não têm correspondência no mundo real, por não cumprirem as regras, os critérios e as rotinas que empiricamente nele observamos.

2. A narrativa não natural é antimimética (ou antirrealista), na medida em que os seus modos de representação "jogam com, exageram ou parodiam as convenções da representação mimética; muitas vezes, eles destacam elementos e eventos que são extremamente implausíveis ou palpavelmente impossíveis no mundo real" (Richardson, 2012: 20; cf. também Richardson, 2015: 3-27, onde se descrevem os graus do não natural, as suas manifestações extensivas e as áreas que ele abarca). Numa abordagem menos restritiva, reconhece-se que as narrativas não naturais acolhem também elementos naturais, isto é, baseados nos parâmetros do mundo real; ainda assim, insiste-se que "uma narrativa não natural viola as leis físicas, os princípios lógicos ou as limitações normalizadas do conhecimento, ao representar argumentos narrativos, narradores, personagens, temporalidades ou espaços que não poderiam existir no mundo real" (Alber, 2014: § 1).

A partir desta caracterização, deve sublinhar-se que a narratologia não natural assume uma feição sobretudo temática. Ou seja: o que a especifica é um objeto de estudo, o relato não mimético e não natural, mais do que uma orientação metodológica ou operatória; podemos dizer que, nesse aspeto – isto é, quanto ao seu estatuto epistemológico –, a narratologia não natural homologa-se à *narratologia feminista* (v.). Eventualmente, a narratologia não natural convoca o auxílio da narratologia cognitiva, quando estão em equação os esquemas e as molduras mentais que são desafiados e postos em causa pelo não natural. Por outro lado, a narratologia não natural não deve ser confrontada com a narratologia natural, como se fosse o seu oposto: o caráter natural daquela tem a ver com princípios sociolinguísticos e cognitivos que afirmam a condição naturalizada de certos relatos, com destaque para o plano da sua receção e traduzindo uma generalizada vivência da narrativa e da narratividade, com fundamento antropológico.

3. Ainda assim, convém referir, com mais pormenor e com a ajuda de alguns exemplos, aquilo que permite falar em narrativa não natural. Trata-se, desse modo, de esclarecer as prioridades analíticas da narratologia não natural, designadamente tendo em atenção aqueles domínios, categorias e figuras do relato que por ela são privilegiados.

Desde logo, na constituição da narratologia não natural atribui-se uma relevância considerável à narrativa pós-modernista e a procedimentos retóricos que nela são conhecidos. A vocação para a desconstrução da *ficcionalidade* (v.) e para a transgressão das suas fronteiras, a tendência para a paródia e para a irrisão ou o culto da alegoria são alguns daqueles procedimentos, muitas vezes pondo em causa critérios de verosimilhança vigentes na chamada narrativa mimética. Assim, "em textos pós-modernistas, o narrador pode ser um cadáver, um espermatozoide, um animal, uma criança impossivelmente eloquente, ou um narrador 'omnisciente' em primeira pessoa; personagens podem existir em várias (e mutuamente exclusivas) versões; igualmente, podem metamorfosear-se noutra pessoa ou torturar os seus autores porque consideram os seus criadores autoritários; o tempo pode voltar para trás; o presente pode ser causado pelo futuro; eventos mutuamente exclusivos podem acontecer ao mesmo tempo; e cenários podem ser inexplicavelmente transformados ou de algum modo impossíveis" (Alber, 2011: 41). Ao mesmo tempo, certas personagens pós-modernistas "tornam-se conscientes da sua própria ficcionalidade"; confrontadas com essa evidência, "não são capazes de extrair a conclusão óbvia; ouvem a voz do seu dono (...), mas sem o reconhecerem" (McHale, 1987: 121). Noutros casos, a personagem protagoniza comportamentos inusitados e sem uma explicação lógica: no *Memorial do convento* (1982), de José Saramago, Blimunda é capaz de ver o interior das pessoas e de recolher as suas vontades, para fazer voar a passarola.

Importa notar, entretanto, que o culto do não natural é uma tendência muito antiga na literatura ocidental, registando ocorrências frequentes em géneros tão remotos como a *fábula* (v.) ou o *apólogo* (v.). A atribuição, a objetos inanimados, da capacidade de formularem discursos ou o facto de animais falarem e raciocinarem, no contexto de uma ação narrativa, não é natural, como pode ler-se num passo d'*O evangelho segundo Jesus Cristo*: "Os peixes réprobos, de pele lisa, aqueles que não podem ir à mesa do povo do Senhor, foram assim restituídos ao mar, muitos deles, mesmo, já tinham ganho o costume e não se preocupavam quando os levava a rede, sabiam que pronto tornariam à água, sem risco de morrerem sufocados. Em sua cabeça de peixes criam beneficiar duma benevolência especial do Criador, senão mesmo de um amor particular" (p. 275). Outro exemplo: em *Memórias póstumas de Brás Cubas* (1881), de Machado de Assis, a história é relatada por um defunto-autor, a partir da situação *post mortem* e não natural em que se encontra.

A longa tradição de representações narrativas não naturais, muitas vezes em tensão com uma estética da verosimilhança que se lhe contrapõe, reajusta respostas cognitivas capazes de acolher a estranheza do não natural. Se é certo que, muitas vezes, "uma abordagem cognitiva não consegue fazer justiça à representação das impossibilidades por potencialmente levar à normalização ou à domesticação do não natural" (Alber, 2014: § 20), também é aceitável pensar que a incorporação daquela tradição atenua a referida estranheza; assim, a reiteração do não natural (por exemplo, o insólito, o grotesco, o espaço impossível) acaba por suscitar reações cognitivas que viabilizam, se não uma receção empática, pelo menos uma aceitação esteticamente motivada, por vezes apoiada em normas de género literário (cf., para a questão do espaço não natural, Alber, 2013).

4. Conforme ficou sugerido, a personagem é, por várias razões, uma categoria especialmente apelativa para a narratologia não natural: pela sua capacidade de afirmação identitária e discursiva, pelas relações que pode estabelecer com o *narrador* (v.) e com o *autor* (v.) (agudizadas e às vezes dramatizadas em ações drasticamente inverosímeis), bem como pelos movimentos de subversão ontológica que podem ser-lhe atribuídos, derrogando as convenções do mundo empírico.

Juntamente com a personagem, o tempo e o espaço narrativos justificam uma narratologia não natural que analise anacronismos e abruptos movimentos cronológicos (p. ex., a temporalidade não natural da viagem no tempo; cf. Heinze, 2013), cenários bizarramente compósitos, interseções e interpenetrações de planos de existência de coisas e de figuras. Neste contexto, *Alice in Wonderland* (1865), de Lewis Carroll, pode ser considerado epítome e modelo literário da ficção não natural, enquadrando fenómenos como os referidos e legitimando um vasto leque de temas e de modulações narrativas, com relevância para a narratologia não natural: o fantástico, o absurdo, o onírico ou a representação surreal alimentam narrativas (mas não só narrativas, é claro) e categorias do relato que escapam a uma análise regida por princípios de conformação mimética. Assim se aceita que um objeto sinistro conte a sua história, num relato memorial: "Foi por um modo sobrenatural que eu tive conhecimento deste papel, onde uma pobre forca apodrecida e negra, dizia alguma coisa da sua história" (Eça de Queirós, "Memórias duma forca", in *Contos I*, p. 107).

Por outro lado, a narratologia não natural, em sintonia com a pluralidade de domínios que convocam a atenção dos estudos narrativos, encontra estimulantes motivos de estudo nas narrativas cinematográficas e televisivas, bem como na *banda desenhada* (v.) e no *romance gráfico* (v.). Nestes últimos, é frequente encontrarmos personagens com feição animal (veja-se o clássico *Maus: A Survivor's Tale*, 1991, de Art Spiegelman), ainda que, como acontece na fábula, essa feição seja, evidentemente, um artifício que modela temas e problemas que interessam aos humanos; por sua vez, o *cinema* (v.) e a *televisão* (v.), entendidos como universos complexos de produção narrativa, tiram amplo partido de trucagens e de efeitos especiais com acrescida sofisticação pelo recurso ao digital, configurando personagens, espaços e ações em termos não naturais. A figura de Tom Baxter que, em *The Purple Rose of Cairo* (1985, de Woody Allen), atravessa o écran e passa para o mundo dos espectadores, ou o Frank Underwood que, em *House of Cards* (2013-2017, de Beau Willimon), também por *metalepse* (v.), interpela o espectador, podem ser analisados do ponto de vista da narratologia não natural; o mesmo acontece com a escritora que, em *Stranger than Fiction* (2006; *Contado Ninguém Acredita*, de Marc Forster), vai decidindo o destino da personagem de um romance que está em curso de escrita, personagem essa que é o protagonista da ação contada no filme.

NARRATOLOGIA NATURAL – V. Estudos narrativos.

NARRATOLOGIA PICTÓRICA

1. A *narratologia pictórica* pode ser definida como o estudo das relações entre relato e imagem pintada ou desenhada, com técnicas e em suportes

diversos, decorrendo daí análises de telas e de gravuras, enquanto narrativas efetivas ou embrionárias; para além da pintura e da gravura, incluem-se aqui práticas que se lhes associam, como a tapeçaria, o fresco ou o vitral. Excluem-se do âmbito desta narratologia manifestações narrativas ou protonarrativas também de expressão icónica e do universo dos *media* visuais, com enquadramento semiótico e mediático próprio; tais manifestações (p. ex. no *cinema* ou na *televisão*, v. estes termos) motivam abordagens específicas e distintas da que, no contexto da narratologia pictórica, incide sobre obras artísticas com conformação figurativa e com relevância cultural e patrimonial.

2. A narratologia pictórica trata de saber em que medida imagens não acompanhadas por um texto e normalmente fixadas num único quadro (p. ex., *Rapariga com brinco de pérola*, c. de 1665, de Vermeer) ou numa gravura (p. ex., o *Dom Quixote*, 1955, de Picasso,) relatam uma história ou parte dela, mesmo que apenas pela ilustração de elementos que a integram (p. ex., personagens ou espaços). Nas referidas imagens estão em causa, como substância semiótica, formas e cores deduzidas de um labor humano com propósito representacional, com significado artístico e com configuração estática e espacial; são elas que, através da visão, permitem atos percetivos que levam a conhecer ou a reconhecer figuras, estados, situações, cenários ou episódios com eventual potencial narrativo.

A narratologia pictórica situa-se num campo alargado em que cabem práticas semióticas acessíveis pelo canal visual, uma vez que nelas a componente icónica é determinante, tanto do ponto de vista da estruturação da mensagem, como no tocante à sua receção. Deste modo, os estudos narrativos, neste seu ramo específico, articulam-se com os estudos artísticos e superam reticências por parte destes últimos, que podem ser explicadas assim: "A interpretação histórica da arte muitas vezes dependia de narrativas que a imagem alegadamente 'ilustra', subordinando assim a narrativa visual à narrativa literária" (Bal, 1997: 161).

3. As análises narratológicas de imagens pintadas ou gravadas assumem como base operatória a vigência, marcada ou residual, de narratividade naquelas imagens. Tal verificação torna-se especialmente problemática quando a imagem se apresenta só por si, sem qualquer acompanhamento verbal, implicando-se, naquilo que é fixado, componentes e etapas precedentes ou subsequentes. Traduz-se, então, pela imagem, um momento

narrativo isolado, no contexto de uma ação mais ampla, mas não apresentada na sua totalidade. Algumas perguntas a que a narratologia pictórica procura responder: "Quem são as personagens mostradas no quadro? Quais as suas relações interpessoais? O que fizeram antes? O que estão a fazer? Que razões existem para as suas ações? Que mudança de estado a ação provocará? Como reagirão as personagens ao evento?" A estas perguntas é difícil ou até impossível que uma tela responda: "Não só as imagens carecem de dimensão temporal, como são incapazes de representar linguagem e pensamento, relações causais, contrafactualidade e múltiplas possibilidades" (Ryan, 2014: § 21).

Importa notar que, em linha com aquelas questões, a narratologia pictórica está centrada, muitas vezes, em figuras homologáveis a personagens, tal como existem na narrativa verbal, podendo levantar-se mesmo a questão de saber se elas são entidades ficcionais (segundo Ryan, a atitude estética adotada perante uma pintura torna irrelevante a questão da ficcionalidade; cf. Ryan, 2010: 18-22). Nalguns casos, tais figuras resultam do propósito de construir um *retrato* (v.), com ou sem referencial empírico, sendo sintomático que aquele conceito se encontre (mas com utilização metafórica) na metalinguagem da *figuração* (v.) narrativa e dramática; por vezes, o retrato desempenha uma função narrativa enviesada, em relação direta com o decurso de uma ação, tanto a que está a ser observada, como as que a antecedem ou se lhe seguem: veja-se, por exemplo, a função do retrato no *Frei Luís de Sousa* (1843), de Garrett, ou em *The Picture of Dorian Gray* (1891), de Oscar Wilde.

4. As análises narratológicas da pintura (bem como as da gravura, do vitral, etc.) ganham uma dimensão mais ampla e, por assim dizer, mais propriamente narrativística, quando estão em causa várias imagens, eventualmente como resultado da composição de polípticos; nestes, diversos painéis autónomos integram um conjunto com unidade temática, frequentemente propondo-se contar ou recontar uma história. É isso que vemos nos episódios da Anunciação (c. de 1435-1440) ou da Natividade (c. de 1460), pelo artista flamengo Rogier van der Weyden. Como que prenunciando a *banda desenhada* (v.) e o *romance gráfico* (v.), tanto o políptico como a tapeçaria podem contemplar um impulso narrativo, pontualmente com suporte verbal; assim, a tapeçaria de Bayeux ou o conjunto das tapeçarias de Pastrana elaboram narrativamente ações complexas e alargadas no tempo, o que explica a sua dimensão e (no segundo caso) a sua feição multiepisódica.

Semelhante impulso narrativo é modelado também nas telas pintadas em que, pelo contrário, se revela um momento significativo de uma ação mais ampla: n'*A parábola dos cegos* (1568), de Pieter Bruegel, o Velho, estabiliza-se um instante de um movimento que envolve várias figuras em queda; n'*A forja de Vulcano* (1630), de Velázquez, a suspensão da ação em curso e a surpresa estampada no rosto da figura central pressupõem eventos anteriores (no quadro, Apolo informa Vulcano sobre o adultério de Vénus com Marte). É sobretudo nestes casos que se justifica falar de implicação narrativa, em conjugação com os conceitos de *fabula (I)* (v.) e *sjuzhet (v. intriga)*: cria-se para o observador "uma experiência comparável à perceção e constituição de uma narrativa (...). Reservo o termo implicações narrativas para identificar um atributo das obras em que uma *fabula* com mais do que um evento e um actante recorrente é revelada através de um *sjuzhet* que é comprimido numa única cena fixa" (Kafalenos, 1996: 56; cf. também Kafalenos, 2001).

Entretanto, vários dos exemplos invocados tornam evidente que a narratologia pictórica deve convocar a componente cognitiva da pintura e as relações intermediáticas que ela envolve. A história que as imagens contam apoia-se muitas vezes no prévio conhecimento de outros relatos (bíblicos, historiográficos, mitológicos, etc.) ou de roteiros narrativos estereotipados (p. ex., o rapto, o naufrágio, a fuga, a traição, etc.); esse conhecimento, mesmo que não provenha de uma leitura propriamente dita, habilita o espectador a uma apreensão narrativa que de outro modo seria problemática. Por outro lado, a narratologia pictórica trata de saber em que medida categorias narrativas complexas (sobretudo o *tempo* e a *ação*; v. estes termos) podem ser objeto de transposição intermediática, dispensando a linguagem verbal e o amplo potencial narrativo que ela encerra. Em todo o caso, mesmo sem o suporte da palavra, mas possuindo inquestionável capacidade de indução cognitiva, a pintura como *medium* de base sensorial pode "dar contribuições únicas para a formação do significado narrativo. São, muito simplesmente, significados que se expressam melhor visualmente ou musicalmente do que verbalmente" e que "não devem ser *a priori* declarados irrelevantes para a experiência narrativa" (Ryan, 2004: 12).

5. A narratologia pictórica aborda também as complexas transações inerentes à importação de técnicas próprias da pintura, depois incorporadas na narrativa verbal e suscetíveis de serem retomadas por artes da imagem (designadamente, pelo cinema). O conceito de *perspetiva narrativa* (v.) e a dimensão visual que comporta não ignoram a sua primordial utilização na

pintura (e na arquitetura) e o seu potencial de transferência intermediática; assim, *A escola de Atenas* (1509-1511), de Rafael, coloca-nos perante uma distribuição de figuras em níveis e em graus de proximidade diferentes, de acordo com um efeito de perspetiva que a narrativa literária e o cinema só muito depois cultivaram. Um semelhante efeito deduz-se da composição pictórica do *Cristo de São João da Cruz* (1951), de Salvador Dalí: contemplada de um plano superior, a figuração de Cristo processa-se a partir de um olhar descendente, sugerindo uma carga emotiva semelhante à de certos enquadramentos cinematográficos.

NARRATOLOGIA PÓS-CLÁSSICA – V. Estudos narrativos.

NARRATOLOGIA TRANSGENÉRICA – V. Narratologia transmodal.

NARRATOLOGIA TRANSMEDIÁTICA

1. A *narratologia transmediática* é uma subdisciplina dos *estudos narrativos* (v.) genericamente interessada na manifestação da narratividade noutros *media*, que não apenas a narrativa verbal. Nesse sentido, a narratologia transmediática motiva e fundamenta abordagens que tomam como referência central o princípio da *transmedialidade* (v.) narrativa, ou seja, a dinâmica de vigência da narratividade em diferentes *media* e contextos (v. *transnarratividade* e cf. Wolf, 2005: 253-254). Em termos genéricos, a narratologia transmediática baseia-se na noção de que "teoricamente a narrativa é um tipo de significação que transcende cada *medium* particular; na prática, contudo, a narrativa tem um *medium* de eleição que é a linguagem" (Ryan, 2004: 13; cf. também *id.*, 2005a).

2. Os desenvolvimentos que a narratologia transmediática estimula baseiam-se em dois pressupostos de que decorrem importantes consequências operatórias.

2.1. A linguagem verbal constitui o *medium* privilegiado para formular narrativas. A sua capacidade de enunciar asserções e significados abstratos, de estabelecer relações de causalidade (e não apenas de sucessividade) entre acontecimentos, bem como de representar modulações temporais (designadamente, através do verbo e da sua flexão; v. *tempo*) não se verifica nos *media* não verbais (como a música ou a pintura).

2.2. O reconhecimento da *narratividade* (v.) como propriedade nuclear da narrativa não restringe aos textos verbais o exclusivo de uma condição narrativa eventualmente prolongada nos *media* não verbais; nesses outros *media*, é possível, eventualmente, localizar, de forma residual ou acessória, componentes capazes de produzirem sentido narrativo.

3. Ambos os pressupostos devem ser aprofundados, com ponderação da diferente natureza semiótica dos *media*, dos contextos em que eles predominantemente se encontram, dos efeitos cognitivos que produzem e dos processos de *remediação* (v.) que podem inspirar. Neste último aspeto, importa notar que a narratologia transmediática não deve entender a remediação como pretexto para a valorização de certos *media* ou sistemas mediáticos, em detrimento de outros, eventualmente menos "dotados" (p. ex., o cinema em relação ao teatro); o que para ela está em causa, entre outras hipóteses de trabalho, é o dinamismo inerente à chamada transposição intermediática (p. ex., do romance para o cinema; cf. Elliott, 2004 e v. *adaptação*), com preservação e reajustamento de elementos narrativos, na passagem de um *medium* para outro. Adota-se, assim, uma perspetiva comparatista, "explorando aquilo que há de comum nos *media*, tal como as diferenças entre eles e o efeito que isso tem na história, no texto e na sua narração. Parece-me que 1) muitas distinções entre os *media* acabam por ser uma questão de grau, mais do que de absoluta presença ou ausência de atributos; 2) aquilo que é uma restrição num *medium* pode ser apenas uma possibilidade noutro *medium*" (Rimmon-Kenan, 1989: 161).

A distinção entre os *media* e a gradação de atributos narrativos que neles se regista é decisiva para a caracterização da narratologia transmediática. Ela privilegia análises inclusivas que destacam, nos *media* não verbais, índices ou graus de narratividade potencialmente significativos; não sendo constitutivos de uma condição narrativa semelhante à que se encontra intrínseca e plenamente instaurada num conto ou numa notícia de jornal, esses índices de narratividade são induzidos por experiências cognitivas concretas. Justifica-se, para o que aqui está em causa, a destrinça entre *ser narrativa* e *ter narratividade*; "além da vida em si mesma, as imagens, a música ou a dança podem ter narratividade, sem serem narrativas, num sentido literal" (Ryan, 2004: 9). Deste modo, mesmo destituídos da articulação lógica que é própria da linguagem verbal, os *media* de base sensorial (designadamente, auditiva e visual) suscitam reações cognitivas que lhes permitem "dar contribuições únicas para a formação do significado narrativo. São, muito simplesmente, significados que se expressam melhor visualmente ou musicalmente do que verbalmente; esses significados não devem ser *a priori* declarados irrelevantes para a experiência narrativa" (Ryan, 2004: 12).

4. A narratologia transmediática funda-se numa lógica metodológica e numa atitude epistemológica que valorizam a transversalidade como procedimento operatório básico: desenvolvendo-se através dos *media*, aquela transversalidade não ignora a extrema competência da linguagem verbal enquanto *medium* narrativo, mas vai além dela. Esta abertura confronta-se inevitavelmente com o debate acerca da relação de estreita dependência ou de plena independência da narrativa em relação ao *medium* em que se processa a sua representação; evitando-se uma opção redutora por uma daquelas alternativas, parece adequado optar por uma síntese: "Pressupondo que as diferenças entre os *media* narrativos são (mais ou menos) gradativas, em vez de binárias (ou... ou), a síntese sugere que as histórias são modeladas, mas não determinadas pelos seus formatos de apresentação. Em vez disso, a síntese interpreta as narrativas como variavelmente ancoradas em *media* expressivos que se caracterizam por diferentes graus de intertraduzibilidade" (Prince, 2004: 54).

A relação entre os relatos orais do quotidiano (v. *narrativa conversacional*) e as narrativas literárias é dominada por um grau elevado de intertraduzibilidade (ou tradução intermediática). Contudo, do ponto de vista da narratologia transmediática, esta interação pode considerar-se relativamente pacífica, uma vez que ela envolve relatos modelizados pelo mesmo *medium*, a linguagem verbal, mas não no mesmo suporte (num caso, a voz disponível para ser ouvida, noutro, a escrita proposta para leitura). Mais problemática é a relação entre narrativas enunciadas em meios, em suportes e em contextos muito diferentes; pela sua complexidade, essa relação exige que a abordagem transmediática postule a narratividade em termos que superem as restrições que lhe eram impostas pela narratologia de matriz estruturalista, muito centrada em propriedades do discurso e da história e, como tal, em propriedades intrínsecas dos textos narrativos.

Trata-se, então, de privilegiar uma conceção transmediática da narratividade que, sem descuidar aquilo que nela permite singularizar o modo narrativo, legitime a sua manifestação transversal em textos não exclusivamente verbais (ou até sem componente verbal) e nos contextos em que eles são acolhidos. Segundo uma tal conceção, a narratividade é encarada de acordo com critérios conjugados de natureza funcional e lógica, ou seja, "com base em conjuntos de elementos que captem, por um lado, as relações entre efeitos cognitivos, estéticos ou outros típicos da narrativa e, por outro lado, a estrutura lógica subjacente à fenomenologia de todas as possíveis realizações narrativas" (Meister *et alii*, 2005: XIV). Deste modo, pode dizer-se que a narratologia transmediática não perde de vista a dimensão pragmática da narratividade. É essa dimensão que remete para a instância da receção e para a possibilidade de, nesse plano, serem reconhecidos elementos narrativos e paranarrativos em práticas de vária conformação mediática (teatrais, cinematográficas, pictóricas, fotográficas, jornalísticas, etc.). Deste ponto de vista, faz sentido afirmar que "a qualidade distintiva dos 'fenómenos transmediáticos' (...) é o facto de fenómenos similares ocorrerem em mais do que um *medium*, sendo a possível origem num determinado *medium* (...) irrelevante ou desconhecida" (Wolf, 2005a: 84).

5. Os fenómenos sobre os quais opera a narratologia transmediática (e que não devem ser confundidos com os processos de transposição intermediática; v. *adaptação*) correspondem à presença de figuras e de categorias narrativas específicas em vários contextos mediáticos, com funções próprias nos relatos em que comparecem. Em práticas com inquestionável feição narrativa – como a *telenovela* (v.), o *romance gráfico* (v.) ou o relato cinematográfico –, a fenomenologia da transmedialidade é relativamente evidente, quando nelas deparamos com personagens, com intrigas, com eventos metalépticos (cf. Wolf, 2005a: 89 ss.), com espaços ou com opções de *perspetiva narrativa* (v.). Mais problemática é a análise narrativa e transmediática daquelas práticas – como a pintura, a fotografia ou a música – cuja narratividade é residual ou apenas indutora, como se disse, de significado narrativo ("ter narrativa"). Por sua vez, uma categoria tão relevante como o narrador é objeto de transações transmediáticas obrigadas pela verificação de que "a maioria das narrativas mediáticas não está limitada à narração verbal e, por conseguinte, não ativa tão facilmente ou tão evidentemente (...) a impressão de que a narração verbal (ficcional) é 'a representação de um ato de representação'" (Thon, 2014: 27). Daí a neutralização da figura do narrador no *cartoon* polifásico e exclusivamente icónico ou, de forma menos radical, a sua reconversão, pela instauração de "estratégias narratoriais"

(cf. Martens e Elshout, 2014) no teatro e no cinema. Neste último caso, procede-se a uma sua controversa reconceptualização que, sem esquecer outras hipóteses de reformulação teórica, leva a considerar o narrador cinemático não uma entidade individualizada (uma voz), mas sim um "composto formado por uma ampla e complexa variedade de dispositivos de comunicação" (Chatman, 1990: 134).

NARRATOLOGIA TRANSMODAL

1. A *narratologia transmodal* é o domínio dos *estudos narrativos* que procede à análise de categorias e de propriedades da narrativa, em modos discursivos e em géneros literários não subordinados, em princípio, à dinâmica e ao reconhecimento da *narratividade*.

Através daquela expressão, procura-se reajustar e ampliar o alcance da chamada *narratologia transgenérica*, assente na "assunção de que o sistema de categorias altamente diferenciado da narratologia pode ser aplicado à análise de poemas e de peças de teatro, abrindo caminho a uma mais precisa definição da sua respetiva especificidade de género" (Hühn e Sommer, 2013: 2). Assim, a designação *narratologia transmodal* não só visa, em geral, os modos transhistóricos da literatura (e não apenas as suas concretizações históricas), como evita, no que à língua portuguesa diz respeito, a confusão com a noção de *género* como identidade e diferença sexual (em inglês, *gender*).

2. Em termos mais específicos, a narratologia transmodal interessa-se sobretudo pelos dois modos literários fundamentais que são a *lírica* (v.) *e o drama* (v.), bem como pela possibilidade de neles observarmos ocorrências ou derivas narrativas. Por exemplo: a narratividade presente no soneto camoniano "Está o lascivo e doce passarinho" ou na peça teatral *Que farei com este livro?* (1980), de José Saramago, neste caso com suporte no conhecimento da biografia de Camões. Pressupõe-se, assim, que a "pureza" de modos e de géneros literários é um limite inatingível, postulado apenas de forma ideal. Por outro lado, a narratologia transmodal decorre, nos planos teórico e epistemológico, da abertura dos estudos narrativos para além do campo específico da *narrativa* (v.), definida, por sua vez, em função de dominantes modais que não se esgotam na análise do relato verbal e menos ainda no do relato literário.

Faz sentido, neste contexto, recuperar um texto fundacional de Roland Barthes, acerca da considerável diversidade das narrativas: "Há em primeiro lugar uma variedade prodigiosa de géneros, distribuídos entre substâncias diferentes, como se toda a matéria fosse boa para que o homem lhe confiasse as suas narrativas"; a partir desta chamada "variedade de géneros", acrescenta-se que "a narrativa pode ser sustentada pela linguagem articulada, oral ou escrita, pela imagem, fixa ou móvel, pelo gesto ou pela mistura ordenada de todas estas substâncias; está presente no mito, na lenda, na fábula, no conto, na novela, na epopeia, na história, na tragédia, no drama, na comédia, na pantomima, na pintura (...), no vitral, no cinema, nas histórias em quadradinhos, no *fait divers*, na conversação" (Barthes, 1966: 1).

3. A possibilidade de uma narratologia transmodal coloca-se com consistência desde que se consagrou, nos estudos narrativos, um conceito com um grande potencial heurístico: o conceito de *transnarratividade* (v.), que pode, por sua vez, ser complementado com a análise de narrativas literárias como práticas em que as entidades ficcionais (sobretudo as personagens) circulam para além das fronteiras convencionais da ficcionalidade (v. *metalepse*). A par disso, a história da literatura regista exemplos relativamente frequentes de práticas de hibridização modal e de género literário (por exemplo, no romantismo, no modernismo ou no pós-modernismo), que ratificam a pertinência das noções de *transmodalidade* e de *narratologia transmodal*.

NÍVEL DIEGÉTICO – V. Nível intradiegético.

NÍVEL ESTRUTURAL – V. Estrutura.

NÍVEL EXTRADIEGÉTICO

1. De acordo com uma conceção da narrativa como entidade estruturada em vários níveis, o *nível extradiegético* é aquele em que se situam as entidades exteriores à história narrada, tomando-se como referência para essa delimitação o ato narrativo que a relata. A eventual constituição de outros níveis narrativos desenvolve-se em planos autónomos, a partir do nível extradiegético. Atente-se na seguinte representação:

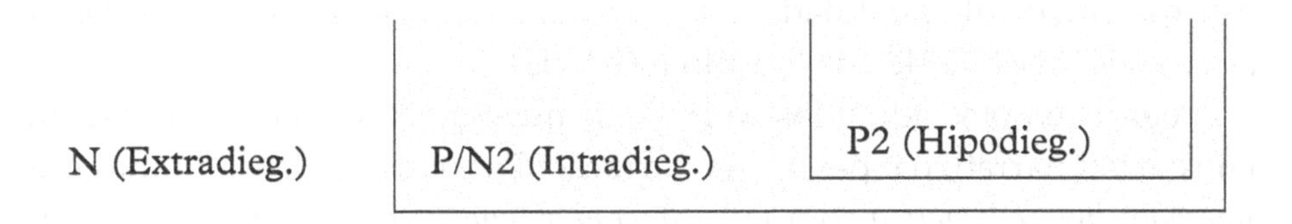

Assim, dir-se-á que N é um narrador do nível extradiegético, relatando uma história em que pode ter tomado parte ou não; por sua vez, P/N2 é uma personagem colocada no *nível intradiegético* (v.), a quem cabe circunstancialmente o papel de narrador dentro da história; abre-se então um *nível hipodiegético* (v.), em que se encontram personagens (P2) (e também, naturalmente, ações, espaços, etc.) dessa história embutida na primeira.

2. No quadro da narratologia genettiana, a expressão *nível extradiegético* refere-se a um aspeto particular do domínio da *voz* (v.), ou seja, às circunstâncias que condicionam a enunciação narrativa e às entidades que nela intervêm; compreende-se nessa intervenção a determinação do *nível narrativo* (v.) em que se encontra o narrador. De acordo com Genette, "todo o evento narrado por uma narrativa encontra-se num nível diegético imediatamente superior àquele em que se situa o ato narrativo produtor dessa narrativa" (Genette, 1972: 238); é nesse sentido que se entende que o nível extradiegético é o estrato primordial de organização da arquitetura da narrativa.

3. Num relato sem especial complexidade estrutural, o nível extradiegético é aquele em que se coloca o narrador, quase sempre num tempo ulterior à história (v. *narração, tempo da*) que favorece a sua posição de exterioridade. Assim:

N (Extradieg.) | Personagens / Espaços / Acções

O narrador N está, portanto, num nível distinto daquele em que se encontram os elementos diegéticos que ele relata. É o caso, por exemplo, dos narradores de *Le rouge et le noir* (1830), de Stendhal, ou das *Memórias póstumas de Brás Cubas* (1881), de Machado de Assis. Não só do narrador deve dizer-se, entretanto, que se encontra no nível extradiegético; é também a este que se vincula a entidade *editor* (v.), quando existe (p. ex., em *La familia de Pascual Duarte* (1942), de Camilo José Cela).

Pelos exemplos aduzidos, verifica-se que não há dependência estrita entre nível narrativo e pessoa da narração. Por outras palavras, tanto um *narrador heterodiegético* como um *narrador homodiegético* ou um *narrador autodiegético* (v. estes termos) podem encontrar-se no nível extradiegético. Assim, no ato narrativo instituído em *Memórias póstumas de Brás Cubas*, o narrador autodiegético está numa posição extradiegética, já fora do universo da história, o que se reforça pelo facto de, tendo morrido, esse narrador contar acontecimentos passados em vida; extradiegética é igualmente a condição de uma outra *figura* (v.), o "leitor amigo" (entenda-se: *narratário*; v.) a quem Brás Cubas frequentemente se dirige. Mais evidente, neste aspeto, é a situação extradiegética do narrador heterodiegético, no caso invocado (e em muitos outros semelhantes) de *Le rouge et le noir*: ele alia ao anonimato a sua exterioridade em relação a um universo a que é estranho. Correlatamente, o narratário, explicitamente invocado ou não, a que o narrador em nível extradiegético se dirige comparticipa dessa mesma posição externa. Acrescente-se ainda que as transgressões de nível narrativo não são impossíveis nem inconsequentes, originando, quando acontecem, casos de *metalepse* (v.).

NÍVEL HIPODIGÉTICO

1. Entende-se por *nível hipodiegético* aquele que é constituído a partir da enunciação de um relato levada a cabo no *nível intradiegético* (v.). Acontece assim quando uma personagem, por qualquer razão e condicionada por circunstâncias particulares (v. *voz*), conta uma segunda história embutida na primeira. Pode representar-se este desdobramento de *níveis narrativos* (v.) do seguinte modo:

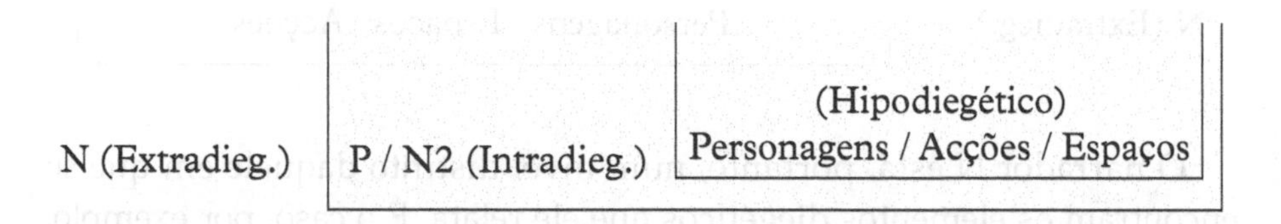

Como se vê, P/N2 é uma personagem do nível intradiegético com a função de narrador e relatando uma história em que terá tomado parte ou não. Com esse ato narrativo, abre-se um nível hipodiegético, onde se encontram personagens, ações e espaços autónomos em relação à primeira história; pode admitir-se que uma personagem deste nível hipodiegético narre ainda outra história, desempenhando o papel de narrador (N3) do nível hipodiegético, abrindo-se então um quarto nível narrativo.

2. A definição do nível hipodiegético carece de especificação terminológica, tendo em vista a expressão *nível metadiegético* proposta por Genette (cf. 1972; 238-239 e 1983: 61). Contudo, como observa Mieke Bal (cf. 1977: 35-36 e 1981a: 41-42 e 53-59), uma tal expressão não é pacífica, se tivermos em conta o significado do prefixo *meta-*: "sobre", "acerca de"; com o prefixo *hipo-* representa-se de forma mais nítida a dependência do nível hipodiegético em relação ao nível intradiegético.

3. A existência de relatos hipodiegéticos inseridos no nível intradiegético cria uma arquitetura narrativa peculiar e possibilita o estabelecimento de conexões entre os níveis instituídos. Genette tentou sistematizar essas conexões, sugerindo diversas funções para a narrativa em nível hipodiegético: explicativa, preditiva, temática, persuasiva, distrativa e de obstrução (cf. Genette, 1983: 61-63). Deve notar-se que essas funções são cumpridas de forma eficaz, especialmente quando o relato segundo forma uma unidade completa; é o que acontece com a novela *El curioso impertinente*, inserida na primeira parte do *Quijote* (1605-15), e com a *Torre de D. Ramires*, escrita pelo protagonista d'*A ilustre casa de Ramires* (1900), de Eça de Queirós, em várias etapas e estabelecendo ligações temáticas com os eventos do nível intradiegético.

4. Nem sempre é fácil delimitar um nível hipodiegético. Se adotarmos a conceção lata proposta por Bal (cf. 1981a), teremos de admitir que até os diálogos constituem hipounidades insertas na diegese; deve reconhecer-se que, em certos casos, o discurso de uma personagem pode revestir-se de um destaque e de um pendor narrativo suficientemente impressivos para que se lhe atribua esse estatuto. Por outro lado, a constituição de relatos em nível hipodiegético eventualmente decorre da afirmação da eficácia social e comunitária (distração, persuasão, informação, etc.) dos atos narrativos. Isto quer dizer também que a análise dos níveis narrativos não deve limitar-se a uma atitude descritiva, mas sim dilucidar as relações entre eles, relações essas que são particularmente significativas quando de índole temática.

NÍVEL INTRADIEGÉTICO

1. O *nível intradiegético* (ou *diegético*) é aquele em que se localizam as entidades ficcionais (*personagens, ações, espaços;* v. estes termos) integrantes de uma história que, como tal, constitui um universo autónomo. Os componentes do nível intradiegético encontram-se num plano subsequente ao *nível extradiegético* (v.) e precedem imediatamente o *nível hipodiegético* (v.), quando ele existe. Em diagrama:

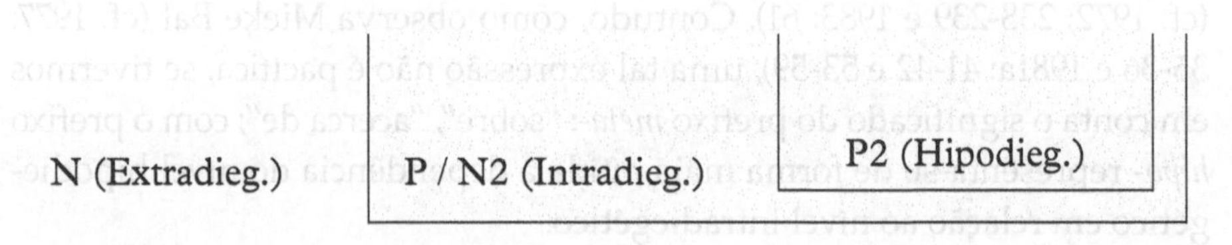

Assim, dir-se-á que P/N2 é uma personagem colocada no nível intradiegético, à qual cabe circunstancialmente o papel de narrador dentro da história. Abre-se, então, um nível hipodiegético em que se encontram personagens (P2) (e também, naturalmente, ações, espaços, etc.) dessa história embutida no nível intradiegético.

2. Adota-se nesta caracterização o princípio de que *"todo o evento narrado por uma narrativa encontra-se num nível diegético imediatamente superior àquele em que se situa o ato narrativo produtor dessa narrativa"* (Genette, 1972: 238). Em concordância com isto, deve acrescentar-se o seguinte: no caso das narrativas de *narrador homodiegético* (e também, obviamente, nas de *narrador autodiegético;* v. estes termos) não existe uma vinculação estrita entre a pessoa da narração e o nível narrativo; o narrador que, no presente da narração e no nível extradiegético, relata a história (p. ex., o narrador de *Robinson Crusoe,* 1719), refere-se a eventos em que participou, como personagem, no nível intradiegético, eventos esses de que se encontra, nesse nível extradiegético, já afastado.

NÍVEL METADIEGÉTICO – V. Nível hipodiegético.

NÍVEL NARRATIVO

1. Entende-se por *nível narrativo* qualquer plano autónomo de inserção de elementos constitutivos do relato, sejam eles de ordem diegética (personagens,

espaços, etc.), de ordem discursiva (perspetiva narrativa, combinações sintáticas, etc.) ou de ordem enunciativa (vozes narrativas, destinatários, etc.). Esta definição, que deve ser entendida como uma abordagem genérica do conceito em apreço, depende de uma conceção da narrativa como entidade estruturada (v. *estrutura*), organismo construído que comporta diversos estratos de manifestação dos componentes que o integram.

2. A caracterização da narrativa como entidade que comporta diferentes níveis traduz a proveniência linguística da teoria semiótica do relato. Já as propostas de Roland Barthes sobre a *análise estrutural* (v.) da narrativa admitiam, à luz do pensamento de Benveniste, a existência de níveis narrativos, propiciando "dois tipos de relações; distribucionais (se as relações estão situadas num mesmo nível), integrativas (se são apreendidas de um nível a outro)" (Barthes, 1966: 5); aprofundando esta descrição, Barthes distingue "o nível das 'funções' (no sentido que o vocábulo tem em Propp e Bremond), o nível das 'ações' (no sentido que o vocábulo tem em Greimas, quando fala das personagens como actantes), e o nível da 'narração' (que é, genericamente, o nível do 'discurso' em Todorov)" (Barthes, 1966: 6).

A reflexão todoroviana sobre esta matéria desenvolve-se em dois sentidos: no que diz respeito às conexões entre o nível da *história* (v.) e o nível do *discurso* (v.) e naqueloutro que se interessa pela organização do processo narrativo e pela constituição de uma certa arquitetura que esse processo origina. Neste caso, trata-se de entender a narrativa como um grande sintagma, consentindo diferentes combinações sintáticas, dentre as quais a de *encaixe*, determinando sucessivas imbricações de relatos; é o que acontece nas *Mil e uma noites* e no *Decameron* (c. 1349-1353), de Boccaccio, com as personagens que são designadas como "homens-narrativas", porque o seu aparecimento desencadeia uma segunda narrativa embutida na primeira (e por vezes uma terceira inserida na segunda e assim sucessivamente), gerando-se, portanto, diferentes níveis narrativos (cf. Todorov, 1971: 82-85 e 1973: 83-84).

3. A descrição mais sistemática e consequente dos níveis narrativos é a que Genette levou a cabo, antes de mais porque se integra numa teoria geral do discurso da narrativa. Para o caso, o domínio específico que aqui interessa é o da *voz* (v.), englobando as circunstâncias que condicionam a enunciação narrativa e as entidades que nela intervêm.

Em certos relatos, verifica-se um desdobramento de instâncias narrativas, pela ocorrência de mais do que um ato de narração, enunciados por narradores colocados em níveis distintos. Essas diferenças de nível permitem afirmar que *"todo o evento narrado por uma narrativa encontra-se num nível diegético imediatamente superior àquele em que se situa o ato narrativo produtor dessa narrativa"* (Genette, 1972: 238). Diagramaticamente, esta multiplicação de níveis narrativos representa-se do seguinte modo:

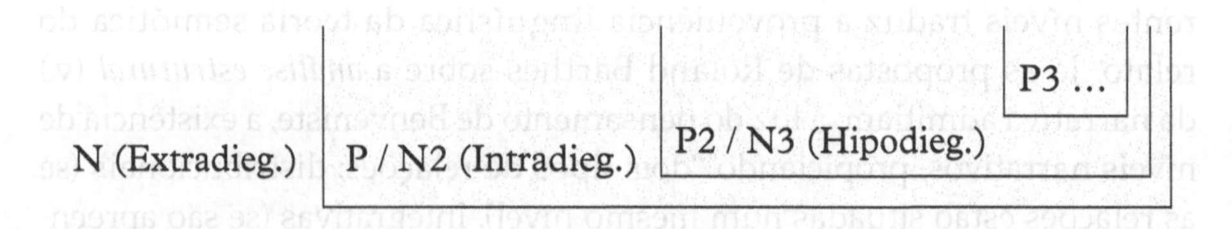

Assim, diz-se que N é um narrador do *nível extradiegético* (v.), relatando uma história em que pode ter tomado parte ou não. Por sua vez, P/N2 é uma personagem colocada no *nível intradiegético* (v.), à qual cabe circunstancialmente o papel de narrador dentro da história; abre-se, então, um *nível hipodiegético* (v.), em que se encontram personagens (e também, naturalmente, ações, espaços, etc.) dessa história engastada na primeira; se uma personagem P2 deste nível hipodiegético eventualmente narrar ainda outra história, tal personagem desempenhará então a função de narrador (N3) no nível hipodiegético, responsável pela constituição de um quarto nível narrativo.

4. N'*Os Lusíadas* (1572) ou no *Quijote* (1605-15) observamos exemplos expressivos de articulação de níveis narrativos, no sentido postulado por Genette. Nos casos mencionados (e também em histórias das *Mil e uma noites*), a solicitação para que uma determinada personagem, em certo momento, conte uma história leva à constituição de um nível narrativo inserido no primeiro. As circunstâncias em que esse ato narrativo tem lugar são, naturalmente, importantes para se atingir o significado da dinâmica de desdobramento do relato em vários níveis autónomos, eventualmente relacionados entre si. Ao mesmo tempo, estes exemplos mostram que, "se a história dentro da história é mais característica da narrativa escrita do que do relato oral (...), isso deve-se, em grande parte, à tentativa de restaurar um sentido de oralidade no texto escrito e de estimular a narração de histórias" (Pier, 2014: § 9).

NÍVEL PSEUDODIEGÉTICO

1. Chama-se *nível pseudodiegético* ao resultado da redução de um relato de *nível hipodiegético* (v.) ao *nível intradiegético* (v.), como se esse relato proviesse da voz narrativa primeira, desvanecendo-se aquela que efetivamente o enuncia. Segundo Genette, "chamaremos metadiegéticas reduzidas [subentendido: ao intradiegético] ou pseudodiegéticas a essas formas de narração em que a ligação metadiegética, mencionada ou não, se encontra imediatamente abolida em benefício do narrador primeiro, o que se traduz de certo modo na economia de um (ou por vezes vários) nível narrativo" (Genette, 1972; 246). Assim:

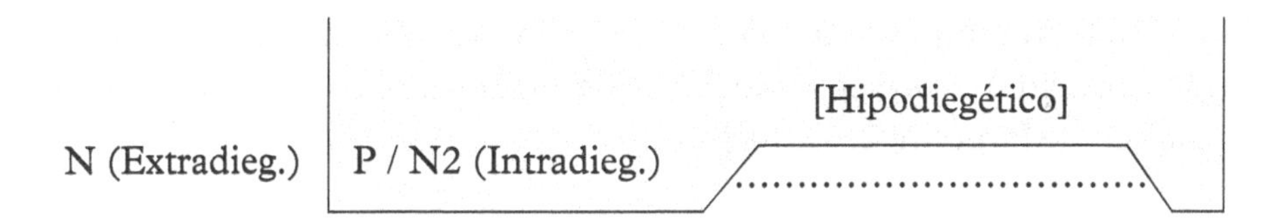

Como se vê, anulando-se a fronteira entre o nível intradiegético e o hipodiegético, os elementos que integram este último incorporam-se no primeiro, como se dele fizessem parte plenamente.

2. Um caso de redução pseudodiegética observa-se nas *Viagens na minha terra* (1846), de Garrett: ocorrendo, no nivel intradiegético, um relato que poderia suscitar um nível narrativo hipodiegético (a novela da *Menina dos rouxinóis*), esse relato não é enunciado pelo seu narrador efetivo, mas pelo narrador primeiro que dele se apropria: "Já se vê que este diálogo passava entre mim e outro dos nossos companheiros de viagem. Apeámo-nos com efeito; sentámo-nos; e eis aqui a história da *menina dos rouxinóis* como ela se contou" (*Viagens na minha terra*, p. 161). A partir daqui, em vez de se abrir expressamente um nível hipodiegético, verifica-se que, pela redução pseudodiegética, o narrador primeiro controla o ritmo da narração e o desenvolvimento da ação.

NOME PRÓPRIO

1. O *nome próprio* é um elemento de identificação com função diferenciadora, permitindo a individualização de uma personagem num universo

ficcional, em termos homólogos dos que encontramos no mundo real. Assim, "a nomeação constitui (...) o processo linguístico mais eficaz na estratégia de estabilização da personagem romanesca, ela que é potencial portadora de um maior dinamismo e mutabilidade do que uma personagem de novela ou de conto"; o nome próprio é, então, "um fator que garante a sua unidade ao longo das constantes mutações" (Vieira, 2008: 48-49).

2. Em termos genéricos, o nome próprio atribuído às personagens ficcionais obedece a dois princípios: o da individualização e o da continuidade.

2.1. De acordo com o primeiro, o nome próprio reporta-se a uma (e apenas uma) personagem que assim se não confunde com as restantes. Ele é como "um número de segurança social ou uma etiqueta de identificação que segue o seu referente para onde quer que ele vá e aconteça o que acontecer" (Margolin, 2002: 109).

2.2. De acordo com o princípio da continuidade, o nome próprio mantém-se, de maneira geral, estável, contribuindo para incutir coerência à personagem. A continuidade transcende os limites da ficção, nos fenómenos de *sobrevida* (v.) representados em estereótipos comportamentais ou psicoculturais (quixotismo, bovarismo, acacianismo, etc.) e ainda quando o nome da personagem é atribuído a objetos não ficcionais (p. ex., a uma revista chamada *Blimunda* ou a um repositório homónimo de publicações científicas).

3. A definição proposta e os dois princípios que a sustentam são inspirados em práticas narrativas subordinadas a uma estética da verosimilhança que assimila o funcionamento ficcional do nome próprio a convenções jurídicas e sociais reconhecidas pelo *leitor* (v.). De forma mais específica, aquela estética vigora sobretudo no romance oitocentista e nos seus sucedâneos; assim, o nome opera a unificação dos traços distintivos da personagem, demarcando-a relacionalmente. Nesse contexto, frequentemente a relevância funcional e semântica do nome próprio está refletida logo no *título* (v.) do romance ou da série romanesca, lugar estratégico em que se realça uma personagem individual ou coletiva: *Le père Goriot* (1835), de Balzac, *Madame Bovary* (1857), de Flaubert, *Anna Karenina* (1877), de Tolstoy, *Effi Briest* (1896), de Theodor Fontane, *Les Thibault* (1922-1940), de Roger Martin du Gard, etc.

No romance contemporâneo e pós-moderno assiste-se por vezes a uma certa desestabilização do estatuto tradicional da personagem, traduzida na ausência de nomes, na recusa de uma identificação individual estável, no recurso a procedimentos de ambiguização ou na proliferação de nomes foneticamente semelhantes que tendem a confundir-se. Três exemplos: em *O processo* (*Der Prozess*, 1925), de Kafka, não se revela o sobrenome do protagonista Josef K., mas aquela inicial remete, com alguma ambiguidade, para o nome do autor; em *Memorial do convento* (1982), a personagem Bartolomeu Lourenço usa o nome do meio da personalidade histórica Bartolomeu (Lourenço) de Gusmão, assim se indiciando o movimento de ficcionalização daquela personalidade; em *Ensaio sobre a cegueira* (1995), também de Saramago, as personagens são apenas designadas em termos relacionais, sociais, fisionómicos, etc. (a mulher do médico, o chefe dos malvados, o rapazinho estrábico, etc.), uma opção que é comentada pelo próprio escritor: "Decidi que não haverá nomes próprios no *Ensaio*, ninguém se chamará António ou Maria, Laura ou Francisco, Joaquim ou Joaquina. Estou consciente da enorme dificuldade que será conduzir uma narração sem a habitual, e até certo ponto inevitável, muleta dos nomes, mas justamente o que não quero é ter de levar pela mão essas sombras a que chamamos personagens, inventar-lhes vidas e preparar-lhes destinos." (*Cadernos de Lanzarote. Diário – I*, pp. 101-102).

4. O nome é, muitas vezes, um fator importante na *caracterização* (v.) das personagens, sobretudo quando surge como um signo motivado. Essa motivação pode resultar da exploração poética da materialidade do significante (através, por exemplo, do simbolismo fonético), das conotações socioculturais que rodeiam certos nomes ou da explicação dada para a denominação. Veja-se o início do *Lazarillo de Tormes* (1554): "Pues sepa Vuestra Merced, ante todas cosas, que a mí llaman Lázaro de Tormes, hijo de Tomé González y de Antona Pérez, naturales de Tejares, aldea de Salamanca. Mi nacimiento fue dentro del río Tormes, por la cual causa tomé el sobrenombre" (*La vida de Lazarillo de Tormes y de sus fortunas y adversidades*, p. 111). N'*Os Maias* (1888), a escolha do nome do protagonista é significativa a vários títulos: recusando o nome Afonso, Maria Monforte prefere o de uma personagem provinda do imaginário romântico: "Andava lendo uma novela de que era herói o último Stuart, o romanesco príncipe Carlos Eduardo; e, namorada dele, das suas aventuras e desgraças, queria dar esse nome a seu filho... Carlos Eduardo da Maia! Um tal nome parecia-lhe conter todo um destino

de amores e façanhas" (*Os Maias*, pp. 90-91). A escolha do nome caracteriza mental e culturalmente quem tenta, além disso, afastar a personagem do padrão moral que o avô representa; opera-se, além disso, uma *metalepse* (v.) com efeito cognitivo sobre o leitor que conhece a figura histórica de Carlos Eduardo Stuart e sugere-se um potencial de *narratibilidade* (v.): o nome inspira uma narrativa de vida com desenlace trágico. É também uma expectativa comportamental e pré-narrativa que, num relato de José Gomes Ferreira, justifica a cuidadosa definição e motivação do nome do herói: "Escassos minutos gastei a conceber o meu herói. (...) O nome sim. O nome é que se me afigurava importante para caracterizar rapidamente esse inimigo de déspotas e tiranias. (...) João Sem Receio? (Não). João Sem Temor? (Talvez). João Sem Medo? (Dois saltos de alegria no coração.)" (*As aventuras de João Sem Medo*, pp. 229-230).

5. No texto narrativo, há outras formas de singularizar e, em certos casos, de reelaborar personagens, decorrendo do nome próprio: títulos, parentesco, descrições que remetem para papéis sociais, etc. Uma dessas reelaborações encontra-se n'*Os Maias*, quando uma mudança de nome sugere uma mudança da personagem e do seu passado familiar: "É como se ela morresse, morrendo com ela todo o passado, e agora renascesse sob outra forma. Já não é Maria Eduarda. É Madame de Trelain, uma senhora francesa. Sob este nome, tudo o que houve fica sumido, enterrado a mil braças, findo para sempre, sem mesmo deixar memória..." (Eça de Queirós, *Os Maias*, pp. 692-693).

Por fim, refira-se que, em certos universos ficcionais e em determinados contextos mediáticos, o nome da personagem projeta-se sobre o mundo real do *leitor* (v.): o que aconteceu n'*Os Maias* com o protagonista verifica-se no nosso tempo, talvez até de forma mais acentuada, quando a atribuição de nomes próprios é colhida no mundo da *telenovela* (v.), eventualmente como forma de mimetização simbólica de atitudes, de atmosferas e de vivências que fascinam o público.

NOVELA

1. A caracterização do conceito de *novela* é dificultada pela fluidez semântica que afeta o termo em causa, em vária línguas cultas. Os vocábulos usados em português, em italiano (*novella*), em francês (*nouvelle*) e em alemão

(*Novelle*) remetem sensivelmente para o mesmo conceito. Todavia, tal não se verifica em espanhol ou em inglês, idiomas em que, respetivamente, *novela* e *novel* se referem ao *romance* (v.); por isso, nestas línguas, a denominação deste *género narrativo* (v.) recorre a expressões adjetivadas (em espanhol, *novela corta*) ou importadas (em inglês, *novella*, do italiano) (cf. Gillespie, 1967).

Nas últimas décadas e em especial no português do Brasil, a palavra novela tem designado a *telenovela* (v.) (p. ex., nas expressões "novela das oito" ou "novela de época"). Tal designação é induzida provavelmente pelo espanhol *telenovela*, ele próprio devedor da aceção atribuída, naquele idioma, a *novela* (no dicionário da Real Academia Española, telenovela é uma "novela filmada y grabada para ser emitida por capítulos por la televisión.").

2. As características distintivas deste *género narrativo* (v.) são sugeridas pelo significado etimológico da palavra novela. Provinda do adjetivo *novus, –a, –um*, a novela reporta-se, em princípio, àquilo que se apresenta como novo, ao que traz notícia de eventos desconhecidos, mesmo surpreendentes e complicados por desenvolvimentos inesperados.

Estas associações etimológicas são inseparáveis das origens, das funções primordiais e da evolução da novela (cf. Moisés, 1982; 55 ss.). Originariamente, a novela parece ter-se remetido a um papel de diversão e entretenimento, pela narração de aventuras e de comportamentos heroicos; quando a canção de gesta (que de certo modo antecede a novela) evoluiu e quando o relato que a consubstanciava passou a elaborar-se em prosa, criaram-se as condições para que a novela atingisse a maioridade. A novela de cavalaria medieval, com o seu cortejo de aventuras e atos de coragem, bem como a novela sentimental cultivada desde os primórdios do Renascimento (p. ex., por Boccaccio e por Bernardim Ribeiro) podem entender-se como manifestações dessa maturidade.

De certo modo, a valoração cultural da novela é prejudicada, até ao final do século XVIII, pela relativa menoridade atribuída aos géneros narrativos, com exceção da epopeia. Foi no tempo do romantismo que a novela consolidou a sua função de evasão e divertimento, preenchendo os ócios da burguesia, ao mesmo tempo que privilegiava os domínios do passional e do aventuroso; nesse período de florescimento, "a renovação do género está ligada igualmente a um poder vago do individualismo da novela (...). A novela abre-se à metafísica e, com as obras de Hoffmann, por exemplo, transforma-se em conto fantástico" (Fónyi, 2003: 529).

3. Mais do que uma definição (sempre extremamente problemática, por força dos condicionamentos acima referidos), é possível esboçar uma caracterização da novela, sendo certo que, presentemente, ela está apoiada no tratamento que o género em apreço conheceu na literatura romântica e pós-romântica. Nesse sentido, deve sublinhar-se que a configuração da novela decorre do tratamento especifico a que nela são sujeitas importantes categorias da narrativa.

3.1. Na novela, a *ação* (v.) desenvolve-se normalmente em ritmo rápido, de forma concentrada e tendendo para um desenlace único; por isso, a novela assimila-se a um "problema que consiste em colocar uma equação a uma incógnita" (Eikhenbaum, [1925] 1965: 204).

3.2. A ação é diretamente condicionada pela *personagem* (v.), que pode ser uma figura com traços de excecionalidade, de feição inusitada e eventualmente turbulenta. Dificilmente a novela comporta um número elevado de personagens e a sua *caracterização* (v.) tende a ser sumária.

3.3. Na novela, o *tempo* (v.) representa-se quase sempre de forma linear, sem desvios bruscos nem *anacronias* (v.), acompanhando a orientação unidirecional da ação.

3.4. O *espaço* (v.) em que transcorre a história contada na novela surge desvanecido, em certa medida ofuscado pelos atributos da personagem; daí resulta a limitada capacidade de ilustração geográfica, urbanística e social da novela.

4. As dominantes enunciadas têm quase sempre a ver com a extensão da novela, usualmente menor do que a do romance e maior do que a do *conto* (v.). Importa dizer, contudo, que a extensão, só por si, não constitui um critério identificador absolutamente rigoroso; por exemplo, certas novelas de Camilo Castelo Branco correspondem a narrativas extensas, sem, por isso, verem afetado o seu estatuto de género.

Mais significativo do que isso é que a novela proceda a uma concentração temática, sem divergir para áreas semânticas paralelas ou adjacentes, podendo essa concentração ser reforçada por uma estrutura repetitiva. Assim, a novela acaba por se distinguir da tendência para a extensiva elaboração narrativa que é própria do romance e, por outro lado, da vocação em todos os aspetos mais restritiva que é inerente ao conto (cf. Leibowitz, 1974: 12 ss.).

NOVO ROMANCE

1. O *novo romance* pode ser sumariamente caracterizado como um coletivo de obras e de autores que, nos anos 50 e 60 do século XX, sobretudo em França, procuraram desconstruir o romance de matriz oitocentista (em especial o romance realista) e reelaborar a linguagem narrativa em função da drástica revisão de categorias fundamentais do relato. Nesse sentido, a atitude dos escritores que deram forma ao novo romance (Alain Robbe-Grillet, Michel Butor, Claude Simon, Nathalie Sarraute, Robert Pinget, Claude Ollier e Jean Ricardou, entre outros) traduz, antes de mais, a recusa da forma convencional do romance. A partir daí, cada um dos "novos romancistas" assume o seu trajeto próprio, em termos que dificilmente configuram uma escola literária, o que seria contrário ao pendor fortemente disruptivo e individualista dos intérpretes do novo romance.

2. Sendo embora difícil fixar dominantes que definam, de forma homogénea e coesiva, o novo romance, podemos observar nele e nos seus cultores certos procedimentos reiterados e, por isso, especialmente significativos. De um modo geral, esses procedimentos evidenciam uma comum preocupação com a linguagem enquanto objeto de reflexão, bem como a sua problematização no próprio ato de enunciar o relato.

2.1. O novo romance narra ações fragmentadas e aparentemente ilógicas, abdicando de uma história estruturada numa *intriga* (v.) e sustentada em eventos articulados por relação de causalidade.

2.2. A *personagem* (v.) do novo romance carece de coerência e estabelece-se quase sempre como uma figura de contornos mal definidos, de memória pulverizada e oscilante.

2.3. No novo romance, o *tempo* (v.) revela-se disperso, plural e insuscetível de ser fixado numa cronologia demarcada; a desestruturação da temporalidade acompanha a dissolução da personagem.

2.4. A representação do real obedece a uma fenomenologia centrada no trajeto errático da personagem, no seu campo de consciência instável e na inconsistência da sua memória e das suas vivências temporais. Como tal, o novo romance abdica da construção narrativa de espaços estáveis e mimeticamente referenciáveis a uma realidade tangível e pré-existente.

3. Pela natureza das suas motivações fundacionais, o novo romance suscitou um debate intenso, ainda que limitado a círculos críticos e doutrinários relativamente restritos. Esse debate motivou ponderações em torno de certas categorias narrativas que de forma mais expressiva foram afetadas pelo novo romance.

Em geral, essas categorias (com destaque para a personagem e para o tempo) eram aquelas que haviam sido questionadas e objeto de rearticulação, na sequência da crise do naturalismo e da revolução romanesca (cf. Zéraffa, 1972) empreendida no século XX por Marcel Proust, James Joyce, Franz Kafka e William Faulkner, entre outros. Não por acaso, é este o trajeto analítico seguido por Nathalie Sarraute, num capítulo ("De Dostoïevski à Kafka") de *L'ère du soupçon* (1956), volume de ensaios cujo título alude a uma suspeita acerca da personagem que, da parte do romancista como da parte do leitor, conduz a uma desconfiança generalizada. É disso que se fala no ensaio epónimo (datado de 1950) do volume de Sarraute: "Não só o romancista não acredita mais nas suas personagens, como também o leitor, pelo seu lado, não consegue já acreditar nelas" (Sarraute, [1956] 2009: 60); deste modo, "o leitor, hoje em dia, desconfia daquilo que a imaginação do autor lhe propõe" (Sarraute, [1956] 2009: 63).

Abre-se, assim, caminho para uma postulação do "romance como pesquisa", ao mesmo tempo que se perspetiva "uma via para o romance futuro", conforme pode ler-se em textos assinados por Michel Butor e por Alain Robbe-Grillet, em 1955 e 1956. "A invenção formal no romance", escreve Butor, "é a condição *sine qua non* de um realismo levado ao extremo" (Butor, 1969: 11); naquele romance do futuro, não prevalecerá um universo de significações psicológicas, sociais ou funcionais, sendo necessário, em vez dele, "tentar construir um mundo mais sólido, mais imediato", traduzindo uma "presença que os objetos e os gestos impõem" (Robbe-Grillet, [1963] 1975: 20), para além de toda a teoria explicativa, no plano sentimental, sociológico, freudiano ou metafísico.

O lugar concedido por Robbe-Grillet ao objeto valeu-lhe uma análise de Roland Barthes, intitulada "Littérature objective" (1954), pouco depois da publicação de *Les gommes* (1953), análise que se tornou uma referência nuclear para a caracterização do novo romance. Nela, o crítico aponta aquela prevalência do objeto como representativa do propósito de "fundar o romance em superfície: a interioridade é posta entre parênteses, os objetos, os espaços e a circulação do homem de uns para os outros são promovidos à categoria de sujeitos. O romance torna-se experiência direta do cenário envolvente do homem, sem que ele possa reclamar-se de uma psicologia, de uma metafísica ou de uma psicanálise para abordar o meio objetivo que descobre" (Barthes, 1964: 39).

4. Pela sua vocação para a indagação narrativa e metanarrativa, o novo romance não foi um fenómeno de grande público e de certa forma esgotou-se, logo que a produção narrativa a que deu lugar fez o seu caminho (cf. Raimond, 1991: 240-251). A atitude de pesquisa e de radical inovação que encontramos em *Les gommes* (1953), em *La jalousie* (1957) ou em *Dans le labyrinthe* (1959), de Robbe-Grillet, em *Passage de Milan* (1954), em *L'emploi du temps* (1956) ou em *La modification* (1957), de Michel Butor, e em *La route des Flandres* (1960), de Claude Simon, solicita ao leitor uma correlata disponibilidade para aderir a um relato cujas coordenadas espaciotemporais são, em geral, extremamente difusas: mais do que noutros contratos narrativos, o leitor do novo romance assume, no ato de leitura, uma função reconstrutiva e complementar do trabalho do romancista.

Algo de semelhante pode dizer-se a propósito de uma cinematografia direta ou indiretamente inspirada no novo romance. Dois exemplos: *Hiroshima mon amour* (1959), de Alain Resnais, com guião de Marguerite Duras; *L'année dernière à Marienbad* (1961), também de Alain Resnais, com argumento de Alain Robbe-Grillet, a partir do romance *La invención de Morel* (1940), de Adolfo Bioy Casares.

NÚCLEO – V. Função cardinal.

OBJETIVIDADE

1. O termo *objetividade* é correntemente utilizado para designar um modo de conhecimento baseado no destaque conferido àquilo que é exterior ao sujeito, um exterior muitas vezes identificado com a realidade: coisas, pessoas, lugares, mas também sentimentos, valores, atitudes, etc. Quando esse conhecimento, dito *objetivo,* se representa num discurso verbal, procura-se desvanecer nele ou mesmo anular as marcas pessoais, através de uma enunciação onde os eventos parecem narrar-se a si próprios (cf. Benveniste, 1966; 241).

2. A complexidade da questão da objetividade transcende o domínio dos estudos narrativos e envolve correntes filosóficas e epistemológicas que, entretanto, se projetam sobre domínios específicos da teoria literária e narrativa. Essa retroação tem a ver com uma filosofia literária a que genericamente se chama realista e que pode ser observada na forma como a literatura, em várias épocas históricas, representou as pessoas, as coisas e os fenómenos sociais. Autores tão distanciados entre si como Petrónio ou Gil Vicente, Quevedo, autor de *El Buscón* (1626), ou Molière, criador de tipos humanos inesquecíveis, Stendhal, observador da sociedade francesa, ou Guimarães Rosa, recriador do sertão mineiro, conferem a objetos humanos, sociais e geográficos uma atenção compatível com uma visão realista do mundo. Em determinados contextos históricos e culturais (por exemplo, na segunda metade do século XIX europeu), a afirmação programática e literária daquela filosofia realista e o lugar proeminente que ela confere ao objeto físico, humano e social consuma-se em movimentos artísticos a que chamamos, agora em termos estritos, realistas.

3. Em certas correntes de reflexão, sugere-se uma identificação ou, no mínimo, uma articulação entre o princípio da objetividade, a atenção conferida ao objeto representado e a realidade ficcionalmente modelada nas narrativas literárias. A fenomenologia da obra literária elaborada por Roman Ingarden consagra uma atenção especial à noção de *objetividade*, correspondendo, *grosso modo*, ao que temos chamado *objeto*; esclarece Ingarden que "a expressão 'o objeto apresentado' (...) (ou a objetividade) deve entender-se no sentido muito amplo em que designa, em primeiro lugar, tudo o que é *normalmente* projetado qualquer que seja a categoria objetiva e a essência material. Refere-se, portanto, a coisas, a pessoas e ainda a quaisquer sucessos possíveis, estados, atos pessoais, etc." (Ingarden, [1931] 1973: 241). Este entendimento desenvolve-se depois num duplo sentido: no que permite associar o objeto/objetividade à manifestação da realidade e no que sublinha o estatuto ontológico dessa realidade literariamente construída como entidade ficcional. Assim, "tratando-se, p. ex., num romance, de homens, animais, terras, casas, etc. – portanto simplesmente de objetividades todas pertencentes ao tipo do ser *real* –, estes aparecem na obra literária com um caráter de realidade (...). Este caráter de realidade não pode, porém, ser inteiramente identificado com o caráter ontológico dos objetos reais *efetivamente* existentes. Há no caso das objetividades apresentadas apenas um *aspeto exterior* da realidade que, por assim dizer, não pretende ser tomado inteiramente a sério" (Ingarden, [1931] 1973: 243).

4. Num plano de análise mais restrito, deve notar-se o seguinte: sendo certo que alguns discursos tendem a dissimular a presença do sujeito da enunciação (pela utilização da terceira pessoa, pela exclusão dos deíticos, pela seleção de tempos verbais típicos da enunciação histórica ou narrativa ou pela supressão de atitudes avaliativas e judicativas), também é verdade que a referida enunciação é condição *sine qua non* da ativação do discurso. Assim, a tentativa da sua ocultação é uma opção discursiva intencional e sempre tem consequências pragmáticas.

5. No texto narrativo, alguns dispositivos e estratégias narrativas contribuem para, em certos contextos comunicativos, atingir (ou tentar atingir) a objetividade: por exemplo, o recurso à *focalização externa* (v.), conjugado com um registo discursivo eminentemente denotativo. Todavia, a tentativa para alcançar a objetividade é contrariada por outros dispositivos e estratégias, praticamente inevitáveis em qualquer relato: pelas articulações

e pelas reduções do *tempo* (v.) narrativo, pela diferenciação qualitativa e quantitativa dos eventos da história, pela organização global da economia da narrativa, pela emergência pontual de intrusões (v. *intrusão do narrador*). Sendo o discurso uma prática mediatamente regida por parâmetros ideológicos e socioculturais, a própria objetividade simulada pode ser entendida como estratégia de representação tendente a provocar um efeito de real ou a naturalizar uma peculiar visão do mundo (v. *subjetividade*).

OBJETO – V. Sujeito/objeto.

OMNISCIÊNCIA NARRATIVA – V. Focalização omnisciente.

OPONENTE – V. Adjuvante/oponente.

ORDEM TEMPORAL

1. No contexto das relações entre *história* (v.) e *discurso* (v.), a *ordem temporal* constitui um domínio crucial de organização da narrativa; assim, a ordem temporal decorre da disposição a que são submetidos, no plano discursivo, acontecimentos singulares que se sucedem na história. Como observa Gérard Genette, "estudar a ordem temporal de uma narrativa é confrontar a ordem de disposição dos eventos ou segmentos temporais no discurso narrativo com a ordem de sucessão desses mesmos eventos ou segmentos temporais na história" (Genette, 1972: 78-79).

2. Diagramaticamente pode representar-se do seguinte modo a redistribuição temporal a que o discurso narrativo sujeita os factos da história:

Tempo da história: A--->B--->C--->D--->E--->F--->G
Tempo do discurso: [...] B--->[A]--->C--->D---> [F]---> E--->[...]---> G

Se identificarmos os vários momentos da história (de A a G) com sequências que compõem a narrativa, verificamos que a sua posição cronológica na história foi alterada por *anacronias* (v.), determinando uma nova ordem temporal; assim, a sequência A da história, inicialmente omitida, só foi recuperada num momento em que a narrativa se encontrava já numa fase relativamente adiantada, o que obrigou o narrador a uma *analepse* (v.); por sua vez, a sequência F foi antecipada (*prolepse*; v.) e depois dispensada, naquele que seria o seu momento próprio de ocorrência, porque já dada a conhecer antes.

3. Interferindo na configuração da narrativa, a ordem temporal é relevante, do ponto de vista estrutural, em muitas narrativas. Nalguns casos, particularmente em romances pós-modernos, o narrador explicita a consciência das suas prerrogativas no respeitante à ordem temporal: "Vem aí uma época de grandes tempestades, umas que virão com seu estrondo natural, outras de mansinho, sem disparar um tiro, vindas de Braga que é longe, mas destas só haverá real notícia mais tarde, quando já não houver remédio. Mas como cada coisa se deve tratar em seu acontecido tempo, embora antecipada já esteja a morte de Joaquim Carranca, em verdade alguns anos mais adiante, e assim deve ser para não serem sempre ofendidas as regras da narrativa, mas como cada coisa, quando tal convém, se deve tratar em seu tempo, falemos daquele grande temporal que nas memórias ficou por razões de luto e outros estragados" (José Saramago, *Levantado do chão*, pp. 63-64).

As frequentes reordenações da história, em contexto literário, divergem do que se passa no relato historiográfico; neste, a tendência dominante vai no sentido de se cultivar uma apresentação cronológica dos eventos; conforme observa Meir Sternberg, para o historiador é lógico que, "sempre que se trata de traçar uma sequência de eventos, deve recorrer-se automaticamente a uma apresentação estritamente cronológica. Para o historiador, a disposição dos eventos de acordo com a sua ordem de ocorrência é, na verdade, 'natural', sobretudo por ser mais compatível com a progressão científica da causa para o efeito, progressão essa que necessariamente subsume esta dimensão temporal" (Sternberg, 1978: 43).

4. A reordenação temporal da história no discurso dá lugar a variadas possibilidades explicativas, normalmente relacionadas com as motivações subjacentes à mencionada reordenação: relação dialética passado/presente, apresentação causalista das origens de certas situações e ocorrências, recuperação de factos necessários para se compreender a dinâmica da ação, etc.

Por outro lado, a deteção de anacronias é favorecida por marcas de articulação como advérbios ou locuções adverbiais de tempo ("alguns anos antes..."; "mais tarde virá a saber-se que..."), tratando-se de assegurar que o recetor da narrativa neutraliza os saltos temporais e reconstitui a cronologia da história. Uma data, o contexto do relato, a sua estrutura externa (p. ex.: todo o capítulo VI de *Madame Bovary*, 1857, de Flaubert é uma retrospetiva que recupera a educação de Emma) ou uma simples expressão temporal indicam, de forma variavelmente explícita, que a ordem temporal do discurso diverge da cronologia da história: "Son père, M. Charles-Denis-Bartholomé Bovary, ancien aide-chirurgien-major, compromis, vers 1812, dans des affaires de conscription, (...) avait alors profité de ses avantages personnels..." (G. Flaubert, *Madame Bovary*, p. 39); "O antepassado, cujos olhos se enchiam agora duma luz de ternura diante das suas rosas, e que ao canto do lume relia com gosto o seu Guizot, fora, na opinião de seu pai, algum tempo, o mais feroz Jacobino de Portugal!" (Eça de Queirós, *Os Maias*, p. 68).

Noutros casos, as marcas de subversão da cronologia praticamente desaparecem, como acontece em *Conversación en la Catedral* (1969), de Mario Vargas Llosa, o que dificulta a destrinça dos estratos temporais que confluem no discurso. Trata-se de um procedimento frequente no romance moderno e pós-moderno: em vez de clarificar a economia temporal da história, esse tipo de romance faz fluir no discurso uma temporalidade de articulações difusas e de limites imprecisos.

P

PARÁBOLA

1. O termo *parábola* provém do verbo grego *paraballo*, significando "comparar". A partir daí e por via latina (*parabola, –ae*, "comparação", "semelhança"), o termo em questão designa uma narrativa breve em que, através de uma linguagem alegórica ou figurada, se transmite uma lição moral, normalmente com intenção religiosa.

2. Na tradição ocidental, a parábola inscreve-se no corpo doutrinário da mensagem bíblica, designadamente na que provém dos textos do Novo Testamento. É sobretudo aí que se encontram parábolas em que a palavra de Jesus recorre ao relato para atingir, pela via da alegoria e da comparação, uma conclusão com forte impacto perlocutivo. A parábola da ovelha perdida ou a do filho pródigo (em Lucas 15), a parábola do semeador ou a do trigo e do joio (em Mateus 13) são histórias que buscam um efeito de moralização e de interiorização da palavra divina.

O sentido oculto transmitido pela parábola deve ser entendido sem ambiguidade, o que pode levar a uma explicação orientada para um processo de inclusão: importa que aqueles a quem a parábola é endereçada sejam atingidos pelo seu ensinamento e integrem a comunidade dos iniciados. Perguntam os discípulos a Jesus: "Por que lhes falas por parábolas?". Resposta: "Porque a vós vos é dado conhecer os mistérios do reino dos céus, mas a eles não lhes é dado. (…) Porque eles, vendo, não veem; e, ouvindo, não ouvem, nem compreendem (…). Para que não vejam com os olhos, e ouçam com os ouvidos, e compreendam com o coração, e se convertam e eu os cure" (*A Bíblia Sagrada,* Mateus 13:10-11, 13 e 15). E depois, explica a parábola: "O que foi semeado em boa terra é o que ouve e compreende a palavra" (Mateus 13:23). O propósito doutrinário da parábola confirma-se pela sua utilização em celebrações litúrgicas, designadamente nas homilias, quando se assinalam datas com especial significado.

3. A importância da parábola decorre da relevância religiosa, cultural e social que é reconhecida ao cristianismo e à mensagem bíblica na cultura ocidental. Ao mesmo tempo, a estrutura e a pragmática da parábola, revelando afinidades funcionais com a *fábula* (v.) e com o *apólogo* (v.), constituem uma afirmação eloquente do poder da narrativa e da capacidade de transformação do mundo que a caracteriza.

Para além disso, a densidade humana que se deduz das parábolas prolonga-se em múltiplas práticas literárias e artísticas, com especial destaque para a história do filho pródigo (cf. Frenzel, 1976: 233-235). No caso da pintura, essa representação levanta a questão de saber até que ponto é pertinente falar em narrativa pictórica (v. *narratologia pictórica*); vejam-se, por exemplo, *O retorno do filho pródigo*, de Rembrandt (c. de 1669), *Filho pródigo* (1618), de Rubens, ou *O regresso do filho pródigo* (1773), de Pompeo Batoni. Justamente a história do filho pródigo é aquela que tem sido objeto de maior número de versões e adaptações, em autores como Lope de Vega (*El hijo pródigo*, 1604), Voltaire (*L'enfant prodigue*, primeira representação em 1736) ou André Gide (no conto *Le retour de l'enfant prodigue*, 1907). Recentemente, a mesma parábola motivou o filme *Wayward: The Prodigal Son* (2014), realizado por Rob Diamond.

PARALEPSE

1. Procedimento narrativo que consiste em facultar mais informação do que aquela que, em *focalização interna* (v.) ou em *focalização externa* (v.), seria permitida por cada um daqueles regimes de perspetivação (cf. Genette, 1972: 211-213).

2. Como caso específico de *alteração* (v.) da perspetiva narrativa, a paralepse torna-se evidente quando nos apercebemos de um excedente informativo que ultrapassa os limites da focalização. Assim: "Da janela do quarto, D. Lúcia vê-o desaparecer para lá da capela. As ferraduras da baia desprenderam uma nuvem de poeira: ao rés do chão o pó é denso, mas sobe, esfarrapa-se, enrola-se nos eucaliptos como um fio cada vez mais fino de lã suja (um novelo parecido com o que Raimundo viu na véspera, a

enredar-se pelo pinhal, quando o Major e a égua passaram por ele à desfilada), até que se dissolve na lucidez do ar" (C. de Oliveira, *Pequenos burgueses*, pp. 26-27). A alusão a uma personagem (Raimundo) e ao que ela vira excede o campo de alcance daquela que agora olha, configurando-se, deste modo, uma paralepse.

3. A paralepse pode desempenhar uma função supletiva, eventualmente importante do ponto de vista ideológico. No capítulo V d'*O crime do padre Amaro* (1880), o narrador interrompe a focalização interna de uma personagem e observa que a sua "forte devoção" era a "manifestação exagerada das tendências que desde pequenina as convivências de padres tinham lentamente criado na sua natureza sensível" (p. 253). A informação não é inocente: ela explica, do ponto de vista do narrador, certas deformações que afetam a personagem, mas que ela não autoanalisaria naqueles termos.

PARALIPSE

1. Procedimento narrativo que consiste em facultar momentaneamente menos informação do que aquela que é permitida pela *focalização* (v.) adotada no relato. Trata-se, então, de uma *alteração* (v.) a esse regime de focalização.

2. A paralipse observa-se sobretudo em *focalização omnisciente* (v.) e em *focalização interna* (v.). Nos capítulos iniciais d'*Os Maias*, narrados em focalização omnisciente, oculta-se, com recurso a *elipses* (v.), o trajeto de vida de certas personagens (mãe e irmã do protagonista); daí resulta que o leitor (tal como a personagem principal) ignora uma situação de incesto, dramaticamente revelado no final do romance. Assim, a paralipse não constitui sempre uma lacuna involuntária: ela pode ser exigida pela economia da história e pela lógica do seu desenvolvimento. É o que acontece também no romance policial clássico: "Embora geralmente focalizado sobre o detetive investigador, [ele] esconde-nos quase sempre uma parte das suas descobertas e das suas induções, até à revelação final" (Genette, 1972: 212).

PAUSA

1. A *pausa* pode ser considerada uma suspensão artificial do tempo da *história* (v.), em benefício do tempo do *discurso* (v.). Ao operar uma pausa, o narrador interrompe o desenrolar da história e alarga-se em descrições ou em reflexões que, logo que concluídas, dão lugar, de novo, ao desenvolvimento das ações narradas. Por isso, a pausa, enquanto movimento de *anisocronia* (v.), remete para dois procedimentos afins: a *descrição* (v.) e a *digressão* (v.), ambas exigindo a suspensão do tempo da história.

2. Como categoria inserida no domínio da *velocidade* (v.), a pausa relaciona-se com outros signos do mesmo âmbito (v. *elipse, sumário* e *cena*). Por vezes, a pausa conjuga-se com a *focalização interna* (v.) de uma personagem, conforme foi dito a propósito de *Madame Bovary* (1857): "O movimento geral do texto é comandado pela iniciativa ou pelo olhar de uma (ou várias) personagem(ns), e o seu desenrolar obedece à duração desse percurso (...) ou dessa contemplação imóvel" (Genette, 1972: 135).

3. Observe-se como, operando-se uma pausa no desenrolar da história, uma certa personagem se apercebe do cenário novo que se lhe depara: "A minha cama ficava ao pé de uma janela que dava para a cerca. Via dali a mata de castanheiros esguios subindo tristemente pela colina, no silêncio frio da manhã" (Vergílio Ferreira, *Manhã submersa*, p. 24).

No tempo literário do realismo e do naturalismo, a afirmação do *espaço* (v.) como complemento de *caracterização* (v.) ou como condicionamento de ações, deu lugar, com frequência, a pausas descritivas muito elaboradas; é o caso da descrição da pensão Vauquer, em *Le père Goriot* (1835), de Balzac, e da extensa sequência, no início de *La Regenta* (1884-85), de Clarín, em que uma personagem (Don Fermín de Pas) contempla o espaço da cidade a partir da torre da catedral.

PERSONAGEM

1. O conceito de *personagem* pode ser definido, numa primeira abordagem, como a representação de uma figura humana ou humanizada que, numa ação narrativa, contribui para o desenvolvimento da história e para a ilustração de sentidos projetados por essa história; a personagem vai sendo

conformada, ao longo do relato, em função de procedimentos de individualização que permitem distingui-la do narrador e das restantes personagens. Segundo outra definição, "a personagem é uma figura, usualmente humana ou com aparência humana, com base textual ou mediática, num mundo narrativo" (*storyworld*, no original; v. *mundo narrativo*); o mesmo termo "é usado para referir participantes em mundos narrativos criados por vários *media* (...), em contraste com as 'pessoas' como indivíduos, no mundo real" (Jannidis, 2013: § 1-2).

De forma explícita ou implícita, estas propostas de definição retêm aspetos decisivos para a caracterização conceptual da personagem: a sua capacidade de intervenção na história, a sua condição de entidade discreta, a componente ficcional e o seu envolvimento narrativo. Uma outra abordagem do conceito em apreço reitera a pertinência destes aspetos: "Enquanto termo narratológico, *personagem* (francês *personnage*, alemão *Figur*) refere-se a um participante do mundo narrativo, ou seja, qualquer indivíduo ou grupo unificado que aparece num drama ou numa obra de ficção narrativa. Num sentido estrito, o termo restringe-se a participantes no domínio do narrado, com exclusão do narrador e do narratário" (Margolin, 2005: 53). Indo além destas palavras, assinale-se que os diversos vocábulos que, em diferentes idiomas, designam a personagem reportam-se etimologicamente a aspetos particulares da sua existência: "O termo inglês 'character' remonta ao grego *charaktér*, uma 'ferramenta de estampagem', significando, em sentido figurado, o timbre da personalidade. Os termos francês e italiano [e o português e o espanhol] – *personnage* e *personaggio* [e *personagem* e *personaje*], respetivamente – apontam para o latim *persona*, i. e., a máscara através da qual se ouve o som da voz de um ator. O alemão *Figur*, por sua vez, tem as suas raízes no latim *figura* e sugere a forma que contrasta com o fundo em que se recorta" (Eder *et alii*, eds., 2010: 7).

Como quer que seja, a personagem constitui um componente fundamental da narrativa, evidenciando, conforme a seguir se verá, a sua relevância funcional e semântica em relatos literários e não literários, em variados suportes e contextos mediáticos. Aquela relevância, no atinente às narrativas literárias, explica tentativas de classificação construídas a partir de categorias opostas que se consubstanciam em personagens: estilização *vs.* naturalismo, coerência *vs.* incoerência, complexidade *vs.* simplicidade; transparência *vs.* opacidade, etc. (cf. Hochman, 1985: 86-140). Por outro lado, esta é uma categoria que se manifesta também no *drama* (v.), com especificidade modal e funcional (pela inexistência de um narrador formalmente instituído), bem como em textos líricos (v. *lírica*), através da emergência de figuras com conformação de personagem (v. *lírica*). Naturalmente que aquela conformação em contexto poético envolve a reelaboração técnica da personagem, por exemplo, quanto à sua designação e à sua *caracterização* (v. e cf. Winko, 2010: 214-220).

2. Certas *tipologias narrativas* (v.), ao entenderem o romance de personagem como modalidade culturalmente prestigiada, confirmam a importância deste componente diegético. Na narrativa literária (da *epopeia* ao *romance* e do *conto* ao *romance cor-de-rosa*; v. estes termos), no *cinema*, na *banda desenhada*, no *romance radiofónico* ou na *telenovela* (v. estes termos), a personagem é normalmente o eixo em torno do qual gira a ação, condicionando a economia da narrativa; por isso mesmo, "muitas das designações usadas para a personagem referem-se ao papel que ela desempenha numa ação" (Jannidis, 2013: § 19) (p. ex., protagonista ou antagonista, *herói* ou *anti-herói*; v. estes termos).

Com frequência os ficcionistas dão testemunho da proeminência da personagem nas suas obras, sublinhando a interação que mantêm com elas e o processo figuracional a que as submetem: "Quando escrevi o envenenamento de Emma Bovary, tive na boca o gosto do arsénico com tanta intensidade, senti-me eu mesmo tão autenticamente envenenado, que tive duas indigestões " (Gustave Flaubert, *apud* Allott, 1966: 200). Por sua vez, Eça de Queirós aludiu às transformações a que sujeitou uma personalidade real, reelaborada em personagem ficcional: "O meu trabalho nos *Maias* foi transportá-lo para as ruas de Lisboa, acomodá-lo ao feitio de Lisboa começando por o desembrulhar do seu xale manta, e separá-lo do seu cão – porque estes dois atributos não se coadunam com os costumes da capital" (*Cartas públicas*, p. 228). E André Gide, chamando a atenção para a autonomia da personagem, declara: "O verdadeiro romancista escuta e vigia [as suas personagens] enquanto atuam, espia-as antes de as conhecer. É só através do que lhes ouve dizer que começa a compreender *quem* são" (*apud* Allott, 1966: 361).

3. Nem sempre a proeminência da personagem foi pacificamente aceite. Certas correntes do romance dos nossos dias, como foi o caso do *novo romance* (v.), apontam para uma alegada crise da personagem: "Um ser sem contornos, indefinível, inacessível e invisível, um 'eu' anónimo que é tudo e que não é nada e que quase sempre não é mais do que um reflexo

do próprio autor, um tal ser usurpou o papel do herói principal e ocupa o lugar de honra" (Sarraute, [1956] 2009: 72). Em termos mais radicais, Alain Robbe-Grillet afirmou que "O romance de personagens pertence realmente ao passado, caracteriza uma época: a que assinalou o apogeu do indivíduo" (Robbe-Grillet, [1963] 1975: 28). Estamos perante um movimento que reclama o descrédito de uma categoria narrativa que, ao longo de séculos de produção literária, tem sido o fulcro do relato; assim, "no decurso dos anos cinquenta, depois de Freud, Proust, Joyce, Kafka, Pirandello, Gide, Sartre, Camus, Moravia, etc., dá-se por adquirido, na cultura literária europeia, o caráter 'périmé' [obsoleto; expressão de Robbe-Grillet] da 'notion' de personagem e é sancionada a sua dissolução, simultânea ao 'éclatement' [explosão] da trama num *puzzle*" (Pellegrino, 1998: 256).

Note-se que aquilo a que já se chamou revolução romanesca (cf. Zéraffa, 1972) foi insuficiente para neutralizar o peso específico da personagem na estrutura da narrativa; depois daquela revolução – e mesmo, em vários aspetos, beneficiando dela –, grandes romancistas como Gabriel García Márquez, Jorge Amado, José Saramago, Agustina Bessa-Luís, Camilo José Cela ou Philip Roth afirmaram-se sobretudo como criadores de personagens; por outro lado, universos ficcionais que contam com milhões de leitores e de espectadores, no romance juvenil, no cinema ou na banda desenhada, enraízam a sua disseminação planetária na capacidade de sedução de personagens como Harry Potter, Astérix, Hercule Poirot, James Bond ou Indiana Jones. A adesão de um público massificado a estas figuras gera, por vezes, fenómenos com grande impacto comercial, como é o caso da chamada *fan fiction*, traduzida em procedimentos de mimetismo e de apropriação metaléptica das personagens e dos seus atributos (indumentária, *gadgets*, traços fisionómicos, etc.) (cf. Hellekson e Busse, eds., 2006).

4. Os estudos literários e narrativos refletem, na sua evolução, a fortuna artística da personagem. A sua clara subalternização pelo estruturalismo dos anos 60 foi, em parte, seguida pela narratologia das duas décadas seguintes; tem essa origem metodológica a formulação subscrita por Philippe Hamon: "Manifestada sob a espécie de um conjunto descontínuo de marcas, a personagem é uma unidade difusa de significação, construída progressivamente pela narrativa (...). Uma personagem é, pois, o suporte das redundâncias e das transformações semânticas da narrativa, é constituída pela soma das informações facultadas sobre o que ela é e sobre o que faz" (Hamon, 1983: 20). Aponta-se, assim, para uma conceção da personagem como *signo narrativo*

(v.), ao mesmo tempo que é realçado implicitamente o teor dinâmico que, de um ponto de vista modal, preside à narrativa.

Convém notar que as postulações funcionalistas (provenientes de Propp e desenvolvidas pela semântica estrutural greimasiana e pela chamada lógica narrativa deduzida por Claude Bremond) vieram contrariar as leituras psicologistas e conteudistas que anteriormente dominavam a análise da personagem; assim, a categoria *actante* (v.), enquanto suporte sintático da narrativa, desenvolve-se em *atores* (v.) de feição não necessariamente antropomórfica (p. ex.: um animal, uma ideologia, a História, o Destino, etc.). Ao mesmo tempo, aprofundou-se uma proposta enunciada pelos formalistas russos: a de se considerar a personagem pelo prisma da sua verosimilhança interna, isto é, enquanto entidade inserida, no seu agir, numa teia de relações que a ligam às restantes personagens da história (cf. Heidbrink, 2010: 79-84). As posições assumidas pelos "pais fundadores" da narratologia, nos anos 70 e 80, sintonizavam com estas linhas de atuação operatória: "A palavra personagem significa coisa bem diferente de uma coerência psicológica ou descrição de caráter" (Todorov, 1971: 78); e sendo a personagem um objeto decorrente do discurso, é essa "mais uma razão, sem dúvida, para nos interessarmos pelo discurso constitutivo mais do que pelo objeto constituído, esse 'ser vivo sem entranhas' [*vivant sans entrailles*, expressão de Paul Valéry] que não é aqui (ao contrário do que se passa com o historiador ou com o biógrafo) senão um efeito de texto" (Genette, 1983: 93). Na situação atual dos *estudos narrativos* (v.), estas posições encontram-se superadas, como em seguida se mostrará.

5. Ao entendermos a personagem como signo, estamos a acentuar a sua condição de unidade discreta, suscetível de delimitação e de integração numa rede de interações paradigmáticas; para isso contribuem elementos interligados que usualmente permitem localizá-la e identificá-la com certa precisão: o *nome próprio*, o *discurso da personagem* e a *caracterização* (v. estes termos e cf. Vieira, 2008: 47-49, 115 ss. e 325 ss.) são alguns desses procedimentos, em direta ligação com sentidos que configuram uma semântica da personagem. As figuras de Dom Quixote, Julien Sorel, Emma Bovary, Teodorico Raposo ou Blimunda associam-se a temas e a ideias (o idealismo, a ambição, o sentimentalismo romanesco, a hipocrisia, o sonho criativo e a utopia) cujo impacto pragmático se confirma por meio de conexões sintáticas e semânticas com outras personagens da mesma narrativa e, por relação intertextual, de outras obras ficcionais.

A partir daqui, pode falar-se em léxico de personagens, uma possibilidade plasmada em dicionários que se referem a figuras criadas por certos escritores (cf. Lotte, 1952-6; Patterson, 1973; Ferraz, coord., 2002; Koleff, dir., 2008), mas também naqueles que incidem em personagens literárias de um modo geral (cf. *Dictionnaire des personnages littéraires et dramatiques...*, 1984; Freeman, 1974; Aziza *et alii*,1982; Goring, ed., 1994). Em certos casos, esses léxicos contemplam prioritariamente as características psicológicas, sociais e culturais da personagem (cf. Aziza *et alii*, 1978), analisada como foco de concentração de sentidos tipificados (o anarquista, o burguês, a mulher fatal, o sedutor, o artista, etc.; v. *tipo*); noutros ainda, estão em causa literaturas nacionais e os respetivos repertórios (cf. Franklin, ed., 2002; Parra Membrives, 2001; Reis, coord., 2018; para outros dicionários, cf. Eder *et alii*, eds., 2010: 572-573).

6. A postulação da personagem como signo sugere uma sua existência narrativa que pode ser particularizada por vários critérios e veios de abordagem (relevo, composição, caracterização) e pelo modo como ela se articula com o *narrador* (v.) e com as suas estratégias semionarrativas (cf. Reis e Lopes, 2011: 316-318). Entretanto, os estudos narrativos e a atenção que têm consagrado a vários aspetos do relato e dos seus protagonistas induziram roteiros de análise em que estão implicados conceitos operatórios regidos pelos princípios de *interdisciplinaridade*, de *transnarratividade* (v. estes termos) e de contextualidade (v. *contexto*) que reconhecemos neste campo de trabalho. Trata-se, de seguida, de destrinçar alguns daqueles conceitos.

6.1. Considerando-se a personagem como *figura* (v.), sublinha-se nela a dimensão de *ficcionalidade* (v.) que podem atingir, de forma residual ou consistente, entidades representadas em textos não literários (por exemplo, em relatos de imprensa retoricamente "contaminados" pela narrativa literária); essa dimensão envolve, por vezes, questionações metaficcionais (v. *metaficção*), bem como a ponderação daqueles dispositivos de *figuração* (v.) que individualizam entidades antropomórficas a que chamamos *figuras de ficção*. Extensivamente, pode ser considerada a interação de uma determinada figura com outras figuras e figurações homólogas (outras personagens) e com a figura do narrador, em processos de natureza potencialmente polifónica (v. *polifonia*).

6.2. A *sobrevida* (v.) da personagem reporta-se ao prolongamento das suas propriedades, como figura ficcional, através de *refigurações* (v.) que atestam a sua respetiva autonomia, em termos transficcionais (v. *transficcionalidade*). Na análise da sobrevida da personagem estão em causa aqueles atributos que levam ao seu reconhecimento, fora do contexto original, bem como à observação das mutações sofridas por ela, eventualmente noutro contexto mediático. Decorre daqui a questão da reformulação da personagem, com propósito ideológico, educativo ou paródico (veja-se o percurso de Robinson Crusoe, da figura original por Daniel Defoe, às versões de Michel Tournier, em *Vendredi ou les limbes du Pacifique*, 1967, e em *Vendredi ou la vie sauvage*, 1971).

6.3. A *transposição intermediática* (v. *adaptação*) concretiza-se pela migração da personagem para narrativas modeladas por outras linguagens e em contextos mediáticos não verbais ou ícono-verbais, contribuindo para a sua sobrevida transliterária. Na adaptação cinematográfica de romances ou em edições ilustradas que destacam certas figuras (um destaque que também se observa na televisão, na rádio, na banda desenhada, na publicidade, nos videogames, etc.), a análise da personagem parte da especificidade e da diferenciação dos vários *media* e do seu potencial narrativo (cf. Ryan, 2014). Assim, Emma Bovary passa do romance ao cinema (em versões de Jean Renoir, de Carlos Schlieper, de Vincente Minnelli, de Claude Chabrol e de Sophie Barthes), ao romance gráfico (*Gemma Bovery*, 1999, por Posy Simmonds) e deste de novo ao cinema (*Gemma Bovery*, 2014, realização de Anne Fontaine). Em certos casos, a personagem deriva de uma composição literária e, ofuscando o relato de origem, acaba por se afirmar no cinema e na televisão, numa deriva que se reforça pelo acerto do *casting* (p. ex., Tarzan ou James Bond, por Johnny Weissmuller e Sean Connery).

6.4. A questão da *cognição* da personagem apoia-se diretamente nos investimentos cognitivistas cultivados pelos estudos narrativos nas últimas décadas (v. *narratologia cognitiva*). As personagens são encaradas "como construtos da mente humana com base textual, requerendo a sua análise modelos de compreensão do texto e modelos da psique humana" (Eder *et alii*, eds., 2010: 5). Está em causa, neste caso, a observação de trajetos e de comportamentos de personagens, bem como o condicionamento da sua construção, no plano recetivo, com base em emoções e modelos mentais, e ainda o seu reconhecimento no quadro de categorias previamente elaboradas e das valorações que lhes são atribuídas, eventualmente com diferenciação mediática (na literatura, no cinema, etc.). A leitura cognitivista da personagem pode "alinhar modelos psicológicos do trabalho da cognição e da emoção na compreensão do texto, com a descrição de propriedades textuais" (Schneider, 2001: 608), chegando a atos de categorização e de individuação, de descategorização e de personalização das figuras de um relato (cf. Schneider, 2001: 619 ss.). Distinguir-se-á, por exemplo, a dimensão generalizante dos tipos sociais (assim categorizados em Dickens, em Balzac ou em Eça) da personalização fortemente individualizadora de figuras excecionais (Julien Sorel ou Blimunda).

7. As linhas de abordagem que ficaram enunciadas expressam um dos aspetos mais significativos dos estudos narrativos, na atualidade: a revitalização dos estudos de personagem, depois de décadas de alheamento, relativamente a esta crucial categoria do relato; a este respeito, faz sentido afirmar: "O que tem sido dito acerca da personagem, desde então [entenda-se: desde a classificação de Forster, distinguindo *personagem redonda* de *personagem plana*; v.], tem sido principalmente um conjunto de lugares comuns críticos, amplamente usados para dispensar o tema" (Harvey, 1965: 192).

Para a superação desta situação torna-se necessário reconhecer "que o conceito de personagem não é um conceito estático" ou, de forma mais explícita: "Uma certa conceção do que constitui uma personagem – uma ideia de personalidade unificada, imutável, intrínseca ou impermeável – já não é sustentável, em termos teóricos ou históricos" (Felski, 2011: V e IX). A isto deve acrescentar-se que os estudos de personagem beneficiam do impulso interdisciplinar cultivado pelos estudos narrativos, numa ampla dinâmica de trocas e de movimentos de reciprocidade analítica; designadamente, trata-se de complementar leituras identitárias (históricas, sociais, de género, etc.) da personagem, com um instrumental operatório que, provindo da narratologia, se enriqueceu consideravelmente, por força daquele impulso interdisciplinar (veja-se a extensa bibliografia recolhida em Eder *et alii*, eds., 2010: 571-596) .

8. As propostas de um dos mais destacados estudiosos desta matéria confirmam a diversificação exigida pelo estudo da personagem. Assim, Uri Margolin distingue quatro campos teóricos com consequências no plano da análise (cf. Margolin, 2005: 53-57) dando lugar a aprofundamentos que a seguir se especificam.

8.1. Teorias semânticas, atinentes aos atributos humanos (ou de feição humana) da personagem, à sua coerência e à sua incompletude no mundo ficcional; compreende-se aquela incompletude porque "um romance em que cada personagem fosse inteiramente descrita, dos pés à cabeça (sem esquecer o seu ser afetivo e moral), em cada uma das suas aparições seria não só inútil, mas ilegível" (Jouve, 1992: 28; cf. Rabinowitz, 1987: 148 ss.). A indeterminação da personagem, cujos "vazios" são preenchidos na concretização da *leitura* (v.), relaciona as teorias semânticas com a fenomenologia da narrativa e com os desafios interpretativos que aquela concretização enfrenta. Incluem-se neste campo as interações entre mundo real e mundo ficcional, bem como os inerentes procedimentos de *modelização* (v.), o potencial heurístico do conceito de *metalepse* (v.) e a ligação da personagem a uma teoria geral da *pessoa* (v.); acentua-se, por esta via, a concentração na personagem de "um amplo conjunto de práticas sociotécnicas em mutação, distinguindo o ser humano do não-humano e convocando taxonomias religiosas, legais, médicas, éticas, cívicas e socioeconómicas" (Frow, 2014: 71).

8.2. Teorias cognitivas, que salientam os efeitos de construção recetiva da personagem, em particular pela interação dos dados textuais com o conhecimento armazenado na chamada memória de longo alcance. Desempenham uma função importante, neste contexto, os modelos mentais que pré-condicionam, por parte do leitor, a perceção de uma personagem ou de um conjunto de personagens, bem como a sua categorização e valoração; com efeito, "a personagem, ainda que dada pelo texto, colhe (...) um certo número das suas propriedades no mundo de referência do leitor" (Jouve, 1992: 29).

8.3. Teorias comunicativas, que encaram a personagem como um agente, numa determinada situação narrativa, em correlação com o narrador e com o narratário, bem como com as restantes personagens. A referência basilar deste campo teórico é a narratologia estruturalista, com a sua tendência para tratar a personagem em termos funcionais ou (retomando Genette, supracitado) para realçar o discurso constitutivo, em detrimento da entidade diegética que resulta dele.

8.4. Teorias não-miméticas, que "recusam ir além da modelação textual, intensional ou semiótica do discurso narrativo" (Margolin, 2005: 56), o que faz da personagem um construto ou uma síntese deduzida de elementos narrativos de vária conformação (papel actancial, tópico, componente arquitetónico do relato, etc.).

9. Importa ainda evidenciar, a partir deste mapeamento teórico e numa perspetiva mais ampla, como os estudos de personagem (e particularmente os que se interessam pela figuração) se particularizam em domínios específicos de atuação, colhendo deles contributos relevantes. Para além daqueles que já foram referidos (designadamente, os que correspondem aos quatro campos teóricos mencionados), importa distinguir outros mais.

9.1. O domínio da história literária, numa aceção teoricamente renovada, que tem em atenção mutações periodológicas, transformações histórico-culturais e oscilações ideológicas que interferem na figuração da personagem. É nesse contexto de mudanças que a personagem deve ser encarada como categoria dinâmica e como tal valorizada; e assim, em termos genéricos, pode afirmar-se que, sobretudo do romantismo ao pós-modernismo, a personagem conhece transformações e reajustamentos que afetam a sua existência e o vigor semântico-pragmático que é próprio dela (cf. Glaudes e Reuter, eds., 1991).

9.2. O domínio da genologia, em que são observáveis os tratamentos a que a personagem ficcional é submetida, de acordo com a sua figuração em diferentes géneros narrativos. Este campo de reflexão desdobra-se pelo menos em dois subdomínios: primeiro, o que se reporta aos *géneros narrativos* (v.) usualmente entendidos como literários (*romance, conto, novela*, etc.; v. estes termos); segundo, o que se refere a géneros nem sempre reconhecidos como literários, mas relacionados com os primeiros (*biografia, autobiografia, memórias*, etc.; v. estes termos), por confrontação ou por vinculação arquitextual.

10. A atenção que os estudos narrativos conferem a relatos multimodais com vasto acolhimento público legitima a valorização do lugar ocupado pela personagem nesses relatos e nos respetivos contextos mediáticos (v. *estudos narrativos mediáticos*). Por exemplo: a televisão e as suas narrativas (v. *telenovela* e *série*), o *cinema* (v.) de ficção, o jornalismo, a *narrativa digital* (v.) ou os *jogos narrativos* (v.) convocam análises que justificam a revisão conceptual da personagem. Veja-se a noção de personagem-jogador (cf. Sheldon, 2014: 47 ss.), a fenomenologia dos avatares como figuras digitalmente construídas e indutoras de atitudes imersivas ou o estabelecimento do conceito de personagem jornalística: ela "traduz-se, em geral, numa 'mimesis rudimentar', que facilita os 'efeitos de identificação' na medida em

que reduz a complexidade dos seres retratados" (Mesquita, 2003: 126). Deste modo, "a noção de personagem, que não se circunscreve à palavra escrita, nem ao domínio da literatura, pode ser encarada como uma das categorias comuns aos diferentes tipos de narrativa, sendo igualmente pertinente para a análise da narrativa jornalística mediática" (Mesquita, 2003: 130; cf. ainda Peixinho, 2014; Peixinho e Araújo, 2017).

Por fim, é também de personagens com reminiscências literárias e com contornos ficcionais que falamos, quando os discursos mediáticos procedem à figuração de heróis do mundo do desporto e do espetáculo (cf. Reis, 2016: 163-185). Veja-se o exemplo de uma artista cujas performances étnicas de coloração exótica a elevaram, graças à modelação de que foi objeto, ao estrelato; como verdadeiro ícone de meados do século passado, Carmen Miranda favoreceu a elaboração de uma *persona* que a projetou para uma sobrevida de grande personagem mediática: "Desde o momento da sua morte, o legado de Carmen Miranda tem sido interpretado, questionado e revisitado numa miríade de modos por fãs, críticos, escritores, artistas, cantores e performers, cujas obras constantemente renovam a magnitude do estrelato [*stardom*] e da performatividade de Miranda" (Bishop-Sanchez, 2016: 205).

PERSONAGEM, Discurso da

1. Designa-se como *discurso da personagem* a reprodução da respetiva atividade verbal, compreendendo diferentes modalidades de elaboração e incluindo os pensamentos que configuram a sua vida interior. A referida atividade verbal depende de competências linguísticas atribuídas à personagem, no plano propriamente idiomático e no dos níveis de linguagem (cf. Vieira, 2008: 115-122).

2. As virtualidades semânticas e pragmáticas do texto narrativo dependem, em larga medida, do modo como nele se combinam, sobrepõem ou entrelaçam o discurso do *narrador* (v.) e os discursos das personagens. De facto, entrecruzam-se várias "vozes" no relato e é dessa interação que se deduz a produtividade semântica do texto. Há, no entanto, uma relação hierárquica entre as instâncias discursivas, já que o discurso das personagens aparece sempre inserido no do narrador, como entidade responsável pela modelização do universo diegético.

3. O discurso das personagens pode ser analisado tendo em conta o seu maior ou menor grau de autonomia, relativamente ao discurso do narrador. Assim, G. Genette distingue três modos de representação do chamado relato de palavras ("récit de paroles"), invocando como critério o grau de fidelidade que preside à sua reprodução (cf. Genette, 1972: 189 ss.).

3.1. O discurso citado consiste na reprodução fiel, em discurso direto, das palavras supostamente pronunciadas pela personagem, como se se tratasse de uma dramatização; esta é, por conseguinte, a forma mais mimética de representação do discurso da personagem.

3.2. O discurso transposto é aquele em que o narrador, de forma muitas vezes condensada, transmite o que a personagem disse, sem, no entanto, lhe conceder uma voz autónoma (trata-se da utilização do chamado discurso indireto).

3.3. O discurso narrativizado corresponde à utilização, de forma redutora, das palavras das personagens como um evento diegético entre outros. Por exemplo: um narrador diz que uma personagem "contou miudamente o que se passara" e nada mais acrescenta.

4. Esta tripartição tem suscitado pertinentes reflexões e comentários críticos (cf. Genette, 1983: 34-43); importa, então, discriminar os traços que presidem a um modelo tipológico abrangente, incluindo uma gramática que estabelece regras básicas para as diferentes modalidades de discurso da personagem (cf. Banfield, 1973). Entende-se que, no presente contexto, continua a fazer sentido, em termos de categorização, a distinção entre discurso direto e discurso indireto, mais a extensão que designamos como discurso indireto livre.

4.1. O discurso direto, quer no *diálogo* (v.), quer no monólogo (incluindo o *monólogo interior*; v.), pode ser introduzido por um verbo *dicendi* ou *sentiendi* (que anuncia uma mudança de nível discursivo e de sujeito da enunciação) ou ser simplesmente assinalado por indicadores grafémicos adequados (dois pontos, aspas, travessão). Encontram-se, no discurso direto, marcas como a primeira pessoa e expressões adverbiais deícticas, permitindo a localização espaciotemporal dos eventos, em função do presente da personagem que fala; do mesmo modo, este discurso comporta muitas vezes traços idioletais, socioletais e dialetais que contribuem para a *caracterização* (v.) das personagens. As formas mais modernas de discurso direto (p. ex., no romance contemporâneo), dispensam total ou parcialmente fórmulas introdutórias: "Diálogo e juízo, Ontem veio cá uma, agora está lá outra, diz a vizinha do terceiro andar, Não dei fé dessa que esteve ontem, mas vi chegar a de hoje, vem fazer a limpeza da casa, diz a vizinha do primeiro, Mas olhe que não tem nada ar de mulher-a-dias, Lá nisso tem razão, parecia mais uma criada de gente fina, se não viesse carregada de embrulhos, e levava sabão amêndoa, conheci-o pelo cheiro, e trazia também umas vassouras, eu estava aqui na escada, a sacudir o capacho, quando ela entrou, A de ontem era uma rapariga nova, por sinal com um bonito chapéu, destes que agora se usam, por acaso nem se demorou muito, a vizinha o que é que acha" (José Saramago, *O ano da morte de Ricardo Reis*, p. 293).

4.2. O discurso indireto é a forma menos mimética de reprodução da fala de uma determinada personagem, pelo narrador ou por outra personagem, neutralizando-se nele as marcas pessoais do discurso original. A voz da personagem é introduzida na narração, mediante uma forte subordinação sintático-semântica, que dá origem a um relato informativo, sem a feição "teatral" do discurso direto: "À primeira vez que saiu, andou Calisto em demanda dos conventos de freiras, e das festividades de cada um. Disseram-lhe, em face de um repertório, que a mais próxima festa era, no domingo imediato, em Santa Joana" (C. Castelo Branco, *A queda dum anjo*, p. 31).

4.3. O discurso indireto livre (que aparece já em romancistas do século XIX, mas que se desenvolve sobretudo no romance do século XX) apresenta uma natureza híbrida: a voz da personagem penetra a estrutura formal do discurso do narrador, como se ambos fizessem emergir uma voz "dual". A terceira pessoa e os tempos da narração coexistem com os deícticos, com as interrogações diretas, com os traços interjetivos e expressivos; por isso, pode dizer-se que o discurso indireto livre está "suspenso (...) entre o imediatismo da citação e a mediação operada pela narrativa" (Cohn, 1981: 127). Por exemplo: "Elle se rappela des soirs d'été tout pleins de soleil. (...) Quel bonheur dans ce temps-là! quelle liberté! quel espoir! quelle abondance d'illusions! Il n'en restait plus maintenant!" (G. Flaubert, *Madame Bovary*, p. 201).

5. As três modalidades de discurso da personagem sucedem-se, completam-se ou excluem-se no relato, suscitando variados efeitos recetivos, bem como posicionamentos específicos do narrador e do seu discurso. No caso do discurso direto, a voz da personagem autonomiza-se e a presença do narrador esbate-se; ele limita-se a reportar, de forma literal, as falas das personagens, sem intervenção significativa. No discurso indireto, o narrador não abdica do seu estatuto de sujeito da enunciação: ele seleciona, resume e interpreta a fala e/ou os pensamentos das personagens, operando conversões dos tempos verbais, da categoria linguística de pessoa e das locuções adverbiais de tempo e de lugar. Por fim, no discurso indireto livre ativa-se um realismo subjetivo que incide sobre o mundo interior das personagens; suscitam-se, deste modo, atitudes cognitivas que vão da empatia entre leitor e personagem ao reconhecimento da condição de alteridade desta última, eventualmente com reação de afastamento por parte do primeiro (cf. Fletcher e Monterosso, 2016).

[com A.C.M.L.]

PERSONAGEM PLANA

1. De acordo com E. M. Forster, a *personagem plana* é construída "em torno de uma única ideia ou qualidade: quando [nela] existe mais de um fator, atinge-se o início da curva que leva à personagem redonda" (Forster, 1937: 93).

2. Diferentemente da *personagem redonda* (v.), a personagem plana é estática: uma vez caracterizada, ela reincide, por vezes com efeitos cómicos, nos mesmos gestos e comportamentos, enuncia discursos previsíveis e repete tiques verbais de um modo geral suscetíveis de serem entendidos como marcas da sua identidade. Por isso, a personagem plana é facilmente reconhecida e lembrada; por isso também, ela propende a identificar-se com o *tipo* (v.) e com a sua representatividade social: veja-se o caso do farmacêutico Homais, em *Madame Bovary* (1857), ou de Luísa, n'*O primo Basílio* (1878), como "burguesinha da Baixa". Note-se ainda que, numa história, não se verifica forçosamente uma distinção rígida entre as duas categorias em causa, observando-se, por vezes, que certas figuras oscilam entre a condição de personagem plana e a de personagem redonda.

PERSONAGEM REDONDA

1. De acordo com a descrição de E. M. Forster, a *personagem redonda* é uma figura com a complexidade e com o relevo de uma personalidade bem vincada. Trata-se de uma entidade cujo destaque se conjuga com uma certa singularidade, por vezes associada a procedimentos de *caracterização* (v.) elaborados.

2. A imprevisibilidade evidenciada que é própria da personagem redonda, a revelação gradual dos seus traumas, das suas vacilações e das suas obsessões constituem elementos determinantes da sua *figuração* (v.), em oposição à *personagem plana* (v.). Assim, "o modo de pôr à prova uma personagem redonda consiste em saber se ela é capaz de surpreender de uma forma convincente" (Forster, 1937: 106). Os exemplos de personagens redondas adiantados por Forster são elucidativos: as principais personagens de *Guerra e paz* (1869), as personagens de Dostoievsky, algumas de Proust, etc.

PERSPETIVA NARRATIVA

1. Em termos narratológicos, o conceito de *perspetiva narrativa* refere--se ao procedimento ou conjunto de procedimentos que condicionam a quantidade e a qualidade de informação veiculada pelo relato; de acordo com o critério representacional que for estabelecido, decorrem do recurso à perspetiva narrativa várias opções de *focalização* (v.). A perspetiva narrativa conjuga-se diretamente com o estatuto do narrador, ou seja, com a *situação narrativa* (v.) instaurada e com o regime da *narração* (v.).

2. A presente caracterização tem em atenção a condição transartística da perspetiva narrativa, bem como a sua transferência, como metáfora, para outros domínios de análise, que não os do seu estrito significado original (cf. Guillén, 1971: 283-371). Provinda dos campos da pintura e da arquitetura e estudada no âmbito alargado da geometria projetiva, a noção de perspetiva derivou para o estudo da narrativa, apoiada, em primeira instância, no princípio segundo o qual é possível fixar pontos de observação que condicionam a representação do espaço. Em função das relações que assim são sugeridas, compreende-se que a perspetiva narrativa leve, por vezes, a acentuar a sua feição visualista (presente também na expressão homónima

ponto de vista), uma feição que a narratologia e os atuais estudos narrativos têm procurado atenuar.

Num plano correlato, pode dizer-se que o recurso à perspetiva narrativa assume um claro significado epocal, a partir da crise do paradigma positivista, implicando a desvalorização de processos objetivos e científicos de análise. Relacionam-se com aquela crise epistemológica os investimentos subjetivos que caracterizam correntes artísticas impressionistas e simbolistas com forte componente subjetiva, bem como a formulação da teoria da relatividade geral, no mesmo ano (1916) em que Ortega y Gasset publicou *Verdad y perspectiva*, a afirmação da fenomenologia da perceção, com subsequente projeção na psicologia cognitiva, e o desenvolvimento do cinema como meio de representação vocacionado para explorar as virtualidades estéticas da perspetiva. No cruzamento destas manifestações artísticas, científicas e filosóficas, encontram-se o chamado romance impressionista, a valorização da vida psicológica das personagens (v. *monólogo interior*) e a *polifonia* (v.), como fator de diversificação e de confronto das vozes implicadas no discurso do romance.

3. O refinamento conceptual da perspetiva narrativa e da sua prática literária, em diferentes regimes de focalização, resulta de diversas reflexões doutrinárias e teóricas, nalguns casos protagonizadas por ficcionistas. O romancista Henry James revelou uma consciência aguda da importância da perspetiva narrativa na construção do romance, expressando-a por meio de uma imagem depois consagrada em *Rear Window* (1954; *A janela indiscreta*), de Hitchcock: "A casa da ficção tem, em suma, não uma janela, mas um milhão, quer dizer, um número incalculável de possíveis janelas; cada uma delas foi penetrada, ou pode sê-lo, na sua vasta fachada, pela necessidade da visão individual e pela pressão da vontade individual" (*apud* Allott, 1966: 169). Num outro contexto, Jean-Paul Sartre, em polémica com François Mauriac, transpôs a questão da liberdade do indivíduo para o universo da ficção, reclamando uma representação narrativa despojada de manipulações transcendentes: "Num verdadeiro romance, como no mundo de Einstein, não há lugar para um observador privilegiado" (Sartre, 1968: 52).

4. No plano teórico, importa destacar contributos provindos do mundo anglo-saxónico, tentando sistematizar tipologias da perspetivação narrativa. Depois da análise precursora empreendida por Percy Lubbock (1939), Cleanth Brooks e Robert Penn Warren ([1943] 1959) e Norman Friedman

(1955; revisto em 1975: 142-156) propuseram classificações que padeciam da confusão entre a *voz* (v.), responsável pela narração, e a perspetiva narrativa; mais matizada, a classificação de Franz Stanzel ([1955] 1971) define situações narrativas (autoral, figural e primeira pessoa) que, direta ou indiretamente, condicionam a articulação da perspetiva; por sua vez, Jean Pouillon (1946) opta por uma terminologia que sugere a tripartição mais tarde consolidada (visão *com*, visão *por detrás* e visão *de fora*). Registe-se ainda que Boris Uspensky ([1970] 1973) aborda a perspetiva narrativa em função de níveis de análise distintos (ideológico, fraseológico, espaciotemporal e psicológico), o que realça os vários aspetos e âmbitos de aprofundamento que este dispositivo representacional envolve. Um desses aprofundamentos toma como ponto de partida a poética da composição de Uspensky; observa-se, então, que "o *ponto de vista* (...) designa, numa narrativa na terceira pessoa ou na primeira pessoa, a orientação do olhar do narrador para as suas personagens e das personagens umas para as outras" (Ricœur, 1984: 140); daqui passa-se ao plano ideológico, que é aquele em que "a noção de ponto de vista toma corpo, na medida em que uma ideologia é o sistema que regula a visão conceptual do mundo, no todo ou em parte da obra" (Ricœur, 1984: 141).

Um contributo decisivo para a sistematização da perspetiva narrativa é o de Gérard Genette (1972; 203 ss.), que procura, antes de mais, cancelar a confusão entre os domínios do modo e da voz. Reajustando a tripartição fixada por Genette, dizemos que o conceito de focalização compreende as seguintes opções eventualmente combinadas: com um alcance virtualmente ilimitado (*focalização omnisciente*; v.), condicionada pelo campo de consciência de uma personagem (*focalização interna*; v.) ou limitada ao que é observável do exterior (*focalização externa*; v.). A partir daqui, a perspetiva narrativa deve ser equacionada com a situação do *narrador*, tendo em atenção as circunstâncias espaciotemporais em que ocorre a *narração* (v.). A fortuna que a teoria genettiana conheceu, traduzida em comentários de, entre outros, Shlomith Rimmon-Kenan, de Mieke Bal e de Daniel F. Chamberlain, eventualmente com propósito de revisão crítica, não faz esquecer a preocupação com a já referida componente visualista do conceito em apreço (cf. Rimmon-Kenan, 1983: 71-85; Bal, 1997: 142 ss. e [1991] 2004: 263-296; Chamberlain, 1990: 79-101).

A superação daquela limitação explica que a perspetiva narrativa seja considerada em função de um potencial de representação que remete para a fenomenologia da perceção e para os efeitos hermenêuticos por ela suscitados. Entra aqui a figura do leitor, diretamente associado à produção dos efeitos referidos e a um alargamento da perspetiva a elementos históricos, sociais e ideológicos que não estavam previstos nas posições narratológicas primordiais. Assim, "na medida em que a narrativa é linguagem e a perspetiva é perceção, uma ponderação da perspetiva narrativa deve pôr-se de acordo com a posição do narratólogo, enquanto parte de um processo que é partilhado com outros membros de uma comunidade de leitores, cujo ponto de vista se encontra assente na história" (Chamberlain, 1990: 100); em termos próximos destes, acrescenta-se que "a perceção do leitor é uma matéria importante e a narratologia partilha essa importância com outras abordagens, tais como a hermenêutica fenomenológica" (Chamberlain, 1990: 100).

5. A perspetiva narrativa não se reduz a uma questão técnica, mesmo quando se tem em conta que ela é objeto de modulações próprias, nas diversas linguagens, suportes e contextos mediáticos em que a encontramos. Além disso, a problemática da perspetiva convoca outras questões, de ordem genericamente artística, epistemológica ou cognitiva. De um modo geral, todas podem ser relacionadas com a *mediação narrativa* (v.), entendida como condicionamento e instância de modelação que rege todos os textos narrativos. Sendo certo que "as narrativas não nos facultam informação *per se*, mas intermedeiam informação" (Meister e Schönert, 2009: 11), então a perspetiva narrativa é, simultaneamente, um critério gnoseológico e um instrumento formal de intermediação da informação veiculada pelo relato, com efeitos cognitivos em dois planos: no da configuração do universo narrativo, a partir de atos de perceção e de avaliação judicativa, por parte de personagens integradas nesse universo, designadamente aquela ou aquelas que agem como *focalizadores* (v.); no da receção, uma vez que a perspetiva narrativa interage com os modelos mentais de quem apreende, enquanto leitor, o mundo representado. Abre-se caminho, assim, para uma integração da perspetiva numa abordagem construtivista da narrativa, assente na "premissa de que os seres humanos não têm acesso a uma realidade objetiva e de que não podem conhecer nada que se situe fora dos seus domínios cognitivos subjetivos"; isto significa que os "processos de cognição (...) não apreendem características da realidade externa": são os indivíduos que geram construtos "do seu mundo através das suas representações mentais e descrições verbais" (Nünning, 2001: 209).

6. As narrativas multimédia, bem como aquelas que emanam de ferramentas digitais (como os jogos narrativos), obrigam a recolocar a função e os efeitos da perspetiva narrativa em termos diversos dos que foram

consagrados pela narrativa verbal. Na *banda desenhada* (v.) e no *romance gráfico* (v.), o recurso à perspetivação pode ser associado à utilização da câmara cinematográfica como instrumento de definição de um foco que rege a composição narrativa.

A ligação que assim se estabelece com o *cinema* (v.) é legitimada pelo facto de a perspetiva narrativa (ou o ponto de vista) assumir nele uma relevância inquestionável; estão em causa, neste caso, opções instrumentais relativamente complexas, que o cinema foi conquistando à medida que se dava a sua evolução técnica (p. ex., passando da câmara fixa à câmara móvel). Os diversos ângulos de captação de imagem permitem, assim, variações de perspetiva, com inerentes mudanças de perceção narrativa e de representação de campos de consciência (cf. Branigan, 1984: 103-121 e 216 ss.). Decorre daqui um apelo tácito, muitas vezes com incidências psicológicas e ideológicas, à participação do espectador: no já citado *Rear Window*, ele acompanha o olhar da personagem Jeff (James Stewart) e pode solidarizar-se com a indagação que é desenvolvida e com as reações emotivas do protagonista; em *Zero Dark Thirty* (2012; *00:30 Hora Negra*), de Kathryn Bigelow, uma parte importante da ação militar é relatada por câmaras cuja mobilidade mimetiza os movimentos dos soldados em ação. De novo, faz sentido falar na dimensão participativa que a perspetiva narrativa comporta: o recetor da mensagem literária, cinematográfica, televisiva ou outra pode envolver-se numa narrativa que, por essa via, o interpela, nos planos psicológico e ideológico, com eventuais e variáveis atitudes empáticas (cf. Andringa *et alii*, 2001: 133-157; Gerrig, 2001: 303-323).

No caso do *jogo narrativo* (v.) e por força dos recursos técnicos em função dos quais ele se desenvolve, a perspetiva rearticula-se e ganha uma complexidade que é potenciada por aqueles recursos. É possível, assim, falar de três dimensões da perspetiva: a espacial, a acional e a ideológica, tendo esta última a ver sobretudo com atitudes avaliativas, por parte do jogador: "Os diferentes pontos de avaliação e perspetivas ideológicas das personagens num jogo de computador resultam num certo sistema de normas e de valores, relativamente ao qual o jogador deve posicionar-se" (Thon, 2009: 292). Não pode dizer-se que estas dimensões estejam ausentes das utilizações mais sofisticadas da perspetiva narrativa, em contexto literário; contudo, no jogo narrativo elas revestem-se de um dinamismo que é indissociável da *interatividade* (v.) e da forte imersividade que o jogador cultiva, convergindo o seu papel com o da personagem (a personagem em jogo ou *playable character*; cf. Sheldon, 2014: 47 e 74).

Note-se ainda que a constante evolução das tecnologias que alimentam a *narrativa digital* (v.) abre à perspetiva narrativa funcionalidades inovadoras, em contextos já muito diferentes daqueles que enquadram a narrativa literária. Veja-se, por exemplo, o policial *Mosaic* (2017), de Steven Soderbergh, produzido para telefones móveis, antes de ser um seriado de televisão (v. *série*); naquela primeira versão, *Mosaic* faculta ao utilizador uma interatividade moderada, que permite escolher, entre as várias personagens, a perspetiva pela qual a ação é seguida.

7. Sem prejuízo destas possibilidades de inovação, a perspetiva narrativa constitui uma categoria com um considerável potencial semântico e pragmático; contando com procedimentos avaliativos e com as motivações axiológicas a que eles obedecem, aquele potencial contribui para a configuração dos grandes sentidos que estruturam a narrativa. Esse processo completa-se com a interpelação do leitor e com a sua capacidade para aderir àqueles sentidos, para os rejeitar ou para os tolerar. É neste aspeto que a perspetiva narrativa, num plano superior e deduzido da sintaxe das várias focalizações instauradas (plano que é o da chamada estrutura perspetivística ou constelação de personagens; cf. Nünning, 2009: 215 ss.; Hartner, 2012: 92-95), sinaliza e insinua visões do mundo com forte impacto psicológico, ideológico e filosófico; grandes personagens do romance ocidental – Emma Bovary, Don Fermín de Pas, Carlos da Maia, Brás Cubas ou Leopold Bloom – devem a sua relevância e o seu impulso para transcenderem as narrativas que habitam à forma como, pela sua "experiência humanamente incarnada" (Herman, 2009: 128), interagem com a perspetiva do narrador e, eventualmente, com a de outras personagens.

PESSOA

1. O termo *pessoa* designa a entidade que, no plano da narração, é responsável pela enunciação do discurso narrativo (v. *narrador*) ou é o seu destinatário imediato (v. *narratário*). Provinda da análise genettiana da narrativa, aquela designação reconhece que "a 'pessoa' do narrador (...) só pode estar na sua narrativa, como todo o sujeito da enunciação no seu enunciado, na 'primeira pessoa'" (Genette, 1972: 252). Trata-se, assim, de pôr em causa expressões equívocas como *narrativa na primeira pessoa* e *narrativa na terceira pessoa*, ao mesmo tempo que se refuta a hipótese de um relato sem narrador.

Conforme declara Genette, "mesmo no relato mais sóbrio há alguém que me fala, que me conta uma história, convida-me a ouvir como ele a conta e este apelo – confiança ou pressão – constitui uma inegável atitude de narração e, portanto, de narrador" (Genette, 1983: 68).

2. A existência de uma pessoa da narração suscita duas consequências. Em primeiro lugar, o narrador, como entidade que rege a enunciação, pode ser definido quanto à sua relação com a história, em função de duas situações narrativas: a do *narrador heterodiegético* (v.) e a do *narrador homodiegético* (v.), este último comportando uma especificação possível, o *narrador autodiegético* (v.); estas particularizações são determinadas pela ausência (heterodiegético) ou pela presença (homodiegético e autodiegético) da pessoa do narrador como personagem na história que relata. Em segundo lugar, a determinação da pessoa do narrador é correlata da pessoa do *narratário* (v.).

3. No quadro de uma conceção dialógica da comunicação narrativa (conceção que valoriza a sua orientação perlocutória e a sua dimensão pragmática), a segunda pessoa da narração é uma entidade variavelmente visível. Ela pode ser explicitamente invocada (p. ex., como "leitor") ou encontrar-se silenciosamente implicada no discurso. Em qualquer caso, o narratário, enquanto segunda pessoa, afirma-se como destinatário imediato da palavra do narrador.

Naqueles relatos em que a segunda pessoa é expressamente enunciada, esta situação torna-se mais evidente: "É porque há alguém a quem se conta a própria história, algo desse alguém que ele mesmo não conhece, que pode haver uma narrativa na segunda pessoa, que consequentemente será uma narrativa 'didática'" (Butor, 1969: 80). Justamente Michel Butor é autor de um romance, *La modification* (1957), que pode ser considerado pioneiro, no tocante à instauração de uma segunda pessoa ficcional.

O reconhecimento da segunda pessoa na narrativa pode pôr em causa estruturas dicotómicas propostas por Genette (homo/heterodiegético) e por Franz Stanzel (identidade/não identidade entre narrador e personagem); é isso que assinala Monika Fludernik: "A narrativa de segunda pessoa introduz uma grande complexidade combinatória, pelo facto de tanto o narrador como o destinatário imediato [current] do ato de narração poderem ser envolvidos no nível da história, com o eu do passado do narrador a participar nas experiências do *tu*-protagonista e com o *tu*-protagonista a sobreviver no tempo e na situação do ato narrativo" (Fludernik, 1996: 226; cf. também Fludernik, 1994; *id.*, 2011). Veja-se seguinte trecho: "Não se suponha, porém, que Jesus pensa este pensamento, é por de mais conhecido que as evidências da obviedade cortam as asas ao pássaro inquieto da imaginação, um exemplo daremos, e basta, olhe o leitor deste evangelho um retrato da sua mãe, que a represente grávida dele, e diga-nos se é capaz de se imaginar ali dentro" (José Saramago, *O evangelho segundo Jesus Cristo*, p. 214).

4. A pessoa da narração, entendida nos termos acima descritos, pode ser perspetivada como uma *figura* (v.), em termos homólogos dos que foram referidos no caso da *personagem* (v.). A homologação faz sentido por força de dois atributos. Em primeiro lugar, a pessoa da narração, seja o narrador, seja o narratário, é uma entidade ficcional, colocada no mesmo plano ontológico da personagem (e também, naturalmente, dos objetos e das situações que a narrativa ficcional acolhe); em segundo lugar, a pessoa da narração pode ser objeto (e assim acontece muitas vezes) de procedimentos de *figuração* (v.) que permitem a sua individualização deduzida da atribuição de traços identitários diferenciadores.

Tal como a personagem, a pessoa do narrador pode ter um rosto, uma condição social, psicológica e moral, certos comportamentos marcantes, etc. Naturalmente que este tipo de figuração ocorre com alguma nitidez sobretudo naqueles relatos em que um narrador homodiegético ou autodiegético se autocaracteriza e estabelece um registo de narração endereçado à pessoa de um narratário que vai sendo configurado. No *incipit* (v.) de um famoso romance de Herman Melville, o narrador autonomeia-se e interpela um narratário anónimo, com quem estabelece um contrato narrativo relativamente desenvolto: "Call me Ishmael. Some years ago – never mind how long precisely – having little or no money in my purse, and nothing particular to interest me on shore, I thought I would sail about a little and see the watery part of the world"; *Moby-Dick; or, The Whale*, p. 18). No início d'*A relíquia* (1887), de Eça de Queirós, Teodorico Raposo, amadurecido pela experiência da viagem à Terra Santa, pelas aventuras e pelas desventuras por ela propiciadas, estabelece-se como narrador e identifica o narratário como uma pessoa coletiva: os concidadãos a quem ele destina aquelas "páginas de repouso e de férias." (*A relíquia*, p. 9).

PINTURA – V. Narratologia pictórica.

PLOT

1. O conceito de *plot* refere-se a uma ação narrativa cujos eventos estão ligados entre si não apenas por uma relação temporal, ocorrendo uns a seguir aos outros, mas também por uma relação causal, sendo uns provocados pelos outros.

2. Na caracterização de E. M. Forster, que propôs a noção em causa, um *plot* é diferente de uma *história*. A sequência "o rei morreu e em seguida morreu a rainha" é uma história; "o rei morreu e depois a rainha morreu *de desgosto*" é um *plot*, pelo nexo de causalidade estabelecido entre o primeiro e o segundo acontecimento (cf. Forster, 1937: 113 ss.). Assim, o *plot* envolve mistério e surpresa, desencadeia a participação inteligente de quem lê ou ouve e mobiliza a sua memória; além disso, o *plot* pode atingir um efeito estético, graças a técnicas de montagem e de composição que o narrador eventualmente desenvolva, tendo em vista a captação do interesse do recetor.

3. O termo português mais próximo para designar o *plot* é *intriga* (v.). Entretanto, importa notar que a distinção forsteriana entre *story* e *plot*, embora não correspondendo com exatidão à díade *fábula* (v.)/*intriga* (*sjuzhet*) proposta pelos formalistas russos, tem algumas afinidades com ela. Numa perspetiva de abordagem mais ampla, o *plot* é entendido de forma menos restritiva, como fator constitucional da narrativa, mesmo quando ela apresenta uma ação pouco articulada; assim, o *plot* "é, antes de mais, uma constante de todas as narrativas escritas e orais, na medida em que uma narrativa sem, pelo menos, um *plot* mínimo seria incompreensível. Ele é o princípio da interconectividade e da intenção a que não podemos renunciar, movendo-nos através de elementos discretos – incidentes, episódios, ações – de uma narrativa: mesmo aquelas formas tenuemente articuladas, como a novela picaresca, mostram dispositivos de interconectividade e repetições estruturais que nos permitem construir um todo" (Brooks, 1984: 5).

PLURIDISCURSIVIDADE

1. O conceito de *pluridiscursividade* refere-se a uma propriedade genérica das práticas discursivas, registada nos textos narrativos. Assim, designa-se como pluridiscursividade a incorporação, nas referidas práticas, de

contributos discursivos de proveniência diversa, nos quais mediatamente se projetam componentes sociais, políticos e ideológicos emanados de diferentes contextos. Nesse sentido, a pluridiscursividade pode ser relacionada com a noção de intertextualidade, enquanto dinâmica de cruzamento dialógico (v. *dialogismo*) e de contaminação de textos com existência autónoma.

2. O conceito de pluridiscursividade difundiu-se a partir das reflexões teóricas de M. M. Bakhtin, em especial as que se reportam ao *romance* (v.), à sua génese e às suas propriedades discursivas. O romance é particularmente visado pelos textos bakhtinianos, pelo facto de nele se observar, com especial nitidez, a ocorrência da pluridiscursividade; Bakhtin afirma que, "em cada momento preciso da sua existência histórica, a língua é totalmente pluridiscursiva; é coexistência incarnada de contradições ideológico-sociais entre o presente e o passado, entre as várias épocas do passado, entre os vários grupos ideológico-sociais do presente, entre as correntes, as escolas, os círculos, etc." (Bachtin, 1979: 99). No romance, género propenso à bivocalidade dialógica (antes de mais, determinada pelo confronto narrador/personagem), a pluridiscursividade traduz, melhor do que em qualquer outro género literário, contradições e conflitos ideológico-sociais que transcendem cada história particular: "É certo que também no romance a pluridiscursividade é sempre personificada, encarnada em figuras individuais de pessoas com discordâncias e contradições individualizadas. Mas, neste caso, estas contradições das vontades e das inteligências individuais encontram-se imersas na pluridiscursividade social e são reinterpretadas por ela" (Bachtin, 1979: 134).

3. Uma hipótese de trabalho que as práticas pluridiscursivas podem suscitar é a que se refere à análise dos diversos contributos discursivos que confluem na narrativa; essa análise completa-se com a explicação dos procedimentos de integração e de articulação desses distintos contributos, naquilo que pode ser chamado trabalho literário: "Descrever uma estrutura literária não é descrever a estrutura de um discurso; é descrever o resultado de um certo tipo de trabalho efetuado sobre um ou mais discursos; é descrever o termo de uma transformação discursiva de tipo literário" (Lajarte, 1985: a13-a14). O estádio último a que pode ser conduzida a análise da pluridiscursividade é o da(s) ideologia(s), matriz de referência das atitudes e dos discursos que intervêm numa construção pluridiscursiva; valoriza-se, assim, uma conceção do *discurso* (v.) como prática mediatamente regida por

parâmetros ideológicos e socioculturais, o que permite afirmar que "uma palavra, uma expressão ou uma proposição não têm um sentido que lhe seria 'adequado', enquanto ligado à sua literalidade, mas que o seu sentido constitui-se, em cada formação discursiva, nas relações que tal palavra, expressão ou proposição sustenta com outras palavras, expressões ou proposições da mesma formação discursiva" (Pêcheux, 1975: 145).

POESIA LÍRICA – V. Lírica.

POLIFONIA

1. O termo *polifonia* designa uma propriedade observável nos relatos (sobretudo nos romances) que potenciam a pluralidade interativa de componentes diegéticos e discursivos com relativa autonomia (p. e., personagens e narrador). Nesse sentido, diz-se da narrativa polifónica que é irredutível a uma linha única de desenvolvimento, assemelhando-se, por essa sua dimensão, à música polifónica, domínio de onde provém a designação em apreço.

2. A polifonia romanesca manifesta-se sobretudo na passagem do século XIX para o século XX, na sequência do esgotamento filosófico e literário do naturalismo (cf. Raimond, 1966). O romance polifónico resulta, então, de um duplo alargamento da matéria diegética: um alargamento temporal, pela profundidade e pela extensão que é alcançada pela história narrada, integrando eventos históricos que se entrelaçam no destino individual das personagens; um alargamento espacial, ilustrado em vastos ambientes sociais e culturais, em que se movem personagens por vezes em número considerável e de relevo muito variado, coexistindo várias ações, pontos de vista e ritmos vitais (v. *roman-fleuve*). Em certos casos (p. ex., em *Buddenbrooks*, 1901, de Thomas Mann), a implicação de uma família na polifonia romanesca "forma uma espécie de microcosmo, ainda à escala do homem, em quem se reflete toda a vida orgânica da humanidade. Fazendo entrecruzar evolução histórica e destinos individuais, no interior de um meio fechado, obtém-se desde logo uma admirável composição musical" (Albérès, 1971: 109). Uma construção romanesca polifónica resulta da conjugação dinâmica de diferentes categorias narrativas: o *tempo* (v.), sujeito a considerável

distensão histórica, a *ação* (v.), eventualmente desdobrada em subintrigas, a *focalização* (v.), com representação de visões virtualmente conflituosas de personagens, etc.

3. A noção de polifonia viu a sua pertinência conceptual reforçada, desde que foram conhecidos no Ocidente os trabalhos de Bakhtin e sobretudo o estudo que consagrou a Dostoievsky (cf. Bakhtine, [1963] 1970). No quadro da poética sociológica bakhtiniana, o conceito de polifonia é objeto de uma caracterização relativamente precisa, em função da sua ligação a dois outros conceitos: o de *pluridiscursividade* (v.) e o de *dialogismo* (v.). Deve notar-se, entretanto, que a polifonia não se confunde com a heteroglossia; enquanto esta "descreve a diversidade de estilos de discurso na linguagem", a polifonia "tem a ver com a posição do autor no texto. Muitas obras literárias são heteroglossas, mas muito poucas são polifónicas" (Morson e Emerson, 1990: 232).

De acordo com a proposta de Bakhtin, a polifonia romanesca assenta no princípio de que as personagens estabelecem entre si laços que interditam tanto a hegemonia do narrador, como a concentração, numa única *personagem* (v.), da função de porta-voz ideológico. Entendida como entidade autónoma em relação ao *narrador* (v.) (e, obviamente, também em relação ao *autor*; v.), a personagem, enquanto "homem falante no romance" (cf. Bachtin, 1979: 140 ss.), institui uma identidade ideológica própria, com reflexos no seu discurso (v. *personagem, discurso da*) e no plano da articulação interativa dos vários pontos de vista; por isso, Bakhtin afirma que a polifonia implica "não um ponto de vista único, mas vários pontos de vista, inteiros e autónomos, e não são diretamente os materiais, mas os diferentes mundos, consciências e pontos de vista que se associam numa unidade superior, de segundo grau, se assim se pode dizer, que é a do romance polifónico" (Bakhtine, [1963] 1970: 45). A teia de conexões dialógicas estabelecida entre as várias consciências, pontos de vista e posições ideológicas "transcende, de muito longe, as relações entre as réplicas de um diálogo formalmente produzido" (Bakhtine, [1963] 1970: 77); assim, "invariavelmente, verifica-se *a interferência consonante ou dissonante das réplicas do diálogo aparente com as réplicas do diálogo interior das personagens.* Invariavelmente, *um conjunto determinado de ideias, de reflexões, de palavras distribui-se entre várias vozes distintas, com uma tonalidade diferente em cada uma delas.* O autor tem por objeto não a totalidade ideal considerada neutra e igual a si mesma, mas a discussão de um problema por várias vozes diferentes, o seu plurivocalismo, o seu heterovocalismo fundamental e inelutável" (Bakhtine, [1963] 1970: 342).

PONTO DE VISTA – V. Perspetiva narrativa.

PRAGMÁTICA NARRATIVA

1. A *pragmática narrativa* constitui um domínio particular da semiótica narrativa, cujos fundamentos remontam à reflexão de filósofos da linguagem como Ludwig Wittgenstein, Charles W. Morris e John L. Austin, dando origem a vasta e diversificada produção bibliográfica (cf. Reis e Lopes, 2011: 335-337). No presente contexto e de forma sumária, diz-se que a pragmática narrativa trata da configuração e da comunicação da narrativa, naqueles aspetos em que melhor se ilustra a sua *interatividade* (v.), isto é, enquanto prática que se não esgota na atividade do emissor, projetando-se como ação sobre o recetor, na expectativa da sua resposta.

2. Dizendo respeito às circunstâncias e aos objetivos que presidem à comunicação de textos narrativos, a pragmática narrativa pode ser concebida em dois planos.

2.1. No plano da criação literária, ela interessa-se pelos resultados da produção de relatos enquanto atividade com incidência socioideológica. Estão em causa, neste caso, os efeitos perlocutórios pressupostos no facto de a obra literária não ser proposta ao leitor como objeto "fechado", mas como estrutura disponível para diferentes concretizações, em diferentes leituras (cf. Ruthrof, 1981: 51 ss.). Por outro lado, a narrativa e os *géneros narrativos* (v.) historicamente situados são indissociáveis das características dominantes do *contexto* (v.) em que se inscrevem; eles encerram e comunicam sentidos axiológicos e ideológicos que, agindo de forma variavelmente calculada sobre o recetor, tendem a modificar os seus valores de referência e os comportamentos que deles decorrem. Não por acaso, uma parte significativa da chamada literatura comprometida (aquela que mais expressamente pretende transformar a sociedade e os homens) é de feição narrativa; do mesmo modo, o teor crítico d'*O crime do padre Amaro* (1880), de Eça, de *Tobacco Road* (1932), de Erskine Caldwell, ou de *Vidas secas* (1938), de Graciliano Ramos, resulta das potencialidades injuntivas da comunicação narrativa. O facto de, muitas vezes, serem acionados mecanismos de repressão que dificultam ou impedem a circulação de tais obras confirma a capacidade de ação própria da literatura em geral e da narrativa em particular.

2.2. Num outro plano, a pragmática narrativa interessa-se pela interação *narrador/narratário* (v. estes termos), designadamente no tocante à configuração de determinadas *estratégias narrativas* (v.). Particularizando o conceito de estratégia pragmática (cf. Parret, 1980: 252-253), as estratégias narrativas envolvem aqueles procedimentos que se destinam, expressa ou tacitamente, a atingir efeitos de alcance variado: a perceção da relevância de um certo elemento diegético, a insinuação de sentidos ideológicos, etc. Deste modo, a operatividade de certos *códigos* (v.) (regendo, p. ex., a ordenação do tempo ou a articulação de focalizações) e a seleção de *signos* (v.) não comporta consequências estritamente semânticas; eles perseguem também uma eficácia perlocutória cujo *destinatário* (v.) imediato é o narratário, ao qual pode substituir-se o *leitor* (v.), pela mediação da *leitura* (v.) e numa posição como que intrusiva. Assim, a pragmática narrativa não se encerra nos limites estreitos da comunicação narrativa entre seres "de papel"; as condições de existência do narratário, os vestígios da sua presença no enunciado e os indícios da sua previsão pelo narrador são uma representação intratextual e em regime ficcional daquilo que se observa no já referido plano alargado da pragmática narrativa: aquele que diz respeito à condição social da literatura em geral e dos textos narrativos em particular, para agir sobre os homens e sobre a sociedade (cf. Nojgaard, 1979: 59).

3. Um dos domínios em que se deriva do âmbito de uma reflexão pragmática e semiodiscursiva para as suas projeções socioculturais é o da análise da ideologia. Enquanto componentes de manifestação quase sempre discreta e sinuosa, os sentidos ideológicos são, por natureza, injuntivos; como tal, eles tendem a exercer uma certa pressão sobre o destinatário.

Em todos os textos narrativos com acentuada marcação ideológica, a dimensão pragmática reclama um destaque especial. Nesses textos, a análise da ideologia não se limita à descrição dos elementos diegéticos e discursivos (personagens, espaços, tipos sociais, temas, registos subjetivos, etc.) que denunciam a articulação de um sistema ideológico; ela estende-se à ponderação do alcance extraliterário e extraficcional da narrativa. Conforme notou Rainer Warning, o caráter lúdico do discurso ficcional não impede que se lhe reconheça uma certa utilidade de segunda instância: "O discurso ficcional não é um discurso de consumo, mas isso não quer dizer que ele seja inútil. A oposição, neste caso, não é entre consumo *versus* não-utilização, mas antes entre consumo *versus* reutilização" (Warning, 1979: 335).

[com A.C.M.L.]

PREFÁCIO – V. Prólogo.

PRESENTE HISTÓRICO

1. O *presente histórico* ou *presente narrativo* corresponde a uma utilização estilística peculiar do presente verbal, naqueles relatos em que se contam acontecimentos passados. Trata-se de uma formulação com um valor temporal de pretérito perfeito, que atualiza um evento passado, conferindo-lhe, desse modo, maior vivacidade. Por exemplo: "Subiram homens à plataforma com longas e fortíssimas alavancas, esforçadamente soergueram a pedra ainda instável, e outros homens introduziram-lhe debaixo calços com o rasto de ferro, que puderam deslizar sobre o barro (...). Êeeeeiii-ô, Êeeeeiii-ô, Êeeeeiii-ô, todo o mundo puxa com entusiasmo, homens e bois (...). Agora avançam os carpinteiros, com maços, trados e formões abrem, a espaços, na espessa plataforma, ao rente da laje, janelas retangulares onde vão encaixando e batendo cunhas, depois fixam-nas com pregos grossos" (José Saramago, *Memorial do convento*, pp. 248-249). A vinculação temporal do episódio é dada pelos tempos do passado que o enquadram, mas a sua força expressiva advém da utilização do presente, através do qual o narrador atualiza o esforço coletivo, como se de um painel vivo se tratasse.

2. Em certos contextos, o presente histórico encontra-se relacionado com a *focalização interna* (v.) de uma personagem. Ao evocar uma vivência passada, o presente histórico incute nessa evocação toda a tensão emocional então sentida: "Certo dia, porém, e bruscamente, uma das portas do salão abriu-se e P^e^. Tomás entrou alucinado. (...) P^e^. Tomás avança. Olha ao lado, brevemente, ao passar a terceira fila, e eu penso: 'Desgraçado Lourenço. Tu estavas a falar para o Semedo!' Mas P^e^. Tomás não parou. Olha agora à esquerda, ou eu julgo que olha, e tremo todo pelo Fabião, que me pareceu a dormir. Céus! É para mim!" (Vergílio Ferreira, *Manhã submersa*, p. 39). Confirma-se, deste modo, que o presente histórico "constrói um elo (de proximidade) emocional entre a personagem romanesca recordada e o seu focalizador, graças à aproximação temporal ilusória e à vivacidade transferida para a personagem pretérita assim presentificada" (Vieira, 2008: 281).

PRIMEIRA PESSOA – V. Pessoa.

PROLEPSE

1. Designa-se como *prolepse* todo o movimento de antecipação, pelo *discurso* (v.), de acontecimentos cuja ocorrência, na *história* (v.), é posterior ao presente da ação (cf. Genette, 1972: 82). Constituindo um signo temporal simétrico da *analepse* (v.), a prolepse é um caso particular da *anacronia* (v.).

2. Esquematicamente, podemos representar do seguinte modo as duas modalidades usuais de prolepse:

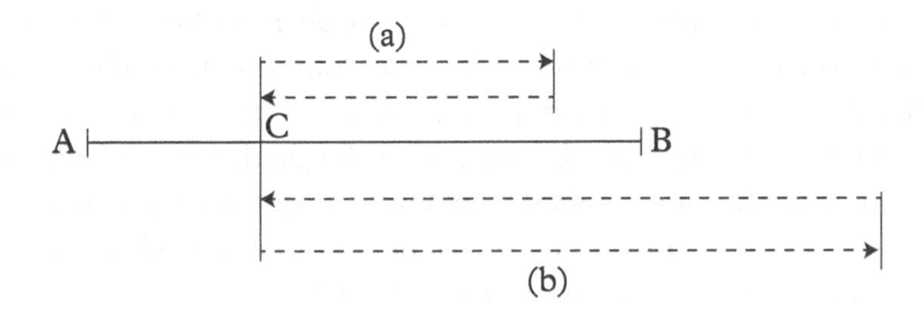

Se tomarmos como referência de organização temporal o segmento narrativo A-B (ação principal) e como ponto de partida para a instauração da prolepse o momento C, diremos que em (a) ela é *interna*, porque antecipa informações no interior da ação principal; concluída essa antecipação, o narrador reconduz o relato ao momento C de onde se havia projetado para o futuro. Exemplo: "Manuel Espada teve de ir guardar porcos e nessa vida pastoril se encontrou com António Mau-Tempo, de quem mais tarde, em chegando o tempo próprio, virá a ser cunhado" (José Saramago, *Levantado do chão,* p. 109). A modalidade (b) é considerada uma *prolepse externa,* uma vez que o tempo a que se refere se encontra para além do encerramento da ação principal; desempenhando por vezes uma função epilogal, a prolepse externa refere-se, com frequência, ao presente da narração, com a história já terminada: "Peres ocupava o centro da pancadaria, na vanguarda da filarmónica, e isso dava-lhe uma grandeza de condutor. (...) Revejo-o agora, imóvel na memória, como um tipo alto, vermelho, quebrado todavia de uma brancura de vício e de ascetismo" (Vergílio Ferreira, *Manhã submersa,* p. 112).

3. Como observa Genette, "a narrativa na primeira pessoa presta-se melhor do que qualquer outra à antecipação, pelo seu declarado caráter

retrospetivo, que autoriza o narrador a alusões ao futuro e particularmente à sua situação presente" (Genette, 1972: 106). De facto assim é, como se observa num romance de *narrador autodiegético* (v.): "Virgília? Mas então era a mesma senhora que alguns anos depois?... A mesma; era justamente a senhora que em 1869 devia assistir aos meus últimos dias, e que antes, muito antes, teve larga parte nas minhas mais íntimas sensações" (Machado de Assis, *Memórias póstumas de Brás Cubas*, p. 112).

Note-se que a prolepse ocorre com muito menos frequência do que a analepse: normalmente colocado numa posição ulterior em relação aos eventos relatados, o narrador tende a voltar-se para o passado e a encarar os movimentos prolépticos como uma espécie de irregularidade estrutural. Sendo isto verdade sobretudo em relação ao romance do século XIX, tal não significa que nele não ocorram prolepses, ainda que fugazes e normalmente inócuas: "E esta ideia absurda, na exaltação da febre em que estava, apoderou-se tão fortemente da sua imaginação que toda a noite a sonhou – num sonho vívido, que muitas vezes depois contou rindo às senhoras" (Eça de Queirós, *O crime do padre Amaro*, p. 809).

4. Certos discursos de antecipação, como a profecia ou a premonição, dificilmente correspondem a prolepses, em sentido estrito. Assim acontece com o sonho profético em que Vasco da Gama ouve um anúncio feito pelo Ganges, que lhe aparece em forma de pessoa: "Custar-t'-emos contudo dura guerra;/Mas, insistindo tu, por derradeiro,/Com não vistas vitórias, sem receio/A quantas gentes vês porás o freio" (*Os Lusíadas* , IV, 74). Por sua vez, o *romance de ficção científica* (v.) situa a ação num futuro por vezes muito longínquo em relação ao nosso presente, mas essa é tão-só uma opção temática e diegética; o eventual recurso à prolepse, nos universos ficcionais assim constituídos, é uma opção técnica similar à que ocorre em qualquer outro relato.

PRÓLOGO

1. Como o termo etimologicamente sugere (do grego *pro*, "antes"; *logos*, "discurso"), o prólogo é um texto normalmente pouco extenso, anteposto ao texto literário propriamente dito e mantendo com este, com o seu autor ou com entidades ficcionais a ele inerentes (narrador, personagens, etc.) relações de teor variado.

2. A dificuldade de se encontrar uma definição absolutamente precisa para o conceito de prólogo decorre, em primeiro lugar, do facto de ele se confundir, muitas vezes, com o prefácio, podendo desempenhar, no total ou em parte, o papel que a este cabe. Em segundo lugar, o prólogo pode ser designado por outros termos (preâmbulo, proémio, antelóquio, nota prévia, etc.), nem sempre inteiramente adequados à função. Por último, a autoria do prólogo é oscilante: ele pode ser da responsabilidade do *autor* (v.), como em *La chartreuse de Parme* (1839), de Stendhal, do *editor* (v.), em *Adolphe* (1816), de Benjamin Constant, do *narrador* (v.), n'*A relíquia* (1887), de Eça de Queirós, ou até de figuras literárias e imaginárias estranhas à obra, como se verifica com sonetos prologais atribuídos a Amadis de Gaula, a Orlando Furioso, etc., que precedem o *Quijote* (1605-1615). Isso indica também que o prólogo, conservando essa designação, pode ser um texto de configuração inusitada: *O Mandarim* (1880), de Eça, é introduzido por um breve diálogo extraído de uma suposta "comédia inédita".

3. No caso da narrativa e independentemente da designação que lhe seja dada, o prólogo situa-se em local de destaque, no lugar oposto ao *epílogo* (v.); tal como este, o prólogo pode funcionar como moldura do relato (cf. Genette, 1987: 150 ss.). Desempenhando funções semelhantes às do prólogo na tragédia grega (cf. Aristóteles, *Poética*, 1452b) e às da *proposição* (v.), na *epopeia* (v.), o prólogo age como motivação interpretativa: ele desperta expectativas, sugere estratégias de leitura (veja-se, de novo, o prólogo d'*O Mandarim*), explica as origens da narrativa (manuscrito alegadamente encontrado, cartas reveladas, etc.) e atua como fator de verosimilhança; em *La familia de Pascual Duarte* (1942), de Camilo José Cela, a verosimilhança deduz-se da junção, ao prólogo do *editor* (v.), de outros documentos aos quais cabe também uma certa função prologal.

PROPOSIÇÃO

1. Na estrutura da *epopeia* (v.), a *proposição* é uma evocação antecipada dos assuntos (v. *fábula I*) que dominarão o relato, antes de se lhe dar a configuração que o género exige. Como o nome indica, trata-se de uma proposta temática formulada pelo narrador que, além disso, acentua a pertinência cultural da epopeia.

2. N'*Os Lusíadas* (1572), Camões adota a sugestão da *Eneida* e pronuncia-se nestes termos: "As armas e os Barões assinalados/Que da Ocidental praia Lusitana/Por mares nunca de antes navegados/Passaram ainda além da Taprobana/(...) Cantando espalharei por toda a parte,/Se a tanto me ajudar o engenho e arte.//Cesse tudo o que a Musa antiga canta,/Que outro valor mais alto se alevanta" (*Os Lusíadas*, I, 1 e 3).

3. Tendo em conta o seu lugar na estrutura da epopeia, a proposição cumpre funções atribuídas ao início da narrativa (v. *incipit*). Nesse lugar estratégico, compartilhado com a *invocação* (v.) e com a *dedicatória* (v.), são postulados os sentidos a desenvolver na *narração* (v.).

PSEUDODIEGÉTICO, Nível – V. Nível pseudodiegético

R

RADIONOVELA – V. Romance radiofónico.

REFIGURAÇÃO

1. O conceito de *refiguração* decorre da noção de *figuração* (v.) e reporta-se ao processo de reelaboração narrativa de uma *figura* (v.) ficcional (normalmente uma personagem), no mesmo ou em diferentes suportes e linguagens. Pressupõe-se, deste modo, que as figuras ficcionais não são entidades restringidas e estaticamente fixadas na figuração a que uma certa narrativa as submeteu.

2. A problemática da refiguração liga-se diretamente a dois outros aspetos da existência da *personagem* (v.) na narrativa, relacionados entre si. O primeiro diz respeito sobretudo a procedimentos narrativos e protonarrativos; o segundo a questões de índole sociocultural e cognitiva.

2.1. Os procedimentos de *adaptação* (v.) de narrativas verbais e literárias a outros *media* colocam a refiguração no campo da transposição intermediática, envolvendo não só as personagens, mas também os espaços, a ação, as articulações temporais, etc.

Neste caso, a refiguração implica o recurso a dispositivos técnicos e de produção narrativa inerentes a cada *medium* particular, configurando uma personagem, por assim dizer derivada da figura original. Ganham aqui relevância as refigurações que envolvem as chamadas artes da imagem (*cinema* e *televisão*, mas também *pintura* e *banda desenhada* e, num registo diverso, a escultura e os *jogos narrativos*; v. estes termos). Trata-se de materializar, pelo desenho, pelo cromatismo, pelo *casting*, pela modelação ou pela programação informática, traços físicos e psicológicos que permitam reconhecer a personagem refigurada como resultado da transposição intermediática de uma figura original. As gravuras de Gustave Doré, em edições oitocentistas do *Quijote* ou da *Divina Comédia*, o rosto e a voz de Marlon Brando em *Apocalypse Now* (1979), de Francis Ford Coppola, interpretando, como coronel Kurtz, a figura homónima de *Heart of Darkness* (1899), de Conrad, ou a estátua de Ana Ozores (dita La Regenta), por M. Álvarez Fernández, na praça da catedral de Oviedo, são outros tantos exemplos de refigurações induzindo uma indagação comum a todas: até que ponto foi possível manter a identidade de uma figura cuja caracterização narrativa deixa em aberto "vazios" ou pontos de indeterminação (na expressão de Roman Ingarden), porque "nenhuma obra literária pode dizer-nos tudo aquilo que as personagens fazem ou pensam" (Rabinowitz, 1987: 149).

De outra natureza é a refiguração levada a cabo não por transposição intermediática, mas no contexto da linguagem narrativa literária. O romance *Vendredi ou les limbes du Pacifique* (1967), de Michel Tournier, retoma e refigura o companheiro de Robinson Crusoe, reajustando-o depois, para o público infantil, em *Vendredi ou la vie sauvage* (1971); em *Memorial do convento* (1982), José Saramago refigura personalidades históricas (p. ex., o rei D. João V e o padre Bartolomeu Lourenço de Gusmão), num enquadramento pós--modernista que potencia, em grande parte pela via da refiguração, uma revisão ideológica da História.

2.2. A refiguração suscita questões socioculturais e cognitivas diretamente relacionadas com o conceito de *sobrevida* (v.). Quando se procede a refigurações de personagens (em especial quando elas correspondem a figuras com ampla notoriedade), contribui-se para o prolongamento no tempo das propriedades distintivas de figuras ficcionais, sendo certo, contudo, que a refiguração não opera necessariamente num registo de fidelidade absoluta.

Por esse motivo, a refiguração conduz a reflexões sobre os seus limites e as suas prerrogativas, sobretudo em três aspetos.

2.2.1. Em primeiro lugar, trata-se de saber até que ponto a refiguração dispõe de latitude e de legitimidade que permitam a subversão de referenciais literários canonicamente estabelecidos, por exemplo, reinventando Dom Quixote ou Robinson Crusoe. A deriva valorativa constitui, frequentemente, um efeito da refiguração, em particular quando ela se processa em contextos mediáticos transliterários: Emma Bovary sobreviveu em diferentes refigurações cinematográficas (nas versões de Jean Renoir, de 1933, de Vincente Minelli, de 1949, e de Claude Chabrol, de 1991), foi depois parodiada num *romance gráfico* (v.), por Posy Simmonds (*Gemma Bovery*, 1999), e por fim ressurgiu no filme homónimo, de Anne Fontaine, em 2014.

2.2.2. Em segundo lugar, trata-se de apurar que mecanismos cognitivos intervêm no reconhecimento de uma personagem refigurada, em conjugação com os recursos convocados pela refiguração: por exemplo, num *casting* (a opção por Marlon Brando, para a figura de Kurtz), no local de implantação da estátua de uma personagem, no recurso a um léxico arcaizante ou, pelo contrário, aparentemente prosaico (em *Memorial do convento* pode ler-se que a rainha "até hoje ainda não emprenhou"; p. 11).

2.2.3. Em terceiro lugar, a refiguração gera consequências que podem retroagir sobre a figuração primeira de uma determinada personagem, de novo em ligação direta com representações e com atitudes cognitivas adquiridas. Assim acontece, correntemente, com edições ilustradas: "O conhecimento das personagens acaba por ser inevitavelmente condicionado, durante a leitura e depois dela, pelas (...) representações icónicas – e talvez já mesmo antes dela, se a observação da respetiva imagem a preceder" (Reis, 2016: 156). Do mesmo modo, quando um espectador vê uma versão cinematográfica de *Madame Bovary* ou d'*Os Maias* (de 2014, com realização de João Botelho) e só depois lê os romances em causa, as figuras que neles encontra estão condicionadas pela refiguração que esse espectador previamente interiorizou.

3. A refiguração legitima-se em função de uma dinâmica criativa que não se esgota na instância da figuração. O romancista Camilo José Cela escreveu, a propósito de *La familia de Pascual Duarte* (1942): "O que acontece é que o livro, depois de nascer, continua a crescer (...) e a evoluir: na cabeça do seu autor, na imaginação ou no sentimento dos leitores e, naturalmente, nas páginas das suas ulteriores edições" (p. 8). O crescimento do livro (da história contada, entenda-se) atinge sobretudo a personagem, figura que não raras vezes escapa ao controlo do seu autor, conforme atestado por incontáveis testemunhos.

A partir daqui, a refiguração pode suscitar problemas de ordem jurídica, social, cultural e ideológica. Por exemplo: a questão da propriedade literária e dos direitos que um autor detém sobre uma personagem que é objeto de refiguração por outro autor; ou então, em situações que podem considerar--se de abusiva derrogação, a utilização de uma personagem do universo infantil com propósito político: ao serviço da National Rifle Association norte-americana, a escritora Amelia Hamilton refigurou o Capuchinho Vermelho, fornecendo-lhe uma arma de fogo para se defender do lobo mau e dar um outro fim à história.

REMEDIAÇÃO

1. O termo *remediação* insere-se no campo dos estudos mediáticos, com projeção no domínio dos *estudos narrativos mediáticos* (v.). De forma sintética, a remediação designa a reformulação semiótica de uma mensagem oriunda de um *medium* original num outro *medium* que a reelabora, num diferente contexto e eventualmente num outro suporte.

2. Proposto e desenvolvido no final do século passado – mas, de facto, remetendo para práticas de transmediação muito antigas (cf. Brantley, 2013) –, o conceito de *remediação* decorre da ativação de dois princípios.

2.1. O princípio da refuncionalização (ou reutilização), que legitima a migração de um conteúdo narrativo para uma linguagem e para um suporte distinto do original. Deste modo, "o novo *medium* pode remediar tentando absorver inteiramente o velho *medium,* de modo que as descontinuidades entre ambos são minimizadas" (Bolter e Grusin, 1999: 47). Por exemplo: *Rear Window* (1954; *A janela indiscreta),* de Hitchcock, foi objeto de remediação, quando se deu a transferência da película de celuloide para CD digital; apesar dessa transferência, "o velho *medium* não pode ser inteiramente apagado; o novo *medium* continua o mais antigo, de forma expressa ou tácita" (Bolter e Grusin, 1999: 47).

2.2. O princípio do aperfeiçoamento, correspondendo à convicção de que o relato decorrente da remediação supera o original; assim, "a versão eletrónica é oferecida como uma melhoria, embora essa nova versão continue a ser justificada em função da antiga versão e procure continuar fiel ao caráter do *medium* mais antigo" (Bolter e Grusin, 1999: 46). Veja-se o que acontece com a reelaboração de bandas desenhadas em versões cinematográficas ou televisivas (p. ex., *A Charlie Brown Christmas*, 1965, realizado por Bill Melendez em *cartoon* televisivo, a partir de *Peanuts*, de Charles M. Schulz).

3. A ideia de que os novos *media* (e em especial os digitais) produzem narrativas aperfeiçoadas deve ser devidamente ponderada, sobretudo quando estão em causa relatos literariamente sofisticados. Por outras palavras, pode dizer-se que "cada ganho em capacidade de expressão tem um custo, e os novos *media* não produzem necessariamente narrativas melhores do que os velhos" (Ryan, 2014: § 9). Justifica-se, por isso, o recurso à noção de *intermedialidade* (v.), como conceito estruturante das relações entre os *media* (e, em particular, entre as narrativas nos diferentes *media*), em alternativa a remediação: é aquele conceito que valoriza os nexos entre literatura, ópera e pintura, entre cinema, teatro e romance, entre poesia e música, etc. Trata-se de "uma importante noção para a comparação e análise das artes e dos *media*, tal como para os seus contextos culturais, tanto numa perspetiva sistemática como histórica" (Wolf, 2005: 256). Com base nesta asserção, a abordagem da *adaptação* (v.), enquanto processo de transposição intermediática, obedece a uma lógica comparatista que acentua aqueles nexos interartísticos, mais do que a afirmação da supremacia de certas práticas artísticas em relação a outras.

Em todo o caso, importa reconhecer que, no quadro da chamada *narratologia transmediática* (v.), o conceito de remediação revela uma versatilidade que abre caminho a indagações importantes. Essas indagações partem das várias interpretações que podem ser deduzidas dos sentidos atribuídos ao termo remediação, desde o que o entende como superação expressiva de um *medium* por outro (p. ex., o cinema como remediação das limitações do teatro), até ao que se reporta à transposição intermediática de mensagens narrativas (p. ex., as adaptações de romances ou a construção de jogos de computador, a partir de narrativas mitológicas) (cf. Ryan, 2004: 32-33).

REPETITIVO, Discurso

1. Como a designação sugere, o *discurso repetitivo* conta reiteradamente e, em princípio, em momentos diversos, um determinado evento ocorrido em certa altura da história. O discurso repetitivo constitui uma solução específica de manifestação da *frequência* (v.) temporal, tal como o são também o *singulativo* (v.) e o *iterativo* (v.).

2. Conforme observa Genette, esta modalidade da frequência temporal, sendo embora relativamente esporádica, pode revelar-se uma opção estilístico-narrativa muito expressiva. É isso que se verifica, quando um acontecimento é obsessivamente mencionado pelo narrador, o que lhe confere a feição de um *leitmotiv*: no primeiro capítulo de *Mazurca para dos muertos* (1983), de Camilo Jose Cela, repetem-se, desde o *incipit* (v.), as referências à chuva ("Llueve mansamente y sin parar, llueve sin ganas (...). Llueve con tanta monotonía como aplicación"; "Llueve sobre las aguas del Arnego"; "Sí; da gusto ver llover como siempre, y siempre llueve"; pp. 9, 11 e 16-17). Noutros casos, um determinado incidente é sucessiva e repetidamente modelado pela *focalização interna* (v.) de diferentes personagens, facultando imagens distintas desse incidente (a lógica e a estrutura do *romance policial*, v., favorecem o recurso ao discurso repetitivo, na circunstância mencionada).

REPRESENTAÇÃO

1. Podendo ser usado em diferentes aceções, o termo *representação* refere-se, em geral, ao processo de substituição de uma entidade ausente ou não acessível diretamente (o representado) por outra entidade (o representante) que mantém com aquela uma relação funcional ou simbólica. A representação concretiza uma mediação cuja eficácia depende da legitimidade, da capacidade de expressão representacional e da aceitação, por parte de uma comunidade e dos seus integrantes, da função do representante. Por força da sua polissemia, o uso do termo representação cobre um arco muito diversificado de práticas e de análises: fala-se em representação nos campos da filosofia, da linguística, das artes gráficas, dos estudos literários em geral, dos estudos narrativos, das práticas teatrais, do cinema e até das relações sociais e protocolares (quando dizemos que uma pessoa representa outra).

2. No domínio dos estudos literários, o conceito de representação remonta às reflexões platónicas e aristotélicas sobre os procedimentos imitativos adotados pelos discursos estético-verbais. Como pode ler-se n'*A República*, "em poesia e em prosa há uma espécie que é toda de imitação [*mimesis*], (...) que é a tragédia e a comédia; outra de narração [*diegesis*] pelo próprio poeta – é nos ditirambos que pode encontrar-se de preferência; e outra ainda constituída por ambas, que se usa na composição da epopeia e de muitos outros géneros" (Platão, 1983: 118; sobre a relação *diegesis*/*mimesis* cf.

Hallwell, 2012). Em Aristóteles, a referência à *mimesis* como imitação exige a distinção entre um modo de representação dramática (p. ex., na tragédia) e um modo de representação narrativa (p. ex., na epopeia) (cf. *Poética*, 1449b, 1450a, 1462a e b).

3. O conceito de representação remete, desde aquelas suas postulações mais remotas, para diversas questões e domínios de teorização: a teoria dos géneros literários, a problemática do realismo (ou da representação do real, no sentido consagrado por Auerbach, [1946] 1973), as potencialidades gnoseológicas das obras literárias, os investimentos subjetivos que nelas se verificam, etc. Em qualquer caso, a representação deve ser entendida em termos dialéticos e não dicotómicos; isto significa que entre representante e representado existe uma relação de interdependência, segundo a qual o primeiro instaura uma solução discursiva de feição artística, na condição de substituto do segundo, dado como ausente; assim, "a representação ou imagem funciona adequada e eficientemente só quando é confundida com o seu objeto. A representação é uma entidade cuja eficiente atualidade, paradoxalmente, coincide com o seu colapso. Quando uma representação funcionar como representação, ela não é entendida como representação, mas como o próprio objeto representado" (Martínez Bonati, 1980: 24).

4. No que respeita à narrativa, importa circunscrever a representação a âmbitos e a categorias que mais diretamente interessam à sua caracterização: os que ilustram a chamada "regulação da informação narrativa" (Genette, 1972: 184), ou seja, o *modo*, a *distância* e a *perspetiva narrativa* (v. estes termos). Nos primórdios da moderna teoria e análise da narrativa, Percy Lubbock, em parte motivado pelo romance de Henry James, operou uma distinção entre duas possibilidades de representação, o *showing* e o *telling*, separados pelo grau de presença do narrador no discurso enunciado: no caso do *showing*, ela acha-se bastante desvanecida, correspondendo a uma representação dramatizada: "A arte da ficção só começa quando o romancista entende a sua história como algo a ser mostrado, exibido de tal modo que a si mesmo se conta" (Lubbock, 1939: 62); no caso do *telling*, aquela presença é evidente, já que o narrador opera uma representação que manipula a história (resumindo-a, elidindo episódios, etc.). Na linha desta diferenciação, o conceito de mediação (v. *mediação narrativa*) reporta-se ao trabalho de um narrador que processa o relato de forma mediata, indireta e distinta da "forma direta" própria do drama: "A mediação (...) é talvez

o mais importante ponto de partida para a modelação do assunto por um autor numa obra narrativa" (Stanzel, 1984: 6).

5. Em dois passos d'*A relíquia* (1887) de Eça de Queirós, duas representações diferentes condicionam a imagem da história, com inevitáveis consequências interpretativas: quando relata o episódio em que espiou o banho de uma inglesa, num hotel de Jerusalém, o narrador adota a visão e as emoções, de certo modo dramatizadas, do protagonista que então foi; mais tarde, ao evocar esse mesmo episódio, num outro contexto, o narrador representa-o de forma distanciada e convenientemente distorcida. No cinema, ocorrem, por vezes, manifestações da referida dualidade (ou até pluralidade) representacional, com efeitos cognitivos sobre a imagem da história que é contada: em *The Man who Shot Liberty Valance* (1962; *O homem que matou Liberty Valance*), de John Ford, a morte de um pistoleiro é representada duas vezes, a partir de perspetivas diferentes, para que se perceba quem, efetivamente, disparou o tiro fatal; em *Snake Eyes* (1998; *Os olhos da serpente*), de Brian de Palma, a ação vai sendo recontada e reajustada, na sequência de sucessivas representações, igualmente com recurso a diferentes pontos de vista.

6. Em função destes exemplos, legitima-se o entendimento da noção de representação narrativa num sentido restrito. Trata-se, então, de um conceito que pode ser homologado com o de perspetiva narrativa: das várias opções de *focalização* (v.) decorrem imagens particulares da história, condicionadas em termos sensoriais, mas também afetivos e ideológicos, pelo ponto de vista que modeliza a diegese (v. *modelização*).

RESUMO – V. Sumário.

RETRATO

1. No âmbito da análise da narrativa e dos estudos narrativos em geral, o termo *retrato* reporta-se a um procedimento de *figuração* (v.) que se autonomizou, relativamente à sua utilização corrente, no domínio das artes da representação visual (sobretudo na pintura e na fotografia). Naquele contexto de análise, designa-se como retrato toda a descrição de uma personagem por meio da qual se procura fixar um conjunto de traços prioritariamente

físicos (rosto, corpo, gestualidade), conduzindo a uma identificação inequívoca; o retrato é, ao mesmo tempo, um elemento de relativa estabilização e de diferenciação da personagem, no contexto de uma história e do conjunto das restantes personagens. Muitas vezes, o retrato da personagem estende-se a componentes de natureza psicológica, moral e social.

2. O termo retrato conserva elementos semânticos com fundamento etimológico: o verbo *trahere* e o particípio *tractus* significam "tirar" ou "puxar", "tirado" ou "puxado"; assim, por força do prefixo em *retrahere* e em *retractus* chega-se a "trazer de novo" e a "retrato", visando aquilo (alguém ou alguma coisa) que é trazido à nossa presença, pela representação levada a cabo por uma imagem que permite reconhecer o original. Num outro nível de fundamentação do conceito em apreço, importa ter em atenção o seguinte: "Vinculado à questão da representação do tema humano e central no equacionamento das noções de identidade e de individualidade, o retrato veio a ocupar um espaço de consensual 'nobreza' na história da arte ocidental, constituindo-se como género transversal e esteticamente expansivo, textualizável em diferentes linguagens e suportes (da máscara primitiva ao digital e ao intermedial contemporâneo) e, nesse sentido, um lugar privilegiado de interfacialização no domínio da teorização estética e interartística" (Ribeiro, 2008: 267). Para além disso e tomado numa aceção lata – que é a de evocação de uma personalidade relevante, do ponto de vista social e histórico –, o retrato decorre, por vezes, de uma atitude de indagação memorialista, com incidências historiográficas e biografistas (cf. Cioran, 1998; Santana, 2004).

3. A elaboração de retratos de personagens, em contexto narrativo, assenta não só em motivações epocais, mas também na capacidade que a literatura possui para dialogar com outras artes, designadamente com a pintura; nesse sentido, ela revela uma vocação intermediática que beneficia da tradição retratística acumulada pelas artes plásticas, quando nelas se impõe uma epistemologia da observação e da descrição, muitas vezes com intuito celebratório, que se prolonga até à literatura. Assim, reconhece-se, em geral, que o tempo literário do realismo é mais propenso ao retrato do que o tempo literário do modernismo; naquele, o romancista e o contista lidam com a imagística e com a técnica do retrato como manifestações correlatas da referida epistemologia da observação, em diálogo às vezes sinuoso com a realidade.

A propósito da personagem Emma Bovary, disse Flaubert, numa carta de 20 de março de 1870: "O público (...) vê alusões onde não as há. Quando terminei *Madame Bovary*, perguntaram-me várias vezes: 'Era a Madame *** que pretendia retratar?'"; e acrescentou: "Todos os farmacêuticos do baixo Sena reconheceram-se em Homais e queriam vir esbofetear-me" (Flaubert, *apud* Allott (ed.), 1966: 349-350). Em sintonia com estas palavras, Eça de Queirós tentou refutar a ideia de que a personagem Tomás de Alencar era um retrato de Bulhão Pato, não sem antes notar que "'ser retratado' num romance ou numa comédia constitui há muito (...) a mais decisiva evidência da celebridade. (...) Em literatura o 'retrato' torna-se assim a investidura oficial da Glória" (*Cartas públicas*, pp. 224-225); e noutro passo deste texto de 1889: "Tomás de Alencar, com efeito, representa alguém que viveu. É um retrato. Um retrato desenvolvido, completado com traços surpreendidos aqui e além na velha geração romântica" (p. 227; ver também Reis, 2016: 73-96).

4. O retrato que interessa aos estudos narrativos corresponde a uma técnica de representação, com propósito figuracional, e não à tematização da pintura enquanto motivo literário. É essa tematização que observamos, por exemplo, no *Frei Luís de Sousa* (1843), de Garrett, n'*Os Maias* (1888), de Eça (p. ex., os retratos da condessa de Runa e de Pedro da Maia), em *The Picture of Dorian Gray* (1891), de Oscar Wilde, no *Dom Casmurro* (1899), de Machado de Assis (neste caso, os retratos fotográficos de certas figuras são confrontados com personagens da história), ou em *O pintor de retratos* (2001), de L. A. de Assis Brasil (tematizando a passagem do retrato pictórico para o retrato fotográfico).

Enquanto fator de figuração e, mais especificamente, de *caracterização* (v.), o retrato narrativo obedece a uma retórica própria, com forte significado epocal e registando consideráveis variações procedimentais e estilísticas (cf. Vieira, 2008: 330 ss.; Guillou e Thoizet, 1998). O retrato do *herói* (v.), tal como se encontra nas *Viagens na minha terra* (1846), exemplifica bem aquela retórica. Diz o narrador, a abrir a descrição da personagem: "Mas certo que as amáveis leitoras querem saber com quem tratam, e exigem, pelo menos, uma esquiça rápida e a largos traços do novo ator que lhe vou apresentar em cena"; logo depois, começa o retrato: "O oficial era moço, talvez não tinha trinta anos; posto que o trato das armas, o rigor das estações, e o selo visível dos cuidados que trazia estampado no rosto, acentuassem já mais fortemente, em feições de homem feito, as que ainda devia arredondar a juventude" (*Viagens na minha terra*, p. 245). O retrato prossegue, obedecendo à convenção retratística e incluindo as notações que ela impõe: aspeto físico, porte, indumentária, mas também reflexões interpretativas que sugerem que o retrato de personagem configura um *signo narrativo* (v.), com inerente dimensão semântica e pragmática: "Não pude resistir a esta reflexão: as amáveis leitoras me perdoem por interromper com ela o meu retrato. (...) Os olhos pardos e não muito grandes, mas de uma luz e viveza imensa, denunciavam o talento, a mobilidade do espírito – talvez a irreflexão... mas também a nobre singeleza de um caráter franco, leal e generoso, fácil na ira, fácil no perdão, incapaz de se ofender de leve, mas impossível de esquecer uma injúria verdadeira" (pp. 246-247).

5. A decisiva centralidade do retrato de personagem ganha, em certos casos, uma projeção reforçada, quando o título sugere algo mais do que uma técnica descritiva localizada. Em *The Portrait of a Lady* (1881), de Henry James, não é tanto o retrato da personagem em si que está em causa, mas sim a configuração de uma personalidade, que subsume a descrição retratística propriamente dita. Do mesmo modo, em *A Portrait of the Artist as a Young Man* (1916), de James Joyce, o princípio da construção do retrato assume-se de forma metafórica, dando lugar ao relato da formação de uma juvenil personalidade artística, por entre tensões familiares e religiosas.

Num outro plano de análise, o retrato de personagem pode ser intermediaticamente considerado, em função da sua recriação estética, noutros suportes, noutras técnicas e noutros tempos. Por exemplo: os retratos de Dom Quixote e Sancho Pança, por Gustave Doré e por Pablo Picasso (respetivamente de 1868 e de 1955), procedem à *refiguração* (v.) da personagem, presuntivamente a partir de caracterizações que se encontram no texto de Cervantes; por força dessas refigurações, acentua-se o potencial de *sobrevida* (v.) de uma personagem que pode até ir divergindo do que foi a sua representação narrativa e a sua imagem literária original. Por fim, o retrato pode ser *autorretrato,* quando se opera em regime narrativo autodiegético: n'*O Mandarim* (1880), é o *narrador autodiegético* (v.) que vai enunciando notações para o seu próprio retrato, com a inevitável deformação subjetiva que a situação narrativa em causa implica: "*Enguiço* era com efeito o nome que me davam na casa – por eu ser magro, entrar sempre as portas com o pé direito, tremer de ratos, ter à cabeceira da cama uma litografia de Nossa Senhora das Dores que pertencera à mamã, e corcovar. Infelizmente corcovo – do muito que verguei o espinhaço, na Universidade, recuando como uma pega assustado diante dos senhores Lentes; na repartição, dobrando a fronte ao pó perante os meus Diretores-Gerais." (Eça de Queirós, *O Mandarim*, p. 83).

RITMO – V. Velocidade.

ROMANCE

1. O romance é um *género narrativo* (v.) com ampla projeção e com uma popularidade que, sobretudo a partir do século XVIII, fez dele o mais importante dos géneros literários modernos. Em função da sua natureza, das suas modulações literárias e do seu trânsito cultural, o *romance* pode ser definido como uma narrativa ficcional extensa, integrando um número relativamente elevado de personagens que vivem ações com certo grau de complexidade, em cenários normalmente descritos com pormenor e prolongadas num tempo variavelmente desenvolvido; com suporte nas categorias que convoca, o romance evidencia um considerável potencial de representação social e humana (cf. Raimond, 1966: 138-158).

2. As dificuldades de uma definição como aquela que aqui é proposta advêm do facto de a matriz compositiva do romance oitocentista, que marcou e marca fortemente o imaginário da cultura ocidental, ter sido objeto de reelaborações e de subversões que muitas vezes levaram à reformulação e até à desfiguração dos seus elementos estruturantes.

Sendo particularmente talhado para modelizar (v. *modelização*), em registo ficcional, os conflitos, as tensões e o devir do homem inscrito na História e na sociedade, o romance tem revelado, ao longo dos tempos, uma considerável capacidade de rejuvenescimento técnico e de renovação temática. Afirmando-se como narrativa multiforme, num tempo em que desapareceram as constrições das poéticas, o romance pode ser entendido como "uma resposta dada pelo sujeito à sua situação na sociedade burguesa ou na sociedade estruturada em termos burgueses. Essa resposta supõe uma operação textual sobre o real, o qual é assumido por uma narrativa que implica um ou vários narradores. A figura do narrador é, quer o duplo do autor-sujeito, quer uma estrutura de ligação dialetizada entre o autor-sujeito e o real" (Krysinski, 1981: 7).

3. As metamorfoses que, ao longo da sua história, o romance conheceu têm a ver com os seus antecedentes culturais e com a sua evolução e consolidação. Remotamente relacionado com a epopeia, o romance apareceu nas sociedades modernas de certo modo preenchendo funções correspondentes às que anteriormente cabiam àquele género narrativo; daí que Hegel se lhe tenha referido como "moderna epopeia burguesa" (cf. Hegel, 1977: 15) e que Lukács e Bakhtin, reconhecendo entre ambos os géneros afinidades funcionais, tenham centrado as suas análises na diversidade de configuração e de temática entre epopeia e romance; assim, "o romance (...) como género literário, formou-se e desenvolveu-se, desde o início, com base num novo sentido do tempo. O passado absoluto, a tradição, a distância hierárquica não desempenha nenhuma função no processo da sua formação como género literário (...); o romance formou-se precisamente no processo de destruição da distância épica, no processo de familiarização cómica do mundo e do homem, de rebaixamento do objeto da representação artística ao nível da realidade contemporânea, inacabada e fluente" (Bachtin, 1979: 480; cf. também Lukács, 1970: 64 ss. e 79 ss.).

Como estas palavras sugerem, a constituição do romance, tal como o conhecemos desde há mais de dois séculos, não ocorreu abruptamente. Desde a Antiguidade registam-se tentativas que remetem para aquilo que virá a ser o romance (cf. García Gual, 1972). Além disso, subgéneros como o romance sentimental e o romance de cavalaria, o romance pastoril, o romance picaresco e o romance barroco (cf. Silva, 1983: 672 ss.), não beneficiando do prestígio concedido a géneros como a epopeia ou a tragédia, podem ser encarados como manifestações que apontam, de forma incipiente, para o advento do grande género que o romance viria a ser. O cenário em que isso aconteceu é o dos valores da sociedade burguesa em ascensão, desde o século XVIII.

4. A caracterização genológica do romance permite distingui-lo do *conto* (v.), da *epopeia* (v.) e também, às vezes com maior dificuldade, da *novela* (v.), tendo-se em atenção as dimensões e a profundidade do universo representado. No romance conta-se normalmente uma *ação* (v.) relativamente alargada e complicada por ramificações secundárias, com componentes sociais, culturais ou psicológicos que envolvem o destino das personagens; é pelo tratamento da ação que se definem modalidades de *composição* (v.) do romance eventualmente elaboradas, traduzindo a cosmovisão do autor, bem como a sua posição quanto à representatividade ideológico-social da história relatada.

Intérprete qualificado da ação romanesca é a *personagem* (v.), também ela normalmente apresentando maior complexidade do que a do conto ou a da novela e em número mais elevado do que nestes géneros narrativos. É sobretudo a partir da *caracterização* (v.) (no romance ela chega a ser muito minuciosa) que se apreende aquela complexidade, com incidência, por exemplo, na vida psicológica (v. *monólogo interior*); neste aspeto, o romance é, por excelência, o lugar de revelação de figuras dominadas por conflitos íntimos, traumas e obsessões, manifestados no seu discurso interior. Uma outra categoria fundamental do género em apreço é o *espaço* (v.). Por ser naturalmente propenso à representação do real, o romance pode consagrar-se a espaços que, reconhecidos como existentes pelo leitor, consolidam uma imagem associada a certos romancistas; as cidades de Lisboa, do Porto, de Londres ou de Paris são reconhecidas em função de descrições que se leem nos romances de Eça, de Camilo, de Balzac, de Eugène Sue ou de Dickens (cf., quanto a estes últimos, Moretti, 1998: 77 ss.). A partir daqui, o espaço do romance, pela sua amplidão e pelo pormenor com que é descrito, revela potencialidades consideráveis de representação social, económica e até urbanística, em conexão com as personagens que o povoam e com o tempo histórico em que vivem.

Assume aqui destaque próprio o *tempo* (v.) como categoria fundamental da narrativa, com apreciáveis incidências diegéticas e discursivas (o tempo da história pode ser objetivamente calculado, mas é mediado pelo tempo do discurso). O tempo do romance suscita tratamentos múltiplos: no plano do enquadramento histórico propriamente dito (aspeto que pode dar lugar a um subgénero, o *romance histórico*; v.), no das implicações psicológicas (permitindo que se fale num tempo psicológico, regido pelas vivências das personagens) e no das alusões sociais (no *roman-fleuve*, v., é o fluir da sociedade que sobretudo se observa), o tempo do romance desdobra-se em várias possibilidades de tratamento. Daí a diversidade de dimensões temporais de grandes romances como *Os Maias* (1888), de Eça, o *Ulysses* (1922), de Joyce, ou *The Grapes of Wrath* (1939), de Steinbeck: quase um século da vida de uma família e de um país, no primeiro caso, um dia na vida de um burguês de Dublin, no segundo, o devir de transformações económicas e sociais, no terceiro, apresentam-nos aspetos variados do tempo do romance; cada um daqueles romances pode ser entendido numa dimensão cronotópica (v. *cronótopo*), porque se projetam sobre eles dominantes espaciotemporais e geoculturais que, mediadas por códigos literários específicos, modelam uma historicidade que transcende as referências expressas a uma certa época.

5. O romance, perspetivado como hipercódigo, encontra-se sujeito ao processo de erosão e de renovação próprio dos sistemas literários. Essa renovação manifesta-se, por exemplo, no aparecimento de *subgéneros* (v.) resultantes também da maleabilidade temática e formal do romance, identificável nos planos da forma do conteúdo e da forma da expressão.

O romance negro, o romance de aventuras e o *romance cor-de-rosa* (v.) visam elencos temáticos de fácil e elementar adesão recetiva: eventos terríficos em espaços sinistros, no primeiro caso; episódios e incidentes agitados, em cenários por vezes exóticos, no segundo caso; intrigas sentimentais com desenlace feliz, no terceiro. Por sua vez, o romance histórico exige não só a colocação da ação e das personagens em épocas remotas, como requer uma estratégia narrativa capaz de reconstituir os componentes sociais, axiológicos, jurídicos e culturais que caracterizam essas épocas (cf. Lukács, 1965). No romance picaresco, é normalmente um *narrador autodiegético* (v.) que enuncia o relato das suas próprias desventuras e artimanhas, como personagem socialmente desqualificada, num mundo recheado de obstáculos (cf. Miller, 1967); de certa forma, o romance picaresco relaciona-se com o *romance de formação* (v.), embora este se centre sobretudo na constituição e na consolidação cultural, psicológica e social da personalidade de um *herói* (v.) (cf. Lukács, 1970: 131-144; Bakhtine, 1984: 211 ss.). O *romance epistolar* (v.) cultiva um registo predominantemente intimista, confessional e sentimental, expresso nas cartas privadas que integra, com inerentes implicações intersubjetivas (cf. Versini, 1979; Altman, 1982); *o romance de família* (v.) (que pode fundir-se com a forma e com a temática do *roman-fleuve*) centra-se no devir temporal de sucessivas gerações de uma família, o que normalmente solicita a instituição de um narrador omnisciente capaz de ilustrar os costumes dessas várias gerações. O *romance policial* (v.), por vezes conjugado com o registo do romance de aventuras, acentua o papel da *intriga* (v.) tensamente articulada e eventualmente testemunhada pelo ponto de vista (v. *focalização interna*) de um sujeito que decifra indícios conducentes ao *desenlace* (v.); noutros casos, acontece que os pontos de vista se multiplicam pelo número de implicados numa intriga que se vai desenvolvendo a partir do testemunho desses implicados (cf. Dupuy, 1974). O chamado romance psicológico, favorecido pela exaustão do naturalismo (cf. Raimond, 1966) e pelo advento da psicologia e da psicanálise, centra-se na corrente de consciência de uma personagem (ou várias, mas não em número elevado) e recorre com frequência ao monólogo interior (cf. Zéraffa, 1972) ou ao confronto polifónico de diferentes visões do mundo (v. *polifonia*); por fim, o *romance de tese* (v.) tende a adotar estratégias argumentativas, em função de sistemas ideológicos cuja pertinência se pretende demonstrar (cf. Suleiman, 1983).

6. A longa, complexa e multicultural história do romance mostra que, depois de ter atingido a maturidade que exibiu no século XIX, ele foi capaz de se renovar e de responder a desafios colocados pela evolução das sociedades e pelas mudanças e pelas tensões daquilo a que chamamos condição humana. É exatamente essa a expressão que dá nome a um dos mais marcantes romances do século XX: *La condition humaine* (1933), de André Malraux).

As expressões *metamorfoses do romance, revolução romanesca* ou *novo romance* dão testemunho do que tem sido aquela renovação (cf. Albérès, 1972; Zéraffa, 1972; Robbe-Grillet, [1963] 1975), em conjugação com movimentos filosóficos (como o marxismo, a fenomenologia ou o existencialismo), com disciplinas do campo das ciências humanas (como a psicanálise, a sociologia ou o estruturalismo) e com outras artes (como o cinema ou a pintura). Uma obra monumental sobre o romance, organizada por um seu reputado estudioso (cf. Moretti, 2001-2003), desdobra-se em análises que contemplam uma impressionante multiplicidade de aspetos característicos deste relevante género narrativo: a sua relação (e a do romancista) com o mundo, a antropologia do relato, a representação da vida interior, das modulações do feminino e dos cenários urbanos, a rearticulação do romance em cenários culturais extraeuropeus, as patologias da leitura, as relações com o cinema e com a banda desenhada, as técnicas narrativas e as suas mutações, os condicionamentos da indústria editorial, a história e a geografia romanesca, etc.

Depois do refinamento literário e da projeção sociocultural que conheceu, com Jane Austen, Charles Dickens, Balzac, Gustave Flaubert, Eça de Queirós, Émile Zola, Machado de Assis ou Leopoldo Alas Clarín, o romance moderno e pós-moderno retrabalhou intensamente categorias como a personagem ou o tempo e problematizou a unidade e a autognose do sujeito, a relação da literatura com a História e as fronteiras da ficção. É isso que podemos ler em Marcel Proust, em James Joyce, em Thomas Mann, em Franza Kafka ou ainda, num tempo literário mais próximo de nós, em Gabriel García Márquez, em Italo Calvino, em José Saramago ou em Philip Roth.

O romance não cessa, assim, de se reinventar, pese embora a ideia, muitas vezes reafirmada e sempre desmentida, de que o seu fim chegou. Nos nossos dias, o vasto consumo de produções romanescas que contemplam temas esotéricos, paranormais e bíblicos mostra que ele é capaz de responder a inquietações e a dúvidas de leitores e de leitoras tão expectantes como aqueles e aquelas que no século XIX liam o romance de mistério ou o romance sentimental. Por outro lado, a presença do romance em campos de produção literária como a chamada literatura *queer*, a literatura pós-colonial, a literatura feminista, a literatura eletrónica ou a banda desenhada (v. *romance gráfico*) confirma a sua disponibilidade para incorporar temas, valores, figuras, meios expressivos, linguagens e lógicas representacionais muito diversos daqueles que predominavam nos séculos XVIII e XIX. Em todos estes casos, renascem e rearticulam-se categorias romanescas fundamentais: a personagem e o tempo, o espaço, a ação e a perspetiva narrativa. As mesmas, afinal, que, há mais de quatro séculos, enquadravam as aventuras de um cavaleiro sonhador e impenitente leitor de relatos de cavalaria, protagonista daquele que foi certamente um dos primeiros romances da literatura ocidental e talvez o seu expoente inultrapassável.

ROMANCE AUTOBIOGRÁFICO – V. Autobiografia.

ROMANCE COR-DE-ROSA

1. A expressão *romance cor-de-rosa* (ou *romance rosa*) designa um *subgénero narrativo* (v.) centrado em temática amorosa elaborada em intrigas vividas por personagens estereotipadas, com destaque para o trajeto de vida de figuras femininas que se orientam para um final feliz (por regra, o casamento). Por força destas dominantes semânticas, o romance cor-de-rosa dirigiu-se, nas suas origens, a um público de leitoras e atingiu índices de popularidade muito elevados.

2. Do ponto de vista estrutural, o romance cor-de-rosa assenta em elementos básicos, nos planos da ação e da configuração das personagens. Está em causa, por princípio, uma intriga amorosa, enquadrada por costumes e por normas morais conservadoras; nesse contexto, uma jovem virtuosa e dotada de grande autenticidade afetiva vive a expectativa de encontrar o homem que corresponda aos seus sonhos de felicidade, eventualmente concretizados à custa de sofrimento e abnegação. A dinâmica do triângulo amoroso, aliada a procedimentos de *caracterização* (v.) pouco complexos,

permite distinguir, sem dificuldade, as personagens positivas (trabalhadoras, generosas, sinceras, etc.) das negativas (ambiciosas, enganadoras, malevolamente sedutoras, etc.). Nos romances cor-de-rosa, muitas vezes de autoria feminina, predominam os estereótipos: "O herói tem geralmente uma posição dominante, a heroína está muitas vezes à espera de um príncipe encantado, certas situações apresentadas como paradoxais são apenas provisórias. Encontramo-nos numa situação binária que o leitor compreende imediatamente e à qual adere" (Fondanèche, 2005: 358).

Por estas características temáticas e estruturais, o romance cor-de-rosa evidencia algumas afinidades (que são também da ordem da receção feminina) com a fotonovela ou *romance fotográfico* (v.), com a radionovela ou *romance radiofónico* (v.) e com certos tipos de *telenovela* (v.). Podemos ainda considerar que, mais remotamente, o romance cor-de-rosa se relaciona com a ficção sentimental romântica, por vezes na origem de comportamentos como o chamado bovarismo.

3. Desde os seus primórdios, mas sobretudo na passagem do século XIX para o século XX, o romance cor-de-rosa dirigiu-se a um público feminino progressivamente disponível para a leitura, num mundo em que os papéis sociais e os comportamentos de género eram ainda convencionais (a designação em uso tem a ver certamente com a usual associação do cor-de-rosa ao feminino). O forte investimento editorial no subgénero em apreço potenciou o aparecimento de produções muitos abundantes e com vastíssimo êxito de público. Os nomes de M. Delly (pseudónimo dos irmãos Frédéric Henri Petitjean de la Rosière e Jeanne Marie Henriette Petitjean de la Rosière), de Max du Veuzit (pseudónimo masculino de Alphonsine Zéphirine Vavasseur), de Barbara Cartland e de Corín Tellado contam-se entre os mais destacados e prolíficos; a esta última (que não se limitou à escrita de romances cor-de-rosa) são atribuídos mais de quatro mil obras e vendas de mais de 400 milhões de exemplares. Nos livros publicados, um *design* gráfico de gosto primário, a roçar o *kitsch*, alia-se a títulos apelativos que, desde logo, antecipam os rumos da ação (p. ex.: *Mariage doré*, de Max du Veuzit; *The Perfection of Love, A Portrait of Love, Love Finds the Way* e *The Ship of Love*, de Barbara Cartland; *No sé por qué te casaste, No me pesa quererte* e *Sé mi esposa*, de Corín Tellado). Modernamente, autoras como Nora Roberts ou Danielle Steel persistem nas fórmulas narrativas do romance cor-de-rosa, com atualizações conjunturais da imagem e do comportamento das figuras femininas, designadamente no tocante à sexualidade.

4. Durante muito tempo ignorado pelo mundo académico, o romance cor-de-rosa pode ser (e tem sido) valorizado não apenas pelos estudos narrativos, mas também por outras disciplinas, de forma autónoma ou em regime interdisciplinar. Os estudos culturais, os estudos femininos, as ciências cognitivas ou a sociologia da leitura interagem com os estudos narrativos, em função do interesse suscitado por certas categorias narrativas e pelo seu tratamento (p. ex., a *figuração*, v., de personagens femininas) ou pela reiteração de estereótipos comportamentais e sociais, com efeitos recetivos, também no plano da *adaptação* (v.) a outros suportes e linguagens (*cinema, televisão, romance fotográfico*, etc.; v. estes termos).

ROMANCE DE FAMÍLIA

1. Conforme a expressão *romance de família* sugere, este é um *subgénero narrativo* (v.) cuja *ação* (v.) se centra no trajeto de um agregado familiar entendido como eixo de referência de um percurso coletivo, normalmente desenvolvido ao longo de um tempo muito amplo. Nesse percurso, observa-se a evolução da família, no fluir das várias gerações que se sucedem, representadas por figuras destacadas em cada uma dessas gerações; quase sempre o romance de família estabelece relações entre as personagens mais destacadas e os acidentes históricos, os fenómenos sociais e os cenários culturais que enquadram a ação. Assim, "a história de uma família forma uma espécie de microcosmo, à escala do homem ainda, em que se reflete toda a vida orgânica da sociedade" (Albérès, 1971: 109).

2. Em certos casos, revelando considerável ambição social por parte do romancista, a família transcende as páginas de um único relato e protagoniza uma *série* (v.) de romances: é essa a situação que encontramos nos vinte títulos de *Les Rougon-Macquart* (1871-1893), de Zola, série naturalista significativamente subintitulada *Histoire naturelle et sociale d'une famille sous le Second Empire.* Algo de semelhante ocorre nos dez romances do ciclo *Chronique des Pasquier* (1933-1945), de Georges Duhamel, e nos oito de *Les Thibault* (1922-1940), de Roger Martin du Gard.

3. A relevância diegética assumida pela família, num certo quadro romanesco, evidencia-se, por vezes, num elemento paratextual marcado: o *título* (v.). Acontece assim n'*Os Maias* (1888), em *Buddenbrooks* (1901), de Thomas Mann e n'*A Família Artamonov* (1925), de Máximo Gorki. Esse destaque

corresponde ao de uma categoria narrativa funcionalmente muito importante num romance desta natureza: a *personagem* (v.), eventualmente destituída de contornos individuais, em favor da acentuação do coletivo, como força motriz determinante para o avanço da ação.

Cultivado sobretudo em épocas literárias vocacionadas para uma representação de tipo realista, o romance de família pode ser entendido como um *romance-fresco* (cf. Albérès, 1971: 73-74) capaz de pintar uma sociedade em movimento. Vai no mesmo sentido a ligação do romance de família ao chamado *roman-fleuve* (v.).

ROMANCE DE FICÇÃO CIENTÍFICA

1. O *romance de ficção científica* é um *subgénero narrativo* (v.) cujos elementos diegéticos (sobretudo personagens e espaços) apresentam propriedades alternativas às do mundo que conhecemos, revelando um elevado índice de desenvolvimento técnico e científico e de inovação social. Aqueles elementos permitem ações ficcionais cuja lógica não corresponde à das que ocorrem no nosso mundo real, sendo decisivos, para a instauração da referida lógica, os princípios da extrapolação e da especulação, dominantes em muitos discursos de ficção científica: ela procura, "de alguma maneira, ir além daquilo que é correntemente sabido e deve representar o desconhecido através de uma certa retórica de 'plausibilidade'" (Landon, 2014: 2), ou seja, com base em argumentos científicos ou paracientíficos aceitáveis.

Normalmente, as histórias contadas pelos romances de ficção científica (ou, abreviadamente, pela ficção científica) situam-se num futuro longínquo, permitindo a integração, nesse futuro, de entidades e de comportamentos inusitados (robots e seres humanos robotizados, deslocação a altíssima velocidade, acesso a mundos extraterrestres e extragaláticos, desmaterialização de pessoas e de objetos, exibição de qualidades telepáticas, relacionamento entre humanos e alienígenas, etc.). *Mutatis mutandi*, a presente caracterização aplica-se também ao subgénero designado como *conto de ficção científica*.

2. Pela sua natureza e pelos cenários que privilegia, a ficção científica convoca disciplinas como a física e a astronomia, as ciências da computação, a termodinâmica, a biologia e a inteligência artificial (cf. Scholes e Rabkin, 1977: 113 ss.). São estas disciplinas que enquadram aquele "encontro com a diferença" que é articulado pela narrativa de ficção científica, "através de

um 'novum', de uma encarnação conceptual, ou mais usualmente, material da alteridade, aquele ponto em que o texto de ficção científica refina a diferença entre o seu mundo imaginado e o mundo que todos habitamos" (Roberts, 2000: 28).

3. A poética da ficção científica assenta numa atitude de estranhamento cognitivo que pode ser aproximada do conceito de estranhamento proposto pelos formalistas russos e aprofundado pela teoria brechtiana do teatro; a partir daí, afirma-se que, "para além de uma curiosidade indireta, que promove um jogo semântico sem referente claro, este género tem estado sempre associado a uma esperança de descoberta, no desconhecido do ambiente, da tribo, do estado ou da inteligência ideais ou de outro aspeto do Bem Supremo (ou a um medo ou a uma repulsa do seu contrário)" (Suvin, 1979: 5).

Em função dos procedimentos de desfamiliarização que a ficção científica leva a cabo, instituem-se, nas histórias que ela conta, cenários ficcionais que, parcial ou totalmente, são incompatíveis com a nossa experiência empírica do mundo. Noutros termos: a ficção científica e os seus géneros narrativos exigem uma drástica suspensão voluntária da descrença; essa suspensão anula o princípio da verosimilhança, deduzido da interação da ficção com o real e com os juízos de possibilidade inerentes àquele princípio. Em todo o caso, faz sentido falar aqui da manutenção de uma verosimilhança interna; a ficção científica estabelece, então, lógicas cognitivas cuja aceitação se fixa no interior do universo ficcional, com base em explicações e em descrições aceites pelo leitor, desde logo disponível para a aventura especulativa que lhe é proposta. Por esta razão, a ficção científica distingue-se do fantástico, dos movimentos imaginativos que ele concretiza e da sua feição inexplicável.

4. O romance de ficção científica relaciona-se diretamente com um tempo e com uma cultura dominados pelas conquistas técnicas e científicas, como fenómeno de realização humana e de avanço civilizacional; a isso junta-se o culto da indagação, da descoberta, do espírito de aventura e do diálogo, nem sempre pacífico, do homem com as máquinas. Significativamente, as origens da ficção científica encontram-se na atmosfera cultural e científica da passagem do século XIX para o século XX; foi nessa atmosfera que as grandes exposições universais, a partir da segunda metade do século XIX, muitas vezes se dedicaram a antecipar o futuro, bem como a divulgar as invenções que celebravam o engenho humano e o triunfo da técnica.

Em todo o caso, é possível apontar, como antecedentes das narrativas de ficção científica propriamente ditas, obras de Thomas More (*Utopia*, 1516), de Mary Shelley (*Frankenstein; or, The Modern Prometheus*,1818), as viagens aventurosas do Barão Munchausen (de 1785), contadas por Rudolf Erich Raspe, e o conto *The Unparalleled Adventure of One Hans Pfaall* (1835), de Edgar Allan Poe.

No referido ambiente científico e cultural fermentam os primeiros romances e revistas de ficção científica. Jules Verne (1828-1905) e H. G. Wells (1866-1946) são os nomes de referência a este respeito, tal como, um pouco mais tarde, Hugo Gernsback (1884-1967), fundador, em 1926, de *Amazing Stories*, a primeira revista consagrada à ficção científica. Isto significa, por outro lado, que a ficção científica rapidamente passou do formato e do suporte do livro para outros formatos e para outros suportes, em grande parte como efeito do grande êxito que ela conheceu; logo em 1902, Georges Méliès realizou *Le voyage dans la Lune*, a partir de *De la terre à la lune* (1865), de Jules Verne, e de *The First Men in the Moon* (1901), de H. G. Wells. Em 1907, o mesmo Méliès realizou *Vingt mille lieues sous les mers*, com base no romance homónimo de Verne.

Estes foram os inícios de uma ampla fortuna mediática das narrativas de ficção científica, na *banda desenhada*, na rádio (recorde-se a adaptação radiofónica de *The War of the Worlds*, por Orson Welles, em 1938, a partir do romance de H. G. Wells), no *cinema*, na *televisão* e nos *jogos narrativos* (v. estes termos). Nestes casos, a representação narrativa beneficiou da capacidade de ilustração, com forte apoio de efeitos especiais, de figuras, de cenários e de ações com grande impacto visual e auditivo. O filme de Stanley Kubrick *2001: A Space Odyssey* (1968, escrito por Kubrick em colaboração com Arthur C. Clarke) é um dos marcos da referida fortuna mediática e mesmo da história do cinema, tal como a série *Star Wars* (1977 e ss.), de George Lucas e outros. Na televisão e entre muitas outras, merecem registo as séries *Space: 1999* (1975-1977, de Gerry Anderson e Sylvia Anderson) e *Star Trek: The Next Generation* (1987, de Gene Roddenberry), tendo esta última dado lugar a várias sequelas.

5. Os romances e o cinema de ficção científica permitem uma distinção de base, entre *hard science fiction* (ou ficção científica forte) e *soft science fiction* (ou ficção científica suave). A primeira reporta-se a histórias com grande consistência científica, enquanto a segunda designa a ficção científica de incidência social e psicológica. Por outro lado, o desenvolvimento e a

popularidade que modernamente caracterizam a ficção científica conduziram à sua diversificação em movimentos autónomos, em particular no mundo anglo-saxónico: *New Wave*, *cyberpunk*, *steampunk*, Novo Humanismo, etc. (cf. Wolfe, 2014).

O facto de o romance de ficção científica se ter transformado num fenómeno de massas levou eventualmente a uma sua desqualificação, no plano crítico, pelo menos até ao advento dos estudos culturais. Contudo, em muitos casos ele justifica uma leitura atenta a aspetos relevantes da sua construção e da sua semântica. Desde logo, a configuração de certas personagens aproxima-as da estética e da dinâmica acional própria do *herói* (v.) e do *super-herói* (v.), remetendo para mitos e para valores muito antigos da cultura ocidental (a libertação dos povos, a viagem de descoberta, a refundação da comunidade, a luta do Bem contra o Mal, etc.). Por outro lado, as ações protagonizadas por heróis e por super-heróis envolvem questões ético-morais relativamente complexas, interessadas no destino da Humanidade, na *figuração* (v.) de seres animados com estrutura mecânica e arbítrio próprio ou nos riscos de colonização do homem pela máquina. O romancista de ficção científica Isaac Asimov sintetizou algumas destas questões, quando aludiu à necessidade de anteciparmos as mudanças que acontecerão depois da nossa morte: "Isto deu lugar a uma nova curiosidade – talvez realmente a primeira nova curiosidade dos tempos históricos – a de imaginar o que seria a vida na terra, quando já não estivéssemos vivos. A resposta literária para esta nova curiosidade foi aquilo que chamamos ficção científica" (Asimov, 1975: 62).

ROMANCE DE FORMAÇÃO

1. A expressão *romance de formação* (*Bildungsroman*, em alemão) refere-se a um *subgénero narrativo* (v.) em que se narra o processo de amadurecimento moral, cultural e social de uma personagem em confronto (e muitas vezes em conflito) com o mundo. Trata-se de uma noção com larga tradição nos estudos literários, desde que Wilhelm Dilthey a usou em 1870, no contexto da biografia que dedicou a Schleiermacher, noção que retomou mais tarde, em *Poesia e experiência*, de 1906: "um desenvolvimento regular observa-se na vida do indivíduo: cada um dos estádios tem o seu próprio valor intrínseco e, ao mesmo tempo, é a base para um estádio superior" (*apud* Boes, 2006: 232). A obra exemplar apontada por Dilthey (*Wilhelm Meisters Lehrjahre*, 1795-96

[*Os anos de aprendizagem de Wilhelm Meister*], de Goethe) transformou-se na referência paradigmática do romance de formação, mesmo sendo certo que esta designação sofreu amplificações e contaminações conceptuais, ao longo do tempo (cf. Pernot, 1992: 108-110).

2. No romance de formação, a *personagem* (v.) constitui a categoria narrativa mais destacada, como eixo de um trajeto biográfico centrado sobretudo nos anos da juventude. Esse trajeto desenrola-se num tempo e num espaço históricos que, mais do que pano de fundo, são o motivo do confronto e da aprendizagem que o protagonista vive, em busca da sua afirmação. Os valores românticos da rebeldia, da liberdade e da busca do absoluto encontram-se muitas vezes associados àquele percurso, eventualmente conferindo à personagem uma dimensão de *herói* (v.). Do mesmo modo, a juventude do herói torna-se problemática, num mundo dominado por transformações mentais e sociais, sendo as tensões que daí se deduzem modelizadas de forma emblemática pelo romance de formação (cf. Moretti, 2000).

3. A utilização em sentido lato do conceito de romance de formação permite identificá-lo com a própria forma do *romance* (v.), em termos que um consagrado ensaio de Lukács fixou assim: "O romance é a forma da aventura, aquela que convém ao valor próprio da interioridade; o seu conteúdo é a história dessa alma que vai pelo mundo para aprender a conhecer-se, procura aventuras para nelas se testar e, nesse teste, evidencia a sua medida e conhece a sua própria essência" (Lukács, 1970: 85). Numa abordagem distinta, mas de certa forma concordante com Lukács, um romancista dos nossos dias escreveu que, "por causa da sua estrutura, adequada à busca e à descoberta de um significado oculto ou de um valor perdido, o género mais condizente com o espírito e a forma da arte novelística é o que os alemães chamam de *Bildungsroman*, ou 'romance de formação', que fala da moldagem, da educação e do amadurecimento de jovens protagonistas, à medida que se familiarizam com o mundo" (Pamuk, 2011: 27).

Ilustrando estas palavras, Orhan Pamuk invoca *L'éducation sentimentale* (1869), de Flaubert, e *Der Zauberberg* (*A montanha mágica*, 1924), de Thomas Mann, como exemplos do romance de formação. A estes podemos acrescentar, de novo numa aceção lata, *Le rouge et le noir* (1830) e *La chartreuse de Parme* (1839), de Stendhal, *Great Expectations* (1861), de Dickens, o romance póstumo *A Capital!* (1925), de Eça de Queirós (com o subtítulo sintomático *Começos duma carreira*) e *A Portrait of the Artist as a Young Man* (1916), de James Joyce.

ROMANCE DE TESE

1. De acordo com o sentido filosófico do termo *tese*, o *romance de tese* é aquele que se propõe demonstrar e defender uma afirmação nuclear, no quadro de um certo sistema de valores, afirmação essa eventualmente sujeita a contestação. Trata-se, pois, de um *subgénero* (v.) do *romance* (v.) com clara orientação ideológica, conforme sugere a definição deste conceito proposta por Susan R. Suleiman: "Um romance escrito de modo realista (isto é, baseado numa estética de verosimilhança e representação), que se apresenta ao leitor como primordialmente didático no propósito, procurando demonstrar a validade de uma doutrina política, filosófica ou religiosa" (Suleiman, 1983: 7).

2. A lógica de funcionamento do romance de tese é praticamente constante. Considerada uma afirmação a demonstrar (que pode ser enunciada num *prólogo*, v., numa polémica, etc.), essa afirmação funciona como hipótese, com caráter provisório. A demonstração processa-se através de uma ação: nela são colocados em presença diversos elementos humanos, espaciais, sociais, morais, culturais, etc., que desencadeiam comportamentos normalmente integrados numa *intriga* (v.); o *desenlace* (v.) vem confirmar a validade da tese que havia sido enunciada. Quando o romance de tese decorre de uma construção calculada, um *epílogo* (v.) fecha o raciocínio previamente formulado.

3. A *personagem* (v.) e a *ação* (v.) são as categorias narrativas de que fundamentalmente depende a demonstração de uma tese através de um romance. N'*O crime do padre Amaro* (1880), de Eça de Queirós, tanto o desenlace (morte da personagem feminina e partida do protagonista) como sobretudo o episódio final (que funciona como epílogo) vêm demonstrar o que de negativo existe na influência do clero sobre a sociedade; remete-se, assim, para o intertexto ideológico da geração de Eça e para as teses anticlericais que ela subscreveu, por exemplo, em textos d'*As Farpas*.

Como se vê, o romance de tese apresenta uma dimensão perlocutória muito significativa. Ele constitui um subgénero com forte orientação pragmática (v. *pragmática narrativa*) assente na crença em valores às vezes afirmados de forma dogmática e com propósito didático: no horizonte do romance de tese encontra-se o intuito de proceder à conformação mental dos leitores e à transformação da sociedade. O facto de essa função ser atribuída ao *romance* (v.), e não ao conto ou à novela, tem a ver com a mencionada dimensão pragmática: o mundo alargado do romance, a sua legitimidade como género capaz de se acercar da realidade concreta e prosaica da sociedade burguesa (cf. Bachtin, 1979: 445-482), a minúcia com que nele podem ser caracterizadas ações e personagens projetadas num tempo alargado, tudo isso faz deste subgénero do romance um instrumento vocacionado para valorizar o potencial ideológico da narrativa.

ROMANCE DO FAROESTE

1. Chama-se *romance do faroeste* (ou *romance western*) a um *subgénero* (v.) do romance em que são relatadas histórias aventurosas decorridas no contexto da chamada conquista do oeste, ou seja, o processo de exploração do território norte-americano até ao Pacífico. Tendo acontecido ao longo do século XIX, esse processo potenciou o aparecimento de figuras históricas (Daniel Boone, David Crockett, Buffalo Bill, Kit Carson) que nalguns casos casos protagonizaram romances, noutros serviram de modelo para personagens ficcionais. Do ponto de vista histórico, o romance do faroeste antecedeu o chamado *western*, entendido como género cinematográfico muito popular no século XX.

2. As histórias contadas no romance do faroeste incluem ações elementares, ideologicamente muito marcadas e vividas por personagens estereotipadas. Trata-se, antes de mais, de histórias de exploração, de migração e, frequentemente, de conflito interétnico, num quatro mental que pode considerar-se maniqueísta. Nesse quadro, os brancos, cidadãos de uma nação em construção, são os exploradores que levam para o oeste atividades económicas (a criação de gado, a exploração de ouro, a caça, o comércio) que carecem de vastas extensões e de uma mínima organização administrativa; por outro lado, as populações nativas, quase sempre estigmatizadas por comportamentos entendidos como incivilizados, surgem como o inimigo a combater. Com base nestas referências, o romance do faroeste desenha *intrigas* (v.) estruturadas em comportamentos previsíveis e correspondendo a uma fórmula originariamente centrada em temas reiterados: a rivalidade, a vingança, a ambição, a ganância, a rebelião, etc. (cf. St. Clair, 2004: 265-267).

Sem atingir a sofisticação que muita da novelística ocidental conheceu, o romance do faroeste pode ser relacionado com temas, com valores e com personagens que o antecedem. Assim, o movimento da expedição e da aventura confina com a lógica e com a dinâmica da *narrativa de viagem* (v.); como já foi notado, "o primeiro material literário sobre a conquista do oeste é constituído por narrativas das expedições de descoberta do país, sobretudo a partir de 1814" (Fondanèche, 2005: 247). Por outro lado, na coloração do espaço físico e social são frequentes os traços de exotismo e a reminiscência de mitos como o do bom selvagem; nesse sentido, *The Last of The Mohicans: A Narrative of 1757* (1826), de James Fenimore Cooper, e mais remotamente *Les Natchez* (1821), de Chateaubriand, podem ser associados aos cenários e à atmosfera humana do romance do faroeste. Num outro plano e em termos latos, a conquista do oeste convoca a memória da *epopeia* (v.), por aquilo que nela existe de afirmação heroica, coletiva e fundacional.

3. Em certas personagens do romance do faroeste – o *sheriff*, o *cowboy*, o pistoleiro, o ladrão de gado –, está presente a figuração do *tipo* (v.), a sua representatividade social e a esquemática simplicidade da *personagem plana* (v.). Ao mesmo tempo, a composição de algumas daquelas personagens, com destaque para o *cowboy* solitário e nómada, liga-as à mitologia do herói romântico, com a feição individualista, justiceira e rebelde que o caracteriza; desse modo, "o *cowboy* tornou-se um herói quando se dedicou a proteger a classe dos colonos mais pobres. Consagrou-se a lutar em seu nome e a manter o espaço aberto para todos" (St. Clair, 2004: 270).

4. Sendo normalmente remetido para o domínio da literatura de entretenimento, o romance do faroeste está, de facto, muito ligado a um campo de produção e de edição orientado para um público culturalmente pouco exigente. É esse público que consome, em coleções especializadas e em publicações como as chamadas *dime novels* (ou romances de dez cêntimos), o imaginário do faroeste e das suas histórias; o escrutínio ideológico a que elas hoje estão sujeitas denuncia atitudes e representações que legitimavam a supremacia do homem branco, a perseguição ou até o extermínio do nativo e a devastação da fauna autóctone. Acentuou-se também, por esta via, a tendência para desqualificar o romance do faroeste, situando-o fora do cânone.

Apesar disso, deve ser assinalada a projeção de ficcionistas que, tendo em muitos casos passado ao esquecimento, contribuíram para a fixação de um subgénero diversificado em várias subclasses. Foi sobretudo a partir dos Estados Unidos (mas com extensões na Europa, como é o caso do escritor alemão Karl May) que o romance do faroeste conheceu os seus cultores mais destacados, quase todos de escrita prolífica: ainda no século XIX, Thomas Mayne Reid, Frederick Whittaker (autor também de uma biografia do mítico General Custer, morto em 1876 na batalha de Little Big Horn) e Edward L. Wheeler; já no século XX, Zane Grey, Max Brand, Alan Le May, William R. Cox, Louis L'Amour e Ray Hogan, entre outros.

Com o advento do *cinema* (v.), da *banda desenhada* (v.) e da *televisão* (v.), o romance do faroeste confrontou-se com alternativas mediáticas e com novos públicos, aos quais transmitiu os seus heróis e os seus estereótipos. Essa cumplicidade traduziu-se em séries de grande êxito (como *Bonanza*, 1959-1973, produção da NBC) e em adaptações que resultaram em clássicos do *western* cinematográfico; é o caso de dois romances de Alan Le May, *The Searchers* (1954) e *The Unforgiven* (1957) que deram origem a filmes homónimos, de 1956 e de 1960, com realização, respetivamente, de John Ford e John Huston. Nestes e noutros sobressaem atores como John Wayne ou Burt Lancaster e, antes deles, Tom Mix, Buck Jones ou Gary Cooper, que construíram carreiras em grande parte assentes na capacidade de interpretação de heróis icónicos com chapéu de abas largas, revólver à cintura e energia para longas cavalgadas. Muito daquilo, afinal, que podemos ler em incontáveis histórias em quadradinhos e que Morris caricaturou no lendário Lucky Luke, o *cowboy* mais rápido do que a própria sombra.

ROMANCE EPISTOLAR

1. O romance epistolar é um *subgénero narrativo* (v.) do *romance* (v.), cuja estrutura decorre do funcionamento textual da carta, dos seus modos de existência e da tradição cultural em que assenta a sua utilização literária e paraliterária. O romance epistolar funda-se nos princípios da epistolaridade (cf. Altman, 1982) enquanto estratégia discursiva: num discurso eminentemente pessoal, em que um locutor se dirige por escrito a um alocutário ausente, a carta estabelece uma comunicação diferida no tempo e distanciada no espaço. Daí as marcas contratuais que ela inclui: data, lugar de escrita, vocativos, saudações, etc.

2. A enunciação de um romance epistolar corresponde, *grosso modo*, a sucessivos ato de redação de cartas. Esses atos instituem um *narrador* (v.) que se coloca numa posição temporal peculiar: no que diz respeito ao tempo

da narração (v. *narração, tempo da*), instaura-se uma *narração intercalada* (v.), pelo facto de esse narrador de circunstância normalmente ser também uma personagem que relata a outra personagem acontecimentos por ela vividos algum tempo antes; de seguida e quase sempre, os papéis invertem-se: quem foi destinatário e *narratário* (v.) volve-se em narrador, relatando ações que entretanto tiveram lugar.

Pela sua natureza, o discurso epistolar favorece a instituição de perspetivas narrativas individuais (v. *focalização interna*) e a expressão de uma *subjetividade* (v.) intensa, fomentada em contextos e em atmosferas de confiança, de confessionalidade ou de interpelação emocionada. Um caso extremo de intensificação subjetiva, em regime de epistolaridade, são as *Lettres Portugaises* (1669), de Gabriel de Guilleragues, um invulgar solilóquio epistolar (cinco cartas de uma mesma personagem, sem resposta) que, por isso mesmo, tende a desvanecer as marcas de *narratividade* (v.), em favor de uma entoação acentuadamente emocional.

3. Com frequência, a instituição de diversos pontos de vista num conjunto alargado de cartas gera um efeito de *polifonia* (v.). Nesse caso, é ao nível da leitura que são harmonizados diferentes testemunhos epistolares, eventualmente acerca de um mesmo acontecimento apresentado em termos parcelares, devido a essa diversidade de testemunhos. É isso que acontece n'*O mistério da estrada de Sintra* (1870), de Eça de Queirós e Ramalho Ortigão. Pressupõe-se, assim, que o romance epistolar pode atingir, no que à sua economia narrativa diz respeito, um grau de complexidade considerável; essa complexidade verifica-se sobretudo nos casos em que se estabelece interação epistolar entre vários correspondentes.

Os protocolos comunicativos vigentes no romance epistolar solicitam, por vezes, a intervenção de um *editor* (v.). Cabe-lhe dar conta de um trabalho organizativo que incide sobre cartas supostamente encontradas, legadas, roubadas, etc.; daí a inserção, usualmente em lugares periféricos do texto (*prólogo* (v.), notas, posfácio, etc.), de explicações que tentam incutir verosimilhança ao conjunto epistolar publicado. Para o editor do romance epistolar, "não se trata somente de justificar uma publicação ou de aclarar os pontos obscuros de um texto, mas, muitas vezes, de omitir certas passagens e sobretudo de ordenar as cartas" (Borneuf e Ouellet, 1976: 102-103).

4. Na cultura ocidental, a tradição epistolar remonta à Antiguidade Clássica, com incremento considerável durante o Renascimento (cf. Guillén,

1989: 294-304), muitas vezes com objetivos pedagógicos e moralizadores. Entretanto, o romance epistolar veio a consagrar-se como *cronótopo* (v.) de um tempo em que se deu a emergência de valores e de comportamentos associados ao pré-romantismo e ao romantismo. Por isso, faz sentido dizer que "o modelo epistolar é (...) uma ficção heurística que assinala, num plano meramente morfológico, mudanças psicogenéticas na época que vai da publicação da *Pamela* richardsoniana ao momento em que Rousseau diagnostica uma cisão entre existência natural e existência civil" (Calabrese, 2001: 574).

A importância da privacidade e a curiosidade que ela suscita, a democratização da escrita e a tematização da intimidade (cf. Wright, 1989) fazem da carta o lugar em que sujeito e escrita se refletem; pode dizer-se que "talvez em nenhum outro texto escrito como na carta se exibe e joga a dialética entre a realidade concreta do ato de enunciação (...) e a sua transformação em figura do discurso, em efeito de sentido que se dá só na linguagem e só no âmbito da linguagem se toma representável" (Violi, 1985: 72). Obras consagradas da literatura europeia como *Julie ou la nouvelle Heloïse* (1761), de Jean-Jacques Rousseau, e *Les liaisons dangereuses* (1782), de Choderlos de Laclos, traduzem, no seu essencial, os protocolos de funcionamento e as motivações culturais que subjazem ao romance epistolar, na época decisiva da sua constituição.

ROMANCE-FOLHETIM

1. O termo *romance-folhetim* designa, em primeiro lugar, o regime de publicação de um *subgénero narrativo* (v.) específico, num determinado suporte e contexto mediático; nesse regime de publicação, popularizado no século XIX, o romance-folhetim correspondia a um relato longo e fracionado, inserido num jornal em lugar próprio (o rodapé), de acordo com o espaço disponível. De forma mais elaborada, o fracionamento obedecia a uma calculada estratégia de controlo da curiosidade do leitor, tratando-se então de suspender a ação num momento gerador de curiosidade, relativamente ao que se seguiria. Em segunda instância, o romance-folhetim refere-se às dominantes temáticas e ao tipo de histórias que nele se contam. Menos relevante para esta caracterização é a aceção de folhetim como artigo crítico publicado com regularidade na imprensa, aceção de que os *Lundis*, de Sainte-Beuve, são referência fundacional.

Note-se que a publicação do romance-folhetim podia ocorrer também através de distribuição a assinantes, em unidades autónomas (daí a designação, em espanhol, *novela por entregas*). Neste caso, o romance-folhetim reteve o sentido, vindo do francês *feuilleton*, de pequeno caderno composto a partir de uma folha dobrada.

2. Sendo uma narrativa normalmente extensa, o romance-folhetim visava um público amplo e pouco sofisticado, interessado em ações intensas e em personagens estereotipadas. Estas dominantes explicam algumas particularidades do processo comunicativo próprio do romance-folhetim: nele, o *autor* (v.) chega a perder nitidez e identidade, quer pela intervenção de redatores que colaboram na escrita, quer pela ação do editor comercial. Mesmo quando, como por vezes aconteceu, autor e editor coincidiam na mesma pessoa, os interesses do segundo sobrepunham-se aos do primeiro. Ao editor cabiam várias funções, desde a encomenda do texto até à sua publicação e estendendo-se à perceção dos gostos do público, com retroação sobre o trabalho do autor (v. *interatividade*).

As preocupações comerciais inerentes a este subgénero narrativo (designadamente a necessidade de cumprir prazos e de satisfazer a avidez de um público pouco exigente) explicam a quase sempre deficiente qualidade gráfica e literária do romance-folhetim. Do mesmo modo, os condicionamentos editoriais apontados (periodicidade, fragmentação, etc.) acabaram por interferir na configuração dos conteúdos representados. Como observa Juan Ignacio Ferreras, "encontramo-nos perante um caso, talvez o único na literatura romanesca, em que a forma, quer dizer, a série de mediações que determinam o aparecimento do romance-folhetim, é tão importante – tão determinante seria mais exato – que o conteúdo das próprias obras acaba por ser afetado"; daí o teor repetitivo das narrativas desta natureza, permitindo afirmar que "um romance-folhetim é sempre essencialmente, estruturalmente, idêntico a outro romance-folhetim, seja qual for a visão do mundo e até o mérito literário do autor" (Ferreras, 1972: 246-247).

3. Nos autores que a preferência do público consagrou, sobretudo no século XIX (este foi um subgénero importante no romantismo e no realismo; cf. Meyer, 1985; Meyer, 2005), reconhecemos as características dominantes do romance-folhetim: em França, com Alexandre Dumas (*Les trois mousquetaires*, 1844; *Le comte de Monte-Cristo*, 1844-46, com Auguste Maquet), Eugène Sue (*Les mystères de Paris*, 1842-43; *Le juif errant*, 1844-45), ou Paul Féval

(*Le bossu*, 1857; *Les mystères de Londres*, 1843), em Espanha, com Wenceslao Ayguals de Izco (*María, la hija de un jornalero*, 1845-46; *Pobres y ricos ó la bruja de Madrid*, 1849-50) ou Martínez Villergas (*Los misterios de Madrid*, 1844), em Portugal com Camilo Castelo Branco (*Mistérios de Lisboa*, 1854), observa-se o tratamento a que são sujeitas certas categorias da narrativa especialmente condicionadas pelas linhas de força técnicas e socioculturais que regem o romance-folhetim.

Correspondendo ao lento e sincopado processo de publicação, a *ação* (v.) caracteriza-se, por um lado, por uma certa elementaridade (no sentido em que visa temas pouco inovadores como a orfandade, a pobreza, a honra ou a traição) e, por outro lado, pela adjunção de peripécias marginais que alargam consideravelmente a teia dos eventos relatados; assim, "o género abusa do que se chamou 'estilo amplificatório', isto é, a tendência para alongar a narração por meio de repetições, de cenas interrompidas, de acumulação de incidentes, da minuciosidade do diálogo, etc. O objetivo é dilatar o relato e ao mesmo tempo manter a expectativa do leitor" (Epple, 1980: 155). A isto acresce uma configuração tipicamente maniqueísta dos acontecimentos relatados, com *desenlaces* (v.) surpreendentes e adiados pelo mencionado estilo amplificatório, bem como a propensão para intrigas enigmáticas e recheadas de mistério (veja-se a presença deste lexema em vários títulos). Reflete-se nas *personagens* (v.) o moralismo das ações; invariavelmente esvaziadas de vida psicológica, muito estereotipadas do ponto de vista psicossocial (a órfã, o enjeitado, o aristocrata, o fora da lei, etc.), as personagens interpretam antagonismos esquemáticos (rico *vs.* pobre, perverso *vs.* bondoso, leal *vs.* traidor, etc.).

No tocante à representação narrativa (v. *perspetiva narrativa*) o romance-folhetim apresenta-se, por vezes, marcado pelo registo testemunhal (o narrador testemunhou ou inquiriu os factos contados); noutros casos, o relato é modelado por uma *focalização omnisciente* (v.), eivada de comentários moralizantes, apreciações judicativas e intrusões de teor ideológico (v. *intrusão do narrador*).

4. No plano da história e da sociologia literárias, convém notar que mesmo romancistas canónicos aderiram à estratégia narrativa e editorial do romance-folhetim, valendo-se dele para lançarem as suas obras: por exemplo, Balzac e Zola, em França; no Brasil, José de Alencar e Machado de Assis; em Portugal, Garrett e Eça de Queirós. Isto quer dizer que "essa literatura em novo formato, de gosto considerado duvidoso e de grande sucesso financeiro,

não está tão claramente diferenciada da literatura considerada de qualidade, a literatura oficial, os textos de 'primeiro time'" (Esteves, 2003: 136).

Com o surgimento de alternativas mediáticas, como a rádio e a televisão, o romance-folhetim, se bem que não tenha desaparecido por completo, foi cedendo lugar a subgéneros narrativos que podem considerar-se, em parte, homólogos dele: o folhetim radiofónico (v. *romance radiofónico*), a *telenovela* (v.) e, de forma mais distanciada, a *série* (v.) e a narrativa de *banda desenhada* (v.). Todos cultivam, de uma forma ou de outra, o princípio da *serialidade* (v.) e são endereçados a um público amplo, de gostos previsíveis e, por isso, controlável em termos de gestão editorial.

ROMANCE FOTOGRÁFICO

1. O *romance fotográfico*, também conhecido como *fotonovela*, é um género narrativo multimodal, articulando texto verbal e ilustração fotográfica, em sucessivos fotogramas. Em função dessa articulação, cada fotograma corresponde a uma unidade discreta, isto é, a um momento da história artificialmente fixado e suspenso no tempo; a sequência desses momentos, relacionados entre si do ponto de vista lógico e cronológico, faz avançar a ação, até se chegar a um *desenlace* (v.). Diferentemente do que é dominante na sequência fotográfica artística, "as fotografias de uma fotonovela não aparecem isoladas na página ou numa moldura na parede, no formato em que foram originalmente impressas. O seu formato pode mudar e ser cortado e transformado, para se ajustar à paginação (...)" (Baetens e Bleynen, 2010: 172).

O romance fotográfico solicita ao leitor, para além da leitura do texto verbal, um movimento visual e cognitivo tríplice: "O primeiro movimento seria simples: de um fotograma ao seguinte. Porém, no segundo movimento, entre um fotograma e outro há a elipse que será virtualmente preenchida. E, o terceiro movimento, a reconstituição da narrativa entre os fotogramas com a elipse solucionada imaginariamente. A história é recomposta na mente do leitor." (Joanilho e Joanilho, 2008: 538).

Pode dizer-se que o romance fotográfico assume uma dinâmica narrativa e representacional semelhante à da *banda desenhada* (v.) e à do *romance gráfico* (v.). É justamente por similitude com este último (e também tendo em atenção aquilo que o aproxima da banda desenhada), que a designação *romance fotográfico* parece preferível à de fotonovela. Ao mesmo tempo, reconhecem-se nele afinidades com a linguagem do *cinema* (v.), pelo recurso a enquadramentos da imagem, a planos e ângulos fotográficos, a alternâncias de campo, etc.

2. O texto verbal que acompanha as imagens integra o discurso das personagens (v. *personagem, discurso da*), projetando-se nele muito da desmesura emocional que caracteriza o romance fotográfico. Note-se, contudo, que o discurso do narrador contribui também para imprimir ao relato a sua bem característica identidade estilística e cultural; ele não se limita a ser um elo de ligação entre momentos da ação, já que enuncia, com frequência, juízos de valor, ilações morais e justificações para os comportamentos das personagens, configurando-se como instância de afirmação dos princípios que regem o romance fotográfico. Além disso, é o discurso do narrador que controla e retarda uma ação que pode alongar-se consideravelmente, por razões atinentes à natureza deste género narrativo: "É preciso que a moral possa agir, que os cabelos possam embranquecer, que a fidelidade de Penélope tenha algum valor, e a justiça mágica uma densidade cronológica suficiente para se manifestar" (Sullerot, 1970: 132-133).

3. Por razões socioculturais, o romance fotográfico não atingiu o nível de sofisticação que caracteriza o romance gráfico e também alguma banda desenhada, sendo quase sempre remetido para o campo da chamada paraliteratura (cf. Fondanèche, 2005: 423-434). O seu suporte e meio de divulgação foi a revista autónoma (ou seja: cada publicação correspondia a um romance, eventualmente integrando outras secções) ou então a publicação diária ou periódica, em que a história aparecia serializada (v. *série*); neste último caso, o relato podia estender-se ao longo de muitos números, a exemplo do que acontece com o *romance radiofónico* (v.).

Com uma origem relativamente recente, que alguns autores situam na segunda metade do século XIX, na sequência do aperfeiçoamento da fotografia (cf. Fondanèche, 2005: 423-424), o romance fotográfico ganhou considerável projeção em meados do século XX, a partir de Itália, onde "nasceu de um subproduto do cinema. (…) Depois da Segunda Guerra mundial, o sucesso do cinema e as dificuldades económicas que impediam um maior difusionismo e um aumento de produção fizeram surgir revistas com resumos de filmes. Uma das formas mais popularizadas de apresentação dos resumos era o cine-romance" (Habert, 1974: 64), com conjugação de texto e fotografias. No Brasil e em Portugal, a sua popularidade ocorreu entre os anos 50 e os anos 70, em publicações (*Capricho, Encanto, Grande Hotel, Sétimo*

Céu) que atingiram tiragens de centenas de milhares de exemplares. Em geral, o romance fotográfico dirigia-se a um público feminino não emancipado, que na época, por razões socioeconómicas, tinha acesso escasso ou nulo ao cinema e sobretudo à televisão (públicos das chamadas classes B e C; cf. Habert, 1974: 45-50). À medida que este cenário foi mudando, o romance fotográfico foi sendo superado pela *telenovela* (v.) e pela *série* (v.). Antes e depois disso, ele exerceu uma função que pode dizer-se de alienação, junto do referido público feminino; assim, "o mergulho realizado pelas leitoras nas tramas com final feliz possibilitava-lhes momentos de alento e liberdade das obrigações de filha, mãe, esposa e dona de casa" (Miguel, 2016: 295).

4. Normalmente, as histórias contadas no romance fotográfico cingem--se à temática sentimental, na linha do chamado *romance cor-de-rosa* (v.). Alguns títulos sugestivos: *Fuga para o amor, Os anjos não podem amar, Nosso amor é impossível, O primeiro amor não morre, Amo um homem sem coração, Duas mulheres o amavam.* Protagonizadas por personagens com reduzida densidade psicológica, as histórias de amor que predominam neste género narrativo centram-se em figuras femininas estereotipadas, ainda que registando alguma evolução, no respeitante à sua *figuração* (v.): "Loiras ou morenas, as mocinhas apresentadas nas fotonovelas são belas e jovens. Vestem-se de forma discreta e elegante. Percebe-se, no final da década de 1960, o uso de roupas mais modernas, moças usando minissaia, maiô, cabelos naturalmente soltos, diferente dos cabelos imóveis pelo laquê e dos vestidos recheados por anáguas das mocinhas dos anos 1950 e início dos anos 1960" (Miguel, 2016: 297).

São estas personagens que vivem intrigas quase sempre recheadas de incidentes e de atribulações, mas orientadas para um final feliz, como recompensa da dedicação e da persistência amorosas. Por isso, foi possível aproximar o romance fotográfico da *hagiografia* (v.), por aquilo que nele existe de reconhecimento da bondade e da autenticidade afetiva e moral das personagens; sendo assim, "numa sociedade laicizada o amor puro e para o resto da vida coroa o fim do sofrimento e das purgações. Por isso, o herói ou a heroína demonstra logo de início que possui todas as virtudes beatíficas, mas num sentido laico" (Joanilho e Joanilho, 2008: 540).

Na sua escassa sobrevivência atual, o romance fotográfico pode ser desviado para propósitos pedagógicos e publicitários bem diferentes das temáticas que nele predominam. As histórias relatadas tratam, então, de temas de saúde pública (a que um leitor relativamente rudimentar pode ser sensível) ou promovem produtos eventualmente consumidos por públicos saudosistas deste género narrativo: neste último caso, podemos pensar que está em causa "uma clientela que conheceu as horas de glória do romance fotográfico e a quem se pisca o olho" (Fondanèche, 2005: 434). À parte esta utilização, o romance fotográfico deu lugar, dos anos 60 em diante, a movimentos de renovação, com um índice apreciável de elaboração formal, incluindo uma certa rarefação do texto verbal: "os elementos textuais são tolerados apenas na medida em que permanecem nas margens da fotografia"; obedece-se, deste modo, ao princípio de que "uma boa história visual é aquela que é contada sem outros meios que não sejam os puramente visuais, sendo a monomedialidade considerada a forma ideal de todas as experimentações sérias, no campo da fotografia sequencial" (Baetens e Bleynen, 2010: 175).

ROMANCE GRÁFICO

1. A expressão *romance gráfico* refere-se a um género narrativo integrado num campo de produção que se associa à *banda desenhada* (v.), tanto do ponto de vista dos seus dispositivos formais, como no respeitante à sua origem e tradição cultural. Numa aceção restritiva, o romance gráfico pode ser definido como uma narrativa multimodal que conjuga a imagem gráfica com o texto verbal, enunciando um relato de extensão alargada em que se conta uma história de ação fechada e temática relativamente complexa.

2. A esta caracterização sumária do romance gráfico devem ser acrescentadas outras especificações, com a cautela devida pelo facto de ser este um conceito recente. Assim, o romance gráfico não se limita à condição ficcional, podendo incorporar também eventos e figuras não ficcionais; além disso, ele pode ser organizado em antologia, em serialização ou em recolha de contos (como acontece com um dos seus títulos fundadores, *A Contract with God*, de 1978, por Will Eisner); junta-se a isto a diversidade temática, com um nível elevado de densidade e de sofisticação, diferentes da tendência para o humor e para a simplificação que são próprios de uma parte importante da produção em banda desenhada (cf. Greco, 2014: 16 ss.).

Por força destas diferenças, justifica-se a especificidade da designação *romance gráfico*. Isso não impede que se aceite a expressão genérica *narrativa gráfica*, que abrange o romance gráfico e a banda desenhada, no quadro amplo de uma "narratologia dos *comics* (ou teoria da narrativa gráfica), com a consciência das variedades transculturais e transnacionais da narração gráfica (...)" (Stein e Thon, 2015: 7).

3. A paternidade da expressão *romance gráfico* é usualmente atribuída a Richard Kyle que, há mais de meio século, notava o "crescente uso de técnicas da 'banda desenhada' ['comic book'] em ilustração séria" (Kyle, 1964: 3); aponta-se assim para uma diferenciação conteudista do romance gráfico, em relação à banda desenhada e ao livro de banda desenhada. Kyle considera estes últimos termos "impróprios e antiquados para descrever esses esforços genuinamente criativos [a adaptação de *The Pedestrian*, de Ray Bradbury] e os das produções mais plenamente realizadas que, por certo, estão para vir"; do mesmo modo, eles "podem impedir a pronta aceitação do *medium* em causa pelo mundo literário" (Kyle, 1964: 4). Em alternativa a "picto-ficção" ou a "arte sequencial", Kyle propõe "romance gráfico" (e "história gráfica"), para "descrever o 'livro de banda desenhada' artisticamente sério" (Kyle, 1964: 4); esta formulação pode, contudo, parecer algo exclusivista, se pensarmos naquela banda desenhada a que reconhecemos um índice elevado de sofisticação estética e de propósito crítico.

A dificuldade de definição do conceito em análise provém, em parte, da sua parcial sobreposição conceptual à banda desenhada; essa dificuldade tem-se atenuado graças à identidade artística e ao enquadramento editorial que o romance gráfico conseguiu, nas últimas décadas. Para além disso, a sua designação foi, não raras vezes, "distorcida por preconceitos e permeada de confusões entre os *media* e o público, sendo igualmente um tópico de discussão entre os próprios 'romancistas gráficos', alguns dos quais rejeitam aquele rótulo definitivo" (Gravett, 2005: 8).

4. Do ponto de vista semionarrativo, o romance gráfico obedece, em geral, à lógica discursiva da banda desenhada. Ressalva-se a singularidade estilística que certas histórias apresentam, em especial quando centradas em personagens cultural e psicologicamente marcadas (p. ex., Corto Maltese, de Hugo Pratt) ou quando descrevem espaços emocionalmente carregados e violentos, como se vê em *Maus* (1991), de Art Spiegelman, ou na serialização *Sin City*, de Frank Miller (1991-1992; adaptação ao cinema em 2005, com realização de Robert Rodriguez, Frank Miller e Quentin Tarantino; continuação em *Sin City: A Dame To Kill For*, de 2014, pelos dois primeiros).

Nos aspetos destacados, são evidenciadas duas categorias da narrativa que o romance gráfico valoriza: o espaço e a personagem. Nesse sentido, ele constitui um desafio importante para os *estudos narrativos* (v.), na medida em que estes superaram tendências da chamada narratologia clássica e justamente recuperaram a pertinência semântica das referidas categorias. Os procedimentos de representação espacial e de *caracterização* (v.) privilegiados pelo romance gráfico, bem como a diversificação temática induzida pela complexidade da personagem (superando os estereótipos do *super-herói*, v., da banda desenhada) abrem linhas de análise muito fecundas. Assim, "o romance gráfico (...) obriga-nos de novo, saudavelmente, a assentar os pés na terra, confrontando-nos com personagens (que são mais do que elementos narrativos) que vemos perante os nossos olhos (...). A esmagadora presença dos corpos dos protagonistas é outro signo dos tempos a que o romance gráfico está atento, no contributo que dá ao pensamento contemporâneo" (Baetens e Frey, 2015: 175).

5. A crescente difusão e o refinamento do romance gráfico favorecem a sua autonomização, relativamente à banda desenhada propriamente dita, o que é notório, antes de mais, no plano diegético: as personagens, as situações que vivem, os espaços em que se movem, etc. Junta-se a isso a já referida diversificação temática, sem prejuízo de se reconhecer o destaque atribuído por certos autores à pulsão autobiográfica. Do mesmo modo, no romance gráfico o desenho afirma-se como algo mais do que uma técnica e, na sua materialidade, obriga a redefinir a categoria do *narrador* (v.), bem como a superar a dicotomia entre *narrar* e *descrever* acolhida pela narratologia: "No romance gráfico – e o destaque da caracterização e do espaço já o sugeriram – ambos os aspetos coincidem: não é possível narrar sem descrever e, inversamente, todas as descrições serão decifradas de imediato, em relação ao seu contributo para a história" (Baetens e Frey, 2015: 175).

A singularidade do romance gráfico estende-se a outros aspetos da sua condição cultural e genológica, designadamente tendo-se em atenção o facto de nele serem, muitas vezes, postas em causa as fronteiras da ficcionalidade. Além disso (e eventualmente em conjugação com isso), o romance gráfico opera, com frequência, um cruzamento intersemiótico de géneros, bem como ações de descanonização e tentativas de recanonização de géneros institucionalizados; comparecem nele processos discursivos e elementos temáticos próprios do *romance histórico*, da *autobiografia*, da *narrativa de viagem* (v. estes termos), do discurso de imprensa, etc. No que a este último diz respeito, merece destaque um clássico do romance gráfico, *Palestina* (2001), de Joe Sacco: "A técnica da reportagem traz, no encontro com a narração de banda desenhada, a força de dar voz a uma realidade complexa, que ela alcança, como verdade parcial, através da imprensa e dos telejornais" (Greco, 2014: 21).

Por fim, é importante notar que o romance gráfico não é indiferente ao *romance* (v.) propriamente dito; embora não devendo ser considerado uma sua extensão, não terá sido casual o facto de ele ter incorporado, na sua designação, o vocábulo *romance*. Deste modo, como certos autores observam (cf. McGrath, 2004), o romance gráfico pode aspirar a ocupar o lugar daquele género canónico, se se confirmar que ele já não corresponde às expectativas do leitor dos nossos dias. Alternativamente, a técnica do romance gráfico retoma romances oitocentistas e procede a adaptações transmediáticas. Por exemplo, *A relíquia*, de Eça de Queirós, por Marcatti (em 2007), ou, em derivação paródica que reitera a *sobrevida* (v.) da personagem Emma Bovary, o romance gráfico *Gemma Bovery* (1999), por Posy Simmonds, objeto de uma segunda adaptação transmediática no filme homónimo (2014), realizado por Anne Fontaine.

ROMANCE HISTÓRICO

1. A caracterização do *romance histórico* deve partir das conexões existentes entre o *romance* (v.), como género narrativo, e a História, como fenómeno suscetível de ser textual e verbalmente representado. Importa, pois, sublinhar a condição primordialmente histórica do romance, desde as origens da sua consolidação sociocultural, a partir do século XVIII (cf. Rama, 1975: 11-41). Por outro lado, convém recordar que, de um ponto de vista funcional e semionarrativo, o romance histórico deve alguma da sua especificidade à propensão narrativa dos textos historiográficos; eles podem ser relacionados com o romance e sobretudo com o romance histórico, em função da matriz temporal que rege a *narratividade* (v.) própria de uns e de outros (cf. White, 1978; Ricœur, 1983; id., 1985).

2. E possível entender o conceito de *romance histórico*, antes de mais numa aceção ampla: "Um romance histórico é um género narrativo que afirma a coexistência, num mesmo universo diegético, de eventos e de personagens históricas e de eventos e de personagens inventadas" (Halsall, 1988: 271).

Importa esclarecer o modo de ser daquela coexistência, revelando-se decisivas, para tal, certas categorias da semântica ficcional (v. *ficcionalidade*).

Assim, dizemos que o romance histórico é um tipo de narrativa ficcional em que, de maneira insistente, se manifestam as chamadas *modalidades mistas de existência* (cf. Woods, 1974: 41-42); isto significa que personalidades, eventos e espaços que conhecemos como históricos (D. Afonso Henriques, o convento de Mafra ou a batalha de Waterloo) convivem com personagens, eventos e espaços ficcionais. A possibilidade de reconhecermos essas entidades que migraram para a ficção decorre do facto de elas manterem certas propriedades, por vezes até acessórias, mas culturalmente adquiridas pelo leitor, o que permite um efeito de "verdade" histórica, tornando viável o reconhecimento (p. ex.: D. Afonso Henriques era filho de D. Teresa e conquistou Lisboa aos mouros; o convento de Mafra foi mandado construir por D. João V; Napoleão era baixo e foi derrotado em Waterloo). Deste ponto de vista, a condição documental do romance histórico apresenta várias singularidades, com destaque para a seguinte: "Os dados empíricos surgem no romance histórico não para validar a honestidade do autor, mas para reforçar a reivindicação do texto, no sentido de facultar uma interpretação persuasiva do seu referente" (Foley, 1986: 145).

Isso não obsta a que no romance histórico prevaleça a lógica da ficção, de tal forma que as entidades históricas acabam por se submeter a ela. Todavia, deve dizer-se que, se nada impede o romancista de, no plano ontológico-ficcional, fazer de Napoleão o vencedor de Waterloo, em termos pragmáticos e socioculturais uma tal subversão dificilmente seria aceitável, na medida em que ela prejudicaria a identificação da figura em causa. Assim, "as personagens que 'aparecem' nas obras literárias não só têm nomes, p. ex., como 'C. J. César', 'Wallenstein', 'Ricardo II', etc., mas devem, em certo sentido, 'ser' também essas personagens outrora assim chamadas e realmente existentes. (...) Devem, portanto, ser em primeiro lugar 'reproduções' das pessoas (coisas, acontecimentos) outrora existentes e ativas, mas ao mesmo tempo devem representar aquilo que reproduzem" (Ingarden, [1931] 1973: 266).

3. Para além do que fica dito, designa-se como romance histórico um *subgénero narrativo* (v.) que, como tal, concretiza um género narrativo (o *romance*; v.), num determinado contexto histórico-cultural, com formulação semionarrativa própria e com específicas consequências pragmático-ideológicas. Esse contexto é o do romantismo europeu; nele, o romance histórico surge como instrumento de configuração de um imaginário em que valores, figuras e episódios históricos, em especial medievais, remetem para uma certa forma de idealizar o passado. É nesse passado que romancistas como Walter Scott

ou Alexandre Herculano quase sempre situam, fazendo contraste com o seu tempo, ações e personagens vigorosas, evocadas com uma nostalgia não isenta de propósito ideológico e em conjugação com o sentido da identidade nacional.

4. No plano da articulação narrativa, o romance histórico define-se, normalmente, por força de três opções que, não sendo suficientes só por si, são frequentes na composição deste subgénero.

4.1. Em primeiro lugar, o romance histórico privilegia a *narração ulterior* (v.), ato de enunciação claramente posterior a uma história já concluída. Sendo essa a opção dominante na esmagadora maioria das narrativas, neste caso atribui-se-lhe a função de sublinhar os efeitos de afastamento histórico da voz que conta em relação aos factos contados.

4.2. Em segundo lugar, predomina no romance histórico a *focalização omnisciente* (v.), como representação de uma atitude de transcendência para com o passado evocado. É nessa transcendência que se baseia a possibilidade de o narrador enunciar asserções, no sentido searliano (veracidade, possibilidade comprovativa, não-evidência e sinceridade do sujeito; cf. Searle, 1982: 105).

4.3. Em terceiro lugar, o narrador do romance histórico, situado no *nível extradiegético*; v.), dirige-se usualmente a um *narratário* (v.) também extradiegético e às vezes interpelado como "leitor". Trata-se, portanto, de uma entidade externa ao plano da ação histórica, o que reforça a distância a que ela se encontra; assim se coloca o narratário numa situação homóloga à do recetor (que, no tempo cultural do romance histórico, era o leitor empírico, burguês e romântico), realmente afastado, do ponto de vista temporal, da história narrada.

5. O afastamento temporal do *leitor* (v.), relativamente aos eventos integrados na ficção, não o impede, contudo, de se aproximar desses tempos remotos, pela via dos sentidos ideológicos a que um romance de temática histórica pode remeter. Noutros termos: o passado representado contém lições que interessam ao presente (cf. Fondanèche, 2005: 606-609). Isso aconteceu no tempo do romantismo (p. ex., com Almeida Garrett e Victor Hugo) e ocorre com a ficção pós-modernista de orientação meta-histórica.

Neste caso, o intuito crítico que preside à representação ficcional do passado prevalece, em regime de desconstrução ou de paródia da História e de figuras que a historiografia tratou como heróis. Alguns romances de José Saramago – por exemplo, *Memorial do convento* (1982) ou *História do cerco de Lisboa* (1989) – ilustram bem aquilo que pode ser descrito nestes termos: "A ficção histórica pós-modernista constrói e desenvolve dispositivos de contraditória conjetura e autorreflexividade, de modo a questionar a natureza do conhecimento histórico, tanto de um ponto de vista hermenêutico como de um ponto de vista político" (Wesseling, 1991: 117).

ROMANCE MULTIMODAL

1. A expressão *romance multimodal* designa um subgénero narrativo estruturado pela conjugação do discurso verbal com representações icónicas (fotografias, desenhos, diagramas, mapas, etc.) e pelo tratamento de elementos gráficos visualmente expressivos (palavras e carateres manuscritos, datilografados e eletrónicos). O romance multimodal procura ir além dos procedimentos dominantes do romance convencional, fundados na capacidade de representação narrativa da palavra; nesse sentido, a multimodalidade confirma a relevância que, na sociedade contemporânea, é atribuída à proliferação de discursos e de *media*, bem como à sua integração formal e interdependência, com propósitos e efeitos comunicativos (cf. Kress e van Leeuwen, 2001).

2. O romance multimodal subverte a tradição literária de tipo logocêntrico. Segundo essa tradição, o romance e a narrativa em geral desenvolvem-se linearmente, numa formulação de teor metonímico, de acordo com uma lógica de sucessividade das ações e dos componentes discursivos: a descrição das personagens e dos espaços, os movimentos da ação ou os avanços temporais são modelados linguisticamente e estruturados em função de uma economia narrativa sugerida em termos macrocompositivos (os capítulos e a sua sucessão, p. ex.). Assim, no romance convencional (considerado *monomodal*, no presente contexto) o ato da leitura acompanha a mencionada lógica da sucessividade.

3. O romance multimodal assenta num processo semiótico complexo e, como a designação indica, com intervenção de múltiplos elementos. Deste

modo, "fotografias de família, tipografia e *layout*, até mesmo cor, quadros e margens gráficas são recursos semióticos tal como o são a linguagem e o discurso escritos, uma vez que todos estes modos podem ser elaborados como processos de construção de sentido e de comunicação" (Hallet, 2014: 152). Essa construção atinge categorias diegéticas destacadas, como a intriga ou a personagem, e aproxima-as do mundo do leitor, graças ao poder indicial que os artefactos visuais possuem (cf. Hallet, 2009: 141-144).

A multiplicidade referida permite relacionar, em termos latos, o romance multimodal com manifestações narrativas que, pelo menos desde o século XVIII (p. ex., em *The Life and Opinions of Tristram Shandy, Gentleman*, 1759-67, de Laurence Sterne), procuraram pôr em causa a linearidade da composição narrativa, designadamente no plano temporal e no das inserções digressivas. De modo significativo, Garrett, na linha de Sterne, problematiza metanarrativamente (e também ironicamente) o relato e convoca as virtualidades representacionais da pintura e da fotografia: "De que cor os olhos? Não sei, que importa! É amiudar muito demais a pintura, que deve ser a grandes e largos traços para ser romântica, vaporosa, desenhar-se no vago da idealidade poética..."; e mais adiante: "Infelizmente não se formulavam em palavras estes pensamentos poéticos tão sublimes. Por um processo milagroso de fotografia mental, apenas se pôde obter o fragmento que deixo transcrito" (*Viagens na minha terra*, pp. 160 e 276). Historicamente mais próxima do romance multimodal propriamente dito, a poesia modernista e a sua dinâmica caligramática cultivam uma multimodalidade que, nalguns casos (p. ex. em *Manucure*, de Mário de Sá-Carneiro), ostenta um certo índice de *narratividade* (v.); alguma coisa semelhante pode ser dita a propósito de textos da chamada poesia experimental.

4. O romance multimodal não se confunde com a *ficção hipertextual* (v.) enquanto produção narrativa eletrónica e digital, mas relaciona-se obviamente com ela, em especial pelo que respeita à sua dimensão multimédia e não linear. Por outro lado, embora solicite procedimentos de leitura mais exigentes do que os do romance monomodal, o romance multimodal não desencadeia o mesmo grau de *interatividade* (v.) que é próprio da ficção hipertextual ou do *jogo narrativo* (v.).

Podendo ser considerado uma prática narrativa ainda pouco expressiva, no plano da adesão do público (e, desse ponto de vista, encontrando-se muito aquém do impacto social da narrativa verbal propriamente dita), o romance multimodal regista tentativas sugestivas na produção de autores como Mark Z. Danielewski, Jonathan Safran Foer ou Graham Rawle. Em *Woman's World* (2005), de Rawle, os recursos de *design* gráfico, as imagens de objetos (designadamente de uso feminino) ou as colagens não são ilustrações marginais; trata-se de componentes estruturantes que, indo além da lógica do *romance gráfico* (v.), colaboram, pela via da intertextualidade, no desenvolvimento de uma história que exige uma atitude de leitura segundo a qual "fotografias, documentos e objetos físicos são encarados como índices de um mundo real e empírico" (Hallet, 2009: 145).

ROMANCE POLICIAL

1. O *romance policial* é um *subgénero narrativo* (v.) em que se relata a investigação de um crime, levada a cabo por alguém (um detetive ou um investigador policial) que, seguindo e interpretando indícios, tenta descobrir a identidade do criminoso e explicar as razões que o motivaram (o chamado móbil do crime). Pela natureza dos temas e das ações que envolve e pelo caráter relativamente elementar das personagens que as vivem, o romance policial não goza de grande prestígio cultural e literário, sendo muitas vezes remetido para o domínio da paraliteratura e da ficção puramente lúdica.

2. No que respeita à sua estrutura narrativa, o romance policial integra um conjunto de elementos reiteradamente convocados e, como tal, previsíveis.

2.1. Uma *intriga* (v.) baseada na lógica da indagação, da tentativa de resolução de um enigma e da denúncia de uma figura que, quase sempre no final do romance, é responsabilizada por um crime. De acordo com essa lógica (que é frequente, mas não a única), a intriga é conduzida pela pergunta *whodunit* (isto é, *who has done it?* ou *quem fez isto?* ou *quem matou?*).

2.2. Certas *personagens* (v.) recorrentes e funcionalmente homólogas (o investigador, o suspeito, a vítima). Entre elas, destaca-se a figura que conduz a pesquisa, eventualmente com o apoio de outra ou outras figuras adjuvantes e seguindo raciocínios de base dedutiva; o detetive fixou-se, assim, como tipo amplamente difundido e sujeito a variações conjunturais (cf. Aziza *et alii*, 1978: 53-55.

2.3. Situações e episódios ajustados à construção e à persistência do enigma: a configuração de suspeitos, a revelação e a análise de objetos com valor indicial, a pluralidade de rumos de investigação possíveis, a apreciação de álibis, a reconstrução temporal do crime, a congeminação de móbeis plausíveis (em particular quando, desde o início, o criminoso é conhecido), etc.

A isto pode acrescentar-se que o romance policial localiza predominantemente as suas ações em espaços urbanos ou, pelo menos, habitados por um número relativamente elevado de personagens. Sobretudo desde o século XIX, quando se deu a consolidação e a popularização do romance policial, a cidade industrializada e sobrepovoada revelou-se o espaço da perversão e da maldade (por contraste com a pureza e com a autenticidade do campo), sendo, como tal, propenso ao crime e à vigilância policial.

3. Entre os vários elementos constitutivos do romance policial como subgénero, destaca-se a *personagem* (v.), em particular quando ela reaparece em sucessivos títulos de uma *série* (v.). Assim, as figuras de Sherlock Holmes, de Hercule Poirot, de Philip Marlowe ou do inspetor Maigret chegam a sobrepor-se aos seus criadores (respetivamente: A. Conan Doyle, Agatha Christie, Raymond Chandler e Georges Simenon), em termos que quase dispensam o conhecimento da respetiva autoria. Trata-se de um fenómeno de *sobrevida* (v.) que é potenciado, antes de mais, pela insistência em reiterados pormenores de caracterização como a indumentária, os objetos de culto (o cachimbo, a bengala), os hábitos ou a linguagem ("Elementar, meu caro Watson", repete Holmes ao amigo que acompanha as suas indagações); além disso, o reaparecimento do protagonista em sucessivos relatos traduz-se numa economia de meios narrativos (porque o seu prévio conhecimento dispensa um trabalho circunstanciado de caracterização). Em segunda instância, a estereotipada sobrevida do detetive ou do investigador é reforçada pelas *adaptações* (v.), sobretudo ao cinema e à televisão. Um exemplo entre vários possíveis: a solteirona Miss Marple, interpretada por Joan Hickson, numa série que durou vários anos (1984-1992), praticamente configurou uma personagem autonomizada em relação à romancista Agatha Christie.

A popularização do relato televisivo e cinematográfico incutiu um impulso de renovação à narrativa policial, reajustando mas não anulando as suas dominantes temáticas e estruturais, transpostas, no caso da TV, para um género relativamente codificado, a *série* (v.) policial (cf. Westlake, 1990). De novo, a personagem do detetive, com caracterização marcada e eventualmente caricatural (como o inspetor Clouseau, na série de filmes *The Pink Panther*, 1963-1993, de Blake Edwards), não raro associada a um determinado ator, emerge como elemento fulcral da história. Clint Eastwood compôs, em "Dirty" Harry, uma personagem fortemente icónica, numa série de cinco filmes (*Dirty Harry*, 1971; *Magnum Force*, 1973; *The Enforcer*, 1976; *Sudden Impact*, 1983; *The Dead Pool*, 1988) em que o poderoso revólver Magnum e a linguagem desabrida ("Make my day!") constituem emblemas do protagonista. Numa famosa série de televisão (*Columbo*, 1968 e ss.), o ator Peter Falk deu corpo a um detetive facilmente reconhecível pela gabardine amarrotada, pelo automóvel decadente e pelo charuto entre os dentes; Columbo agia e expressava-se invariavelmente em termos informais e aparentemente ingénuos, para denunciar o autor de um crime que, na estrutura do relato, era conhecido pelo espectador desde as primeiras cenas (a chamada *inverted detective story* ou "*howcatchem*").

4. O *romance policial*, tanto em formulações literárias como em derivações noutros *media* (a série policial televisiva conhece atualmente uma grande aceitação), permanece um subgénero estereotipado. Sendo facilmente descodificado, ele permite ao leitor identificar "um campo semântico fixo, incluindo a cidade, o crime, a investigação, o investigador" (Marion, 2009: 3).

Ainda assim, importa notar que, desde as suas origens, o romance policial e as suas personagens foram cultivados por ficcionistas com inquestionável projeção literária, dando lugar a um paradigma amplamente glosado, em diferentes latitudes, estilos e variantes (cf. Deleuse, 1991). Com frequência (mas não de modo inteiramente consensual), cita-se o contributo decisivo de Edgar Allan Poe, criador de C. Auguste Dupin (primeira aparição no conto *The Murders in the Rue Morgue*, 1841), para a fundação desse paradigma (cf. Fondanèche, 2005: 55-59). Depois disso, outros escritores consagrados ou em vias de o serem deixaram-se seduzir pelo registo do policial, em certos casos em tom de paródia, de experimentação ou de recanonização. Alguns exemplos: Eça de Queirós montou, em coautoria com Ramalho Ortigão, uma provocação antiburguesa, *O mistério da estrada de Sintra* (1870), em formato híbrido de *romance-folhetim* (v.), de *romance epistolar* (v.) e de romance policial; Fernando Pessoa compôs, desde jovem, vários relatos policiais a que chamou "contos intelectuais"; Alain Robbe-Grillet fez do leitor de *Les gommes* (1953) uma testemunha qualificada que acompanha uma indagação a partir de vários pontos de vista e do conhecimento progressivo de factos dispersos; José Cardoso Pires modelou as histórias d'*O delfim* (1968) e da *Balada da praia dos cães* (1982) pelo olhar e pelo percurso de quem busca resolver o enigma de mortes mal explicadas; Umberto Eco, consabidamente fascinado por

A. Conan Doyle e por Sherlock Holmes, deslocou uma intriga policial para o tempo e para o cenário da Idade Média monástica (*Il nome della rosa*, 1980); Paul Auster construiu *The New York Trilogy* (*City of Glass*, 1985; *Ghosts*, 1986; *The Locked Room*, 1986) a partir do modelo do romance policial, sujeitando-o a procedimentos de desconstrução e de reelaboração metanarrativa.

Tudo ponderado, pode concluir-se que existe uma clara desproporção entre a projeção sociocultural do romance policial (que atinge índices de venda e de leitura consideráveis) e a atenção que lhe é atribuída, em termos académicos. Os estudos narrativos contribuem para a mudança deste panorama, em particular quando se articulam interdisciplinarmente com os estudos culturais, com as suas motivações epistemológicas e com os seus métodos de trabalho.

ROMANCE POLIFÓNICO – V. Polifonia.

ROMAN-FLEUVE

1. A expressão *roman-fleuve* designa um subgénero do *romance* (v.) que consiste num relato normalmente de grande extensão, em que o trajeto de uma personagem, de um conjunto de personagens ou de uma comunidade se associa ao devir de uma sociedade, num certo cenário histórico. A metáfora do rio sugere exatamente o fluir de um tempo que não se detém; é no quadro desse tempo em movimento incessante que se traça o destino daquele ou daqueles que vivem a ação.

2. O *roman-fleuve* revela afinidades evidentes com o *romance de família* (v.), uma vez que neste se trata de modelar um mundo em evolução, observado em conjugação com os valores, com as mudanças e com os conflitos ocorridos num conjunto familiar. Comum a ambos é a dimensão da crónica social entendida como representação ficcional, em episódios ilustrativos, de uma coletividade, das suas tensões e das suas tendências dominantes.

Usualmente, o conjunto romanesco *Jean-Christophe* (1904-1912), de Romain Rolland, é apresentado como paradigma do *roman-fleuve*. Trata-se da biografia alargada de um músico, contada em dez volumes autónomos, com incidência no tempo histórico que precedeu a Primeira Guerra Mundial; em vez de "uma intriga dramática encadeada, tensa, precisa", *Jean-Christophe* é construído polifonicamente no sentido de se tornar "uma composição harmónica, e não o desenvolvimento linear de uma seca linha dramática ou melódica" (Albérès, 1971: 108).

3. Não correspondendo exatamente ao modelo das grandes séries romanescas oitocentistas, à maneira de Balzac ou de Zola (note-se a componente familiar presente nos vinte volumes de *Les Rougon-Macquart*, 1871-93), o *roman-fleuve* retém delas o sentido da continuidade temática, temporal e, por vezes, familiar. Para além de *Jean-Christophe*, outros títulos que correspondem a aspetos constitutivos deste subgénero do romance: *A la recherche du temps perdu* (1908-22), de Marcel Proust, *Chronique des Pasquier* (1933-45), de Georges Duhamel, e *Les Hommes de Bonne Volonté* (1932-47), de Jules Romains. Em Portugal, as séries *Ciclo Port-Wine* (1949-53), de Alves Redol, *A Velha Casa* (1945-66), de José Régio, e a trilogia *Café República* (1982), *Café Central* (1984) e *Café 25 de Abril* (1987), de Álvaro Guerra, aproximam-se do propósito e da estrutura do *roman-fleuve*.

ROMANCE RADIOFÓNICO

1. Chama-se *romance radiofónico* a um relato normalmente muito longo, transmitido em episódios pela rádio, em horário fixo e obedecendo ao princípio da *serialidade* (v.). Tal como acontece no *romance* (v.) propriamente dito, quase sempre o romance radiofónico conjuga a voz de um *narrador* (v.) com o discurso de personagens em *diálogo* (v.). O romance radiofónico é correntemente designado também como *folhetim radiofónico*, devido às suas afinidades estruturais e comunicacionais com o *romance-folhetim* (v.), muito popular no século XIX.

Quando, a partir dos anos 20 do século passado, a radiofonia (também chamada telefonia sem fios ou radiotelefonia) se disseminou, até se transformar num poderoso meio de comunicação social, a narrativa ficcional, no formato do romance radiofónico, encontrou nela um privilegiado espaço mediático. Um episódio que atesta o impacto público da rádio foi a transmissão, em 1938, da adaptação de *The War of the Worlds* (1898), de H. G. Wells, com realização de Orson Welles, transmissão que, nos Estados Unidos, causou forte emoção e episódios de pânico. Em boa parte, o sucesso das narrativas radiofónicas deve-se à feliz combinação da natureza do *medium* em causa com a dimensão económica da sua produção: "Porque a rádio assenta na capacidade do público para imaginar as coisas e porque, uma vez facultadas as pistas certas (pelo uso da voz, dos efeitos sonoros e da música), podemos imaginar qualquer coisa, a rádio é capaz de contar as histórias mais incríveis. E o custo de produção de narrativas radiofónicas, relativamente às cinematográficas ou às televisivas, por exemplo, é trivial" (Berger, 1997: 135).

2. Importa distinguir o romance radiofónico da *adaptação* (v.) de narrativas literárias. O primeiro constitui um género homologável ao romance propriamente dito, mas concebido e escrito para realização e difusão radiofónica; nele, os discursos das personagens podem alternar com a voz de um *narrador* (v.) que rege e controla o ritmo de desenvolvimento da ação. A segunda corresponde à *remediação* (v.) radiofónica de um romance (como no caso citado da obra de Wells), manifestando-se nela uma relação muitas vezes livre com o texto original: reelabora-se e comprime-se o tempo do *discurso* (v.), contornam-se ações secundárias, elidem-se descrições e valorizam-se os episódios dialogados; ao mesmo tempo, pela voz do narrador mantém-se na adaptação uma dinâmica fundamentalmente narrativa.

3. A produção e a realização do romance radiofónico envolve diretamente o princípio da serialidade, pela distribuição, num tempo extenso, de unidades narrativas relativamente breves, emitidas de forma regular e com ligação cuidadosa entre os *episódios* (v.). Normalmente, o narrador revela-se um elemento importante para que se efetive aquela ligação: é pela sua voz que se inicia e encerra cada episódio, retomando-se, primeiro, o fluxo da ação interrompida e suspendendo-se, no final, essa ação, num momento de expectativa deixada em aberto para resolução no episódio seguinte. Este procedimento pode considerar-se canónico em romances com *intriga* (v.) muito tensa, compreendendo incidentes vários, intrigas secundárias, avanços e recuos, até um desenlace muitas vezes adiado e traduzido, quase sempre, num final feliz (casamento, conquista de um objeto, descoberta de uma verdade oculta, etc.). Conforme afirmou Mario Vargas Llosa, "os factos estão como que submetidos a uma necessidade de partogénese contínua. Os factos desdobram-se, cada facto gera por sua vez outros factos que são sempre na essência factos similares, semelhantes" (*apud* Marco *et alii*, 1984: 144). No caso dos romances radiofónicos chamados de *open end*, em que não existe essa intriga tão marcada, é a consistência das personagens (humanas, verosímeis, simpáticas) que assegura a continuidade do folhetim, dependendo também de fatores externos, que vão desde os apoios publicitários até às

reações do público. Daí que, tal como acontece na *telenovela* (v.), a autoria do romance radiofónico não corresponda estritamente a uma pessoa individual: da conceção de uma história até à sua emissão, fazendo coincidir o tempo da narração com o tempo da leitura (da audição, entenda-se), vai um longo caminho em que guionistas, realizadores, editores de rádio, etc. colaboram, cada um à sua maneira, no desenvolvimento autoral da história inicialmente concebida.

4. Para além de um formato próprio, o romance radiofónico privilegia temas que, por um lado, são submetidos às exigências desse formato e, por outro lado, favorecem o *continuum* da narrativa e o interesse dos ouvintes. Trata-se de ir ao encontro das expectativas e dos anseios de um público massificado, com forte componente feminina e com hábitos de vida doméstica e rotineira; daí a insistência em histórias que oscilam, de forma à primeira vista paradoxal, entre o quotidiano dos ambientes familiares e uma certa excecionalidade: filhos perdidos e reencontrados, identidades desconhecidas e reveladas, doenças estranhas, acidentes trágicos, casos judiciais complexos, etc. Aquela excecionalidade acaba por quebrar a monotonia do quotidiano, compensando, no plano da imaginação, ouvintes que emocionalmente se projetam nas personagens e nas ações representadas. O êxito de romances radiofónicos distanciados no tempo e no espaço como *Simplesmente Maria*, emitido em Portugal pela Rádio Renascença, em cerca de 500 episódios (1973-74), e *The Romance of Helen Trent*, ininterruptamente transmitido nos Estados Unidos, pela CBS, durante 27 anos, deve muito ao hábil doseamento dos ingredientes mencionados.

A projeção da rádio e das suas narrativas (e também dos seus heróis e temáticas preferidas) foi sugestivamente retratada por Woody Allen em *Radio Days* (1987). Entretanto, desde que, a partir da década de 50 do século XX, a televisão se impôs como *medium* com grande alcance, a rádio, enquanto espaço de produção narrativa, teve de se reajustar a um novo ecossistema mediático e sociocultural. Nesse contexto de mudança, o romance radiofónico foi perdendo a relevância que tivera durante décadas, com reorientação de uma parte importante do seu público para a telenovela. Isso não impede que se reconheça uma certa cumplicidade, em termos socioculturais, entre ambos os géneros, bem atestada pelo facto de alguns romances radiofónicos terem dado lugar a versões em telenovela ou vice-versa (por exemplo, o mencionado *Simplesmente Maria*, produzido como telenovela no Peru, em 1969, no Brasil, em 1970 e 1971, e no México, em 1989 e 1990).

S

SEGUNDA PESSOA - V. Pessoa.

SEQUÊNCIA

1. De forma genérica, a *sequência* pode ser entendida como a fração autónoma de uma *ação* (v.) mais ampla. Essa fração implica acontecimentos provindos de outras sequências que ela desenvolve, prepara acontecimentos que se lhe seguem e eventualmente atinge um *desenlace* (v.).

O termo sequência regista um uso consolidado na metalinguagem dos estudos narrativos, em especial no cinema. Assim, a propósito de *Apolcalypse Now* (1979), de Francis Ford Coppola, falamos na sequência do ataque dos helicópteros, constituindo um *episódio* (v.) da mais vasta ação que o filme conta; naquela sequência estão envolvidas personagens e um certo cenário, ações e reações, movimentos de câmara e uma composição musical (a *Cavalgada das Valquírias*, de Wagner), não como banda sonora exterior, mas como componente da ação, com grande força expressiva.

2. O índice de autonomia das sequências tem a ver com a composição mais ou menos aberta do relato: se este inclui uma *intriga* (v.) bem encadeada, as sequências ocupam lugares próprios na estrutura da narrativa e essas posições são decisivas para o avanço da história; veja-se o que usualmente acontece em romances realistas ou naturalistas, em particular naqueles casos em que se delineia um *romance de tese* (v.). Se, pelo contrário, a narrativa se configura de forma aberta e fragmentária, a posição e mesmo a inclusão de sequências assumem grande flexibilidade; assim, em relatos com forte componente de ilustração social ou psicológica, a sucessão de sequências não obedece a uma sintaxe rígida (p. ex., na *Peregrinação*, 1614, de Fernão

Mendes Pinto, em *À la recherche du temps perdu*, 1913-27, de Proust, ou no *Livro do desassossego de Bernardo Soares*, 1982).

3. Nos primórdios da narratologia, a análise estrutural da narrativa conferiu um certo destaque à operacionalidade da sequência: ela descreve um agrupamento coeso de unidades narrativas, perspetivando-se uma sua articulação sintática que explicite a lógica das ações relatadas. Como os textos narrativos, regra geral, comportam sempre mais do que uma sequência, é ao nível das conexões intersequenciais que se completa a análise da organização sintática da narrativa.

Estes princípios reconhecem-se nas propostas formuladas, nos anos 60 e 70, por vários estudiosos, eventualmente com o suporte matricial da morfologia do conto proppiana. Assim, para Roland Barthes, a sequência é uma unidade superior que compreende uma sucessão de átomos narrativos unidos por relação de solidariedade: "A sequência inicia-se quando um dos seus termos não tem antecedente solidário e fecha-se quando outro dos seus termos deixa de ter consequente" (Barthes, 1966: 13). Para Claude Bremond, a sequência resulta da combinação de três funções que correspondem às etapas do desenrolar de qualquer processo: virtualidade, atualização e acabamento (cf. Bremond, 1966). Segundo Todorov, a sequência agrega proposições narrativas: "Uma narrativa ideal começa por uma situação estável que uma determinada força vem perturbar. Daí resulta um estado de desequilíbrio; pela ação de uma força dirigida em sentido inverso, o equilíbrio é restabelecido; o segundo estado de equilíbrio é semelhante ao primeiro, mas nunca é idêntico" (Todorov, 1973: 82). Semelhante à conceção todoroviana é a sequência quinária descrita por Paul Larivaille, articulada no seguinte processo dinâmico: 1) situação inicial; 2) perturbação; 3) transformação; 4) resolução; 5) situação final (cf. Larivaille, 1973; Larivaille, 1974). Esta sequência-tipo pode reproduzir-se ciclicamente, de forma defetiva ou saturada; pelo seu elevado grau de generalidade, ela permite descrever a sintaxe de qualquer narrativa, tanto a nível microestrutural como no plano macroestrutural.

4. Com o esgotamento epistemológico do estruturalismo o conceito de sequência, tal como então foi elaborado, perdeu pertinência. Entretanto, a revitalização da análise das ações narrativas (em especial, da intriga), no quadro alargado e interdisciplinar dos estudos narrativos, reabriu o debate em torno da sequência; essa revitalização estende-se ao campo de narratologias

específicas (p. ex., *narratologia transmediática* e *narratologia cognitiva;* v.), a questões atinentes à retórica narrativa, à chamada narrativa não natural, a relatos não literários (como a *banda desenhada;* v.) e mesmo a um tema tão problemático como a narratividade na música (cf. Baroni e Revaz, 2016).

Por outro lado, considerada no plano da leitura da narrativa, enquanto texto escrito (diferente, como tal, da receção em devir temporal do relato oral ou da narrativa cinematográfica), a noção de sequência assume um outro sentido, diretamente relacionado com o princípio da sequencialidade enquanto "sucessão linear e unidirecional de elementos ou de eventos, quer reversíveis (como o movimento no espaço), quer irreversíveis (como o fluxo temporal)" (Garbes, 2014: § 1). De acordo com esse princípio, observa-se que, "embora os autores usualmente estruturem as suas narrativas na expectativa de que os leitores as lerão na sequência em que foram escritas, eles também sabem que, por exemplo, muitos leitores de romances policiais leem o final antes de lá chegarem, para saberem 'quem fez'[*whodunit*]" (Garbes, 2014: § 3).

A desconstrução lúdica da sequencialidade narrativa ilustra-se, por exemplo, em *Rayuela* (1963), de Julio Cortázar, através da possibilidade de o leitor optar pela sequência ordenada do relato ou pela sua reorganização, a partir de um quadro de orientação que abre a obra. Por sua vez, a inserção de narrativas em plataformas digitais permite atualmente que o espectador decida a sequência de visionamento de episódios de uma *série* (v.), com consequências sobre os efeitos recetivos que ela provoca.

[com A.C.M.L.]

SERIADO – V. Série.

SERIALIDADE – V. Série.

SÉRIE

1. Designa-se como *série* um conjunto de episódios ou de unidades narrativas autónomas que, estruturado em função da continuidade que é assegurada por uma ou por várias entidades (personagens, ações, espaços, dispositivos narrativos, temas dominantes, etc.), se estende ao longo de um tempo relativamente alargado.

No seu conjunto, a série não obriga necessariamente a um *desenlace* (v.), mas tão só ao respeito por aquela continuidade, que corresponde ao princípio da serialidade. Por sua vez, a *serialização* é o conjunto de processos técnicos e de *estratégias narrativas* (v.) que resulta na construção de uma série, num suporte e num contexto mediático específicos (p. ex., a elaboração, em escrita serial, de um romance na televisão ou de episódios concebidos para a configuração de uma série). Em termos genéricos, pode dizer-se que a série envolve uma componente de segmentação, responsável pelo seu fracionamento em várias unidades, uma dinâmica de sequencialidade, que permite acompanhar a sucessão das ações, e uma exigência de fracionamento temporal, traduzida nos intervalos que separam os episódios.

2. A serialidade e a dinâmica narrativa da série podem ser remetidas para origens muito remotas, inclusive com base mitológica (p. ex., o relato dos doze trabalhos de Hércules). Bem mais próximo de nós e coincidindo com a época de maior fulgor e difusão sociocultural do *romance* (v.), a série romanesca consiste na sucessão de um conjunto de romances ligados entre si por laços de diversa natureza (membros de uma família, ambientes, tempo histórico, etc.). Por vezes, esses laços são reforçados por um título genérico: em *La comédie humaine*, de Balzac, tal como está exposto no prefácio, o título sugere um projeto que os romances desenvolvem; tendo-se declarado "secretário" da sociedade francesa da primeira metade do século XIX, o romancista representa, na cena de cada romance, os costumes e os tipos humanos que povoam essa sociedade. Daí as gigantescas proporções de um empreendimento que, como usualmente ocorre com a série romanesca, requer dimensões temporais e humanas muito amplas.

No interior de cada unidade romanesca e na passagem de uma para outra dessas unidades, as principais categorias da narrativa são sujeitas a tratamentos que consolidam a série como tal. O *título* e o *subtítulo* (v. estes termos) de uma série naturalista por Émile Zola confirmam a relação entre os seus componentes temáticos e as estratégias narrativas instauradas: em *Les Rougon-Macquart. Histoire naturelle et sociale d'une famille sous le Second Empire* (1871-93), Zola impõe à série uma continuidade manifestada no tratamento das *personagens* (v.) de uma família, sujeitas a procedimentos de *caracterização* (v.) que realçam o tema da decadência por via hereditária; daí a representação de um tempo ramificado e sujeito a retrospetivas (v. *analepse*) de intuito explicativo. Por sua vez, o espaço e o tempo históricos

(p. ex., nos *Episodios nacionales*, 1873-1912, de Galdós) são ilustrados por forma a que nele se destaquem os componentes sociais e epocais que enquadram os conflitos das personagens; para tal, muitas vezes o narrador adota a *focalização omnisciente* (v.), que lhe confere uma posição privilegiada para arquitetar a série romanesca.

Certos subgéneros narrativos, como o *romance policial* (v.), cultivam uma serialidade difusa, assente na permanência de uma personagem central (Sherlock Holmes, Hercule Poirot, Philip Marlowe ou o inspetor Maigret) e em comportamentos relativamente estereotipados, com forte potencial transmediático, dando lugar a *adaptações* (v.) e a *refigurações* (v.) cinematográficas e televisivas. Registe-se ainda que a autonomia das várias peças de uma série romanesca tem a ver com o desenho da *ação* (v.), no interior de cada romance: quando nele se desenrola uma *intriga* (v.), a sua composição fechada, resolvendo e encerrando os eventos representados, dilui a interdependência dos vários romances e distancia a série da dinâmica do *folhetim* (v.).

3. No multifacetado sistema mediático da *televisão* (v.), chama-se série a um conjunto de relatos autónomos relativamente breves (30 a 60 minutos), articulados de acordo com o princípio da serialidade e emitidos com regularidade. Note-se que este processo comunicacional pode ser significativamente alterado, com incidências na construção da série, desde que ela é difundida a partir de plataformas digitais que facultam ao recetor um certo grau de interatividade (por exemplo, decidindo que episódios ver e quando). Em todo o caso, a série televisiva pode ser abordada como um texto audiovisual dominado pela recorrência temática, entendida esta como "o facto de uma série de ingredientes de origem literária – ou coincidência literária, com origem mítica compartilhada – reaparecerem constantemente na produção cultural" (Tous Rovirosa, 2008: 33).

Subordinada às imposições que regem a comunicação em televisão, a série televisiva revela, em certos casos, afinidades funcionais com a série romanesca e pode atingir graus de complexidade temática e compositiva apreciáveis. Um exemplo: *Game of Thrones* (2011 e ss.), por David Benioff e D. B. Weiss, a partir da série romanesca *A Song of Ice and Fire* (1996 e ss.), de George R. R. Martin, segue várias linhas de ação, convoca um grande número de personagens e contempla temas fantásticos, históricos e mítico--simbólicos com considerável capacidade de atração de um público de dimensão planetária.

Girando normalmente em torno de uma situação específica (um conflito dinástico, a fuga de um evadido, a evolução de uma grande empresa, o trajeto de uma família), a série televisiva integra episódios que, em cada unidade, normalmente apresentam uma intriga própria desenvolvida e encerrada no lapso desse episódio. A série exige, todavia, uma continuidade que lhe é conferida pelo tratamento a que certas categorias narrativas são submetidas. O protagonista ou um coletivo de personagens (p. ex., uma equipa de investigadores policiais ou de advogados) são elementos constantes ao longo da série, a par de elementos de *caracterização* (v.) calculadamente estáveis: certos objetos e peças de indumentária (o cachimbo de Maigret ou a gabardine de Columbo), atitudes e traços psicológicos persistentes (os gestos extravagantes de Kramer ou as gafes de George Costanza, em *Seinfeld*) reaparecem em cada episódio, emblematicamente ligados às figuras que acompanham, o que constitui um procedimento herdado do cinema (recorde-se Charlot, Pamplinas ou Bucha e Estica). Do mesmo modo, os *espaços* (v.) desempenham funções acessórias de caracterização: eles balizam a movimentação das personagens (o que, em muitos casos, é imposto por razões de economia de produção) e permitem o seu fácil reconhecimento, ao mesmo tempo que evidenciam, prolongando-as metonimicamente, as respetivas características psicossociais. Por isso, numa série bem construída, o espectador rapidamente apreende os papéis das personagens, bem como os temas e as dinâmicas da ação.

4. Sendo exibida normalmente com uma determinada periodicidade, a série televisiva recorre a elementos de recapitulação próprios: cada episódio pode exigir um brevíssimo movimento analéptico, recordando as coordenadas centrais da série, ou servir-se do genérico para reintroduzir as personagens e as situações dominantes; além disso, a extensão relativamente abreviada de cada episódio obriga a uma gestão hábil da *velocidade* (v.) narrativa, de modo que se resolvam os incidentes desse episódio. Isso explica o recurso frequente a *elipses* (v.) ou a processos paraliterários, como a *voz over* (v.) do narrador.

Importa, entretanto, assinalar uma certa diversificação da série, correspondendo a duas modalidades: a repetição por acumulação, consubstanciada naquelas cujos episódios são claramente autónomos e não etapas de uma ação global (série *status quo*, como em *Columbo*); a repetição progressiva ou com continuação, concretizada de tal modo que a redundância de certos componentes não impede a orientação das ações para um momento final (como em *Breaking Bad,* 2008-2013, de Vince Gilligan) (cf. Calabrese, 1984: 74 ss.; Balogh, 2002: 105-106). Neste caso, justifica-se a designação *seriado* (*serials,* em inglês; cf. Huisman, 2005: 153-155; Jones, 2005), referida a um conjunto de episódios em que se reconhece uma linha diegética contínua, "com progressos de cada um de um número finito de episódios para o próximo (...), rumo a um fecho, no episódio final" (Dunn, 2005: 132); acontece assim em cada temporada de *House of Cards,* criação de Beau Willimon, a partir da minissérie homónima por Andrew Davies (BBC, 1990), ambas baseadas num romance (de 1989) da autoria de Michael Dobbs. Outras distinções operatoriamente pertinentes: a série pode ser ficcional, como nos exemplos até agora aduzidos, mas também não ficcional, incidindo sobre temas científicos, históricos, etc. (p. ex., *Life on Earth: A Natural History,* 1989, por David Attenborough, ou *Cosmos: A Personal Voyage,* 1980 e ss., por Carl Sagan, Ann Druyan e Steven Soter).

5. A série é um género narrativo que, nos nossos dias, ocupa um espaço considerável na cena mediática; entre as mais populares podemos destacar as de temática policial, as de temática familiar e as chamadas *sitcoms* (de *situation comedy*), configurando verdadeiros *subgéneros narrativos* (v.). Nos dois primeiros casos, a série televisiva acentua as suas afinidades com a narrativa literária (respetivamente, com o *romance policial* e com o *romance de família;* v. estes termos); por sua vez, os antecedentes da *sitcom* localizam-se no mundo do espetáculo propriamente dito (p. ex., na *stand-up comedy*).

5.1. A série policial gira, em princípio, em torno da figura do investigador ou do detetive, profissional ou amador (Columbo, Maigret, Jessica Fletcher, etc.), e constrói cada episódio sobre a necessidade de resolver um enigma (a autoria de um crime), num percurso de procura em que o protagonista é acompanhado pelo espectador. Daí certas características estruturais e comportamentais apresentadas pela série policial: uma intriga tensamente encadeada, o recurso ao olhar do detetive (muitas vezes em *focalização interna;* v.), a *analepse* que no final explica a execução e as motivações do crime, etc., tudo por junto podendo configurar um subgénero relativamente estereotipado e obedecendo a padrões ético-morais estáveis (cf. Westlake, 1990). Note-se, a este propósito, que *Columbo* (1968 e ss.), criação de Richard Levinson e William Link, com Peter Falk no protagonista, foi uma série policial em parte inovadora: nela seguia-se inicialmente o ponto de vista do criminoso, preparando meticulosamente um homicídio perfeito, para depois se acompanhar o ponto de vista do detetive e o seu labor de incriminação de um culpado que o espectador já conhecia.

5.2. A série de temática familiar privilegia, em princípio, uma personagem coletiva, a família, cuja evolução, cujas ligações afetivas e dissensões vão sendo determinadas pelos comportamentos dos seus vários componentes; permanece, no entanto, ao longo da série, o coletivo familiar, quando muito sujeito a alargamentos, reajustamentos ou defeções (nascimentos, casamentos, divórcios, mortes, etc.). De acordo com uma função de compensação psicossocial que a televisão desempenha, as famílias representadas pertencem por vezes a estratos económico-sociais destacados (p. ex., *Dallas*, *Dinasty*, *Falcon Crest*, etc.), eventualmente com tendência para vivências melodramáticas que as aproxima da tonalidade emocional da *soap opera* (v. *telenovela*) (cf. Feuer, 1990). A prevalência da família como núcleo funcional e semântico da série é assegurada por fatores que reaparecem em cada episódio: a capacidade aglutinadora do chefe do clã, o peso psicológico de títulos de nobreza ou de espaços ancestrais, os laços económicos que unem os membros da família, etc. Note-se ainda que, na transmediação do romance de família para a série de tema familiar, é no plano diegético que as afinidades permanecem; assim, em *The Forsyte Saga* (1967, adaptada por Donald Wilson a partir da série romanesca homónima de John Galsworthy) ou em *Die Buddenbrooks* (1979, realização de Franz Peter Wirth, a partir do romance de Thomas Mann), a serialização televisiva sujeita a economia romanesca original aos princípios compositivos da série e às expectativas socioculturais a que ela responde.

5.3. A *sitcom* constitui um subgénero da série que é composto, produzido e realizado a partir de elementos simples, pouco numerosos e fortemente redundantes. Conforme a designação indica, na *sitcom* adota-se uma situação de referência (uma família, um grupo de amigos, um bar) que enquadra temas do quotidiano, vividos por personagens estereotipadas com virtualidades cómicas; a ênfase social própria da *sitcom* advém do facto de, nela, ser "o grupo de personagens e as possibilidades da sua interação que conduzem as ações na intriga" (Huisman, 2005a: 177). Conforme ficou sugerido, a *sitcom* relaciona-se com a *stand-up comedy*, mas também com a chamada *sketch comedy* e, mais remotamente, com o diálogo radiofónico, anterior ao aparecimento da TV (em Portugal, foram muito populares, nos anos 40, os diálogos da Lélé e do Zequinha, por Irene Velez e Vasco Santana). Tendo dado lugar a séries com grande êxito de público – como a pioneira *I Love Lucy* (1951 e ss., por Jess Oppenheimer e outros) e *All in the Family* (1971-1979, por Norman Lear), considerada um clássico do género –, a *sitcom* evoluiu, até se transformar em questionação das suas fronteiras e dos seus limites. Na mais famosa de todas as *sitcoms*, *Seinfeld* (1989-1998), de Larry David e Jerry Seinfeld, elementos do real (o próprio comediante Jerry Seinfeld) interagem com elementos ficcionais, num contexto narrativo propício a indagações metaficcionais (acerca da condição da personagem ou da estrutura da *sitcom*) (cf. Hurd, 2006; Docker, 2018). Registe-se ainda que, nos últimos anos, a *sitcom* conheceu inovações e refinamentos que incluem, por exemplo, a interpelação do espectador (como em *Modern Family*, 2009 e ss., de Christopher Lloyd e Steven Levitan), a anulação da audiência ao vivo e mesmo a adoção do desenho animado (*The Simpsons*, 1989 e ss., de Matt Groening; cf. McAllister, 2018).

6. A série televisiva pode ser associada à lógica das séries cinematográficas produzidas sobretudo a partir da segunda década do século XX; nelas, era já evidente a permanência de personagens ao longo dos vários episódios, bem como a sua periódica difusão, representando ações excitantes anunciadas em títulos como *The Perils of Pauline*, *The Exploits of Elaine*, *Adventures of Captain Marvel*, etc. (cf. Stedman, 1977; 12 ss., 47-49). Modernamente, sagas cinematográficas de grande sucesso conservam elementos de continuidade serial que prolongam em sucessivos episódios o interesse de um público massificado e disponível para vivências com grande impacto comercial, no plano da chamada *fan fiction* (cf. Hellekson e Busse, eds., 2006). Dois exemplos: *Star Wars* (trilogia inicial, de 1977 a 1983, com escrita e realização de George Lucas, entre outros) e *The Lord of the Rings* (2001-2003, trilogia realizada por Peter Jackson, baseada no romance homónimo, de J. R. R. Tolkien).

SHOWING – V. Narração.

SIGNO NARRATIVO

1. O conceito de *signo narrativo* é aqui adotado com base numa vasta e diversificada reflexão em torno da questão da semiose e da decorrente produção de significação, em contextos de comunicação específicos, incluindo a comunicação literária. Dessa reflexão alargada (cf. Reis e Lopes, 2011:

381-385) reteremos aqueles aspetos que consideramos relevantes para a teoria semiótica da narrativa.

1.1. O signo é originariamente duplo (marca e ausência), mas assume uma tripla dimensão: sintática, semântica e pragmática.

1.2. O signo integra-se num sistema, obedecendo a sua atualização em mensagens às regras de um *código* (v.).

1.3. O signo literário estrutura-se, muitas vezes, a partir dos rasgos fónicos e semânticos do signo linguístico (p. ex., aliterações, rimas, metros, figuras retóricas como a metáfora ou a comparação, etc.).

1.4. O signo literário não se sujeita a uma convencionalidade rígida; a sua condição icónica e figurativa sustenta-se na semelhança entre o representante e o representado, pela via do simbolismo fonético e da imagem verbal e mental.

2. Com as dificuldades inerentes à condição polissémica da noção de signo, acentuada pela diversidade de perspetivas teóricas em que ele tem sido analisado, tentar-se-á, ainda assim, uma definição de *signo narrativo*: trata-se de uma unidade discreta de produção de sentido, regida pelo princípio da solidariedade entre o representante (plano da expressão) e o representado (plano do conteúdo), cuja eficácia semântica se ativa, eventualmente em níveis autónomos, no quadro modal da *narratividade* (v.). Nesse quadro modal, o signo narrativo participa em combinações sintáticas viabilizadas pelo código de que ele emana e desenvolve efeitos pragmáticos que remetem para os grandes sentidos propostos pelo relato.

As diferentes facetas do signo narrativo a seguir caracterizadas procuram evidenciar a pertinência da definição esboçada. Essa caracterização envolve algumas das principais categorias da narrativa, suscetíveis, em determinados contextos, de serem postuladas como signos narrativos.

3. Considerando a distinção de dois níveis da narrativa, destrinçamos signos narrativos que operam no nível da *história* (v.) e signos narrativos que operam no nível do *discurso* (v.); entretanto, esta distinção não impede que uns e outros surjam sintaticamente articulados. Entre os primeiros (descritos nas entradas respetivas deste dicionário), observamos a personagem, o espaço e a ação, categorias nucleares da história suscetíveis de

serem individualizadas como entidades discretas e entendidas como signos; para tal, elas são investidas da função de representação semântica que podemos notar num *tipo* (v.) social, num espaço simbólico ou numa teia de ações; o *nome próprio* (v.) das personagens, os discursos que enunciam, as descrições que incidem sobre elas ou sobre os espaços, o jogo de forças que configuram uma intriga constituem procedimentos de manifestação de sentidos que, por sua vez, remetem para o elenco de temas e para o sistema ideológico que presidem ao relato.

No plano do discurso (que foi objeto de considerável atenção por parte da narratologia dos anos 70 e 80), os signos narrativos que identificamos como mais expressivos são sobretudo os do âmbito do *tempo* (v.) e da representação narrativa, designadamente as categorias abarcadas pelo *modo* (v.): *analepse* e *prolepse, pausa descritiva* e *elipse, cena* e *sumário, focalização interna, externa* e *omnisciente* (v. estes termos) podem ser postulados como signos narrativos que estabelecem relações sintáticas entre si (uma focalização omnisciente conjuga-se com uma analepse e prepara o predomínio da focalização interna); os significados que eles veiculam desenvolvem-se em função de dois fatores: o cotexto, instituído pelas *"relações internas, intensionais,* construídas pelos componentes textuais no seio da extensão de discurso verbal a que chamamos texto" (Petöfi e García Berrio, 1978: 88); o *contexto* (v.), como conjunto de determinações semântico-extensionais que inscrevem o texto numa certa "ordem social, histórica, religiosa, comunicativa, etc." (Petöfi e García Berrio, 1978: 88).

Exemplificando: a representação de uma personagem-tipo através de uma focalização omnisciente em pausa descritiva ativa três signos narrativos, conexionados entre si por ligação cotextual e indissociáveis do cenário contextual em que o relato se situa. Estamos, assim, perante aquilo que Philippe Hamon designou como personagens-referenciais; elas "remetem para um sentido pleno e fixo, imobilizado por uma cultura, para papéis, programas e empregos estereotipados, dependendo a sua legibilidade diretamente do grau de participação do leitor nessa cultura (...). Integradas num enunciado, servirão essencialmente de 'ancoragem' referencial, remetendo ao grande Texto da ideologia, dos 'clichés' ou da cultura" (Hamon, 1977: 122).

Registe-se, por último, que a operatividade destes e de outros signos narrativos não anula a possibilidade de integração, na articulação do relato, de signos literários não especificamente narrativos: registos do discurso, símbolos, imagens, alegorias, etc.

[com A.C.M.L.]

SILEPSE

1. O termo *silepse* provém da terminologia gramatical, designadamente do âmbito da concordância e das suas modulações. Em narratologia, a silepse designa a representação sintética e redutora de vários eventos associáveis por um qualquer critério de aproximação: temporal, espacial, temático, etc. (cf. Genette, 1972: 121).

2. A frequência temporal de tipo *iterativo* (v.) pode ser considerada uma silepse temporal, eventualmente explicitada por expressões como "todos os dias", uma vez que aquela frequência reúne em uma única formulação vários acontecimentos idênticos. Por exemplo: «Então todos os dias, durante semanas, [Carlos da Maia] teve essa hora deliciosa, esplêndida, perfeita, "a visita à inglesa"». (Eça de Queirós, *Os Maias*, p. 384)..

SINGULATIVO, Discurso

1. O *discurso singulativo* é uma modalidade de tratamento da *frequência* (v.) temporal e corresponde à sua elaboração mais comum (cf. Genette, 1972: 145 ss.; Genette, 1983: 26-27). De acordo com a elaboração singulativa, a narrativa relata uma só vez o que aconteceu: "Tomei o comboio na estação de Castanheira, depois que o Calhau deixou de me abraçar" (Vergílio Ferreira, *Manhã submersa*, p. 11).

2. Representando ações singulares, o discurso singulativo expressa-se normalmente através de tempos verbais com feição aspectual de momentaneidade ou de ocorrência pontual, como é o caso do pretérito perfeito ou da sua variante estilística, o *presente histórico* (v.). Do mesmo modo, o discurso singulativo adequa-se à representação do *diálogo* (v.), em conjugação com a *velocidade* da *cena* (v. estes termos); é essa representação que se identifica com o tipo de relato a que a crítica anglo-americana chamou *showing* (v. *narração*).

SITUAÇÃO NARRATIVA

1. O conceito de *situação narrativa* ganhou pertinência desde que foi proposto por Franz Stanzel, com base na análise de dominantes

semionarrativas observáveis em muitos romances. Em função dessa proposta e também dos seus desenvolvimentos, dizemos que uma situação narrativa é o resultado da combinação de diversos elementos estruturantes do relato, com efeitos no processo de *mediação narrativa* (v.). Designadamente: a pessoa do narrador, a sua relação com a história, a sua atitude variavelmente interventiva e a perspetiva narrativa adotada. Deste modo, "a situação narrativa pode revelar o ângulo, o viés e os tipos de referências e de relações através dos quais o material narrado é apresentado ao leitor" (Stanzel, [1955] 1971: 29).

2. A configuração de situações narrativas tipificadas relaciona-se com opções representacionais que remontam às reflexões platónica e aristotélica acerca da imitação, dos géneros literários e da sua eventual composição mista (v. *representação*). A isto devemos acrescentar, num quadro de análise pré-narratológico, a díade *showing/telling* que fundamenta a distinção entre uma técnica de representação dramatizada (*showing*) e outra em que o narrador manifesta a sua presença ativa (*telling*) (v. *narração*).

Indo além de uma descrição diádica, Stanzel prefere uma caracterização triádica das situações narrativas.

2.1. Na situação narrativa chamada *autoral*, o narrador é uma entidade estranha à história, mas com o poder de orientar, de proceder a comentários intrusivos (v. *intrusão do narrador*) e, em geral, de enunciar o relato com grande liberdade de movimentos (cf. Stanzel, [1955] 1971: 27 e 38 ss.). Nesta situação narrativa, predomina a *focalização omnisciente* (v.).

2.2. Na situação narrativa designada como *figural*, "o poder de criar ilusão e ordem, bem como de interpretar o mundo origina-se numa figura do romance, o *medium* figural" (Stanzel, [1955] 1971: 28; cf. também 92 ss.). Neste caso, o centro de orientação do leitor corresponde ao aqui e agora da figura integrada na história, muitas vezes em regime de *focalização interna* (v.).

2.3. Na situação narrativa de *primeira pessoa* verifica-se "a identidade dos domínios de existência do narrador e do mundo ficcional" (Stanzel, [1955] 1971: 59]. Correspondendo à mesma pessoa cindida, o narrador do presente da narração e a personagem do passado da história estabelecem entre si uma distância que não só é temporal, mas também emocional, social, ideológica, etc. (v. *eu-narrador* e *eu-personagem*).

3. O conceito de situação narrativa e as suas potencialidades heurísticas foram retomados por Franz Stanzel, no quadro da narratologia e na sequência da revisão terminológica e conceptual que Gérard Genette levou a cabo, com os resultados que são conhecidos (cf. Genette, 1972; Genette, 1983). Nesse novo contexto, Stanzel amenizou a aparente rigidez da sua tipologia, notando que, num determinado relato, pode operar-se um processo de *dinamização*, traduzido numa "sequência de modificações, de transições e de sobreposições das situações narrativas, entre o princípio e o fim de uma obra" (Stanzel, 1984: 47). A par disso, são incorporadas na caracterização das situações narrativas certas categorias visivelmente provindas da narratologia genettiana; atinge-se, assim, um índice de especificação deduzido do recurso à *pessoa* (v.), à *perspetiva* (v.) e ao *modo* (v.), enquanto fatores de particularização das três situações narrativas já referidas. Observe-se o seguinte diagrama (em Stanzel, 1984: 56):

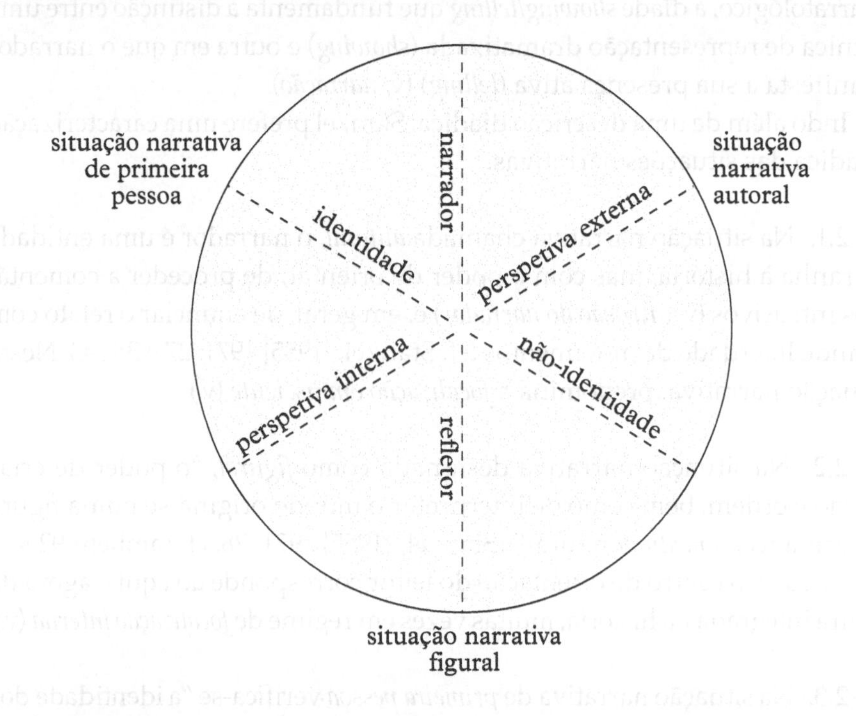

Por este caminho, a noção de situação narrativa contribui para aprofundar o sistema de posições das pessoas da narração (*heterodiegético, homodiegético* e *autodiegético*; v. estes termos) e, de forma menos evidente, para flexibilizar a distinção de *níveis narrativos* (v.) autónomos.

SJUZHET - V. Intriga.

SOAP OPERA - V. Telenovela.

SOBREVIDA

1. Chama-se *sobrevida* de uma personagem ao prolongamento das suas propriedades distintivas, como figura ficcional, permitindo reconhecer essas propriedades noutras figurações, para este efeito designadas como *refigurações* (v.). A sobrevida concede à personagem uma existência autónoma, transcendendo o universo ficcional em que ela surgiu originariamente (v. *transficcionlidade*); deste modo, uma determinada personagem, eventualmente com grande notoriedade e potencial de reconhecimento (Ulisses, Dom Quixote, Emma Bovary, James Bond), pode ser reencontrada noutras práticas narrativas e não narrativas, bem como em mensagens não literárias (na publicidade, p. ex.). Para que a sobrevida se efetive, torna-se necessário retomar, pelo menos em parte, a imagem física, bem como marcantes atributos psicológicos e sociais da personagem, que viabilizam aquele seu reconhecimento, fora do contexto original.

2. A sobrevida da personagem ocorre em narrativas verbais e literárias, quando ela migra de uma narrativa para outra (como acontece nas séries romanescas em que as personagens transitam entre romances), mas verifica-se também em narrativas enunciadas noutros suportes e noutras linguagens: no cinema, na televisão, na rádio, na publicidade, nos videogames, etc. As transposições intermediáticas, na *adaptação* (v.) cinematográfica de romances ou em edições ilustradas, constituem casos relativamente frequentes de sobrevida da personagem, mesmo quando isso acontece em regime paródico.

Em termos mais alargados, entende-se como sobrevida a presença física da imagem ou de características de certas personagens no nosso mundo e na nossa vida quotidiana, até mesmo no plano idiomático. É isso que acontece com o uso de adjetivos como *quixotesco, bovarista* ou *acaciano;* muito significativa igualmente é a implantação de estátuas de personagens em espaço público, com dimensão humana e integradas num trajeto urbano: a estátua de Ana Ozores, protagonista de *La Regenta* (1884-85), de Clarín, na praça da catedral de Oviedo (autor: Mauro Álvarez Fernández); as de Sancho Pança e Dom Quixote, em frente à casa em que nasceu Cervantes, em Alcalá de Henares (autor: Pedro Requejo Novoa). Estamos, assim, no domínio das projeções da ficção e das personagens ficcionais sobre o mundo real: "Como modelos, elas podem influenciar o nosso comportamento de modo tão efetivo como os heróis reais. Não é verdade que a publicação do *Werther* desencadeou uma vaga de suicídios?" (Pavel, 1986: 85).

3. A existência derivada que a sobrevida da personagem faculta deduz-se, numa perspetiva fenomenológica, da chamada vida da obra literária: "A obra literária 'vive', na medida em que atinge a sua expressão numa multiplicidade de concretizações" (Ingarden, [1931] 1973: 380). Assim, a personagem prevalece sobre a ficção e sobrevive-lhe, por força de um processo generalizado de *metalepse* (v.) (cf. Reis, 2016: 145 ss.), que requer uma certa disponibilidade cognitiva: é ao nível do leitor (ou do espectador) e do seu apetrechamento cultural que uma personagem é reconhecida, tal como a sua proveniência literária. E assim, quem não leu *La Regenta* ou desconheça por inteiro o romance de Clarín pouco mais verá, na Praça da Catedral, do que uma estátua de bronze, sem alcançar a razão daquela representação, mais de cem anos depois da ação do relato.

Isto significa que a *leitura* (v.) ou, em geral, a receção artística podem intervir, em vários níveis, na criação de condições para a sobrevida da personagem e até para a sua transformação. No plano exegético, as personagens de Jane Austen, de Dickens ou de Flaubert não são as mesmas, antes e depois do marxismo, da psicanálise ou dos estudos feministas. De certa forma, foi a esse plano exegético que se referiu um ensaísta quando descreveu a sua relação com Cervantes e com Dom Quixote: "Não creio dever repetir que me sinto mais quixotista do que cervantista e que pretendo libertar o Quixote do próprio Cervantes". E mais adiante: "As personagens de ficção têm, na mente do autor que os finge, uma vida própria, com uma certa autonomia, e obedecem a uma íntima lógica de que nem o dito autor está consciente" (Unamuno, 2014: 7). Noutro texto: "Fora dela [da obra] viveu e vive o engenhoso fidalgo" (Unamuno, 1970: 67).

4. A ficção narrativa cinematográfica, tal como a televisiva, é um terreno muito fértil para a sobrevida das personagens. Acontece assim sobretudo em casos de adaptação de obras ficcionais, incluindo inevitáveis procedimentos de refiguração. Intervêm nesses procedimentos, com consequências

no fenómeno da sobrevida, diversos fatores de produção e de realização, com especial incidência na questão do *casting*: a escolha de um ator (rosto, corpo, pose, até mesmo notoriedade) para interpretar uma personagem pode determinar a sua feição e o seu destino. Confrontem-se, para o confirmar, três diferentes interpretações de Emma Bovary: por Valentine Tessier (na versão de Jean Renoir, de 1933), por Jennifer Jones (realização de Vincente Minelli, 1949) e por Isabelle Huppert (realização de Claude Chabrol, 1991). Mais ousada e de tonalidade paródica é a versão atualizada da mesma personagem flaubertiana, no filme *Gemma Bovery* (2014), protagonizada por Gemma Arterton (talvez não por acaso homónima, em parte, da protagonista), com realização de Anne Fontaine e a partir do romance gráfico homónimo (de 1999), da autoria de Posy Simmonds.

A figura de James Bond constitui um exemplo muito sugestivo da problemática aqui em análise. Vindo da obra ficcional de Ian Fleming, que conheceu uma projeção apreciável, nos anos 50 do século XX, Bond ganhou uma bem-sucedida sobrevida no cinema, depois de tentativas prévias na televisão (CBS, em 1954) e na banda desenhada (no jornal *Daily Express*, em 1960 e 1961). Nos anos 60, a personagem foi objeto de sucessivas refigurações cinematográficas, prolongadas até aos nossos dias; os atores que deram corpo ao agente 007, de Sean Connery a Daniel Craig, não só condicionaram a sobrevida da personagem, como contribuíram para a sua gradual transformação, muito para além da figuração literária original.

5. O conceito de sobrevida encerra um potencial considerável de trabalho, que se encontra ainda em aberto, mas permitindo já formular pistas de desenvolvimento muito estimulantes. Pelo que ficou dito, parece claro que a valorização operatória deste conceito conduz sobretudo a leituras interdisciplinares e intermediáticas, na linha da abertura metodológica que caracteriza os atuais estudos narrativos (cf. Heinen e Sommer, 2009).

Essas leituras podem envolver não apenas os estudos narrativos, mas também os estudos mediáticos, as ciências cognitivas, os estudos culturais e os estudos comparados (neste caso, no respeitante às dinâmicas interartísticas da adaptação de textos narrativos ficcionais) e ainda campos de estudo cuja motivação ideológica e cujo projeto social lidam com a questão da *identidade* (v.) (p. ex., estudos feministas e estudos pós-coloniais). Estas disciplinas obrigam, naturalmente, a ponderar a sobrevida da personagem e a eventual *reidentificação* dela decorrente, em harmonia com os referidos princípios ideológicos e sociais e com as opções epistemológicas que lhes estão associadas.

STORYWORLD – V. Mundo narrativo.

SUBGÉNERO NARRATIVO

1. Designa-se como *subgénero narrativo* uma categoria genológica secundária e deduzida da especificação funcional e histórico-cultural de um determinado *género narrativo* (v.), assumido como referência matricial e, por assim dizer, de nível superior. O conceito em apreço apoia-se na noção de que os modos e os géneros literários são categorias distintas; os primeiros são entidades meta-históricas e universais (p. ex., a *narrativa* ou o *drama*; v. estes termos), enquanto os segundos correspondem a categorias historicamente condicionadas e empiricamente observáveis (p. ex., o *romance* ou o *conto*; v. estes termos).

2. Na esfera dos géneros narrativos encontram-se subgéneros cuja configuração se explica "em função da específica relevância que no seu código (...) assumem determinados fatores semântico-pragmáticos e estilístico-formais" (Silva, 1983: 399). A diferenciação de subgéneros narrativos verifica-se sobretudo no domínio do romance, género cujo destaque histórico e maleabilidade estrutural consentem diversas modulações; assim, subgéneros como o *romance epistolar*, o *romance histórico*, o *romance de formação*, o *romance cor-de-rosa* ou o *romance radiofónico* (v. estes termos) definem-se a partir de concretas opções temáticas, semionarrativas e mesmo de suporte mediático. Por exemplo, as estratégias de *narração* (v.), o estatuto do *narrador* (v.) ou o tratamento do *tempo* (v.) constituem fatores de determinação importantes, permitindo a identificação de subgéneros narrativos.

O mesmo processo de diversificação pode verificar-se noutros géneros narrativos (p. ex., quando nos referimos a conto fantástico ou a conto policial), bem como em relatos predominantes em contextos mediáticos não literários. Falamos, assim, em série familiar ou em série policial, homologando, no âmbito das narrativas televisivas e como especificação de um género (nestes caso, a *série*; v.), a pertinência conceptual da noção de subgénero narrativo.

SUBJETIVIDADE

1. O termo *subjetividade* utiliza-se correntemente para designar a representação do sujeito da enunciação no enunciado, através de marcas discursivas de natureza emotiva, valorativa, judicativa ou similares. Em detrimento do conhecimento daquilo que é exterior ao sujeito, confere-se destaque, pela subjetividade, às crenças e às atitudes que configuram uma certa *identidade* (v.), incluindo a sua relação com os outros e com o mundo.

2. Uma primeira tentativa de fundamentação linguística do conceito de subjetividade deve-se a Émile Benveniste: "É na e pela linguagem que o homem se constitui como *sujeito*, porque só a linguagem funda realmente na *sua* realidade, que é a do ser, o conceito de 'ego'. A 'subjetividade' de que tratamos aqui é a capacidade do locutor se colocar como 'sujeito' (...) É 'ego' quem diz *ego*" (Benveniste, 1966: 259-260). Nesta perspetiva, a subjetividade traduz-se na emergência do sujeito da enunciação no plano do discurso.

São diversas as modalidades de inscrição do sujeito no discurso que produz: na enunciação discursiva ou experiencial (v. *enunciação*), característica da interação verbal, as formas deícticas de primeira pessoa dos pronomes pessoais remetem diretamente para o locutor, foco estruturante da relação dialógica eu/tu e polo a partir do qual se instituem relações espaciotemporais definidas em função do *aqui* e *agora* criados pelo ato de fala. Para além das expressões deícticas ligadas às categorias de pessoa, tempo e espaço, cujo funcionamento semântico-referencial só pode ser entendido no quadro da enunciação, existem muitas outras formas de manifestação da subjetividade; entre elas destacam-se os termos modalizantes que evidenciam o grau de comprometimento do falante relativamente à verdade do que diz, e os itens lexicais portadores de semas avaliativos ou emotivos, que traduzem um juízo ou uma atitude do falante.

3. Em contexto narrativo, o narrador, enquanto sujeito da narração, com frequência revela a sua presença subjetiva no *enunciado* (v.). É a dimensão discursiva da subjetividade que permite afirmar "que todas as representações mentais são verbais, mesmo se na realidade algumas são proposicionais, enquanto outras se baseiam em imagens" (Margolin, 2009: 49).

A chamada *intrusão do narrador* (v.) constitui o afloramento de uma subjetividade sustentada por certos registos discursivos. Por outro lado, a *focalização* (v.) escolhida condiciona o grau de saliência da voz do narrador e as suas marcações valorativas. Ao optar pela *focalização omnisciente* (v.), o narrador detém prerrogativas seletivas e judicativas que estão excluídas, quando a perspetiva instaurada é a *focalização externa* (v.). Ao privilegiar o ponto de vista de uma personagem, em *focalização interna* (v.), o narrador esbate a sua presença no enunciado e dá lugar à subjetividade dessa personagem, que funciona como filtro qualitativo, no plano da representação da história.

[com A.C.M.L.]

SUBTÍTULO

1. O *subtítulo* é uma extensão do *título* (v.) destinada a clarificar o seu significado, a sublinhar a importância de certos componentes diegéticos e até a orientar a leitura. Diferentemente do título que, salvo exceções, constitui um elemento em princípio necessário e atribuído pelo escritor à sua obra, o subtítulo é um componente paratextual facultativo, mas não destituído de intencionalidade, nos planos semântico e pragmático. Em certos casos, o subtítulo impõe-se publicamente, em detrimento do título: *La nouvelle Heloïse* (1761), de Jean-Jacques Rousseau, é realmente um subtítulo que foi consagrado como mais significativo, quanto aos conteúdos diegéticos que representa, do que o título *Julie*.

2. Inscrito normalmente no frontispício da obra, o subtítulo não se confunde com designações de género, eventualmente necessárias para clarificar o estatuto genológico e ficcional da narrativa. Em *História do cerco de Lisboa* (1989), de José Saramago, a designação "Romance" estampada na capa do volume instaura um contrato de ficcionalidade que a ambiguidade do título poderia prejudicar. Entretanto, o mesmo Saramago reconhece que um subtítulo pode deixar de ter pertinência: só na primeira edição de *Manual de pintura e caligrafia* (1977) aparece o subtítulo *Ensaio de romance*, ainda num tempo, por assim dizer, de aprendizagem; em edições subsequentes, diz o romancista, "já não tinha que lhe manter essa designação, porque entretanto já tinha escrito o *Levantado do chão*, já tinha escrito, creio eu, o *Memorial do convento* (...). Portanto, já estava demonstrado que eu tinha que fazer romances e então acabei por retirar o subtítulo, porque ele deixou de fazer sentido" (Reis, 2015a: 147).

3. O subtítulo constitui uma estratégia literária frequente nos romances do século XIX, em certos casos interagindo com a respetiva condição ficcional. No tempo literário do romantismo, a expressão *Chronique du XIXe siècle* (depois substituída por *Chronique de 1830)* serve de subtítulo a *Le rouge et le noir* (1830), de Stendhal; sublinham-se, assim, as conexões da ficção com um determinado contexto histórico e com as suas raízes factuais. No romance realista e naturalista, o subtítulo evidencia a representatividade crítica e social da literatura, como em *Mœurs de province* (*Madame Bovary*, 1857) ou em *Cenas da vida devota* (*O crime do padre Amaro*, 1880). Em Zola, a série *Les Rougon-Macquart* (1871-93) ostenta um subtítulo com amplo alcance histórico e social: *Histoire naturelle et sociale d'une famille sous le Second Empire.*

SUJEITO/OBJETO

1. No quadro da semiótica greimasiana, o sujeito começou por ser definido como instância do modelo actancial (v. *actante*) e termo correlato do objeto: o sujeito é aquele que quer o objeto, numa relação de transitividade. Numa fase posterior, Greimas formalizou a estrutura lógico-semântica imanente do texto narrativo, através de um número reduzido e constante de categorias opositivas; nessa fase, considerou-se primordial a categoria *sujeito vs. objeto,* na medida em que todas as transformações narrativas aparecem inscritas no discurso sob forma de modificações da relação entre esses dois polos.

2. Se se tiver em conta a estrutura polémica da narrativa, concebida em termos de confrontação, ao papel actancial de sujeito contrapõe-se sempre o de antissujeito. Esta nova oposição actancial permite descrever percursos narrativos paralelos: numa fábula, a aquisição do objeto queijo pelo sujeito raposa corresponde à privação sofrida pelo antissujeito corvo.

3. Note-se que, como acontece com os restantes papéis actanciais, a díade sujeito/objeto não é uma etiqueta fixa, colocada de uma vez para sempre em certos *atores* (v.); um papel actancial constrói-se à medida que a história avança, podendo verificar-se permutas de sequência para sequência, também em função da estratégia interpretativa do *leitor* (v.), sobretudo perante um texto narrativo não estereotipado. No romance *O primo Basílio* (1878), o leitor pode selecionar como sujeito da história Luísa, Basílio ou Juliana; ao privilegiar um destes atores, está a imprimir ao processo interpretativo

um cariz pessoal. Não deve, no entanto, esquecer-se que o narrador eventualmente desenvolve estratégias textuais tendentes a assinalar o sujeito da história (por exemplo, uma *focalização* (v.) preferencial ou uma *caracterização* (v.) desenvolvida).

[com A.C.M.L.]

SUMÁRIO

1. Entende-se por *sumário* toda a forma de resumo da *história* (v.), processado de forma a que o tempo desta apareça, no *discurso* (v.), reduzido a um lapso durativo sensivelmente menor do que aquele que a sua ocorrência exigiria (p. ex., dois anos abreviados em três parágrafos que podem ser rapidamente lidos). Trata-se, portanto, de um signo temporal do âmbito da *velocidade* narrativa, diretamente relacionado com outras modalidades de *anisocromia*, como a *elipse* e a *pausa* (v.), e também com a tentativa de *isocronia* que a *cena* constitui (v. estes termos e cf. Genette, 1972: 129-133).

2. O sumário estabelece relações opositivas sobretudo com a cena (cf. Sternberg, 1978: 19-34), de tal modo que a sua alternância permite, muitas vezes, detetar momentos de diferente relevo funcional e semântico, na estrutura temporal da narrativa. Assim, se a cena corresponde a uma representação dramatizada, o resumo implica, por parte do narrador, um comportamento distinto: acentuando a sua *distância* (v.) em relação aos eventos, o narrador opta por uma atitude redutora que é favorecida pela omnisciência que é própria, em princípio, de tais situações (ele refere-se a eventos passados que conhece); isso permite-lhe selecionar os factos que entende relevantes e abreviar os que julga despiciendos.

3. Pela sua específica configuração e pelas funções que exerce, o sumário traduz uma desproporção durativa que pode ser verificada pela diferença entre a duração do tempo da história contada e a do discurso que a relata. Assim, n'*Os Maias* (1888), os cerca de 55 anos que antecedem o aparecimento do protagonista em Lisboa são resumidos em pouco mais de três capítulos; em *Memórias póstumas de Brás Cubas* (1881), o narrador reduz a cerca de uma página (cap. XX) os anos de juventude passados em Coimbra, assim sugerindo a secundária importância desse tempo, no contexto de um relato que justamente depende da sobrevivência memorial dos factos evocados.

SUPER-HERÓI

1. O *super-herói* é uma personagem dotada de atributos excecionais, que vão além da condição humana, no respeitante a energia física, a poderes mentais e a capacidade de movimentação no espaço e no tempo. Para além disso, o super-herói quase sempre cumpre trajetos narrativos orientados para atos de salvação coletiva, de cumprimento de uma missão difícil ou de triunfo do bem e da justiça. Como se vê, o conceito de *super-herói* estabelece-se no quadro amplo da existência de personagens prototípicas e, mais especificamente, em relação direta com o conceito de *herói* (v.); se este último se afirma pela posição de superioridade que assume, perante a sociedade e perante os homens, o super-herói vai além daquela feição superior e define-se em termos de excesso.

2. A caracterização do super-herói tem em atenção origens culturais remotas e práticas narrativas ancestrais centradas naquelas propriedades transumanas (cf. Arnaudo, 2010: 15 ss.). Tanto no universo da mitologia e da épica greco-latina (Júpiter, Aquiles, Hércules), como em relatos medievais (p. ex., protagonizados por El Cid ou pelo rei Artur), como ainda em epopeias modernas que recuperam e exaltam figuras históricas (veja-se Nuno Álvares, em *Os Lusíadas*, IV, 14 ss.), encontram-se manifestações que apontam para proezas muitas vezes inexplicáveis, de um ponto de vista objetivo e racional; o ideal de supremacia que assim se consubstancia em ações narrativas pode também traduzir-se num pensamento filosófico que busca estádios de elevação da pessoa, acima da mediania dos mortais (p. ex., o super-homem nietzschiano).

Isto não impede que se diga que "o herói dotado de poderes superiores aos do homem comum é uma constante da imaginação popular, de Hércules a Siegfried, de Roldão a Pantagruel e até a Peter Pan" (Eco, 1976: 246). O sentido que, no nosso tempo, pode ser conferido à existência de super-heróis tem a ver com atitudes de sublimação e de compensação, numa sociedade nivelada, mecanizada e às vezes dominada por complexos de inferioridade; "numa sociedade de tal tipo, o herói positivo deve encarnar, além de todo o limite pensável, as exigências de poder que o cidadão comum nutre e não pode satisfazer" (Eco, 1976: 247). É neste contexto que se compreende que o desportista seja muitas vezes elaborado, em relatos mediáticos, de modo a ser visto como um super-herói predestinado a ultrapassar limites que a pessoa comum não alcança; o lema olímpico "*citius, altius, fortius*" (mais rápido, mais alto, mais forte) motiva e legitima aquela elaboração, do mesmo modo que a lógica e a retórica do relato mediático se baseiam, muitas vezes inconscientemente, em modelos bíblicos ou mitológicos (a força de Sansão, a resistência e a coragem de Hércules, etc.; cf. Reis, 2016: 163-185).

3. A incorporação literária e narrativa do super-herói remete para os elementos de referência mencionados e justifica-se em função dos públicos que este tipo de personagem convoca. Em princípio, esses públicos devem aceitar uma espécie de contrato de inverosimilhança, que vai além da suspensão voluntária da descrença requerida pelo pacto da *ficcionalidade* (v.); segundo aquele contrato, os atributos excecionais ostentados pelo super-herói não são questionados por leitores e por espectadores infantis ou permeáveis a crenças irracionais. Noutros casos, o super-herói é irónica e alegoricamente desmontado, quando a ficção reduz à banalidade as qualidades de uma figura matricial (p. ex., *Ulysses*, 1922, de James Joyce).

Modernamente (ou seja, a partir de *Superman*, de Jerry Siegel e Joe Shuster, em *Action Comic*, de 1938), a representação do super-herói processa-se em contextos mediáticos especialmente vocacionados para os públicos referidos, designadamente no *cinema*, na *banda desenhada*, na *série* televisiva ou no *jogo narrativo* (v. estes termos). Muitas vezes, essa representação baseia-se em dois princípios, quase sempre conjugados: o princípio da continuidade, que sugere comportamentos de fidelização do público, relativamente às ações do super-herói; o princípio da repetição, concretizado em intrigas pouco inovadoras e tendentes à estereotipia, assegurando efeitos de familiarização com o super-herói e a antecipação de comportamentos e desenlaces (cf. Darowski, 2014: 12-15).

De um modo geral, os relatos centrados em super-heróis, em particular aqueles que emanam do universo da banda desenhada e dos jogos narrativos, regem-se por códigos morais e ideológicos relativamente primários e mesmo maniqueístas. A luta do bem contra o mal, o combate pela justiça e a defesa da comunidade contra o opressor são alguns dos motivos que inspiram histórias com um grande dinamismo transmediático; assim, os heróis de *Justice League* (Superman, Wonder Woman, Batman, The Flash, etc.), criada por Gardner Fox em banda desenhada (*Justice League of America*, 1960) migraram para o jogo narrativo (*Justice League Heroes United*, 2009) e para o cinema (*Justice League*, 2017; realização de Zack Snyder).

T

TELENOVELA

1. Designa-se por *telenovela* um extenso relato televisivo fragmentado em episódios e prolongado por meses ou até por anos, no qual se contam várias ações entrecruzadas e normalmente marcadas por forte investimento emocional. A estrutura da telenovela cultiva adequados dispositivos de captação da atenção, por forma a manter vivo o interesse do espectador, de episódio para episódio, e tendo em vista um *desenlace* (v.) longamente retardado, em que todas as linhas de ação se resolvem e encerram.

2. O termo telenovela reporta-se a um género narrativo institucionalizado pela *televisão* (v.), mas fundado em géneros e em *estratégias narrativas* (v.) relativamente remotos. Importa esclarecer que a designação telenovela é relativamente imprecisa, em parte como resultado da tradução do termo inglês *novel* (romance), equivocadamente associado ao género *novela* (v.), o que explica a adoção desta última designação no Brasil. A telenovela deve ser aproximada do *folhetim* (v.) narrativo, fortemente implantado nos hábitos de leitura do século XIX, e, por outro lado, do *romance radiofónico* (v.), cuja decadência se deve, em grande parte, ao advento e à consolidação do género televisivo de que aqui se trata. Desde que, a partir de meados do século XX, a televisão se impôs como poderoso sistema mediático, o folhetim radiofónico perdeu a projeção que anteriormente conhecera; a sua metamorfose deu-se "em função de novos veículos, com espantoso alargamento de público. Entre eles, o gênero que parece tipicamente latino-americano, a grande narrativa de nossos dias, a telenovela" (Meyer, 2005: 417).

3. Na ainda curta história da telenovela, importa assinalar uma certa evolução de processos e de conteúdos, correspondendo ao seu amadurecimento

técnico. Assim, nos anos 50, a chamada *soap opera*, muito popular nos Estados Unidos junto do público feminino e doméstico, construiu-se sobre intrigas recheadas de incidentes, associando "elementos como heroínas fortes e virtuosas, varões fracos e confusos, estranhas doenças, crises repetidas" (Stedman, 1977: 489). Este modelo difundiu-se depois em países da América Latina (México, Cuba, Brasil), onde recolheu alguma coisa da experiência e da projeção sociocultural do folhetim radiofónico (cf. González, 1995); à intensidade melodramática das histórias relatadas foram sucedendo temas de atualidade social (libertação da mulher, divórcio, homossexualidade, caciquismo, enfrentamento de gerações, etc.); os cenários exóticos e as ações históricas cederam lugar ao quotidiano das grandes e das pequenas cidades modernas e aos conflitos que as atravessam.

Por força do impacto mediático que a caracteriza, a televisão (em especial a brasileira) moldou a telenovela às expectativas e aos anseios do seu público, autonomizando-a em relação ao modelo da *soap opera* norte-americana; assim, os espectadores do fim da tarde e os do início da noite requerem temas próprios, que chegam a esboçar, pela sua diversidade, subgéneros da telenovela (melodrama, drama de época, comédia; cf. Balogh, 2002: 159-163). Tendo em conta o contexto brasileiro (país onde este género narrativo atingiu um elevado índice de especialização, com reflexos na exportação de produções para países europeus; cf. Alencar, 2004), pode dizer-se que a telenovela implica uma modificação do estatuto da autoria, em relação, por exemplo, ao que ocorre com o *romance* (v.), antes de mais porque nela muitas vezes a escrita é coletiva e repartida por diversos núcleos de ação; "*deve* sê-lo, porque o ritmo de escrita dos episódios é muito exigente, do ponto de vista quantitativo, o que dificilmente pode ser conseguido por uma única pessoa; e *pode* ser uma tarefa coletiva porque a escrita da telenovela obedece a padrões estilísticos e técnico-narrativos (...) estereotipados" (Reis, 1995: 177).

Se mesmo o romancista episodicamente tem em conta as preferências do público, no caso da telenovela essas preferências interferem, com mais frequência, na conformação das histórias e das personagens, a ponto de se dizer que ela "é uma obra aberta", exigindo "um compromisso brutal com a audiência" ("Maria Adelaide Amaral", in *Autores*, 2: 133). Concebidas e desenvolvidas em função das reações do público (o que institui um índice moderado de *interatividade*; v.), as histórias narradas pelas telenovelas evoluem em sintonia com essas reações: "Na televisão, o processo da escritura 'aos picadinhos', como no folhetim, lida com um universo aleatório. Assim, poderíamos aventar a hipótese de que não só o público vive a ansiedade dos próximos capítulos, mas também o autor: lado movediço desta paraliteratura ficcional" (Campedelli, 1985: 22).

4. A estrutura de uma telenovela obedece aos condicionamentos socioculturais e às solicitações económicas que a envolvem (publicidade, índices de audiência, etc.). Assim, uma telenovela estrutura-se, em princípio, num relato consideravelmente dilatado, repartido em capítulos de extensão regular (cerca de 45 minutos) e totalizando muitas vezes mais de uma centena de unidades, exibidas ao longo de vários meses. A dimensão alargada da telenovela permite não só as lentas mutações que se vão observando nas personagens e nas intrigas como também a progressiva identificação do público com temas e com personagens quotidianamente representados; é isso que explica, com a telenovela já em curso, a valorização de uma determinada personagem ou de uma certa linha temática, assim se diferenciando a lógica narrativa e a receção deste género televisivo em relação à *série* (v.) e ao seriado: "O público que assiste à minissérie mantém um certo distanciamento em relação ao produto. Já o espectador da novela (...) quer entrar na trama, participar da fofoca, ser vizinho daquelas pessoas, falar mal delas, comentar a vida que elas levam" ("Aguinaldo Silva", in *Autores*, 1, 2008: 30).

O ritmo de apresentação da telenovela obriga, tal como acontecia com o folhetim, a uma gestão calculada dos eventos, de modo que, no final de cada episódio, fique em aberto um acontecimento capaz de reter a curiosidade do espectador, até ao episódio seguinte; eventualmente, esse episódio é introduzido com "cenas do próximo capítulo". Por sua vez, as personagens constituem quase sempre figuras estereotipadas, nos planos psicológico e social (p. ex., a jovem rebelde, o filho-família, o industrial poderoso, a solteirona, a sedutora, o arrivista, o artista incompreendido, etc.), de modo a serem facilmente reconhecidas; para isso contribui uma *caracterização* (v.) redundante, cujos elementos caracterizadores (vestuário, linguagem, etc.) se mantêm, em princípio, constantes ou, quando se alteram, desde logo indiciam uma nova situação ou condição social. A relativa estabilidade da personagem repercute-se, aliás, na escolha dos atores que se vão especializando em certos papéis; o público chega a identificar ator e personagem, ambos fundidos no imaginário que a telenovela alimenta.

À fixidez das personagens corresponde a estabilidade dos espaços: uma telenovela privilegia normalmente um número restrito de cenários em que se desenrolam os eventos, cenários esses que, além de interiores domésticos bem definidos do ponto de vista socioeconómico (o apartamento da família pequeno-burguesa, a mansão da alta burguesia, etc.), são, com frequência, os de profissões e atividades modernas e socialmente prestigiadas: uma discoteca em voga, o escritório do gerente de uma empresa, um atelier de moda ou de arquitetura, a redação de uma revista de moda, uma galeria de arte, etc.

A componente mais destacada da telenovela é a *ação* (v.), ou melhor, o conjunto de *intrigas* (v.) que entre si se articulam e alternam. Com efeito, a telenovela, desenvolvendo-se muitas vezes em torno de um enigma equacionado no episódio inicial (o filho que desaparece de casa, um crime de autoria desconhecida, um nascimento misterioso), desdobra-se em intrigas que decorrem em paralelo e convergem para *desenlaces* (v.) resolvidos no último episódio e traduzidos em desfechos felizes, com punição das personagens perversas.

5. A multiplicidade de intrigas da telenovela relaciona-se com o plano da narração e com a realização que a ativa. Importa notar que a realização da telenovela implica procedimentos que a distinguem da realização cinematográfica, também por exigências da produção e da exibição; no caso da telenovela, o recurso simultâneo a várias câmaras, a possibilidade de imediato visionamento e reajustamento do que foi gravado, a iluminação simplificada e os espaços relativamente fixos permitem uma realização dinâmica e expedita, que criou dispositivos dominantes: utilização reiterada do grande plano, rápidas alternâncias de campo e contracampo, mobilidade da câmara, seguindo de perto gestos e deambulações das personagens, *montagem* (v.) tendente a acompanhar equilibradamente as várias intrigas paralelas, muitas vezes oscilando entre a tensão dramática e o evento cómico, articulação da banda sonora com as intrigas, pela associação de melodias e respetivas letras a determinados temas, figuras e situações.

Noutros aspetos, o discurso da telenovela revela semelhanças com a narrativa literária: o tempo do discurso é predominantemente isócrono (v. *isocronia*), por força da natural propensão para a *cena dialogada* (v.); com alguma frequência ocorrem *analepses* (v.), nalguns casos investidas de uma função de recapitulação de eventos passados que interessa rememorar (o que alarga mais ainda a duração da telenovela); por sua vez, as *elipses* (v.) aparecem denunciadas, quase sempre por meio de intervenções aparentemente "inocentes" das personagens, assinalando-se os avanços bruscos a que a ação pode ser obrigada. À referida propensão para a isocronia corresponde o privilégio do *diálogo* (v.), com uma importante característica estilística: a tendência para a coloquialidade, com o recurso a níveis de língua informais e em linha com uma certa espontaneidade antiteatral. Verifica-se, assim, que a elaboração formal da telenovela tem em conta a magnitude e a feição sociomental do público visado, por natureza refratário a procedimentos radicalmente inovadores; daí o poder considerar-se excecional o recurso, na telenovela, a estratégias narrativas muito elaboradas.

6. Quando estão em causa, na produção e na realização da telenovela, processos de transposição intermediática (v. *adaptação*), a partir de romances conhecidos, opera-se um trabalho de recodificação que não corresponde exatamente ao que se verifica na adaptação cinematográfica. Por exemplo: romances de Bernardo Guimarães (*A escrava Isaura,* 1875), de Jorge Amado (*Gabriela, cravo e canela,* 1958; *Tieta do Agreste,* 1977) ou de Erico Veríssimo (*Olhai os lírios do campo,* 1938) foram sujeitos a profundas alterações enunciativas, decorrentes de uma verdadeira reescrita imposta pela lógica da telenovela. Nela, o autor ou autores do guião mantêm-se relativamente fiéis aos vetores temáticos do romance e da sua história (personagens, espaços, tempo histórico), mas cumprem os condicionamentos próprios da dinâmica telenovelística: o ritmo de apresentação folhetinesca, a interligação de várias intrigas, etc. Reelaborado em função desses condicionamentos, o romance feito telenovela configura, no plano recetivo, uma imagem por vezes consideravelmente distinta da imagem literária que o leitor eventualmente construíra (veja-se *Gabriela,* 1975, por Walter George Durst; *Escrava Isaura,* 1976-1977, por Gilberto Braga; *Olhai os lírios do campo,* por Geraldo Vietri; *Tieta,* 1989-1990, por Aguinaldo Silva, Ricardo Linhares e Ana Maria Moretzsohn).

TELEVISÃO

1. A televisão é um meio multimodal de representação e de comunicação, cuja caracterização, do ponto de vista dos estudos narrativos, requer uma abordagem em termos homólogos dos que aqui foram utilizados a propósito do *cinema* (v.). Tendo sido inventada há menos de um século e popularizada depois da Segunda Guerra Mundial, a televisão pode ser entendida como um complexo sistema comunicativo, integrando recursos de vária natureza (imagem, som, gráfico); ao visar públicos muito alargados, a televisão

desenvolveu uma poderosa indústria de conteúdos que labora na direta dependência de inovações técnicas cada vez mais sofisticadas. Todos estes elementos condicionam a vocação narrativa da televisão e interferem na produção, na realização e na receção das narrativas televisivas.

2. Para aquilo que aqui interessa, falamos da televisão como um universo mediático que produz, realiza e difunde narrativas de variada conformação, motivadas por públicos também diversificados; ao mesmo tempo e ainda de acordo com a presente aceção, a televisão acolhe e, em muitos casos, procede à *remediação* (v.) de narrativas oriundas de outros *media* (p. ex., cinema de ficção difundido em emissões televisivas). Isso não anula, contudo, a autonomia semionarrativa dos relatos televisivos, relativamente aos fílmicos e também, como é óbvio, aos literários (cf. Mittel, 2007: 156-171).

Na sua curta história, a televisão conheceu uma evolução considerável, passando por diferentes etapas e componentes constitutivos, o que direta ou indiretamente condiciona o formato das emissões e dos relatos que as integram, tanto os de natureza ficcional, normalmente com propósito lúdico, como os de natureza informativa, documental ou educativa. Por exemplo: a introdução da fita eletromagnética (*videotape*), na indústria televisiva, viabilizou condições de produção e de realização libertas das constrições da emissão em direto; a adoção da emissão por cabo permitiu superar o caráter generalista das *séries* (v.) produzidas pelas grandes cadeias dos anos 40 e 50, em sinal aberto (e a preto e branco) e levou ao surgimento das séries de temática policial, familiar, médica, política, cómica, etc., configurando verdadeiros *subgéneros narrativos* (v.); por outro lado, o recurso ao satélite, como meio transmissivo de alcance planetário, induziu uma gestão da informação (e, em particular, da que cumpre modelos narrativos) em termos transculturais, esbatendo-se diferenças entre espaços em comunicação, ao mesmo tempo que se acentuou a sensação de ubiquidade exibida pela televisão e pelos seus agentes.

Acrescente-se a isto que a disponibilização de meios de registo eletrónico (como o Betamax, o VHS ou o disco ótico) e, mais tarde, a entrada do digital no universo televisivo possibilitaram e estimularam o culto da *interatividade* (v.), por parte dos espectadores, com inevitáveis efeitos semionarrativos. Cabe aos espectadores, cada vez mais, decidir o tempo da receção e o ritmo em que ela ocorre, com uma qualidade que a alta definição efetivou e com opção por géneros, por subgéneros e por áreas temáticas específicas. Em última instância, a televisão afirma-se como uma plataforma mediática que, atualmente em conjugação com a internet, viabiliza o acesso a conteúdos de múltiplas proveniências, tendência que se acelerou com a instalação do chamado *streaming video*; tais conteúdos provêm, nalguns casos, de estéticas e de lógicas de produção exteriores ao sistema televisivo, mas que este incorporou e reajustou (p. ex., cinema produzido para televisão ou séries como *The Simpsons*, associáveis à técnica do relato de *banda desenhada*; v.).

3. Enquanto universo mediático, a televisão cultiva potencialidades narrativas que se confirmam não apenas na sua utilização quotidiana por grandes massas de espectadores, mas também no recurso a géneros narrativos vocacionados para corresponderem às expectativas daquelas grandes massas; na sua origem importados da rádio e do cinema, a configuração e a adoção de géneros narrativos pela televisão "serve tanto os produtores (estandardização para fins de produção e de marketing) como as audiências (reconhecimento e acessibilidade)" (Dunn, 2005: 131). Uma propriedade específica do funcionamento da televisão e um modelo de programa, a seguir caracterizados, ilustram as potencialidades narrativas que ficaram referidas.

3.1. Uma propriedade: o discurso televisivo, entendido neste sentido deliberadamente genérico, é uma cadeia de descontinuidades e não um fluxo ininterrupto, apesar de a emissão de televisão poder aparentar continuidade (p. ex., na emissão 24 horas por dia); noutros termos: "o fenómeno da continuidade revela-se-nos como a contrapartida (...) da sistemática fragmentação de que são objeto os intextos televisivos" (González Requena, 1992: 36). Diferentemente do cinema (que enuncia mensagens narrativas com escasso ou nulo índice de interrupções, nas cerca de duas horas de exibição de um filme), o discurso televisivo "é periodicamente interrompido para abrir espaço para os comerciais e, consequentemente, o sentido tem que ser veiculado em blocos, de modo fragmentário" (Balogh, 2002: 94). Daqui decorrem um efeito e uma reação. O efeito: a tendência para a serialização, como procedimento marcante da ficção narrativa em televisão. A reação: a receção de relatos a partir de plataformas de conteúdos narrativos, buscando, através do *streaming*, acentuar a continuidade (ainda assim cortada pela condição autónoma de unidades narrativas: filmes, episódios de séries ou de documentários, etc.).

3.2. Um modelo de programa: o *talk show*. Parecendo, à primeira vista, optar por um discurso dialogado, o *talk show* favorece, de facto, as chamadas histórias de vida, com forte (ainda que inconsciente) reminiscência de géneros narrativos apoiados em ampla tradição cultural: *biografia, autobiografia* e *memórias* (v. estes termos). Para além disso, o desenvolvimento do *talk show* centrado num *pivot* e contando com a presença de público em estúdio cultiva reiteradamente a *narrativa conversacional* (v.); trata-se, deste modo, de incorporar, num contexto comunicativo lúdico e informal, atitudes com forte carga experiencial e com um potencial de *narrativização* (v.) que acaba por naturalizar a vocação narrativa da televisão.

4. Ao que fica dito deve acrescentar-se que as narrativas em contexto televisivo correspondem, muitas vezes, a relatos ficcionais. Tal tendência harmoniza-se com a função de entretenimento e de ocupação de tempos livres que muitas vezes cabe à televisão, pervertendo-se aquela função quando as emissões de TV contribuem para situações de alienação, de manipulação ou de *merchandising* (p. ex., pela camuflada ou até explícita inserção de mensagens publicitárias, moralizadoras ou de pedagogia social em telenovelas ou em séries). Os termos em que se dá a integração do ficcional na televisão permitem falar, pelo menos, em três tendências dominantes.

4.1. De forma cada vez mais visível, nas últimas duas décadas tem-se verificado uma certa propensão do discurso televisivo para diluir as fronteiras entre o real e a ficção. Logo nos mencionados *talk shows* isso acontece (porque a narrativização de experiências de vida inclui, muitas vezes, impulsos ficcionais mal controlados), como acontece sobretudo nos chamados *reality shows*. Pela sua arquitetura televisiva (a casa fechada, a ilha isolada), o *reality show* potencia a criação de uma realidade alternativa, vivida por personagens *tipo* (v.) – p. ex., a sedutora, o machão, a ingénua, o bom rapaz, etc. – que desenvolvem intrigas relativamente elementares. Parecendo embora um cenário incomunicável para o exterior, o microuniverso em que se desenrola o *reality show* explora a porosidade das fronteiras entre ficção e real, através de ações programadas (entradas e saídas, entrevistas com um *pivot*, etc.) e do recurso à participação do espectador. Semelhante ambivalência verifica-se na telenovela, com certos comportamentos muito próximos da *metalepse* (v.): "Na ausência de vizinhos com quem coscuvilhar (...) as personagens da telenovela e as suas mais recentes andanças convertem-se nos temas de referência das conversas quotidianas" (González Requena, 1992: 122).

4.2. Por vezes em relação direta com o que ficou dito, a televisão favorece a constituição de figuras paraficcionais, que ganham um destaque fugaz no nosso mundo empírico; assim, momentaneamente a "personagem" do *reality show* transforma-se naquilo que se designa como figura mediática. De forma mais consistente e duradoura, a televisão constrói personagens oriundas do mundo desportivo, artístico e, mais raramente, político, dando lugar a relatos de "heroização" e de legitimação por via narrativa (pela biografia, pela reportagem ou pela série de reportagens, etc.); muitas vezes, esses relatos propiciam efeitos de catarse coletiva, de emulação ou de identificação comunitária, potenciados por grandes proezas, por grandes tragédias ou por decisões históricas. Foi sobretudo a partir da televisão que Elvis Presley, Ayrton Senna, John Lennon, Michael Jackson, Eusébio, Cristiano Ronaldo ou Nelson Mandela se transformaram em *heróis* (v.), em grande parte por força de uma retórica narrativa e mediática com forte componente ficcional (cf. Reis, 2016: 163-185).

4.3. Pela sua lógica comunicacional, a televisão cultiva narrativas ficcionais facilmente reconhecíveis em termos de *género narrativo* (v.). Esse reconhecimento é desejável não só pela necessidade de, em emissões convencionais, se cumprirem programações que entram na rotina do espectador (as chamadas grelhas ou grades), mas também por outra razão: enquanto *medium* multimodal de grande impacto, a televisão opera para públicos rudimentares, do ponto de vista cultural, cuja fidelização assenta na mencionada rotina, incluindo-se nela um mínimo de literacia narrativa. Por isso, a *telenovela* (v.) e a *série* (v.) dominam atualmente o campo ficcional da televisão, em detrimento do que foi, no passado, o lugar ocupado pelo teatro e mesmo pela minissérie provinda de grandes obras literárias. Não se ignora, a este propósito, que a produção de narrativas ficcionais para televisão obedece, *grosso modo*, a uma espécie de geografia cultural: "Nos Estados Unidos as séries e seriados, não por acaso estamos no país de Henry Ford; na Inglaterra de forte tradição teatral, os unitários com peças de teatro; na América Latina, a telenovela" (Balogh, 2002: 93).

5. Apesar de alguma ambivalência que, do ponto de vista da sua condição ontológica, afeta certos relatos e figuras em contexto televisivo, vigoram nele princípios tendentes a anular ou, pelo menos, a desvanecer aquela ambivalência. Assim, quando o relato televisivo obedece às regras do jornalismo, ele deve relacionar-se com a realidade nos termos exigidos pelas técnicas

de construção do discurso noticioso e por obrigações sociais e deontológicas que o jornalista há de respeitar. Também neste aspeto, o discurso televisivo dispõe de protocolos de género discursivo que têm de se ajustar ao enquadramento mediático que aqui está em causa; verificamos, então, que, em dois casos diferenciados, a produção do relato televisivo rege-se por dominantes formais e semionarrativas bem características e reconhecidas.

5.1. O chamado jornal televisivo, com variável dimensão e alcance (local, regional, nacional ou internacional), transfere para a emissão televisiva, normalmente em direto e reajustando-os a essa circunstância, atitudes e dispositivos inspirados em fundamentais elementos estruturantes da comunicação narrativa. Assim, a existência de um ou mais *pivots* modula a condição do *narrador* (v.) (ou narradores) a quem cabe a enunciação narrativa; pode entender-se que é ele o responsável final por uma construção discursiva multimodal e coletiva, cabendo-lhe gerir imagens, gráficos, textos, depoimentos, documentos e demais elementos constitutivos de um relato cuja edição final (v. *montagem*) se traduz na notícia desejavelmente fiável a que o público tem acesso (cf. Paterson, 2018). Faz parte da técnica, da estilística e até da estética do jornal televisivo a credibilização do *pivot*-narrador, deduzida da criação de empatia com o espectador; ao mesmo tempo, o formato do jornal televisivo cultiva uma certa estabilidade que é também fator determinante da referida credibilidade, estabilidade essa que envolve o desenho do cenário e o estilo de realização.

5.2. Conforme ficou dito em local próprio, a série e a serialização que a conforma apoiam-se numa continuidade que assegura a permanência deste tipo de relato, ao longo de um tempo relativamente alargado. Uma tal continuidade, conjugada com a fragmentação que gera episódios autónomos, verifica-se também na série não ficcional, com propósito informativo ou educativo e, por vezes, produzida para canais temáticos, como *History* ou *National Geographic*. Com frequência, a série não ficcional consagra-se a temas e a figuras de grande impacto público, eventualmente servidos por tratamentos paraliterários e paraficcionais próximos da técnica do *docudrama* (v.) ou até coincidentes com ela. Isto significa que, em séries como *Genius* (de Kenneth Biller e Noah Pink; National Geographic, 2017 e ss.) ou *Os segredos da Bíblia* (Canal História), a construção do guião, a direção de atores, o tratamento dos cenários, o ritmo da narração e a gestão da história contada apresentam um índice de sofisticação considerável; completa essa sofisticação o recurso a técnicas de realização e de montagem muito cuidadas (grande plano, *slow motion*, efeitos especiais, etc.). As séries *Espanha, ensaio de uma guerra* (Canal História, seis episódios sobre a guerra civil espanhola) e *A guerra*, da autoria de Joaquim Furtado (RTP, 42 episódios sobre a guerra colonial) exibem muitos destes atributos formais.

6. O potencial narrativo da televisão e a sua afirmação como poderoso sistema de comunicação centrado na capacidade expressiva da imagem fizeram dela a mais influente, consequente e por vezes perversa máquina de produção de sentido da segunda metade do século XX e do princípio do século XXI. Os efeitos sociais daqui decorrentes são extremamente importantes e por demais conhecidos.

Presentemente, a televisão convive com outros *media* e plataformas de integração e disseminação narrativa, com destaque para a internet. A par disso, o recurso ao digital, na realização, no registo e na emissão televisiva, apresenta um leque considerável de vantagens, relativamente a limitações do analógico: possibilita a cópia ilimitada e totalmente fiável de matrizes, permite o tratamento computadorizado do sinal de TV (designadamente, por compressão), disponibiliza infindáveis efeitos especiais, agiliza o acesso ao que foi registado, etc. (cf. Grant, 2018).

Neste contexto mediático renovado, a emergência de dispositivos móveis (p. ex., *smartphones*), com índices elevados de interatividade e de portabilidade, obriga a rever a formalização e as rotinas narrativas, na televisão, com destaque para a emissão ao vivo e para a construção informal de relatos jornalísticos, com meios não profissionais e intervenção ativa do chamado repórter-cidadão. Para além disso, a complexidade enunciativa e o poder ilustrativo das mensagens televisivas favorecem a construção plural de uma verdadeira telerrealidade, resultante "de interpretações várias" e levando a uma "distorção interpretativa [que] é exponencialmente maior, na medida em que [a televisão] é um meio que recorre a um discurso tríptico, denominado por *áudio-scripto-visual* (...). O resultado final traduz, inevitavelmente, a combinação [de] diferentes interpretações; i. e., apresenta-se como múltiplas construções da realidade" (Cruz, 2008: 149-150).

Em todo o caso, a televisão e aquelas que são, do ponto de vista da respetiva identidade mediática, as suas narrativas mais representativas continuam a ser um fenómeno cultural com enorme capacidade para revelar tendências e contradições da sociedade pós-moderna. Desde logo, sintoniza com o *ethos* da pós-modernidade a erosão das fronteiras entre cultura erudita e cultura popular que a televisão tão bem ilustra; a horas próprias e em canais adequados (mas à curta distância do *zapping*), convivem nela relatos desportivos e séries históricas, concertos e notícias, reportagens em cenários de guerra e *talk shows*, séries policiais e *reality shows*, julgamentos ao vivo e *sitcoms*, telenovelas e concursos de culinária; tudo isto (e mais ainda) é regido pelos interesses de grandes impérios mediáticos que fazem dos produtos televisivos (incluindo os relatos) verdadeiras *commodities* transacionadas à escala planetária.

Conforme assinala uma das mais destacadas estudiosas do fenómeno televisivo, "*sitcoms* como *Seinfeld* e *The Simpsons* podem ser encaradas como representações pós-modernas de uma condição pós-moderna, fetichizando o consumo e a comodificação da cultura popular, incluindo a celebridade"; para além disso, observa-se nelas o "lúdico pastiche de diferentes géneros", bem como "altos níveis de intertextualidade e autorreferência" (Fulton, 2005b: 305). Por fim, ao ver televisão, "envolvemo-nos num ciclo constante de fragmentação e de reintegração do eu através de modelos narrativos que nos são familiares"; em si mesmos, esses modelos dão testemunho do projeto da narrativa "enquanto construção da híper-realidade da condição pós-moderna" (Fulton, 2005b: 306).

TELLING – V. Narração.

TEMPO

1. O *tempo* é um elemento estruturante da narrativa, cuja representação envolve categorias e fatores linguísticos, narrativos e transnarrativos, normalmente interligados. No plano linguístico, o tempo manifesta-se através da morfologia, do potencial de flexão e da maleabilidade aspectual do verbo, que variam em cada língua (mas que são muito ricos na língua portuguesa) (cf. Benveniste: 1966: 237-250; Weinrich, 1973); no plano narrativo, a relevância funcional do tempo torna-se evidente, quando verificamos que ele se distribui, num complexo processo de interações, pelos níveis da *história* (v.), do *discurso* (v.) e da narração (v. *narração, tempo da*); no plano transnarrativo, o tempo constitui um domínio de tematização com profunda incidência filosófica, social e histórica, remetendo para questões glosadas ao longo dos séculos (a fugacidade da vida, a erosão da existência, a mudança das pessoas e das sociedades, a dialética da história, etc.).

2. A complexidade do tempo projeta-se numa elaboração artística – não só narrativa, mas também poética e dramática – de onde se deduzem significados humanos sugeridos por aquela elaboração. No caso da narrativa, ela traduz-se numa modelação que seleciona, explana, resume ou distende, "deixa de lado, mais ou menos, aqueles eventos insignificantes que são irrelevantes ou incidentais no contexto significativo de uma dada obra. Intensifica e afrouxa períodos temporais, liberta do tempo do calendário ou sujeita a ele. Pode representar a pulsação biológica, a oscilação do pêndulo físico, a curva da onda espiritual, em conjunto ou individualmente, como força decisiva. Pode contrair o tempo com respeito pelo mais pessoal, pelo menos pessoal ou por aqueles incidentes que transcendem o pessoal (...). Pode contar o narrado, o evento natural, tão aproximado quanto possível do seu curso original, mas pode também antecipar o que vem depois e recuperar o que estava antes, por força da relação polar entre o tempo da narração e o tempo do narrado" (Müller, 2011: 81).

A densidade das modulações que atingem o tempo narrativo explica a quantidade e a profundidade de reflexões que lhe têm sido consagradas, de Jean Pouillon a Paul Ricoeur, passando por A. A. Mendilow, Gérard Genette e Meir Sternberg, em diversas perspetivas de abordagem (formalista, estruturalista, narratológica, hermenêutica, cognitivista, etc.; cf. Scheffel *et alii*, 2014: § 18-38). Com frequência, esses estudos referem-se àqueles ficcionistas – Laurence Sterne, Machado de Assis, Marcel Proust, James Joyce, etc. – que fizeram do tempo uma categoria central dos seus relatos.

3. O ponto de partida para a caracterização do tempo narrativo continua a ser a dupla dimensão que nele observamos: a sua existência como componente da história e a sua formulação ao nível do discurso. Sublinhe-se que esta distinção é consentida apenas por razões expositivas, uma vez que a análise do tempo narrativo deve ter em atenção a tensa articulação daquelas duas dimensões, bem como a sua projeção, em termos enunciativos, no ato da narração.

O tempo da história (ou diegético) refere-se, em primeira instância, à cronologia propriamente dita, demarcável pela sucessão de eventos suscetíveis de serem datados e ordenados com rigor variável. Por vezes, o narrador explicita os marcos temporais que enquadram a sua história: "São 17 deste mês de julho, ano da graça de 1843, uma segunda-feira, dia sem nota e de boa estrea. Seis horas da manhã a dar em San' Paulo, e eu a caminhar para o Terreiro do Paço" (Almeida Garrett, *Viagens na minha terra*, p. 90). O tempo da história pode ser objeto de investimentos semânticos que atestam o seu valor semiótico (cf. Bobes Naves, 1984); a esse valor não são estranhos dois factos: a condição eminentemente temporal que reconhecemos na *narratividade* (v.), como propriedade fundamental dos textos narrativos, e a importância de que se reveste, para a existência humana, a vivência do tempo. Recorde-se que certos géneros, como a *autobiografia*, as *memórias* ou o *diário* (v. estes termos), fundam a sua especificidade narrativa, em grande parte, na experiência humana do tempo e no seu fluir constante; em termos mais gerais, Paul Ricœur destaca "que existe entre a atividade de contar uma história e o caráter temporal da experiência humana uma correlação que não é puramente acidental, mas apresenta uma forma de necessidade transcultural. Ou, dito de outro modo: *que o tempo torna-se tempo humano na medida em que é articulado num modo narrativo, e que a narrativa atinge a sua significação plena quando se torna condição da existência temporal*" (Ricœur, 1983: 85).

A feição humana do tempo e o seu potencial semântico tornam-se evidentes naquelas narrativas em que é atribuído ao devir temporal o estatuto de evento diegético, mais do que de simples enquadramento cronológico da narrativa: "Abro a onça com uns vagares ronceiros e calculo sobre a palma da mão a quantidade de tabaco precisa; cato entre os fios as impurezas, e só então o começo a enrolar. Guardo as mortalhas e a onça, pego no isqueiro e raspo lume. Outros quinze minutos!" (Manuel da Fonseca, *O fogo e as cinzas*, p. 35). Assim se insinua uma relevante metamorfose do tempo: o chamado tempo psicológico. Entende-se como tal o tempo filtrado pelas vivências subjetivas da *personagem* (v.), enquanto fator de transformação e de redimensionamento (por alargamento, por redução ou por dissolução) da objetividade do tempo diegético. É isso que lemos num texto em que o narrador evoca a sua lua-de-mel: "Imagina um relógio que só tivesse pêndulo, sem mostrador, de maneira que não se vissem as horas escritas. O pêndulo iria de um lado para o outro, mas nenhum sinal externo mostraria a marcha do tempo. Tal foi aquela semana da Tijuca" (Machado de Assis, *Dom Casmurro*, p. 317). Diretamente relacionado com o trajeto existencial da personagem, o tempo psicológico é também o referencial da sua mudança e do desgaste que nela é provocado pela passagem dos anos e pelas experiências vividas: no final d'*Os Maias*, o protagonista Carlos da Maia não é já o mesmo que doze anos antes se instalara em Lisboa e na casa do Ramalhete; os olhos com que a revê, ao regressar a Portugal, são outros, agora nublados de desencanto e de ceticismo, mas capazes de recordar, no tempo ali vivido, uma dimensão de vida plena: "É curioso! Só vivi dois anos nesta casa, e é nela que me parece estar metida a minha vida inteira!" (Eça de Queirós, *Os Maias*, p. 694).

4. Os investimentos semânticos que o tempo da história permite dependem de procedimentos representacionais relacionados com os cenários epocais em que ocorrem. Por exemplo: o romance pós-naturalista, em contexto modernista, recorre frequentes vezes à eliminação das fronteiras e da fixidez cronológica do tempo e, pela sua vocação para a modulação psicológica, exibe as crises e as angústias do sujeito através daquela dissolução temporal. Esta reconfiguração do tempo narrativo, em clave pessoal, carece, evidentemente, de tratamentos no plano do discurso.

O tempo do discurso procede, então, à representação narrativa do tempo da história. Enquanto este é múltiplo e desdobrado pela diversidade de personagens que o vivem, o tempo do discurso é linear e sujeita-se à sequencialidade metonímica que é própria da narrativa. Por outras palavras: na história, várias personagens vivem individualmente o tempo, em locais por vezes muito distantes entre si; para que, no discurso, se processe a representação desse tempo plural, é necessário que o narrador estabeleça prioridades, relatando sucessivamente as ocorrências individuais desses vários tempos. Daí a tendência seletiva do tempo do discurso, pelo reconhecimento de que é impossível respeitar nele a plenitude temporal da história: "Todos os dias têm a sua história, um só minuto levaria anos, o mínimo gesto, o descasque miudinho duma palavra, duma sílaba, dum som, para já não falar dos pensamentos, que é coisa de muito estofo, pensar no que se pensa, ou pensou, ou está pensando e que pensamento é esse que pensa o outro pensamento, não acabaríamos nunca mais" (José Saramago, *Levantado do chão*, p. 59).

5. De um ponto de vista semionarrativo, o tempo do discurso constitui um domínio suscetível de diversos tratamentos, nalguns casos tecnicamente muito exigentes. A narratologia de matriz estruturalista descreveu e caracterizou esses tratamentos, de acordo com domínios e com critérios específicos de elaboração narrativa: o que respeita à ordenação, no discurso, dos acontecimentos da história (v. *ordem*); o que tem em conta a variável rapidez com que eles são contados (v. *velocidade*); o que considera a relação quantitativa entre o número de eventos ocorridos na história e o número de vezes que são mencionados no discurso (v. *frequência*) (cf.

Genette, 1972: 77 ss., 122 ss. e 183 ss.; Chatman, 1981: 63 ss.; Fludernik, 2009: 32-35).

Com os reajustamentos impostos por cada linguagem, suporte e contexto mediático, estes tratamentos (ou, pelo menos, alguns deles) são observáveis em relatos cinematográficos, televisivos ou de banda desenhada, por vezes com clara inspiração na modelação do tempo narrativo literário. Para além do mais, é neste que se regista uma sofisticação que é potenciada pela linguagem verbal e pelos seus recursos estilísticos; veja-se a "conversa com o embrião" em que o narrador de *Memórias póstumas de Brás Cubas* relata, numa breve antevisão, o percurso biográfico do filho que está para nascer: "De bacharel passava outra vez à escola, pequenino, lousa e livros debaixo do braço, ou então caía no berço para tornar a erguer-se homem. Em vão buscava fixar no espírito uma idade, uma atitude; esse embrião tinha a meus olhos todos os tamanhos e gestos: ele mamava, ele escrevia, ele valsava, ele era o interminável nos limites de um quarto de hora, – *baby* e deputado, colegial e pintalegrete" (Machado de Assis, *Memórias póstumas de Brás Cubas*, p. 272).

6. Em muitos casos, a duração do tempo da história pode ser calculada (p. ex., o tempo de ausência de Ulisses), de acordo com indicações temporais que o narrador eventualmente vai deixando. Não acontece necessariamente o mesmo com a duração do tempo do discurso. Quando este corresponde a uma representação verbal, aquela duração apenas pode ser estabelecida de forma aproximada, em função do tempo da leitura; como notou Genette, "o texto narrativo, como qualquer outro texto, não possui senão a temporalidade que metonimicamente recebe da leitura" (Genette, 1972: 78), variando esta de acordo com o ritmo que lhe é imprimido por cada leitor. Se o relato é oral (v. *narrativa oral*), a variação tem a ver com a singularidade e com as opções do narrador, que pode retardar ou acelerar a velocidade imprimida ao ato de narrar, em função das reações do auditório. Noutros casos (designadamente no cinema e na televisão), a duração do tempo do discurso é, em princípio, constante, por depender de instrumentos mecânicos: o tempo de projeção de um filme (que, *grosso modo*, corresponde ao da sua "leitura" pelo espectador) pode ser objetivamente medido e, em princípio, não regista alterações significativas em cada ocorrência.

Por outro lado, a imagem da história que, por interposição do discurso, o leitor vai configurando não é indiferente a efeitos temporais, constituídos a partir de procedimentos discursivos. Um relato em regime omnisciente, produzindo, desse modo, um efeito de distanciamento, sugere uma imagem temporal de eventos claramente passados; em vez disso, uma representação em que "o centro de orientação do leitor [se situa] na consciência de uma personagem ou num observador imaginário na cena da ação ficcional" (Stanzel, [1955] 1971: 36-37) pode levá-lo a sentir essa ação como presente.

7. Um dos efeitos mais impressivos que o tempo do discurso pode suscitar é o da *durée*. Referindo-se ao curso imparável da experiência humana, apreendido não por via intelectiva, mas de forma intuitiva, a teoria da *durée* bergsoniana "sugeriu a progressiva constituição da duração ficcional coberta pelo romance, coincidindo com a expansão da duração psicológica das personagens" (Mendilow, 1972: 150). Por meio de dispositivos narrativos específicos, com destaque para o *monólogo interior* (v.), o discurso modeliza essa temporalidade difusa, sem fronteiras nem balizas; esboça-se, então, a experiência de um tempo humano regido pelas vivências de quem o interioriza e capaz de afirmar uma personalidade temporalmente conformada (cf. Bieri, 2011). Colocando este tempo humano no centro das suas preocupações, "o romance moderno parece tomar consciência da sua função própria, que não é a de contar uma história, analisar um estado de alma ou descrever costumes, mas sim, antes de mais, dominar a vida assumindo a condição humana, pondo em evidência o meio temporal em que o homem se debate" (Onimus, 1954: 316).

TEMPO DA NARRAÇÃO – V. Narração, Tempo da.

TIPO

1. O termo *tipo* designa uma subcategoria da personagem que resulta da síntese entre características individuais e atributos coletivos ou, noutros termos, da conjugação de elementos concretos com sentidos abstratos; normalmente, a composição de tipos corresponde ao propósito de ilustrar, de forma representativa, aspetos sociais, profissionais, psicológicos ou culturais considerados relevantes no universo em que se desenrola a ação.

Num texto clássico, G. Lukács sublinhou o procedimento dialético que rege a configuração do tipo: "O tipo, segundo o caráter e a situação, é uma síntese original que reúne organicamente o universal e o particular. O tipo não o é graças ao seu caráter médio, mas o simples caráter individual – qualquer que seja a sua profundidade – não basta também; pelo contrário, ele torna-se tipo porque nele convergem e reencontram-se todos os elementos determinantes, humana e socialmente essenciais, de um período histórico, porque criando tipos mostram-se esses elementos no seu grau mais alto de desenvolvimento, na revelação extrema das possibilidades que neles se escondem, nessa representação extrema dos extremos que concretiza ao mesmo tempo o cume e os limites da totalidade do homem e do período" (Lukács, [1952] 1973: 9).

2. A conceção lukácsiana realça as componentes histórico-sociais do tipo, mas a sua constituição não se limita a essa dimensão. Ela é, de facto, predominante em determinadas épocas artísticas (no romantismo ou no realismo, p. ex.), podendo dizer-se que, nessas épocas, figuras como o burguês, o capitalista, a adúltera, o jornalista ou o sedutor revelam uma certa capacidade de movimentação diatópica; com efeito, aqueles e outros tipos sociais são comuns a diferentes literaturas nacionais, num mesmo tempo cultural. Entretanto, quando está em causa um tipo psicológico, com menor marcação epocal (p. ex., o avarento, o ambicioso, o fanfarrão, a ingénua), a sua circulação é também diacrónica, com base em constantes que, não dependendo forçosamente de cenários sociais precisos, também não lhes são por inteiro indiferentes. Por outro lado, a representação do tipo pode ser relacionada com tipologias da personagem, designadamente com a conhecida distinção entre *personagem plana* (v.) e *personagem redonda* (v.); sendo facilmente verificável que a personagem plana muitas vezes corresponde ao chamado *puro tipo,* isso não exclui que também certas personagens redondas revelem traços típicos, designadamente no plano psicológico (cf. Fishelov, 1990: 425-431; Frow, 2014: 107 ss.).

3. A presença do tipo numa narrativa, seja num romance, num filme ficcional ou numa série televisiva, revela-se pela reiteração de indumentárias, de discursos e de comportamentos interpessoais rapidamente reconhecíveis pelo seu significado social ou psicológico (vejam-se, p. ex., as quatro figuras que estruturaram a *sitcom Seinfeld,* de Larry David e Jerry Seinfeld, ao longo de nove temporadas; v. *série*); naquele significado está implicada a condição

temática do tipo, decorrente de "atributos [que], tomados individual ou coletivamente, são encarados como veículos para expressar ideias ou como sendo representativos de uma classe mais ampla do que a personagem individual" (Phelan, 1989: 12).

Relaciona-se com a mencionada condição temática o processo de reconhecimento e de identificação dos tipos, no plano rececional e em função de modelos previamente constituídos; na leitura da narrativa ocorrem, então, operações de categorização descendentes (*top down*), conduzindo os leitores "a estabelecer um modelo mental holístico prévio à personagem, no qual, em certo momento, integram toda a informação disponível a partir do texto e da memória" (Schneider, 2001: 619). A categorização induz uma certa previsibilidade, auxiliada por procedimentos que ajudam a reconhecer o tipo enquanto tal: "Uma personagem literária pode ser introduzida no mundo ficcional por referência explícita a uma teoria da personalidade ou a uma categoria social. Indicações textuais para *categorização social* serão, portanto, principalmente frases nominais designando profissões e papéis sociais, tais como 'o professor', 'o pároco' ou 'a viúva'" (Schneider, 2001: 620).

Eventualmente, a *figuração* (v.) do tipo deriva para o estereótipo. Um romancista exigente observou isso mesmo a propósito dos termos em que o romantismo tratou o tipo do brasileiro de torna-viagem: "Sempre que o enredo (...) necessitava um ser de animalidade inferior, um boçal ou um grotesco, o Romantismo lá tinha no seu poeirento depósito de figuras de papelão, recortadas pelos Mestres, o *brasileiro* – já engonçado, já enfardelado, com todos os seus joanetes e todos os seus diamantes, crasso, glutão, manhoso, e revelando placidamente na linguagem mais bronca os sentimentos mais sórdidos" (Eça de Queirós, *Cartas públicas*, p. 179). Estas palavras podem ser associadas àquilo a que Umberto Eco chamou o problema estético do tipo, alertando para um certo efeito de esvaziamento da personagem: "Falar em 'personagem típica' significa pensar na representação, através de uma imagem, de uma abstração conceptual: Emma Bovary ou o adultério punido, Tonio Kröger ou a enfermidade estética e assim por diante. Fórmulas que, justamente pelo fato de serem tais, esvaziam e traem a personagem que pretendem definir. (...) Se o tipo é tentativa, por parte da arte, de atingir a generalidade e a discursividade da filosofia, então a tipicidade é a negação mesma da arte, visto que toda a estética contemporânea se afanou em elaborar os conceitos do individual, do concreto, do original, do insubstituível da imagem artística" (Eco, 1976: 212).

Em contraponto com estas palavras, pode afirmar-se que a feição típica de grandes personagens da literatura ocidental (feição que, evidentemente, não anula a sua complexidade humana) conduz a fenómenos de *sobrevida* (v.) muito significativos. Deduzidos de personagens que ganham alcance transliterário, termos como *quixotesco, bovarista* ou *acaciano* prolongam, para além da figura de quem derivaram, atributos que, podendo ser reconhecido como típicos, assumem aquela dimensão de transcendência que é própria das grandes obras artísticas.

TIPOLOGIA NARRATIVA

1. Por *tipologia narrativa* entende-se toda a classificação ou tentativa de classificação de modalidades de relato, estabelecidas com base em dominantes de natureza temática e formal. Sendo eventualmente contestada, pela alegada rigidez e pela padronização que envolve, a configuração de uma tipologia narrativa obedece a princípios epistemológicos vigentes noutros domínios teóricos e também noutras áreas do conhecimento.

O estabelecimento de uma tipologia narrativa implica a formulação de critérios de categorização conceptual que, com base em afinidades e recorrências, definam uma manifestação típica e suscetível de ser classificada, com propósito descritivo. Isto quer dizer que a tipologia narrativa assume uma função predominantemente heurística, a exemplo do que acontece no domínio da genologia (que lida com categorias como romance, conto, novela, etc.) ou no da periodização (romantismo, simbolismo, modernismo, etc.), bem como noutros campos do saber (p. ex., os tipos somáticos de Kretschmer).

2. O processo de análise que conduz às tipologias narrativas desenvolve-se por duas vias operatórias.

2.1. Por via empírica e indutiva, procura-se sistematizar as ocorrências de tipos narrativos recolhidos no *corpus* das narrativas existentes. Assim, para Edwin Muir a prática do romance configura três modalidades típicas: o romance de personagem, o romance de ação e a crónica (cf. Muir, 1967). No mesmo sentido, Wolfgang Kayser distingue o romance de ação do romance de personagem e do romance de espaço (cf. Kayser, 1976: 399-406). Em qualquer caso, estas classificações têm alcance limitado, por duas razões:

por assentarem num critério predominantemente conteudista, privilegiando categorias diegéticas (personagem, ação e espaço), e por visarem apenas um género narrativo, o romance.

2.2. Por via hipotética e dedutiva, a descrição tipológica antecipa as virtualidades de estruturação da narrativa, a partir de propriedades modais de base. Em parte, é deste modo que opera Franz Stanzel, numa análise que se aproxima da teoria dos géneros (cf. Ducrot e Todorov, 1972: 193-196; Genette, 1979: 78-80). Fundando a sua tipologia em três *situações narrativas* (v.) distintas – o romance autoral, o romance de primeira pessoa e o romance figural –, Stanzel procura harmonizar as dominantes modais com o sujeito da enunciação e com a perspetiva narrativa, ao mesmo tempo que flexibiliza os tipos postulados, através do desenho de um "círculo tipológico" (cf. Stanzel, [1955] 1971: 158 ss.; Stanzel, 1984: 56), tendo em conta ainda o trânsito histórico da narrativa: "Por exemplo, se colocássemos por ordem cronológica todos os romances que se registam na história do romance nos seus lugares próprios no círculo tipológico, verificaríamos que, até pouco depois do início do século, só certas zonas desse círculo estavam 'colonizadas', especificamente as correspondentes às situações narrativas de primeira pessoa e autoral. Por sua vez, o setor da situação narrativa figural só começou a ser preenchido depois do início do século, lentamente de início, mais rapidamente depois de Joyce" (Stanzel, 1984: 62).

3. De um ponto de vista narratológico, a tipologia narrativa ocupa-se da classificação das situações narrativas geradas por específicas opções de *narração* (v.) e pelas decorrentes consequências semionarrativas. Deste modo, opera-se uma espécie de corte transversal nos vários géneros observáveis em diferentes épocas literárias, em detrimento dos seus conteúdos diegéticos e das respetivas motivações temáticas e ideológicas. Dizemos, então, que uma certa situação narrativa suscita um determinado tipo narrativo, independentemente de se tratar de um *conto* ou de uma *novela*, de uma *série* naturalista ou de um *romance histórico* (v. estes termos).

Centrando-se na modalidade de narração instituída no relato, Jaap Lintvelt estabelece uma tipologia assente em duas formas narrativas de base, a *heterodiegética* (v.) e a *homodiegética* (v.), tipologia essa que pode ser esquematizada do seguinte modo:

Tipologia	Narração heterodiegética	Autoral
		Actorial
		Neutra
	Narração homodiegética	Autoral
		Actorial

Os tipos narrativos estabelecidos (cf. Lintvelt, 1981; 37-40) são-no em função do centro de orientação por que se rege o relato: no tipo autoral, esse centro de orientação é o narrador (*eu-narrador*, v., na instância homo- ou autodiegética); no tipo actorial é a personagem (*eu-personagem*, v., na instância homo- ou autodiegética); no tipo neutro prevalece uma representação que tende a ser objetiva. Como se infere, o regime de *focalização* (v.) e as *intrusões do narrador* (v.) estabelecem-se em relação de dependência com os três tipos narrativos mencionados.

TÍTULO

1. O *título* é um elemento paratextual identificador da narrativa, podendo manter com ela uma relação de ordem temática, genológica ou metanarrativa. Enquanto componente marcado, o título não é exclusivo da narrativa literária, nem dos textos literários em geral; com efeito, no *drama* (v.), na *lírica* (v.) e em muitos textos não literários (recorde-se a sua importância nos textos de imprensa), o título pode assumir um papel de grande relevo semântico e sociocultural (cf. Reis, 2015: 214-216).

2. A colocação estratégica do título aproxima-o de outros elementos paratextuais, como o *subtítulo* (v.) e a *epígrafe* (v.), e permite relacioná-lo com as chamadas fronteiras da narrativa. A função de moldura (cf. Uspensky, 1973: 137 ss.; Lotman, 1973: 299 ss.) que reconhecemos no título pode ser confirmada pelo início e pelo final do relato (v. *incipit* e *explicit*); nalguns casos, esses lugares estratégicos do texto permitem reiterar uma expressão titular: "Para sempre. Aqui estou. É uma tarde de Verão, está quente"; "Aqui estou. Na casa grande e deserta. Para sempre" (Vergílio Ferreira, *Para sempre*, pp. 9 e 306).

No plano da sua relação com a narrativa que identifica, o título pode ser considerado "um texto, muitas vezes deformado, pouco gramatical e muito condensado, mas por vezes também perfeitamente regular, composto por uma frase completa (...) ou, raramente, por uma série de frases encadeadas", não devendo, no entanto, ser visto como "uma parte integrante do cotexto" (Hoek, 1980: 17-18).

3. Tenha-se em conta o cuidado que muitos escritores, não raro por interferência editorial, colocam na escolha do título, com intuitos artísticos mas também, muitas vezes, comerciais. O narrador das *Viagens na minha terra* (1846) aludiu de forma irónica a isto mesmo, ao propor títulos possíveis para as reflexões de uma das suas personagens: "Punha-se-lhe um título vaporoso, fosforescente... por exemplo: – Ecos surdos do coração – ou – Reflexos d'alma – ou – Hinos invisíveis – ou – Pesadelos poéticos – ou qualquer outro deste género, que se não soubesse bem o que era nem tivesse senso comum" (p. 276).

A partir do título, são eventualmente realçadas certas categorias da narrativa. A *personagem* (v.) é uma delas, destacada sobretudo quando está em causa um certo percurso social, histórico ou cultural: *David Copperfield* (1850), de Charles Dickens, *Thérèse Raquin* (1867), de Zola, *Os Maias* (1888), de Eça de Queirós, *Effi Briest* (1896), de Theodor Fontane, etc.; em *La faute de l'abbé Mouret* (1875), de Zola, em *Der Prozess* (*O Processo* , 1925), de Kafka, ou em *Exit Ghost* (2007), de Philip Roth, anuncia-se alguma coisa da *ação* (v.) e das suas tensões internas. Frequentemente, também o *espaço* (v.) é anunciado pelo título, em termos literais ou figurados: *Wuthering Heights* (1847), de Emily Brontë, *La colmena* (1951), de Camilo José Cela, *A caverna* (2000), de José Saramago, etc. Em *Le dernier jour d'un condamné* (1829), de Victor Hugo, em *Vinte horas de liteira* (1864), de Camilo Castelo Branco, em *Um dia na vida de Ivan Denisovich* (1962), de Aleksandr Solzhenitsyn, ou em *O ano da morte de Ricardo Reis* (1984), de José Saramago, é o *tempo* (v.) que pelo título se evidencia: o tempo de duração da história, mais difusamente o tempo histórico que o envolve, de forma eventualmente pouco rigorosa o tempo e as circunstâncias da narração.

4. A importância semionarrativa do título reforça-se quando nele se inscrevem determinações de género que, reafirmadas ou não pelo relato, constituem orientações de leitura com incidências semânticas e pragmáticas; a estes títulos chamou Gérard Genette *remáticos*, distinguindo-os dos títulos *temáticos* (cf. Genette, 1987: 75 ss.). *Novelas ejemplares* (1613), de Cervantes, ou *Contos exemplares* (1962), de Sophia de Mello Breyner Andresen, são títulos

que convocam a memória cultural e a competência do *leitor* (v.), levando-o a adotar uma atitude recetiva adequada a um certo *género narrativo* (v.) e às estratégias que o caracterizam. Noutros casos, o título sugere, por vezes de forma enganadora, procedimentos de descodificação próprios de narrativas não-ficcionais: em *Notícia da cidade silvestre* (1984), de Lídia Jorge, em *Memorial do convento* (1982), de José Saramago, ou em *Tratado das paixões da alma* (1990), de António Lobo Antunes, o título simula apontar para práticas discursivas não literárias; em contexto pós-modernista, evidencia-se, assim, a contaminação de géneros discursivos (memórias, discurso de imprensa, discurso científico), ao mesmo tempo que se abre caminho a uma leitura do ficcional em conexão estreita com o real.

TRAMA – V. Intriga.

TRANSFICCIONALIDADE

1. Entende-se por transficcionalidade o movimento de migração de elementos diegéticos (personagens, objetos, espaços, ações, etc.) de um mundo ficcional (v. *mundo possível*) para outro mundo ficcional (cf. o prefixo *trans-*, significando *além de* ou *para além de*). Numa abordagem genérica, o conceito de transficcionalidade pode ser definido como "o fenómeno segundo o qual pelo menos dois textos, do mesmo autor ou não, se reportam conjuntamente a uma mesma ficção, seja por retoma de personagens, prolongamento de uma intriga precedente ou partilha de universo ficcional" (Saint-Gelais, 2011: 7).

2. A noção de transficcionalidade refere-se a um princípio construtivo, mediante o qual os universos ficcionais são entendidos como entidades não fechadas. Nesse sentido, fala-se de transficção para designar um universo ficcional em que se observa o prolongamento de algum ou de alguns componentes de uma ficção primeira, com maior ou menor grau de reformulação. Deste ponto de vista, a transficcionalidade revela afinidades evidentes com a intertextualidade, com a hipertextualidade e sobretudo com a *metalepse* (v.), mais especificamente com a chamada metalepse horizontal, concretizada pela confrontação de universos ficcionais paralelos (cf. Pier, 2016: § 14). Registe-se ainda que os fenómenos de *sobrevida* (v.)

de personagens podem ser encarados como manifestação específica da transficcionalidade.

3. Tendo sido descrita e sistematizada pelos estudos narrativos, no quadro da teoria geral da *ficcionalidade* (v.), a transficcionalidade é um fenómeno muito antigo, se bem que, em contexto pós-modernista e na era digital, se acentuem os desafios que ela levanta e as possibilidades da sua concretização. Assim, se é certo que "a proliferação de reescritas, na narrativa do final do século XX, é facilmente explicável pelo sentido de passadismo que permeia a cultura pós-moderna e pela fixação do pensamento contemporâneo na natureza textual da realidade" (Ryan, 2008: 386), também é certo que já nos primórdios da literatura moderna é possível observar práticas lúdicas, a partir de mundos ficcionais pré-existentes: "Encontramos expansões no século XVII com continuações do *Dom Quixote*, modificações no século XVIII com versões alternativas do *Robinson Crusoe*, e transposições pelo menos desde o princípio do século XX, em obras como o *Ulysses* de James Joyce" (Ryan, 2008: 386).

Estão já explícitas, nestas palavras, três modalidades distintas de transficcionalidade: por continuação, por modificação e por transposição. Tais modalidades assentam numa proposta de abordagem "do potencial semântico da reescrita", designadamente no caso das "reescritas pós-modernistas de obras literárias clássicas" (Doležel, 1998: 206); trata-se, por meio dessas reescritas, de dialogar com protomundos ficcionais canónicos, levando à questionação do cânone literário estabelecido, através da construção de mundos alternativos, com inerente revisão axiológica.

4. Indo além desta análise, é possível aprofundar a caracterização de operações transficcionais de vários tipos, convocando também géneros atualmente contemplados pelos estudos narrativos, como é o caso do *romance policial* (v.) ou do *romance de ficção científica* (v.). Postulam-se, então, operações transficcionais em quatro modalidades autónomas: por expansão, quando uma ficção prolonga e estende uma história anterior; por versão, quando a primeira ficção é reescrita sob novo ângulo ou o seu curso é modificado; por cruzamento, quando elementos de duas histórias independentes se conjugam e comparecem numa mesma ficção subsequente; por captura, quando uma ficção engloba, através da metalepse, uma outra ficção, entendida nessa sua condição ficcional e anexada pela primeira (cf. Saint-Gelais, 2011: 71 ss., 139 ss., 187 ss. e 229 ss.).

Note-se, por fim, que o potencial da transficcionalidade não se esgota nas narrativas verbais e nem mesmo nas da chamada era eletrónica (rádio e televisão). Pela sua natureza, as *narrativas digitais* (v.) evidenciam uma volatilidade e uma "leveza" (na expressão consagrada de Italo Calvino) que as predispõem para movimentos transficcionais às vezes radicais; por outro lado, o universo mediático da internet, com a sua vocação para ações imersivas por parte do utilizador e para o culto da *interatividade* (v.), dá lugar a exercícios transficcionais amplamente participados. A rede abre "um espaço público onde tanto amadores como profissionais podem inserir as suas criações. Séries de TV populares, a exemplo de filmes e romances de culto como *Harry Potter*, dão origem a numerosos websites, onde os fãs trocam comentários, comunicam com autores e com produtores, sugerindo intrigas possíveis para futuros episódios, mandam e-mails para personagens ou para atores que as interpretam e postam histórias baseadas no mundo ficcional do texto que forma o objeto de culto" (Ryan, 2008: 401).

TRANSMEDIALIDADE

1. O termo *transmedialidade* designa um princípio genérico subsumido na noção abrangente de *intermedialidade* (v.). No quadro dos estudos narrativos e das práticas que lhe interessam, a transmedialidade refere-se à presença da narratividade em diferentes *media* e nos contextos que os acolhem (v. *transnarratividade*). Nesse sentido, a transmedialidade estimula abordagens que confrontem elaborações semióticas distintas; entende-se, então, que "a qualidade distintiva dos 'fenómenos transmediáticos' – ou de uma perspetiva transmediática – é o facto de fenómenos similares ocorrerem em mais do que um *medium*, sendo a possível origem num determinado *medium* (...) irrelevante ou desconhecida" (Wolf, 2005a: 84). Num plano de caracterização que tem em atenção a complexidade tecnológica atualmente evidenciada por práticas narrativas multimodais, a transmedialidade consubstancia-se em regime virtualmente interativo: "*Conditio sine qua non* para um relato transmediático é o diálogo contínuo entre as plataformas de publicação e a consideração de espaços criativos e de consumo que pertencem a cada uma delas, necessariamente *a partir das audiências*, a todo o tempo" (Giovagnoli, 2011: 19).

2. Ao caucionar abordagens heteromediáticas, o princípio da transmedialidade permite atingir a manifestação de categorias e de procedimentos

narrativos em textos (p. ex., líricos) cujas dominantes modais e cujos contextos mediáticos parecem, em primeira instância, recusar essa possibilidade; no quadro alargado de uma *narratologia transmodal* (v.), a *poesia lírica* (v.) e o *drama* (v.) confirmam a pertinência dessa abertura analítica, que é justificada também por outras verificações, para além do campo literário. A condição intrinsecamente narrativa de géneros como o *romance gráfico* (v.) ou o *romance fotográfico* (v.), tal como, em ecologias mediáticas específicas, os *jogos narrativos* (v.), as reportagens de televisão ou os filmes (sejam ficcionais, sejam documentais) confirma a dinâmica transmediática da narratividade e das práticas em que a reconhecemos.

3. Ainda que este seja um conceito em desenvolvimento, podendo mesmo suscitar dúvidas quanto à sua validade heurística (p. ex., quando falamos nas virtualidades narrativas da música ou do ballet), parece já possível distinguir certos planos de análise e componentes narrativos com evidentes potencialidades transmediáticas.

3.1. No plano das categorias fundamentais da narrativa (p. ex., *personagem, espaço, tempo, ação,* etc.; v. estes termos), a transmedialidade torna-se evidente pela representação de tais categorias em diferentes práticas, géneros e suportes. Decorrem daí funcionalidades específicas, determinadas por lógicas narrativas e mediáticas distintas, sendo aquelas categorias modeladas em função das referidas lógicas (p. ex., o tratamento do tempo narrativo numa *telenovela* não é análogo ao que se encontra num *romance;* v. estes termos).

3.2. No plano dos dispositivos retórico-narrativos, observamos o potencial transmediático da *metalepse,* da *focalização* ou da *analepse* (v. estes termos), uma vez que aqueles (e outros) dispositivos ocorrem na ficção literária e no cinema, no teatro e na banda desenhada. De novo e como antes se disse, estas ocorrências implicam uma modulação tecnicamente diferenciada e ajustada a cada dinâmica semionarrativa específica (p. ex., a focalização num filme de ficção beneficia da expressividade da imagem e dos movimentos da câmara cinematográfica).

4. O princípio da transmedialidade não se confunde com a chamada transposição intermediática, constituindo esta um caso particular de intermedialidade. Estão em causa, naquela transposição, processos de *adaptação*

(v.) com tradição artística e com efeitos socioculturais apreciáveis, merecedores, por isso, de tratamento próprio.

TRANSNARRATIVIDADE

1. A *transnarratividade* é uma propriedade genérica que se refere à manifestação, de forma consistente ou apenas residual, de elementos e de dispositivos retóricos dominantes nos textos narrativos propriamente ditos (romance, conto, biografia, notícia de imprensa, etc.). Designa-se assim uma dinâmica de disseminação da *narratividade* (v.) em práticas discursivas muito diversas, no que toca aos seus suportes, linguagens e contextos comunicativos (cf. o significado do prefixo *trans-*, "além de" ou "através de").

2. A caracterização da transnarratividade assenta na chamada viragem narrativista das ciências humanas e pode ser associada à *narratologia transmodal* (v.). Aquela viragem é atestada por "uma explosão virtual de interesse pela narrativa e pela teorização da narrativa"; em paralelo com o aparecimento de "estudos progressivamente mais sofisticados e abrangentes de textos narrativos – historiográficos, literários, cinemáticos, psicanalíticos –, deparamos com um crescente desenvolvimento de apropriações por outras disciplinas ou mediações: narrativa e psicologia, narrativa e economia, narrativa e ciência experimental, narrativa e direito, narrativa e educação, narrativa e filosofia, narrativa e etnografia, etc., tal como numerosas e renovadas abordagens interdisciplinares" (Kreiswirth, 1994: 61). Pelo seu lado, a ligação da transnarratividade à narratologia transmodal funda-se na noção de que o aparato conceptual e operatório da narratologia pode ser estendido à análise de poemas ou de obras teatrais (cf. Hühn e Sommer, 2013).

3. A noção de transnarratividade implica a aceitação de dois pressupostos.

3.1. A transnarratividade reconhece-se independentemente da questão da *ficcionalidade* (v.). Isto quer dizer que num texto científico, num relatório económico, num recurso judicial ou num editorial de imprensa podemos encontrar emergências narrativas, com propósito argumentativo, ilustrativo, persuasivo, etc.

3.2. A transnarratividade, em âmbito literário, não depende de condicionamentos formais. Ela manifesta-se em poesia ou em prosa, em diálogo ou em monólogo teatral, em primeira ou em terceira pessoa. Assim, no *Frei Luís de Sousa* (1843), de Garrett, em certos momentos as personagens contam episódios do passado da família e de Portugal

4. A transnarratividade relaciona-se diretamente com a questão da *transmedialidade* (v.), na medida em que esta se refere também a movimentos de projeção de propriedades modais (designadamente, narrativas), em diferentes contextos mediáticos. Contudo, no caso da transmedialidade o que está em causa, em primeira instância, é a questão dos suportes e das linguagens mediáticas, num plano operatório que estimula abordagens confrontando elaborações semióticas distintas (cf. Wolf, 2005: 253-254). Além disso, importa notar que a valorização teórica da transnarratividade constitui um aspeto particular da vocação interdisciplinar que é própria dos *estudos narrativos* (v. e também *interdisciplinaridade*). Abrindo-se a múltiplas áreas de reflexão e de análise, os estudos narrativos acentuam a condição narrativa de práticas discursivas que tradicionalmente não tinham em consideração os princípios estruturantes, as lógicas de representação e os efeitos cognitivos da narrativa.

TRANSPOSIÇÃO INTERMEDIÁTICA – V. Adaptação.

V

VELOCIDADE

1. O conceito de *velocidade* estabelece-se a partir de um confronto de durações narrativas. Segundo Gérard Genette, "a velocidade da narrativa definir-se-á pela relação entre uma duração, a da história, medida em segundos, minutos, horas, dias, meses e anos, e uma extensão: a do texto, medida em linhas e em páginas" (Genette, 1972: 123). Verifica-se, assim, que a velocidade da narrativa decorre da interação de fatores de natureza diversa: a componente cronológica da história (ou seja, o tempo da história; v. *tempo*) e a componente discursiva. Daqui resulta um confronto entre o caráter pluridimensional do tempo diegético (trata-se de um tempo vivido por muitas personagens, enquadrando várias ações) e a feição unidimensional e linear, do discurso narrativo.

2. A velocidade imprimida ao relato é uma consequência da atitude seletiva adotada em relação à pluridimensionalidade e ao alargamento temporal da história: o narrador pode respeitar o mais fielmente possível a dimensão temporal da história, o que implica uma narrativa de velocidade sincronizada com os factos a narrar (em *isocronia;* v.), ou então, pelo contrário, escolhe os eventos a reter (e, desde logo, o seu desenvolvimento temporal), o que se traduz numa narrativa mais veloz do que a história (em *anisocronia;* v.). Evocando o exemplo precursor das obras de Henry Fielding e de Sterne, nas quais desenvoltamente se instauram velocidades narrativas que desrespeitam a extensão da história, A. A. Mendilow observa que "quando são cobertos períodos de tempo ficcional muito curtos, há que ter em conta que esse breve balanço é feito apenas ao longo de um plano temporal, pelo que a vida inteira dos protagonistas é evocada através do recurso a vários expedientes, tais como o

flashback, a corrente de consciência e os saltos cronológicos" (Mendilow, 1972: 72).

3. A velocidade é um domínio com profundas implicações na comunicação narrativa, tendo em conta a sua projeção sobre o destinatário. Os romances *Ulysses* (1922), de James Joyce, *Um dia na vida de Ivan Denisovich* (1962), de Aleksandr Solzhenitsyn, ou *A paixão* (1965), de Almeida Faria, evidenciam a disjunção entre a extensão da história e a velocidade do relato. Distribuindo-se ao longo de um dia, os acontecimentos narrados podem considerar-se reconvertidos numa duração narrativa superior ao tempo da história; se se aceitar que aquela duração corresponde, *grosso modo*, ao tempo da leitura (v. *tempo*), fica claro que, em condições normais, qualquer daqueles relatos requer mais do que um dia de leitura. O efeito que esta disjunção provoca tem a ver quase sempre com sentidos relevantes: rotina e monotonia existencial, arrastamento de uma situação de sofrimento, diversidade de vivências entrecruzadas ao longo de um dia. Noutros casos, é o contrário que ocorre: o *romance de família* (v.) estende-se por várias gerações e épocas históricas e exige um tratamento temporal que, sem desvirtuar as transformações sofridas pelas personagens, imprima ao relato a velocidade adequada a uma leitura necessariamente mais breve do que a extensão temporal de histórias como *Buddenbrooks* (1901), de Thomas Mann, ou *A família Artamonov* (1925), de Gorki.

4. Envolvendo uma inevitável componente temporal, a narrativa é, por essa componente, assimilável à música; daí a expressão ritmo narrativo, diretamente motivada pelas diferentes velocidades incutidas ao relato. Só como hipótese teórica pode imaginar-se uma narrativa submetida a uma velocidade uniforme; ao longo de um relato instauram-se diversos ritmos, com eventual predomínio de velocidades mais lentas ou mais rápidas, tendo em vista o seletivo doseamento das informações a transmitir. Para o efeito, o narrador recorre a um repertório de signos que vão da *elipse* à *pausa*, passando pela *cena*, pelo *sumário* e pela *extensão* (v. estes termos), esta última irrelevante para Genette (1972: 130), mas pertinente para Chatman (1981: 73-74). É da extensão que se trata quando, por via de afinidade homológica com a técnica cinematográfica, se fala em movimento de *ralenti*, "mediante o qual o tempo do relato pode chegar a ser maior (...) do que o da história" (Villanueva, 1977: 33).

VIDEOGAME – V. Jogo narrativo.

VISÃO – V. Perspetiva narrativa.

VOZ

1. O conceito de *voz* reporta-se, numa aceção lata, a um efeito de enunciação e de composição que se manifesta ao nível do enunciado. Nesta aceção, a voz narrativa é indissociável da figura do *narrador* (v.) e da função de *mediação narrativa* (v.) da história que ele leva a cabo; as chamadas *intrusões do narrador* (v.) constituem afloramentos de uma *subjetividade* (v.) reportável à voz narrativa e traduzem posicionamentos ideológicos e afetivos com implicações semânticas e pragmáticas. É neste sentido que Susan S. Lanser fala naquela ficção em que "há na verdade uma voz que 'fala' e outra, usualmente reduzida a uma consciência silenciosa, que 'escuta'. De facto, é esta voz e a estrutura comunicativa personalizada e construída pelo texto escrito que atribui a este último muito do seu poder e autoridade" (Lanser, 1981: 114).

2. A questão da voz narrativa alarga-se a domínios que não se restringem à esfera do narrador, enquanto enunciador formal do relato. Ela relaciona-se com o discurso das personagens (v. *personagem, discurso da*) e envolve a configuração de outras vozes narrativas; está aqui em causa, em primeira instância, a voz do narrador que foi personagem, em situações narrativas de *narrador homodiegético* (v.) e de *narrador autodiegético* (v.), sendo sabido que, nestes casos, aquela voz é a de um *eu-narrador* (v.) distinto do *eu-personagem* (v.). Noutros casos, em regime de *narrador heterodiegético* (v.), o discurso das personagens pode assumir-se circunstancialmente como voz narrativa, quando, por exemplo, uma personagem relata episódios em que esteve envolvida.

Mais complexa e consequente do que essa ocorrência é a daqueles romances em que se instala uma *polifonia* (v.) de vozes narrativas, emanadas do discurso das personagens, a par da voz do narrador e à vezes em conflito com ela. Aquilo a que Bakhtin chamou romance polifónico deduz-se de uma poética da narrativa ilustrada na ficção de Dostoievsky (cf. Bakhtine, 1970), dando lugar a uma reponderação da posição do narrador como regente e instância de articulação do relato.

Foi em parte na sequência da análise a que submeteu o pensamento bakhtiniano que Paul Ricœur incorporou na sua magistral reflexão sobre o tempo o conceito de voz narrativa, relacionando-a com a noção de ponto de vista (v. *perspetiva narrativa*). Para Ricœur, trata-se de saber como o discurso do narrador convive com o discurso das personagens e como, no quadro dessa convivência, se resolvem eventuais tensões polifónicas que afetam a putativa unidade da voz narrativa; ela sobrevive e reafirma-se como noção inamovível graças à sua integração na hermenêutica da temporalidade desenvolvida nos três volumes de *Temps et récit*: "A noção de voz é-nos particularmente cara em razão precisamente das suas importantes conotações *temporais*" (Ricœur, 1984: 147); é num presente fictício (que corresponde *grosso modo* ao tempo da narração) que essa voz se institui, como instância de cúpula e de agregação narrativa, com um propósito comunicativo que tem no leitor o seu foco de orientação: "A voz narrativa situa-se no ponto de transição entre configuração e refiguração [dois conceitos nucleares na teoria ricoeuriana], na medida em que a leitura marca a interseção entre o mundo do texto e o mundo do leitor" (Ricœur, 1984: 148). Por fim, "a voz narrativa é a palavra muda que apresenta o mundo do texto ao leitor" (Ricœur, 1984: 149).

3. O conceito de voz pode ser descrito em termos mais restritos e especificamente narratológicos. Ele integra-se na sistematização do discurso da narrativa proposta por Genette, inspirando-se nas categorias da gramática do verbo. Assim, *tempo* (v.), *modo* (v.) e voz correspondem a domínios fundamentais de constituição do discurso narrativo, domínios esses preenchidos por específicos procedimentos de elaboração narrativa (p. ex., *anacronias*, *focalizações*, articulações de *níveis narrativos*, etc.; v. estes termos).

Para Genette, a voz engloba as questões "que respeitam à maneira como na narrativa se encontra implicada a própria narração (...), isto é, a situação ou instância narrativa e com ela os seus dois protagonistas" (Genette, 1972: 76), o *narrador* (v.) e o *narratário* (v.). Deste modo, a voz tem a ver com um processo e com as circunstâncias em que ele se desenrola; o processo é o da *enunciação* (v.) narrativa, quer dizer, o ato de *narração* (v.) de onde decorre o discurso narrativo e a representação que ele leva a cabo; as circunstâncias são as que envolvem esse processo, ou seja, circunstâncias de ordem temporal, material, psicológica, etc., que condicionam o narrador de forma variável, projetando-se indiretamente sobre o discurso e afetando mais ou menos o narratário. Reencontra-se aqui, no que respeita à subjetividade do narrador, a aceção de voz acima mencionada.

No sentido genettiano, a voz abarca três âmbitos fundamentais para a caracterização da *comunicação narrativa* (v.): o do tempo em que decorre a narração, relativamente àquele em que ocorre a história (v. *narração, tempo da*); o do *nível narrativo* (v.) em que se situam o *narrador* e o *narratário* (v.); o da *pessoa* (v.) que é responsável pela narração.

4. A questão da voz narrativa pode ainda ser equacionada no universo da narração oral. Nesse caso, ela deduz-se de uma presença física e da ação de um narrador em presença de ouvintes, usualmente em contextos culturais rudimentares e informais, em que a oralidade antecede ou substitui a escrita e a leitura. O ato de contar traz consigo elementos da voz narrativa anteriormente mencionados (p. ex., a citação do discurso das personagens ou a presentificação fictícia do mundo narrado), ao que juntam aqueles que, pela instância da oralidade, desempenham um papel subsidiário mas relevante na narração: a entoação, a gestualidade, a perceção das reações do público, a gestão *in loco* da velocidade narrativa, etc. No limite e em certas circunstâncias, mesmo no relato oral a voz pode sobrepor-se ao conteúdo daquilo que é dito; como escreve Paul Zumthor, "a voz só por si, pelo autodomínio que manifesta, basta para seduzir (como a voz de Circe, cujos tons e calor são elogiados por Homero; como a das Sereias); ela basta para acalmar um animal inquieto, uma criança ainda excluída da linguagem" (Zumthor, 1983: 16).

Apresentando uma feição elaborada, mas assente numa tradição milenar que vem do relato do aedo e do seu canto, a voz do narrador da *epopeia* (v.) assume-se retoricamente como veículo de uma narração oral, em presença dos ouvintes. Acontece assim em diversos episódios d'*Os Lusíadas* (Vasco da Gama perante o Rei de Melinde, Paulo da Gama perante o Catual) e, em geral, com o próprio poeta épico, que no final da epopeia confirma o significado e a expressividade de uma voz narrativa já exausta: "Nô mais, Musa, nô mais, que a Lira tenho/Destemperada e a voz enrouquecida,/ /E não do canto, mas de ver que venho/Cantar a gente surda e endurecida" (*Os Lusíadas*, X, 145).

VOZ *IN*

1. A definição da *voz in*, como dispositivo marcadamente cinematográfico, mas também televisivo, processa-se em conjugação com a de outras vozes

correlatas (v. *voz off, voz out* e *voz over*). Neste caso, a voz *in* é a que se enuncia no espaço da imagem, por uma personagem que nela está enquadrada e visível; trata-se, então, de uma voz que "intervém na imagem, imiscui-se nela, carrega-se de um impacto material, de um duplo visual" (Daney, 2013: 20).

2. A ocorrência mais frequente da voz *in* corresponde à fala da personagem que participa num diálogo, interpela outra personagem, narra acontecimentos passados, etc. (v. *personagem, discurso da*). Em sentido lato, pode considerar-se voz *in* a que traduz o *monólogo interior* (v.) de uma personagem enquadrada pela câmara.

Eventualmente, a voz *in* induz situações de enunciação transgressivas: em *Annie Hall* (1977) ou em *Whatever Works* (*Tudo pode dar certo,* 2009), de Woody Allen, a personagem usa a voz *in* para falar ao espectador, gerando uma *metalepse* (v.); é também metaléptico o efeito provocado pela voz *in*, num filme dentro do filme, quando, por exemplo, uma personagem desse filme hipodiegético (v. *nível hipodiegético*) se dirige a uma espectadora do nível diegético, em *The Purple Rose of Cairo* (1985), de Woody Allen.

VOZ *OFF*

1. A definição da *voz off* correlaciona-se sobretudo com a da *voz in* (v.). Assim, em cinema e em televisão, a voz *off* é exterior à imagem e provém normalmente de uma personagem que, nesse momento, não está visível; a voz dessa personagem é bem audível, mas, nessa ocorrência, não se dirige a outra ou a outras personagens visíveis, assim se distinguindo da *voz out* (v.). Por isso, pode chamar-se voz *off* "àquela que segue sempre paralela ao desfile das imagens e que não coincide nunca com esse desfile" (Daney, 2013: 20).

2. Devido ao seu estatuto enunciativo, a voz *off* gera situações de distanciamento, de ascendente, de ceticismo, de ironia, etc., por parte da personagem, relativamente aos factos da história. As vozes de Alex, em *A Clockwork Orange* (*Laranja mecânica,* 1971), de Stanley Kubrik, ou de Red, em *The Shawshank Redemption* (*Os condenados de Shawshank,* 1994), de Frank Darabont, podem assimilar-se às de narradores literários, em regime *autodiegético* e *homodiegético* (v. estes termos). Não por acaso, aqueles filmes resultaram da *adaptação*

(v.) de romances de, respetivamente, Anthony Burgess e Stephen King. Num caso singular, a voz *off* que ecoa na cabeça de uma personagem é a da escritora que rege o destino dessa personagem, em *Stranger than Fiction* (*Contado ninguém acredita*, 2006), realizado por Marc Forster.

VOZ *OUT*

1. No quadro da definição de vozes enunciativas que, sobretudo no cinema e na televisão, se articulam com a imagem captada, a *voz out* relaciona-se diretamente com a *voz in* (v.): trata-se de uma voz que, sendo ouvida por uma personagem visível e enquadrada pela câmara, provém de alguém que se encontra fora do referido enquadramento.

2. Numa outra abordagem, correspondendo a uma perspetiva de análise diferente, a voz *out* "é nem mais nem menos do que a voz tal como sai da boca" (Daney, 2013: 21). Neste caso, não se considera a situação da voz relativamente à imagem, mas tão-só a sua enunciação pela personagem.

VOZ *OVER*

1. A expressão *voz over* designa um dispositivo enunciativo que por vezes se encontra em relatos cinematográficos e televisivos. Nesses relatos, uma voz narrativa pertencente a um narrador não integrado no universo da história como personagem relata ou comenta eventos dessa história, a partir de uma posição em princípio omnisciente (v. *focalização omnisciente*); essa posição é sugerida pela designação adotada: *over* significa *sobre* ou *acima de*. Daí o efeito de poder e de domínio das ações que se deduz da voz *over* e da sua localização numa instância de narração e de comentário inacessível às personagens (cf. Abhervé, 2011).

2. O filme *A.I. Artificial Intelligence* (2001), de Steven Spielberg, recorre à voz *over*, sobretudo e de modo muito expressivo na parte final da história, quando está em causa o destino das personagens, a sua relação com a vida e com a morte e questões metafísicas que lhe estão associadas. Tal como acontece noutros casos similares, o narrador em *over* assume aqui uma feição muito próxima, pelo menos no plano funcional, da que lhe reconhecemos

na narrativa literária. Esta proximidade confirma que "a razão efetiva para se insistir na necessidade do narrador cinemático pode ser, muitas vezes, um desejo de consistência metodológica com o paradigma literário" (Thomson-Jones, 2007: 93).

WESTERN – V. Romance do faroeste.

Bibliografia

1. Obras literárias

ASSIS, Machado de (1994). *Crônicas escolhidas*. São Paulo: Ática.

ASSIS, Machado de (2003). *Dom Casmurro*. Apresentação crítica, nota biográfica e bibliografia por Ana Maria Mão-de-Ferro Martinho. Lisboa: Dom Quixote.

ASSIS, Machado de (2004). *Contos/Uma antologia*. Seleção, introdução e notas de John Gledson. 2.ª ed. São Paulo: Companhia das Letras, 2 vols.

ASSIS, Machado de (s.d.). *Memórias póstumas de Brás Cubas*. Amadora: Liv. Bertrand.

ASSIS, Machado de (s.d.). *Quincas Borba*. Amadora: Liv. Bertrand.

BALZAC, Honoré de (1910). *Le père Goriot*. Paris: Calman-Lévy.

BALZAC, Honoré (1959). *Eugénie Grandet*. Texte établi et présenté par Roger Pierrot. Firenze: Sansoni, 1959.

BAUDELAIRE, Charles (1967). *Les fleurs du mal*. Texte établi et annoté par Claude Pichois. Paris: Le Livre de Poche.

CALVINO, Italo (1985). *Se numa noite de inverno um viajante*. Lisboa: Vega.

CAMÕES, Luís de (1972). *Os Lusíadas*. Leitura, prefácio e notas de Álvaro Júlio da Costa Pimpão. Lisboa: Instituto de Alta Cultura.

CAMÕES, Luís de (1980). *Lírica completa II*. Prefácio e notas de Maria de Lurdes Saraiva. Lisboa: Imprensa Nacional-Casa da Moeda.

CAMÕES, Luís de (2009). *Os Lusíadas. Banda desenhada*. Adaptação: José Ruy. Lisboa: Âncora Editora.

CASTELO BRANCO, Camilo (1965). *Os brilhantes do brasileiro*. 8.ª ed. Lisboa: Parceria António M. Pereira.

CASTELO BRANCO, Camilo (1970). *A queda dum anjo*. Lisboa: Parceria António M. Pereira.

CELA, Camilo José (1974). *La familia de Pascual Duarte*, 3.ª ed. Barcelona: Ediciones Destino.

Cervantes Saavedra, Miguel de (1968). *El ingenioso hidalgo Don Quijote de la Mancha*. Edición preparada por Justo García Soriano y Justo García Morales. Madrid: Aguilar.

Clarín, Leopoldo Alas (1993). *La Regenta*. Edición de Juan Oleza. 7.ª ed., Madrid: Cátedra, vols. I e II.

Defoe, Daniel (1985). *The Life and Adventures of Robinson Crusoe*. Edited with an Introduction by Angus Ross. London: Penguin Books.

Dinis, Júlio (1985). *Uma família inglesa*. Lisboa: Editorial Comunicação.

Eco, Umberto (s.d.). *O nome da rosa*. Lisboa: Difel.

Ferreira, José Gomes (1977). *As aventuras de João Sem Medo*. 8.ª ed. Lisboa. Diabril Editora.

Ferreira, Vergílio (1967). *Estrela polar*. 2.ª ed. Lisboa: Portugália.

Ferreira, Vergílio (1971). *Manhã submersa*. Lisboa: Pub. Europa-América.

Ferreira, Vergílio (1973). *Alegria breve*. Lisboa: Arcádia.

Ferreira, Vergílio (1983). *Para sempre*. Amadora: Liv. Bertrand.

Flaubert, Gustave (1968). *Madame Bovary*. Paris: Garnier-Flammarion.

Fonseca, Manuel da (1965). *O fogo e as cinzas*. Lisboa: Portugália Editora.

García Márquéz, Gabriel (2002). *Vivir para contarla*. Bogotá: Editorial Norma.

Garrett, Almeida (2010). *Viagens na minha terra*. Edição de Ofélia Paiva Monteiro. Lisboa: Imprensa Nacional-Casa da Moeda.

Joyce, James. *Ulisses* (1983). 2.ª ed. Lisboa: Difel (tradução de Antonio Houaiss).

La Fontaine, Jean de (1966). *Fables*. Paris: Garnier-Flammarion.

Melville, Herman (2002). *Moby-Dick*. Edited by Hershel Parker, Harrison Hayford. New York/London: W.W.Norton Company Inc.

Mirbeau, Octave (2003). *Journal d'une femme de chambre*. Angers: Éditions du Boucher/ Société Octave Mirbeau.

Oliveira, Carlos de (1978). *Pequenos burgueses*. 6.ª ed. Lisboa: Livraria Sá da Costa.

Oliveira, Carlos de (1980). *Casa na duna*. 7.ª ed. Lisboa: Livraria Sá da Costa.

Pessanha, Camilo (2014). *Clepsidra*. Barbara Spaggiari: edição de texto. Lisboa: Imprensa Nacional-Casa da Moeda.

PESSOA, Fernando (2001). *Livro do desassossego composto por Bernardo Soares, ajudante de guarda-livros na cidade de Lisboa*. Edição de Richard Zenith. 3.ª edição. Lisboa: Assírio & Alvim.
PINTO, Fernão Mendes (1983). *Peregrinação*. Lisboa: Imprensa Nacional-Casa da Moeda.
PIRES, José Cardoso (1972). *O delfim*, 5.ª ed. Lisboa: Moraes Editores

QUEIRÓS, Eça de (1992). *O Mandarim*. Edição de Beatriz Berrini. Lisboa: Imprensa Nacional-Casa da Moeda.
QUEIRÓS, Eça de (2000). *O crime do padre Amaro*. Edição de Carlos Reis e Maria do Rosário Cunha. Lisboa: Imprensa Nacional-Casa da Moeda.
QUEIRÓS, Eça de (2009). *Cartas públicas*. Edição de Ana Teresa Peixinho. Lisboa: Imprensa Nacional-Casa da Moeda.
QUEIRÓS, Eça de (2009). *Contos I*. Edição de Marie-Hélène Piwnik. Lisboa: Imprensa Nacional-Casa da Moeda.
QUEIRÓS, Eça de (2015). *O mistério da estrada de Sintra. Cartas ao* Diário de Notícias. Edição de Ana Luísa Vilela. Lisboa: Imprensa Nacional-Casa da Moeda.
QUEIRÓS, Eça de (2017). *Os Maias. Episódios da vida romântica*. Edição de Carlos Reis e Maria do Rosário Cunha. Lisboa: Imprensa Nacional.

RIBEIRO, Aquilino (1974). *O Malhadinhas. Mina de diamantes*. Amadora: Liv. Bertrand.
ROUSSEAU, Jean-Jacques (1967). *Julie ou la nouvelle Héloïse*. Paris: Garnier-Flammarion.
ROUSSEAU, Jean-Jacques (1968). *Les confessions*, Paris: Garnier-Flammarion, I.

SARAMAGO, José (1981). *Viagem a Portugal*. Lisboa: Círculo de Leitores.
SARAMAGO, José (1983). *Levantado do chão*, 4.ª ed. Lisboa: Editorial Caminho.
SARAMAGO, José (1983). *Memorial do convento*. 4.ª ed. Lisboa: Editorial Caminho.
SARAMAGO, José (1986). *A jangada de pedra*. Lisboa: Caminho.
SARAMAGO, José (1991). *O evangelho segundo Jesus Cristo*. Lisboa: Caminho.
SARAMAGO, José (1994). *Cadernos de Lanzarote. Diário – I*. Lisboa: Caminho.
SARAMAGO, José (2016). *O ano da morte de Ricardo Reis*. Porto: Porto Editora.
SHAKESPEARE, William (1986). *The Sonnets and a Lover's Coimplaint*. Edited by John Kerrigan. London: Penguin Books.
STEINBECK, John (s.d.). *As vinhas da ira*. 7.ª ed. Lisboa: Livros do Brasil.
STENDHAL (1964). *Le rouge et le noir*. Paris: Garnier-Flammarion.

TORGA, Miguel (2000). *Contos*. Lisboa: Publicações Dom Quixote.

UNAMUNO, Miguel de (1914). *Vida de Don Quijote y Sancho según Miguel de Cervantes Saavedra explicada y comentada por Miguel de Unamuno*. Madrid/Buenos Aires: Renacimiento.

UNAMUNO, Miguel de (1968). *Niebla*. 12.ª ed. Madrid: Espasa-Calpe.
UNAMUNO, Miguel de (1970). *El Caballero de la Triste Figura*. 5.ª ed. Madrid: Espasa--Calpe.
La vida de Lazarillo de Tormes, y de sus fortunas y adversidades (2003), introducción de Rosa Navarro Durán. Edición y notas de Milagros Rodríguez Cáceres. Barcelona: Ediciones Octaedro [atribuído por Rosa Navarro Durán a Alfonso de Valdés].
ZOLA, Émile (1970). *Thérèse Raquin*. Paris: Garnier-Flammarion.

2. Obras teóricas e críticas

AARSETH, Espen J. (2005). *Cibertexto. Perspectivas sobre a literatura ergódica*. Lisboa: Pedra de Roseta.
ABBOTT, H. Porter (2008). *The Cambridge Introduction to Narrative*. 2.ª ed. Cambridge: Cambridge University Press.
ABBOTT, H. Porter (2014). "Narrativity", in Peter Hühn *et alii* (eds.), *The Living Handbook of Narratology*. Hamburg: Hamburg University (em: http://www.lhn.uni-hamburg.de/article/narrativity; acesso a 14.4.2018).
ABHERVÉ, Séverine (2011). «Les frontières sonores de la voix-*over*. Étude de cas avec le film *De Beaux Lendemains*, d'Atom Egoyan (1997)», in *Cahiers de narratologie*, 20 (em: em: https://journals.openedition.org/narratologie/6317; consultado a 1.5.2018).
ALBER, Jan (2010). "Hypotetical Intentionalism. Cinematic Narration Reconsidered", in Jan Alber e Monika Fludernik (eds.) (2010). *Postclassical Narratology. Approaches and Analysis*. Columbus: The Ohio State University, pp. 163-185.
ALBER, Jan (2011). "The Diachronic Development of Unnaturalness: A New View on Genre", in Jan Alber e Rüdiger Heinze (eds.), *Unnatural Narratives – Unnatural Narratology*. Berlin/Boston: Walter de Gruyter.
ALBER, Jan (2013). "Unnatural Spaces and Narrative Worlds", in Jan Alber *et alii* (eds.), *A Poetics of Unnatural Narrative*. Columbus: The Ohio State Univ. Press, pp. 45-66.
ALBER, Jan (2014). "Unnatural Narrative", in Peter Hühn *et alii* (eds.), *The Living Handbook of Narratology*. Hamburg: Hamburg University (em: http://www.lhn.uni-hamburg.de/article/unnatural-narrative ; acesso a 7.3.2018).
ALBER, Jan e Monika FLUDERNIK (eds.) (2010). *Postclassical Narratology. Approaches and Analysis*. Columbus: The Ohio State University.
ALBÉRÈS, R.-M. (1971). *Histoire du roman moderne*. 4.ª ed. Paris: Éditions Albin Michel.
ALBÉRÈS, R.-M. (1972). *Métamorphoses du roman*. Nouvelle édition. Paris: Éd. Albin Michel.

ALEKSANDROWICZ, Marta *et alii* (2015). "Gdansk Narratological Group", in *DIEGESIS*, 4.1, pp. 88-103 (em: https://www.diegesis.uni-wuppertal.de/index.php/diegesis/article/view/193/270; acesso a 23.12.2017) .

ALENCAR, Mauro (2004). *A Hollywood brasileira. Panorama da telenovela no Brasil*. 2.ª ed. Rio de Janeiro: Senac Rio.

ALLOTT, Miriam (1966). *Los novelistas y la novela*. Barcelona: Editorial Seix Barral.

ALTMAN, Janet Gurkin (1982). *Epistolarity. Approaches to a Form*. Columbus: Ohio State University Press.

ALVARADO, Manuel e John O. THOMPSON (eds.) (1990). *The Media Reader*. London: British Film Institute.

ANDRINGA, Els *et alii* (2001). "Point of View and Viewer Empathy in Film", in Willie van Peer e Seymour Chatman (eds.), *New Perspectives on Narrative Perspective*. Albany: State University of New York Press, pp. 133-157.

ARISTÓTELES (1964). *Poética*. Tradução direta do grego com introdução e índices por Eudoro de Sousa. Lisboa: Guimarães Editores.

ARNAUDO, Marco (2010). *Il fumetto supereroico. Mito, etica e strategie narrative*. Latina: Tunué.

ARRIBERT-NARCE, Fabien (2008). "Photographs in Autobiographies: Identities in Progress", in *Skepsi*, vol. 1 (1) (em: https://blogs.kent.ac.uk/skepsi/files/2010/06/vol-1.1-5-Arribert-Narce.pdf ; acesso a 12.6.2017).

ASHMORE, Richard D. e Lee JUSSIM (eds.) (1997). *Self and Identity. Fundamental Issues*. New York/Oxford: Oxford University Press.

ASIMOV, Isaac (1975). "How Easy to see the Future!", in *Natural History*, vol. LXXXIV, n.º 4, pp. 92-97.

AUERBACH, Eric ([1946] 1973). *Mimésis. La représentation de la réalité dans la littérature occidentale*. Paris: Gallimard.

Autores: Histórias da Teledramaturgia (2008). São Paulo: Globo, 2008, livros 1 e 2.

AZEVEDO, Maria Teresa Schiappa de (1976). *À volta do poeta fingidor*. Separ. de *Biblos*, LII, pp. 365-383.

AZIZA, Claude *et alii* (1978). *Dictionnaire des types et caractères littéraires*. Paris: Fernand Nathan.

AZIZA, Claude *et alii* (1982). *Dictionnaire des figures et des personnages*. Paris: Garnier.

BABO, Maria Augusta (2017). "Considerações sobre a máquina narrativa", in Ana Teresa Peixinho e Bruno Araújo (eds.). *Narrativa e media. Géneros, figuras e contextos*. Coimbra: Imprensa da Universidade de Coimbra, pp. 71-101.

BACHTIN, Michail (1979). *Estetica e romanzo*. A cura di Clara Strada Janovic. 2.ª ed. Torino: Einaudi.

BAETENS, Jan e Mike BLEYEN (2010). "Photo Narrative, Sequential Photograph, Photonovels", in Marina Grishakova e Marie-Laure Ryan (eds.), *Intermediality and Storytelling*. Berlin/New York: Walter de Gruyter, pp. 163-182.

BAETENS, Jan e Hugo FREY (2015). *The Graphic Novel. An Introduction*. New York: Cambridge University Press.

BAJTIN, Mijail ([1937-38] 1989). "Las formas del tiempo y del cronotopo en la novela", in *Teoría y estética de la novela*. Madrid: Taurus, pp. 237-409.

BAJTIN, Mijail ([1941] 1989). "Épica y novela (Acerca de la metodología del análisis novelístico)", in *Teoría y estética de la novela*. Madrid: Taurus, pp. 449-485.

BAKHTINE, Mikhaïl ([1963] 1970). *La poétique de Dostoïevski*. Paris: Éditions du Seuil.

BAKHTINE, Mikhaïl ([1965] 1978). *L'œuvre de François Rabelais et la culture populaire au Moyen Âge et sous la Renaissance*. Paris: Gallimard.

BAKHTINE, Mikhail (V. N. VOLOSHINOV) (1977). *Le marxisme et la philosophie du langage. Essai d'application de la méthode sociologique en linguistique*. Paris: Les Éditions de Minuit.

BAL, Mieke (1977). *Narratologie (Essais sur la signification narrative dans quatre romans modernes)*. Paris: Librairie Klincksieck.

BAL, Mieke (1981). "Notes on narrative embedding", in *Poetics Today*, vol. 2, n. 2, pp. 41-59.

BAL, Mieke (1997). *Narratology. Introduction to the Theory of Narrative*. 2.ª ed. Toronto/Buffalo/London: University of Toronto Press.

BAL, Mieke (2002). *Travelling Concepts in the Humanities. A Rough Guide*. Toronto/Buffalo/London: University of Toronto Press.

BAL, Mieke ([1991] 2004). "Narration and Focalization", in Mieke Bal (org.), *Narrative Theory. Critical Concepts is Literary and Cultural Studies*. London e New York: Routledge, I, pp. 263-296.

BAL, Mieke (org.) (2004). *Narrative Theory. Critical Concepts is Literary and Cultural Studies*. London e New York: Routledge, vols. I-IV.

BALOGH, Anna Maria (2002). *O discurso ficcional na TV. Sedução e sonho em doses homeopáticas*. São Paulo: EDUSP.

BALOGH, Anna Maria (2005). *Conjunções – disjunções – transmutações da literatura ao cinema e à TV*. 2.ª ed. rev. e ampliada. São Paulo: Annablume.

BANFIELD, Ann (1973). "Narrative style and the grammar of direct and indirect discourse", in *Foundations of Language*, 10, pp. 1-39.

BAREIS, J. Alexander e Lene NORDRUM (eds.) (2015). *How to Make Believe. The Ficitonal Truths of the Representatinal Arts*. Berlin/Boston: Walter de Gruyter.

BARONI, Raphaël (2007). *La tension narrative. Suspense, curiosité et surprise*. Paris: Seuil.

BARONI, Raphaël (2010). «Réticence de l'intrigue», in John Pier e Francis Berthelot (dirs.), *Narratologies contemporaines. Approches nouvelles pour la théorie et l'analyse du récit*. Paris: Éditions des Archives Contemporaines, pp. 199-213.

BARONI, Raphaël (2014). "Tellability", in Peter Hühn *et alii* (eds.), *The Living Handbook of Narratology*. Hamburg: Hamburg University (em:http://www.lhn.uni-hamburg.de/article/tellability; acesso a 5.7.2017).

BARONI, Raphaël e Alain CORBELLARI (2011). «Introduction». *Cahiers de Narratologie. Analyse et théorie narrative*, 21 (título genérico: *Rencontres de narrativités: perspectives sur l'intrigue musicale;* em:http://journals.openedition. org/narratologie/6430; acesso a 18.12.2017)

BARONI, Raphaël e Françoise REVAZ (eds.) (2016). *Narrative Sequence in Contemporary Narratology*. Columbus: The Ohio State University Press.

BARTHES, Roland (1964). *Essais critiques*, Paris, Éd. du Seuil.

BARTHES, Roland (1966). «Introduction à l'analyse structurale des récits», in *Communications*, 8, pp. 1-27.

BARTHES, Roland (1968). «L'effet de réel», in *Communications*, 11, pp. 84-89.

BARTHES, Roland ([1957] 1970). *Mythologies*. Paris: Éditions du Seuil.

BARTHES, Roland ([1970] 1975). "A retórica antiga", in J. Cohen *et alii*. *Pesquisas de retórica*. Petrópolis: Vozes.

BARTHES, Roland ([1968] 1984). «La mort de l'auteur», in *Le bruissement de la langue. Essais critiques IV*. Paris: Éditions du Seuil, pp. 61-67.

BAZIN, André (1951). «Théâtre et cinéma», in *Esprit*, nouvelle série, n.º 180 (6), juin, pp. 891-905.

BECKER, Tabea (2005). "The Role of Narrative Interaction in Narrative Development", in Uta M. Quasthoff e Tabea Becker (eds.), *Narrative Interaction*. Amesterdão/ Filadélfia: John Benjamins P. C., pp. 93-112.

BELL, Alice (2013). "Unnatural Narrative in Hypertext Fiction", in Jan Alber *et alii* (eds.), *A Poetics of Unnatural Narrative*. Columbus: The Ohio State Univ. Press, pp. 185-198.

BELLEMIN-NOËL, Jean (1972). *Le texte et l'avant-texte*. Paris: Larousse.

BEMONG, Nele (2010). *Bakhtin's Theory of the Literary Chronotope: Reflections, Applications, Perspectives*. Gent: Academia Press.

BENVENISTE, Émile (1966). *Problèmes de linguistique générale*. Paris: Gallimard.

BERGER, Arthur Asa (1997). *Narratives in Popular Culture, Media, and Everyday Life*. Thousand Oaks/London/New Delhi: Sage Publications.

BERTHELOT, Francis (2001). *Parole et dialogue dans le roman*. Paris: Éditons Nathan/ HER.

BETTENCOURT, Sandra (2016). "'The novel as multimedia, networked book': An Interview with Steve Tomasula", in *MATLIT*, 4.1, pp. 155-166 (em:http://dx.doi. org/10.14195/2182; acesso a 5.3.2018).

A Bíblia Sagrada contendo o Velho e o Novo Testamento (1970). Traduzida em Português por João Ferreira de Almeida. Lisboa: Depósito das Escrituras Sagradas.

BIERI, Peter (2011). "Time Experience and Personhood", in Jan Christoph Meister e Wilhelm Schernus (eds.), *Time. From Concept to Narrative Construct: A Reader*. Berlin/Boston: Walter de Gruyter, 13-28.

BISHOP-SANCHEZ, Kathryn (2016). *Creating Carmen Miranda. Race, Camp, and Transnational Stardom*. Nashville: Vanderbilt University Press.

BLANDFORD, Steve *et alii* (eds.) (2001). *The Film Studies Dictionary*. London: Arnold.

BLIN, Georges (1953). *Stendhal et les problèmes du roman*. Paris: José Corti.

BLOCH, Béatrice (2005). "Intensification ou effacement de la forme: quel impact sur l'engagement symbolique et imaginaire du lecterur?", in Vincent Jouve (org.), *L'expérience de lecture*. Paris: Éditions L'improviste, pp. 147-164.

BOBES NAVES, Maria del Carmen (1984). «La valeur sémiotique du temps dans le récit», in *Kodikas/Code. Ars Semeiotica*, 7, 1/2, pp. 107-120.

BOES, Tobias (2006). "Modernist Studies and the Bildungsroman: A Historical Survey of Critical Trends", in *Literature Compass*, 3/2, pp. 230-243.

BOLTER, Jay David e Richard GRUSIN (1999). *Remediation: Understanding New Media*. Cambridge: MIT Press.

BONHEIM, Helmut (1982). *The Narrative Modes. Techniques of the Short Story*. Cambridge: D. S. Brewer.

BOOTH, Wayne C. (1980). *A retórica da ficção*. Lisboa: Arcádia.

BORDWELL, David (1985). *Narration in the Fiction Film*. Madison: The University of Wisconsin Press.

BORDWELL, David e Kristin THOMSON (1997). *Film Art. An Introduction*. 5.ª ed. New York: The McGraw Hill Companies.

BOURNEUF, Roland e Réal OUELLET (1976). *O universo do romance*. Coimbra: Almedina.

BRANIGAN, Edward (1984). *Point of View in the Cinema: a Theory of Narration and Subjectivity in Classical Film*. Berlin/New York: Mouton.

BRANIGAN, Edward e Warren BUCKLAND (eds.) (2014). *The Routledge Encyclopedia of Film Theory*. London e New York: Taylor & Francis Group.

BRANTLEY, Jessica (2013). "Medieval Remediations", in N. Katherine Hayles e Jessica Pressman (eds.), *Comparative Textual Media. Transforming the Humanities in the Postprint Era*. Minneapoplis/London: University of Minnesota Press, pp. 201-220.

BREMOND, Claude (1966). «La logique des possibles narratifs», in *Communications*, 8, pp. 60-76.

BREMOND, Claude (1973). *Logique du récit*. Paris: Éditions du Seuil.

BREWER, Marilynn B. (1988). "A Dual Process Model of Impression Formation", in Thomas K. Srull e Robert S. Wyer (eds.), *Advances in Social Cognition*. Vol. 1: *A Dual Process Model of Impression Formation*. Hillsdale: Erlbaum, pp. 1-36.

BRIDGEMAN, Teresa (2007). "Time and space", in David Herman (org.), *The Cambridge Companion to Narrative*. Cambridge: Cambridge University Press, pp. 52-65.

BRITTON, Bruce K. e Anthony D. PELLEGRINI (1990). *Narrative Thought and Narrative Language*. Hillsdale, New Jersey: Lawrence Erlbaum Associates Publishers.

BROOKS, Cleanth e Robert Penn WARREN (1959). *Understanding Fiction*. 2.ª ed. New York: Appleton-Century-Crofts, Inc.

BROOKS, Peter (1984). *Reading for the Plot. Design and Intention in Narrative*. Oxford: Clarendon Press.

Brown, Gillian e George Yule (1983). *Discourse Analysis*. Cambridge: Cambridge University Press.

Bruner, Jerome (2004). "Life as Narrative", in *Social Research,* vol. 71, n.º 3, Fall, pp. 691-710.

Burdick, Anne *et alii* (2012). *Digital Humanities*. Cambridge, Mass./London: The MIT Press.

Butor, Michel (1969). *Essais sur le roman*. Paris: Éditions Gallimard.

Calabrese, Omar (1984). "Los replicantes", in *Anàlisi. Quaderns de Comunicació i Cultura*, 9, pp. 71-90.

Calabrese, Stefano (2001). "«Wertherfieber», bovarismo e altre patologie della lettura romanzesca", in Franco Moretti (org.), *Il romanzo,* I, Torino: Giulio Einaudi editore, pp. 567-598.

Calvino, Italo ([1990] 1998). *Seis propostas para o próximo milénio. (Lições americanas).* 3.ª ed. Lisboa: Teorema.

Campedelli, Samira Y. (1985). *A telenovela*. São Paulo: Ática.

Candido, Antônio (1992). "A vida ao rés-do-chão", in A. Candido *et alii, A crônica. O gênero, sua fixação e suas transformações no Brasil.* Campinas/Rio de Janeiro: Editora da UNICAMP/Fundação Casa de Rui Barbosa, pp. 13-22.

Carlyle, Thomas ([1841] 2013). *On heroes, hero-worship, and the heroic in history*. New Haven e London: Yale University Press.

Carvalho, Herculano de (1967). *Teoria da linguagem. Natureza do fenómeno linguístico e a análise das línguas.* Coimbra: Atlântida Editora, I.

Carvalho, Teresa (2016). "Epopeia e Hip-Hup-eia: os lusíadas de Alface e Manuel da Silva Ramos", in *Caliban* [blogue], 15 de setembro de 2016 (em:https://caliban.pt/epopeia-e-hip-hup-eia-os-lus%C3%ADadas-de-alface-e-manuel-da-silva-ramos-22af1c958020#.7yicvzffq; acesso a 2.3.2917).

Casetti, Francesco (1978). *Teorie del cinema: dal dopoguerra ad oggi.* Milano: L'espresso.

Casetti, Francesco (1986). *Dentro lo sguardo. Il film e il suo spettatore.* Milano: Bompiani.

Castells, Manuel (2007). *A galáxia Internet. Reflexões sobre Internet, negócios e sociedade.* 2.ª ed. Lisboa: Fundação Calouste Gulbenkian.

Certeau, Michel de (2003). "Hagiographie", in *Dictionnaire des genres et notions littéraires.* 2.ª ed. Paris: Albin Michel, pp. 364-373.

Chamberlain, Daniel Frank (1990). *Narrative Perspective in Fiction. A Phenomenological Mediation of Reader, Text, and World.* Toronto: University of Toronto Press.

Charon, Rita (2000). "Literature and Medicine: Origins and Destinies", in *Academic Medicine,* January, Volume 75, Issue 1, pp. 23-27. (em: (em: https:// journals.lww.com/academicmedicine/Fulltext/2000/01000/Literature_and_Medicine__Origins_and_Destinies.8.aspx; acesso a 25.3.2018).

Charon, Rita (2006). *Narrative Medicine. Honoring the Stories of Illness*. Oxford/New York: Oxford University Press.

Chatman, Seymour (1981). *Storia e discorso. La struttura narrativa nel romanzo e nel film*. Parma: Pratiche Editrice.

Chatman, Seymour (1990). *Coming to Terms. The Rhetoric of Narrative in Fiction and Film*. Ithaca e London: Cornell University Press.

Chute, Hillary (2015). "The Space of Graphic Narrative. Mapping Bodies, Feminism, and Form", in Robyn Warhol e Susan S. Lanser (eds.), *Narrative Theory Unbound. Queer and Feminist Interventions*. Columbus: Ohio State University Press, pp. 194-209.

Cioran, E. M. (1998). *Antologia do retrato: de Saint Simon a Tocqueville*. Rio de Janeiro: Rocco.

Cixous, Hélène (1976). "The Laugh of the Medusa", in *Signs*, vol. 1, n.º 4, Summer, pp. 875-893.

Cohen, Ralph (1982). "The statements literary texts do not make", in *New Literary History*, XIII, 3, pp. 379-391.

Cohen-Séat, Gilbert (1958). *Essai sur les principes d'une philosophie du cinéma. Notions fondamentales et vocabulaire de filmologie*. 2.ª ed. Paris: Presses Universitaires de France.

Cohn, Dorrit (1981). *La transparence intérieure. Modes de représentation de la vie psychique dans le roman*. Paris: Éditions du Seuil.

Cohn, Dorrit (2012). "Metalepsis and Mise en Abyme", in *Narrative*, vol. 20, n.º 1, January, pp. 105-114

Compagnon, Antoine (1979). *La seconde main ou le travail de la citation*. Paris: Seuil.

Coover, Robert (1993). "Hyperfiction: Novels for the Computer", in *The New York Times*, August 29 (em:http://www.nytimes.com/books/98/09/27/specials/coover--hyperfiction.html; acesso a 2.5.2017).

Cortázar, Julio (1971). "Nuevos aspectos del cuento", in *Cuadernos Hispanoamericanos*, núm. 255, marzo, pp. 403-416.

Corti, Maria (1976). *Principi della comunicazione letteraria. Introduzione alla semiotica della letteratura*. Milano: Bompiani.

Coste, Didier (1990). "A Tale of Two Dictionaries", in *Poetics Today*, vol. 11, n.º 2, pp. 405-410.

Courtés, Joseph (1976). *Introduction à la sémiotique narrative et discursive*. Paris: Hachette.

Cruz, Carla (2008). *A telerealidade. Uma abordagem hermenêutica da construção social da realidade pela informação televisiva de actualidade*. Lisboa: Instituto Superior de Ciências Sociais e Políticas.

Culler, Jonathan (2004). "Story and Discourse in the Analysis of Narrative", in Mieke Bal (org.), *Narrative Theory. Critical Concepts is Literary and Cultural Studies*. London e New York: Routledge, I, pp. 117-31.

DÄLLENBACH, Lucien (1977). *Le récit spéculaire. Essai sur la mise en abyme.* Paris: Éditions du Seuil.

DANEY, Serge (2013). "Volver a la voz: sobre las voces en off, in, out, through", in *Cinema Comparative Cinema*, vol. I, 3, pp. 19-21.

DARDENNE, Robert (2005). "Journalism", in David Herman *et alii* (eds.), *Routledge Encyclopedia of Narrative Theory.* London e New York: Routledge, pp. 267-269.

DAROWSKI, Joseph J. (2014). "The Superhero Narrative and the Graphic Novel", in Gary Hoppenstand (org.), *The Graphic Novel.* Lansing: Michigan State University.

DE FINA, Anna e Alexandra GEORGAKOPOULOU (2012). *Analyzing Narrative. Discourse and Sociolinguistic Perspectives.* Cambridge: Cambridge University Press.

DE FINA, Anna e Alexandra GEORGAKOPOULOU (2015). *The Handbook of Narrative Analysis.* Chichester, UK: Wiley Blackwell.

DEBRAY-GENETTE, Raymonde (1988). *Métamorphoses du récit. Autour de Flaubert.* Paris: Éditions du Seuil.

DEGRÉS (2002). "Poésie et narrativité". Numéro composé par Madeleine Frédéric. Trentième année, n.º 111, automne.

DELEUSE, Robert (1991). *Les maîtres du roman policier.* Paris: Bordas.

DELEUZE, Gilles (1983). *Cinéma I. L'mage-mouvement.* Paris: Éditions de Minuit.

DELEYTO, Celestino (1991). "Focalisation in Film Narrative", in *Atlantis*, vol. 13, n.º 1/2, noviembre, pp. 159-177.

Dictionnaire des personnages littéraires et dramatiques de tous les temps et de tous les pays (1984). Paris: Robert Laffont.

DIENGOTT, Nilli (1988). "Narratology and feminism", in *Style*, vol. 22, 1, pp. 42–51.

VAN DIJK, Teun A. (1983). *La ciencia del texto. Un enfoque interdisciplinario.* Barcelona/ Buenos Aires: Ediciones Paidós.

VAN DIJK, Teun A. (1983a). "Descripción de acciones", in *Semiosis*, 11, pp. 39-55.

DOCKER, John (2018). "Seinfeld. U.S. Situation Comedy", in Horace Newcomb (org.), *Encyclopedia of Television.* Chicago: Museum of Broadcast Communication (em:http://www.museum.tv/encyclopedia.htm; acesso a 17.2.2018).

DOLEŽEL, Lubomír (1979). "Extensional and intensional narrative worlds", in *Poetics*, vol. 8, 1/2, pp. 193-211.

DOLEŽEL, Lubomír (1998). *Heterocosmica. Fiction and Possible Worlds.* Baltimore e London: The Johns Hopkins University Press.

DUBROW, Heather (2006). "The Interplay of Narrative and Lyric: Competition, Cooperation, and the Case of the Anticipatory Amalgam", in *Narrative*, vol. 14, n. 3, October, pp. 254-271.

DUCROT, Oswald e Tzvetan TODOROV (1972). *Dictionnaire encyclopédique des sciences du langage.* Paris: Éditions du Seuil.

DUNN, Anne (2005). "The genres of television", in H. Fulton *et alii*, *Narrative and Media.* Cambridge: Cambridge University Press, pp. 125-139.

DUNN, Anne (2005a). "Structures of radio drama", in H. Fulton *et alii*, *Narrative and Media*. Cambridge: Cambridge University Press, pp. 191-202.

DUPUY, Josée (1974). *Le roman policier*. Paris: Larousse.

DYER, Richard (2000). "Introduction to film studies", in John Hill e Pamela Church Gibson (eds.), *Film Studies. Critical Approaches*. Oxford: Oxford University Press.

ECO, Umberto ([1962] 1976). *Obra aberta*. São Paulo: Editora Perspectiva.

ECO, Umberto (1976). *Apocalípticos e integrados*. São Paulo: Editora Perspectiva.

ECO, Umberto (1976a). "Codice", in *Versus*, 14, pp. 1-38.

ECO, Umberto (1978). *Trattato di semiotica generale*, 6.ª ed., Milano, Bompiani.

ECO, Umberto (1979). *Lector in fabula. La cooperazione interpretativa nei testi narrativi*. Milano: Bompiani.

ECO, Umberto (1984). *Conceito de texto*. São Paulo, T. A. Queiroz/Ed. da Universidade de São Paulo.

ECO, Umberto (1984). *Semiotica e filosofia dei linguaggio*. Torino: Einaudi.

EDER, Jens et alii (eds.) (2010). *Characters in Fictional Worlds. Understanding Imaginary Beings in Literature, Film, and Other Media*. Berlin/New York: Walter de Gruyter.

EIKHENBAUM, Boris ([1925] 1965). «Sur la théorie de la prose», in T. Todorov (ed.), *Théorie de la littérature*. Paris: Éditions du Seuil, pp. 197-211.

EIKHENBAUM, Boris ([1926] 1973). "Literature and Cinema (1926)", in S. Bann e John E. Bowit (eds.), *Russian Formalism. A Collection of Articles and Texts in Translation*. Edinburgh: Scottish Academic Press.

EISENLAUER, Volker e Christian R. HOFFMANN (2010) "Once upon a blog ... Storytelling in weblogs", in Christian R. Hoffmann (org.) (2010), *Narrative Revisited: Telling a story in the age of new media*. Amesterdão: John Benjamins Publishing Company, pp. 79-108.

ELLIOTT, Kamilla (2004). "Literary Film Adaptation and the Form/Content Dillema", in Marie-Laure Ryan (org.), *Narrative across Media. The Languages of Storytelling*. Lincoln e London: University of Nebraska Press, pp. 220-243.

ENSSLIN, Astrid (2014). *Literary Gaming*. Cambridge, Mass.: The MIT Press.

EPPLE, Juan Armando (1980). "Notas sobre la estructura del folletín", in *Cuadernos Hispanoamericanos*, 358, Abril, pp. 147-156.

ESCANDELL-MONTIEL, Daniel (2014). *Escrituras para el siglo XXI. Literatura y blogosfera*. Madrid/Frankfurt: Iberoamericana/Vervuert

ESKELINEN, Markku (2012). *Cybertext Poetics. The Critical Landscape of New Media Literary Theory*. London/New York: Continuum.

ESTEVES, Lenita Rímoli (2003). "A tradução do romance-folhetim no século XIX brasileiro", in *Trabalhos em Linguística Aplicada*, Campinas (42), jul./dez., pp. 135-143.

Faccani, Remo e Umberto Eco (eds.) (1969). *I sistemi di segni e lo strutturalismo sovietico.* Milano: Bompiani.

Felski, Rita (2001). "Introduction", in *New Literary History*, 42, pp. v–ix.

Ferraz, Maria de Lourdes (coord.) (2002). *Dicionário de personagens da novela camiliana.* Lisboa: Caminho.

Ferreras, Juan Ignacio (1972). *La novela por entregas. 1840-1900 (Concentración obrera y economía editorial).* Madrid: Taurus.

Feuer, Jane (1990). "Melodrama, Serial Form and Television Today", in Manuel Alvarado e John O. Thompson (eds.), *The Media Reader.* London: British Film Institute, pp. 253-264.

Feyersinger, Erwin (2012). "The Conceptual Integration Network of Metalepsis", in Ralf Schneider e Marcus Hartner (eds.), *Blending and the Study of Narrative. Approaches and Applications.* Berlin/Boston: Walter de Gruyter, pp. 173-197.

Fishelov, David (1990). "Types of Character, Characteristics of Types", in *Style*, vol. 24, 3, Fall, pp. 422-439.

Fletcher, Angus e John Monterosso (2016). "The Science of Free-Indirect Discourse: An Alternate Cognitive Effect", in *Narrative*, vol. 24, 1, January, pp. 82-103.

Flichy, Patrice (2007). *The Internet Imaginaire.* Cambridge, Mass./London: The MIT Press.

Fludernik, Monika (1994). "Second-Person Narrative As a Test Case for Narratology: The Limits of Realism", in *Style*, vol. 28, n.º 3, Fall, pp. 445-479.

Fludernik, Monika (1996). *Towards a 'Natural' Narratology.* London e New York: Routledge.

Fludernik, Monika (2003). "Scene Shift, Metalepsis, and the Metaleptic Mode", in *Style*, vol. 37, n.º. 4, Winter, pp. 382-400.

Fludernik, Monika (2003a). "Natural Narratology and Cognitive Parameters", in David Herman (org.), *Narrative Theory and the Cognitive Sciences.* Stanford: CSLI Publications, pp. 243–267.

Fludernik, Mnika (2003b). "Metanarrative and Metafictional Commentary: From Metadiscursivity to Metanarration and Metafiction", in *Poetica*, vol. 35, 1/2, pp. 1-39.

Fludernik, Monika (2009). *An Introduction to Narratology.* London e New York: Routledge.

Fludernik, Monika (2011). "The Category of 'Person' in Fiction: *You* and *We* Narrative-Multiplicity and Indeterminacy of Reference", in Greta Olsen (org.), *Current Trends in Narratology.* Berlin/New York: Mouton de Gruyter, pp. 101-141.

Fokkema, Douwe W. (1985). "The concept of code in the study of literature", in *Poetics Today*, 6, 4, pp. 643-656.

Foley, Barbara (1986). *Telling the Truth. The Theory and Practice of Documentary Fiction.* Ithaca e London: Cornell University Press.

FONDANÈCHE, Daniel (2005). *Paralittératures*. Paris: Vuibert.

FÓNYI, Antonia (2003). "Nouvelle", *in Dictionnaire des genres et notions littéraires*. 2.ª ed. Paris: Albin Michel, pp. 528-530.

FORSTER, E. M. (1937). *Aspects of the Novel*. London: Edward Arnold.

FOUCAULT, Michel (1979). "What is an author?", in Josué V. Harari (org.), *Textual Strategies: Perspectives in Post-Structuralist Criticism*. Ithaca: Cornell University Press, pp. 141-160.

FOWLER, Roger (1982). "How to see through language: perspective in fiction", in *Poetics*, vol. 11, 3, pp. 213-236.

FRANK, K. (1980). «Writing lives: theory and practice in literary biography», in *Genre*, XIII, pp. 499-516.

FRANKLIN, Benjamin (org.) (2002). *Dictionary of American Literary Characters*. 2.ª ed. New York: Facts on File, Inc.

FREEMAN, William (1974). *Dictionary of Fictional Characters*. Boston: The Writer Inc.

FRENZEL, Elisabeth (1976). *Diccionario de Argumentos de la Literatura Universal*. Madrid: Gredos.

FRESNAULT-DERUELLE, Pierre (1977). *Récits et discours par la bande. Essais sur les comics*. Paris: Hachette.

FRIEDMAN, Norman (1955). "Point of view in fiction: the development of a critical concept", in *P.M.L.A.*, vol. LXX, pp. 1160-1184.

FRIEDMAN, Norman (1975). *Form and Meaning in Fiction*. Athens: The Univ. of Georgia Press.

FRIEDMAN, Norman ([1958] 1996). "What Makes a Short Story Short?", in Michael J. Hoffman e Patrick D. Murphy (eds.), *Essentials of the Theory of Fiction*. 2.ª ed. Durham: Duke University Press, pp. 100-115.

FRIEDMAN, Susan S. (1993). "Spatialization: A Strategy for Reading Narrative", in *Narrative*, vol. 1, 1, pp. 12–23.

FROW, John (2014). *Character and Person*. Oxford: Oxford University Press.

FULTON, Helen (2005). "Introduction: the Power of Narrative", in H. Fulton *et alii*, *Narrative and Media*. Cambridge: Cambridge University Press, pp. 1-7.

FULTON, Helen (2005a). "Film Narrative and Visual Cohesion", in H. Fulton *et alii*, *Narrative and Media*. Cambridge: Cambridge University Press, pp. 108-122.

FULTON, Helen (2005b). "Conclusions: postmodern narrative and media", in H. Fulton *et alii*, *Narrative and Media*. Cambridge: Cambridge University Press, pp. 300--306.

FULTON, Helen (2005c). "Novel to film", in H. Fulton *et alii*, *Narrative and Media*. Cambridge: Cambridge University Press, pp. 96-107.

GARCÍA LANDA, José Ángel (1998). *Acción, relato, discurso. Estructura de la ficción narrativa*. Salamanca: Ediciones Universidad de Salamanca.

GARCÍA LANDA, José Ángel (2004). "Overhearing Narrative", in John Pier (org.), *The Dynamics of Narrative Form. Studies in Anglo-American Narratology*. Berlin/New York: Walter de Gruyter, pp. 191-214.

GARCÍA GUAL, Carlos (1972). *Los orígenes de la novela*. Madrid: Istmo.

GARCÍA-NOBLEJAS, Juan José (1982). *Poética del texto audiovisual. Introducción al discurso narrativo de la imagen*. Pamplona: Ediciones Universidad de Navarra.

GARRONI, Emilio (1980). *Projecto de semiótica*. Lisboa: Edições 70.

GARVEY, James (1978). "Characterization in narrative", in *Poetics*, 7, pp. 63-78.

GAUDREAULT, André ([1988] 2009). *From Plato to Lumière: Narration and Monstration in Literature and Cinema*. Toronto/Buffalo/London: University of Toronto Press.

GAUDREAULT, André e François JOST (1990). *Le récit cinématographique*. Paris: Éditions Nathan.

GEAREY, Adam (2005). "Law and Narrative", in David Herman *et alii* (eds.), *Routledge Encyclopedia of Narrative Theory*. London e New York: Routledge, pp. 271-275.

GENETTE, Gérard (1966). «Frontières du récit», in *Communications*, 8, pp. 152-163.

GENETTE, Gérard (1972). *Figures III*. Paris: Éditions du Seuil.

GENETTE, Gérard (1979). *Introduction à l'architexte*. Paris: Éditions du Seuil.

GENETTE, Gérard (1982). *Palimpsestes. La littérature au second degré*. Paris: Éditions du Seuil.

GENETTE, Gérard (1983). *Nouveau discours du récit*. Paris: Éditions du Seuil.

GENETTE, Gérard (1987). *Seuils*. Paris: Éditions du Seuil.

GENETTE, Gérard (1991). *Fiction et diction*. Paris: Éditions du Seuil.

GENETTE, Gérard (2004). *Métalepse. De la figure à la fiction*. Paris: Éditions du Seuil.

GERRIG, Richard J. (1993). *Experiencing Narrative Worlds: on the Psychological Activities of Reading*. New Haven e London: Yale University Press.

GERRIG, Richard J. (2001), "Perspective as Participation", in Willie van Peer e Seymour Chatman (eds.), *New Perspectives on Narrative Perspective*. Albany: State University of New York Press, pp. 303-323.

GERRIG, Richard J. e David W. ALLBRITTON (1990). "The Construction of Literary Character: A View from Cognitive Psychology", in Style, vol. 24, 3, pp. 380-391.

GERVÁS, Pablo (2013). "Story Generator Algorithms", in Peter Hühn *et alii* (eds.), *The Living Handbook of Narratology*. Hamburg: Hamburg University (em:http://www.lhn.uni-hamburg.de/article/story-generator-algorithms ; acesso a 27.3.2017).

GIDE, André (1951). *Journal: 1889-1939*. Paris: Gallimard.

GIDDINS, Robert *et alii*. (1990). *Screening the Novel. The Theory and Practice of Literary Dramatization*. New York: St. Martin's Press.

GILLESPIE, Gerald (1967). "Novelle, nouvelle, Novella, Short Novel? A review of terms", in *Neophilologus*, LI, 2 e 3, pp. 117-127 e 225-230.

Giovagnoli, Max (2011). *Transmedia Storytelling. Imagery, Shapes and Techniques*. S.l.: Max Giovagnoli & ETC Press.

Glaudes, Pierre e Yves Reuter (eds.). *Personnage et histoire littéraire*. Toulouse: Presses Universitaires du Mirail.

Głowiński, Michal e Rochelle Stone (1977). "On the first-person novel", in *New Literary History*, IX, 1, pp. 103-114.

Gomel, Elana (2009) "Shapes of the Past and the Future: Darwin and the Narratology of Time Travel", in *Narrative*, vol. 17, no. 3, October, pp. 334-352.

González, Reynaldo (1995). "El culebrón nuestro de cada día", in *Archivos de la Filmoteca*, 21, Outubro, pp. 163-171.

González Requena, Jesus (1992). *El discurso televisivo: espectáculo de la postmodernidad*. Madrid: Cátedra.

Goring, Rosemary (org.) (1994). *Larousse Dictionary of Literary Characters*. Edinburgh/New York: Larousse.

Goyal, Rishi (2013). "Narration in Medicine", in Peter Hühn *et alii* (eds.), *The Living Handbook of Narratology*. Hamburg: Hamburg University (em: http://www.lhn.uni-hamburg.de/article/narration-medicine; acesso a 5.7.2017).

Grabes, Herbert (2014). "Sequentiality", in Peter Hühn *et alii* (eds.), *The Living Handbook of Narratology*. Hamburg: Hamburg University (em: http://www.lhn.uni-hamburg.de/article/sequentiality; acesso a 14.5.2018).

Grabócz, Márta (2009). *Musique, narrativité, signification*. Paris: L'Harmattan.

Grabócz, Márta (2010). "Bref aperçu sur l'utilisation des concepts de narrativité et de signification en musique", in John Pier e Francis Berthelot (dirs.), *Narratologies contemporaines. Approches nouvelles pour la théorie et l'analyse du récit*. Paris: Éditions des Archives Contemporaines, pp. 233-265.

Grant, August (2018). "Digital Television", in Horace Newcomb (org.), *Encyclopedia of Television*. Chicago: Museum of Broadcast Communication (em:http://www.museum.tv/eotv/digitaltelev.htm ; acesso a 17.2.2018).

Gravett, Paul (2005). *Graphic Novels. Everything you Need to Know*. New York: Collins Design.

Gray, Bennison (1975). *The Phenomenon of Literature*. The Hague/Paris: Mouton.

Greco, Cristina (2014). *Graphic novel. Confine e forme inedite nel sistema attuale dei generi*. Roma: Edizioni Nova Cultura.

Greimas, A. J. (1966). *Sémantique structurale*. Paris: Larousse.

Greimas, A. J. (1970). *Du sens. Essais sémiotiques*. Paris: Éd. du Seuil.

Greimas, A. J. (1973). «Les actants, les acteurs et les figures», in Claude Chabrol (org.), *Sémiotique narrative et textuelle*. Paris: Larousse, pp. 161-176.

Greimas, A. J. e J. Courtés (1979). *Sémiotique. Dictionnaire raisonné de la théorie du langage*. Paris: Hachette.

Grishakova, Marina e Marie-Laure Ryan (eds.) (2010). *Intermediality and Storytelling*. Berlin/New York: Mouton de Gruyter.

GRODEN, Michael e Martin KREISWIRTH (eds.) (1994). *The Johns Hopkins Guide to Literary Theory and Criticism*. Baltimore/London: The Johns Hopkins University Press.

GROSSEGESSE, Orlando (2004). "Narrar sob os fumos do Holocausto. Relendo *Memórias duma Nota de Banco* de Paço d'Arcos", in M. de Fátima Marinho e F. Topa (coords.), *Literatura e História. Actas do Colóquio Internacional*. Porto: Fac. de Letras do Porto/ Dep. de Estudos Portugueses e Estudos Românicos, pp. 295-307.

GROUPE D'ENTREVERNES (1979). *Analyse sémiotique des textes*. Lyon: Presses Universitaires de Lyon.

GUBERN, Román (1972). *El lenguaje de los comics*. Barcelona: Ed. Península.

GUELLOUZ, Suzanne (1992). *Le dialogue*. Paris. P.U.F.

GUILLÉN, Claudio (1971). *Literature as System. Essays towards the Theory of Literary History*. Princeton: Princeton University Press.

GUILLÉN, Claudio (1989). *Teorías de la historia literaria*. Madrid: Espasa Calpe.

GUILLOU, Marlène e Évelyne THOIZET (1998). *Galerie de portraits dans le récit*. Paris: Bertrand-Lacoste.

GULLÓN, Ricardo (1980). *Espacio y novela*. Barcelona: A. Bosch.

GUSDORF, Georges (2014). "Conditions and Limits of Autobiography", in James Olney (org.), *Autobiography: Essays Theoretical and Critical*. Princeton: Princeton University Press, pp. 28-48.

HABERT, Angeluccia Bernardes (1974). *Fotonovela e indústria cultural. Estudo de uma forma de literatura fabricada para milhões*. Petrópolis: Editora Vozes.

HAIDU, Peter (1983). "The episode as semiotic module in twelfth-century romance", in *Poetics Today*, 4, 4, pp. 655-681.

HALLET, Wolfgang (2009). "The Multimodal Novel: The Integration of Modes and Media in Novelistic Narration", in Sandra Heinen e Roy Sommer (eds.), *Narratology in the Age of Cross-Disciplinary Narrative Research*. Berlin/New York: Walter de Gruyter, pp. 129-153.

HALLET, Wolfgang (2014). "The Rise of the Multimodal Novel: Generic Change and Its Narratological Implications", in Marie-Laure Ryan e Jan-Noël Thon (eds.), *Storyworlds across Media: Toward a Media-Conscious Narratology*, Lincoln: University of Nebraska Press, pp. 151-172.

HALLIWELL, Stephen (2013). "Diegesis-Mimesis", in Peter Hühn *et alii* (eds.), *The Living Handbook of Narratology*. Hamburg: Hamburg University. (em: http://www.lhn.uni-hamburg.de/article/diegesis-%E2%80%93-mimesis ; acesso a 10.2.2018).

HALSALL, Albert W. (1988). *L'art de convaincre: le récit pragmatique, rhétorique, idéologie, propagande*. Toronto: Paratexte.

HAMON, Philippe (1971). «*Le Horta* de Guy de Maupassant: essai de description structurale», in *Littérature*, 4, pp. 31-43.

Hamon, Philippe (1976). "O que é uma descrição?", in Maria Alzira Seixo (org.), *Categorias da narrativa*. Lisboa: Arcádia.

Hamon, Philippe (1977). «Pour un statut sémiologique du personnage», in R. Barthes *et alii*, *Poétique du récit*. Paris: Éditions du Seuil, pp. 115-180.

Hamon, Philippe (1981). *Introduction à l'analyse du descriptif*. Paris: Hachette.

Hamon, Philippe (1983). *Le personnel du roman. Le système des personnages dans les Rougon-Macquart d'Émile Zola*. Genève: Droz.

Hartner, Marcus (2012). "Constructing Literary Character and Perspective: An Approach from Psychology and Blending Theory", in Ralf Schneider e Marcus Hartner (eds.), *Blending and the Study of Narrative. Approaches and Applications*. Berlin/Boston: Walter de Gruyter, pp. 85-120.

Hartsock, John C. (2016). *Literary Journalism and the Aesthetics of Experience*. Amherst and Boston: University of Massachusetts Press.

Harvey, W. J. (1970). *Character and the Novel*. London: Chatto and Windus.

Hatavara, Mari (2013). "Making sense in autobiography", in Matti Hyvärinen *et alii* (eds.), *The Travelling Concepts of Narrative*. Filadélfia: John Benjamins Publishing Company, pp. 163-178.

Hayward, Susan (2013). *Cinema Studies. The Key Concepts*. 4.ª ed. Abingdon e New York: Routledge.

Hayles, N. Kathrine (2014). "Print is Flat, Code Is Deep: The Importance of Media-Specific Analysis", in Marsha Kinder e Tara McPherson (eds.), *Transmedia Frictions. The Digital, the Arts, and the Humanities*. Oakland: University of California Press, pp. 20-33.

Hegel, G.W.F. (1977). "Il romanzo 'moderna epopea borghese'", in G. Petronio (org.), *Teoria e realtà del romanzo. Guida storica e critica*. Bari: Laterza, pp. 5-17.

Heidbrink, Henriette (2010). "Fictional Characters in Literary and Media Studies. A Survey", in Jens Eder *et alii (2010). Characters in Fictional Worlds. Understanding Imaginary Beings in Literature, Film, and Other Media*. Berlin/New York: Walter de Gruyter, pp. 67-110.

Heinen, Sandra e Roy Sommer (eds.) (2009). *Narratology in the Age of Cross-Disciplinary Narrative Research*. Berlin/New York: Walter de Gruyter.

Heinze, Rüdiger (2013). "The Writing of Time", in Jan Alber *et alii* (eds.), *A Poetics of Unnatural Narrative*. Columbus: The Ohio State Univ. Press, pp. 31-44.

Hellekson, Karen e Kristina Busse (eds.) (2006). *Fan Fiction and Fan Communities in the Age of the Internet*. New Essays. Jefferson, NC: McFarland & Company

Hénault, Anne (1983). *Narratologie. Sémiotique générale*. Paris, P.U.F.

Herman, David (1999). "Introduction: Narratologies", in David Herman (org.), *Narratologies: New Perspectives on Narrative Analysis*. Columbus: Ohio State University Press, pp. 1-30.

Herman, David (org.) (1999). *Narratologies: New Perspectives on Narrative Analysis*. Columbus: Ohio State University Press.

HERMAN, David (2001). "Spatial reference in narrative domains", in *Text*, 21(4), pp. 515-541.

HERMAN, David (2002). *Story Logic. Problems and Possibilities of Narrative.* Lincoln and London: University of Nebraska Press.

HERMAN, David (org.) (2003). *Narrative Theory and the Cognitive Sciences.* Stanford: CSLI Publications.

HERMAN, David (2004). "Narrative, science, and narrative science", in Mieke Bal (org.), *Narrative Theory. Critical Concepts in Literary and Cultural Studies.* London e New York: Routledge, IV, pp. 382-391.

HERMAN, David (org.) (2007). *The Cambridge Companion to Narrative.* Cambridge: Cambridge University Press.

HERMAN, David (2009). "Beyond Voice and Vision: Cognitive Grammar and Focalization Theory", in Peter Hühn *et alii* (eds.), *Point of View, Perspective, and Focalization. Modeling Mediation in Narrative.* Berlin/New York: Walter de Gruyter, pp. 119-142.

HERMAN, David (2010). "Directions in Cognitive Narratology. Triangulating Stories, Media, and the Mind", in Jan Alber e Monika Fludernik (eds.), *Postclassical Narratology. Approaches and Analysis.* Columbus: The Ohio State University, pp. 137-162.

HERMAN, David (2012) . "Reception and the Reader", in David Herman *et alii, Narrative Theory. Core Concepts and Critical Debates.* Columbus: The Ohio State University Press, pp. 150-154.

HERMAN, David (2013). "Cognitive Narratology (revised version; uploaded 22 September 2013)", in Peter Hühn *et alii* (eds.), *The Living Handbook of Narratology.* Hamburg: Hamburg University. (em:http://www.lhn.uni-hamburg.de/article/cognitive-narratology-revised-version-uploaded-22-september-2013 ; acesso a 14.4.2018).

HERMAN, David *et alii* (eds.) (2005). *Routledge Encyclopedia of Narrative Theory.* London e New York: Routledge.

HERMAN, Luc e Bart VERVAECK (2005). *Handbook of Narrative Analysis.* Lincoln e London: University of Nebraska Press.

HERMAN, Luc e Bart VERVAECK (2005a). "Poststructuralist Approaches to Narrative", in David Herman *et alii* (eds.), *Routledge Encyclopedia of Narrative Theory.* London e New York: Routledge, pp. 461-462.

HERNADI, Paul (1978). *Teoría de los géneros literarios.* Barcelona: Antoni Bosch.

HERRERA FERRER, Raquel (2011). "Proposal of strategies to develop a taxonomy of digital narrative", *Hipertext.net*, 9, 2011 (em:http://www.upf.edu/hipertextnet/en/numero-9/taxonomy-digital-narrative.html; acesso a 6.3.2018).

HOCHMANN, Baruch (1985). *Character in Literature.* Ithaca e London: Cornell University Press.

HOEK, Leo H. (1980). *La marque du titre. Dispositifs sémiotiques d'une pratique textuelle.* La Haye: Mouton.

HOFFMANN, Christian R. (org.) (2010). *Narrative Revisited: Telling a Story in the Age of New Media*. Amesterdão: John Benjamins Publishing Company.

HOLSTEIN, James A. e Jaber F. GUBRIUM (2000). *The Self We Live By. Narrative Identity in a Postmodern World.* New York/Oxford: Oxford University Press.

HORSTKOTTE, Silke (2009). "Seeing or Speaking: Visual Narratology and Focalization, Literature to Film", in Sandra Heinen e Roy Sommer (eds.), *Narratology in the Age of Cross-Disciplinary Narrative Research*. Berlin/New York: Walter de Gruyter, pp. 170-192.

HORSTKOTTE, Silke e Nancy PEDRI (2011). "Focalization in Graphic Narrative", *Narrative*, vol. 19, n.º 3, October, pp. 330-357.

HÜHN, Peter (2004). "Transgeneric Narratology: Application to Lyric Poetry", in John PIER (org.), *The Dynamics of Narrative Form. Studies in Anglo-American Narratology.* Berlin/New York: Walter de Gruyter, pp. 139-158.

HÜHN, Peter e Jens KIEFER (2007). «Approche descriptive de l'*intrigue* et de la *construction de l'intrigue* par la théorie des systèmes», in John Pier (org.), *Théorie du récit. L'apport de la recherche allemande.* Villeneuve d'Ascq: Presses Universitaires du Septentrion, pp. 209-226.

HÜHN, Peter e Jörg SCHÖNERT (2005). "Introduction: The Theory and Methodology of the Narratological Analysis of Lyric Poetry", in Peter Hühn e Jens Kiefer (eds.), *The Narratological Analysis of Lyric Poetry*. Berlin/New York: Walter de Gruyter, pp. 1-13.

HÜHN, Peter e Roy SOMMER (2013). "Narration in Poetry and Drama", in Peter Hühn *et alii* (eds.), *The Living Handbook of Narratology*. Hamburg: Hamburg University (em: http://www.lhn.uni-hamburg.de/article/narration-poetry-and-drama ; acesso a 1.3.2017).

HÜHN, Peter *et alii* (2009). *Handbook of Narratology*. Berlin: Walter de Gruyter.

HÜHN, Peter *et alii* (eds.). *The Living Handbook of Narratology*. Hamburg: Hamburg University (em:http://www.lhn.uni-hamburg.de/; acesso a 8.3.2018).

HUISMAN, Rosemary (2005). "Aspects of narrative in series and serials", in H. Fulton *et alii*, *Narrative and Media*. Cambridge: Cambridge University Press, pp. 153-171.

HUISMAN, Rosemary (2005a). "Soap operas and sitcoms", in H. Fulton *et alii*, *Narrative and Media*. Cambridge: Cambridge University Press, pp. 172-187.

HURD, Robert (2006). "Taking 'Seinfeld' Seriously: Modernism in Popular Culture", in *New Literary History*, vol. 37, n. 4, Autumn, pp. 761-766.

HUTCH, Richard A. (1997). *Biography, Autobiography, and the Spiritual Quest.* London e New York: Continuum.

HUTCHEON, Linda (1980). *Narcissistic Narrative. The Metafictional Paradox.* New York e London: Methuen.

HUTCHEON, Linda (2013). *Uma Teoria da Adaptação.* 2.ª ed. Florianópolis: Editora da UFSC.

HYDÉN, Lars-Christer (2005). "Medicine and Narrative", in David Herman *et alii* (eds.), *Routledge Encyclopedia of Narrative Theory.* London e New York: Routledge, pp. 293-297.

HYVÄRINEN, Matti *et alii* (eds.) (2013). *The Travelling Concepts of Narrative.* Filadélfia: John Benjamins Publishing Company.

INGARDEN Roman ([1931] 1973). *A obra de arte literária.* Lisboa: Fund. Calouste Gulbenkian.

INGARDEN, Roman ([1968] 1973). *The Cognition of the Literary Work of Art.* Evanston: Northwestern University Press.

ISER, Wolfgang (1980). *The Act of Reading. A Theory of Aesthetic Response.* Baltimore/ London: The Johns Hopkins University Press.

JAHN, Manfred (1996). "Windows of Focalization: Deconstructing and Reconstructing a Narratological Concept", in *Style,* 30, 2, pp. 241-267.

JAHN, Manfred (1997). "Frames, Preferences, and the Reading of Third-Person Narratives: Towards a Cognitive Narratology", in *Poetics Today,* vol. 18, n.º 4, Winter, pp. 441-468.

JAHN, Manfred (2001). "Narrative Voice and Agency in Drama: Aspects of a Narratology of Drama", in *New Literary History,* vol. 32, n.º 3, pp. 659-679.

JAHN, Manfred (2017). *Narratology: A Guide to the Theory of Narrative.* English Department, University of Cologne (em: http://www.uni-koeln.de/~ame02/pppn.htm; acesso a 23.12.2017).

JAKOBSON, Roman ([1960] 1970]. "Linguistique et poétique", in *Essais de linguistique générale.* Paris: Seuil, pp. 209-248.

JAKOBSON, Roman ([1956] 1970]. "Deux aspects du langage et deux types d'aphasie", in *Essais de linguistique générale.* Paris: Seuil, pp. 43-67.

JANNIDIS, Fotis (2013). «Character», in Peter Hühn *et alii* (eds.), *The Living Handbook of Narratology.* Hamburg: Hamburg University (em: htttp:/www.lhn.uni-hamburg.de/article/character ; acesso em:15.10.2017).

JESCH, Tatjana e Malte STEIN (2007). "Mise en perspective et focalisation: deux concepts – un aspect? Tentative d'une différenciation des concepts», in John Pier (org.), *Théorie du récit. L'apport de la recherche allemande.* Villeneuve d'Ascq: Presses Universitaires du Septentrion.

JOANILHO, André Luiz e Mariângela P. Galli JOANILHO (2008). "Sombras literárias: a fotonovela e a produção cultural", in *Revista Brasileira de História,* v. 28, n.º 56, pp. 529-548.

JONES, Sara (2005). "Serial Form", in David Herman *et alii* (eds.), *Routledge Encyclopedia of Narrative Theory.* London e New York: Routledge, p. 527.

JONES, Steven E. (2014). *The Emergence of the Digital Humanities*. New York/London: Routledge.

JOST, François (1987). *L'œil-caméra: entre film et roman*. Lyon: Presses Universitaires de Lyon.

JOST, François (1998). *Le temps d'un regard: du spectateur aux images*. Montréal/Paris: Nuit Blanche/Méridiens Klincksieck.

JOUVE, Vincent (1992). *L'effet-personnage dans le roman*. Paris: P.U.F.

KAFALENOS, Emma (1996). "Implications of Narrative in Painting and Photography", in *New Novel Review*, vol. 3, n. 2, pp. 53-64.

KAFALENOS, Emma (2001). "Reading Visual Art, Making, and Forgetting, Fabulas", in *Narrative*, vol. 9, n. 2, May, pp. 138-145.

KAFALENOS, Emma (2006). *Narrative Causalities*. Columbus: The Ohio State University Press.

KAYSER, Wolfgang (1976). *Análise e interpretação da obra literária*. 6.ª ed. Coimbra: Arménio Amado.

KERBRAT-ORECCHONI, Catherine. (1982). «Le texte littéraire: non référence, auto-référence, ou référence fictionnelle?», in *Texte*, 1, pp. 27-49.

KINDT, Tom (2009). "Narratological Expansionism and Its Discontents", in Sandra Heinen e Roy Sommer (eds.), *Narratology in the Age of Cross-Disciplinary Narrative Research*. Berlin/New York: Walter de Gruyter, pp. 35-47.

KINDT, Tom e Hans-Harald MÜLLER (eds.) (2003). *What Is Narratology? Questions and Answers Regarding the Status of a Theory*. Berlin/New York: Walter de Gruyter.

KINDT, Tom e Hans-Harald MÜLLER (2003a). "Narrative Theory and/or/as Theory of Interpretation", in Tom Kindt e Hans-Harald Müller (eds.) (2003). *What Is Narratology? Questions and Answers Regarding the Status of a Theory*. Berlin/New York: Walter de Gruyter, pp. 205-219.

KOLEFF, Miguel (dir.) (2008). *Diccionario de personajes saramaguianos*. Buenos Aires: Fundación Santillana.

KRAMER, Lawrence (1991). "Musical Narratology: A Theoretical Outline", *Indiana Theory Review*, 12, pp. 141-62.

KREISWIRTH, Martin (1994). "Tell Me a Story: The Narrativist Turn in the Human Sciences", in Martin Kreiswirth e Thomas Carmichael (eds.), *Constructivist Criticism: The Human Sciences in the Age of Theory*. Toronto: University of Toronto Press, pp. 61-87.

KRESS, Gunther e Theo van LEEUWEN (2001). *Multimodal Discourse: The Modes and Media of Contemporary Communication*, London: Arnold.

KRISTEVA, Julia (1969). *Σημειωτική. Recherches pour une sémanalyse*. Paris: Éditions du Seuil.

KRYSINSKI, Vladimir (1981). *Carrefours de signes: essais sur le roman moderne.* La Haye/ Paris/New York, Mouton.

KUHN, Markus (2009). "Film Narratology: Who Tells? Who Shows? Who Focalizes? Narrative Mediation in Self-Reflexive Fiction Films", in Peter Hühn *et alii* (eds.), *Point of View, Perspective, and Focalization. Modeling Mediation in Narrative.* Berlin/ New York: Walter de Gruyter, pp. 259-278.

KUHN, Markus (2014)."Narration in Film (revised version; uploaded 22 April 2014)", in Peter Hühn *et alii* (eds.), *The Living Handbook of Narratology.* Hamburg: Hamburg University. (http://www.lhn.uni-hamburg.de/article/ narration-film-revised--version-uploaded-22-april-2014 ; acesso a 8.2.2017).

KUHN, Markus (2014a). "Web Series between User-Generated Aesthetics and Self-Reflexive Narration: On the Diversification of Audiovisual Narration on the Internet", in Jan Alber e Per Krogh Hansen (eds.). *Beyond Classical Narration. Transmedial and Unnatural Challenges.* Berlin/Boston: Walter de Gruyter, pp. 137-177.

KUKKONEN, Karin e Sonja KLIMEK (eds.) (2011). *Metalepsis in popular culture.* Berlin/ New York: Walter de Gruyter.

KYLE, Richard (1964). "The Future of Comics", in *Richard Kyle's Wonderworl* 2, First Series, *Capa-Alpha,* November, pp. 3-4.

LABOV, William (1972). *Language in the Inner City.* Filadélfia: University of Pennsylvania Press.

LABOV, William e J. WALETZKY (1967). "Narrative analysis: oral versions of personal experience", in J. Helm (org.), *Essays on the Verbal and Visual Arts.* Seattle: University of Washington Press, pp. 12-44.

LAFFAY, Albert (1964). *Logique do cinéma. Création et spectacle.* Paris: Masson.

LAJARTE, Philippe (1985). «Le travail littéraire», in *Degrés,* 41, pp. al-a19.

LANCASTRE, Maria José de (1981). *Fernando Pessoa. Uma fotobiografia.* Lisboa: Imprensa Nacional-Casa da Moeda.

LANDON, Brooks (2014). "Extrapolation and Speculation", in Rob Latham (org.), *The Oxford Handbook of Science Fiction.* Oxford: Oxford University Press (edição *online* em:http://www.oxfordhandbooks.com.ezproxy.library.wisc.edu/ view/10.1093/ oxfordhb/9780199838844.001.0001/oxfordhb-9780199838844-e-001?print=pdf ; acesso a 1.5.2018).

LANSER, Susan S. (1981). *The Narrative Act. Point of View in Prose Fiction.* Princeton: Princeton University Press.

LANSER, Susan S. (1988). "Shifting the Paradigm: Feminism and Narratology", in *Style,* vol. 22, 1, pp. 52–60.

LANSER, Susan S. (1992). *Fictions of Authority: Women Writers and Narrative Voice.* Ithaca e London: Cornell University Press.

LANSER, Susan S. ([1986] 1996). "Toward a Feminist Narratology", in Michael J. Hoffman e Patrick D. Murphy (eds.), *Essentials of the Theory of Fiction*. 2.ª ed. Durham: Duke University Press, pp. 453-472.

LANSER, Susan S. (2004). "Sexing Narratology. Toward a gendered poetics of narrative voice", in Mieke *Bal (org.), Narrative Theory. Critical Concepts is Literary and Cultural Studies. London e New York: Routledge, III, pp. 123-139.*

LANSER, Susan S. (2013) "Gender and Narrative", in Peter Hühn *et alii* (eds.), *The Living Handbook of Narratology*. Hamburg: Hamburg University (em: http://www.lhn.uni-hamburg.de/article/gender-and-narrative ; acesso a 30.10. 2017).

LANSER, Susan S. (2015). "Toward (a Queer and) More (Feminist) Narratology", in Robyn Warhol e Susan S. Lanser (eds.), *Narrative Theory Unbound. Queer and Feminist Interventions*. Columbus: Ohio State University Press, pp. 23-42.

LARIVAILLE, Paul (1973). *Perspectives et limites d'une analyse morphologique du conte. Pour une révision du schéma de Propp*. Nanterre: CRLLI/Univ. de Paris X.

LARIVAILLE, Paul (1974). «L'analyse (morpho)logique du conte», in *Poétique*, 19, pp. 368-388.

LAUSBERG, Heinrich (1982). *Elementos de retórica literária*. 3.ª ed. Lisboa: Fund. Calouste Gulbenkian.

LAVOCAT, Françoise (2016) *Fait et fiction. Pour une frontière*. Paris: Éditions du Seuil.

LEHAN, Richard (1998). *The City in Literature. An Intellectual and Cultural History*. Berkeley: Univ. of California Press.

LEIBOWITZ, Judith (1974). *Narrative Purpose in the Novella*, The Hague-Paris: Mouton.

LEJEUNE, Philippe (1975). *Le pacte autobiographique*, Paris: Éditions du Seuil.

LEVI, Pavle (2012). *Cinema by other means*. Oxford: Oxford University Press.

LÉVI-STRAUSS, Claude (1955). "The Structural Study of Myth", in *The Journal of American Folklore*, vol. 68, No. 270, Oct. – Dec., pp. 428-444.

LÉVI-STRAUSS, Claude (1973). «La structure et la forme. Réflexions sur un ouvrage de Vladimir Propp», in *Anthropologie structurale II*. Paris: Plon.

LÉVY, Pierre ([1997] 2007). *Cibercultura*. 2.ª ed. São Paulo: Editora 34.

LEWANDOWSKI, Theodor (1982). *Diccionario de lingüística*. Madrid: Ediciones Cátedra.

LEWIS, David (1978). "Truth in Fiction", in *American Philosophical Quarterly*, vol. 15, n.º 1 (Jan.), pp. 37-46.

LINDE, Charlotte (1993). *Life Stories. The Creation of Coherence*. New York/Oxford: Oxford University Press.

LINTVELT, Jaap (1981). *Essai de typologie narrative. Le «point de vue»*. Paris: José Corti.

LITS, Marc (2008). *Du récit au récit médiatique*. Bruxelles: Éditions De Boeck Université.

Lits, Marc (2012). «Quel futur pour le récit médiatique?», in *Questions de communication*, 21, pp. 37-48.

Lits, Marc (2015). "As investigações sobre a narrativa mediática e o futuro da imprensa", in *Mediapolis: revista de comunicação, jornalismo e espaço público*, n.º 1, pp. 15-29.

Lothe, Jakob (2000). *Narrative in Fiction and Film. An Introduction*. Oxford/New York: Oxford University Press.

Lotman, Iouri (1973). *La structure du texte artistique*. Paris: Gallimard.

Lotman, Jurij (1979). "Valor modelizante de los conceptos de 'fin' y 'principio'", in J. Lotman *et alii, Semiótica de la cultura*. Madrid: Cátedra, pp. 199-203.

Lotte, Fernand (1952-6). *Dictionnaire biographique des personnages fictifs de la comédie humaine. Supplément: personnages anonymes*. Paris: Corti.

Lozano, Jorge *et alii* (1982). *Análisis del discurso*. Madrid: Editorial Cátedra.

Lubbock, Percy (1939). *The Craft of Fiction*, London: Jonathan Cape.

Lukács, Georges (1965). *Le roman historique*. Paris: Payot.

Lukács, Georges (1970). *La théorie du roman*. Paris: Éditions Gonthier.

Lukács, Georges (1973). *Balzac et le réalisme français*. Paris: François Maspero.

Madelénat, Daniel (1986). *L'épopée*. Paris: P.U.F.

Maduro, Daniela (2017). "Entre textões e escritões: a narrativa projetada", in Ana Teresa Peixinho e Bruno Araújo (eds.), *Narrativa e media. Géneros, figuras e contextos*. Coimbra: Imprensa da Universidade de Coimbra, pp. 345-375.

Marco, Joaquín *et alii* (1984). "El folletín por entregas y el serial. Mesa redonda", in *Anàlisi. Quaderns de Comunicació i Cultura*, 9, pp. 143-166.

Margolin, Uri (2002). "Naming and Believing: Practices of the Proper Name", in *Narrative*, vol. 10, n. 2, May, pp. 107-127.

Margolin, Uri (2005). "Character", in David Herman *et alii* (eds.), *Routledge Encyclopedia of Narrative Theory*. London e New York: Routledge, pp. 52-57.

Margolin, Uri (2009). "Focalization: Where Do We Go from Here?" In Peter Hühn *et alii* (eds.), *Point of View, Perspective, and Focalization. Modeling Mediation in Narrative*. Berlin/New York: Walter de Gruyter, pp. 41-57.

Margolin, Uri (2014). "Narrator", in Peter Hühn *et alii* (eds.), *The Living Handbook of Narratology*. Hamburg: Hamburg University (em: http://www.lhn.uni-hamburg.de/article/narrator; acesso a 11.5. 2017)

Marion, François (2009). «Le stéréotype dans le roman policier», in *Cahiers de narratologie. Analyse et théorie narratives*, 17 (em: (em https://narratologie. revues.org/1095; acesso a 28.6.2017).

Marris, Paul e Sue Thornham (eds.) (1996). *Media Studies. A Reader*. Edinburgh: Edinburgh University Press.

Martens, Gunther e Helena Elshout (2014). "Narratorial Strategies in Drama and Theatre. A Contribution to Transmedial Narratology", in Jan Alber e Per Krogh

Hansen (eds.). *Beyond Classical Narration. Transmedial and Unnatural Challenges.* Berlin/Boston: Walter de Gruyter, pp. 81-96.

Martínez Bonati, Félix (1980). "Representation and fiction", in *Dispositio*, V, 13-14, pp. 19-33.

Martínez-Bonati, Félix (1996). "On Fictional Discourse", in Calin-Andrei Mihailescu e Walid Hamarneh (eds.), *Fiction Updated: Theories of Fictionality, Narratology, and Poetics*. Toronto and Buffalo: University of Toronto Press, pp. 65-75.

Maupassant, Guy de (1884). "Messieurs de la chronique" , in *Gil Blas*, 11 de novembro (em: http://www.intratext.com/IXT/FRA1061/_P1.HTM; acesso a 14.2.2017).

McAllister, Matthew (2018). "The Simpsons. U.S. Cartoon Situation Comedy", in Horace Newcomb (org.), *Encyclopedia of Television*. Chicago: Museum of Broadcast Communication (em: http://www.museum.tv/encyclopedia.htm; acesso a 17.2.2018).

McGrath, Charles (2004). "Not Funnies", in *New York Times Magazine*, July 11. http://www.nytimes.com/2004/07/11/magazine/not-funnies.html?_r=0 (acesso a 6.2.2017).

McHale, Brian (1987). *Postmodernist Fiction*. London e New York: Routledge.

McHale, Brian (2009). "Beginning to Think about Narrative in Poetry", in *Narrative*, Vol. 17, No. 1 (January), pp. 11-30.

Medeiros, Ana *et alii* (2016). "Narrativa digital: experimentar, explorar e reinventar a narrativa na geração *web* 2.0", in Fernando Azevedo e Ângela Balça (coords.), *Leitura e educação literária*. Lisboa: PACTOR, pp. 59-73.

Meelberg, Vincent (2009). "Sounds Like a Story: Narrative Travelling from Literature do Music and Beyond", in Sandra Heinen e Roy Sommer (eds.), *Narratology in the Age of Cross-Disciplinary Narrative Research*. Berlin/New York: Walter de Gruyter, pp. 244-260.

Meister, Jan Christoph e Jörg Schönert (2009). "The DNS of Mediacy", in Peter Hühn *et alii* (eds.), *Point of View, Perspective, and Focalization. Modeling Mediation in Narrative*. Berlin: Walter de Gruyter, pp. 11-40.

Meister, Jan Christoph e Wilhelm Schernus (eds.) (2011), *Time. From Concept to Narrative Construct: A Reader*. Berlin/Boston: Walter de Gruyter.

Meister, Jan Christoph *et alii* (eds.) (2005). *Narratology Beyond Criticism. Mediality, Disciplinarity*. Berlin: Walter de Gruyter, pp. 83-107.

Meister, Jan Christoph (2014). "Narratology", in Peter Hühn *et alii* (eds.), *The Living Handbook of Narratology*. Hamburg: Hamburg University (em: http://www.lhn.uni-hamburg.de/article/narratology; acesso a 24.3.2018).

Mendilow, A. A. (1972). *Time and the Novel*, 2.ª ed. New York: Humanities Press.

Mesquita, Mário (2003). *O quarto equívoco. O poder dos media na sociedade contemporânea*. Coimbra: Edições Minerva.

Metz, Christian (1971). *Langage et cinéma*. Paris: Larousse.

METZ, Christian (1972). *Ensayos sobre la significación en el cine*. Buenos Aires: Ed. Tiempo Contemporáneo.

MEUTER, Norbert (2013). "Narration in Various Disciplines", in Peter Hühn *et alii* (eds.), *The Living Handbook of Narratology*. Hamburg: Hamburg University (em: http://www.lhn.uni-hamburg.de/article/narration-various-disciplines ; acesso a 25.3.2018).

MEYER, Marlise (1985). "Voláteis e versáteis, de variedades e folhetins se fez a chronica", in *Boletim Bibliográfico Biblioteca Mário de Andrade*, vol. 46, n.º 1/4, janeiro-dezembro, pp. 17-41.

MEYER, Marlise (2005). *Folhetim. Uma história*. 2.ª ed. São Paulo: Companhia das Letras.

MEYER-MINNEMANN, Klaus e Sabine SCHLICKERS (2010). «La mise en abyme en narratologie», in John Pier e Francis Berthelot (dirs.), *Narratologies contemporaines. Approches nouvelles pour la théorie et l'analyse du récit*. Paris: Éditions des Archives Contemporaines, pp. 91-108.

MIGUEL, Raquel de Barros (2016) "As 'mocinhas heroínas' das fotonovelas da revista Capricho", in *Estudos Feministas*, 24(1), 406, janeiro-abril, pp. 295-313.

MILLER, Stuart (1967). *The Picaresque Novel*. Cleveland: The Press of Case Western University.

MITTEL, Jason (2007). "Film and television narrative", in David Herman (org.), *The Cambridge Companion to Narrative*. New York: Cambridge University Press, pp. 156-171.

MODIR, Ladan *et alii* (2014). "Text, Hypertext, and Hyperfiction: A Convergence Between Poststructuralism and Narrative Theories", in *SAGE Open*, January-March, pp. 1-8.

MOISÉS, Massaud (1982). *A criação literária. Prosa*. 10.ª ed. São Paulo: Editora Cultrix.

MONTALBETTI, Christine (2004). «Narrataire et lecteur: deux instances autonomes», in *Cahiers de narratologie. Analyse et théorie du récit*, 11 (em:https://narratologie.revues.org/13; acesso a 30.9.2016).

MONTFORT, Nick (2004). "Interactive Fiction as 'Story', 'Game', 'Storygame', 'Novel', 'World', 'Literature', 'Puzzle', 'Problem', 'Riddle', and 'Machine'", in Noah Wardrip-Fruin e Pat Harrigan (eds.), *First Person. New Media as Story, Performance, and Game*. Cambridge, Mass./London: The MIT Press, pp. 310-317.

MORÃO, Paula (1993). "Memórias e géneros literários afins: algumas precisões teóricas", in *Viagens na terra das palavras. Ensaios sobre literatura portuguesa*. Lisboa: Cosmos, pp. 17-24.

MORETTI, Franco (1998). *Atlas of the European Novel*. London/New York: Verso.

MORETTI, Franco (2000). *The Way of the World. The Bidungsroman in European Culture*. 2.ª ed. London/New York: Verso.

MORETTI, Franco (org.) (2001-2003). *Il romanzo*. Torino: G. Einaudi, 5 vols.

MORRISSETTE, Bruce (1985). *Novel and Film. Essays in Two Genres.* Chicago/London: The University of Chicago Press.

MORSON, Gary Saul e Caryl EMERSON (1990). *Mikhail Bakhtin. Creation of a Prosaics.* Stanford: Stanford University Press.

MOSER, Walter (1984). "The Factual in Fiction: The Case of Robert Musil", in *Poetics Today*, vol. 5, n.º 2, pp. 411-428.

MÜLLER, Günther (2011). "The Significance of Time in Narrative Art", in Jan Christoph Meister e Wilhelm Schernus (eds.), *Time. From Concept to Narrative Construct: A Reader.* Berlin/Boston: Walter de Gruyter, pp. 67-83.

MURPHET, Julien (2005). "Stories and plots", in H. Fulton *et alii*, *Narrative and Media.* Cambridge: Cambridge University Press, pp. 47-59.

MURPHET, Julien (2005a). "Narrative time", in H. Fulton *et alii*, *Narrative and Media.* Cambridge: Cambridge University Press, pp. 60-72.

MURPHET, Julien (2005b). "Point of view", in H. Fulton *et alii*, *Narrative and Media.* Cambridge: Cambridge University Press, pp. 86-95.

MUSARRA-SCHRODER, Ulla (1981). *Le roman-mémoires moderne: pour une typologie du récit à la première personne.* Amesterdão: Holland University Press.

MUIR, Edwin (1967). *The Structure of the Novel.* London: The Hogarth Press.

NATTIEZ, Jean-Jacques (1990). «Peut-on parler de narrativité en musique?», in *Canadian University Music Review*, 10(2), pp. 68-91.

NEITZEL, Britta (2014). "Narrativity of Computer Games", in Peter Hühn *et alii* (eds.), *The Living Handbook of Narratology.* Hamburg: Hamburg University (em: http://www.lhn.uni-hamburg.de/article/narrativity-computer-games; acesso a 21.4.2017).

NIEDERHOFF, Burkhard (2013). "Focalization", in Peter Hühn *et alii* (eds.), *The Living Handbook of Narratology.* Hamburg: Hamburg University (em: http://www.lhn.uni-hamburg.de/article/focalization; acesso a 2.5.2017).

NIELSEN, Henryk Skov *et alii* (2015). "Ten Theses about Fictionality", in *Narrative*, vol. 23, n.º 1, January, pp. 61-73.

NØJGAARD, Morten (1979). "The function of the narratee or how we are manipulated by texts", in J. P. Johansen e M. Nojgaard (eds.), *Danish Semiotics. Orbis Literarum*, suppl. 4. Copenhagen, Munksgaard, pp. 57-64.

NORRICK, Neal R. (2000). *Conversational Narrative. Storytelling in Everyday Talk.* Amesterdão/Filadélfia: John Benjamin P.C.

NORRICK, Neal R. (2007). "Conversational Storytelling", in David Herman (org.), *The Cambridge Companion to Narrative.* Cambridge: Cambridge University Press, pp. 127-141.

NÜNNING, Ansgar (2001). "On the Perspective Structure of Narrative Texts: Steps toward a Constructivist Narratology", in Willie van Peer e Seymour Chatman (eds.), *New Perspectives on Narrative Perspective.* Albany: State University of New York Press, pp. 207-223.

NÜNNING, Ansgar (2004). "On Metanarrative: Towards a Definition, a Typology and an Outline of the Functions of Metanarrative Commentary", in John Pier (org.), *The Dynamics of Narrative Form. Studies in Anglo-American Narratology*. Berlin/ New York, Walter de Gruyter, pp. 11-57.

NÜNNING, Ansgar (2009). "Surveying Contextualist and Cultural Narratologies: Towards an Outline of Approaches, Concepts and Potentials", in Sandra Heinen e Roy Sommer (eds.), *Narratology in the Age of Cross-Disciplinary Narrative Research*. Berlin/New York: Walter de Gruyter, pp. 48-70.

NÜNNING, Ansgar (2010). «Narratologie ou narratologies? Un état des lieux des développements récents: propositions pour de futurs usages du terme», in John Pier e Francis Berthelot (dirs.), *Narratologies contemporaines. Approches nouvelles pour la théorie et l'analyse du récit*. Paris: Éditions des Archives Contemporaines, pp. 15-44.

OCHS, Elinor e Lisa CAPPS (2001). *Living Narrative. Creating Lives in Everyday Storytelling.* Cambridge/London: Harvard University Press.

El oficio de escritor (1968). México: Ediciones Era.

OLSON, Greta (2014). "Narration and Narrative in Legal Discourse", in Peter Hühn *et alii* (eds.), *The Living Handbook of Narratology*. Hamburg: Hamburg University (em: http://www.lhn.uni-hamburg.de/article/narration-and-narrative-legal--discourse; acesso a 25.3.2018).

OLSON, Jenni (1996). *The Ultimate Guide to Lesbian & Gay Film and Video*. New York and London: Serpent's Tail.

ONEGA, Susana e José Ángel GARCÍA LANDA (eds.) (1996). *Narratology. An Introduction*. London/New York: Longman.

ONG, Walter (2002). *Orality and Literacy. The Technologizing of the Word*. London e New York: Routledge.

ONIMUS, Jean (1954). «L'expression du temps dans te roman contemporain», in *Revue de Littérature Comparée*, n.º 3, juillet-septembre, pp. 299-317.

O'SULLIVAN, Tim e Yvonne JEWKES (eds.) (1997). *The Media Studies Reader*. London/ New York: Arnold.

PAGE, Ruth E. (2006). *Literary and Linguistic Approaches to Feminist Narratology*. Basingstoke e New York: Palgrave Macmillan.

PAGE, Ruth (2007). "Gender", in David Herman (org.), *The Cambridge Companion to Narrative*. New York: Cambridge University Press, pp. 189-202.

PAMUK, Orhan (2011). *O romancista ingênuo e o sentimental*. São Paulo: Companhia das Letras.

PARRA MEMBRIVES, Eva (coord.) (2001). *Diccionario de personajes históricos y de ficción en la literatura alemana*. Madrid: Editorial Verbum.

PARRET, Herman (1980). «Les stratégies pragmatiques», in *Communications*, 32, 1980, pp. 250-273.

PATERSON, Chris (2018). "News, Local and Regional", in Horace Newcomb (org.), *Encyclopedia of Television*. Chicago: Museum of Broadcast Communication (em:http://www.museum.tv/encyclopedia.htm; acesso a 17.2.2018).

PATRON, Sylvie (2009). *Le narrateur, introduction à la théorie narrative*. Paris: Armand Colin.

PATTERSON, J. G. (1973). *A Zola Dictionary: the Characters of the Rougon-Macquart Novels of Émile Zola*. Hildeshein: Olms.

PAVEL, Thomas (1986). *Fictional Worlds*. Cambridge e London: Harvard University Press.

PAWLOWSKA, Malgorzata (2014). "Musical Narratology: an Outline", in Jan Alber e Per Krogh Hansen (eds.). *Beyond Classical Narration. Transmedial and Unnatural Challenges*. Berlin/Boston: Walter de Gruyter, pp. 197-220.

PAWUK, Michael (2007). *Graphic Novels. A Genre Guide to Comic Books, Manga, and More*. Westport, Conn./London: Libraries Unlimited, 2007.

PEARSON, Roberta E. e Philip SIMPSON (eds.) (2001). *Critical Dictionary of Film and Television Theory*. London e New York: Routledge.

PÊCHEUX, Michel (1975). *Les vérités de La Palice*. Paris: François Maspero.

PEIXINHO, Ana Teresa (2014). "Procedimentos retórico-narrativos de construção de personagens jornalísticas: o caso do jornal *Expresso* durante o verão de 2013", in *Revista de estudos literários*, 4, pp. 323-347.

PEIXINHO, Ana Teresa *et alii* (org.) (2015). *20 anos de jornalismo contra a indiferença*. Coimbra: Imprensa da Universidade de Coimbra.

PEIXINHO, Ana Teresa (2017). "O contributo dos Estudos Narrativos para a compreensão da ficção narrativa do século XXI", in Isabel Ferin *et alii* (orgs.), *Ficção seriada televisiva no espaço lusófono*. Covilhã: Editora LabCom.IFP, pp. 43-64.

PEIXINHO, Ana Teresa e Bruno ARAÚJO (2017). "A narrativa da desconfiança na política: a figuração do político", in Ana Teresa Peixinho e Bruno Araújo (eds.), *Narrativa e media. Géneros, figuras e contextos*. Coimbra: Imprensa da Universidade de Coimbra, pp. 233-267.

PELLEGRINO, A. Ceccarelli (1998). "*Nouveau Roman*: dissoluzine del personaggio e amplificazione mitolgica", in *Eroe e personaggio. Dal mito alla dissoluzione novecentesca*. Moncalieri: Centro Interuniversitario di Ricerche sul "Viaggio in Italia", pp. 255-267.

PÉREZ BOWIE, José Antonio (2008). *Leer el cine. La teoría literaria en la teoría cinematográfica*. Salamanca: Universidad de Salamanca.

PERNOT, Denis (1992). «Du 'Bildungsroman' au roman d'éducation: un malentendu créateur?», in *Romantisme*, vol. 22, n.º 76, pp. 105-119.

PETERSEN, Robert S. (2011). *Comics, Manga, and Graphic Novels: a History of Graphic Narratives*. Santa Barbara, Calif.: Praeger, 2011.

PETHŐ, Agnes (2011). *Cinema and Intermediality*. Newcastle upon Tyne: Cambridge Scholars Publishing.

PETÖFI, Janos S. e A. GARCÍA BERRIO (1978). *Lingüística del texto y crítica literaria*. Madrid: Alberto Corazón.

PHELAN, James (1989). *Reading People, Reading Plots. Character, Progression, and the Interpretation of Narrative*. Chicago e London: The Univ. of Chicago Press.

PIER, John (2007). "Présentation", in John Pier (org.). *Théorie du récit. L'apport de la recherche allemande*. Villeneuve d'Ascq: Presses Universitaires du Septentrion.

PIER, John (2014). "Narrative Levels", in Peter Hühn *et alii* (eds.), *The Living Handbook of Narratology*. Hamburg: Hamburg University (em: http://www.lhn.uni-hamburg.de/article/narrative-levels-revised-version-uploaded-23-april-2014; acesso a 18.5.2017).

PIER, John (2016). "Metalepsis", in Peter Hühn *et alii* (eds.), *The Living Handbook of Narratology*. Hamburg: Hamburg University (em: http://www.lhn.uni-hamburg.de/article/metalepsis-revised-version-uploaded-13-july-2016 ; acesso a 19.8.2017).

PIER, John e Francis BERTHELOT (dirs.) (2010). *Narratologies contemporaines. Approches nouvelles pour la théorie et l'analyse du récit*. Paris: Éditions des Archives Contemporaines.

PIER, John e Jean-Marie SCHAEFFER (eds.) (2005). *Métalepses. Entorses au pacte de la représentation*. Paris: École des Hautes Études en Sciences Sociales.

PLATÃO (1983). *A República*. Introdução, tradução e notas de Maria Helena da Rocha Pereira. 3.ª ed. Lisboa: Fundação Calouste Gulbenkian.

POLKINGHORNE, Donald E. (1988). *Narrative Knowing and the Human Sciences*. Albany: State University of New York Press.

POE, Edgar Allan ([1842] 1984). *Essays and Reviews*. New York: Library of America, pp. 569-770 (em:http://www.eldritchpress.org/nh/nhpoe1.html; acesso a 10.2.2017).

POUILLON, Jean (1946). *Temps et roman*. Paris: Éditions Gallimard.

PRINCE, Gerald (s.d.). «Narratologie classique et narratologie post-classique», in *Vox Poetica. Lettres et sciences humaines* (em:http://www.vox-poetica.org/t/articles/prince.html ; acesso a 19-11-2017).

PRINCE, Gerald (1973). «Introduction à l'étude du narrataire», in *Poétique*, 14, pp. 178-196.

PRINCE, Gerald (1982). *Narratology. The form and functioning of narrative*. Berlin-New York-Amesterdão: Mouton.

PRINCE, Gerald (1987). *A Dicionary of Narratology*. Lincoln & London: University of Nebraska Press.

PRINCE, Gerald (1996). "Narratology, Narratological Criticism, and Gender", in Calin-Andrei Mihailescu e Walid Hamarneh (eds.), *Fiction Updated: Theories of Fictionality, Narratology, and Poetics*. Toronto and Buffalo: University of Toronto Press, pp. 159-164.

PRINCE, Gerald (2003). "Surveying Narratology", in Tom Kindt and Hans-Harald Müller (eds.), *What Is Narratology? Questions and Answers Regarding the Status of a Theory*. Berlin/New York: Walter de Gruyter, pp. 1-16.

PRINCE, Gerald (2004). "Toward a Transmedial Narratology", in Marie-Laure Ryan (org.), *Narrative across Media. The Languages of Storytelling.* Lincoln e London: Univ. of Nebraska Press, pp. 47-75.

PRINCE, Gerald (2008). "Narrativehood, Narrativeness, Narrativity, Narratability", in John Pier e José Ángel García Landa (eds.), *Theorizing Narrativity.* Berlin/New York: Walter de Gruyter, pp. 19-27.

PROPP, Vladimir (1965). *Morphologie du conte.* Paris: Éditions du Seuil.

PYRHÖNEN, Heta (2007). "Genre", in David Herman (org.), *The Cambridge Companion to Narrative.* Cambridge: Cambridge University Press, pp. 109-123.

QUEFFÉLEC, Lise (1991). "Personnage et héros", in Pierre Glaudes e Yves Reuter (eds.). *Personnage et histoire littéraire.* Toulouse: Presses Universitaires du Mirail, pp. 235-248.

QUENDLER, Christian (2012). "The Conceptual Integration of Intermediality: Literary and Cinematic Camera-Eye Narratives", in Ralf Schneider e Marcus Hartner (eds.), *Blending and the Study of Narrative. Approaches and Applications.* Berlin/Boston: Walter de Gruyter, pp. 199-226.

RABINOWITZ, Peter J. (1987). *Before Reading. Narrative Conventions and the Politics of Interpretation.* Ithaca e London: Cornell University Press.

RAIMOND, Michel (1966). *La crise du roman. Des lendemains du Naturalisme aux années vingt.* Paris, Librairie José Corti.

RAIMOND, Michel (1991). *Le roman depuis la révolution.* 8.ª ed. Paris: Armand Colin.

RAMA, Carlos M. (1975). *La historia y la novela.* 2.ª ed. Madrid: Tecnos.

RAMALHO, Christina (2013). "Sobre a invocação épica", in *Cadernos de Letras da UFF,* 47, 2.º sem., pp. 373-391.

RANDALL, William Lowell (2014). *The Stories We Are.* 2.ª ed. Toronto/Buffalo/ London: University of Toronto Press.

RAYNER, Philip *et alii* (2004). *Media Studies: The Essential Resource.* London e New York: Routledge.

VAN REES, C. J. (1981). "Some issues in the study of conceptions of literature: a critique of the instrumentalist view of literary theories", in *Poetics,* vol. 10, pp. 49-89.

REIS, Carlos (1995). "Atracción fatal: sobre la telenovela como ilusión y verdad", in *Archivos de la Filmoteca,* 21, Outubro, pp. 172-183.

REIS, Carlos (2013/14). "Textualização do espaço e espacialização do texto", in *Revista da Universidade de Aveiro,* n.º 2 (II série), 2013/14, pp. 105-118.

REIS, Carlos (2015). *O conhecimento da literatura. Introdução aos estudos literários.* 2.ª ed./5.ª reimp. Coimbra: Almedina.

REIS, Carlos (2015a). *Diálogos com José Saramago.* Porto: Porto Editora.

REIS, Carlos (2016). *Pessoas de livro. Estudos sobre a personagem.* 2.ª ed. Coimbra: Imprensa da Universidade de Coimbra.

Reis, Carlos (2017). "Woody Allen ou a ficção como jogo: o caso Zelig", in Ana Teresa Peixinho e Bruno Araújo (eds.), *Narrativa e media. Géneros, figuras e contextos.* Coimbra: Imprensa da Universidade de Coimbra, pp. 23-42.

Reis, Carlos [documento online]. *Dicionário de Personagens da Ficção Portuguesa* (em: http://dp.uc.pt/ acesso a 5.4.2018).

Reis, Carlos e Ana Cristina M. Lopes ([1987] 2011). *Dicionário de narratologia.* 7.ª ed., 2.ª reimp.: Coimbra: Almedina.

Renaud, Marion (2014). *Philosophie de la fiction. Vers une approche pragmatiste du roman.* Rennes: Presses Universitaires de Rennes.

Revista de estudos literários (2012). Vol. 2. Org. Manuel Portela (Título genérico: *A literatura no século* xxi).

Ribeiro, Eunice (2008). "Poéticas do Retrato – o desgaste das figuras", in *Diacrítica,* 22/23, pp. 265-322.

Richardson, Brian (2000). "Recent Concepts of Narrative and the Narratives of Narrative Theory", in *Style,* vol. 34, 2, pp. 168-175.

Richardson, Brian (2007). "Drama and narrative", in David Herman (org.), *The Cambridge Companion to Narrative.* New York: Cambridge University Press, pp. 142-155.

Richardson, Brian (2009). "Plural Focalization, Singular Voices: Wandering Perspectives in 'We'-Narration", in Peter Hühn *et alii* (eds.), *Point of View, Perspective, and Focalization. Modeling Mediation in Narrative.* Berlin/New York: Walter de Gruyter, pp. 143-159.

Richardson, Brian (org.) (2009a). *Narrative Beginnings: Theories and Practices.* Lincoln: University of Nebraska Press.

Richardson, Brian (2012) . "Antimimetic, Unnatural, and Postmodern Narrative Theory", in David Herman *et alii, Narrative Theory. Core Concepts and Critical Debates.* Columbus: The Ohio State University Press, pp. 20-28.

Richardson, Brian (2015). *Unnatural Narrative. Theory, History, and Practice.* Columbus: The Ohio State University.

Richardson, Alan e Francis F. Steen (2002). "Literature and the Cognitive Revolution: An Introduction", in *Poetics Today,* 23, 1, Spring, pp. 1-8.

Ricœur, Paul (1980a). «Pour une théorie du discours narratíf», in D. Tiffeneau (org.), *La narrativité,* Paris, C.N.R.S., pp. 3-68.

Ricœur, Paul (1980b). *La grammaire narrative de Greimas.* Documents de Recherche du Groupe de Recherches Sémiolinguistiques de l'E.H.E.S.S., C.N.R.S., n. 15.

Ricœur, Paul (1981). "Narrative time", in W.J.T. Mitchell (org.). *On Narrative.* Chicago e London: The University of Chicago Press, pp. 165-186.

Ricœur, Paul (1983). *Temps et récit.* Paris, Éditions du Seuil, t. I.

Ricœur, Paul (1984). *Temps et récit Il. La configuration dans le récit de fiction,* Paris: Éditions du Seuil.

RIFFATERRE, Michael (1966). "Describing Poetic Structures: Two approaches to Baudelaire's *les Chats*", in *Yale French Studies*, n.º. 36/37, pp. 200-242.

RIMMON-KENAN, Shlomith (1983). *Narrative Fiction: Contemporary Poetics*, London e New York, Methuen.

RIMMON-KENAN, Shlomith (1989). "How the Model Neglects the Medium: Linguistics, Language, and the Crisis of Narratology", *The Journal of Narrative Technique*, Vol. 19, No. 1 (Winter), pp. 157-166.

ROBBE-GRILLET, Alain ([1963] 1975). *Pour un nouveau roman*. Paris: Les Éditions de Minuit.

ROBERTS, Adam (2000). *Science Fiction*. London: Routledge.

ROCHA, Clara (2011). "O memorialismo", in Clara Rocha *et alii* (org.), *Literatura e Cidadania no Século XX*. Lisboa: Imprensa Nacional-Casa da Moeda, pp. 375-396.

ROCKWELL, Geoffrey (2003). *Defining Dialogue from Socrates to the Internet*. New York: Humanity Books.

RODRIGUES, Adriano Duarte (2015). "Delimitação, Natureza e Funções do Discurso Mediático", in Ana Teresa Peixinho *et alii* (org.). *20 anos de jornalismo contra a indiferença*. Coimbra: Imprensa da Universidade de Coimbra, pp. 33-46.

RODRIGUES, Nuno Simões (2003). "A Antiguidade Clássica em Banda Desenhada", in J. Ribeiro Ferreira e P. Barata Dias (coord.), *Som e imagem no ensino das Línguas Clássicas*. Coimbra: Instituto de Estudos Clássicos, 2003, pp. 51-81.

RODRIGUES, Nuno Simões (2005). "Da *Odisseia* à Eneida. Novos temas clássicos em banda desenhada", in *Boletim de Estudos Clássicos*, 44, Dezembro, pp. 153-180.

RONEN, Ruth (1994). *Possible Worlds in Literary Theory*. Cambridge: Cambridge University Press.

RONEN, Ruth (1996). "Are Fictional Worlds Possible", in Michael J. Hoffman e Patrick D. Murphy (eds.), *Essentials of the Theory of Fiction*. 2.ª ed. Durham: Duke University Press, pp. 351-360.

ROUDAUT, Jean (2003). "Récit de voyage", in *Dictionnaire des genres et notions littéraires*. 2.ª ed. Paris: Albin Michel, pp. 637-649.

ROUSSET, Jean (1973). *Narcisse romancier. Essai sur la première personne dans le roman*. Paris: Librairie José Corti.

ROUSSET, Jean (1983). «Le journal intime, texte sans destinataire?», in *Poétique*, 56, pp. 435-443.

RUDRUM, David (2008). "Narrativity and performativity: from Cervantes to Star Trek", in John Pier e José Ángel García Landa (eds.), *Theorizing Narrativity*. Berlin/New York: Walter de Gruyter, pp. 253-276.

RUTHROF, Horst (1981). *The Reader's Construction of Narrative*. London/Boston/ Henley, Routledge and Kegan Paul.

RYAN, Marie-Laure (1991). *Possible Worlds, Artificial Intelligence, and Narrative Theory*. Bloomington and Indiana: Indiana University Press.

RYAN, Marie-Laure (2003). "Cognitive Maps and the Construction of Narrative Space", in David Herman (org.), *Narrative Theory and the Cognitive Sciences*. Standford: CSLI Publications, pp. 214-242.

RYAN, Marie-Laure (2004a). "Will New Media Produce New Narratives?", in Marie--Laure Ryan (org.), *Narrative across Media. The Languages of Storytelling*. Lincoln e London: Univ. of Nebraska Press, pp. 337-359.

RYAN, Marie-Laure (2005). "Media and Narrative"; "Mode"; "Possible-Worlds Theory", in David Herman *et alii* (eds.), *Routledge Encyclopedia of Narrative Theory*. London e New York: Routledge, pp. 288-292; 315-316; 446-450.

RYAN, Marie-Laure (2005a). "On the Theoretical Foundations of Transmedial Narratology", in J. Meister *et alii* (eds.), *Narratology Beyond Criticism. Mediality, Disciplinarity*. Berlin: Walter de Gruyter, pp. 1-23.

RYAN, Marie-Laure (2006). *Avatars of Story*. Minneapolis/London: University of Minnesota Press.

RYAN, Marie-Laure (2007). "Toward a definition of narrative", in David Herman (org.), *The Cambridge Companion to Narrative*. Cambridge: Cambridge University Press, pp. 22-35.

RYAN, Marie-Laure (2008) "Transfictionality across Media", in John Pier e José Ángel García Landa (eds.), *Theorizing Narrativity*. Berlin/New York: Walter de Gruyter, pp. 385-417.

RYAN, Marie-Laure (2010). "Fiction, Cognition, and Non-Verbal Media", in Marina Grishakova e Marie-Laure Ryan (eds.), *Intermediality and Storytelling*. Berlin/New York: Mouton de Gruyter, pp. 8-26.

RYAN, Marie-Laure (2014) "Narration in Various Media", in Peter Hühn *et alii* (eds.), *The Living Handbook of Narratology*. Hamburg: Hamburg University (em: http://www.lhn.uni-hamburg.de/article/narration-various-media (acesso a 20.7.2017).

RYAN, Marie-Laure (2014a). "Story/Worlds/Media: Tuning the Instruments of a Media-Conscious Narratology", in Marie-Laure Ryan e Jan-Noël Thon (eds.), *Storyworlds across Media: Toward a Media-Conscious Narratology*, Lincoln: University of Nebraska Press, pp. 25-49.

RYAN, Marie-Laure (2015). *Narrative as Virtual Reality 2. Revisiting Immersion and Interactivity in Literature and Electronic Media*. Revised edition. Baltimore: The Johns Hopkins University Press.

RYAN, Marie-Laure (2016). "Texts, Worlds, Stories. Narrative Worlds as Cognitive and Ontological Concept", in Mari Hatavara *et alii* (eds.), *Narrative Theory, Literature, and New Media. Narrative Minds and Virtual Worlds*. New York e London: Routledge, pp. 11-28.

RYAN, Marie-Laure *et alii* (2016). *Narrating Space/Spatializing Narrative. Where Narrative Theory and Geography Meet*. Columbus: The Ohio State University Press.

RYAN, Marie-Laure (org.) (2004). *Narrative across Media. The Languages of Storytelling*. Lincoln e London: University of Nebraska Press.

Sabatier, Claude (2014). «Les chroniques parisiennes et politiques de Zola (1865-1872), au confluent de l'Histoire, du journalisme et de la littérature», in *Carnets: revue électronique d'études françaises.* IIème série, n.º 2, p. 118-138. (em: https://carnets.revues.org/1331 ; acesso a 13.2.2017).

Saint-Gelais, Richard (2011). *Fictions transfuges. La transfictionnalité et ses enjeux.* Paris: Éditions du Seuil.

Santana, Maria Helena (2004). "Retrato e anti-retrato: o grande homem em Eça de Queirós", in Aurelio Pérez Jiménez *et alii* (coords.), *O Retrato e a Biografia como Estratégia de Teorização Política.* Coimbra-Málaga: Imprensa da Universidade de Coimbra-Universidade de Málaga, pp. 231-242.

Saramago, José (2009). "A crónica como aprendizagem: uma experiência pessoal". 22 de setembro (em: https://www.josesaramago.org/a-cronica-como-aprendizagem-uma-experiencia-pessoal/ ; acesso a 4.4.2018).

Sarraute, Nathalie. ([1956] 2009). *L'ère du soupçon*, Paris, Gallimard.

Sartre, Jean-Paul (1968). «M. François Mauriac et la liberté», in *Situations I.* Paris: Éditions Gallimard.

Schaeffer, Jean-Marie (1999). *Pourquoi la fiction?* Paris: Seuil.

Schaeffer, Jean-Marie (2013). "Fictional vs. Factual Narration", in Peter Hühn *et alii* (eds.), *The Living Handbook of Narratology.* Hamburg: Hamburg University (em: http://www.lhn.uni-hamburg.de/article/fictional-vs-factual-narration; acesso a 31.10.2017).

Schaeffer, Jean-Marie e Ioana Vultur (2005). "Immersion", in David Herman *et alii* (eds.), *Routledge Encyclopedia of Narrative Theory.* London e New York: Routledge, pp. 237-239.

Scheffel, Michael *et alii* (2014). "Time", in Peter Hühn *et alii* (eds.), *The Living Handbook of Narratology.* Hamburg: Hamburg University (em: (em: http://www.lhn.unihamburg. de/article/time; acesso a 8.3.2018).

Scherer, Jacques ([1957] 1978). *Le «Livre» de Mallarmé. Premières recherches sur les documents inédits.* Paris: Gallimard.

Schlickers, Sabine (2009). "Focalization, Ocularization and Auricularization in Film and Literature", in Peter Hühn *et alii* (eds.), *Point of View, Perspective, and Focalization. Modeling Mediation in Narrative.* Berlin/New York: Walter de Gruyter, pp. 243-258.

Schmid, Wolf (2014). "Implied Reader", in Peter Hühn *et alii* (eds.), *The Living Handbook of Narratology.* Hamburg: Hamburg University (em:http://www.lhn.uni-hamburg.de/article/implied-reader; acesso a 15.4.2017).

Schneider, Ralf (2001). "Toward a Cognitive Theory of Literary Character: The Dynamics of Mental-Model Construction", in *Style,* vol. 35, n.º 4, Winter, pp. 607-640.

Schneider, Ralf e Marcus Harter (eds.) (2012). *Blending and the Study of Narrative. Approaches and Applications.* Berlin/Boston: Walter de Gruyter.

SCHODT, Frederik L. (2001). *Manga! Manga!: the World of Japanese Comics*. Tokyo: Kodansha International.

SCHOLES, Robert (1970). "Metafiction", in *The Iowa Review*, 1.4, pp. 100-115.

SCHOLES, Robert (1979). *Fabulation and Metafiction*. Urbana/Chicago/London: University of Illinois Press.

SCHOLES, Robert *et alii* (2006). *The Nature of Narrative*. 2.ª ed. Oxford/New York: Oxford University Press.

SCHOLES, Robert e Eric S. RABKIN (1977). *Science Fiction: History. Science. Vision*. New York: Oxford University Press.

SCHRÖTER, Felix e Jan-Noël THON (2014). "Video Game Characters: Theory and Analysis", in *DIEGESIS, interdisciplinary E-Journal for Narrative Research*, 3.1, pp. 40-77 (em: https://www.diegesis.uni-wuppertal.de/index.php/diegesis/article/view/151; acesso a 11.4.2018).

SERRA, Pedro (1998). "Introdução" a D. Francisco Manuel de Melo, *Apólogos Dialogais. Vol. I. Os Relógios Falantes. A Visita das Fontes*. Coimbra-Braga: Angelus Novus, pp. IX-LV.

SEARLE, John (1982). *Sens et expression*. Paris: Éditions de Minuit.

SEGRE, Cesare (1977). *Semiotica, storia e cultura*. Padova: Liviana Editrice.

SEIXO, Maria Alzira (1986). *A palavra do romance. Ensaio de genealogia e análise*. Lisboa: Livros Horizonte.

SHELDON, Lee (2014). *Character Development and Storytelling for Game*. 2.ª ed. Boston: Course Technology.

SHEPHERD, David (2013). "Dialogism", in Peter Hühn *et alii* (eds.), *The Living Handbook of Narratology*. Hamburg: Hamburg University (em: http://www.lhn.unihamburg.de/article/dialogism; acesso a 18.2.2017)

SHILLER, Robert J. (2017). "Narrative Economics", in *American Economic Review*, vol. 107 (4), April, pp. 967-1004.

SIKOV, Ed (2010). *Film Studies. An Introduction*. New York: Columbia University Press.

SILVA, Joana Aguiar e (2001). *A Prática Judiciária entre Direito e Literatura*. Coimbra: Almedina.

SILVA, Vítor M. de Aguiar e (1983). *Teoria da literatura*. 5.ª ed. Coimbra: Liv. Almedina.

SIMS, Norman e Mark KRAMER (eds.) (1995). *Literary Journalism*. New York: Ballantine Books.

SMITH, Jennifer Leigh (2012). *Theorizing Digital Narrative: Beginnings, Endings, and Authorship*. A dissertation submitted in partial fulfillment of the requirements for the degree of Doctor of Philosophy at Virginia Commonwealth University. Richmond, Virginia: Commonwealth University.

SOURIAU, Étienne (1970). *Les deux cents mille situations dramatiques*. Paris: Flammarion.

SOUSA, Sérgio P. Guimarães de (2001). *Relações Intersemióticas entre o Cinema e a Literatura: a Adaptação Cinematográfica e a Recepção Literária do Cinema*. Braga: Centro de Estudos Humanísticos/Universidade do Minho, 2001.

St. Clair, Robert (2004). *Literary Structures, Character Development, and Dramaturgical Scenarios in Framing the Category Novel*. Lewiston, N.Y.: The Edwin Mellon Press.

Staiger, Emil (1966). *Conceptos fundamentales de poética*. Madrid: Ediciones Rialp.

Stam, Robert (2005). *Literature through Film. Realism, Magic, and the Art of Adaptation*. Malden/Oxford/Carlton: Blackwell Publishing.

Stanzel, Franz ([1955] 1971). *Narrative Situations in the Novel. Tom Jones, Moby-Dick, The Ambassadors, Ulysses*. Bloomington/London: Indiana University Press.

Stanzel, Franz (1984). *A Theory of Narrative*. Cambridge: Cambridge University Press.

Starobinski, Jean ([2001] 2015). "Em defesa das «Humanidades médicas»", in Isabel Fernandes *et alii* (orgs.), *Contar (com) a medicina*. Lisboa: Edições Pedago/Centro de Estudos Anglísticos da Universidade de Lisboa, pp. 17-19.

Stedman, Raymond W. (1977). *The Serials. Suspense and Drama by Installment*. 2.ª ed. Norman: University of Oklahoma Press.

Stein, Daniel e Jan-Noël Thon (eds.) (2015). *From Comic Strips to Graphic Novels. Contributions to the Theory and History of Graphic Narrative*. Berlin/Boston: Walter de Gruyter.

Sterne, Jonathan (2007). "Out with the Trash: On the Future of New Media", in Charles R. Acland (ed.), *Residual Media*. London: University of Minnesota Press, pp. 16-31.

Sternberg, Meir (1978). *Expositional Modes and Temporal Ordering in Fiction*. Baltimore e London: The Johns Hopkins University Press.

Stillinger, Jack (1985). "The Plots of Romantic Poetry", in *College Literature*, vol. 12, n. 2, Spring, pp. 97-112.

Sturgess, Philip (1992). *Narrativity: Theory and Practice*. Oxford: Oxford University Press.

Style (1990). Vol. 24, 3 (título genérico: *Characters & characteristics in literature*).

Suleiman, Suleiman R. (1983). *Authoritarian Fictions. The Ideological Novel as a Literary Genre*. New York: Columbia University Press.

Sullerot, Évelyne (1970). "Les photoromans", in Noël Arnaud *et alii* (eds.), *Entretiens sur la paralittérature*. Paris: Plon, pp. 121-141.

Suvin, Darko (1979). *Metamorphoses of Science Fiction. On the Poetics and History of a Literary Genre*. New Haven e London: Yale University Press.

Tacca, Óscar (1973). *Las voces de la novela*. Madrid: Editorial Gredos.

Tesnière, Lucien (1965). *Éléments de syntaxe structurale*. 2.ª ed. Paris: Klincksieck.

Thomson-Jones, Katherine (2007). "The Literary Origins of the Cinematic Narrator", in *British Journal of Aesthetics*, vol. 47, n.º 1, January, pp. 76-94.

Thon, Jan-Noël (2009). "Perspective in Contemporary Computer Games", in Peter Hühn, Wolf Schmid e Jörg Schönert (eds.), *Point of View, Perspective, and Focalization. Modeling Mediation in Narrative*. Berlin/New York: Walter de Gruyter, pp. 279-299.

THON, Jan-Noël (2014). "Toward a Transmedial Narratology: On Narrators in Contemporary Graphic Novels, Feature Films, and Computer Games", in Jan Alber e Per Krogh Hansen (eds.). *Beyond Classical Narration. Transmedial and Unnatural Challenges.* Berlin/Boston: Walter de Gruyter, pp. 25-56.

THON, Jan-Noël (2015). "Who's Telling the Tale? Authors and Narrators in Graphic Narrative", in Daniel Stein e Jan-Noël Thon (eds.), *From Comic Strips to Graphic Novels. Contributions to the Theory and History of Graphic Narrative.* Berlin/Boston: Walter de Gruyter, pp. 69-99.

THORSEN, Tor (2005). "<i>Godfather</i> film director whacks Godfather game", in *Gamespot,* 8 de abril (em: https://www.gamespot.com/articles/igodfather-i-film--director-whacks-godfather-game/1100-6121958/; acesso a 21.3.2018).

TJUPA, Valerij (2013). "Heteroglossia", in Peter Hühn *et alii* (eds.), *The Living Handbook of Narratology.* Hamburg: Hamburg University (em: http://www.lhn.unihamburg.de/article/heteroglossia; acesso a 17.2.2017).

TJUPA, Valerij (2014). "Narrative Strategies", in Peter Hühn *et alii* (eds.), *The Living Handbook of Narratology.* Hamburg: Hamburg University (em: http://www.lhn.uni-hamburg.de/article/narrative-strategies; acesso a 15.3.2017).

TODOROV, Tzvetan (1969). *Grammaire du Décaméron.* La Haye: Mouton.

TODOROV, Tzvetan (1971). *Poétique de la prose.* Paris: Éditions du Seuil.

TODOROV, Tzvetan (1973). *Poétique.* Paris: Éditions du Seuil.

TODOROV, Tzvetan (1981). *Mikhaïl Bakhtine: le principe dialogique suivi de Écrits du cercle de Bakhtine.* Paris: Éditions du Seuil.

TOUS ROVIROSA, Anna (2008). *El text audiovisual: anàlisi des d'una perspectiva mediològica.* Barcelona: Universidad Autónoma de Barcelona.

TURNER, Victor (1982). *From Ritual to Theatre. The Human Seriousness of Play.* New York: Performing Arts Journal Public.

TYRKKÖ, Jukka (2008). "'Kaleidoscope' Narratives and the Act of Reading", in *John Pier e José Ángel García Landa (eds.), Theorizing Narrativity. Berlin/New York: Walter de Gruyter,* pp. 277-305.

USPENSKY, ·Boris (1973). *A Poetics of Composition. The Structure of the Artistic Text and Typology of a Compositional Form.* Berkeley: University of California Press.

VERÓN, Eliseo (1980). *A produção de sentido.* São Paulo: Cultrix/Editora da Universidade de São Paulo.

VERSINI, Laurent (1979). *Le roman épistolaire.* Paris: P.U.F.

VERSTRATEN, Peter (2009). "Between Atraction and Story: Rethinking Narrativity in Cinema", in Sandra Heinen e Roy Sommer (eds.), *Narratology in the Age of Cross-Disciplinary Narrative Research.* Berlin/New York: Walter de Gruyter, pp. 154-169.

Vieira, André Soares (2010). "Do filme ao romance: aspectos do processo de adaptação romanceada", in *Caligrama. Revista de Estudos Românicos*, Belo Horizonte, v. 15, n. 1, pp. 143-156.

Vieira, Cristina da C. (2008). *A construção da personagem romanesca.* Lisboa: Edições Colibri.

Villanueva, Darío (1977). *Estructura y tiempo reducido en la novela.* Valencia: Editorial Bello.

Violi, Patrizia (1985). "La intimidad de la ausencia. Formas de la estructura epistolar", in *Estudis Semiòtics/Estudios Semióticos*, 3/4, pp. 70-80.

Walsh, Richard (2007). *The Rhetoric of Fictionality. Narrative Theory and the Idea of Fiction.* Columbus: The Ohio State University Press.

Warhol, Robyn R. (1999). "Guilty Cravings: What Feminist Narratology Can Do for Cultural Studies", in David Herman (org.). *Narratologies. New Perspectives on Narrative Analysis.* Columbus: Ohio State University Press, pp. 340-355.

Warhol, Robyn R. (2003). *Having a Good Cry: Effeminate Feelings and Pop-Culture Forms.* Columbus: Ohio State University Press.

Warhol, Robyn R. (2012). "A Feminist Approach to Narrative", in David Herman *et alii*, *Narrative Theory. Core Concepts and Critical Debates.* Columbus: The Ohio State University Press, pp. 9-13.

Warhol, Robyn e Susan S. Lanser (org.) (2015). *Narrative Theory Unbound. Queer and Feminist Interventions.* Columbus: The Ohio State University.

Warning, Rainer (1979). «Pour une pragmatique du discours fictionnel», in *Poétique*, 39, pp. 321-337.

Watt, Ian. (1975). *The Rise of the Novel. Studies in Defoe, Richardson, and Fielding.* London, Chatto and Windus.

Waugh, Patricia (1984). *Metafiction: The Theory and Practice of Self-Conscious Fiction.* London e New York: Methuen.

Weinrich, Harald (1973). *Le temps. Le récit et le commentaire.* Paris: Éditions du Seuil.

Wesseling, Elisabeth (1991). *Writing History as a Prophet. Postmodernist Innovations of the Historical Novel.* Amesterdão/Filadélfia: John Benjamins.

Westlake, Michael (1990). "The Classic TV Detective Genre", in Manuel Alvarado e John O. Thompson (eds.), *The Media Reader.* London: British Film Institute, pp. 247-252.

White, Hayden (1978). *Tropics of Discourse. Essays in Cultural Criticism.* Baltimore: The Johns Hopkins University Press.

White, Hayden (1987). *The Content of the Form. Narrative Discourse and Historical Representation.* Baltimore e London: The Johns Hopkins University Press.

Williams, Patrick (2005). "Post-Colonialism and Narrative", in David Herman *et alii* (eds.), *Routledge Encyclopedia of Narrative Theory.* London e New York: Routledge, pp. 451-456.

WINKO, Simone (2010). "On the Constitution of Characters in Poetry", in *Jens Eder et alii (2010). Characters in Fictional Worlds. Understanding Imaginary Beings in Literature, Film, and Other Media. Berlin/New York:* Walter de Gruyter, pp. 208-231.

WOLF, Werner (1999). *The Musicalizatin of Fiction. A Study in the Theory and History of Intermediality.* Amesterdão/Atlanta: Rodopi.

WOLF, Werner (2005). "Intermediality", in David Herman *et alii* (eds.), *Routledge Encyclopedia of Narrative Theory.* London e New York: Routledge, pp. 252-256.

WOLF, Werner (2005a). "Metalepsis as a Transgeneric and Transmedial Phenomenon. A Case Study of the Possibilities of 'Exporting' Narratological Concepts", in J. Meister *et alii* (eds.), *Narratology Beyond Criticism. Mediality, Disciplinarity.* Berlin: Walter de Gruyter, pp. 83-107.

WOLF, Werner (2011). "(Inter)mediality and the Study of Literature", in *CLCWeb: Comparative Literature and Culture,* 13, 3 (em: https://doi.org/10.7771/1481-4374.1789; acesso a 11.4.2018).

WOLFE, Gary K. (2014). "Literary Movements", in Rob Latham (org.), *The Oxford Handbook of Science Fiction.* Oxford: Oxford University Press.

WOLFE, Tom (1972) "The Birth of 'The New Journalism'; Eyewitness Report", in *New York Magazine,* 14 de fevereiro (em: http://nymag.com/news/media /47353/ index3.html; acesso a 9.5.2017).

WOLFE, Tom e Edward JOHNSON (eds.) (1973). *The New Journalism.* New York: Harper & Row.

WOODS, John (1974). *The Logic of Fiction.* The Hague/Paris: Mouton.

WRIGHT, Susan (1989). "Private language made public: the language of letters as literature", in *Poetics,* 18, pp. 549-578.

ZÉRAFFA, Michel (1972). *La révolution romanesque.* Paris: Union Générale d'Éditions.

ZÉRAFFA, Michel (1974). *Romance e sociedade.* Lisboa: Estúdios Cor.

ZIPFEL, Frank (2014). "Fiction across Media: Toward a Transmedial Concept of Fictionality", in Marie-Laure Ryan e Jan-Noël Thon (eds.), *Storyworlds across Media: Toward a Media-Conscious Narratology,* Lincoln: University of Nebraska Press, pp. 103-121.

ZOLA, Émile (1971). *Le roman expérimental.* Paris: Garnier-Flammarion.

ZORAN, Gabriel (1984). "Towards a theory of space in narrative", in *Poetics Today,* 5, 2, pp. 309-335.

ZUMTHOR, Paul (1983), *Introduction à la poésie oral.* Paris: Éditions du Seuil.

Índice de entradas